Ausführliche Merckwürdigkeiten, Der Hochfürstl. Würtembergischen Universitaet Und Stadt Tübingen: Betreffend Das Alterthum, Pfaltzgräflich Und Würtembergische Herrschafften, Innerlich Und Äusserliche Verfassung, Jurisdiction, Privilegien, Hofgericht,...

Andreas Christoph Zeller

[1743]

cf Hofmann Artistenfakultät p. XXVI

Denen
Hoch-Edelgebohrnen, Gestreng
und Hochgelehrten,
Hoch- und Wohl-Edlen,
Hoch- und Wohl-Vorgeachten, Für-
nehmen, Fürsichtig,
Hoch- und Wohl Weisen,

Herren, Herren
N. N.

Hochangesehenen

Burgermeistern,

und

Stadt-Amman,

Wie auch übrigen

ASSESSORIBUS,

Der
Röm. Kayserl. Freyen Reichs-Stadt

ULM,

Ihren Großgünstig, Hoch- und
Vielgeehrtesten Herrn.

Übergeben und dediciren

Diese

Merckwürdigkeiten

Von der

UNIVERSITÆT

und

Stadt Tübingen/

Unter hertzlichem Wunsch!

Daß der liebe GOtt Ihre heilsame Anschläge zum Besten des gemeinen Stadt-Wesens segnen und erhalten wolle!

Mit aller Submission

Die

Verlegere dieses Wercks,

Johann David Bauhof/ Civ. Acad. und Buchdrucker in Tübingen,

und

Maria Barbara Pflickin/ Wittib.

Vorrede
An den Geneigten Leser.

Ich ware wohl niemahlen Sinnes gewesen eine Schrifft von der Stadt und Universität Tübingen aufzusetzen, besonders da ich in keiner besonderen hieher gehörigen Connexion stunde. Folgendes aber gabe Gelegenheit darzu: Etliche Antiquitæten waren mir darvon bekannt. Als nun ungefehr mit gegenwärtigem Verleger in einen Discours kame, bezeugte Dieser eine Begierde etwas darvon zu drucken, ich aber faßte den Schluß in etlichen Bogen die Nachricht einzutragen. So weit gienge der erste Entschluß. Es vermehrte sich aber sogleich, da die Feder ansetzte, die Materie, daß mir weit mehrere Sachen einfielen, als ich Anfangs mir habe vorstellen mögen, zumahlen von der gantzen Universität nur weniges habe vorbringen wollen. Ich hatte auch kaum den Entschluß gefaßt gehabt, so bekamen es einige Persohnen in die Erfahrung. Und als durch das Nachfragen das Vorhaben bekannter worden, habe es nicht leicht mehr verändern können. Weilen nun dasselbe vielen nicht mißfiele, und allerhand Fragen und Gegen-Fragen zu Untersuchung mehrerer Sachen Gelegenheit gaben, so kame endlich derselben so vielerley vor, daß unter denen Collectaneis eine Wahl treffen muste, und nicht alles beybehalten konnte, was schon zum Theil gesammlet hatte.

Aus welchem der geneigte Leser ersehen kan, warum es geschehen seye, daß keine besondere Historische Ordnung und Methodus beobachtet worden seye, welches geschehen wäre, wann die Sachen zuvor alle bekannt und in einiger Ordnung anzutreffen gewesen wären, welches sich hernach nicht leicht mehr hat ändern lassen, da sogleich was in die Feder geflossen ware, abcopiren liesse. Jedannoch ist alles aus dem folgenden General-Conspectu der Capiteln sogleich zu erkennen, was der geneigte Leser in dem Contextu finden möge. Da anbey kein ordentliches Filum Historicum zu machen ware, so hatte auch keine ordentliche Historische Schreib-Art hier Platz; doch werden die Sachen nicht ohne Verbindung sich vor Augen legen.

Daß ich aber diese Schrifft unternommen habe, hat mich zuforderst die Hochachtung des

Orts

Orts Tübingen, der Stadt und Universität, auf welcher ich vormahlen auch gewesen ware, und dermahlen eine Wohnung habe, angetrieben. Und habe ich deßwegen die Sache selbsten von solchem Wehrt gehalten, daß daran einige Mühe und Stunden wenden solte, zumahlen es ein Angedencken machen könnte, daß in Tübingen aus Hochfürstl. Gnade wegen kräncklicher Leibs-Disposition eine Zeitlang gewohnt habe. Da neben diesem, so viel mir meine Umstände zuliessen, auch mehrere freye Zeit als Andere auf der Universität hatte, so ermunterte mich ins besondere, etwas darvon anzuwenden, das beständige Andencken meines Closters Anhausen, dessen Besorgung nach allen Umständen mir niemahlen aus dem Sinn kommen kan; und für welches eben sowohl als wann Præsens wäre, mit allem Fleiß und Unkosten wachtsam zu seyn mich befleißige. Weilen nun selbiges seine erste Fundation von denen Pfalzgrafen von Tübingen aus der Anshelmischen Familie von MANEGOLDO und seinen Söhnen ADELBERTO, ULRICO, WALTHERO, MANEGOLDO II. Anno 1125. gehabt hat, wie pag. 25. und pag. 37. gezeigt worden ist: So hat mich auch dieses in meinem gefaßten Vorhaben gestärcket, und in Gedult, das Angefangene zu Ende zu bringen, unterhalten.

Solte dem Leser nicht in allem ein Genügen geschehen seyn, so wisse er, daß man aufgesucht habe, was dermahlen möglich gewesen ist; Und da alles in das Kürtzeste muste zusammen gefaßt wer-

werden, das Nöthigste vorgebracht habe. Ich bin aber nicht in Abrede, sondern gestehe gern, daß sich mehrers hinführo aufschliessen wird, wann die Geneigte Leser, was sie etwa unwissend besitzen, gütigst communiciren werden. Mir haben unterschiedliche gute Bücher gefehlet, so mir hätten Nutzen schaffen mögen, ich aber nicht habe auftreiben können: Werde ich selbige inskünfftige zu Handen bringen können, so hoffe ferneren Nutzen daraus zu erhalten. Solten auch gute Nachrichten weiter bekannt werden, besonders mehrere Documenten vor Augen kommen, so werde nicht ermanglen, wann neue Materien, sich auf 6. oder 8. Bögen erstrecken solten, eine Continuation besonders mitzutheilen, alsdann vielleicht auch die Figuren darzu kommen mögen, welche hier wegen Mangel der Gelegenheit haben hinweg bleiben müssen.

Dahero der Geehrte Leser freundlich ersuchet wird, wo an dem gantzen Scripto wegen Realien und Personalien etwas zu erinnern / zu verbessern / oder auch zu vermehren wäre, solches großgünstig, an mich gelangen zu lassen, darmit dem Publico desto leichter und nach Möglichkeit möge gedienet werden. Selbiger gehabe sich indessen wohl, und bleibe mir geneigt.

Tübingen den 22. April,
A. 1743.

Andreas Christoph Zeller /
Prälat des Closters Anhausen.

CONSPECTUS GENERALIS, Der Capitel.

XVII.

Ein mehreres Zeigt das Register an.

DJe wenige Errata, welche in Verwechselung, Auslassung oder Versetzung einiger Buchstaben, bestehen, und bey so vielerley Typis nicht genugsam haben verhütet werden können, weilen sie den Verstand nicht verwirren, überlassen wir dem geneigten Leser zu bemercken, und annotiren nur etliche um der accuratesse willen. Pag. 20. linea ult. lege ununterbrochen, p. 25. l. 9. l. 1125. biß 1154. p. 27. l. 26. l. Mechtildis. p. 35. l. 36. l. hurtigem, p. 66. l. 18. l. Archiater. p. 77. l. 18. dele auf dem p. 81. l. 16. l. V. sqq. p. 116. l. 16. l. Vogt. p. 121. l. 16. l. observ. p. 158. l. 16. l. Jun. p. 201. l. 34. l. VI. sqq. p. 263. l. 37. l. Fridericus. Im Bogen S. lauffen die numern doppelt p. 338. l. 11. l. XIII. sqq. p. 359. l. 18. l. Neglectuum, p. 384. ist 245. ausgelassen, es fehlet aber nichts p. 393. l. 32. l. † Rect. M. Einige Zahlen pp. 454. 475. 479. sind ex contextu zu bessern p. 489. l. 23. l. Frischlinus p. 514. l. 9. l. 1718. p. 522. l. 16. l. Farnerianum.

Das

I. N. J.

Das Erste Capitel.

Von dem Namen Tübingen.

WAnn wir die Denckwürdigkeiten von der Stadt Tübingen aufzeichnen, und bemercken wollen, so müssen wir gleich anfangs bekennen, daß es sehr schwer seye auf den ersten Grund zu komen, dessen was mit diesem Ort sich wahrhafftig begeben hat: Jedannoch suchen wir alles auf, was uns vorkommen kan; und überlassen es hernach dem Urtheil des geneigten Lesers, das wahre von dem falschen, oder das muthmaßliche von dem gewießen, zu unterscheiden. Zuvörderst aber sind wir um den rechten Namen von Tübingen bekümmert: Von diesem gibt es unterschiedliche Meynungen: Da nach Unterschied der Zeiten einige Thoningen / andere Tuyingen, andere Tuingen / andere Tuwingen, andere wie Urspergensis p. 306. Toingen andere Diebingen / andere Tibingen, andere und zwar am besten Tübingen schreiben. Thoningen, Tuingen, Tuwingen findet man bey denen Scriptoribus Rerum Germanicarum und in alten Diplomatibus. Ja in denen Annalibus Cœnobii Bebenhusani in

 dem

dem X. Tomo Diplomatum MSC. Illustris Ludewigi, wird es Taeigen genennet. Diebingen ist ungegründet, und ein Spott, wann man den ersten Platz zu einem Diebs- oder Raub-Nest machen wolte, besonders, da man keinen Beweißthum darvon aufbringen kan, und man bey keinem alten und neuen Autore Tübingen mit einem D. Dübingen geschrieben finden wird, sondern es ist allemalen ein T. gebraucht worden, welches ich sicher melden darff. Bleibt also wenigstens die muthmaßlichste Benennung, daß dieser Ort von denen Tubanten, welche hin und her an dem Neccar gewohnt haben, auch eine Nation von denen Schwaben ausmachten, den Namen bekommen, mit der Termination und Endung ingen / welche theils einheimisch bedeuten solle, theils Stationem der Römischen Legionen anzeiget.

Observatio I.

Wir beruffen uns hierinnen auf des CRUSII Annales Suevicos, als ein bewährtes Buch, und führen seine Worte an, welche aber von seinem eigenen Zweiffel zeugen. Diese lauten P. I. L. I. c. 3. p. 15. Edit. Germ. Edit. Lat. p. 11. aus des Wolffgangi Lazii L. VIII. Von der Völcker Zügen, also: In Würtemberg, wo vordem die Tubanten waren, besassen (die Schwaben) sie den District, welchen der Neccar gleichsam mit einem halben Crantz einfaßt. Von denen Tubanten, welche ihre Wohnung von Francken biß an die Schweitz ausgebreitet, solle nach der Meynung dieses Scribenten die Herrschafft derer Pfaltzgrafen von Tübingen den Namen haben. P. II. L. III c. 10. p. 361. ed. lat. p. 91. heißt es: Wie z. Ex. Lazius meynt, das die Pfaltz-Grafschafft Tübingen nach der Schwäbis. Nation derer Tubanten also heisse: Paralipom. Cap. VI. p. 410. a. ed. lat. p. 20. schreibt er: Ich weis nicht, ob Tübingen Tubantum populorum Gæa (die

Erde

Erde der Tubantischen Völcker) könne genennet werden, die vor Zeiten hieher gezogen.

Was aber die Termination Ingen / belangt, so schreibt Er folgendes P. I. L. VIII. cap. 8. p. 183. Edit. lat. p. 209. Es muthmasset Heroldus, daß in den meisten Oertern, welche auf Ingen ausgehen, Römische Soldaten gelegen seyen, so daß diese Endung vielleicht von Leg, das ist von Legion (einer Legion) herkomen möchte, welche daselbsten Stadt und Platz gehabt hätte. P. III. L. I. c. 3. p. 731. edit. lat. p. 9. erzehlet er von M. Johann Neobolo, Pfarrern zu Entringen bey Tübingen, einem in Antiquitatibus erfahrnen, gelehrten und leutseligen Mann, selbiger habe ihme von dieser Endigung, Ingen, folgendes gemeldet: Daß die Römische Besatzungen ehemals in diesen Oertern gelegen, auch viele Lands-Kinder unter ihnen in Dienst gestanden wären, deren Namen man mit, Ingen/ geendiget hätte. Dahero glaube er, daß besagte Besatzungen an denjenigen Oertern, wo sie gestanden wären, mit Abbreviaturen ihrer Buchstaben von einander unterschieden gewesen wären, so daß Entringen so viel heisse als E. N. T. R. das ist: Equites Neronis Tributarii Rom.

Die Worte lauten in Connexione also:

Eben dieser Pfarrer, so ein gelehrt- und leutseeliger Mann, auch grosser Liebhaber von Alterthümern ist, hat mir vieles von gedachtem Flecken Entringen und seiner Nachbarschafft mitgetheilt, woraus folgendes hergenommen ist: Daß die Römische Besatzungen ehmals an diesen Oertern gelegen, auch viele Lands-Kinder unter ihnen in Dienst gestanden wären, deren Namen man, mit dem Wort Ingen geendiget hätte. Dahero glaube er, daß besagte Besatzungen an denenjenigen Oertern, wo sie gestanden, wären mit Abbreviaturen ihrer Buchstaben von einander unterschieden gewesen, so, daß Entringen so viel heisse als E. N. T. R.

das ist: Equites Neronis Tributarii Rom. TALFINGEN. T. AL. F. das ist: I. Alæ Flavii: HALFINGEN. H. AL. F. das ist: II. Alæ Flavii: PREFFINGEN. Præff. das ist: Præfectorum militarium sedes: ISINGEN. von der Iside, die man hie zu Land Göttlich zu verehren pflegte, deren Zeichen war ein Renn-Schifflein, das man zu denen sumpffichten Plätzen im Ammer-Thal hoch vonnöthen hatte, wie dann das Ammer-Wasser damahls noch nicht in den Neckar abgeleitet war: POLTRINGEN. Pol. vom Apolline: CUSTERDINGEN. CUST. E. R. T. das ist: Custodia Equitum Rom. prima: Allhier steht auch vor der Kirch-Thür ein Stein mit diesen Buchstaben: J. O. M. E. JU. NO. R. L. G. S. C. JUN. PATERN. VE. PROC. T. L. L. M. das ist: Jovis Opt. Max. ex Jussu, nostræ Reipubl. legavit Sacri Causa Junius Paternius Veteranus Proconsul asses (vielleicht) quinquagenorum millium. Conf. Paralipom. c. 23. p. 456. Edit. lat. p. 90.

Observatio II.

Und darff man nicht entgegen halten, es seyen diese Tubanten nicht leicht zu finden, wo sie gewesen? Weilen auch hernach die übrige Innwohner in denen Districten von Würtemberg, mithin auch die sogenannte Virtungi sind Charitini s. Gärtnere von dem schönen Land genennet worden, also dieser Name den andern verschlucket haben mag; Anbey die alte Namen der Völcker sich sehr verändert haben. Ich gebe ein Zeugnus darvon aus CURIONIS Chronico cum addit. Melanchtonis & Peuceri, Edit. German. fol. pag. 209. Charitini, heißt es, ist der Strich des Würtembergischen Landes, und kommt der Nam Charitini sonder Zweiffel her vom Teutschen Gärtner. Sintemahl diß Land wie ein schöner Lust-Garten ist, und gibet viel Gärtener. Porro: Es sind aber viel und gemeiniglich alle alte Namen der Völcker verändert worden, zum Teil daß ir Sitz offt selber verwandelt, und fremde Länder eingenommen haben, zum Teil, daß sie fremde und neue

Herr-

Herrschafften bekommen haben; Als da die Francken gewaltig waren, daß sich ihre Macht sehr weit erstrecket, da hat man einen grossen Teil in Deutschland und Franckreich stracks Francken genennet, ꝛc. conf. pag. 417. So sagt auch STRABO Rerum Geographicarum L. VII. Edit. Basil. fol. 1571. p. 331. daß besonders die Schwaben dieses gemein haben, daß sie ihre Wohnstätte und Oerter leichtlich verändern, wegen ihrer schlechten Nahrungs-Art, da sie weder Aecker bauen, noch Früchte aufheben, und nur in Hütten, die wenige Zeit dauren, wohnen, und sich bloßhin vom Viehe-Zucht nähren. Worauf er unterschiedliche Nationen nennet, deren einige nahe herum sich aufgehalten hatten. Wann nun der Lupias, wie einige behaupten wollen, der Neckar wäre, so aber andere durch die Lyppe oder Lipp-Fluß, und die Buchteri die sonsten benannte Bructeri wären, so käme Tacitus und Strabo nicht zu weit von einander. Doch da diese Geographi die Provincien nicht selbsten durchreißt haben, so bleibt auch ihr Zeugnis vieler Critisirung anheim gestellt. Wenigstens laßt sich hier die Distanz von 600. Stadiis von dem Rhein in gute Betrachtung ziehen, welcher Fluß von beeden dieselbe Distanz eigentlich, nach der Intention des Auctoris habe?

Doch werden unsere Tubanten ausdrucklich unter die äusserste Wohner von Teutschland gesetzet, da in Notis J. Lipsii in Annales TACITI aus denen Appellationibus Nationum German. Tom. II. p. 152. Edit. duod. Lugdun. 1576. dieses vorkomt: Ultimi Germani Rheno & Danubio proximi Sicambri, Mattiaci, Tencteri, Usipii, Bructeri, Chamavi, Angriviarii, Busactori, Tubantes, Vangiones, Nemetes, Ubii &c. adde P. CLUVERI Introduct. Geograph. Edit. Bunonis, Guelpherb.

pherb. 1667. 4. L. III. c. 3. p. 199. & Edit. duod. Amstel. 1661. p. 99. welcher sagt: Tubantum varia semper fuit sedes. Christoph. CELLARIUS in Notitia Orbis Antiqui Lipſ. 1701. Tom. I. L. II. c. 5. p. 470. Chamavios accolebant Tubantes, incertum quibus finibus, pariter ab Rheno depulsi quondam, aut cedentes, quod supra ex Taciti L. XIII. c. 55. probavi. Welcher TACITUS Ann. I. c. 51. Edit. Ald. p. 10. b. also redet: Excivit ea cædes (Cæsaris) Bructeros, Tubantes, Usipetes. Cluverius Teceliam Ptolomæi, quæ quod nomen prodit, nunc Teklenburg est in Agrivariorum Tubantumque confinio ponit: Malo Chamavorum Tubantumque, aut Gentis utriusque & Tubantum conlimitio, sed à fronte: à tergo enim aliæ obscuræ Gentes erant Dulgibini & Chasuarii. Tacitus Germ. c. 34. m. Edit. Ald. p. 208. a. Angrivarios & Chamavos à tergo Dulgibini & Chasuarii cludunt, aliæque Gentes, haud perinde memoratæ. Edit. Andr. Althameri, Aug. Vind. 1580. oct. p. 372. Edit. J. Lipſ. 1576. p. 829. adde Crusii Annales Part. I. L. III. c. 9. Ed. Lat. p. 60.

Aus welchem allem erhellet, daß die Tubantes keine erdichtete Völcker in diesen Gegenden gewesen seyen, sie mögen hernach hingekommen seyn, wohin sie gewolt, sondern Tübingen gar wohl, ohne einer blossen Fabel anzuhangen, von den Tubanten den Namen haben mag, so aber eines jeglichen Lesers freyen Urtheil zu glauben überlassen wird. Und suchen wir hier, da wir keinen Commentarium schreiben, die Sache nicht von unserem Vorhaben zu entfernet, auszuführen. Wir mercken anbey dannoch aus CELLARII Notitia Orbis Antiqui an. T. I. L. II. c. 5. p. 456. folgendes:

Vopiscus, heißt es: in Probo cap. XIII. reliquias (hostium) ultra Nicrum fluvium & Albam removit. Ausonius Mosella. v. 423.

- - Hostibus exactis Nicrum super.

Et Sidonius Apollinaris ad Avitum Socerum Panegyr. v. 324.

Bru-

Bructerus, ulvosa; quem vel Nicer abluit unda,
Prorumpit Francus,

Conf. de Bructeris p. 468. sq. Nun hat uns Tacitus oben gezeigt, daß die Bructeri und Tubantes seyen mit einander ausgetrieben worden, und da es besonders von denen Bructeris wieder bey Tacit. de Moribus German. p. 208. a. vorkommt, so siehet man, daß die Tubanten um den Neckar sich haben aufgehalten. Welches uns genug ist. Man besehe besonders auch von denen Bructeris T. I. Supplem. Lexici Historici Basil. 1742. in Voce: Bructeri, pag. 564. Franciscus Irenicus will zwar die Tubantes L. XII. Exeges. Germ. p. 417. unter die Frißländer rechnen, allein er sagt auch, andere machen die Francken daraus. So lang also die Bructeri und Tubantes als Nachbare passiren, jene aber gewiß am Neckar gewohnet haben, so lang bleibt es auch wahr, daß die Tubanten daran gelebt haben, und also Tübingen den Namen darvon hat haben können.

Das zweyte Capitel.

Von dem Alterthum Tübingen.

Observatio I.

DAs wahre Alterthum dieses Orts Tübingen wird wohl nach rechter völligen Gewißheit unbekannt bleiben, doch ist es groß, und langt nahe hin an die erste Zeit nach der Geburt Christi. Und solte uns hier der Bericht von dem Alterthum Tübingen wohl dienen, welcher Herzogen ULRICH übergeben worden seye, und dessen Herr MOSER in seiner Bibliotheca Scriptorum de Rebus Suevicis p. 63. a. in Crusii Annal. gedencket, daß er selbigen zwar allegirt gefunden, aber nicht gesehen habe. So würde uns auch nicht geringes Licht Michaelis COCCINII Tubing. so hernach in Italien gekommen, Descriptio Tubingæ geben können, so wir auch nicht gesehen haben, dessen Gesnerus in Bibliotheca gedencket. Conf. Besoldum de Jure Academiarum p. 170. Cruſ. P. III. L. 9. c. 7. p. 147.

Observatio II.

Solches Alterthum muß aber einiger massen erkundiget werden aus dem Alter und Ursprung der Pfaltzgrafen von Tübingen/ als welche die Benennung von dem Ort haben. Wie nun auch dieses Alterthum ungewiß ist, ja in einigen Umständen Fabelhafft scheinet, so erhellet, daß auch das andere nicht gar völlig sicher seye. CRUSIUS schreibt deßwegen wohl-bedächtlich Paralip. c. 2. T. II. p. 400. Edit. Lat. p. 5. Wann die Pfaltz-Grafen von Tübingen angefangen, kan ich dieses einige schreiben, daß ich es nicht wisse; und ich glaube, es seye gar niemand, der es weißt. Den Ursprung grosser Flüsse weißt man fast nicht, und es ist bekannt, daß unsere Vor-Eltern sich um diese Sachen nicht bekümmert, so gar, daß man vor 500. Jahren kaum einen Zunamen der Familien, der auch den Namen der Grafen und Hertzoge wär angehänget worden, findet ꝛc.

Observatio III.

Man bemercket aber dannoch unterschiedliches Alterthum sowohl von denen Pfaltz-Grafen, als dem Ort Tübingen. Und zwar Erstlich suchet man es unter dem Röm. Kayser TITO VESPASIANO, daß nemlich unter Ihme ein Pfaltz-Graf von Tübingen, Namens Rabodus oder Rabotus Anno Christi 71. als Soldat in der Belagerung Jerusalems gedienet habe; und berufft man sich hierinnen

auf

auf Schrifften auf Baum-Rinden gestochen, darinnen dieser Grafen Vor-Eltern in Krieg zu ziehen von Tito seyen beordert worden. Conf. Crusii Annal. P. I. L. 3. c. 3. p. 67. Ed. Lat. L. 4. c. 3. p. 74. und P. II. L. 5. c. 8. p. 416. Ed. Lat. p. 169.

Die Worte lauten in der ersten Stelle also:

Ich zweiffle nicht, daß bey selbigem Feldzug auch eine Anzahl Schwaben werden gewesen seyn. Dann so sagte man noch in diesem Jahrhundert, daß die Wohlgebohrne Grafen von Tübingen einige Schrifften auf Baum-Rinden gestochen hätten, worinn der Titus Ihren Vor-Eltern Ordre gegeben, mit zu Feld zu ziehen, und heißt einer davon Rabodus oder Rabotus. Als aber vor etlichen Jahren einige von denenselben allhier studirten, und ich nach selbigen Brieffen fragte, bekam ich zur Antwort: Sie seyen nimmer da, sondern mit andern Schrifften durch Nachläßigkeit eines ungelehrten Registratoris verlohren gegangen.

In der andern:

Lange Zeit vorher lebte Rabot, nemlich ums Jahr 419. Indict. 2. welcher zur Zeit des Kaysers Theodosii, des Jüngern, eine Mauer um Tübingen geführt hat.

Der erste Graf von Tübingen aber, von dem man etwas weißt, solle Rabot gewesen seyn, welcher A. 71. mit denen Römern in der Belagerung der Stadt Jerusalem gewesen seyn soll. Es steht solches in einem Manuscript; ob es aber der Wahrheit gemäß ist, weiß ich nicht.

Allein, ob zwar nicht zu läugnen ist, daß unter denen Römischen Legionen damalen viele Teutsche, besonders auch Schwaben Sidon und Italicus gewesen, so hat doch diese Erzehlung keinen andern Grund als eine geschriebene Nachricht. Doch sollen wir auch nicht gar die Meynung vorbey gehen, daß die erste Buchstaben T. V. B. so viel als Titi Vespasiani Beneficium bedeuten, oder Titi Vespasiani Beneficio cœptam vel datam villam, daselbst hernach Caracalla habe wohnen mögen. Conf. Crusii Paralipom. in cap. 29. pag. 483. ed. lat. p. 130.

Andere setzen das Alterthum von Tübingen auf die Zeiten des Römis. Kaysers Antonini Bassiani CARACALLÆ nach Christi Geburt ohngefehr 213. oder 214. Diese beruffen sich auf die Erzehlung, daß Caracalla in dieser Gegend am Neckar sein Gericht gehalten habe, mithin ein Palatium allhier aufgerichtet gewesen seye, da er sein Quartier und Besatzung gehalten. Der Grund dieser Meynung ist ein alter Monument-Stein, dessen Buchstaben zwar anderst von Heroldo, anderst von P. Appiano gesetzet werden. HEROLD setzet folgende Worte: Imp. Cæs. Divi L. Sept. Sever. P. Pert. Aug. Parth. Arab. Adiaben. P. M. Aurel. Antonin. Aug. Sarmat. Max. Germ. Max. Dac. Max. Armen. Max. Britan. Max. Arab. Max. Aleman. Max. Parth. Max. P. F. Pont. Max. Trib. Pote VI. Cos. Procos. Perpet. Leg. VIII. Ant. Aug. P. F. Ejus Num. Devot. Princ. Opt. Fortiss. Q. APPIANUS setzet nur auf einem zerbrochenen Stein: Tübingen, so aber auf denen Müntzen auf 205. nach Christi Geburt hinlauffet.

Max In
Aug. E Germ Max
Dac Max Arm
Max Trib P
Cos Et.

Conf. Cruс. Annal. P. 1. L. 4. c. 12. p. 82. ed. lat. p. 91. 92. Anbey gründet diese Muthmassung sich auf das Wort Palatinus, so von dem Palatio hergeführet wird, und welches Palatium Romanum hier gewesen wäre. Davon Crusius Paralip. c. 6. p. 410. ed. lat. p. 20. also schreibt: Man sagt: Kayser Antoninus Caracalla habe im Jahr Christi 213. einen

Pallast

Pallast allda gehabt, und das Recht gesprochen; habe auch den Teutschen zu lieb viele Wett- und Schau-Spiele da gehalten. Allein hier gibt es den Widerspruch, daß der Character Comes Palatinus viel neuer seye eines Officii, und einen Judicem Provincialem bedeute, dergleichen erst in neuern Seculis aufgekommen seye? Aber solte nicht Palatinus von Palatio seinen ersten Ursprung haben, in welchen Palatiis die Judicia in denen Provintzien sind gehalten worden? Auf diese Meynung scheint der seel. D. Andreas Adam Hochstetter in seinem Programmate, welches er An. 1698. zur Oration des jetzigen Herrn Pfarrers M. Grüningers in Weil bey Tübingen, de Laudibus Tubingæ, verfertiget hatte, zu incliniren.

Andere vermeinen den Anfang von Tübingen unter dem Röm. Kayser Aurelio PROBO zu finden, und setzen die ungewisse Jahrzahl 278. Ihr Beweißthum ist mir unbekannt, dieses aber ist gewiß, daß dieser Probus die Teutschen aus Gallien wieder zurücke über den Rhein und Neckar an die Donau rc. gejagt hat, mithin in diese Gegend gekommen ist. Ja, es haben neun Teutsche Könige den Frieden von ihm auf den Knien erbitten müssen; anbey liefferten sie 16000. junger Mannschafft, welche unter die Römische Armee gestossen worden. Conf. Gottfridi Chron. per Marianum Franckf. 1657. fol. Part. IV. p. 364. Adde Matthiæ Theatrum Hist. und Imhofii Bilder-Saal in Probo T. II. p. 203. Joh. Aventini Annal. Bojor. L. II. p. 186. Und haben sich zu zu Pfortzheim 2. Inscriptiones von ihme gefunden, wie Crusius bezeuget P. III. L. 12, c. 32. pag. 364. ed. lat. p. 801.

Endlich

Endlich meldet Wolffgang Jobst in dem kleinen Schauplatz der Städte, es seye Tübingen um das Jahr Christi 497. erbauet worden. Welche Meynung aber mit nichts, als dem Korn-Hauß, welches 1473. solle erbauet worden seyn, Connexion hat. Vid. Cruf. Annal. P. I. L. 8. c. 8. p. 183. ed. lat. 209.

Wie nun die erste Meynung von dem Alterthum Tübingens die ungewisseste, die dritte die gemeinste, die vierte die unrichtigste, so ist die zweyte die scheinbarste, weilen sie sich doch auf ein antiques Monumentum gründet, welches billich solte erhalten worden seyn.

Observatio IV.

Damit aber diese Relationes von den Römischen Kaysern, Vespasiano, Caracalla, Probo, nicht pur fabelhafft bleiben, oder nur blosse Muthmassungen scheinen mögen, so stellen wir die Möglichkeit vor, aus deme, was schon vor Vespasiani Zeiten mit denen Teutschen geschehen, e. g. mit dem VITELLIO, von dem es bey TACITO Annal. L. XVII. p. 158. Edit. Aldinæ 1534. 4to. also gelesen wird: XXX. Millia Cæcinna è superiore Germania ducebat, quorum robur legio una prima & vicesima fuit, addita utrique Germanorum auxilia, è quibus Vitellius suas quoque copias supplevit, tota mole belli secuturus. Und L. XVIII. p. 148. werden ausdrücklich Legionum, & Germanici Exercitus robur von einander unterschieden.

Von Vespasiano Patre schreibt AVENTINUS Annal. Bojor. L. II. p. 143. ed. Ingolstad. 1554. Germanos muneribus & præmiis sibi conciliavit. Dum enim adhuc privatus esset, ejus amicus erat Civilis Bathavus Dux Germanorum, qui à Cereale Duce Romano à Vespasiano cum

filio

filio ejus Domitiano ad Germanos pacandos misso, ad colloquium invitatus, arma & bellum deposuit, Fœdus cum Vespasiano init, quod ad Domitianum usque observatum est. Germanorum Agmina, ait Josephus, sedarunt bella civilia. Itaque Vespasianus pacavit Hesperiam tumultu Germanorum concussam. Man schlage den Josephum selber auf, was er von denen Teutschen unter dem Caligula, Vitellio und Vespasiano erzehlet. Edit. Colon. 1695. fol. Gr. & Lat. Antiquit. L. XIX. c. 1. p. 661. Ed. Germ. D. D. Cottæ Tub. fol. 1735. p. 601. da die Teutschen, die Leib-Wacht und Trabanten des Caji Caligulæ benennet werden. De Bello Judaico L. II. c. 16. p. 807. Edit. Col. Edit. Tub. Germ. p. 8. werden die Teutsche also beschrieben: Wer ist unter Euch, der nicht von der Teutschen Menge etwas vernommen hat? Ihre Stärcke und Grösse habt ihr meines Erachtens vielmahl gesehen, weilen die Römer fast allenthalben Leibeigene von ihnen haben. Diese aber, welche ein ungemein weites Land besitzen, und grössere Gemüther denn Leiber haben, und eine Seele, die den Tod nicht scheuet, und einen Zorn, der viel hefftiger als der grimmigsten Thiere ist, haben jetzo den Rhein zum Ziel ihrer Einfälle, sind von 8. Legionen bezähmt, und so viel ihrer gefangen sind, dienstbar worden, sintemal der gröste Theil dieses Volcks sich durch die Flucht gerettet hat. De Bell. Jud. L. V. p. 893. Edit. German. Lib. IV. p. 136. c. 9. wird gemeldet, wie Otho des Vitellii Teutsche Regimenter geschlagen habe, hingegen auch L. IV. Ed. Germ. c. XI. p. 142. Ed. Gr. & Lat. L. V. c. 13 p. 902. Wie sie die Teutsche die Höhe des Capitolii eingenommen haben. Es wird auch L. VII. Bell. Jud. p. 975. c. 23. Lat. Edit. Germ. L. VII. c. 4. §. 2. pag. 197. seq. einer grossen Rebellion deren Teutschen, auf Anstifften Classici und Vitellii gedacht, wider welche Domitianus zu Felde gezogen ist.

Johannes GULER von Weineck, Ritter, meldet in seiner Rhætia, oder Beschreibung dreyer Grasen von Bündten, und ander Rhätischen Völcker rc. fol. zu Zürch 1616. L. III. p. 36. von Caracalla diese Wort: Von Caracalla ist zu melden, daß er um das Jahr Christi 214. auf seinen unterschiedlichen Zügen aus Gallien, auch in Rhätien gekommen, und da er hin und her herum gereißt, habe er viel Tausend der Feinde geschlagen, daß auch noch ein Stein von ihme zu Augspurg zu finden seye. Und habe er von solchem Sieg den Namen Germanici und Alemannici bekommen. AVENTINUS Annal. Bojor. Edit. Ingolstad. 1554. p. 166. schreibt also von ihme: Caracalla ad Danubium proficiscitur, Germanos omnes sibi adjungit, atque in amicitiam conciliat, amplissimis prosequitur largitionibus. Ex illis bellorum socios & Custodes corporis validissimum quemque & pulcherrimum adsciscit &c. Welches mit dem vorigen nicht streitet, weilen er nur diejenige geschlagen, welche sich in Waffen ihme entgegen gesetzet hatten, übrigens aber sich öffters denen Teutschen gleich gestellet hat.

Von dem Kayser PROBO schreibt GULER Lib. IV. aber p. 40. a. Dieser M. Aurelius Probus, nachdem Er die Teutschen aus den Gallischen Landen, die sie mit Macht beraubten, und ihren Theil innhielten, vertrieben, und sie über den Neckar und Alp, dardurch entweder ein Wasser-Fluß des Schwartzwalds, oder aber die Landes-Gelegenheit zwischen den Neckar und Donau, so noch also heißt, verstanden wird, verjagt hat, da er auch auf des Feinds Grund und Boden Vestenen bauen lassen. Ist er mit seinem Heer durch Rhetien nach Illyricum gezogen, rc. Johannes AVENTINUS Ann. L. II. p. 186. schreibt also: Probus Germanos Rhenum contingentes ad pacem coegit & amicitiam. Sexdecim Millia tyronum ab illis oblata limitaneis distribuit &c. NAUCLERUS in Chron. Generat. X. Vol. II. Part. I. p. 35.b. hat folgendes:

His gestis cum ingenti exercitu Gallias petit, (Probus) quæ undique occiso Posthumio turbatæ fuerant, interfectoque Aureliano à Germanis possessæ, magna autem illic prælia tam fœliciter gessit, ut à Barbaris sexaginta per Gallias nobilissimas reciperet civitates cæsis probe quadraginta millibus, qui Ro. occupavere solum. Quam ob causam dedit ad senatum literas hujusmodi. Ago diis immortalibus gratias P. C. quod vestra in me ut judicia comprobarem, subacta est omnis qua tenditur late Germania, novem reges gentium diversarum ad meos pedes immo ad vestros supplices strati jacuerunt, omnes tam barbari vobis arant, vobis jam serviunt, & contra interiores gentes militant, supplicationes igitur vestro more decernite, nam 40060. hostium cæsa sunt. 11000. nobis oblata armatorum & 60. urbes nobilissimæ captæ, & omnes penitus Galliæ liberatæ, arantur gallicana rura barbaris bubus & juga germanica captiva præbent nostris colla cultoribus. Quid plura illis sola reliquimus, solo nos eorum omnia possidemus.

Bey GULER. Lib. IV. pag. 48. b. heißt es: Es ware schon zu Claudii Drusii Zeiten an gebräuchlich, daß die Römer wider die Teutschen an dem Rhein und Neckar Schlösser und Gräntz-Häuser gebauet haben. Welchen Neckar Pomponius Mela Lupiam nennet. L. II. ed. Wutstisii in 8. Basil. de Statu Orbis p. 80. (wiewohl andere durch Luppiam die Lippe verstehen wollen. So verdient auch hier gar wohl der vormahlige Professor Eloquentiæ & Poëseos Henricus BEBELIUS als ein Zeuge angeführet zu werden, welcher auch zeiget, wie besonders die Schwaben unter dem allgemeinen Namen der Germanorum enthalten seyen, und öffters vormenlich verstanden werden. Selbiger hat sich für die Schwaben sehr bemühet in Epitome Laudum Suevorum & Principis Udalrici, da er auch des Sidonis und Italici unter des Vespasiani Kriegs-Heer gedencket. pag. b. a. Ferner hat er zu Inspruck an den Kayser Maximilianum eine Rede

de

de Laudibus & Amplitudine Germaniæ gehalten, auch die Apologiam contra Leonhardum Justinianum pro Germanis geschrieben, vornemlich aber hat er davon Meldung gethan in seiner Cohortatione Helvetiorum ad obedientiam Imperii, wie alles zu Pfortzheim in 4to 1509. bey Th. Anshelmo zusammen gedruckt worden ist. Ja es hatten auch nachgehends die Schwaben die Ehre und das Recht in denen Schlachten den Angriff zu thun, wie dessen auch in dem Chronico Herverdensi Edit. Tubingensis 1525. in 8. per Huldericum Morhardum P. 6. b. gedacht wird, da es heißt: Datum (conferendi manus) negotium est Duci Rudolfo, ut ipse cum suis prima acie confligeret, peculiari scilicet Suevorum privilegio, quibus ab antiquis jam diebus lege latum est, ut in omni expeditione Regis Teutonici ipsi exercitum præcedere, & primi committere debeant. conf. Edit. fol. Francof. 1566. p. 205. Lamberti Schafnaburgensis Histor. Germ. So hat auch Crusius aus dem Zosimo und Vopisco die Teutsche Kriege des Probi P. I. L. V. c. 6. pag. edit. Germ. p. 102. seqq ed. lat. p. 117. seq. wei läufftig erzehlet, und führet die Worte des Vopisci von Probo an, welche er an den Senat nach Rom geschrieben hatte: Teutschland, so weit es sich erstrecket, ist unter unserer Bottmäßigkeit. Neun Könige von zerschiedenen Nationen haben sich zu meinen, oder vielmehr zu euren Füssen geworffen, und also unterthänigste Bitten an mich gethan rc. conf. Zosimum selbsten, Edit. Cellar. 8. L. I. pag. 108. seq. Adde Joh. Alexandr. DOEDERLINI, Rector. Weissenburg. Schediasma Historicum, Impp. Roman. P. Ael. Adriani, & M. Aurelii Probi Vallum & Murum

vulgò

vulgò die Pfahl-Heck und Teuffels-Mauer ꝛc. exhibens. Norib. 4. 1723. besonders p. 49.

Und haben wir nicht noth, daß wir uns allein an anderer Leute Zeugnisse halten; es beweisen solches unsere eigene innländische Documenta und Monumenta, nemlich die Römische Steine / die hin und her sind gefunden, und den grössesten Theil zu Stuttgardt an dem alten Lust-Hauß unter der Raritæten-Cammer aufgerichtet worden. Wir führen von solchen allein den ersten Stein an, als welcher von denen Zeiten des Kaysers Probi zeuget, und in PREGIZERI Suevia & Würtembergica Sacra p. 211. & 212. beschrieben ist; Dessen auch Conrad Friderich BüRCK in seinem jetzt lebenden und florirenden Würtemberg, in der Beschreibung Stuttgardt p. 11. seq. mit einerley Worten gedencket. 1636. 8.

Der I. Stein.

Ist ein Altar, mit seinen Haupt- und Fuß-Gesimsen einem Feuer-Kessel, und neben ligenden Waltzen gezieret, und zugleich ein Grantz-Stein der alten Römer, wie weit sie in Teutschland damahls eingedrungen, die Grantzen ihres Reichs gesetzet, und mit verschiedenen Besatz-Städten und Vesten verwahret, deßhalben vor andern der Vornehmste und hoch zu halten.

Dieser ist gefunden worden, A. 1583. bey Binningen einem Dorff, jenseits Marpach unter dem Zackern, an einem Ort, wo man hernach A. 1597. auf Befehl Herrn Hertzog Fridrichs, die Mauren einer Römis. Vestung, oder Burg, Castri Prætorii, darinnen der Gubernator, oder General Besatzung und Hof gehalten, mit seiner Wasserleitung, Zisternen, Vormauren und dergleichen Anzeigungen hervor gegraben, und in Grund gelegt. Daher gedachter Hertzog bewogen worden, daß er solchen Stein mit einem schönen Postement wieder an seinen alten Ort aufgerichtet, und etliche Vers darunter verzeichnen lassen.

Die Schrifft des Steins lautet also:

CAMPESTRIBUS.
SACRUM.
P. QUINTIUS. L. FIL.
QUIR. TERMINUS.
DOMO. SICCA.
VENERIA TRIB.
COH. XXIV. VOL. C. F.

Und ist der Verstand darvon, daß zu Ehren den Feld-Göttern oder Göttinnen, oder auch den Kriegs-Göttern, Publius Quintius Lucii Sohn gebürtig von Sicca Veneria, einer Stadt in Africa, ein Oberster von der XXIVsten Cohorte, oder Batallion, freywilliger Knecht, welche bestanden von 420. biß 5. 600. und 1000. Mann, sonderlich des Kaysers Probi, als Gubernator die neuen Teutschen Provintz am Neckar diesen Stein für einen Gräntz-Stein des Römischen Reichs setzen lassen, welches aus den beeden Worten QUIR. TERMINUS, das ist Quiritum, oder der Römer Grentz-Stein, abzunehmen. Wobey zu wissen, daß eine Römische Legio von Anfang 4200. Fuß-Knecht biß in 6000. zuletzt bestanden, und zehen Cohortes unter sich gehabt, über welche sechs Tribuni gesetzt worden, also ein jeder Tribunus eine Batallion unter sich gehabt, eine Legion aber nicht nur für ein Regiment, sondern für eine Brigade kan gerechnet werden, welche etliche Regimenter unter sich hat.

Des Postements Verse lauten auf Lateinisch.

UT. DE. ROMANIS. ALEMANNAS. FINIBUS. ORAS.
DIVIDEREM. FUERAM. TERMINUS. IMPERII.
NAM. ME. GERMANIS. CÆSAR. PROBUS. INDE. REMOTIS.
JUSSIT. IN. HOC. STATUI. RURE. JUGISQUE. NICRI.
ME. REPERIT. VOMIS. SED. IN. HOC. ME. MARMORE. SISTIT.
WIRTENBERGIACI. DUX. FRIDERICUS. AGRI.
HIC. STETIT. URBS. CASTRIS. MUNITA VENERIA. MILES.
TEUTONUS. HANC. ET. REX. ATTILA. STRAVIT. HUMI.

Welches

Welches Teutsch kan geben werden.

Ich wurde für den Grentz- und Bann-Stein aufgestellt,
Daß ich der Römer-Reich abtheilt vom Teutschen Land,
Durch Kayser Probus hier an diesem Neckar-Strand,
Wo er die Teutschen weg verjaget und gefället,
Herr Hertzog Friedrich hat mich wieder aufgericht,
Als ich durch pflügen ward gerissen aus dem Grund,
Wo vor Veneria die Stadt und Vestung stund,
Vom König Hetzeln und den Teutschen gantz vernichtet.

Auß welchen Geschicht-Schreibern dieser Herr versichert gewesen, daß allhier die Besetzstatt und Vestung Veneria gestanden und geheissen, auch Binningen ihren Nahmen davon, gleichsam Veneringen bekommen, ist zweifelhafftig, vermuthlich mag es des Studionis Meynung und seine Verse gewesen seyn, welcher des Alter das Steins aufs Jahr Christi 280. setzet, und die Verstörung vom Atila aufs Jahr 451. gleichwohl nicht gar ohne Grund, weil Kayser Probus nur fünff Jahr regieret, 70. Städte eingenommen, 40000 Teutsche erleget, 9. Könige zu seinen Füssen liegen sehen, Teutschland zu einer Provintz machen wollen, deßwegen zu Rom im Triumpff eingezogen, und Anno 282. umkommen.

Die zwo Zeilen am untersten Fuß-Gesimms

TERMINUS. HIC. ROM. IMP. INSCRIPTIONE. SUPPEDANEA.
STUTGARDIAM. BINNINGA. TRANSLATUS. ET. ERECTUS. EST. HEIC.

zeigen an, daß der obere alte Grentz-Stein von Binningen (welches Veneria soll gewesen seyn, (hieher nach Stuttgardt gebracht, und mit des Postements nachgemachter Schrifften aufgesetzet worden, im Jahr Christi 1692.

Von dieser XXIVsten Cohorte, oder 24ten Bataillon, finden sich zwey Stein (neben etlich andern) zu Murhart, zwo Meilen von Marpach, ꝛc. welche der Leser ansehen mag. Selbiger beliebe auch dasjenige durchzugehen, was CRUSIUS P. I. L I. c. 1. 2. 3. und 4. pag. 8. sqq. edit. lat. p. 11. sq. weitläufftig von denen Schwaben vorgebracht hat.

Adde *Hieronymi Thomæ* Augustani *Schardium Redivivum* T. I. hin und her, da man auch *Bebelii* p. 95. sqq. und anderer Scripta besonders das Chronicon *Herveldense* p. 369. seqq. eingerucket findet. Ins besondere p. 308. da es in Johannis *Heroldi*, Hochstatensis Tr. de Romanorum in Rhætia Litorali Stationibus C. I. von der Termination Ingen also von Laugingen heißt: Mihi pro certo persuadeo, quod à vulgo, cum ob asperiorem sonum difficulter proferretur, relisis duabus intermediis literis, (Leg. Aug.) Laug. retinuerunt incolæ, patriamque illam vernaculam terminationem, ut in aliis, Ingen adjecerunt. Sic & Legionis Augustææ Auxiliaris præsidio Laugingen habemus. Hic obiter mihi occurrit, ferme loca illa omnia, quæ in Ingen terminari scimus, Romanorum Exercitibus olim infesta fuisse, ut ferme crediderim, ex illa Syllaba L E G. nostris Ling. factum, ac ita Aulingen primo, deinde transposita litera Laugingen pronunciatum esse.

Das dritte Capitel.

Von denen alten Pfaltzgrafen in Tübingen.

Wie wir schon gemeldet haben, daß das Alterthum von Tübingen mit dem Alterthum der Pfaltz-Grafen von Tübingen zimlich vereiniget seye, dergleichen Comites Palatini, nach Münstero L. III. c. 20. Cosmographiæ p. 410. Judices Regni edomiti gewesen sind / bey denen Römern, welche selbige nach Eroberungen der Länder, darzu gemacht haben: So wollen wir nach Möglichkeit die Namen derselben aufsuchen, und in Ordnung bringen.

Observatio I.

Es erzeigt sich aber weder ein sicherer Anfang noch unterbrochene Succession, und lauffen

fen bey dem Crusio die Nachrichten zimlich wieder einander, nachdem er hin und her dieselbe erhalten hatte.

Wir müssen darvon unsern CRUSIUM selber hören. Dieser schreibt in der Præfation auf den dritten Theil der Annalium §. 9. und 10 pag. 721. b also: Nachdem er vorhero von der Narheit und Mangel der alten Sache geredet hatte §. 9. Vielleicht finden sich auch einige Fehler in diesem Werck, oder es ist etwas aussen gelassen worden? Aber solte mich wohl jemand, der Billigkeit und Klugheit besitzet, deßwegen tadlen? dann nicht aller Orten, ob ich gleich fleissig darum gebetten, ist man mir mit denen benöthigten Nachrichten an die Hand gegangen. Einige haben wohl etwas versprochen, aber nicht gehalten. So ist auch dieses die erste Auflage; Ich selbsten, wann ich länger leben und gesund seye, das Werck aber wieder aufgelegt werden solte, könnte es verbessern und vermehren. Ein Tag lehret den andern, und man sammlet mit der Zeit immer mehr. Ein Zwerch hat sich (wie man im Sprüch-Wort zu sagen pflegt) nicht zu rühmen, wann er, so er auf eines Riessen (worvor ich mich doch nicht ausgebe,) Schuldern stehet, über demselben hinaus siehet. §. 10. Schließlichen bitte ich, daß der Leser alle Vorurtheile ablegen wolle, und nicht gleich, wann er auf eine Stelle fällt, abgeschmackt von dem gantzen Werck urtheilen, sondern es mit billichem Gemüth in der Ordnung von Anfang biß zu letzt lesen, und alsdann seine Meynung darvon sagen.

Observatio II

Diese Pfaltz-Grafen theilen sich nun in zwey Classen, darvon die eine ist, von denen, welche von Anfang biß an den Verkauff von Tübingen an Würtemberg, nemlich biß 1342., gelebt haben, und Herren von Tübingen gewesen sind, und in diejenige, welche keinen Besitz mehr darvon gehabt haben, und hernach Grafen von Tübingen

 und

und Herren auf Lichteneck seynd genennet worden. So haben sich auch diese Grafen weit ausgebreitet gehabt, in Chur Rieß, da sie auch Grafen im Chur Rieß genennet worden, Comites Curiæ Rhætiæ, Herren zu Ruck / Bregenz / Gernhausen / item in Herrenberg / Calw und Böblingen, im Blauthal und Filsthal, rc. welche alle untereinander und mit einander sind verbunden und verwandt gewesen. Insbesondere haben sie den Titul von Tübingen geführet, und so kommen dann folgende Pfaltz-Grafen von Tübingen heraus, welche wir in Chronologische Ordnung gebracht haben.

Observatio III.

Secul. I. oder 1. Jahrhundert nach Christi Geburt . . . RABOTUS oder RABODUS Anno LXXI. unter Tito Vespasiano. Andere schreiben Rabato. Vid. nebst *Crusio* supra cap. II. observat. 3. pag. 9. *Lucæ* Grafen-Saal p. 676.

Secul. II. III. IV. ist nichts bekandt.

Secul. V. RABOTUS II. Anno. 419. unter Kayser Theodosio. dieser solle die Mauer um Tübingen gezogen haben. Conf. *Cruf.* Annal. P. II. L. 5. c. 8. p. 416. ed. lat p. 169.

Secul. VI. VII. ist nichts bekannt.

Secul. VIII. Anno 760. ADELBERTUS, Graf von Rothenfahn.

Secul. IX. Anno 840. ROLANDUS. Welcher die Schlösser zu Herrenberg und Tübingen solle gebauet haben. Dessen Brüder sollen gewesen seyn 1.) RODERICUS, Pfaltz-Graf in Ober-Rhätien. 2) CADELOCH zu Bregenz, 3) ANSHELM

HELM, Graf zu Reineck und Feldkirchen 4) HENRICUS Herr zu Werdenberg. Conf. *Cruf.* Annal. P II. L. 5. c. 8. p. 416. ed. lat. p. 169. und Friderici *Lucæ* Grafen-Saal p. 676. *Speneri* opus Heraldic. P. Special. L. II. c. 56. §. 1. pag. 495. und pag. 497. Johann *Grulers*, Ritters, Rhætiam, Zürch fol. pag. 216. a.

Secul. X. Anno 912. biß über 938. kommt vor LUDOVICUS Pfaltz-Graf in Tübingen, so unter Kayser HENRICO I. Aucupe wieder die Ungarn Anno 933. gefochten hat. Als seine Brüder werden angegeben 1.) ERNFRID, Graf zu Herrenberg, und 2) HUNEFRID von Bregentz, er ware 935. auf dem Turnier zu Magdeburg. Vid. *Cruf.* ib. & P. II. L. 4. c. i. p. 368. ed. lat. p. 102. Paralipom. c. 6. pag. 410. ed. lat. p. 20. *Lucæ* Grafen-Saal p. 676.

Secul. XI. zu Ende des zehenden, und Anfang des elften Seculi lebte Anno 1000. ADELBERTUS, oder Albrecht Pfaltz-Graf zu Tübingen, Herr zu Gerrhausen und Brenzthal. Er hatte unterschiedliche Brüder. Von diesem an lauffen die Pfaltz-Grafen richtiger; wiewohlen selbige von denen Scribenten in denen Familien zimlich verwechselt werden. Vid. *Cruf.* Annal. P. II. L. 5. c. 8. p. 416. *Lucæ* Grafen-Saal. p. 677. Von diesem ADELBERT, dessen Gemahlin Hemma solle geheissen haben, sollen hergekommen seyn drey Söhne: 1) HUGO 2.) ULRICUS, 3) HENRICUS. Hier melden die Scribenten von denen zwey letztern fast nichts. Und sind ihre Descendenten unbekannt: HENRICUS bekame zur Gemahlin ADELHAID,

Comitissam Grechgoviæ, Grafen ZEISOLPHS Tochter, und ersoffe in dem Rhein ohngefehr 1090. darüber seine Gemahlin aus Bekümmernuß starbe; und liessen sie keine Kinder nach. Vid. Cruſ. P. II. L. VIII. c. 9. p. 492. ed. lat. p. 273. Er hielte es mit RUDOLPHO gegen Kayser HENRICUM IV. und wurde deßwegen Tübingen belagert. Dem ULRICO wird ein Sohn Wilhelm, und eine Tochter Itha, uxor Eberhardi, Grafen von Nellenburg zugeschrieben. A. 1060. wird HUGO I. gemeldet, welcher Zweiffels ohne schon regieret hatte, und auch Graf des Schlosses Ruck, und Herr des Schlosses Gernhausen genennet wird. Vid. *Cruſ.* Ann. P. II. L. 7. c. i. p. 449. ed. lat. 213. ſq. *Lucæ* behält auch nur den HUGONEM I. p. 677. Dieser hatte wieder 3. Söhne. 1.) HUGONEM II. 2.) ANSHELM. 3.) SIGIBOTH. Deren Familien sehr vermenget werden. Werden aber alle in die Zeit vor und nach 1080 und 1090. hingewiesen. So muß auch hier der Irrthum beobachtet werden, daß man HUGONI II. eine Descendenz, welche doch die vornehmste ist, abspricht, und HUGONEM III. als einen Sohn ANSHELMI, weilen dieser in Tübingen residirte, aber unrecht angibt, welches besonders gegen *Lucæ* Grafen Saal p. 680. zu beobachten ist; so wird sich bald auch ein fernerer Wiederspruch wieder *Cruſium* und *Lucæ* finden.

Nun haben wir diese 3. Brüder vor uns, nach welchen wir uns richten müssen: Obschon andere Nahmen, so nicht sollen übergangen werden sich darzwischen finden mögen.

Obgleich also HUGO II. der Erste Sohn gewesen ist, so nehmen wir doch die Stamm-Linie

von

von SIGIBOTH, als dem dritten zu erst vor uns, weilen sie zu erst solle aufgehöret haben.

A.) SIGIBOTH 1095. Uxor, ADELHAID, Gräfin von Elsaß. Hatte Söhne gehabt, welche also genennet werden.

1.) WERNER Canonicus in Augspurg.

2.) WALTHERUS, Bischoff in Augspung von 1125 biß 1154.

3.) SIGFRIED, Uxoratus. Dessen Sohn gewesen HARTMANNUS. Weilen er improlis ware, so würde er Monachus in Blaubeuren. Conf. *Lucæ* Grafen Saal p. 678. *Crus.* P. II. L. 8 c. 13. pag. 501. ed. lat. p. 288.

B.) ANSHELMUS ware der zweyte Sohn HUGONIS I. dessen Uxor nach *Crusio* BERTHA. Conf. *Crus.* P. II. L. 8. cap. 13. p. 501. ed. lat. p. 288. Hatte zwey Söhne.

1.) HENRICUM, circa 1095. dessen Gemahlin Adelheid von Enzenberg gewesen ist. Welche in ihres verstorbenen Gemahls und Schwagers HUGONIS Namen die Bestättigung der Stifftung des Closters Blaubeuren vom Papst *Urbano* II. 1099. gesuchet hat. Conf. *Besoldi* Monumenta pag. 909. sqq. *Francisci Petri* Sueviam Sacram pag. 178. sqq. *Crusium* l. c. p. 501. ed. lat. p. 288.

2.) HUGONEM IV. Advocatum Blabyrensem. Vid. *Besoldi* Document. Monaster. Würtemb. p. 914. An. 1099. dessen Sohn wird gemeldet FRIDERICUS, Augmentator Blabyrensis. Vid. *Lucæ* Grafen Saal p. 682. da er falsch als ein Sohn HUGONIS III. angegeben wird. Die Posteri sind unbekannt, und solle er ohne Erben gestorben seyn.

Diesem HENRICO wird ein Sohn zugeschrieben, MANEGOLDUS I. um die Zeit 1090. biß 1120. vel 1125. welcher mit seinen Söhnen Stiffter des Closters Anhausen gewesen ist. Dieses MANEGOLDI Söhne wären also gewesen: 1. ADELBERTUS, 2. ULRICUS, 3. WALTHERUS, Episcopus Augustanus, † 1154. 4. MANEGOLDUS II. Vid. R. D. FRANCISCI *Petri* Sueviam Sacr. fol. p. 88. sqq. *Besoldi* Documenta pag. 325. sqq. *Crusii* Annal. P. II. L. 9. c. 10. p. 534. Ed. lat. p. 334. *Lucæ* Grafen-Saal. p. 682.

Die Posteri sind unbekannt. Und zeigt sich hier die Vermischung der Sigibothischen und Anshelmischen Familien, indem der Bischoff WALTHER der Sigibothischen Linie zugeschrieben wird, welcher doch laut der Zeugnissen von der Anshelmischen gewesen ist.

C.) HUGO II. ein Sohn und zwar der Erste HUGONIS I. circa 1095. Wie nun von diesem die Haupt-Genealogie fortgeführet worden ist, so muß man darauf am mehesten reflectiren. Dann ihme Hugo III. und Conradus: so 1120. gelebt hat, zugeschrieben werden. Conf. *Speneri* Opus Heraldic. Part. Spec. p. 497.

Secul. XII. Es kommt also vor, wie man damahlen schriebe Pfaltzgraf von Tuingen HUGO III. ein Sohn HUGONIS II. von A. 1140. biß 1172. ꝛc. Uxor ELISABETH, eine Tochter Rudolphi, und Erbin von Bregentz. Er schriebe sich Herr zu Ruck und Gernhausen, auch Grafen von Pfullendorff und Bregentz. Unter diesem hatte Tübingen allerhand Begebnissen und Kriege. Er schlug 1164. den Hertzog GUELPHEN den VI. aus Bayern von Tübingen

bingen hinweg. Und als er sich hernach dennoch dem WELPHEN auf Discretion 1166. auf Befehl des Kaysers ergeben muste, bliebe er in der Gefängniß biß 1169. richtete hernach nach der Befreyung An. 1171. das Closter Marchthal, nach gethanem Gelübde wieder auf, und setzte an statt der Chor-Herren Præmonstratenser-Mönche. Vid. *Cruſ.* Annal. P. II. L. 10. c. 10. p. 590. ed. lat. p. 411. P. II. L. 11. c. 6. p. 633. ed. lat. p. 456. P. II. L. 10. c. 8. p. 586. ed. lat. 405. *Lucæ* Grafen-Saal. p. 680. ſqq. R. *Franciſci Petri* Sueviam Sacram. p. 563. ſqq. Annales Cœnobii Bebenhuſani, Tom. X. Diplomatum MS. Illuſtris de Ludewig. p. 410.

Seine Söhne waren 1.) HENRICUS. Dieser sturbe an der Pest in Rom, in dem Krieg, Kaysers FRIDERICI I. Barbarossæ wider Italien, 1167. von diesem ist weiter nichts bekannt, und hat *Lucæ* unrecht, wann er MANEGOLDUM ihme als einen Sohn zuzueignen scheinet, pag. 682. weilen er HUGONIS IV. Bruders HENRICI Sohn gewesen ist. Conf. von MANEGOLDO *Cruſ.* p. 501. und von HENRICO p. 590.

2.) RUDOLPHUS I. Pfaltzgraf zu Tübingen Herr zu Bregentz, Graubünden und Chur. Uxor, MECHTILDIS, Gräfin von Eberstein. Seiner wird gedacht, daß er auf dem Turnier zu Zürch gewesen seye. Er instaurirte und fundirte das Closter Bebenhausen von 1180. biß 1190. ꝛc. welches Anfangs Præmonſtratenſer-Ordens ware, aber 1190. dem Ciſtercienſer-Orden gegeben worden. Conf. *Beſoldi* Docum. pag. 354. p. 357. ſq. *Cruſ.* Annal. P. II. L. 11. c. 17. p. 662. ed. lat. p. 497. P. II. L. 11. c. 11. p. 647. ed. lat. p. 476. P. II. L. XII. c. 1. p. 669. ed.

ed. lat. p. 507. seq. P. III. L. I. c. 2. p. 730. ed. lat. p. 8. *Lucæ* Grafen-Saal. pag. 683. R. Francisci *Petri* Sueviam Sacr. p. 126. sqq. *Annales Cœnobii Bebenhusani* Tom. X. Diplomatum MNS. Illustris de Ludewig p. 411. Er sturbe 1219. den 19. April und ligt im Closter Bebenhausen in dem sogenannten Flagellatorio oder Capitulo ante Altare S. Johannis, mit seiner Gemahlin MELCHTILDE, und 2. jungen Herren begraben. Hiervon muß ich eine Historie erzehlen:

Als ich 1709. biß 1713. als Closter-Præceptor-Adjunctus in Bebenhausen stunde, hatte ich eine Controvers, wo eigentlich diese stifftende Personen begraben liegen möchten? Man wolte diesen Johannis-Altar in der ältesten Bebonis-Capell, an dem sogenannten Kohl-Thurn, mithin auch diese Begräbniß daselbst finden. Als nun einmahls das Capellen gantz leer ware, und zu diesem Endzweck gesäubert wurde, so befande, daß diese Meynung nicht Grund hätte. Ich untersuchte deßwegen oben im Closter unterschiedliche Gräber in dem Creutzgang, und kame endlich auf die Spur, daß der S. Johannis Altar in dem Anbäulen des Capituli gestanden. Und hier fande gleich vor solchem die Begräbnisse, wann man hinein gehet, oben in dem lincken Eck. Es waren 4. Gräber, 2. Grosse und 2. Kleine, in starcken Stein also ausgehauen, daß der Kopff ordentlich hat können eingelegt werden. Es waren auf beeden Seiten, auch oben und unten rothe eingelegte Creutzlen, von Ziegelsteinen, so sehr hell und frisch als gantz neu aussahen, zu bemercken. Kein Gebein ware aber mehr vorhanden, sondern die steinerne Särge gantz leer und sauber. Der Fundatricis

Grab-

Grabstein hatte seine Inscription, welche einwärts gekehret, und also wohl und sauber erhalten ware. Man kehrte den Stein um, und legte eine höltzerne Thür darauf: Die Inscription ist folgende:

Christo commissa sit Mechtildis Palatissa:
Perquam fundata constat domus illa beata.
Hæc Idus Januarii memoratur obisse.

† † †

Te rogo per Christum quicunque locum teris istum
Mente Deo præsto fundatricis memor esto!

Die Worte sind mit grosser Schrifft eingehauen. Vid. *Crus.* Ann. P. III. L. 1. c. 2. p. 730. ed. lat. p. 8.

Wir lassen aber dieses fahren, und unsern RUDOLPHUM I. ein wenig ruhen; und muß ich hier einige Namen einrucken, welche ich zu keiner gewissen Familie sicher aus Mangel des Beweißthums rechnen kan. Zum Exempel, also werden bey *Crusio* gemeldet, welche der geneigte Leser selbst zu rangiren belieben wolle:

A. 1120. CUNRAD. Pfaltzgraf von Tübingen, Benefactor gegen dem Closter Blaubeuren. Vid. *Crus.* P. II. L. 9. c. 7. p. 528. ed. lat. p. 326. Es scheinet aber, er seye Hugonis III. Bruder gewesen.

Ann. 1122. seq. GOTTOFRIDUS, Pfaltzgraf und Schutzherr von Sindelfingen. Vid. *Crus.* Paralipom. c. 3. p. 401. ed. lat. p. 5.

A. 1133. ROMANUS. Von dessen Tochter Benigna sein Eydam WILHELMUS das Schloß Tübingen bekommen. Vid. *Crus.* Ann. P. II. L. 9. c. 16. p. 551. ed. lat. p. 358.

Secul. XIII. Dieser unser RUDOLPHUS I.

Fun-

Fundator von Bebenhausen hatte 3. erwachsene Söhne. Vid. *Cruſ.* Ann. P. II. L. 10. c. 10. p. 590. und P. III. L. 1. c. 2. p. 730. ed. lat. p. 411.

1.) HUGONEM V. An. 1240. wird dessen gedacht, er muß aber schon lang zuvor regiert haben, weilen der Vatter 1219. gestorben ware. Dieser setzte die Regierende Linie in Tübingen fort.

2.) RUDOLPHUM. Dessen geschiehet Meldung 1247. Uxor ADELHAID, Gräfin von Eberstein und Baaden. Dieser solle in Sindelfingen begraben liegen, und 1272. gestorben seyn als Schutzherr. Sie ist in Bebenhausen den 19. Sept. 1272. begraben.

Filius HUGO sepultus in Sindelfingen. *Cruſ.* P. III. L. 2. c. 22. p. 830. ed. lat. p. 129.

3.) WILHELMUM. Dessen Gemahlin gewesen WILLIBURGIS. Und dessen Sohn solle gewesen seyn ULRICUS, genannt von Asperg, welcher An. 1276. die Kirche zu Lustnau, welche in das Tübingische Rural-Capitul gehörte, dem Closter Bebenhausen gegeben hatte. Vid. *Cruſ.* Annal. P. III. L. 3. c. 2. p. 837. ed. lat. p. 137. sq. Daselbst der Donations-Brieff in Extenso zu lesen ist. Er ist 1283. gestorben, und in Bebenhausen die S. Afræ begraben worden. Er ligt im Pomœrio begraben.

Dem HUGONI V. wird ein einiger Sohn RUDOLPHUS zugeeignet, welcher vielleicht 1268. die Regierung angetretten hatte. Andere melden zwar auch OTHONEM und LUDOVICUM, welche 1283. ihre Mühle in Waldeck dem Closter Bebenhausen verehrten. Dieser wurde RUDOLPHUS II. genannt, Pfaltzgraf, auch Herr zu Ruck/ Gernhausen und Böblingen. Er wurde auch genannt

Rudolph

Rudolph der Schärer, welcher Zunahme damalen aufgekommen und die Famillen unterschieden hat. Von dem Ursprung dieses Worts redet *Crusius* Annal. Paralip. c. 23. pag. 456. ed. lat. pag. 90. also. Schärer oder Scharherr / Scharæ *Dominus*, ein Herr der Kriegs-Schaar. Seine Gemahlin ware HEDWIG von Dillingen. Vid. *Lucæ* Grafen-Saal p. 683. *Cruf.* Ann. P. III. L. 3. c. 10. p. 861. ed. lat. p. 170. Er thate dem Closter Bebenhausen vieles gute, und schenckte ihnen auch Waldhausen und andere Gefälle. Vid. *Cruf.* P. II. L. 12. c. 1. p. 670. ed. lat. p. 509. und P. III. L. 3. c. 1. p. 834. 838. ed. lat. p. 133. & p. 138. Er solle auch die Schutz-Gerechtigkeit über das Closter Blaubeuren 1267. denen von Helffenstein überlassen haben. Hat doch aber vieles zu dem S. Johannis Altar gestifftet. Vid. *Cruf.* Ann. P. III. L. 2. c. 17. pag. 818. ed. lat. p. 113. R. Francisci *Petri* Sueviam Sacram. pag. 181. sqq. C. *Besoldi* Docum. MS. p. 916. sqq.

Damahlen ware die Tübinger-Müntz schon gangbar, also daß man nach der Tübinger- oder Haller-Müntz auszahlte. Vid. *Cruf.* P. III. L. II. c. 17. p. 817. ed. lat. p. 112. und L. 3. c. 2. p. 838. ed. lat. p. 138.

Dieser RUDOLPHUS II. vulgò der Schärer, welcher in Wien den 4. Maji 1277. gestorben, und hernach 5. Cal. Jun. zu Bebenhausen begraben worden ist, hatte 2. Söhne.

1.) GOTTOFREDUM, vulgò Götzen I. Herrn von Herrenberg und Böblingen. Uxor ware LUITGARDIS, Gräfin von Schilcklingen, seines Sigills wird circa 1293. gedacht. In diesem Sigel saß er geharnischt auf dem Pferd, mit einem

Schild

Schild an der lincken Seiten, und einer Fahne in der rechten Hand. *Cruſ.* P. III. L. 3. c. 11. pag. 866. ed. lat. p. 176.

2.) HENRICUM, Herrn zu Böblingen, geſtorben 1281. Deſſen Söhne werden gemeldet

a) EBERHARDUS, vulgò der Schärer. Uxor ADELHAID, Gräfin von Vayhingen, conf. *Cruſ.* P. III. L. 3. c. 8. p. 857. Er verkauffte mit Conſens ſeines Bruders RUDOLPHS die Weinberge in Jeſingen an Bebenhauſen ꝛc. pro 104. Pf. Heller, Haller-Müntz. vid. *Cruſium* P. III. L. 3. c. 8. pag. 859. ed. lat. p. 166.

b.) RUDOLPH. ib. Dieſe beede verkaufften auch einige Güter und das Fiſchrecht zu Luſtnau an das Cloſter Bebenhauſen A. 1292. vid. *Cruſ.* P. III. L. 3. c. 11. p. 864. und p. 866.

Da nun hier das XIII. Seculum ſich endiget, ſo hohlen wir diejenige nach, welche wir nicht zu rangiren wiſſen. Und kommen vor

An. 1201. BURCKARDUS. Deſſen Uxor Luitgardis damahlen geſtorben. Von dieſem iſt meine Meynung, daß er würcklich kein Tübingiſcher Deſcendent geweſen ſeye, wohl aber ſeine Gemahlin von dieſen Pfaltzgrafen abgeſtammet geweſen. Und auf ſolche Weiſe hat er Tübingiſche Güter in Magſtatt beſeſſen. Und ware die Famille ſonſten der Burckarten von Berſtingen, welche dieſe Güter Lehensweiſe, oder auf andere inne gehabt haben, welche hernach 1292. Pfaltzgraf Gottofredus ſeinen Vettern überlaſſen hat. Vid. *Cruſ.* P. III. L. 3. c. 11. pag. 864. Wiewohlen auch bey dem Cruſio p. 856. ein Graf Burcard und Gottfried von Böblingen gemeldet werden, welche dem Grafen Eberhard von

Würtem-

Würtemberg in dem Stättischen Krieg beygestanden sind.

A. 1272. RUDOLPHUS, Diaconus und Canonicus zu Sindelfingen, daselbst gestorben 1272. 7. Sept. wird zwar ein Sohn Hugonis genannt. Cruf. P. III. L. II. c. 22. p. 830.

A. 1275. HAINRICUS, Comes Tubingensis. Frater in Collegio Franciscanorum Esslingensi. Von welchem im Creutzgang dieses in die Mauer gehauen gewesen. Anno Domini M. CC. LXXV. secundo die Mensis Martii, obiit frater, Hainricus, Pallentinus & Comes Tubingensis, cujus anima requiescat in pace!

A. 1344. WALTHER de Gerolzeck, Dominus in Gerolzeck, nominatus de Tuuingen, Cruf. P. III. L. IV. c. 14. pag. edit. lat. 244. Solle in der Schlacht geblieben seyn. Uxor ADELHAID, Gräfin von Tübingen 1370.

Secul. XIV. Um welche Zeit man Tuwingen geschrieben hat. Damahlen lebte also oben gemeldeter GOTTOFRIDUS I. seu Götz der Erste, dictus der Böblinger. Seine Gemahlin wird gemeldet ELISABETHA, Gräfin von Fürstenberg. Dieser starb 1316. 30. Jan. Vid. Cruf. P. III. L. 4. c. 4. p. 888. ed. lat. p. 208. Er hatte A. 1300. die Stadt und Schloß Tübingen dem Closter Bebenhausen überlassen, solche aber gleich wieder in eben diesem Jahr durch Bezahlung der vorgestreckten Summen eingelößt, ausser dem Kirchen-Satz von Tübingen, welchen er schon 1294. demselben Closter geschencket hatte. Conf. Crusium P. III. L. III. c. 15. p. 874. da es heißt: In eben diesem Jahr hat Graf Gottfried von Tübingen diese Stadt und Schloß mit allen

Zugehör eben diesem Closter (Bebenhausen) um eine gewisse Summ Geldes überlassen, selbige aber noch vor Ausgang des Jahrs um eben diese Summ wieder eingelöset;
ausgenommen den Kirchen-Satz. Er hatte vorhero A.
1291. 7. April Indict. IV. seine Güter in Böblingen und Birchach mit allem Zugehör an das Closter
Bebenhausen pro 600. Pf. Heller Haller-Müntz,
verkaufft. Vid. Crusium P. III. L. III. c. 10. p. 862. b.
ed. lat. p. 171. Daselbst der Kauff-Brieff zu lesen ist.
Dieser müßte der Pfaltzgraf seyn, welcher 1339.
nach Rebstockens Beschreibung ein Leib-Geding
solle bekommen haben, an Frucht und Wein, zu Geld
geschlagen à 91. fl. so ihme seine 3. Söhne zugeeignet hatten. Darvon ich aber sonsten nichts gefunden
habe, und trifft die Zeit 1339. nicht überein, da er
schon 1316. gestorben ware.

Diesem werden 3. Söhne zugeschrieben,

1.) SIGISMUNDUS A. 1311. auf dem Turnier
zu Ravenspurg. Von dem nichts weiters bekannt
ist. Er solle auf dem Turnier zu Ravenspurg 1311.
gestorben seyn.

2.) GOTTOFREDUS II. vulgò der 2te Götz.
Uxor CLARA Gräfin von Freuburg, welche ihme
das Schloß Lichteneck in dem Brißgau nahe bey
Kentzingen, als eine Morgengabe zubrachte. Vid.
Cruf. P. III. L. 4. c. 13. p. 910. ed. lat. p. 240.

3.) WILHELMUS, Uxor HAILGA, vel ITAIL-
GA, Gräfin von Eberstein.

Observatio IV.

Diese beede Brüder verkaufften Stadt und
Schloß Tübingen mit Zugehörden 1342. an Grafen ULRICH von Würtemberg. Von diesem Kauff
schreibt Crusius P. III. L. 4. c. 13. p. 910. edit. lat.
p. 280.

p. 280. also: In diesem 1342sten Jahr haben Götzove, Gottfried und Wilhelm, Brüder und Pfaltzgrafen von Tübingen, die Stadt Tübingen samt dem Schloß und allen Zugehörden an Graf Ulrich von Würtemberg verkaufft. Dahero kam gleich im andern Jahr das Closter Bebenhausen, (welches von Rudolphen, Pfaltzgrafen von Tübingen, um das Jahr 1188. aufgerichtet und wohl eingerichtet worden,) samt allen Gütern, die es in und ausserhalb der Stadt Tübingen hatte, in der Würtembergischen Grafen Schutz. In des *Besoldi* Docum. Rediv. Monaster. Würt. p. 360. sq. kommen aus dem Kauffbrieff folgende Worte vor: Götz und Wilhelm, Graven zu Tuwingen, verkauffen Grav Ulrichen von Würtemberg Tuwingen, Burg und Statt, Leut und Gut, Gesuchts und Ungesuchts, Fundes und Unfundens, inwendig der Vesten und auswendig, unter der Erden und darob, an Veld und Wald, an Wasser, an Wasser-Rissen, an Gülten, Vällen, mit aller ihrer Zugehör, umb 20. M. Pf. guter und geber Heller, und haben ihnen weiter nichts vorbehalten, dann die Hundlegen zu Bebenhausen und das Gejädt im Schönbuch. Und daß solcher Verkauff steht und vest gehalten werd, haben Sie geschworen zu den Heiligen, mit aufgehabnen Händen. An. 1342. Hier ist zu mercken, daß sie gleichfalls 1344. auf die Hundlegen und Jagd in Bebenhausen, renuncirt haben. Vid. Crus. P. III. L. 4. c. 14. p. 912. ed. lat. p. 243.

Lucæ im Grafen-Saal p. 683. hat folgende Worte: Dieselben, nemlich Gottfred II. und Wilhelm verkauffen wohlbedächtlich Graf Ulrichen zu Würtemberg An. 1342. Schloß und Stadt Tübingen samt dem Zugehör gegen 20000. Pfund Heller, oder 5857. Gulden. Conf. Speneri Op. Herald. P. Sp. p. 497. Ist demnach die Summa von 10000. Pf. Heller, so in Rebstocks Beschreibung Würtemberg p. 301. gesetzt, und in Heldii heutigem Rechen-Meister p. 546. widerhohlt worden, unrichtig. Welches der Leser für sich bemercken wolle.

 Cru-

Crusius P. III. L. IV. c. 14. p. 912. ed. lat. p. 245. meldet, daß hernach 1344. die beede Söhne des Grafen Ulrichs von Würtemberg Eberhard und Ulrich dem Grafen Gottfried von Tübingen und seiner Gemahlin auf Lebenslang, Stadt und Burg Böblingen zu geniessen überlassen haben: Die Worte sind folgende: EBERHARD und ULRICH, Grafen zu Würtemberg, Brüder, Graf Ulrichs Söhne, haben den edlen, ihren lieben Oheimen, Grafen Götzen von Tübingen, und ihrer lieben Mumen, Frau Claren, Gräfin von Freuburg, seiner ehelichen Wirthin, Böblingen, Stadt und Burg, mit dem Kirchsatz und Wildbahn, dazu gehörig: und zwey Dörffer, Dagershaim und Darmsheim, mit Leut und Gütern eingeben, zu pflegen und den Nutzen daraus zu haben, ihr Lebenlang, ohne alienation der Güter. Die Tochter, die sie haben, sollen sie selbst versorgen; wann sie aber mehr Töchtern bekommen werden, wollen dieselbe die Würtembergische Grafen versorgen, entweder mit einer Heurath, oder im Closter. Solten es aber Söhne seyn, soll ihnen der Nutz und die Verwaltung, wie nicht weniger ihren Nachkommen auf ewig verbleiben. Wenn sie aber ohne männliche Leibes-Erben sterben, sollen diese Güter wieder auf die Grafen von Würtemberg fallen. Welchen auch die Tübinger behülfflich seyn werden, mit Reuterey und Fuß-Volck rc. Nebst denen von Würtembergern haben diesen Brief unterzeichnet, auch ihre liebe Oheimen, Graf Burckard, der alt, Graf Hugo, und Graf Otto von Hohenberg: Graf Rudolph und Graf Cunrad, die Schärer genannt, von Herrenberg, ihre liebe Vettern rc. rc. so geschehen in Schorndorff am nächsten Mittwoch nach St. Martini, im Jahr 1344.

Fragt man nach Ursachen, warum die alte und reiche Pfaltzgrafen von Tübingen also abgenommen haben, daß sie nach und nach alle ihre Stamm-Häuser und Schlösser verkauffen müssen? so werden wohl, neben Personal-Ursachen der üblen Haußhaltung, diese zwey Ursachen statt haben: Theils,

Theils / das starcke Clöster-Bauen und starcke Stifftungen, auch Unkosten bey den Schirms-Vogteyen: dann es haben die Clöster Anhausen 1125. Blaubeuren, 1099. Marchthal, 1171. das Closter St. Georgen in Augspurg, 1135. das Stifft Sindelfingen, 1121. da Pfaltzgraf Gottfried Schutz-Herr worden, das Closter Bebenhausen 1189. das Franciscaner- und Augustiner-Closter in Tübingen und Unterhaltung anderer Stifftungen vieles Haab und Gut hinweg genommen: Theils sind diese Pfaltzgrafen durch die viele Kriegs-Züge besonders von 1270. an, und ferner durch der Städte Kriege unter dem Graf Eberhard von Würtemberg gantz erschöpfft worden, daß sie hernach eine Stadt und Schloß nach dem andern verkauffet haben, wie Crusius P. III. L. 3. c. 8. p. 656. ed. lat. p. 163. urtheilet.

Demnach scheint es, die Grafen von Tübingen seyen durch diesen und andere Kriege dermassen erschöpfft worden, daß sie nach der Hand ihre Städte haben verkauffen müssen. Es hatten aber dem Grafen von Würtemberg Burcard und Gottfried geholffen.

Observatio V.

Nun biß hieher ist Tübingen unter der Herrschafft der Pfaltzgrafen von Tübingen gestanden, und waren selbige Herren darüber. Von An. 1342. aber biß jetzo stehet es unter der Herrschafft Würtemberg, und führten die Grafen von Tübingen nur den Titul darvon, ohne Besitzer zu seyn. Es hat auch von solcher Zeit der Name Pfalzgraf von Tübingen aufgehört, und haben sie sich nur Grafen von Tübingen und Herren auf Lichteneck geschrieben.

Wir wollen deßwegen nur ihre Namen hersetzen,

so viel deren biß zur völligen Auslöschung dieser Gräfflichen Famille vorkommen. Solche sind aber offt auch schwer aus einander zu lesen.

Also werden von Pfaltzgraf WILHELM, so gleichfalls Tübingen mit verkauffte, gemeldet:

Der Sohn ULRICUS † zu Reuttlingen 1377. in der Schlacht, oder 1386. nach Lucæ Meldung in der Semppacher-Schlacht.

Und der Enckel WILHELMUS auf den Turnier zu Schafhausen 1362. mit welchem diese Linie aufgehört haben solle. Wenigstens hab ich keine Descendenten weiters gefunden.

GOTTOFREDI II. welcher zu Böblingen 1356. gestorben seye, und ob der Hülffe, so er Graf Eberharden von Würtemberg geleistet hatte, seine Güter verlohren hat, Nachkommen waren

1.) HENRICUS. † zu Böblingen 1376.

2.) FRIDERICUS auf dem Turnier zu Eßlingen 1374. von welchem weiter nichts bekannt ist: Er blieb auf dem Turnier.

3.) RUDOLPH, Herr zu Lichteneck, vulgo der Schärer. 1354. Uxor ADELHAID, Gräfin von Ochsenstein. Dessen Söhne waren:

a.) RUDOLPH. † zu Schorndorff. 1408.

b.) CUNRAD I. Schärer 1393. Uxor VERENA von Thierstein. Ware annoch der einige vom gantzen Stammen. Vid. Cruſ. P. III. L. 11. c. 16. pag. T. II. 322. ed. lat. p. 740. Er verkauffte Herrenberg an Wirtemberg. A. 1382. an Graf Eberhard den Greiner, und seinen Sohn Ulrich. Cruſ. P. III. L. 5. c. 14. p. 958. ed. lat. p. 299.

c.) Die Schwester ware ADELHAID. Uxor WAL-

WALTHERI, Herrn von Geroldseck, so 1386. in der Semppacher Schlacht umgekommen.

Dieses CUNRADI I. Schärer Söhne waren

1.) CUNRADUS II. Schärer 1416. Er starb auf dem Turnier zu Costantz, (vielmehr zu Landshut 1439. daselbst ein unbenannter Graf von Tübingen gesetzt wird.)

2.) RUDOLPH, Schärer, ein tapfferer Kriegsmann 1414. so auch auf dem Concilio zu Constantz war.

Des RUDOLPHI Sohn ware

CUNRADUS III. Schärer. Uxor ANNA, Gräfin von Lupffen 1440.

Dessen Söhne werden gemeldet:

1.) ULRICUS I. von deme nichts weiters bekannt. 1479.

2.) und 3.) HENRICUS und JOHANNES, Malthesir-Ritter.

4.) CUNRADUS.

5.) MARGARETHA, Abtißin zu Buchau 1496.

6.) GEORG, Schärer 1480. Uxor, AGATHA, Gräfin von Arco, seu Arch. Ware wiederum der einige Zweig / und mußte auf Einrathen Kaysers Friderici III. diese Gemahlin heurathen. Vid. Crus. P. III. L. 9. c. 15. p. 166. ed. lat. p. 530. † 1507.

Des GEORGII Söhne waren:

1.) CUNRADUS IV. Schärer. A. 1530. welcher 2. Gemahlinnin gehabt, 1.) JOHANNAM, Gräfin von Bitsch. 2.) CATHARINAM, Truchseßin von Walpurg. Fil. Georgii &c. Dieser verglich sich wegen einiger übrigen Prætensionen und Anforderungen wegen der Grafschafft Tübingen mit

C 4 Her-

p. 498.

Hertzog Ulrich von Würtemberg 1536. Vid. Cruſ. P. III. L. 11. c. 11. p. 241. ed. lat. p. 630.

2.) GEORG. † Improlis.

CUNRADUS IV. Welcher auch das Lehen in Speyer für Würtemberg empfienge 1544. und ein Membrum der Ritter-Geſellſchafft in Freyburg 1546. ware, hatte einen Sohn (dann die Tohter ware Agatha, Graf Eberhards von Hohenloh Uxor.) Namens

GEORG II. Uxor WALDBURGIS, filia EBERHARDI, Grafen von Erpach. Welcher endlich 1570. elendiglich auf dem Schloß Waldenberg in der Faſtnacht bey ſeinem Schwager Eberhard Grafen von Hohenloh und Waldenberg, der ſeine Schweſter Agatham 1560. geheurathet hatte, durchs Feuer ums Leben gekommen. Darvon Cruſius Ann. P. III. L. 12. c. 16. p. 322. ed. lat. p. 740. alſo redet: Im Monath Februarii (1570.) da am 5ten Tage deſſelben Faſtnacht war, kamen auf dem Schloſſe Waldenberg, welches in der Grafſchafft Hohenlohe auf einem ſehr hohen Berge ligt, Grafen und Edel-Leute zuſamen, um ſich als Freunde gegen einander zu erzeigen, und ſich luſtig zu machen. Das Frauenzimmer kam derowegen ſehr zierlich, wie Engel angekleidet, und forderten die Männer herauß zum Würffel-Spiel Die Männer thaten darauf das Gegentheil, und kamen in Geſtalt der Teuffel hervor, und brachten ebenfalls dem Frauenzimmer Würffel mit ſich. Dieſes alles geſchahe, nicht aus böſem Abſehen; Doch ſiehe, was erfolgt iſt. Es gieng allda ein groſſer Fehler vor. Denn weilen ihre Kleidung aus Flachs, Hanf und Pech beſtund, ergrieffe das Feuer, entweder weil ein Bedienter mit der Fackel ohnvorſichtig umgieng, und ihnen zu nahe kam, oder weil einer von den Spielenden an das Licht, welches auf dem Tiſche ſtund, unter dem ſpielen ſtoßte; Dann beedes wurde geſagt: Das Feuer, welches ſehr geſchwind anbrannte, brachte zween Grafen, den von Tübingen (Georg) und den Herrn deſſelben Orts

ums

ums Leben. Es brachte auch etliche Edel-Leute in grosse Gefahr und Jammer. Dann obschon die Bedienten sich angelegen seyn liessen, Wasser herbey zu tragen, ist doch solches ohne Nutzen zu Grund gangen, theils weil sie eilten, zitterten und bebten, theils weil der Boden aus den Gefässen fiel. Aber man hatte auch kein Wasser in dem grossen steinern Kasten angetroffen, wo sonst allezeit eines war. Daher sind sie elendiglich verbrannt worden, und hat ihnen kein Wund-Artzt helffen können. Er solle in Oeringen begraben seyn, da sein Epitaphium ist: Anno 1570. den 5. Mart. (Febr.) starb der Wohlgebohrne Graf, Georg von Tübingen, Herr zu Lichteneck. Lucæ im Grafen-Saal p. 684. schreibt also: GEORGIUS, Graf von Tübingen, pflantzte zwar sein Geschlecht weiter fort, aber Anno 1570. endete er erbärmlich sein Leben, und verbrañte Zeit währender Fastnacht-Freude.

Dieser GEORGIUS II. hatte also in der Ehe WALDBURGAM, Gräfin von Erpach, und erzeugte 5. Söhne, welche also heissen:

1.) EBERHARD. † 14. Sept. 1608. Uxor, Elisabeth, Tochter Friderici, Schenckens von Limburg. † 1597. 11. Jun.

Es wird dieses EBERHARDI von Frischlino gedacht in seinem Carmine, welches er zur neuen Vermählung Hertzogs Ludwigs in Würtemberg 1586. gemacht, da unter andern Grafen und Herren, welche gemeldet werden, auch p. 11. selbiger genennet wird: Eberhardus, Comes à Tubing. Dominus in Lichteneck: und gehen auf ihne folgende Verse:

Proximus assistit Magnorum Eberhardus Avorum,
Progenies: satus illustri genitore Georgo:
Grande Palatinæ decorat quem stemã Tubingæ:
Ipse animi felix, & major alacribus annis.

2.) CUNRAD. Dieser ware Rector Magnificus

zu Tübingen, 1. May 1584. Vid. Crusium P. III. L. 12. c. 30. p. 355. ed. lat. p. 789. und lebte hernach 1593. noch an dem Würtembergischen Hof. Vid. Crus. Paralip. c. 3. p. 401. edit. lat. p. 6.

3.) ALBICH. welcher 1592. 25. Octobr. in Straßburg, als er nach Hauß gehen wolte, ermordet worden. Aber auch von 1582. biß 1584. mit seinem Bruder Cunrad und Hermann in Tübingen studiret hatte.

4.) HERMANN. Dieser starb auf der Reise, in Italien zu Padua, und wurde zu Villach in Cärnthen begraben 1585.

5.) GEORG, Posthumus, welcher zu Limburg 1587. starb.

Von EBERHARDO stammten endlich ab:

1.) FRIDERICUS, nat. 1601. † 1622.

2.) EBERHARDUS, nat. & † 1603.

3.) GEORG EBERHARD, starb ohne Männliche Erben 1631. nat. 1604. 9. Jul.

4.) CUNRAD WILHELM, nat. 1605. Uxor, ANASTASIA: Fil. Ludovici, Comitis zu Leiningen. Dieser hatte eine einige Tochter, Elisabetham Eberhardinam, und succedirte seinem Bruder in Lichteneck. Und mit ihme erlosche die gantze Männliche Gräfliche regierende Famille der Grafen von Tübingen. Und entstund nach seinem Tod über denen Gütern ein Streit zwischen denen Grafen von Salms und Löwenstein. Conf. das Baßler-Lexicon in Voce Tübingen / p. 692. Edit. I. und *Lucæ* Grafen-Saal. pag. 684. *Speneri* Op. Herald. Part. Special. p. 497. Es hatte nemlich Graf CARL von Salm und Neuburg, in der Ehe Graf Cunrad Wilhelms Tochter, Elisabetham Bernhardinam/

nam/ und Fridrich Ludwig/ Graf von Löwenstein ware verheurathet mit Gräfin Agnes Maria, dieser beeden letztern Grafen Schwester.

Observatio VI.

Als ich diese Genealogie auf solche Weise mit vieler Mühe in Ordnung gebracht hatte, darbey ich die Tabulas Genealogicas des Crusii mit Fleiß zusamen und gegen einander hielte, und nach denen unterschiedlichen Erzehlungen untersuchte, so kame ich noch auf zwey Haupt-Documenta von denen Pfalzgrafen in Tübingen. Nemlich ich bekame erst zur Hand Part. II. der Genealogischen Tabellen des berühmten seel. Hübneri: Und vorhero erblickte ich auf hiesigem Rath-Hauß einen grossen Arborem Genealogicam, welcher mir zugestellet wurde: Dieser war ein wahrer Stammbaum der Pfalzgrafen von Tübingen mit Namen und denen Wappen. So schwer er auch zu untersuchen ware, weilen alle Schrifft verdunckelt ist, indem er auf zart Papier gemahlet und geschrieben, dieses aber auf Tuch aufgepapt ist, so brachte man es doch durch Beyhülffe dieser von mir gemachten Genealogie heraus. Mit diesem nun kommt das Meinige überein/ ausser, daß ich die Schwägerschafften, von Zollern/ Limpurg/ Zimbern/ Nellenburg/ Werdenberg/ Geroldseck ꝛc. nicht gemeldet habe, diese aber nebst denen Wappen sich auf dem Stammbaum befinden. So findet sich auch der Unterschied der Sigibotbischen und Ansbelmischen Familien deutlich darauf, wie ich ihne gemacht hatte, so auch bey dem Hübnero zu ersehen ist. Nur muß hier eine Haupt-Differenz wegen der Summa des Verkauffs von Tübingen bey dem GOTTO-

FREDO

FREDO II. anmercken, welche 100000. Pfund angezeichnet ist, da sie sonsten nirgends so hoch gesetzet wird, auch nicht einmal in dem Kauff-Brieff, darauß wir Extractus angeführet haben. Es gehet aber dieser Stamm-Baum biß 1588. und zwar von RABOTHO I. an. Und ist von Erhardo Cellio, dem berühmten Professore Historiarum aufgesetzt worden, welches ohngefehr 1589. mag geschehen seyn. Wiewohlen in seiner Oratione Funebri nichts davon habe finden können.

Die andere Nachricht bekommt man in des seel. Johannis Hübneri zweytem Theil der Genealogischen Tabellen, da Tabula 499. und 500. pag. 499. und p. 500. darvon deutlich handeln. Es fangt aber Hübnerus erst von ADELBERTO, An. 1000. an, da doch unlaugbar ist, daß erlich 100. Jahr vorhero schon dergleichen Pfaltzgrafen von Tübingen, welche wir mit denen anderen Teutschen Pfaltzgrafen nicht vermischen, sind gemeldet worden, deren auch einige auf den Turnieren bekannt waren. So ist auch die Gemahlin des HENRICI, welcher mit seinem Bruder HUGONE IV. das Closter Blaubeuren gestifftet hat, nicht Agnes von Limpurg, sondern Adelhaidis von Enzenberg gewesen, wie es die Fundation anzeiget.

So schreibt auch Hübnerus dem Rudolpho II. neben dem Hugone V. und Henrico mehrere Kinder zu, als da sind: 1.) Wilburgis 1273. Uxor Hermanns, Hertzog zu Teck, 2.) Sophia, Ux. Friderici, Grafen zu Hohenzollern 1290. 3.) Rudolph, cujus Ux. Methildis, Filia Ulrici, Grafens zu Schelcklingen. 4.) Hedwig, Ux. Hermanns, Grafen zu Grüningen und Landau, welche auch auf dem Stammbaum zum Theil sich befinden.

Fer-

Ferners schreibt Hübnerus Gottofredo I. auch eine Tochter zu, Elisabeth, Gemahlin Alberti, Herrn zu Limpurg. So wird auch sein Leben nicht accurat auf 1391. gesetzt, dann ja 1342. der Sohn Gottofredus II. schon Tübingen verkaufft hatte, er selbst aber 1316. solle gestorben seyn.

Gleichfalls wird Rudolpho, nebst dem Rudolph und Cunrad, die Tochter Adelhaid, Uxor Waltheri, Herrn von Geroldseck zugeschrieben.

Des Cunradi Töchter aber werden erzehlt: 1.) Margaretha, Uxor Hesso, Marggrafen zu Baaden 1381. 2.) Clara, Aebtißin zu Buchau. A. 1426. † 1449.

Observatio VII.

Und weilen ich der Turnieren gedacht habe, auf deren einigen etliche von denen Pfaltzgrafen gewesen sind, so melde deren Namen, aus G. Rüxneri Turnier-Buch Edit. Sigismund Feuerabends Franckfurt 1588. fol. Also zoge Pfaltzgraf Ludwig Anno 936. Kayser Henrico I. zu Hülff unter Berchtolden, Hertzogen in Bayern, wider die Unglaubigen, pag. 4. und ware auf dem Ersten Turnier zu Magdeburg Anno 938. pag. 25. unter Hermann Hertzog in Schwaben. Add. *Crus.* P. II. L. 4. c. 1. p. 368. sq. Edit. Lat. p. 100.

Anno 1165. ware Rudolph/ Pfaltzgraf von Tübingen auf dem X. Turnier zu Zürch/ und trugen mit ihme auf: Hanß der Aelter von Stadion, Ritter. Hanß von Dornstetten. Friderich von Dischingen/ Wolff von Gamaringen. Wolff von Ebingen/ Ritter. Röschwolff von Schelcklingen. Wilhelm von Sachsenheim. pag. 80. b. Es ware

auch

auch daselbst Georg von Lustnau. Conf. *Cruf.* P. II. L. XI. c. 4. p. 628. ed. lat. p. 447.

Anno 1311. auf dem XVII. Turnier zu Ravenspurg ware Pfaltzgraf Sigmund von Tübingen/ pag. 129. b. *Cruf.* P. III. L. IV. c. 2. p. 883. edit. lat. pagi 201.

Anno 1374. ware auf dem XX. Turnier zu Eßlingen Graf Friderich von Tübingen, pag. 140. b. *Cruf.* P. III. L. V. c. 10. p. 947.

A. 1392. ware auf dem XXI. Turnier zu Schaffhausen / Wilhelm Graf von Tübingen, p. 145. b. *Cruf.* P, III. L. VI. c. 3. p. 7. ed. lat. p. 315.

Anno 1439. ware auf dem XXVII. Turnier zu Landshut N. N. Graf von Tübingen / pag. 170. a. *Cruf.* P. III. L. VII. c. 2. p. 47. ed. lat. p. 371. Ist ohne Zweifel Cunradus II. gewesen, welcher auf dem Turnier gestorben ist, da es zwar heißt: Es seye zu Costnitz 1416. geschehen, welches aber mit der Zeit nicht überein kommt, sondern hieher gehört. Und weilen Ruxnerus an statt Tübingen Dübingen schreibet, so mache ich mir selbst die Objection gegen deme, was ich oben deßwegen gemeldet habe. Es ist aber nemlich seine eigene Orthographie, welche keinen Beweißthum machet, und schreibt er selbst p. 4. Tübingen und nicht Dübingen. Und bleibt es wahr, daß man nicht Dübingen noch Diebingen schreiben solle.

Observatio VIII.

Ausser dieser Lichtenecktischer Pfaltzgräflichen Regierenden Famille waren auch noch wenige andere übrig, welche aber nicht mehr Pfaltzgrafen/ auch nicht mehr Grafen, sondern nur Herren

von

von Tübingen genennet wurden, darvon auch noch einige in Tübingen gewohnet haben, biß sie endlich gar außgestorben sind, und kamen einige, Weiblicher Linie gar in den gemeinen Stand, da ich mich erinnere von 1701. daß in dem Calwer-Amt, eine Jägerin, eine wahre abstammende von diesen Grafen gewesen ist. Es hatten einige ihre Wohnung in Tübingen, wo jetzo der Buchhändler Cotta wohnhafft ist, wie noch aus denen jetzo abgeworffenen Läden zu ersehen ware. Der gantze Stamm und Name sturbe mit JOHANN GEORG von Tübingen ab. Diesem wurde bey seiner Leiche ein Programma Academicum Rectorale angeschlagen, darinnen seine noch lebende Eltern genennet werden: *Johannes Georgius* à Tübingen, Militiæ quondam & Acropoleos hujus nostræ Præfectus, & Maria *Entzlinia*, von denen Er A. 1634. gebohren ware, quorum, heißt es, *in hac propage & stirps & nomen interit.* Es kommt aber nichts Historisches von Wichtigkeit vor, und geschiehet keine Meldung der Pfaltzgrafen. In dem Tübingischen Todten-Buch auf dieses 1657. Jahr stehen den 8. Jan. folgende Worte: Johann Georg von Tübingen / Herrn Johann Georgen von Tübingen / gewesenen Hauptmanns auf dem Schloß allhier ehelicher Sohn 22. Jahr alt / *Phthisicus obiit.* Zuvor 1654. starb den 8. Decembr. Julius Friderich von Tübingen, Johann Georg von Tübingen Sohn, alt $23\frac{1}{2}$. Jahr, moritur hecticus. Er selbst aber der alte und letzte Herr von Tübingen starb 1667. den 3. Nov. nemlich Hanß Jerg von Tübingen / gewesener Hauptmann auf dem Schloß allhier, æt. 73. Dieser suchte 1642. den 18. Jul. als

als Capitain-Major für sich, seine Haußfrau und Famille, das Jus Civitatis Academicum, aber nur *protectorio modo*, welches aber wegen der Söhne, nicht also zugestanden worden, daß sie wegen des Streits nicht solten abgestrafft werden. Er setzte auch 1649. eine *Defensions*-Schrifft wegen Ubergab des Schlosses auf, und gab selbige in die Censur und Approbation der Universitæt, welche ihme auch ihr Testimonium beydrucken liesse, seine Conduite gegen Ihro Hochf. Durchl. den Hertzog zu rechtfertigen, daß solches auf inständige Intercession der Universitæt und Stadt geschehen seye. Dieses ist in dem dreyßig-jährigen Krieg geschehen, so viel ich mercken kan, A. 1634.

Observatio IX.

Daß wir diese Familie der alten Pfaltzgrafen mit Fleiß untersuchet haben, hat diese Ursache, weilen doch die Fata von Tübingen, und ihr Stand darnach können geprüffet werden, wann man daraus zum Theil auch den allgemeinen Lauff der Zeiten ersehen mag. Und so folgen jetzo die fernere Herren über Tübingen aus dem Haus Würtemberg von dem Verkauff A. 1342. an biß jetzo 1742. in dieser Ordnung, allein denen Namen nach.

Von Anno 1342. biß 1344. regierte Graf ULRICH der X. oder V. Regierende. Vid. Pregizeri Würtemb. Ceder-Baum. Tab. 8. p. 8.

Von An. 1344. biß 1393. EBERHARDUS VII. der Greiner, oder Bellicosus. Vid. Ceder-Baum. Tab. IX. p. 9.

Von An. 1393. biß 1417. EBERHARDUS VIII. des vorigen Enckel, der Milde genannt. pag. 10.

Von

Von An. 1417. biß 1419. EBERHARDUS IX. pag. 11.

Von An. 1419. biß 1442. die Administratorin Frau Mutter, HENRICA, mit ihren Söhnen LUDWIG und ULRICH. Darnach von 1442. nachdem das Land zwischen diesen zwey Brüdern getheilet worden, und Tübingen an die Uracher Linie ob der Staig gekommen, p. 11. & 12.

Von An. 1442. biß 1450. Graf LUDWIG der V. zu Urach. In Tübingen begraben.

Von An. 1450. biß 1457. Graf LUDWIG der VI. In Gutterstein begraben. p. 11.

Von A. 1457. biß 1496. EBERHARDUS BARBATUS, der Erste regierende Hertzog in Würtemberg. Welcher 1477. die Universitæt in Tübingen, da er auch begraben ligt, gestifftet hat. Tab. XIV. p. 14.

Von 1496. biß 1498. EBERHARDUS II. der Zweyte regierende Hertzog. p. 14.

Von An. 1498. biß 1503. ULRICUS, der Dritte regierende Hertzog, mit seinem Regiments-Rath aus Prälaten, von Adel und Landschafft. Tab. XV. p. 15.

Von An. 1503. biß 1519. Eben dieser Ulrich vor dem Exilio allein.

Von An. 1519. biß 1534. ware die Oesterreichische Regierung unter CAROLO V. und FERDINANDO I.

Von A. 1534. biß 1550. Eben dieser ULRICUS nach dem Exilio. In Tübingen begraben.

Von A. 1550. biß 1568. der Vierte regierende Hertzog CHRISTOPHORUS. In Tübingen begraben. Tab. XVI. XVII. p. 16. sq.

Von An. 1568. biß 1593. der Fünffte regierende Hertzog LUDWIG, welcher das Collegium Illustre gestifftet hat. In Tübingen begraben. p. 18.

Von An. 1593. biß 1608. der Sechste regierende Hertzog FRIDERICH. In Stuttgardt in der neuen Grufft begraben. Tab. XVIII. p. 18.

Von An. 1608. biß 1628. der Siebende regierende Hertzog JOHANN FRIDERICH. In Stuttgardt begraben. Tab. XIX. p. 19.

Von An. 1628. biß 1633. Administratores und Tutores, Hertzog LUDWIG FRIDERICH, und Hertzog JULIUS FRIDERICH 1631.

Von An. 1633. biß 1674. der Achte regierende Hertzog EBERHARDUS III. In Stuttgardt begraben. Tab. XX. p. 20.

Von An. 1674. biß 1677. der Neunte regierende Hertzog WILHELMUS LUDOVICUS. In Stuttgardt begraben. p. 21. sq.

Von An. 1677. biß 1693. der Hertzog Administrator und Tutor, FRIDERICUS CAROLUS. In Stuttgardt begraben. p. 23.

Von An. 1693. biß 1734. der Zehende regierende Hertzog EBERHARD LUDWIG. In Ludwigsburg begraben. Tab. XXIII. p. 23. sq.

Von An. 1734. biß 1737. der Eilffte regierende Hertzog CARL ALEXANDER. In Ludwigsburg begraben.

Von An. 1737. biß 1743. die Administratores und Ober-Vormundere, CARL RUDOLPH, Hertzog von Würtemberg-Neustatt 2c. † 17. Nov. 1742. CARL RRIDERICH, Hertzog von Würtemberg-Oels 2c. und die verwittibte Hertzogin, Frau MARIA AUGUSTA, Hochfürstl. Frau Mutter als Ober-

Ober-Vormunderin ꝛc. Welche unter vielen andern Beweißthümern Ihrer Fürstl. Regierungs-Klugheit und Wissenschafft auch dieses dargelegt, daß sie den 11. Dec. 1742. in offentlichem frequentissimo Auditorio in Tübingen, in einer Medicinischen Disputatione Inaugurali, des Licentiati Christophori Davidis Zelleri, dem Herrn Præsidi D. Burckart David Mauchart, als Rectori Magnifico und Leib-Medico zu opponiren Gnädigst geruhet, und mithin Ihr Hochfürstl. Gedächtniß beständighin bey der Universitæt verewiget hat.

Unter welcher Vormundschafft dermahlen, da dieses geschrieben worden, annoch stehet 1742.

Der Zwölffte regierende Hertzog, CARL EUGENIUS. Dessen künfftiges Regiment der HErr aller Herren, GOtt vom Himmel, zu seiner Ehre, und gesammter Hochfürstl. Landen Wohlfarth und Gedeyhen, nach allen Umständen segnen wolle!

Das vierte Capitel.

Von der Gegend und Lage der Stadt Tübingen.

NUn kommen wir an den Ort Tübingen selbsten, denselben zu beschreiben, welches wohl am füglichsten geschiehet, wann wir nach und nach von desselben Lage und Situation, von der Stadt inneren Verfassung der Gebäude, ihrem gelehrten und politischen Zustand und ihren Zufällen untereinander reden werden.

Observatio I.

Ist also zuerst die Frage von der Gegend Tübingen, in welcher die Stadt ligt? Hier lasse sich der geneigte Leser gefallen mit mir aus Tübingen hinaus zu gehen, und wende sich gegen Osten, Süden / Westen und Norden. Gegen Osten komt sogleich von der Stadt an bey dem Lustnauer-Thor vor die Augen, der grosse Mons Anatolicus, oder Oester-Berg. Dieser Berg mag wohl ein Parnassus-Berg genennet werden, theils weilen er Anfangs an der Stadt angeschlossen ware, theils nach seiner Zertheilung auf sich erbauet hat die Scholam Anatolicam und Bebenhäusische Pfleg, theils daß die Studierende vielen Plaisir darauf haben mögen, wordurch sie ihren Fleiß bezeugen, und auch im Feld, in den Wundern der Natur die Weißheit GOttes beobachten können. Die Circumferenz an dem Fuß deselben lässet sich mit commoden Schritten, aber ohne vielen Absatz oder niedersitzen, in einer völligen Stund im Spatzieren-gehen betretten und endigen, und dieses zwar unter allerhand Abwechslungen des Anschauens des Neccars, der Wiesen, der Wälder, der Aecker, der Weinbergen, der Gärten 2c. Es hat also dieser Berg an der Stadt und auf der Seite gegen Süd-Osten, Weinberge, gegen Nord-Osten Wälder, Wiesen und Gärten, anbey dieses besondere, daß er auch an denen ungepflantzten obern Orten, annoch Wayden hat; deren Stein-Brüchen, so darinnen sich finden, nicht zu gedencken. So ist auch dieses an ihme zu beobachten, daß er unterschiedlichen Jurisdictionen, nach denen darauf liegenden Gütern, unterworffen ist, sintemahlen die Tübinger / Lustnauer / Marchthaler / Wurmlinger / 2c. theils die Land-Garbe, theils den Zehenden aus einigen dessen Gütern darauff haben. So hat es auch von diesem Berg auf der

der Nord-Ost-Seite hinüber in Halden gegen der Deglichs-Kling hinter dem Siechen-Hauß ein schönes Echo, welches etliche mahlen antwortet, und daselbst die Musical-Instrumenten sehr wohl und auf das angenehmste klingen.

Eine sonderbare Begebenheit ist von diesem Oesterberg zu beobachten, daß selbiger durchschnitten, und die Ammer zum Theil dardurch in den Neccar geleitet worden ist. Von welcher Sache *Crusius* P. III. L. VIII. cap. 17. p. 118. edit. lat. p. 464. also schreibet: Weilen das Wasser im Ammer-Thal keinen genugsamen Ablauff hatte, und dahero dieses Thal allzuviel überschwemmte: so hat man mit grosser Mühe und Kosten, (immassen nur allein die darzu gebrauchte Lichter auf 100. fl. gekommen,) den Oester-Berg an der Stadt durchgegraben, und den Ammer-Bach mit allem anderen Wasser in den Neccar geleitet, so sich auch jetzo, nachdem es zuvor in selbigem Graben eine Mühle von vielen Rädern treibt, dahin ergießt, dahero das Ammer-Thal jetzo zimlich trucken ist, und viele schöne und angenehme Wiesen hat. 3.) Wurden die Thor (und zwar die gantze Länge der Stadt von einander) gemacht, nemlich gegen Morgen das Lustnauer, gegen Abend aber das Hirschauer am Neccar, und das Häg-Thor gegen dem Ammerthal hin, zwischen welchen beyden letztern der Schloß-Berg ligt. Dann vorhin, da das Ammer-Thal noch mit Wasser bedeckt war, giengen die Thore und Fahr-Wege noch über den Oester- und Schloß-Berg. Hiervon aber sind die Erzehlungen ungleich, da dieses Werck einige dem EBERHARDO BARBATO zuschreiben, vid. Oratio Jacobi Ehingeri 1611. p. 7. mit welchen es auch Crusius zu halten scheinet, der jedannoch die Sache auf 1482. setzet; Andere aber, und zwar die Tübinger selbsten, nach ihren habenden Documenten, auf 1450. es der Tübingischen Bürgerschafft zueignen. In dem schon angezeigten Programmate des seel. D. Andr. Adami Hochstetteri 1698. stehen solche Worte: Complura simul ad Ipsius oppidi Historiam facientia commemorabit. In quo quidem instituto è Documentis, qualia in Scriniis Laudatissimus, oppidi hujus observat Magistratus, & libenter promtèque impertiit, adjutus haud parum fuit: ibi de stupenda, pro ejus ætatis ratione, à Tubingensibus Civibus suscepta Anatolici montis perfossione, non anno demum 1488. quod asserere video præclarum Scriptorem, sed circa Annum Christianæ Aeræ 1450. perfecta: rivoque dehinc Amerano in Nicrum deducto &c.

In dieser Gegend gegen Osten schliesset sich der Untere Horizont mit dem Anblicke des sogenannten Burgholzes und Lustnauer-Bergs/und wird dieser Gesichts-Circul gegen Osten durch den Oesterberg mitten entzwey geschnitten in den Südlichen und Nordlichen Theil, rechter und lincker Seiten. An demselben sind demnach auf der Mittags-Seite die New-Weinberg-Halden, so nach Tübingen gehören, die Oesterberger und Hundskopff. Die übrige gehören nach Lustnau.

Wendet sich der Leser von Osten gen Süden/ so hat er für Augen und unter den Füssen die kostbare Neccarbrucke/ welche 1489. solle gebauet worden seyn. Und hat diese Seite gerad gegen Süden, das Steinlacher-Thal, von Süd-Osten aber, und Süd-Westen das Neccar-Thal, darbey auch die schöne Lage ist von denen Dörffern Derendingen/ Weil/ Kihlberg/ Biehl in dem Anblick des Untern Horizonts, welcher aufsteigend biß an den sogenannten Fürsten- und andere Gebürg gehet. Wie nun diese Gegend mit Wasser, Feldern, Wiesen, Bergen,

Bergen, Wäldern und bewohnten Orten abwechselt, so ist der Prospect angenehm. Und solle der sogenannte Versiculus

Sunt harum rerum, Quoniam, Calami Mons!

nicht vergessen werden. In diesem Prospect kommen auch nebst denen benannten Dörffern vor das Bläsi-Bad / welches 1470. seinen Anfang solle genommen haben. vid. D. Gottfr. Gmelini Beschreibung der Bäder und Sauerbronnen, in Bürckens florirendem Würtemberg. p. 47. sq. und der Bläsi-Berg, Item, die Zimmer-Hütten, das Schüß-Hauß, ꝛc.

Wendet man sich gegen Norden / so kommt ein Horizont von Bergen auf Bergen vor, an welchen die Stadt und das Ammer- und das Lustnauer-Thal sich sehen lassen. Wie nun dieses Gebürg gleichsam einen Berg von Jesingen biß Lustnau ausmachet, so ist es darum desto bemercksamer, weilen zwischen denselben biß man höher kommt, abermahlen ein gar enges zum Theil geschlossenes Thal ist, und der sogenannte Käsenbach darzwischen laufft, welcher öffters wegen seiner tieff gerissenen Klingen, bey Wasser-Güssen nach Proportion eben so vielen Schaden thun kan als der Neccar und die Steinlach. Einwärts gegen der Stadt sind alle Gegenden an den Bergen grösten theils Weinberge, ausser was schöne Felder und viele Gärten hinweg nehmen. Auch sind auf dieser Nördlichen Seite theils näher, theils weiter von der Stadt das Stadt-Schaaf-Hauß / der gemeine Kirchhof / die Reut-Schule, die Ziegelhütten / und das Siechen- und Armen-Hauß / ꝛc. Von dieser Seite her wehet der kalte Nord-Wind / vulgo der Bebenhäuser-Wind,

 weilen

weilen dieses Closter è regione hinter diesem fast eine
Stunde breiten Berg gegen Nord-Osten liget. Die
Weinbergs-Halden sind von Nord-Osten Creutz-
berger / Rosenthäler / Maderhalden / Urschrein /
Käsenbach / Wanna / Viehewaldle / Iglersloh /
Linckösterberg und Seyland rc. Von Nord-We-
sten der Vörberg / Grasenhalde / Eßlingsloh /
Zwerenbühl / Hasenbühl / Buckeloh / Weilerhal-
den / Rothensteig / Neuhalde / rc.

Nun wenden wir unser Angesicht gegen Westen /
und kehren den Rucken gegen Osten, die rechte Hand
gegen Norden, die lincke gegen Süden. Hier theilet
der sogenannte Schloßberg den untern Horizont in
den Nördlichen und Südlichen Theil, und ligt zwischen dem Ammer- und Neccar-Thal. Auf der
Nördlichen Seite rechter Hand gehet der Weg gegen Jesingen / und fernere Gegend gegen Herrenberg; auch sind die Weinberge biß dahin, wie wir
selbige Halden eben jetzo genennet haben. Auf der
lincken Hand ist der Berg theils durch die Mühlinnen,
e. g. die Gersten-Mühle / Loh-Mühle / Säg-
Mühle / Pulver-Mühle / Hammer-Schmidte /
Schleiff-Mühle / theils durch den sogenannten
Schwärzlochs-Hof / und den Ammer-Hof /
Wurmlinger-Capell und fernere Oerter bemerck-
sam, auch finden sich von Weinbergen die Halden
Hellerloh und Helmling. Auf der Südlichen Seite, gehet der Horizont gegen seinen End-Anblick über
die Oesterreichische Dörffer Bühl / Hirschau /
Kiebingen / Wurmlingen auf Rothenburg, rc.
und hat über dem Neccar die schöne Lage von denen
Neckar-Dörffern, nebst Wäldern, im Anblick; an
dieser Neckar-Seiten præsentiren sich, an dem das

Neckar-

Neckar- und Ammer-Thal unterscheidenden Schloßberg, die schönste Weinberge, und auch Anfangs Gärten. Die Weinbergs-Halden auf dieser Seiten werden genennet: die Pfalzhalden / Bisinger unten, Lichtenberg oben / Löscher / darvon die Land-Garbe auf das Frauen-Closter Stetten bey Hechingen gehöret, Vögel, unten Hennenthal / in der Kling / Geiß / Rappenberg / Sonnenhald / Lindeshald / Erdenburger / ꝛc.

Observatio II.

Darmit wir aber nicht allein nach unserer Einbildung reden, so wollen wir hier auch den *Crusium* anhören, was er zu seiner Zeit von dieser angenehmen Gegend geschrieben hatte. Dieser aber hat folgendes Ann. P. III. L. VIII. c. 13. p. 107. ed. lat. p. 450.

Tübingen hat rings umher eine angenehme Gelegenheit und Gegend. Dann bey dem obern und Mittäglichen Theil desselbigen, wo die Universität ihre Collegia und Auditoria hat, fließt der Neckar an der Stadt-Mauren vorbey. An diesem Fluß sind schöne Wiesen, Gärten, Aecker und Felder, welche das Neckar-Thal genennet werden, in welchem von Mittag gegen Abend die benachbarte Dörffer, Derendingen, Weil, Biehl, und zu Rechten jenseits des Neckars Hirschau liegen. In eben dieses Thal gehet von Mittag gegen Tübingen das Steinacher-Thal, von welchem der Bach Steinach in den Neckar fliesset. Zur Rechten und Lincken der Stadt sind Berge, zwischen welchen die Stadt selbst gleichsam sitzt, weilen derjenige Theil, welchen die Universität innen hat, (nemlich, wie gemeldt, der Mittägliche höher, und hingegen der Mitternächtliche, in welchem die Weingärtner und Handwercks-Leute wohnen, tieffer ligt) der Berg rechter Hand, gegen Morgen oder Ost-wärts wird Mons Anatolicus, oder der Oesterberg genannt, und erstreckt sich biß an den Flecken Lustnau, ohngefehr den 6ten Theil einer Teutschen Meile. Dieser Berg hat, wo er am höchsten ist, eine zimliche Höhe, und reicht gegen Mittag schier an den Neckar hin, auf welcher Seite er mit schönen Weinbergen gantz hinunter in die Länge gezieret ist. Gegen über auf der Mitternächtlichen Seite hat er einige Wiesen und Weinberge. In der Mitten sind Gärten, Wiesen, Aecker, und Stein-Gruben. Und an der Seiten des Weges Brunnen-Quellen. Oben auf demselben werden Haasen gefangen. Der andere Berg, welcher gegen Abend der Stadt ligt, und auf welchem das Schloß, Hohen-Tübingen steht, heißt Knutzen-Bühl, und erstrecket sich zimlich weit in die Länge hin. Dessen Mittäglicher Theil, an welchem der Neckar unten hinläufft, ist ebenfalls gantz mit Weinbergen besetzt, unter welchen ein gewisser Hügel, welcher dem Schloß nahe ist, die Pfaltzhalde genannt wird, ohne Zweiffel daher, weilen dieses Schloß oder Vestung ehemahlen der Sitz der Pfaltz-Grafen zu Tübingen gewesen. Auf der Mitternacht-Seite dieses Bergs sind Wiesen und Gärten, und in der Mitten zwischen dieser beeden Seiten ein wenig von der Stadt hinweg ein angenehmer Wald. An dem Ende dieses Bergs, jenseit des Thals gegen Abend ist der Wurmlinger-Berg, von welchem wir schon längst geredet haben. Eine Meil von Tübingen ligt die Stadt Rothenburg in einer Ebene. Abendwärts gegen dem Flecken Jesingen ist das anmuthige Ammer-Thal (von dem Ammer-Bach, der dardurch fleußt, und neben der Mauer zu Tübingen in den Neckar fallt, also genannt,) in welchem viele Wiesen, und jenseit des Thals, Mitternachtwärts, in denen gegen über gelegenen Bergen zimliche Weingärten in die Länge hinstehen. Wiederum, wann man Mitternacht-wärts, zum Lustnauer-Thor (welches nah bey meinem Hauß ist,) heraus geht, und nach Eßlingen und Stuttgardt will, welche beede Städte 3. Meilen von Tübingen, und 1. Meil von einander selbst liegen,) so kommt man bald in das Bebenhäuser-Thal, worinnen das Closter Bebenhausen, welches zimlich groß und weit ist, eine halbe Meil von Tübingen liegt. Also ist die Gelegenheit der Stadt und Universität Tübingen, wegen der Bergen, Thäler und Weinberge, Gärten, Wiesen, Aecker, Felder, Flüsse und Flecken sehr schön und angenehm, und zumahlen sehr gesund und heilsam. Conf. *Crus.* P. III. L. X. c. 11. p. 199. ed. lat. p. 574.

Obser-

Observatio III.

Die Nachbarschafft aber der anderen Oerter, welche theils zu dem Tübinger-Amt gehören, theils unter anderer Jurisdiction stehen, ist auch wohl zu bedencken. Gegen Osten/ über Lustnau hinauf sind, Pfrondorff und Walddorff/ 2c. Gegen Süden, Gomeringen/ Nehren/ Dußlingen/ Grespach/ 2c. Gegen Süd-Osten; Wancken/ Custerdingen, und das Reuttlingische Territorium, 2c. Gegen Süd-Westen; das Hechingische/ Rothenburgische/ 2c. Gegen Norden; Hagenloch 2c. Gegen Nord-Osten; Bebenhausen/ 2c. Gegen Nordwesten; Entringen/ Roseck/ Jesingen/ Herrenberg, 2c. Gegen Westen: Pfäffingen/ 2c.

Es schlage aber der geneigte Leser, um nähere Nachricht von dieser Topographie zu haben, des vormahls sehr berühmten Profess. Wilhelmi Schickardi Kurtze Anweisung auff, wie künstliche Landtaffeln aus rechtem Grund zu machen seyen, 2c. Tübingen. 4. 1629. Darvon 1669. zu Tübingen bey Joh. Georg Cotta eine neue teutsche, wie auch eine lateinische Edition 1674. heraus gekommen sind, da es p. 7. seq. ed. Germ. edit. Latin. p. 10. seqq. wohl zu lesen ist, wiewohl die gantze Schrifft dem Leser recommendirt wird, weilen sie mit vieler Accuratesse geschrieben ist, und überhaupt guten Nutzen geben kan. Wir haben es obenhin genommen, doch könnte man nach diesem Scripto die wahre Lage und Distanz der Oerter dieses Amts aus diesem Scripto accurat setzen. Eben dieses berühmten Schickardi seine Topographiam Würtembergicam mit den Tabellen zu Amsterdam gedruckt, habe ich nicht zu sehen

sehen bekommen können, ohnerachtet angewandten Fleisses, und bedaure hier offentlich die Vergessenheit so vieler alter Würtembergischen Documentorum, welche besonders auch dahero gekommen ist, weilen man die sorgfältige Antiquarios entweder verächtlich gehalten, oder gar hintan gesetzet hat, weilen sie mit Scibilitatibus nicht umzugehen pflegen, auch nichts nach eigener Phantasie thun dörffen.

Observatio IV.

Wir müssen bey Beschreibung der Lage von Tübingen der Wasser nicht vergessen, sondern besonders darvon reden. Da kommen uns vor der berühmte Neckar-Strohm/ welcher in vorigen Seculis auch Neccharus ist genennet worden, und zwey fliessende Bäche. Von diesem Fluß hat Tübingen auch den Nahmen des Sitzes der Neckarischen Musen, Sedis Musarum Neccaridarum. Dieser gibt dem Südlichen Theil, durch welchen er fliesset, den Namen des Neckar-Thals. Er hat seinen Lauff von Süd-Westen, und nachdem er selbigen von Schwenningen an, bey Rothweil/ Oberndorff/ Sulz/ Horb vorbey genommen, und die kleinere Flüßlein Eschach/ Prim/ Schlichem/ Mühlbach/ Glatt/ Eyach/ Startzel/ Katzenbach in sich verschlucket hat, so fliesset er ferners von Rothenburg auf Tübingen/ und bey Lustnau vorbey, nachdem er auch bey Tübingen die Steinach/ oder vulgo Steinlach, und bey Lustnau besonders unter der Brücken die Ammer zu sich genommen hat. Ferner fliesset er durch gantz Würtemberg/ und das Pfälzische/ biß er zu Mannheim gleichfalls von dem Rhein verschluckt wird: Biß dahin aber, wächßt er

immer

immer weiter durch den Zufluß so vieler andern Flüsse und lauffender Bäche, so man nicht alle weißt, sintemalen selbiger an sich nimmt von Lustnau biß Nürtingen, die Echiz, die Erms, die Steinach: Zu Nürtingen, und von dar biß Eßlingen die Aich, den Tieffenbach, zu Wendlingen die Lauter, zu Blochingen die Filz, unter Denckendorff die Kersch; Von Eßlingen biß Heilbronn zu Canstatt den Nesenbach, ohnweit Mühlhausen den Mühlbach, bey Neckar-Rems die Rems, ohnweit Binningen die Murr, zu Beßigheim die Enz, bey Lauffen die Zaber; Von Heilbronn biß Heidelberg den Leinbach, die Salm, den Kocher, die Jaxt, die Elz, und den Elsaz, biß er sich endlich zu Mannheim in den Rhein stürtzet, und seinen Namen verliehret. *Crusius* Annal. P. II. L. X. cap. 11. pag. 593. edit. lat. pag. 413. schreibt also darvon: Der Ursprung des Neckars ist ob dem Flecken Schwenningen im Hertzogthum Würtemberg, Sechs Meil von Tübingen, und eine Meil von Rothweil. Sie sind (scil. fontes Nicri) neben den Aeckern auf der Ebene, welche dahero die Aecker neben des Neckars Ursprung genannt werden. Daselbsten hat um das Jahr 1581. Hertzog Ludwig einen Stein aufrichten lassen, mit der Aufschrifft: Da ist des Neckars Ursprung. Die Quell samt dem Stein seynd in höltzerne Schrancken eingeschlossen. Münster schreibt in seinem dritten Buch c. 312. also: Der Neckar, welchen die Alten Nicrum nennen, entspringt nicht weit von dem Ursprung der Donau, ergießt sich alsbald in das Rothweilische Feld, gegen Mitternacht, theilt das untere Schwaben (so unterhalb der Donau gelegen) in zwey Theile, und fällt nach einem fast fünff-tägigen Fluß mit vielen andern Bächen, so sich entzwischen in Jhne ergiessen, besonders der Enz, Kocher und Jaxt, zwischen Speyer und Worms in den Rhein. Die vornehmste Städte, so an seinem Ufer hinab liegen, seynd Horb, Rothenburg, Tübingen, Eßlingen, Stuttgardt,

Canstatt, Beßigheim, Heilbronn, Wimpffen, Heidelberg. Bey Tübingen hat er dieses besondere vor andern Orten, daß er in denen kältesten Frost-Wintern nicht so hart gefrieret, daß man darüber leichtlich fahren könnte, welches der Nachforschung der Naturkündiger überlassen wird. Er führet vielen Sand und Kieselsteine mit sich. Von Fischen fangt man darinnen vornemlich Karpffen, Hechte, Barben, und vielerley andere Gattungen.

Man hat diesen Neckar ober Tübingen schon mehrmahlen wollen Schiffreich machen, und hat besonders Hertzog CHRISTOPH solches angefangen, und hernach Hertzog FRIDERICH 1598. mit grossen Kosten zu vollbringen gesuchet, es wolte aber die Sache nicht recht von statten gehen. Und obschon unter der Regierung Hertzogs EBERHARD LUDWIGS die Sache weiter aufs neue angefangen worden ist, und man etliche mahlen Schiffe von Tübingen biß Canstatt geleitet hatte, so hatte es dannoch abermahlen nicht zum Stand kommen wollen; Indessen aber die Schiffe von Canstatt ordentlich auf Heilbronn fahren, von dannen hernach der Neckar Schiff-reich bleibet.

Observatio V.

In diesen Neckar fliesset demnach bey Tübingen die Steinlach, ihren Lauff nehmend oben von Spechts an über Dußlingen; in selbige aber komt von Gomeringen herab, der Bach Wisaz, welcher selbige verstärckt, und neben andern von Bergen abschiessenden Wassern, manchmahlen das Steinlacher und Neckar-Thal anzufüllen hilfft; So kommt auch unten von Derendingen herein, der sogenannte Mühlbach darzu. In

In eben diesen Fluß Neckar fallt auch der auf der Nord-Seite lauffende Bach Ammer / so seinen Anfang ober Niebringen nimmt, und theils zu Tübingen durch die Stadt, theils durch das Lustnauer-Thal den Lauff behält, und sich, nachdem auch der Bebenhäuser-Bach oder Steinach darzu gekommen, bey Lustnau in den Neckar ergiesset, mithin sich daselbst verliehret. In die Ammer ergießt sich auch der sogenannte Räsenbach / besonders wann er durch Wasser-Güsse und Schnee-Wasser sich vergrössert, sonsten er geringe ist.

Observatio VI.

Darmit auch diese Flüsse und Bäche zu passiren seyen, hatte man der Brucken nöthig, welche auch schon längstens sind besorget worden. Wir bleiben allein bey denen gegenwärtigen bey Tübingen stehen, und gedencken deren nicht, welche an andern Orten sich befinden.

Also ist eine grosse steinerne Brucken über den Neckar bey dem Neckar-Thor, welche vier Joche hat, und von deren man auf den kleinen Wörth gehen kan. Uber diese gehet die Passage lincker Hand gegen Reuttlingen, Kirchentellinsfurth, gerad zu durch das Steinlacher Thal gegen Dußlingen ꝛc. rechter Hand gegen Rothenburg ꝛc. Selbige solle 1489. erbauet worden seyn, darvon *Crusius* P. III. L. IX. c. 2. p. 133. ed. lat. p. 487. dieses meldet: Zu Tübingen ist die steinerne Bruck über den Neccar gebauet worden / deren schon vorhin Meldung geschehen / nemlich ad An. 1481. da es pag. 118. ed. lat. p. 465. heißt: Und endlich so ist 4.) damahls auch die starcke steinerne Neckar-Brucke

vor

vor dem Neckar-Thor gebauet worden / darauß zu schliessen ist, daß etwa A. 1481. der Anfang und 1489. das Ende gemacht worden seyen. Und solle nach alter Relation Kayser MAXIMILIANUS, als er hier gewesen, auf dieser Brucken offentlich gespeiset haben.

Uber eben diesen Neckar, weilen sonsten keine Passage bey dem Hirschauer-Thor darüber, eine steinerne Brucke aber der andern gar zu nahe wäre, gehet der höltzerne Steg, vulgo der Hirschauer-Steg. Dieser wäre 1508. das erste mahl geleget, ist aber schon öffters vom Wasser hinweg gespühlet worden. *Cruſ.* P. III. L. IX. c. 16, pag. 368. ed. lat. 533. meldet folgendes: Zu Tübingen wurde in diesem Jahr (1508.) das erste mahl eine Brücke vor dem Hirschauer-Thor über den Neckar gemacht.

Uber die Steinlach ist gleichfalls eine steinerne Brucken gebauet, welche ihren Anfang 1586. gehabt, wie *Cruſ.* P. III. L. XII. c. 32. p. 362. ed. lat. pag. 798. also schreibet: In diesem Jahr haben die Tübinger eine steinerne Brücke über die Steinach gebauet.

So sind auch noch 2. höltzerne Brucken bey denen Zimmerhütten, wegen der Lachen und Uberschwemmung des Neckars und Steinlach.

Observatio VII.

Wir fügen zu dem Wasser auch die Brunnen-Quellen, von welchen die Wasser-Leitungen in das Schloß und Stadt geführet werden, und zum Theil Bewunderns-würdig sind. Darbey zum Voraus, ehe wir in die Stadt eintretten, von den Brunnen Meldung geschehen muß.

Also entspringet die Quelle des Rohr-Brunnens auf dem Schloß in der Maderhalden / hinter dem Räsenbach, und laufft das Wasser an denen Bergen ab und auf.

Der Marckt-Brunn/ dessen Alter unbekannt ist, hat seine Quelle im Heyland und der Deglichkling.

Der S. Georgi-Brunn/ der nach *Crusio* P. III. L. X. c. 12. pag. 202. ed. lat. p. 578. A. 1523. mit Röhren gebauet worden, hat die Quelle im Rothbaad oder Zieglichsloh.

Der Spithal-Brunn/ welcher nach *Crusii* Zeugniß P. III. L. X. c. 13. pag. 205. ed. lat. p. 682. Anno 1524. seinen Anfang genommen, hat 3. Quellen, im Hasenbühl/ beym Stöcklen und an der Wiesen.

Des Rohr-Brunnens/ im Fürstl. Collegio, Quellen sind auf der Viehweid/ theils der Burger- theils Bebenhäuser-Wiesen, e. g. Haußmanns, Hanß Similen 2c. Wiesen.

Der tieffe Schöpff-Brunn in diesem Collegio hat seinen Ursprung mit dem Anfang des Franciscaner-Closters gehabt.

Der Rohr-Brunn in dem Theologischen Stipendio hat die Quelle im Helmling gegen dem Schwärtzloch, und gehet die Leitung über den Schloß-Berg zu dem Hirschauer-Thor durch den Zwinger ins Closter.

Der Gomp-Brunn in diesem Stipendio wird wohl nach Crusio seine Leitung von dem Oesterberg in der Gegend, wo der vortreffliche Philosophische Brunn, oder sogenannte Litzel sich befindet, behalten.

Der Rohr-Brunn auf dem Bebenhäusischen Pfleghof hat die Quelle in dem Lincken Oesterberg.

Der tieffe Schöpff-Brunn auf dem Platz wo vor diesem der Blaubeuris. Pfleghof gewesen, wird in dem Alter dem Franciscaner-Brunnen nichts nachgeben.

Sonsten sind noch unterschiedliche besondere Rohr- und Schöpff-Brunnen in Tübingen, welche aber hier nicht berühret werden, weilen wir an denen gemeinsamen Stadt-Brunnen genug haben.

Wegen dieses Brunnen-Wassers muß sorgfältige Obsicht gehabt werden, damit durch die weite Leitungen und Zertheilungen das Wasser nicht in faulen schlechten Teicheln unrein, oder matt und ungesund werde. Dahero wegen desselben, wie auch wegen der Lachen, die gleichfalls zum Theil lebendige Quellen haben, und von Uberschwemmung des Neckars, besonders bey denen Zimmerhütten groß werden, die Herrn Medici zu unterschiedlichen Zeiten ihre Consilia und Erinnerungen gegeben und gemachet haben; welches besonders Herr Burckard David MAUCHART, Medic. & Chirurg. D. Anatom. Chirurg. ac Med. Prof. Ord. Consiliarius und Archiater Würtemb. letztens in offentlichem Actu Doctorali gethan hat, da er 1739. den 16. Sept. acht Candidatos Medicinæ in Doctores pomovirte, und den Tübingischen Magistrat zur Sorgfältigkeit in dieser Sache auffmunterte.

Observatio VIII.

Hier ist nicht vorbey zu gehen, daß einige Alte vorgeben, welches auch von Rebstocken gemeldet wird, es seye Tübingen zu erst gebauet gewesen, wo jetzo das S. Bläsi-Baad stehe; Und nachdem der Attila den Ort zerstöhret habe, seye es auf dieser Seite aufgebauet worden. Allein dieses streitet erstlich wider die Situation selbsten. Dann da ohnfehlbar das Schloß damahlen schon, wiewohlen nicht in diesem Stand gewesen ist, wie solte die Stadt so

weit

weit entfernet über den Neckar drüben abgelegen gewesen seyn? Zum andern laufft es auch wider die Historie. Dann obwohlen nicht geläugnet wird, daß auch einige von dem Heer-Schwarm des Attilæ in diese Gegenden gekommen, so solle doch um eben solche Zeit, ungefehr An. 450. die Stadt schon lang von An. 419. an, die Lage hier an gegenwärtigem Ort gehabt haben, und ummauret worden seyn. Wie wäre auch drittens Tübingen die Stadt allein ruiniret worden, und das Schloß solte geblieben seyn?

Das fünffte Capitel.

Von den Mauren und Thoren.

Nachdem wir uns indessen an dem untern Horizont um Tübingen ausser der Stadt herum aufgehalten haben, so ist es Zeit, daß wir uns in die Stadt selbsten hinein machen. Hier aber bleiben uns die Thore verschlossen, biß man uns aufmacht, wir mögen auch von einer Seite herkommen, woher wir wollen. Dann es ist Tübingen mit Mauren und Thürnen umgeben.

Observatio I.

Wann aber diese Mauren gantz oder halb seyen geführet worden, wird wohl ein Rätzel bleiben? Dann wie die Stadt oder erstlich gewesener Flecken nicht weit gereichet hat, so hat auch die erste Mauer nicht weiter gereichet; biß nach frischer Anbauung derselben endlich selbige sich geschlossen hat. Es sind aber die Mauren ungleich und gegen dem Neckar nur eine Wehre, und Verschliessung, da sie um die andere Gegenden der Stadt wehrhaffter sind. Hat sie den Anfang An. 419. unter Raboto II, genommen, so ist nach solcher Erzehlung die Hag-Mauer die älteste. Es haben auch diese Mauren in denen Kriegen Noth gelitten, und sind besonders 1688. an 3. Orten eingeworfen worden, hinter der Mühlen und zwischen den Lustnauer- und Schmid-Thoren.

Observatio II.

Die Thore sind durch die Mauren unter denen Thürnen eingehauen, und der Eingang eines jeden wohl verwahret. Derselben sind 2. Thor gegen Westen, dann auf dieser Seiten sind wir stehen geblieben, und kommen auf dieser Seite herein in die Stadt; das sogenannte [illegible]gthor, und Hirschauer-Thor, auf welchen beeden auch oben in den Thürnen Gefängnisse sind. Gegen Norden ist das sogenannte Schmidthor. Gegen Osten sind das Lustnauer- und Neckarthor. Sind also in allem 5. Haupt-Thore mit so vielen Thürnen.

Das sechste Capitel.

Von der inneren Beschaffenheit der Stadt und Schloß Hohen-Tübingen.

Die Zweyte Frage gehet die innere Beschaffenheit der Stadt an, in Betrachtung der Gebäuden. Und fangen wir an die Stadt selbsten zu besichtigen, diese aber ware vor Aufrichtung der Universitæt nicht gar sonderlich, und hat erst ihr Lustre, Ruhm und Namen nach aufgerichteter Universitæt bekommen, wie alsdann, wann davon die Rede seyn wird, solle gemeldet werden. Ohnfehlbar aber ist das Schloß, unter welchem wir herein gegangen sind, das älteste Gebäu, welches aber wohl keineswegs die erste Gestalt mehr hat.

Wir

Wir wollen von demselben melden, was wir gefunden haben. Und so reden wir vorderist

Vom Schloß, oder der sogenannten Pfaltz.

Observatio I.

Da wir hören, daß dieses Schloß in so vielen alten Schrifften und Verzeichnissen die Pfaltz ist genennet worden, was solte diejenige von ihrer ersten Meynung abtreiben, welche vorgeben, daß es zuerst ein Palatium Romanum gewesen seye, da vermuthlich ein Römisches Gericht gewesen ist. Solte uns der oben gemeldete Stein von Caracalla zum Gesicht gekommen seyn, wolten wir mit mehrerem Grund reden, und was andern fabelhafft deucht, in besseres Licht setzen. So aber reden wir von dem Wort Pfaltz, welches das Schloß gehabt hat, und darvon die Grafen von Tübingen, die mit denen Montfortern sonsten einerley Ursprung sollen gehabt haben, den Nahmen Comitum Palatinorum, oder der Pfaltz-Grafen geführet haben; Als welcher Pfaltz-Grafen Nahm, so fern er eine höhere Würde und besondern Character bedeutet, im Römischen Teutschen Reich erst später aufgekommen ist. Doch hat derselbige bey denen Römern einen Judicem angezeigt, wie solches Sebastianus Münsterus L. III. cap. 20. Cosmographiæ p. 409. artig anführt: Quando Romani certam edomuerunt regionem, permittebant non nunquam devictis Regibus illorum regnorum administrationem, nisi quod nomen regium commutabant vel in Palatinum, vel in Ducem. Porro: Ut Palatini Comites sunt Judices regni edomiti. Welche Beschreibung sich gar wohl auf die Pfaltzgrafen in Tübingen schickt.

Observatio II.

Dieses Schloß nun heisset, Hohen-Tübingen, und ligt hoch auf dem sogenannten Pfaltz-Berg, welcher jetzo der Schloß-Berg genennet wird. Gegen Osten ist der Eingang von der Stadt herauff, da man den Berg hinauf gehet, und an den Wall gelanget, auf der sogenannten Burg-Staig. Hier findet sich nebst dem tieffen Graben, die erste Haupt-Brucke in das Schloß, darein man erst nach neuem Auffsteigen an dem Berg, über einen neuen Graben neben dem Wall auf der zweyten Brücke kommen mag, da an dem ersten Portal Hertzog FRIDERICHS Wappen, mit dem Frantzösisch- und Englischem Ritter-Orden angezeichnet ist, mit der Umschrifft: *Hony soit qui maly pense.* An dem obern Portal aber befindet sich das Würtembergische Wappen allein von den Hirschen, rc. Dieses Tübinger-Schloß, oder Pfaltz hat also den ungemein erhöheten Prospect, und kan man in dem Obern Horizont rings herum, mithin in und über alle Thäler/das Neckar-Steinlacher-Lustnauer-und Ammer-Thal sehen. Wie dann allemahl wegen des weiten Prospects die Feuersbrünste, so man in der Ferne erblicket, durch Stuck-Schüsse, in der Stadt mit Schrecken angezeiget werden. Auf der Nord-Seite hat es die Nördliche Seite der Stadt vom Haag biß Schmidt-Thor und das Ammer-Thal vor sich. Gegen Süden ist das schöne Neckar-Thal und von der Stadt die sogenannte Neckar-Halden im Angesicht; Und wie auf der Nordlichen Seiten der grüne Wiesen-Wall ist: also ist auf der Südlichen Seite der Schloß-Weinberg. Gegen Westen gehet

gehet der Prospect in beede Thäler das Neckar- und Ammerthal, und an den Schloß-Berg, auf welchem man aus dem Schloß kommen kan. Von welchem Prospect auch der merckwürdige Vers des Lend-Grafen von Hessen MAURITII zeuget, welchen er, als er auf dem Schloß gewesen, gemacht hat, und welcher in einem Zimmer gegen dem Necker-Thal oben angezeichnet gewesen ist:

Ad Nicrum exstructa est magna arx in monte Tubingæ

Non est prospectu clarior ulla alibi.

Was die Fortification anbelangt, darvon ist hier keine Rede. Dieses hab ich hören sagen, daß man sich nicht leicht vor einem Bombardement förchte, wann es schon davon einen Feuer-Regen geben möchte, weilen die Gegen-Wehr dannoch geschehen, und gute Retirade genommen werden kan. Da wir aber allein bey der Historischen Beschreibung bleiben, so melden wir nur: daß das Schloß innwendig den schönsten Schloß-Hof/ die schönsten Ober-Gänge in dem Quadrat, die schönste und auch commode Zimmer darneben und darüber habe; daß der allerangenehmste Prospect von der vorderen Altane (welche dieses Jahr im Majo 1742. gantz ausgebessert worden,) gegen den halben Horizont Süd- und Nord-Osten seye; daß es die kostbarste Keller habe; daß hinten, die sogenannte kalte Herberg ein feiner Platz zur Recreation und Wehrhafft seye; daß die schöne Schloß-Capelle und das Zeughauß wohl zu sehen seyen, 2c.

Observatio II.

In diesem Zustand aber ware anfangs dieses Schloß nicht, welches meistens höltzern solle gewesen seyn, sondern wurde erst also frisch wieder aufgeführet von Hertzog ULRICH nach seiner Retour aus dem Exilio 1535. welcher das gantze obere Schloß, wo die Zimmer sind, wie auch den hohen Wall theils neu erbauen, theils repariren lassen. Darvon Crusius Annal. P. III. L. XI. c. 10. p. 239. ed. lat. p. 228. also schreibet: Ferner nahm er auch eine Reparation des alten Schlosses zu Tübingen vor, und so kam dann dieses Schloß in denjenigen schönen und ansehnlichen Stand, in welchem wir es heute zu Tag sehen. add. Paralipom. c. VI. p. 412. ed. lat. p. 23. Nicodemus Frischlinus in der Oratione Poëtica, so er 1579. als den 19. Jan. das Wetter in das Schloß eingeschlagen hatte, in Aula Veteri gehalten, bringt folgende Verse vor:

Hanc olim Comites arcem tenuere Tubingi:
Clara Brigantina stirpe propago sata.
Tempore post longo Dux instauravit Ulricus,
Cùm patriis iterum redditus esset agris.

Unter andern Historischen Merckwürdigkeiten ist das sogenannte grosse Tübinger-Buch / nemlich das grosse Faß / welches eben dieser Hertzog ULRICH, welcher sein besonderes Gefallen an Tübingen gehabt hat, 1548. hatte machen lassen, und ligt es auf der rechten Seiten des Schlosses (nach dem Eingang) im untern Keller. Der Riesser hieß Simon, und ware von Bietigheim gebürtig. Es hält sieben und viertzig Fuder / und vier Aymer. Ist lang vier und zwantzig Schuh / ligt in viertzehen Felgen.

Bosen-

Boden-Höhe dreyzehen und einen halben / und Sponten-Höhe vierzehen und einen halben Schuhe. Er bekame Lohn 150. fl. und ein Hof-Kleid. Dieses Faß ware öffters, besonders Anfangs, und zu unterschiedlichen Zeiten mit Wein angefüllt; Nachgehends seit vielen Jahren haben es die Kieffer zur Raritæt gantz leer, gebrauchen müssen. Hiervon ist wohl zu lesen, was der seelige Dr. Raith oder vielmehr der Respondens, Rep. M. Mez darvon in der Disputatione Jubilari, de Tubinga Sede sat congrua Musis, s. in Dissertatione Historico-Geographica de Tubinga erzehlt. Dann als selbiger gezeiget, daß es kein eigentliches Buch seyn könne, besonders (noch auch D. Sigwarti Admonitio Christiana de Irenico Parei, apud Fischlinum P. I. Memoriæ Theol. pag. 321.) die Confessio Würtembergica nicht, so sagt er pag. 11. Dieses ist viel gewisser und der Wahrheit gemässer: Dieses grosse Buch ligt in dem grossen Fürstlichen Keller auf dem Schloß. Man zeigt solches denen Passagieren, und hat viele Nahmen deren, die es besehen haben an sich angezeichnet. Selbiges ist aus Befehl Hertzog Ulrichs 1548. gemacht worden, und hat dem Kieffer hundert Thaler darfür bezahlt. Was es halte und fasse nach der Tübingisch-Eßlingischen Maaß, solches meldet Narcissus Swelin in seiner kleinen Würtembergischen Chronic p. 171. Man besehe auch von diesem Faß Crusium in Annal. P. III. L. XI. c. 22. pag. 273. ed. lat. p. 672.

Observatio III.

Der schöne Rohr-Brunn in dem Schloß-Hof ist vornemlich auch darum merckwürdig, weilen seine Wasser-Leitung von der Mader-Halden über den Käsenbach, Berg ab und auf, fast eine Stunde weit in dem Umweg geführet, und das Ab-Wasser darvon wieder in der Stadt gebrauchet wird.

Ja es ist der andere sogenannte tieffe Brunn, lincker Hand in dem Keller noch notabler, weilen man aus diesem in aller Belagerung das Wasser haben kan, mithin das Wasser dem Schloß nicht kan genommen werden. Man meldet von ihme, daß er in seiner Tieffe unter dem Neckar gefaßt seye. Eine augenscheinliche Probe habe ich selbst gesehen, als einsmahls der damahlige Commendant auf dem Schloß, Herr Friderich Heinrich Keller, Obrist-Lieutenant und Kriegs-Rath, welcher in Stuttgardt 1738. in eben diesem Character und als Ober-Amtmann zu Merckligen im 84. Jahr seines Alters gestorben ist, diesen Brunnen, von vielen lange Zeit über eingeworffenen Steinen und anderer Unreinigkeiten, säubern lassen; dann diejenige Seiler, mit welchen man ihne erschöpffet hatte, oben von dem Keller an, durch den gantzen Schloß-Hof biß gegen die untere Brucke langeten und reicheten, darvon der Uber-Rest biß weiter am Schloß-Berg herab geleget ware, welche Länge und Distanz des Platzes die Tieffe genugsam zu erkennen gibet; welcher tieffe Brunn auch An. 1695. im Januario ist gereiniget worden.

Wann eigentlich alle die Thürne um das Schloß gebauet worden seyen, ist ins besondere von allen nicht bekannt. An. 1507. wurde der hohe runde Thurn, das sogenannte Rundel, nebst denen Zwinger-Mauren gegen dem Briel gebauet. Vid. Crus. Annal. P. III. L. IX. c. 15. pag. 166. ed. lat. p. 529. Dieses geschahe gleichfalls von Hertzog ULRICH. Crusius schreibt also: Zu Tübingen fieng man auf dem Schloß

Schloß an einem hohen Thurn, und die Vormauer gegen dem Briel zu bauen.

Der andere Thurn aber gegen dem Schloß-Weinberg wurde den 9. Maji 1515. angefangen, welcher hernach 1647. von denen Frantzosen in der Belagerung unterminirt und gesprenget worden ist, an dessen Stelle jetzo der Eckichte Thurn stehet. Vid. Cruſ. P. III. L. X. c. 5. p. 185. ed. lat. p. 555.

Von des Schlosses Fatalitäten und Schicksaalen, welche es mit der Stadt gemein gehabt, solle besonders gehandelt werden.

Dermahlen ist auf dieser Vestung Hohen-Tübingen Hochfürstl. Commendant, Herr Carl Leopold N. Freyherr von Francken, Major, und zwar seit dem 21. Sept. 1735. Hochfürstl. Keller aber ist Herr Johann Christian Banger, Ihro Hochfürstl. Durchl. Renth-Cammer-Expeditions-Rath.

Das siebende Capitel.

Von denen Stadt-Kirchen.

Nun gehen wir von dem Schloß herab in die Stadt. Diese betrachten wir, wie sie sich würcklich befindet.

Obſervatio I.

Dann vormahlen ware selbige gleichfalls nicht in solchem Stand, in welchen sie hernach gekommen ist. *Cruſius* schreibt darvon ad Annum 1341. Annal. P. III. L. IV. cap. 13. pag. 910. edit. latin. pag. 240. Wie ich von alten gelehrten Männern verstehe, war dazumahl Tübingen noch eine kleine Stadt, so daß sie nur von dem jetzigen untern Theil derselben, (wo heutiges Tags fast nur Weingärtner und allein die Handwercks-Leute wohnen) biß an den jetzigen Marckt gereicht habe. Vom Marckte aber

aber biß an Neckar (in welchem obern Theil heutigs Tags fast nur fürnehme Häuser, und der löblichen Universitæt Gebäude und Auditoria sind, biß hinunter an die Neckar-Mauer) seynd Dorn-Sträuche und Hecken, wie ich finde, gewachsen, und waren fast keine Häuser in dieser Gegend. Conf. Paralipomena p. 410. Dieses benimmt aber dem Tübingen nichts, wie es Rom nichts benimmt, daß dieser Stadt Anfang so klein und schlecht beschaffen gewesen. Wir wollen sie nach jetzigem Zustand beschreiben.

Wie nun von dem Schloß die Kirche S. Georgii sehr ansehnlich ersehen wird, also wollen wir von selbiger den Anfang machen, und kommt also von denen Kirchen vor, erstlich

Die Stiffts-Kirche oder S. Georgii-Collegiat-Kirche.

Observatio II.

Diese Kirche ist die Haupt- und Stadt-Kirche, und sogenannte Collegiat-Kirche. Sie heißt S. Georgi, und Martini, auch S. Mariæ-Kirche, nach denen Patronen, welchen sie geweyhet worden, darvon Crusius also schreibt: P. III. L. VIII. c. 17. p. 118. ed. lat. p. 464. Die Patronen dieser Kirchen waren die beede Heiligen, Georgius und Martinus, welche, als einsmahlen wegen des Vorzugs der Heiligen ein Streit entstanden, und einige Johannem den Täuffer, andere Petrum, andere Paulum vorzogen, denen übrigen von jemanden aus diesem Grund vorgezogen worden, weil sie in einem prächtigen und ansehnlichen Habit einher ritten, da die übrige zu Fuß in Lumpen daher giengen.

Sie ware aber Anfangs nicht also gebauet, sondern sie ist fast die dritte Kirche oder das dritte Gebäude der Kirche, welche jederzeit an diesem Ort gestan-

gestanden ist. Solches solle bezeugen ein Eckstein an der Kirche gegen das Universitæts-Hauß, darauf ein geflügelter Löw/ und ein geflügelter Greiff zu sehen, und folgende Worte eingehauen sind: Dieser Stein ligt an der dritten Kirchen auf dieser Hofstatt/ welche Worte aber ich nicht habe finden mögen. Gegen Morgen sind diese Worte an der Kirche eingehauen: Anno Domini MCCCCLXX. Jahr den 28. Mertzen/ da war der erste Stein gelegt an dem Chor. Gegen Abend neben der Kirchen-Thür gegen dem Cottaischen Buch-Laden, ist eingehauen: Anno Domini 1483. an S. Urbans-Tag/ war gelegt der erste Stein an der Seiten. Der erste Stein an der Seite gegen dem Neckar, wurde 1478. gelegt, wie es der Stein auf dem an der Kirche gegen der Schul anzeiget: Anno Domini 1478. Jahr am 29. Aprellen ware der erste Stein gelegt an der Seiten. Vid. Cruſ. Annal. P. III. L. VIII. c. 7. p. 93. 94. ed. lat. p. 432. Es scheinet aber, daß die alte Kirche nach und nach abgebrochen, und diese aufgebauet worden seye, dann es war 1411. die grosse Glocke à 66. Centner zur Georgen-Kirche an Aegydii-Tag gegossen. Vid. Crusii Annal. P. III. L. VI. c. 9. p. 21. ed. lat. pag. 366. und die andere S. Mariæ, oder Unser lieben Frauen Glocke ist 1469. pro 400. fl. von 40. Centnern gegossen worden Vid. Cruſ. Ann. P. III. L. VIII. c. 7. p. 93. ed. lat. p. 431. Wird demnach muthmaßlich der Bau dieser Kirchen nach und nach mit abbrechen und aufbauen, daß der Gottesdienst nicht unterbrochen worden, von Graf EBERHARD dem Milden von Würtemberg an, biß auf den ersten Hertzog EBERHARDUM I.

Bar-

Barbatum von Würtemberg continuirt worden seyn, und mag also durch viele Jahre gewähret haben, welches ich dem Urtheil des Lesers zu berechnen überlasse.

Observatio III.

Dieses ist gewiß, daß vor Anordnung jetziger S. Georgen-Kirche, die Parochi, oder Pfarrer oder Plebani, wie sie den Namen nach und nach geändert haben, seynd Rectores der Kirchen zu Tübingen genennet worden, welchen Namen diejenige Pastores gehabt haben, deren Crusius ad A. 1335. gedencket, wann er P. III. L. IV, c. 10. p. 904. edit. lat. p. 232. also schreibet: ad 1335. In eben demselben Jahr den 15. Mertz stirbt LUDWIG, Rector der Kirche in der Stadt Tübingen, und wurde begraben an der Capelle S. Benedict. Allda ligt auch begraben BERTHOLD, eben derselben Kirchen Rector. Fragt der Leser: Wo ist dann die S. Benedict-Capell gewesen? so muthmasse ich, daß es die äussere Sacristey seye, in welcher sich Begräbnisse finden möchten, und darinnen noch ein Altar stehet. Dann es sicher ist, daß da herum, wo jetzo der Chor ist, auch Begräbnisse gewesen sind. Wie man dann unter dieses Chor sogleich vielleicht an statt der Pfalzgräflichen die Gräfliche Würtembergische Grufft gemacht hatte, und auch schon A. 1450. darinnen Graf Ludwig von Urach begraben worden ist; Ferners hat damahlen nicht weit hinweg ein Grufft-Häußlein gestanden, wo jetzo die Mägdlen-Schul neben der Kirche stehet, welcher beeder Stellen Veränderung 1589. geschehen seyn solle. Crusius redet Ann. P. III. L. XII. c. 36. p. 378. ed. lat. p. 822. also von diesem 1589. Jahr; Bey uns stund auf dem Kirchhof zu

S. Ge-

S. Georgen ein Behältniß für die Todten-Beine, welches im Jahr 1497. gemacht worden: für welches, auf kluges Angeben, der Stadt-Rath in diesem Jahr eine Mägdlen-Schule daselbst gebauet. Man hat auch eine grosse Menge Beiner allda heraus gegraben, welche auf Karren auf den GOttes-Acker vor die Stadt hinaus geführt, und verscharret worden: Man hat auch viel Grab-Steine auf die Seiten gethan, als: im Jahr 1508. den 29. Aug. starb Mariä Wintherin, Ludwig Päffen Hausfrau. Anno 1509. den 23. Jul. Johann Engelfrid aus Stuttgardt. An. 1513. am Tag St. Matthiä, Georg Ruhuser, Leinwad-Krämer, und 1534. den 28. Mertz, seine Ehfrau Anna Howenschiltin. An. 1520. den 4. Jun. die Ehrsame Matron, Margaretha, Johannis von Kirchen Ehefrau. An. 1521. 6. Tag vor Mariä Reinigung, die Ehrsame Agnes Howenschiltin, Ulrich Gengers Hausfrau. Dieser äussere GOttes-Acker wurde vornehmlich schon 1540. an einem ungeweyheten Ort, angefangen.

Observatio IV.

Wir kehren wieder in die innere Kirche hinein, diese ist also aus einer Parochial- zu einer Collegiat-Kirche 1483. gemacht worden. Wie ich die Sache, nicht mit meinen, sondern anderer Worten bezeichnen will. So sagt Crusius Ann. P. II. L. VIII. c. 6. pag. 483. edit. lat. p. 261. Nach einigen Jahr hunderten aber wurde Anno 1477. auf Anhalten EBERHARD des Aeltern, berühmten Grafen in Würtemberg und Mömpelgard, und der Hoch-Edlen Frau MECHTILD, seiner Mutter, Ertz-Hertzogin von Oesterreich, Pfaltzgräfin am Rhein, als Schirms-Vögt besagter Kirche (des Stiffts Sindelfingen) die Probstey Sindelfingen, mit 3. Chorherren und eben so viel anderen Pfründen, aus Apostolischer Macht in die S. Georgen-Kirche zu Tübingen, welches in Constantzer Bisthum und Maintzischer Provintz ist, verleget. Und P. III. L. VIII. c. 13. pag 107. ed. lat. p. 449. schreibt er also: Hochermeldter Graf hat auch die Tübingische

gische Pfarr-Kirche zu S. Georgen in eine Collegiaten- oder Stiffts-Kirche erhoben, und mit tauglichen Canonicis, und einem Probst versehen, zu diesem Ende das Stifft von Sindelfingen nach Tübingen transferiret, und hingegen zu Sindelfingen auf Erlaubniß Pabsts Sixti (IV.) und Kaysers Friderici III. Weltliche Chor-Herren gesetzt. Der erste Probst ware der Hochwürdige, M. Johann Tägen, Probst der Stiffts-Kirche der Heiligen Jungfrau Mariæ, und Apostolischer Cantzler der Universitæt Tübingen. Diese Kirche solle innwendig lang seyn 153. Schuh, breit 104. Schuh, 3. Zoll. Sollen ausmachen 61. Ruthen/ 15¼. Schuh, Die Cantzel stehet in der Mitte.

An. 1732. wurde an statt der vorigen zwey Orgeln der Grössern und Kleinen eine Neue gemacht, und der Ort verändert, und selbige vor dem Chor ob dem Altar, aber zum Nachtheil des Standes des Theologischen Stipendii, und des Prospects in das Chor gesetzet.

Es hat Herr Christian Hagmajer/ S. Theol. D. & Prof. Ord. damahliger Pastor Ecclesiæ und Specialis eine Einweyhungs-Predigt wegen des neuerbauten Orgel-Wercks gehalten, welches vornen an dem Stand folgende Inscription auf einer Tafel hat:

Gloriæ
SS. Tri-Unitatis,
Consilio atque Cura
Antistitum,
L. B. Dn. Christoph Petr. de Forstner,
Ser. Wurt. Duci à Cons. Int.
Coll. Ill. Ephori. Rel.
Tubingensium Satrapæ,
Dn. Christiani Hagmajeri, Th. D. & Pr. Ord.
Eccl. Superattendentis & Pastoris,

Dn.

Dn. Frid. Henr. Georgii, J. Lti, Supr. Dic. Aff.
Loci Præfecti,
DDnn. Consulum
Vit. Jac. Neufferi, J. Lti. Jo. Chr. Hallwachsii,
Abel Renzii & Sim. Christoph. Sarweyi,
Nec non Xenod. Curatoris Dn. J. G. Fischeri,
Tota etiam Ecclesia suum Symbolum Conferente,
ORGANON HOC PNEUMATICUM
extructum,
in hunc locum translatum,
&
Sacra Solemnitate Eidem dedicatum est
Die XXIV. Aug. Anno MDCCXXXII.
Omnis Spiritus Laudet Dominum. Hallelujah!

Observatio VI.

Besonders sind in der Kirche viele Begräbnisse auch viele Epitaphia. In dem Chor befinden sich die Mausolea und Epitaphia der Ersten Hertzogen von Würtemberg/ welche wir in Ordnung melden wollen. Von denen andern wollen wir nur die an denen Pfeilern und Wänden aufgehängte anführen, weilen wir die Grabsteine auf dem Boden, innerhalb und ausserhalb der Kirche nicht berühren wollen, da sie nicht leichtlich aufzusuchen waren:

Grab-Steine und Grab-Schrifften der Hertzogen von Würtemberg die zu Tübingen beygesetzt sind.

Es sind zwar diese Grabsteine auch von andern abgezehlt, und in einige Ordnung gesetzt worden, allein kan der Leser sich nicht sogleich darein finden, wann er einen Stein vor dem andern zu suchen begierig seyn will, besonders weilen auch, nach Crusii Erzehlung bey dem Tod Hertzog LUDWIGS glorw. Anged. 1592. einige Veränderung erfolget ist.

Der Leser bemercke also die Ordnung der Steine, welche sich von dem Oestlichen Fenster des Chors an gegen der Kirche im Anblick zeiget, damit selbiger auch die Epitaphia und Inscriptionen an der Wand desto besser unterscheiden möge.

Wann demnach derselbe hinten im Chor bey dem Fenster stehet, und in die Kirche hervor siehet, so hat er in der Ordnung vier Reyhen Fürstlicher Grabsteine vor sich, welche von der lincken Seite, gegen die rechte betrachtet werden, und hinter oder neben sich die Epitaphia an der Wand haben. Im ersten Reyhen bey dem Fenster, sind 1.) Eberhardus Barbatus, 2.) Hertzog Ulrich, und hinten an der Wand kupfferne Tafeln mit güldenen Buchstaben, 3.) Sabina Uxor. In dem andern Reyhen befinden sich 4.) Eva Christina, 5.) Ludovicus Senior, 6.) Uxor Mechtildis, 7.) Anna, Filia Ducis Ulrici, 8.) Rudolphus, Halberstadiensis Episcopus. In dem dritten Reyhen: 9.) Hertzog Christoph. Die Inscriptiones gegen über, 10.) Anna Maria, Uxor, 11.) Eberhardus Filius, Inscriptio an der Wand gegen über, 12.) Joh. Georgius, Hæres Norwegiæ, Dux Holsatus, gegen über die Inscription an der Wand. In dem vierten und äussersten Reyhen, 13.) Hertzod Ludwig, 14.) Dorothea Ursula Uxor. Darneben sind an der Wand in der Mauer, NB. in obiger Ordnung zur rechten Hand, 15.) Infantis Ducis Ulrici, 16.) Maximiliani, 17.) zur lincken Seite, an der Wand an einer Tafel die Inscriptio Georgii Ottonis.

Dieses

Dieses beliebe der geneigte Leser zu beobachten, weilen in solcher Ordnung nunmehro die Grabsteine ihren Numerum behalten.

Wann aber derselbe aus der Kirche in den Chor hinein gehet, findet er alles in umgekehrter Ordnung; dann rechter Seite hat er an der rechten Wand nichts als des Ottonis, und Hertzog Christophs Inscriptionen, lincker Hand aber kommen die andere Inscriptiones. Von Steinen aber hat er von der rechten zur lincken Hand, von der vierten Reyhen Nr. 13. 14.) Hertzog Ludwig und Uxorem Dorotheam. Vom dritten Reyhen, Nr. 9. 10. 11. 12.) Hertzog Christoph, Uxor. Anna Maria, Eberhardi Filium, Joh. Georg. Vom zweyten Reyhen Nr. 4. 5. 6. 7. 8. Eva Christina, Ludwig den Aelteren, Mechtildim, Anna, Rudolph. endlich vom Ersten Reyhen Nr. 1. 2. 3. Hertzogen Eberhardum Barbat. Ulrich, Ux: Sabinam. Lincker Hand an der Wand aber ersiehet man Nr. 15. 16. die junge Hertzoge Ulrich und Maximilian.

Wann man sich demnach diese Ordnung wohl ins Gedächtniß fasset, so kan man im Eingang und Ausgang sogleich den Stein finden, welchen man besehen will.

Nun folgen die Steine selbsten, wie sie von uns, der Ordnung nach bezeichnet worden sind, auf welchen allen ausgehauene Bilder ersehen werden.

I.

Illustrissimus. & tam sapientia, quam honestate vitæ, excelsus Princeps, Eberhardus, Dei gratia primus Dux Wirtembergensis, & de Deckh, ac Comes Montis Peligardi, fundator hujus Schoke, obiit in die S. Matthiæ Apostoli. An. Dom. 1496. Diese Schrifft ist um die 4. Seiten der Tafel, die an die Mauer vest gemacht ist: Mitten in dieser Tafel ist ein Palm-Baum, an dem geschrieben stehet, ATTEMPTO. Unten sind die Würtembergische Wappen. Um den Stein, auf der Erde steht: Illustrissimus pietate & prudentia Princeps, EBERHARDUS Barbatus, primus Dux Wirtemb. & Teckh, Montis Peligardi Comes, hujus Scholæ Fundator. Obiit Cal. Mart. Anno M. CCCC. XCVI. So steht es auf dem Stein, Calen. Mart. Aber es soll heissen VI. Calend. Martii. nemlich am Tage St. Matthiæ.

II.

Illustrissimus Princeps Huldericus Dux à Wirtemberg & Teckh, Montisque Peligardi Comes: dum inter mortales fuit, variis fortunæ procellis agitatus, & patria sua destitutus, exilium XV. annis constanter tulit. Qua tandem recuperata: Sacrosanctum Christi Evangelium Syncere prædicari curavit, idololatriam comminuit, potentiam Antichristi debilitavit: laudabilem urbis hujus inclytæ Scholam restituit: doctis professoribus, justis salariis & stipendiis, avitos secutus mores, illustravit: Rempubl. prudentia non vulgari sicque satis feliciter administravit. Cujus Gubernacula inter tot quoque gravissimos adversariorum insultus, ad extremum usque vitæ suæ halitum fortiter retinuit. Tandem, Deo Opt. Max. finem ærumnis dante, Spiritum cœlo, reliquum vero mortalitatis suæ, hoc deponi voluit conditorio. Regnavit A. LII. M. V. Vix. An. LXIII. Mens. VIII. Di. XXVI. obiit An. Christi M. D. L. Men. IXBR. D. VI.

„ Hoc, lector, potes æstimare Saxo,
„ Humani, nihil esse non caducũm:
„ Heroum quoniam tegit duorum,
„ Ebrardi Ducis ossa & Hulderici.
„ Ex iis alter erat bonis amandus:
„ Ex iis alter erat malis timendus:
„ Et dilectus uterque valde Christo.
„ Corrupta tamen hic uterque carne
„ Letho deposita, simul quiescunt.

Um den Stein, zur Erde:

„ Principis Vlrici potuisti tollere corpus,
„ Invida mors: animam tollere nulla potes.
„ Scilicet hoc solo fuerat mortalis: at idem
„ Parte tamen vivit nobiliore sui.

III.

„ Anno Domini M. D. LXIIII. den 30. Tag
„ Augusti, starb die Durchleuchtig Hochgeborn
„ Fürstin, Frauw Sabina, Hertzogin zu Wirtem-
„ berg und Teck, Gräfin zu Mümpelgart: ein ge-
„ borne Pfaltzgräfin beym Rhein, Hertzogin in
„ obern und nidern Beyern: ihrs Alters 73. Jahr
„ 4. Monat, 7. Tag.

IV.

Illustrissima Princeps & Domina, Dn. Eva Christina, Wirtembergæ montisque Pelicardi Comitissa: Georgii ex Barbara Hassiæ Landgravia filia, sub hoc conditorio quiescit: animam vero DEO reddidit III. Kl. April. M. D. LXXV. cum vixisset an. XVI. Mens. V. Dies XV.

Auf dem Stein siehet man

Eine schöne Jungfrau in Stein gehauen, im Gold-gestickten Kleide, mit einem grünen Krantz auf dem Haupt, in gelben Haaren, die rückwerts ungeflochten herunter hangen.

V.

Anno Dom. M. CCCC. LIIII. illustris. familiæ Wirtembergensis Comes Ludovicus Senior, IX. KLNS Octobris mortuus, & in æde beatæ virginis ad Bonum lapidem sepultus, à Principe Christophoro officiosæ pietatis ergo, Tübingam huc traductus est. D. Oswald Gabelkhöver sagt, der Schrifft-Graber oder ein anderer habe gefehlt: Weil dieser Herr 1450, gestorben sey, und dessen Wittwe Mechtildis im Jahr 1452. mit Ertz-Hertzog Albrecht von Oesterreich, Kayser Friderichs III. Bruder, Hochzeit gemacht habe.

VI.

Eadem pietate & ratione, huc quoque tralata est D. Mechthildis, Palatini Rheni, ac Bavariæ Dux: clarissimi Ludovici Senioris conjunx suavissima. Quæ licet post Alberto Austriaco nupsisset: defuncta tamen Haidelbergæ, Anno M. CCCC. LXXXII. KLN. Octob. evidentiss. synceri amoris argumento, illic cum priore marito, & eodem hic simul conditorio, reponi placuit.

VII.

Illustriss. Principi ac Dominæ, D. Annæ, Duci Wirtembergensi, Ducis Vdalrici &c. filiæ dulciss. quam benigna Dei manus, ex ista fragili & caduca rerum humanarum conditione, ne diutius calamitosis & tumescentibus ærumnarum procellis misera quateretur, adolescentulam tenerr. atque in ipso blandiss. intemeratæ virginitatis ejus flore, Anno Domini 1530. Mens. Junii 29. ætatis ejus

vero

vero 17. feliciter eripuit: huic, inquam, in hunc locum amœniss. ubi jam Carthusianorum latibula Auraci, cum illic An. 24. sepulta jacuisset, collaberentur, traductæ, illustriss. Dom. Christophorus, Dux Wirtemberg. clementiss. unicæ sorori suæ dilectiss. ad perpetuam memoriam hic erigi voluit. Auf dem Stein ligt eine Jungfrau, mit einem Krantz und zusammen geschlossenen Händen.

VIII.

Um einen Stein.

Rudolphus postul. Episcopus Halberstad.
Dux Brunsuic. & Luneburg. hîc quiescit.

Auf der Tafel an der Wand.

RUDOLPHO
Postul. Episcopo Halberstadiensi.
Duci Brunsuic. & Luneburg.
HENRICI JVLI, POSTUL. EP. HALB. DVC.
BRVNS. & Luneb.
ET
ELISABETHÆ, FRIDER. II. DAN. REG. FILIÆ.
Maximorum Parentum
FILIO
In Exemplum piissimo
Principi bono Reip. nato.
Sed malo ejusdem heu præmature denato,
Mater & Fratres præ posteritate naturæ adflicti,
MEMORIAM
Contra Votum pietatis posuerunt.

Oritur Wolfenbüteli An. Chr. CIↃ. IↃCII. Jun. die XV. Moritur, in Illust. Collegio A. C. CIↃ. IↃC. XVI. Jun. die XIII. Sepelitur hîc inter Principes cognatos. A. C. CIↃ. IↃCXVI. Aug. Die XXII.

IX.

An der Mauer gegen den Stein über.

D. O. M. S.

Illustrissimus Princeps, vere CHRISTOPHORVS, Dux Wirtembergens. & Teccensis, Comes Montispelicardi, &c. à puero variis casibus jactatus, literis excultus, exteros expertus, linguarum peritus, experientia clarus, periculis infractus, bello strenuus, imperio justus, consiliis prudens, & pacificus, Orator gravis, Ecclesiæ Nutritius, hæresium & idololatriæ hostis, studiorum Mœcenas, exulum asylum, virtutis theatrum, pietatis exemplum, pater patriæ: infinitis laboribus exhaustus, ac placide in Domino obdormiens, corporis reliquias hoc conditorio, quod vivus sibi adornarat, deponi voluit. Earum optatam resurrectionem, beata anima cum Christo vivens, expectat, Memoria tanti Herois apud omnem posteritatem sacrosancta erit. Vixit annos LIII. menses VII. dies XVI. Regnavit annos XVIII. mensem I. dies XXII. Obiit anno Domini M. D. LXVIII. die XXVIII. Decemb.

Auf einer Tafel hart an der andern.

„ Wirtembergiacæ domus decorum,
„ Princeps Christophorus, sub hoc sepulchro,
„ Vt terræ sua reddit ossa matri:
„ Cœlesti quoque Spiritum parenti,
„ Sic, Christo mediante, consecravit.
„ Non Regno patrio, sed exterorum,
„ Succrevit puer, exulante patre.
„ Magni Cæsaris est secutus aulas,
„ Et Regum, teneris ephebus annis.

„ Mox

„ Mox Martis juvenis capessit arma:
„ Ductis ordinibus, triumphat Heros.
„ Bis sex pignora suscipit maritus:
„ Curis canus avus fit, & senecta.
„ Magnam justitiæ tulitque laudem:
„ Dum rexit populos, deditque jura
„ Optatam coluit, ferendo pacem:
„ Lites composuit, sopivit iras.
„ Illi Ecclesia maximæ piæque
„ Curæ vera fuit, fidesque cordi,
„ Idolis inimicus, hostis acer
„ Damnatis simulantibusque sectis.
„ Mœcenas studiis, & eruditis.
„ Linguis fautor erat, scholis patronus:
„ Natura ingeniosus, arte doctus:
„ Orator bonus, aptus, & trilinguis.
„ Prudens, sobrius, atque liberalis:
„ Plures Herculeis ferens labores:
„ Dignus qui imperio fuisset orbis.
„ Hunc patrem patriæ fatetur ætas
„ Præsens, posteritas fatebiturque,
„ Wirtembergiacæ domus decorum.

Zur Erden um den Stein:

Sub hoc Saxo requiescit Christophorus, Dux Wirtembergæ & Teck. Comes Montispelicardi. Obiit die 28. mensis Decembris, anno salutis 1568. ætatis vero suæ 53.

X.

Illustriss. Pr. ac Dominæ, D. Annæ Mariæ, Georgii Brandenb. March. F. ac opt. Pr. Christophori Wirtemb. Ducis conjugi fidelissimæ XII. liberorum matri, LUDOVICUS Dux Würtemb. filius,

M. H. P. E. M. E. P. Obiit A. M. D. LXXXIX. die XX. Maji, æt. LXIII.

XI.

An der Mauer.

D. O. M. S.

Illustrissimus Princeps Eberhardus, Dux Wirtembergensis ac Teccensis, Comes Montis Pelicardi, &c. illustrissimorum ac Christianissimorum parentum, Christophori Ducis Wirtembergensis, &c. Principis laudatissimi: & Annæ Mariæ, Marchioniss. ex clarissima familia Brandenburgensi, filius primogenitus, indolis egregiæ, à primis annis pie ac liberaliter educatus, & literis institutus synceriorem Religionem amavit: Antichristi idololatricas superstitiones atque omnes fanaticas opiniones, detestatus est: parentes digna Pietate coluit: in fratrem & sorores germanas, bene affectus, & pro ætate, rara gravitate præditus fuit: ita, ut maximis rebus natus videretur. Eum immatura morte abreptum Parentes lugent, provinciales deflent: anima Christo, reliquiæ his monumentis commendatæ sunt, Vixit annos XXIII. menses III. dies XXVII. Vita functus est anno M. D. LXVIII. mensis Maji die II.

Mit grossen güldenen Buchstaben:

„ Majorum merito sacris sepulcris
„ Ebrardi Ducis inferuntur ossa.
„ Barbati veteris gerit celebre
„ Nomen, si modo longior daretur
„ Ætas: mox similis futurus illi,
„ Justo, pacifico, gravi, diserto.
„ Herois referebat Hulderici

„ Pri-

„ Primis ingenium nepos ab annis:
„ Par magnis animis avo futurus:
„ Nî vitæ ſpatium Deus negaſſet.
„ Ambobus pietate junctus una,
„ Vita jam fruitur beatiore. „ B. B. F.

Unten auf dem Stein.

Sub hoc Saxo requieſcit Eberhardus, Dux Wirtembergæ & Teck, Comes Mompeligardi. Obiit die 2. Menſis Maji, anno ſalutis M. D. LXVIII. Vixit annos XXIII. menſ. III. dies XXVII.

XII.

Um einen Stein.

Hic jacet Johannes Georgius, Dux Sleſvici Holſatiæ, qua parte condi potuit.

Auf einer Tafel an der Wand.

MEMORIÆ
JOHANNIS GEORGII.
JOHANNIS, HAEREDIS NORDWEGIÆ, DUCIS SLESVICI Holſatiæ, &c. atque Agnatis Herwigæ, Principis Anhaltinæ, &c. & Illuſtriſſimorum & optimorum Parentum
FILII
PRINCIPIS JUVENTUTIS, ET QUI OB SINGULAREM Pietatem & raras in iſto faſtigio Virtutes aliis proponi potuiſſet
in exemplum
Naſcitur ille Sunderburgi, IX. Febr. Chriſtiano, CIↃ. IↃ. XCIV.
Denaſcitur Tubingæ, in Illuſtri Collegio, XXV. Januar. An. Chr. CIↃ. IↃC. XIII.
Sepelitur hic, inter Avos & Cognatos, XI. Febr. Anno Chriſti CIↃ. IↃC. XIII.

O mſ-

O miras Vitæ humanæ periodos.
Hic Parentes Visceribus suis posthumi,
hic cordi suo sunt superstites.

XIII.

Illustrissimus Princeps & Dominus, Dominus Ludovicus, Dux Wirtenb. & Tecciæ, Com. Mont. Pelig. Christophori Propagatoris Filius, Ulrici, sinceræ Religionis per hunc Ducatum Restauratoris, Nepos, Ducum Wirtenbergicorum Princeps, pietate & humanitate nulli secundus. Patris & Avi in propaganda pia Religione studium supergressus, hic tubam Archangeli expectat. denatus 6. Id. Aug. 1593. vixit Annos 39. menses 7. dies 7. Horas 16.

XIV.

Illustriss. Pr. ac Domina, D. Dorothea Ursula: Illustrissimi Principis ac Domini, D. Ludovici, Wirtembergensis & Teccensis Ducis, conjunx prima: Illustriss. Caroli Badensis Marchionis F. quæ A. M. D. LXXXIII. XIX. Maji pie decessit: cum vixisset Annos XXII. in matrimonio An. VII. M. VII. D. VIII. hîc tubam Domini expectat.

XV.

An der Mauer.

CHR. CRVCIF. GLOR.

Memoriæ Illustri. Principis Vlrici, Ducis de Wirtemberg, &c. infantis dilectiss. P. Qui vixit Mens. 2. Di. 1. obiit Anno Chr. 1558. Mens. Jul. Di. 7. Cujus ossa 8. ejusdem Mens. huc ad avita conditoria deposita sunt.

XVI.

XVI.

An der Mauer-Wand.

D. O. M. S.

Vt omne natum, caducitati ſubjectum: ita & eodem decreto Illuſtriſſ. Princeps Maximilianus, Dux à Wirtemberg &c. Anno ſalutis 1556. 27. Die Aug. natus: Menſ. 6. Di. 22. ſuperſtes, infans dulciſſ. Parentes optatæ vitæ deſiderio privavit, Anno Chriſti milleſimo, quingenteſimo, quinquageſimo ſeptimo, Menſ. Mart. Di. 17. cujus oſſa 19. ejusdem Menſ. huc ad avita conditoria translata ſunt.

XVII.

An der Wand an einer Tafel.

D. O. M. S.

Illuſtriſſimus Princeps ac Dominus, Dn. Georgius Otto, Palatinus Rheni, Dux Bavariæ, Comes Veldentianus & Sponheimenſis, Illuſtriſſimorum ac Chriſtianiſſimorum Parentum, Georgii Johannis Palatini Rheni in Lüzelſtein, & Suſannæ Palatinæ Rheni in Sulzbach, Filius unicus, Indolis egregiæ à primis annis piè ac liberaliter educatus, & literis inſtitutus, ſinceriorem Religionem unicè amavit, Parentes & Agnatos digna pietate coluit, in inferiores bene affectus, pro ætate ſpem optimam aluit, ita ut Reipubl. bono natus videretur, eum immatura morte abreptum, lugent ſubditi & boni quique deflent, anima Chriſto, reliquiæ his monumentis ad latus amitæ, commendatæ ſunt. Naſcitur Lüzelſteini A. 1614. 25. 7br. Moritur Tubingæ Anno 1635. 30. Aug. Sepelitur hic Anno 1635. 5. Jan. Vixit annos 21. minus 26. diebus.

Man

Man kan von diesen Fürstlichen Grabsteinen nachschlagen Crusii Annal P. III. L. XII. c. 39. pag. 392. ed. lat. p. 842. sqq. Pregizeri Sueviam & Würtemb. Sacram. p. 165. sqq. Joh. Fried. Baumhauers, Bildhauers in Tübingen Inscriptiones Monumentor. quæ sunt Tubingæ &c. 1624. 4to. Man zehlet aber noch mehrere hier begrabene Fürstliche Personen.

Observatio VII.

Nun solten wir auch alle übrige Epitaphia, welche sich in dieser S. Georgi Kirche befinden, beschreiben, weilen aber dieses nicht gar zu nahe zu unserem Vorhaben kommt, und alle Epitaphia, welche in beden Kirchen, und dem Kirch-Hof, auch auf dem äusseren Kirchhof sich befinden, dieses verdienen, daß sie in eines colligirt werden, als worzu der Baumhauer schon den Haupt-Grund geleget hat, so begnügen wir uns nur allein die Nahmen, welche auf selbigen vorkommen, zu melden, und überlassen das übrige einem andern. Dieses ist darbey zu mercken, wo bey einem Namen ein † ist, daß dasselbe völlige Epitaphium und Inscription bey dem Baumhauer ausgetruckt seyn, da man es lesen kan. Anbey gehet dieses nur auf die aufgehängte und gestellte Epitaphia, nicht aber auf die auf dem Boden innerhalb und ausserhalb der Kirchen liegende Grab-Steine. Und also bemercken wir nur diese folgende hangende Epitaphia.

Darmit aber der Leser sich in die Ordnung schicken könne, so melden wir folgendes zum voraus. Sie sind also annotirt worden, daß man den Anfang

fang gemacht hat, gleich bey der Thür des Eingangs, aus dem Kirchhof; Erstlich sind diejenige Epitaphia, welche in den Capellen lincker Hand hinab sind, nebst denen, so im Eingang von der Müntzgasse gefunden werden: Zweytens folgen diejenige, welche an dem ersten Reyhen der Pfeiler herauffwärts von der Professorum Stühlen biß zur Empor Kirche der Fürstl. Stipendiariorum aufgehänget sind. Drittens kommen vor, welche rechter Hand des Altars unter der Empor Kirche an der Wand angemacht sind, und welche ferners an dem andern Reyhen der Pfeiler hinabwärts gesehen werden: und Viertens ersiehet man diejenige, welche man hinaufwärts in denen Capellen gegen dem Georgi Bronnen findet. Wann man diese Ordnung beobachtet, so kan man selbige in ihrer Ordnung finden und antreffen, wir behalten aber nur die blose Namen und die Jahrzahl. So ist auch zu mercken daß wir die Epitaphia nur darvon numerirt haben, darmit man diejenige nach ihrer Ordnung leichter finden möge, welche man will auffsuchen; sie sind nicht gezeichnet.

1.) Georg Samare. †

2.) Maria Cleophe Leutromia ab Ertringen, Uxor Johann Stigelii 1564. d. 12. Dec. †

3.) Cunrad Wernau. †

4.) Margaretha Wurzelmannin. Erhardi Snepffi Uxor. 1569. die Palmarum. †

5.) Anno. 1555. 9. Mart. starb, Johann Mögling, Burger zu Tübingen, und 1584. Uxor. †

6.) Anno 1597. 23. Oct. Georg Burckard Demler, und Anastasius Demler. †

7.) Anno 1618. Georg Calwer. 1597. Uxor ejus †
8.) Anno 1572. 20. May. Barbara Johannis Brentii Uxor. †
9.) Anno 1593. M. Christian Stahel, Hofgerichts Advocat. †
10.) Anno 1552. Wilhelm von Janowiz, & 1553 Uxor.
11.) Anno 1530. Agnes Stöfflerin, Ux. J. V. Dr. King. Oetingens. †
12.) Ann. 1553. Jungfer Dorothea von Landschädtin, die von Steinach. †
13.) Ann. 1586. Hanß Truchsäß von Höfingen. †
14.) Ann. 1583. 12. Maji Anastasius Demler. †
15.) Ann. 1599. Johannes König. Syndicus. †
16.) Ann. 1584. Caspar Wild. †
17.) Ann. 1602. Michael Demler, D. †
18.) Ann. 1550. Theodoricus à Græveneck. †
19.) An. 1596. Sebastian Morchold. 1693, Ux. †
20.) Ann. 1585. Hans Schickard. †
21.) An. 1577. Johann Kruog von Baaden. †
22.) Ann. 1615. Michael Ziegler. †
23.) Ann. 1 - - Jacobus Buffa, Fecht-Meister, abgeschildert wie er mit dem Tode ficht, der mit der Sense auf ihn loß gehet.

Hierauf folgt die so genannte Breuningische Capelle unten gegen der Müntz-Gasse. In dieser stehet an einem Epitaphio oben:

Fratres Dant InopI Dono trIgInta fLorenos
Festo IoVIs qVotIes hora VIrentIS aDest.

Unten finden sich die Worte:

An jedem Grünen Donnerstag
Zu Hülff und Trost der Armen Klag,

Durch

Durch die 5. Brüder Breuning gnent
Werden 30. fl. ausgespent,
Wer um GOttes Willen gibt den Armen,
Des wird sich auch der Herr erbarmen.

Paulus. Christoph. Hans. Cunrad. Wolffgang.
Breuning.

24.) Ann. 1565. Wolffgang Breuning.

Im untern Eingang in die Kirch aus der Müntz-Gasse bey denen Glocken-Seilern sind Epitaphia, deren Namen folgende sind:

1.) An. 1613. Friz von Schulenburg. nat. 1591.
2.) Ann. 1623. Christophorus Skiel. †
3.) Ann. 1604. Jacobus Kotze. †
4.) Ann. 1614. Christoph von Herteneck. ‡
5.) Ann. 1675. D. Th. Lansius.
6.) Ann. 1618. D. J. Wolffg. Ad. Lauterbach.
7.) Ann. 1648. Hanß Peter von Hawenstein.
8.) Ann. 1639. Joh. Joach. à Grünethal. †
9.) Maria Halbritteri Uxor. †
10.) Ann. 1617. Johann Resco. Stirensis.
11.) Ann. 1675. Frantz von Brömbsen.

So findet sich auch an der untersten Mauer bey denen Glocken folgende Schrifft, darvon die Worte sind: Albrecht. Hurnus. der. alt. und. Irmil. sein. Hausfrau. und. Albrecht. Hurnus. der. Junge. und. Adelheit. Keßlerin. von. Bondorff. Agnes. von. Hußen. und. Adelheit. Schneiderin. all. sein. Hausfrauen. Anno Domini MCCCCLXXXX. vid. Crusium P. III. L. IX. c. 3. p. 135. ed. lat. p. 491.

An denen nechsten Pfeilern herauf von deren Herrn Professorum Stühlen:

1.) Ann. 1607. Martinus Crusius.

2.) Ann. 1618. Christoph de Grünthal.
3.) Isaac Lindschældtius. Comes.
4.) Ann. 1731. Dr. Michael Grass.
5.) Ann. 1730. M. G. Fried. Knöbel. Diaconus.
6.) Ann. 1585. Alexander Cammerer. Consul. †
7.) Ann. 1708. Regina Barbara, Uxor. Dr. A. A. Hochstetteri.
8.) Ann. 1618. Dr. Joh. Georg Sigward. †
9.) Ann. 1616. D. Stephanus Gerlach. †
10.) An. 1592. Samuel Hailand. Mag. Domus. †
11.) Ann. 1703. de Marquard.
12.) An. 1604. Dr. Jac. Heerbrandus. Cancell. †
13.) An. 1612. Dr. Andreas Osiander. Cancell. †
14.) An. 1561. D. Jacobus Beurlinus. Theol. †
15.) An. 1596. Gottofridus. Otthingica Proles.

Vor dem Chor auf rechter Hand neben dem Altar vor denen Pfeilern, unter der Empor-Kirche, an der Wand.

An. 1560. Heinrich von Ostheim.
An. 1569. Augustus Entschied.
An. 1562. Hanß Caspar von Anweil. †
An. 1540. Friderich Jacob von Anweil.
In einer runden Tafel: Leonhardus Fuchs.
An. 1735. Christoph. Frider. Smalcalder, J. U. L. Secretar. Univers. &c.
An. 1584. Bernhardus von Rhor.
An. 1679. Mauritius Bar. de Cronneck.

An den Pfeilern hinabwärts:

1.) An. 1565. Petrus Paulus Vergerius.

Von diesem Epitaphio ist zu mercken, daß es die Jesuiten 1635. hinweg gethan hatten: Es wurde aber 1672. auf Fürstliche Unkosten wieder reparirt, welche Zahl auch annotirt ist.

2.) Ann.

2.) An. 1588. Jacobus Scheckius.
3.) An. 1571. Wolffgang Zenger.
4.) An. 1590. D. Jacobus Andreæ. Cancellarius.
5.) An. 1713. C. B. Bardili. Studios. Jur.
6.) An. 1717. Andr. Adam Hochstetter. S. Th. D. & Rector Magnif.
7.) An. 1665. Joachim Kaplirs à Sulowitz.
8.) An. 1624. Laurent. Langermannus, Hamb.
9.) A. 1697. Dr. Joh. Adam Osiander. Cancellar.

An der Seite in denen Capellen und Pfeilern gegen dem Georgi-Bronnen, heraufwärts.

1.) An. 1569. Wolffg. Dieterich von Megenzer de Veldorff & Uxor. Ann. 1614. in Gegitter.
2.) Ann. 1531. Ursula Schärerin. †
3.) Ann. 1561. Johann Cunrad à Fürst.
4.) Ann. 1570. Hanna von Fürst, gebohrne von Neineck.
5.) An. 1668. Sigm. Frieder. von Bernerdin.
6.) Ann. 1603. Dr. Nicolaus Varenbüler. †
7.) A. 1605. Joh. Bernh. Varenbüler. & Ux. 1617.
8.) An. 1585. Elisabetha, Uxor. Prof. Hizleri.
9.) A. 1566. Stephanus Chombery Præfect. Urb.
10.) An. 1659. Ferdinand. Ernest. von Bernerdin.
11.) Ann. 1588. Hartmann Weinspach.
12.) An. 1665. à Katten Bremensis.
13.) Ann. 1570. Johannes à Bürgen.
14.) Ann. 1577. Daniel Himminger.
15.) Ann. 1570. Johannes à Starckenberg.
16.) Ann. 1606. Dr. Andreas Planer. †
17.) An. 1559. Michael Zalieskiy. † conf Crus. P. III. L. XII. c. 4. p. 294.
18.) Ann. 1596. Daniel Tonnere.

Observatio IX.

Ob nun von eben diesen Persohnen zum Theil auch die Grab-Steine auf den Boden liegen, und daneben unterschiedliche Adeliche Familien die Begräbniß auch in dieser Kirche haben, darvon man ein mehreres bey dem Baumhauer finden kan; So übergehen wir doch alles übrige, und besehen noch mit wenigem die ausserhalb der Kirche angehängte Epitaphiá. Und alsó kommen gegen dem Neccar zu vor

1). Ann. 1603. D. Johann Hochmann †
2.) Ann. 1626. Johann Fabri †
3.) Ann. 1626. Vitus Müller.
4.) Ann. 1563. Melchior Calwer. †
5.) A. 1640. 1642. Joh. Ulricus Rümelin & Uxor.
6.) An. 1713. Joh. Caspar. Lutkens, Hamburg J. U. Studios.
7.) 1587. Philippus Apianus. †
8.) An. 1635. Hanß Cunrad von Tübingen. 19. Oct. æt. 6. Maria, 1643. 3. April. æt. 7. Hanß Georg 1657. 2. Jan. æt. 23.
9.) Carolus Drachstätt. †
10.) An. 1677. Joh. Christoph von Mühlbach.
11.) Ann. 1561. Jacobus Thalhammer. †
12.) Ann. 1637. Albrecht von Landersheim.
13.) Ann. 1606. Jacobus Rothe.
14.) An. 1684. Christoph. Gottlieb Breitschwerd von Buchenbach.
15.) Ann. 1620. Henricus Welling. †
16.) Ann. 1629. Christoph ab & in Merlaw.
17.) Ann. 1562. Stophel Hanßen. †
18.) Ann. 1685. Martin Hiller.
19.) Johann Gockel. †
20.) Ann. 1602, Catharina Sauterin.

Gegen Norden, gegen dem Specialat-Hauß.

1.) Ann. 1604. Dr. Andreas Laubmeier. †

2) An. 1581. Jacob Bernhard Scheckius. †

3.) Ann. 1676. David Scheckins †

In der innern Sacristey ist das Todten-Bild des gewesenen Cancellarii D. Tobiæ Wagners.

Observatio ~~X~~ VII

Ich solle billich noch einige Miscellanea von dieser Kirche beyfügen, welche nicht gar zu übergeben sind. Also ist noch von dieser Kirche zu melden, daß An. 1529. der Kirchen-Thurn mit Schieffer bedeckt worden ist. Vid. Cruſ. P. III. L. XI. c. 4. p. 223. ed. lat. p. 607.

An. 1583. sind unter Angebung und Aufsicht Cantzlers Dr. Jacobi ANDREÆ im Junio, weilen sich die Burgerschafft vermehret hatte, neue Kirchen-Stühle da und dort gemacht, und die alten zusammen geruckt worden. Auch hat man neue Stände auf der Empor-Kirche gebauet. Vid. Cruſ. Annal. P. III. L. XII. c. 29. p. 353. edit. lat. p. 786. Die Worte Crusii sind folgende:

Mitten im Junio 1583. da die Tübingische Burgerschafft sich so sehr vermehrte, und nicht Sitze genug in der Kirche zu St. Georgen hatte, wurden da und dort neue Neben-Stühle gemacht, und die alten näher zusammen gerückt, auch neue Stände auf der Vor-Kirche gebauet: Dadurch ist diesem Mangel füglich abgeholffen worden, unter Angeben und Aufsicht des Probsts der Kirche und Cantzlers der Universität, D. Jacobs Andreä.

Darbey nicht zu vergessen ist, daß der Professorum Kirchen-Stühle vornehmlich An. 1556. erst in Ordnung gebracht worden seyen, als damahlen die Sache bey einer Fürstl. Universitæts-Visitation unter Hertzog Christoph ware angebracht und erinnert worden.

An. 1587. wurden die Sonnen-Uhren gemacht, und die Schlag-Glocke geändert: darvon Crusius P. III. L. XII. c. 33. p. 365. ed. lat. p. 802. ad Ann. 1587. also schreibt: Zu Tübingen wurden an den vier Seiten der Kirche zu S. Georg, Sonnen-Uhren gemacht, darmit man sehen könne, um welche Zeit es seye, hernach im Monath December wurde die Schlag-Glocke auf dem Thurn eben dieser Kirche herausgerückt, darmit man in der Stadt den Stunden-Schlag desto vernemlicher hören möchte: Welches meiner Studier-Stube (NB. gegen dem Hochmanischen Stipendio gegen über) nutzlich war, da man zuvor, in diesem Theil der Stadt, den Thon nur ein wenig vernahm.

Es wurden auch 1577. oben an denen Wänden in dieser Kirche allerhand Bilder angemahlt, darvon Crusius P. III. L. XII. c. 33. p. 366. ed. lat. p. 804. also schreibt: Im Monath September sind an denen höchsten Wänden der Tübingischen Kirche zu St. Georgen aus der Bibel und aus der Römischen und Teutschen Historie Bilder gemacht worden, der Patriarchen, Könige und Römischer Kayser biß auf den jetzigen RUDOLPH II.

So ist auch eine Schlag-Uhr und Uhr-Tafel an der obern Empor-Kirche angemacht, an selbiger stehet die Jahrzahl 1673. Ob nun selbige um diese Zeit zu erst angemacht oder renovirt worden seye? kan ich nicht melden.

Item ist unbekannt, wann die Printzen Empor-Kirche ist gebauet worden? doch scheinet sie alt und vor 1600. gemacht worden zu seyn. Dann es von Hertzog Friderich heißt, daß als A. 1605. den 14. Maji der Cantzler und Probst D. Andreas Osiander von dem Probsten in Stuttgardt, D. Magiro eingesegnet worden ist, er oben in der Kirche gestanden seye, und auf den Altar habe sehen können.

Die

Dieses ist gewiß, daß 1673. vor dem Jubilæo II. der Universitæt die gantze Kirche inwendig ist renovirt worden: Zum Zeugniß dienet diejenige Tafel, welche oben an der Wand auf dem Stipendiaten-Stand angemacht ist, und folgende Aufschrifft hat:

Deo Favente
pie
PROCURANTIBUS
Dn. Barone Mauritio ab & in Cronneck,
Præfecto Superiore,
Dn. Johanne Adamo Osiandro, S. Th. D.
Loci Pastore,
Dn. Valent. Andrea Schragmüllero,
Præfecto Inferiore,
Dnn. Consulibus, Joh. Jacob Baurio, Joh. Laurentio Kienlin, Christiano Wolffio, Abrahamo Rieckio, cæterisque Senatoribus urbis hujus, consensu Ecclesiæ, renovatio templi hujus Deo dicati, mediis in turbis bellicis. Anno 1673. cœpta, & Anno 1674. feliciter
fuit absoluta.

Und von der Empor-Kirche schreibt Crusius P. III. L. VIII. c. 14. pag. 110. edit. lat. pag. 454. Zu Tübigen in dem obern Stand der Kirche zu S. Georgen stehet an der Mauer: Hanß Augstein Dreüer, Steinmetz von Wisenstaig, samt Gesichtern und Bildern, deren eines dieses Dreüers, und das andere eines Engels Bildniß ist 1478. Um welche Zeit diese Kirche erweitert worden.

Zum andern kommt vor von Kirchen

Die St. Jacobi-Kirche.

Die andere Haupt-Kirche ist die St. Jacobi-Kirch unter der Ammer, sonsten auch die Hospital-Kirche genannt.

Observatio I.

Von dem wahren Alterthum dieser Kirche habe ich bißhero keine richtige Nachricht erhalten können, doch ist zu præsumiren, daß selbige vor der letztern S. Georgi-Kirche ihren Anfang gehabt habe, ausser dem Chor. Der Thurn aber an dieser Kirche auf St. Jacobs Kirchhof wurde 1512. 14. Oct. angefangen.

Bey dieser stehet auf dem Kirchhof eine inwendig hohle Opffer-Säule, welche zu oberst auf dem Gipffel ein Bild hat, und St. Jacobum vorstellen solle, darunter das Haupt des Bildstocks oder Kästlen an allen vier Orten offen ist, unter demselben ist das Feg-Feuer mit denen im Feuer sitzenden, igenden und schreyenden Seelen ausgehauen, unter welchen ein Cörper zu sehen ist, welcher von Würmen verzehret wird, darbey seynd die Worte deulich zu lesen: O Erbarm! Und an der Seite gegen der Kirch-Thür stehet die Jahr-Zahl 1517.

Observatio II.

An der Kirch selbsten finden sich ein paar seltsame Figuren auswärts, eine zwischen der Sacristey an dem ersten Pfeiler, die andere gantz unerkenntlich gegen die Mader-Gassen. Was sie bedeuten, wird wohl ein Rätzel bleiben, biß man eine Historie darvon hat.

Der Chor ist neuer als die Kirche. Und stehen an diesem Chor aussen, zwischen den zweyen Pfeilern, gegen Osten, folgende Worte eingehauen: Anno Dni 1500. in dem 10. Tag des Brachmonaths ist gelegt der erste Stein an diesen Kor. Und auf der rechten Seite des Pfeilers auf dem Baden stehet 1505. Es hatte diese Jacobi-Kirche ihren

ren eigenen Caplanen / und hat 1477. unter Nauclero in die Universitäts-Matricul eingeschrieben, Heinrich Breitenstain / Caplan zu St. Jacob in Tübingen. Cruſ. P. III. L. VIII. c. 13. p. 108. ed. lat. p. 451.

Obſervatio III.

Es wurde auch An. 1511. die Geſellſchafft der Galiläiſchen Jacobiter-Brüder / durch Hülffe anderer Burger angefangen. Wie Cruſius P. III. L. IX. c. 16. p. 171. ed. lat. p. 536. bezeuget, ſo auch in denen Annalibus Academiæ Tubingenſis bey dieſem Jahr angemercket iſt. Es wird ohne Zweiffel die Intention geweſen ſeyn, den Grund zu einer neuen Fraternitæt oder Cloſter zu legen.

Obſervatio IV.

Innerhalb der Kirche im Chor ſolle der Altar dieſer Kirche, laut des Läger-Buchs und eines Briefs de An. 1512. geſtifftet worden ſeyn von Conrad Schetterlen: Selbiger ſolle auch, nebſt ſeiner Haußfrauen Anna Kalberin, das Seelen-Hauß anfänglich angeordnet und geſtifftet haben, welche Stifftung auch Hertzog Ulrich confirmirt habe. Anjetzo iſt auf dieſem Altar, da vielleicht auch die Bilder 1540. hinweg gethan worden ſind, eine groſſe gemahlte Tafel, darauf oben das Jüngſte Gericht abgezeichnet geſehen wird, darunter die Worte ſtehen: O HErr! gehe nicht ins Gerichte! In der Mitte iſt das Jüngſte Gericht, und gleichſam auf einem beſondern Täfelein ſtehen die Worte: Uff Sonntag den 10. Tag Sept. Anno M.º V.º XIII. iſt Johann Linder, Weiland Unter-Vogt zu Tüwingen ſeel. mit Tod abgangen, und uff Mittwoch darauf Uxor ejus Dorothea. An der untern Seite ist die Begräbniß Christi, und darunter folgen diese Worte: Epitaphium Nobilitate & Virtute Clarissimi ornatissimi, Juvenis Wolffgang Christoph à Lüttich Tub. 1566. defuncti.

So sind auch in diesem Chor alte zerrissene Fahnen deren von Adel, oder nur noch Stangen, und viele alte Begräbnisse, deren Epitaphia und Grabsteine besonders auf dem Boden zimlich unerkanntlich sind gemacht worden, anbey unter denen Stühlen mehrere verborgen sind. Wir führen die Nahmen so sich auf einigen Steinen erstlich im Chor befinden, kürtzlich an, und bleibet die völlige Untersuchung mit der andern in der St. Georgi-Kirche verbunden, wann jemand, wie billich ist, selbige zusammen haben wolte. Gleich vor dem Altar ligen 2. Grabsteiner. Auf einem wird gelesen: 1581. Jacob Dulchmajer. Auf dem andern: Anno Domini 1513. das übrige ist nicht zu lesen. In dem Eingang in das Chor rechter Hand nicht weit von der Sacristey ist an der Wand das Epitaphium 1571. Dr. Heinrichs Weickgenschreutters & Uxor. Catharinæ Königin. Weiter oben folgendes: Gallus de Malliar, Obrister unter Carolo IV. Hertzog in Lothringen. Tüb. 1643. 25. Jul. Hinter dem Altar auf dem Boden, heißt es auf einem Stein: Antonius Rosmaldes &c. Auf der lincken Seite vor der Treppen auf die Orgel. 1.) An. 1643. Wilhelm Christoph Reich von Reichenstein, Hauptmann unter dem Bayrischen Haugenbachischen Regiment. alt 25. Jahr. 2.) Heinr. Michael de Lunigshausen, dictus Wolff. Unter der Stiegen: Ferdinand Villinger, Freyherr von Schönenberg, Obrist-Wachtmeister unter Bayern.

1643.

1643. Ausserhalb dem Chor, bey der Thür gegen der Mader-Gassen im Ausgang aus dem Chor rechter Hand an der Wand: An. 1504. obiit der Erbar Mann Hidwige, in Mönchs-Habit, und eine Frau als eine Nonne gekleidet

It. Agnes Baumännin. 1571. Maritus, Caspar Baumann. 1575.

It. 1597. Georg Wild, genant Fleck der Jüngere.

It. ob der Thür: Fleck der Eltere, ein fein Epitaphium.

It. ferners Sara Dempfin.

It. 1599. 25. April obiit, Johann Heinrich von Stockheim & Uxor.

An der Empor-Kirche:

An. 1570. Stephan Künlin, Burgermeister.

An. 1585. Elisabetha Hierschin.

Lincker Seite an dem Ausgang aus dem Chor an der Wand gegen dem Kirchhof:

Anno 1576. Wolff Weininger des Gerichts. 1588. Uxor.

An. 1575. Jacob Vogler. 1576. Uxor Catharina Kirschmännin.

An. 1580. Johanna Königin. 1591. Joachim Lustnauer.

An. 1576. Jerg Wild.

An. 1607. Ursula Fischerin. Balthasar Dempfen Filia. Uxor Johannis Fischers, Neapolit. Ecclesiæ ibid. Pastor-Emerit.

An denen auf dem Boden liegenden Grabsteinen, deren viel sind, sind fast alle Schrifften vertretten, und brauchen Mühe untersucht zu werden, welches zu thun einem andern überlassen wird.

Obser-

Observatio V.

Dieses ist noch zu melden, daß kein Taufstein in dieser Kirche ist, mithin nicht darinnen getaufft wird. Ob es vormahlen geschehen, weiß ich nicht. Doch ist es nicht zu glauben, weilen der Taufstein sonsten annoch zugegen seyn würde. Die Empor-Kirche, darauf die Orgel stehet, ist nicht gar alt, wohl aber die andere, darauf Burger und Studiosi stehen.

Bey denen Kirchen sollen wir der Kirchen-Vorstehere nicht vergessen. Es bestehet aber das gegenwärtige Hoch-Ehrwürdige Predig-Amt, oder Maxime Reverend. Ministerium Sacrum in Tübingen dermahlen aus folgenden Personen, welche sind:

Probst der Kirche: Herr D. Christoph. Matthæus PFAFF, Cancellarius der Universitæt.

Decanus Ecclesiæ: Herr Christian Eberh. WEISMANN, S. Theol. D. & Prof. Ord. Superattend. Stipendii Super. prediget in der Ordnung, und administriret Sacramenta.

- - Herr Joh. Christian KLEMM, S. Theol. D. & Prof. Ord. Superattend. Stipendii Infer. predigt an Fest-Tägen und administriret.

Pastor & Superintendens Ecclesiæ: Herr Johann Fridericus COTTA, S. Theol. D. & Profess. Extraordinarius.

Abend-Prediger: Herr Johannes ZELLER, Prof. Philos. P. auch der Tübingischen Diœces Decanus und Special-Superintendens.

Diaconi Ecclesiæ: Superior, Herr M. Joh. Jacob BRODHAAG. Inferior, Herr M. Immanuel HOFFMANN.

Die

Die Spital-Kirche wird von dem Fürstlichen Collegio Repetentium im Theologischen Stipendio nach ihrer Ordnung mit Predigten versehen. Die Beicht aber hat ein Diaconus, und Sacra Cœna wird von einem Diacono und Magistro Repetente administriret; welche Magistri Repetentes auch in der Stiffts-Kirche zur Administration und Predigen gezogen werden.

Das achte Capitel.

Von dem Rath-Hauß und Hochfürstl. Hof-Gericht, so darauf gehalten wird.

Von den Kirchen kommen wir auf das Rath-Hauß, welches die Stärke der Gerechtigkeit seyn solle, wie jene der offentliche Platz des wahren Gottes-Diensts. Bey diesem Rath-Haus nun kommen zwey Haupt-Sachen zu betrachten vor. Das erste Stück ist das Rath-Hauß an sich selbst, mit seinem zugehörigen; Das andere Stück ist das Hochfürstl. Hoff-Gericht, welches beständig darauf gehalten wird.

Observatio I.

Wollen wir das Alterthum dieses Rath-Hauses untersuchen, so ist zuerinnern, daß dieses nicht das erstere gewesen seye, worauf in Tübingen Gericht gehalten worden seye. Dieses solle unter denen Grafen von Würtemberg, welche damahlen schon Herren von Tübingen gewesen sind, erbauet worden seyn. Crusius P. III. L. VI. cap. 18. p. 42. edit. lat. p. 364. schreibt folgendes ad An. 1435. Zu Tübingen ward um diese Zeit der Anfang gemacht an dem Rath-

Hauß-

Hauß-Bau, darbey der Schultheiß und Richter die Verordnung gemacht, daß Johann Wallen, der nechst dem Franciscaner Closter an Cunrad Rothen Hauß wohnte, Dach-Trauf nicht weiter herauß geleitet würde: Welches demnach in die Zeiten des Grafen Ludwig des fünfften von Würtemberg, dessen Grab-Stein in dem Chor zu sehen ist, hineinlaufft. Es ist aber gar wohl zu glauben, daß das ältere Rath-Hauß auch schon an diesem Ort, weilen er dem Schloß nahe gelegen ist, gestanden habe, und man mit der St. Georgen Kirche zu gleicher Zeit eine Veränderung im bauen zu machen angefangen habe.

Observatio II.

Besehen wir dasselbe von aussen / von oben herab, so finden sich auf selbigen 1) ein zimlich grösser Thurn, darinnen die Stunden-Glocke hanget, 2) ein kleinerer gegen den Marckt, so eine Sonnen-Uhr hat, und auf welchen zwey Glöcklen hangen: Das grössere ist das Maleficanten-Glöcklein, auf welchem es auch die Viertelstunden schlägt; Das kleinere dienet, die Stadt- und Amts-Knechte herbey zu ruffen, wo sie in der Stadt wären. 3) Das schöne Uhr-Werck, welches auf dem Marckt die Stunden anzeiget. Es ist dieses ein rares Werck, dessen Meister und Uhr-Heber unbekannt ist, sintemahlen es zwey Taflen mit einem Drey-fachen Zeiger hat, auf deren unteren die Stunden gezeiget werden, auf der obern aber die XII. Himmlische Zeichen angemahlet sind, und ob selbiger zeiget sich des Mondes ab- und zunehmen / daß es also eine Sonnen- und Mondes-Uhr-Tafel ist. Dessen Kunst ferner darinnen bestehet, daß dieses Uhr-Werck zugleich innerhalb dem Rath-Hauß, durch allerhand eiserne künstlich gezogene Stangen in unterschiedlichen Böden und entfernten Stuben / nemlich der Raths-Stuben und Hof-Gerichts-Stuben Uhr-Tafeln treibet, daß die Zeiger die Stunden richtig anzeigen, ja über dieses annoch an der äusseren Uhr-Tafel gegen den Haag den Zeiger beweget, und die Stunden anzeiget. Crusius meldet von diesem Uhr-Werck folgendes, daß es Anno 1511. wäre gemacht worden, dahin dann auch die Aufhängung der Glocken zu ziehen wäre. P. III. L. X. c. 1. p. 173. ed. lat. p. 539. sagt er: Anno 1511. wurde zu Tübingen auf dem Stadt-Rath-Hauß eine Schlag-Uhr gemacht. 4) Das wohlgebaute Rostrum, oder Rath-Hauß-Canzel, auf welcher die Hertzoge von Würtemberg bey Antritt ihrer Regierung die Huldigung von der Stadt Tübingen in Persohn einnehmen, und worauf alle Fürstl. Befehle und Rescripta der Burgerschafft verkündiget und abgelesen werden. 5). Zu denen äusern Theilen gehören auch noch a) die Haupt-Metzge, welche unter dem Rath-Hauß hinten und vornen auf dem Marckt die Oefnung hat, darunter auch noch ein Keller dem Spithal gehörig sich befindet, darein gegen 300 Aymer Wein mögen gelegt werden, und dessen Haupt-Thür mitten in der Metzge ist. b) Das Saltz-Hauß, vor dessen Stüblen das Zucht-Häußlein / dessen Crusius ab Annum 1523, daß es erbauet worden P. III. L. X. c. 12. p. 202. edit. lat. p. 578. gedencket. Und darneben unter dem Marckt-Staiglen ein kleiner Keller, wie auch unter dem vordern Theil der Metzge ein Gewölb, so als ein Gefängniß der Burger gebraucht wird.

Observatio III.

Nun wollen wir uns innerhalb des Rathhauses umsehen, und von unten hinauf gehen. Auf dem ersten untersten Boden und Stock-Werck ist die so genante Leder-Bühne, welche den Nahmen von den Roth-Gerbern, welche daselbst wochentlich feil haben, den Nahmen hat. Darauf siehet man 1) den beschlossenen Ort, wo die Rath-Hauß-Uhr stehet; 2) Den Eingang auf die Rath-Hauß-Cantzel; 3) Die Feuer-Kübel aufgehenckt; 4) Ein Bürger-Gefängniß mit einem Ofen, welches diejenige wohl wissen die auf der Leder-Bühne gelegen sind. 5) Das Saltz-Magazin.

Observatio IV.

Von diesem Boden gehet man durch eine breite Treppen in das zweyte Stock-Werck. Hier theilet sich das Rath-Hauß in den vordern und hintern Theil. In jenem gegen dem Marckt lincker Hand findet sich 1) die Rath-Stube/ worinnen alles Gericht gehalten wird. Daselbst befinden sich die Uhr-Tafel/ so auch von dem Uhr-Werck getrieben wird; die Contrefaits der älteren und neueren Gerichts-Herren, die Bibliothec, item die vom Schloß auf das Rath-Hauß geworffene steinerne Kugeln &c. 2) Gegen über eine kleinere Stube/ welche auch zu Amt-Sachen, Verhörung der Maleficanten, und andern Privat-Untersuchungen gebraucht wird. Zwischen beeden Stuben in dem Oehrn stehet 3) eine Säule, daran ein höltzerner Schweins-Kopff ist, so nach einem Natürlichen Kopff desjenigen Schweins gemacht worden, welches Herzog Ulrichen in grosse Lebens-Gefahr gesetzet hatte;

Und

Und ist darunter diese Schrifft zu lesen.

O weh der Gefahr und größte Noth,
Hanß Cunrad von Fürst hetz mich in Tod,
Joachim Metzger saum sich nicht lang
Steig ab vom Pferd gab ihr ein Fang.

1548.

In dem hintern Theil sind 4) die Burgermeister-Stube / wo die Steuren eingezogen werden, und 5) die Steuer-Stube, wo die Steuren repartirt werden, und eine Registratur sich findet. Daselbst ist auch eine alte Genealogische Tafel der Hertzoge von Würtemberg. Anbey wohnet auf diesem Boden der Rath-Hauß-Schneider.

Observatio V.

Nun steigt man weiter hinauff in das dritte Stockwerck und Boden. Auf solchem sind zu sehen 1.) rechter Hand die grosse Hofgerichts-Stube, ein schönes grosses Zimmer, in welchem die Contrefaits der älteren und neueren Hofgerichts-Assessorum gesehen werden, wie auch die Uhr-Tafel, welche gleichfalls durch das Uhr-Werck von dem untersten Boden biß in den dritten getrieben wird. So siehet man auch an den Fenstern in Glaß sauber geschnittene und gebildete Nahmen einiger Hof-Richter: Gegen über ist 2.) das so genannte Advocaten-Stüblen, welches in Abwesenheit des Hofgerichts dessen Pedell innen hat. 3.) Findet sich noch ein Stüblen, darein zu Zeiten auch Arrestanten von Standes-Personen gelegt werden.

Observatio VI.

Endlich kommt man in den obersten Boden, welcher wieder in dem hindern und vorderen Theil unterschieden wird; In diesem werden Cammern gezeiget, darinnen sich alte Truchen-Wagen mit alten Pfeilen und altem Rüstzeug befinden; In jenem aber sind Frucht-Böden zu dem so genannten Vorrath.

Bey dieser kurtzen Beschreibung lassen wir es bewenden, weilen sie zu unserem Vorhaben genugsam zu seyn scheinet. Doch gedencken wir noch, daß als Antiquitæten gezeigt werden 1) die gemahlte Vorstellung der Feuers-Brunst, 1540. 2) Ein alter Stamm-Baum der Pfaltz-Grafen von Tübingen. 3) Eine geschriebene Tafel der Wein-Rechnungen von 1472. biß auf 1742. rc. 4) Die 2. steinerne Kugeln, welche 1647. vom Schloß, als die Frantzosen auf dem Rathhauß eine Mahlzeit gehalten, darauf sind geworffen worden, die eine von 49. Pf. die andere 47. Pfund. 5) Ein alter Würtemb. Stam-Baum, darauf folgende Verse zu lesen sind:

Zur Rechten:

Sechszehen Anherrn und Anfrauen,
Von Württemberg kan man hier schauen,
Ulrich, Hertzog Christophs Vatter war,
Der ward alt drey und Sechzig Jahr,
Sein G'mahl Sabina ward genannt,
Ein Herzogin aus Bayerland,
Graf Heinrich'n er zum Vatter het,
Sein Mutter von Bitsch Elisabeth,
Graf Ulrich war der dritt Anherr,
Heinrich von Bayern war sein Schwehr,
Der Vierdt Anherr Graf Eberhardt,
Ein Gräfin hat von Mömpelgardt,
Heinrich aus Bayern, der bey ihr stahe,
Aus Oesterreich ein Gmahel hat,

Die

Die Grafen von Bitsch und von Zweybruck,
Seynd auch Anherrn in diesem Stuck,
Die Herzogen aus Bayern stahn,
Mit Oesterreich auf jener Bahn,
Aus welchen Friderich Kayser war,
Regieret Vier und Funffzig Jahr,
Ein Königin aus Portugall,
Leonora ward genannt sein Gemahl,
Nun geh jetzund und sag mein Knab,
Daß Württemberg schlecht Anen hab.

Zur Lincken:

Von Brandenburg kan man hier sehen:
Der Anherrn und Anfrauen Sechzehen,
Margraf Jörgen, den ersten merck,
Sein G'mahl Hedwig von Münsterberg,
Friderich Marggraff der ander bleib,
Königin Sophia war sein Weib,
Albrecht der Dritt, Achilles genannt,
Anna sein Gmahl aus Saxenland,
Friderich der Vierdt Anherr der het,
Ein Gmahl aus Bayern Elisabeth,
Bey Ihm Friderich aus Saxenland,
Sein Gmahl aus Oesterreich bekannt,
Jagello König in Pol'n hie staht.
Der Herzogin Sophia hat,
Auch Kayser Albrecht mit seim Weib,
Die kam von Kayser Sigmunds Leib,
Druff folgt der Bömisch König gut,
Georg Poiebraz mit Helden-Muth,
Von ihm ist Münsterberg herkommen,
Ein Herzogthum, als wir vernommen,
Diß alles hat bey seinen Tagen
Andreas Rittel zsamen tragen,

Als er nun in das Zwanzigst Jahr,
Cantzley-Diener und Registrator war.
Anno Domini, M. D. LXXXV.

Zuletzt solle nicht vergessen, daß eine Renovation dieses Rath-Hauses Anno 1697. 1698. vorgenommen worden, und 2100. fl. gekostet habe, daran 650. fl. Freywilliges in und ausserhalb der Stadt eigegangen seye.

Der Löbl. Magistrat zu Tübingen bestehet dermalen aus folgenden Membris, als sind:

Stadt- und Amts-Vogt.

Herr Johann Jacob Beutel, J. U. Lic. und Hochfürstl. Regierungs-Rath.

Burgermeistere.

Herr Johannes Harpprecht, J. U. L. Hofgerichts- und Landschafftl. Engeren Ausschuß Assessor.
Herr Simon Christoph Sarwey, Senior Collegii, und dessen 44. jähriger Assessor, ætat. 78. Jahr.
Herr Johann David Berstecher.
Herr Johann Michael Kohler, Amts-Rechner.

Amts-Schreiber.

Herr Johann Eberhard Renz, Not. Cæs. Publ.

Stadt-Schreiber.

Herr Johann Georg Hehl.

Richtere.

Herr Johannes Hallwachs, Stadt-Rittmeister.
Herr Georg Friderich Lenz.
Herr Gottfried Adam Fischer.
Herr Johannes Bedenknecht.
Herr Georg Valentin Baur.
Herr Simon Rudolph Haußmann.
Herr Johann Jacob Haug.
Herr Johann Paul Gottschick, Stadt-Lieutenant.

Raths-

Raths-Verwandte.

Herr Johannes Schuler.
Herr Johann Christoph Kieß.
Herr Philipp Jacob Schlotterbeck.
Herr Georg Friderich Reisig.
Herr Johann Jacob Kährer.
Herr Johann Christoph Batz.
Herr Johannes Wetzel.
Herr Daniel Adam Kurrer.
Herr Sebastian Erbe.
Herr Johann Abraham Ulrich.
Herr Johann Michael Feurer.
Herr Georg Christoph Weyhenmajer, vormahliger Vogt zu Gomaringen, und vieljähriger Stadt- und Amts-Pfleger in Tübingen.

Von dem Hochfürstl. Hofgericht.

Weilen wir des Hochfürstl. Hofgerichts gedacht haben, daß selbiges auch auf diesem Stadt-Rath-Hauß seine Sessiones hälte, und von ihme daselbst die Causæ decidirt werden, so müssen wir gleichfalls eine kurtze Nachricht darvon geben. Darbey man aber zum Voraus bekennet, daß der erste Ursprung und Anordnung dieses Hofgerichts dunckel ist, da besonders anfangs das Land getheilet ware, und man also wenigstens ad Erectionem Ducatus hingehen muß.

Observatio I.

Von der Nothwendigkeit/Nutzbarkeit, und Anordnung dergleichen Appellations-Ober-Gerichten alter und neuerer Zeiten, um der Partheylichkeit der Unter-Gerichten, und unrechtem Urthel der Richter und Amt-Leuten, und denen Klagen der leidenden

Partheyen zu begegnen, haben unterschiedliche Authores geschrieben; und weisen wir den geneigten Leser auf Nicolai Mülleri ab Ehrenbach Tractationem de Principibus & Statibus Imperii Romano-Germanici. Tubing. 8. edit. II. apud Cottam 1671. P. II. c. XLII. p. 187. sqq. de Erectione Dicasterii & Judicii Apellationis; auf Christ. Besoldi Discurs. Juridico-Politicum de Apellationibus Edit. II. 8. Tubing. apud Cottam 1678. Typis Joach. Heinii; auf Antonii Winteri, Junioris Hirsfeldens. J. U. D. Assessorem sive Consiliarium Judicial. Part. I. de Judicio & Consilio in genere, atque Persona Assessoris. Argentorat. 8. 1615. & Part. II. s. Tractatum de officio Assessoris, Argent. 1617. auf Henrici Boceri, Antecessoris Tubing. Disputationum Juridic. Part. II. Class. VI. Diss. 34. de Appellationibus p. 756. sqq. Bey welchen auch passim der Unterscheid des Würtembergischen Hofgerichts von andern, angemercket wird.

Observatio II.

Von dem Würtembergischen Hofgericht insbesondere sind nachzusehen und durchzugehen: 1.) Das erneuerte Land-Recht P. I. Tit. 57. biß 70. von Appellationen und Process anderer Instanz. 2.) die Hofgerichts-Ordnung besonders Ed. 1699. bey denen Allerhand Ordnungen, bey Christian Gottlieb Rößlin in Stuttg. duod. 3.) Exc. Wolffgangi Adami Schœpffi; J. U. D. Seren. Dom. Würtemb. Consil. & P. P. O. Tractatus Theoretico-Practicus de Processu Summi Appellationum Tribunalis Ducatus Würtembergici, quod Tubingæ est, Stuttg. 1720. 4.) Doct. G. H. Hæberlini Rerum

rum in Supremo Ducatus Würt. Appellationum, quod Tubingæ est Tribunali per 46. annos judicatarum & transactarum continua Recensio. Stuttgard. 1720. 4to. So viel es zu gegenwärtigen Vorhaben gehöret, so sehen wir auf folgende 6. Stücke. Erstlich auf den ersten Ursprung und Anordnung; Zweytens auf den Ort; Drittens auf die Fata; Viertens auf die Persohnen; Fünfftens auf die Causas; Sechßtens auf das Ansehen und Gültigkeit dieses benannten Hofgerichts.

Observatio III.

Vorderist ist die Frage: Wer dann der erste Urheber dieses Hofgerichts seye? In Ermanglung authentischer Documentorum schliesse ich aus dem Tübinger Vertrag und den Land-Tags Abschieden, daß der Ursprung darvon bey der Erection des Hertzogthums zu suchen seye. Da heißt es p. 290. Tom. 1. Würtembergis. Urkunden Moseri des Hofgerichts halber. Nachdem Prælaten und gemeine Landschafft an Haltung und Vollziehung desselben merckliches gelegen so wollen wir solches fürter im Land mit ehrlichen frommen, verständigen geschickten Persohnen von Adel und der Landschafft besezen, und dasselbig mit Doctoribus nit überladen, auch die Fürsprecher in denen Urtheln abtretten, und Jahrs viermahl Hofgericht halten lassen. Von denen Zeiten aber des ersten Hertzogs EBERHARDI BARBATI, finde dieses in der Oratione Funebri, welche Cunradus Summenhart de Calw S. Theol. Professor 7. Idus Martii An. 1496. gehalten, daß es in Dissertat. Juridico. Politica de Jure Academiarum operis Politic. Argent. 1626. Dissert. IV. pag. 76. seq. also heißt: Nonnullas denique, (Eberhardus Barbatus) in suo districtu successionum Consuetudines cum minus æquitatis continerent, etiam non paucis novis conditis pro sua Provincia Legibus, ad æquitatis & Justitiæ reduxit lineam, atque hac in eadem re, ut similis æquitas, quoad Successiones fieret in Principatu contermino: occasionem ipse præstitit, & initium Provincialis, seu Curialis sui Consistorii (quod Justitiæ conducit plurimum) ipse Institutor & Ordinator fuit diligentissimus. Es ist aber vorhero schon ohne Zweiffel ein getheiltes Hofgericht gewesen, und zwar wird nach Empfang der Kayserl. Diplomatum de non evocando & appellando, selbiges unter denen Würtembergis. Grafen schon als ein Consistorium oder Judicium Provinciale seinen Anfang genommen haben. Man besehe die Diplomata in des Moseri Würtemb. Urkunden P. I. etlicher Kaysern CAROLI IV. 1361. p. 8. & p. 10. SIGISMUNDI 1417. p. 15. und 1427. p. 19. FRIDERICI III. 1454. p. 21. 1463. p. 26. Sein Mandat an das Hofgericht zu Rothweil 1467. p. 33. Item ferneres Mandat 1468. 10. Jul. p. 36. So wird auch schon des Hofgerichts, als einer alten Gräflichen Freyheit in Würtemberg, in dem Haupt-Privilegio MAXIMILIANI I. gedacht. Wie der geneigte Leser in Henrici Martini Burckardi, gewesenen Regierungs-Raths Würtemb. Kleeblatt dreyer Privilegiorum, Exemtionis Fori, Austregarum & de Non-appellando, Ludwigsburg 4. 1730. hin und her finden mag, besonders in den Beylagen p. 134. sqq. welche Diplomata auch von Herrn Regierungs-Rath Christoph Carl Ludwig von Pfeil in dem Tractat de Meritis Seren. Domus Würtembergicæ in Imperium p. 37. sqq. angeführet werden.

Nach

Nach welchen Umständen ein gedoppeltes Hofgericht unter denen Grafen zu Würtemberg in Stuttgardt und Tübingen muß gewesen seyn, wie biß jetzo noch ein gedoppeltes Ober-Gericht nemlich in Stuttgardt und Tübingen, ob und unter der Staig in seinem Wesen bleibet. Wie aber laut des Münsingis. Vertrags 1482. beederley Land/Leut, mit allen Schlössern/ Städten/ Dörffern/ Leuten/ Gülten/Gütern, Herrlichkeiten, Wiltpänen/ Geleiten/ und allen andern Nutzen und Zugehörigen in Eines ewiges Wesen sind vereinigt worden: so ist auch aus Zweyen Hofgerichten nur Eines, für das gantze Land angeordnet worden, so unter EBERHARDO BARBATO geschehen ist.

Observatio IV.

Wann wir aber nach dem Ort fragen, wo selbiges eigentlich solle gehalten werden? so ist die Antwort/ daß dieses Hof-Gericht anfangs eigentlich keinen gewissen Ort gehabt habe, sondern nach Gräflichem und Hochfürstl. Wohlgefallen bald da bald dort hat können gehalten werden; wiewohlen nach Stifftung der Universität, Tübingen ist benennet worden, welchen Ort 1514. endlich als den privilegirten Ort Hertzog Ulrich allein erwehlet hat, nachdem die Stadt Tübingen und Amt, in dem armen Cunrads Krieg seine Treue und Hülffe Hertzogen Ulrichen geleistet und bezeugt hatten. Darvon Crusius P. III. L. X c. 4. p. 182. ed. lat. 551. sq. schreibt, Und weilen also diese Stadt durch die kluge Conduite (Vogt Breunings) beständig und getreu verblieben, so hat solches dem Durchlauchtigsten Hertzog Ulrich dermassen gefallen, daß er jhro aus besondern Gnaden und Ehren ein neues Sigill, Wappen und Fahnen, (zum Zeichen, daß durch die Treue der Stadt

Tübingen dem Fürsten sein Land und Ehre gerettet worden) item drey Feld-Schlangen gesandt, und noch darzu dieses honorable Privilegium ertheilet, daß künfftig hin das Würtembergische Hof-Gericht immerdar zu Tübingen gehalten, und ohn die erheblichste Ursach nicht verlegt werden solte, wie Fürstl. Brieff und Sigill ausweisen.

Hier legen wir dem geneigten Leser, Hertzog Ulrichs Diploma von diesem Privilegio vor Augen, welches hernach alle nachgefolgte Hertzogen von Würtemberg bestättiget haben, wie selbiges mir von Löbl. Magistrat Tübingen ist communicirt worden.

Wir Ulrich von GOttes Gnaden, Hertzog zu Würtemberg und Teck, Graf zu Mömpelgardt etc. bekennen und thun kund mit diesem Brieff, als in unserm Fürstenthum an ettlichen Orthen viel und mancherley Empörungen, Aufrührungen und Ungehorsam Handlungen sich begeben, so wieder aber zu Widerstand derselbigen auch aus Nothdurfft mancherley Sachen und Beschwerden, uns, unsern Land und Leuthen obgelegen, einen Land-Tag fürgenommen, und den in unserer Stadt Tübingen, durch Beystand Kayserl. Maj. unsers Allergnädigsten Herrn, auch anderer unsern Herrn Schwägern, Ohaimen und Freunden Chur-Fürsten und Fürsten, gesannten, treffenlichen Bottschafften, in beyseyn viel unserer Räth, Dienern and Verwandten, von Graven freyen und Ritterschafft mit unsern Prælaten und gemeiner unserer Landschafft unsers Fürstenthums Land, Leuten, mit allen Verwandten, Geistl. und Weltlichen, Lob, Ehr, Nutz, um Unterhaltung, in viel Weeg betracht, und zuletzt ein Vertrag und Handhabung gemacht, und aufgerichtet ist worden, zu GOtt hoffend, der werd uns, unsern Erben und Nachkommen, auch gemeiner unser Landschafft, mit allen Verwandten künfftiglich zu viel guten und scheinbarlichen Aufgang, auch zu Frieden und Beschirmung aller Erbarkeit dienen: So sich nun in Verhandlung sollichs Land-Tags, auch in Annehmung und Vollziehung des obgemeldten Vertrags, unser lieb getreuen Conrad Breuning, als unser Vogt, auch Burgermeister und Gericht,

richt, Rath und Gemeinde unser Stadt- und Amts Tübingen, gehorsamlich mit unterthänigem Fleiß und erzaigung, wie sich frommen getreuen Unterthanen gebürt, wohl gehalten haben, und darzu auch, alß sich in unser Stadt und Amt Schorndorff, ein sonder ohnerhört Empörung und Ohngehorsam wider uns erhebt, wie sich das in unserm und in unser Landschafft ußschrieben erfindet, die genanten unser lieb getreuen Unterthanen von Tübingen uff unser erfordern uns tröstlich zugezogen sind, der Meynung uns helffen, die Ohngehorsamen und Wiederspennigen zu straffen und zu gehorsam zu bringen, um solch Guthat und Redlichhaltung der unsern von Tübingen an uns, alß ihrem rechten naturlichen Herrn, in unserem schweren Anligen, für ander, also stattlich anzögt, habend wir zu gnädiger Erkanntnuß und künfftiger Gedächtnuß desselben, ihnen ihr Wappen begnadet und begabt, also, daß fürterhin ob ihrem alten Wappen des Rothen Fahnens in einem gelben Feld, zween Arm übereinander geschrenckt, und in jeder Hand ein Hirsch-Horn gefasst seyn soll, wie dann solches in dem Fähnlein so wir ihnen in ihrem heimziehen gegeben haben äigentlich gesehen würdet;

Desselben sie und ihr Nachkommen mit Besiglung und in andern Weege, wie sich gebühret, als für der Stadt-Recht ehehafftig Wappen gebrauchen, tragen, führen, und uffschlagen mögen, darbey ihr Nachkommen möglich ein Erinnerung nehmen sollen, in die Fuß-Stapffen gleich ihrer Vor-Elter zu tretten, und sich redlich zu halten, damit sie das obgemelt erlangt Lob, Begnadigung und Erkanntnuß behalten und nit verliehren;

Und damit auch unsern von Tübingen um ihr obgemelds unterthänig Handlung und Darstreckung ihres Leibs und Guths auch etwas Ergötzung künfftiglich empfahen, so ist unser Gemüet, Will, Meynung und Verschaffen, für uns unser Erben und Nachkommen, daß fürterhin allwegen unser Hof-Gericht zu Tübingen seyn, bleib, und gehalten, und nit da dannen verändert werde, es wäre dann Sach, daß sich künfftiglich etwas sonder Ursachen, die uns oder unser Erben, unserer Gelegenheit nach zu solcher Veränderung bewegten, begeben würden; darzu so haben wir sie mit dreyen Schlangen begabet und fürsehen, sich derselben zu unserer und ihrer Nothdurfft künfftiglich mögen gebrauchen, zu dem allem wollen wir nit destmünder in ander Weeg der gemelten von Tübingen Stadt und Amts als unser lieben getreuen frommen Unterthanen gnädiger Herr seyn und ihr beweisen Gutthat zu Gnaden und Guten nit vergessen, daß alles habend sie von uns in unterthäniger Danckbarkeit angenommen, und sich erbotten, fürohin wie bißher ihr Leib und Guth, zu uns als ihrem rechten natürlichen Herrn treulich zusetzen, und unß nit zu verlassen, darum unser Gemüth, Will und Gefallen ist, so vern sie und ihr Nachkommen in solcher gehorsami bleibend und beharren, daß dann unser Erben der obgemeldten Gutthaten auch ingedenck und ihr gnädiger Herr seyen. Mit Urkund diß Brieffs der mit unserm anhangenden Insigel versigelt, und geben ist zu Stuttgardten uff Freytag nach unser lieben Frauen Himmelfahrt-Tag, alß man zehlt von Christi unsers HErrn Geburth, Fünffzehenhundert Vierzehen Jahre. rc. rc.

U. H. Z. Würtemberg rc. rc.

Und solches Privilegium war so gültig und würcksam, daß nachdem bald hernach unter der Königlichen Oesterreichischen Regierung 1521. ein Hof-Gericht zu Stuttgardt gehalten wurde, die Tübinger aber sich auf ihr Privilegium beruffende, niemand abschicken wolten, selbiges Stuttgardter Hof-Gericht aufgehoben, und ein neues nach Tübingen außgeschrieben worden ist. Es beweisen solches diese beede Documenta, welche ich unter denen Quisquiliis Rejectaneorum annoch gefunden und gerettet habe.

Röm. Kayserl. Maj. Statthalter und Räte, Ihro Maj. Fürstenthumbs Wirtemberg jetzund zu Wormbs.

Lieben besondern unnd guten Freunde, wir haben euwer Supliciren unnd anbringen, das Hof-Gericht betreffende durch zuschicken der Räte zu Stutgartenn, vernommen,

unnd

vnnd wiewol sollich Hof-Gericht, in vnser Maximilians von Bergen abweßenn, wyl wir by Kays. Maj. im Niderland gewesen sind, vßgeschribenn, so finden wir doch, das es nit on sonder Vrsach, sonder getreuwer guter Männung vff dismals von Tübingen gen Stutgarten erlegt ist, vnnd nemblich der Sterbenden lauffshalb, die sich derselben Zyt schwärlich zu Tübingen erzeigtt, vnnd niemands sich so kurtz ainer sollichen Besserung davon ir schrybt hatt mügen verse-hem, darzu so ist das anhalten deren so voren Hof-Gericht zu schaffen haben by der Cantzly so dapfer vnnd manigfaltig-lich geschehen. In Beclagung das inen ire kundschafften durch die Sterbenden leuff abgangen vnnd empfallen, dar-durch sie an iren Rechten verhindert werdenn vnnd kains vß-trags bekommen mögen, also daß man sollich Hof-Gericht vß Not hat müssen fürnemen, vnnd lenger damit nit könden stillston, es ist auch darumb gen Stutgarten vnnd nit gen Tübingen erlegt worden, das die Vniuersitet uff dasselbmal sterbendshalb von Tübingen hinweg zogen, vnnd zu sorgen was, das die Bysitzer vnnd Personen zum Hof-Gericht ge-hörig, nit lychtlich dahin möchten gebracht werdenn, vnnd ist das nit geschehenn euch oder yemannds zu wider, noch in ainichen Weg zu Abbruch oder Nachtail euwer freyhait, ha-benn auch wir Maximilian von Bergenn dess als obstatt gantz kain Wissen gehabt, dann wir euch vngern ainichen Abbruch oder Yngriff euer Freyheit thun oder gestatten wölten, darum diewyl es kürtzin halb der Zyt, vnnd Gelegenhait der Per-sonen denen das Hof-Gericht verkundt ist zu disem mal nit kan oder mag geendert werden, wie ir selbs zu ermessen habt, so ist vnser Beger vnnd freundelich ansynnen, ir wölt vff dismal vß oberzelten Vrsachen, also Gedult habenn vnnd der Sach kainen andern Gestalt dann wie gehert verston vnnd uffnemen, sonder im Handel fürgon, vnnd ain vß euwernn Gericht oder Raut wie sich gepürtt zu Besetzung desselben Hof-Gerichts schicken vnnd verordnen, so wöllen wir darob vnnd daran syn, das sollichs hinfürter on sonder ehafft Nott nit mer soll geschehen, vnnd damit ir erkennen das Unser Will vnnd Ge-müt nit sy euch ainichen Yngriff zugestatten so haben wir ver-sehenn vnnd bevolhen das von Stund an ein ander Hof-Ge-richt, in der zukünfftig Vastenn soll vßgeschrieben vnnd by

euch

euch zu Tübingen gehalten werden, wölten wir euch vff ewer schryben gnedig vnnd guter Maynung nit verhalten. Dat. Worms den xvj. Tag January Anno Christi xxj.

Unsern lieben besondern und guten
Freunden Burger-Maistern, Gericht vnnd Raut zuw Tübingen.

Maximilian von Berghen.

Vnnsern Grus, fruntlichen Willen vnnd Dinst zuuor, Vesten vnnd Ersamen lieben besondern vnnd gueten Frundt, Als Jr Vnns vor diser Zeit geschriben, vnnd Ewr Beschwerung von wegen vnnd das das Hofgericht alher furgenomen vnnd gesetzt worden ist, angezaigt, haben Wir euch damals widerumb geschriben vnnd zu uersteen geben warumb dasselbig geschehen, vnnd zustund sollich ewer Beschwerd, an Statthalter vnnd Rhätt so ytzo by Käys. Maj. syen langen lassen. Auch so bald zuuor vnnd Ee Wir ainich Antwürt von gemelten Stathalter vnnd Rhaten erlangt vnnd empfhangen, das berürt Hofgericht, auf Ewr Beschwerd aufgehebt vnnd biss auf die zukünfftig Vasten dasselbig zu Tuwingen zu halten erstreckht. So vnns nuu ytzo von Stathalter vnnd Rhät offtgemelt Antwürt vnnd daneben ain Brieff an euch wyssennd zukomen ist. Schicken Wir euch denselbigen hiemit zu, ungezweifelt zu werden, darinnen Beschaid finden, daran Jr bebig vnnd zu gütem Bennegl. seyen, wolten Wir euch guter Meynung nit bergen. Dat. Stuttg. den xxiiij. Tag Januarij. Ao. xxj.

Romischer Käyserlichl. May. Regenten vnd Rhat Jre May. Furstenthums Würtemberg. 2c.

Den Vesten vnnd Ersamen Vnsern Lieben
besondern vnnd guten Frunden Ober- vnnd Vnder-Vögten, auch Burgermeister, Gericht vnnd Rhat zu Tuwingen.

Joh. Minsinger, Ppr.

NB. Welcher ware ein Sohn Johannes Mynsingers, Med. D. so mit Eberhardo Barbato im gelobten Land gewesen ist.

Da-

Dahero auch erfolget ist, daß biß jetzo in Tübingen allein dieses Hochfürstl. Hofgericht gehalten wird. Und wurde damahlen, als die Tübinger keinen Deputatum nach Stuttgardt schickten, das Hofgericht daselbst aufgehoben, und nach Tübingen zusammen beruffen, wie es auf diesen Documenten annotiret ist.

Observatio V.

Was drittens, dasselbe von Anfang biß jetzo für Fata und Begebnisse gehabt habe, solches kan aus Mangel der Nachrichten nicht gemeldet werden. Und hat dieses Hofgericht das besondere Unglück und Schaden gehabt, daß in dem Stuttgardtischen grossen Cantzley-Brand / A. 1683. alle Acta Dicasterialia anteriora cum Protocollis, ohne daß selbige wegen gantz nahe bey dem Zimmer, wo sie verwahret waren, entstandenen Brands, gerettet werden konnten, im Rauch aufgegangen, und nirgendher mehr zu ersetzen sind. Dahero nur die Acta von 1672. übrig sind, welche Herr Georg Heinrich Hæberlin, J. U. D. als damahliger Regierungs- und Hofgerichts-Secretarius zu Stuttgardt 1720. von 1672. biß 1718. ediret hat; bey welchem Scripto zumahlen eine Zugabe von 33. St[illegible] Hochfürstl. Würtemb. Gnädigster Rescriptorum, Hofgerichtlicher Decretorum, und Extrajudicial-Expeditionum, samt dem Modo procedendi & petendi vor dem Hochfürstl. Hofgericht rc. beygefüget ist. Demnach sind auch die älteste Documenta von ersterer Anordnung dieses Hofgerichts verlohren gegangen.

Observatio IV.

Nach der innern Beschaffenheit dieses Land und

und Hofgerichts siehet man viertens auf die Persohnen aus welchen dieses Hofgericht bestehe? Wann wir nun D. D. Schœpffii Tract. de Processu c. II. de Personis Judicii Aulici pag. 15. sq. aufschlagen; wann wir die Hofgerichts Ordnung besehen Part. I. Tit. I. II. III. IV. sq. Wann man Winteri Assessorem s. Consiliarium Judicialem P. I. C. III. §. 13. pag. 59. C. VI. §. 30. pag. 134. &c. &c. conferirt: So bestehet das gantze Hofgericht aus einem Hof-Richter, zu welchem nach Aufrichtung des Collegii Illustris gemeiniglich der Ephorus Collegii und Ober-Vogt von Tübingen erwehlet worden; auß 12. Assessoribus, welche in drey Bäncke den Adelichen, den Gelehrten und den Landschaffts-Banck eingetheilet werden, und einem Secretario. Der Hof-Richter muß allemahl ein Gelehrter von Adel seyn. Die Adeliche Assessores waren vor diesem fast gemeiniglich die Ober-Vögte; die gelehrte Assessores sind theils Professores Juris, theils Regierungs-Räthe; die von der Landschafft Banck wechßlen den Städten nach ab, doch sind die Consules von Tübingen und Stuttgardt alß Ordinarii zu unserer Zeit zurechnen. Die Persohnen eines solchen besetzten Hofgerichts beschreibet dieser Antonius Winter, welcher auch 6. Jahr darbey gewesen aber zuletzt zu denen Pontificiis übergegangen ist, in seinem Assessore Judiciali P. II. von Anno 1615. welche wir hier vor Augen stellen.

Wilhelm von Remchingen, Hof-Richter, Ober-Vogt zu Urach.

ASSESSORES.

Burckard von Weiler, Obervogt in Schorndorff, Fürstl. Rath.

Hanß

Hanß Wilh. Gölderich von Sigmarchoven, Fürstl. Ober-Rath, jetzmaliger Statthalter zu Mümpelg.
Ludwig von Hallweil, zu Beihingen rc.

DOCTORES.

Heinricus Bocer, D. Fürstl. Rath und Professor bey Löbl. Universität.
Jacob Andler. D.
Samuel Bansovius. D.
Joachimus Faber. D.

Landschaffts-Banck.

Johann Rauch, des Gerichts zu Tübingen.
Johann Ludwig Herbst von Stuttgardt.
M. Wilhelm Volz von Schorndorf.

SECRETARIUS.

M. Cyriacus Träher.

Zu mercken ist, daß zu diesem Tribunal auch alle diejenige Persohnen gehören, welche als Ordinarii Hofgerichts Advocaten währendem Hofgericht sind recipirt und approbiret worden, und zwar nach vorhergegangener Petition und Examination, oder offentlichen von der Universität erlangtem Character und Gradu.

Observatio VII.

Was fünfftens die Causas und Sachen / welche für das Hofgericht gehören, anbelangt, so kan man solches deutlich finden in dem Erneuert. Land-Recht P. I. Tit. 57. sq. in der Hofgerichts-Ordnung P. II. & III. in Boceri Disput. 34. Class. VI. pag. 756. sq. 770. sq. in D. D. Schœpffii Tract. de Processu Cap. VIII. pag. 53. sq. de Formalibus Appellationis. Kurtz, eine Ideam und Generale Erzehlung davon zu geben, so mercken wir an, daß ratione

tione Materiæ 1) keine Criminalia, Feudalia oder Ecclesiastica dahin gehören, sondern lauter Civilia. 2) Keine Sachen, deren Æstimation unter 50. fl. seye. Welche Summa aber nicht nach der Sentenz des vorigen Richters / sondern nach der Petition des Actoris betrachtet wird. 3) Nicht Causæ primæ Instantiæ, es wäre dann daß eine Sache immediate in prima Instantia von der Regierung an das Hofgericht remittiret würde. Dann da sind in Würtemberg die Dorff-Gerichte, von diesen wird auf die Stadt-Gerichte in denen Aemtern, von diesen auf die Ober-Gerichte in Tübingen ob der Staig, und in Stuttgardt unter der Staig appelliret. Von diesen aber komt es erst an das Hofgericht. Dann das Appelliren überhaupt nichts anders heißt, als seine Klage über das unrechte Urtheil eines niederen Richters an den höheren Richter bringen, und von ihme den endlichen Außspruch begehren und erwarten. Wer nun seine Sache dahin ziehet, wird Appellans, welcher aber dahin gezogen wird, wird Appellatus genennet. Dieses nun muß innerhalb gewisser Zeit geschehen, welche Zeit Tempus fatale genannt wird, weilen, wann solche nicht beobachtet wird, man sich der Appellation, wie in Communi geschiehet, verlustiget macht. Diese Zeit ist dreyfach / erstlich von zehen Tagen / Appellationis interponendæ, à sententia pronunciata inferioris Judicis; Hernach dreisig Tage, Appellationis introducendæ & Acta atque Apostolos sive Libellos dimissorios & literas dimissorias petendi; ferners wiederum 20. Tage Intimationis Actorum & Apellationis prosequendæ, und die Acta zum Hofgericht einzulegen nebst dem Geld.

Die-

Nach Verfluß dieser Zeit wird dem Appellanten die Præscriptio vorgehalten. Conf. Bocer. §. 70. sq.

Observatio VIII.

Endlich sechstens solle man auch der Auctorität und Gültigkeit dieses Hofgerichts nicht vergessen. Solche erhellet vorderist aus der Würde, weilen es das höchste Gericht in Würtemberg ist, und deswegen Supremum Appellationum Tribunal genennet wird. Dann ob zwar zum Trost und zu völliger Beruhigung der Würtembergischen Unterthanen, noch weiter ein Hochfürstliches Revisions-Gericht der Hofrichtlichen Urtheln, bey dem Hochfürstl. Regierungs-Rath in Stuttgardt, in Sachen, so über zweyhundert Gülden sich belauffen, gestattet wird: Uud ob zwar auch einige ausländische Appellanten an das Kayserl. Cammer-Gericht, wofern sie nicht renuncirt haben, die Sache ziehen mögen, so geschiehet doch dieses gar selten, ja kan gar nicht seyn, weilen das Diploma de non appellando illimitatum seyn solle, und hat es überhaupt seine viele Exceptiones, wann man von dem Ausspruch dieses Hofgerichts weiter appelliren will. Es lobt derowegen dieses Hofgericht Erhardus Cellius in der Oratione Funebri, welche er dem Chiliano Voglero J. U. D. & Prof. 1585. gehalten hat, da er von ihme pag. 23. also schreibt: Anno 1557. Majus ad honoris emergens Fastigium, in numerum Assessorum Supremi Würtembergensis Judicii, Consistorium appellant, verno tempore fuit ascitus Voglerus. Hujus est tamen Fori Æquitas, & Justitiæ Administratio, pari conjuncta cum Auctoritate, ut ab hoc ad aliud quodcunque magnum, atque in Romano Regno summum, appellationis Jus omnibus Provincialibus sit præcisum. Est autem hoc Illustrissimi Principis Würtembergici sic Tubingæ ordinatum prudentia

dentia sumtibusque Consistorium, ut quatuor, causis omnibus audiendis, & dijudicandis, assideant Nobiles, totidem Juris Doctores, partim Consiliarii Principis, partim Professores Academici: Totidem etiam ex Ducali Provincia delecti Cives, (qui numerus tamen mutatus est.) Omnes hi pietate, doctrina, prudentia, æquitate, justitia, rerum experientia viri spectatissimi: quibus tamen omnibus Præses & Judex Antesignanus nobilitate, doctrina, omnique Virtute Judice vero digna, præfectus est. O felicem & beatam hoc Justitiæ foro Wirtembergiam. Conf. Præfat. D. Schœpffii Tractatui de Processu prævixam. So erhellet auch ferner seine Auctorität und Ansehen aus der Jurisdiction, welche dieses Hofgericht hat. Conf. Dn. Schœpffium cap. I. §. VI. sq. pag. 11. sq. Und hat dieses Hofgericht auch das Lob, daß man ihme keine Partheilichkeit, Geitz und interessirtes Wesen vorwerffen möge und könne, welches vor der gantzen ehrlichen Welt eine grosse Auctorität erwecket. Es bezeuget solches Anton Winter in seinem Assessore Judiciali P. I. c. IX. §. 13. p. 222. Von seinen Zeiten, da er also schreibt, nachdem er von dem Affectu corrupto ex datione & promissione geredet hatte. Hic occasione oblata non possum non Würtembergici Dicasterii nostri mentionem facere honorificam, in aliis glorientur tribunalia cætera, nulli cedet nostrum, quantum ad munerariam castitatem, alibi referentes nosse res forte non ardua est; hic se prodidisse referentibus, pro manifesto foret Justitiæ stupro, ut quos occultos esse dudum voluit Cam. Ord. P. I. Tit. 10. §. Es soll auch: alibi vix forte audieris, qui pecunias reportaverit domum, non acceptas dono munerisque: Hic nunquam audieris, qui offerre ausus, nedum qui oblatione admissus fuerit. Avaritiam noster fugito perpetuo &c. Von neuern Zeit zeuget der Alte Dr. Ferd. Christoph. Harpprecht in Resp. XV. num. 144. Da er das Dicasterium Würtembergicum nennet Curiam

erudi-

eruditam & Justitiæ Studiosissimam, und bezeuget, quod hoc Elogio semper eminuerit.

Observatio IX.

Solches Hofgericht bestehet dermahlen, da dieses schreibe aus folgenden Persohnen, welche also in der Ordnung consignirt werden.

Hochfürstl. Hof-Richter.

Herr ANDREAS HEINRICH Freyherr von Schütz / Herr zu Wüntzerhaussen und Neckarhaussen, Hochfürstl. Würtemb. Mit-Vormundschafftlicher Geheimder Rath, und Ober-Hofmeister des Collegii Illustris in Tübingen.

ASSESSORES
auf dem Adelichen Banck.

Herr FRIEDERICH BERNH. von Schmidberg / Herr zu Steinsfeld, Hochfürstl. Würtembergischer Rath und Cammer-Juncker.

Herr CHRISTIAN HEINRICH von Göllnitz / Hochfürstl. Adelicher Regierungs-Rath.

Herr CARL FRIEDERICH SCHERTEL, von Burtenbach zu Mauren, Hochfürstl. Rath.

ASSESSORES
auf der Gelehrten Banck.

Herr D. GEORG. FRID. HARPPRECHT, Hochfürstl. Rath und Professor Juris Ord. bey Löbl. Universitæt zu Tübingen.

Herr Licentiat FRID. HEINRICH GEORGI, Hochfürstl. Würtemb. Regierungs-Rath und Landschaffts-Consulent.

Herr Dr. CHRISTIAN HEINRICH HILLER, Hochfürstl. Rath und Professor Juris Extraordinarius

narius bey Löbl. Universitæt.

Herr JOHANN JACOB DANN, Hochfürstl. Regierungs- und HofRath.

Herr Lic. JOHANN FRID. STOCKMAIER, Hochfürstl. Regierungs-Rath und Landschaffts Consulent.

Herr Lic. GüNTHER ALBRECHT RENZ, Hochfürstl. Regierungs-Rath und Professor Collegii Illustris.

ASSESSORES.

auf dem Landschaffts-Banck.

Herr JOHANN DANIEL HOFFMANN, Landschaffts-Engern Außschusses Assessor und Burgermeister zu Stuttgardt.

Herr JOHANN FRIDERICH JÆGER, Landschafft-Engern Ausschusses Assessor und Burgermeister zu Brackenheim.

Herr Lic. JOHANNES HARPPRECHT, Landschafft-Engern Außschusses Assessor und Burgermeister zu Tübingen.

Hofgerichts Secretarius.

Herr Lic. JOH. HEINRICH HOCHSTETTER, Regierungs-Raths Secretarius Ord.

Psal. LXXXV. 9. 10. 11. 12. 13. 14.

Ach daß ich hören solte, daß GOtt der HErr redete, daß er Frieden zusagte seinem Volck, und seinen Heiligen; auf daß sie nicht auf eine Thorheit gerathen. Doch ist ja seine Hülffe nahe denen, die ihn fürchten, daß in unserm Lande ehre wohne, daß Güte und Treue einander begegnen; Gerechtigkeit und Friede sich küssen, daß Treue auf der Erden wachse, und Gerechtigkeit von Himmel schaue. Daß uns auch der HErr Gutes thue, damit unser Land sein

sein Gewächse gebe! Daß Gerechtigkeit dannoch vor ihm bleibe und im Schwange gehe!

Das neunte Capitel.

Von denen Clöstern, und zwar dem Franciscaner-Closter.

JEtzo sind wir mitten in der Stadt, und müssen unseren Gang nach mehrerern publiquen Häusern richten. Hier kommen uns vor das Universitæts-Hauß mit dem Anhang der andern Universitæts-Häuser, das Hochfürstl. Collegium, die Stipendia: Allein da wir ins besondere auf das Alterthum sehen, und hier die Häuser keinen Rang haben, so werden wir zuerst unsere Augen wenden müssen auf

Die Clöster.

Observatio I.

Dann es ist offenbar, daß einige Manns- und Weibs-Clöster in Tübingen gewesen seyen, ehe die Universitæt ist aufgerichtet worden. Unter solchen ist

Das Erste das gewesene Franciscaner-Closter, dessen Fundation auf das Jahr 1272. gesetzet wird, obwohlen einige es dem Augustiner-Closter nachsetzen, welches demnach unter Pfaltz-Grafen RUDOLPHO II. dem Schärer möchte geschehen seyn, deme es zugeschrieben wird. Es ist aber kein Prälat darinnen gewesen, und hat man keine völlige und sichere Nachricht darvon.

Ann, 1413. wird eines Legats an dieses Closter gedacht, darvon Crusius P. III. Lib. VI. cap. 9. p. 22. ed. lat. p. 337. die Beschreibung also meldet: Ich Bruder Cunrad von Wildberg, zu diesen Zeiten Gardian, und wir der Convent gemeiniglich des Closters zu Tübingen S. Francisci-Ordens, die man nennet Barfüssen, thunt kunds allermänniglich mit diesem Brief: Daß Uns die Ehrwürdige Frau, Anna, die Nothhäfftin, Uns und allen Unsern Nachkommen, in Unser obgenannt Closter, lauterlich durch Gott, und durch der Seelen Heyl willen, geordnet und gemacht hat, 4. Schilling, und 1. Pf. Heller, ewiges Gelds, jährlichen zu richten, 2c. daß Wir und alle Unsere Nachkommen jährlich ihr und ihres Manns Herr, Hansen des Herters seel. Jungfraw Annen, der Herterin, ihr Tochter seel. und Gerion des Herters ihrs Sohns, und aller ihr Förderen und Nachkommen Jahrzeit, jährlich begehen sollen, auf St. Agnes Tag, der Heiligen Jungfrawen: des Abends, mit einer Vigilie und Seel-Vesper: Und auf ihren Tag mit einer Seelmeß: Und sollen auch 4. Kertzen brennen zu der Vigili, und zu der Meß: Und sollen auch den Caplan des Spithals zu Tübingen jährlich ruffen zu der Vigili, 2c. Geschehen am ersten Sonntag nach Ostern, An. 1413. mit angehängten Sigill des Gardians und Convents der Barfüsser.

Observatio II.

Es müssen aber diese Franciscaner zimlich nach und nach ihre Regul hintan gesetzt und anderer bösen Leben nachgefolgt haben. Wie ihnen deßwegen ein gewisser Weingärtner eine böse Folgerung zuvor Schertz-weise gleichsam prophecey et hat, darvon Crusius P. III. L. VIII. c. 1. p. 82. ed. lat. p. 417. also schreibt: So hat auch ein gewisser Weingärtner zu Tübingen, Namens Gosbart, ein poßirlicher Mensch, damalen zu den Franciscaner-Mönchen zu Tübing. gesagt: Ewer Closter wird noch zu einem Pferdstall verwandelt werden, und die Mönchen werden sich mit der Zeit ihres beschornen Kopfs schämen. Und so ist es auch in der That von 1536. an geschehen.

Es blieben aber diese Franciscaner bey ihrer Ersten Regul von 1272. biß 1446. da das Closter an die Recollecten, oder Patres Observantes, Provinciæ Argentoratensis, nach Zeugniß des Fortunati

Hue-

Huebers gekommen; darvon bey Franc. Petri in seiner Suevia Sacra pag. 794. dieses gelesen wird: So hat auch sich im Jahr 1446. den 17. Mertzen das Conventualen-Closter zu Tübingen im Würtemberger-Land ergeben, und denen Observanten zugesagt, weilen Herr Graf LUDWIG von Würtemberg, und seine Gemahlin MECHTILDIS, eine gebohrne Pfaltzgräfin, solche Reformation inständig verlangt haben. Zu dieser Execution ware von dem Concilio zu Basel abgeordnet, P. Nicolaus CAROLI, Custos der Observanten und Guardian zu Heidelberg.

Observatio III.

In nachgefolgter Zeit muß dieses Closter nach und nach abgenommen haben, biß es unter Hertzog ULRICH solte reformirt werden. Dann es heißt, A. 1537. seye die Kirche, so gewölbt gewesen, zu einem Pferdstall gemacht worden, welches schon den Abgang anzeiget, dann darauf 1540. verbrannte in dem damahligen grossen Brand, das Closter, der Chor und Kirchen, es seye aber der Pferdtstall geblieben. Worvon Crusius P. III. L. XI. c. 15. p. 250. ed. lat. p. 642. dieses meldet, den 21. Sept. 1540. da er von dermahligen Feuers-Brunst, deren wieder wird gedacht werden, schreibet: Gleichwie vorhin in dem Franciscaner-Closter alles, was am Chor und an der Kirche höltzern war, abgebronnen, und schier nur der lange, steinerne und gewölbte Theil der Kirche übrig geblieben, welcher vorhin, (wie ehmahlen ein gewisser prophezeyet) in einen Pferdstall verwandelt worden. Es muß aber demnach gegen Nord-Westen, gegen dem Garten noch etwas gestanden seyn, doch leer von Mönchen, weilen der Crusius zuerst darinnen auch eine Zeitlang gewohnt hatte, ehe er sich sein eigen Haus angeschafft hatte, und es erst 1587. vollends nach und nach ist abgebrochen worden. Da indessen auch der tieffe Brunn in diesem Closter 1571. in einem sehr kalten Frost-Winter den 1. Febr. eingefrohren ware.

Observatio IV.

Ob wir aber schon oben über das Leben der Franciscaner geklagt haben, so bringen doch diesem Minoriten-Franciscaner-Closter, unterschiedliche gewesene Conventuales, Ruhm und Ehre. Unter welchen ohne Zweiffel gewesen ist: PROBUS, Bischoff von Tull, ein Franciscaner oder Minorit/ ein gebohrner Tübinger. Selbiger ware vorhero Lector in Costantz, und wurde hernach Bischoff von Tull/ Episcopus Tullensis. Als num Pabst HONORIUS IV. welcher eben MARTINO IV. succediret hatte, durch den Bischoffen von Frascati (Cardinalem Tusculanum) in Gegenwart des Kaysers RUDOLPHI, zu Würtzburg, dahin ein Reichs-Tag ausgeschrieben ware, ein Viertel von allen geistlichen Einkünfften forderte, wurde ein Aufflauff von Priestern und Mönchen, daß der Cardinal sich seines Lebens versahe. Nachgehends als es stille gewesen, stund Er Probus offentlich unter den Ertz-Bischöffen, Bischöffen, Prälaten und Mönchen auf, stellte sich auf den Tauffstein, und protestirte mit erhabener Stimme dargegen. Worüber er aber seines Bischoffthums ersetzet, und wieder in seinen Orden gestossen worden ist. Ob er wieder in das Tübinger-Closter, oder nach Costantz gekommen seye, ist ungewiß, und nicht zu determiniren. Es verdienet aber die Sache, daß der Leser die gantze Historie beobachte, wie sie von Aventino L. VII. Ed. Ingolstad. p. 714. 715. weitläufftig erzehlet wird. Aus selbigem haben es andere Scriptores genommen, darunter

unter auch Joh. Georg. Lairiz, in seinem Römischen Pabsts-Thron. Bayreut. 1684. p. 681. sq. zu zehlen ist. Ich will bey dem Crusio P. III. L. III. c. 8. ed. Tub. Germ. p. 857. 858. ed. lat. p. 164. sq. ad An. 1287. bleiben, und dessen Worte anführen: Probus, ein Franciscaner, (so meldet die Sach Aventin.) Bischoff zu Tull, aus der Stadt der Tubier in Schwaben gebürtig, Erklärer der Heil. Schrifft, so nach selbigen Zeiten ungemein beredt, und viel damit auszurichten im Stand war, stellte sich auf den Tauff-Stein, und fieng an: Liebste Amts-Gehülffen! wie lange werden sich doch die Habichte zu Rom unsere Gedult, will nicht sagen Tummheit, uns zum grösten Nachtheil zu Nutz machen? wie lang werden wir noch solche Schandthaten, Geitz, Hochmuth und üppigen Pracht an ihnen zu ertragen haben? Diese Ertz-Juden werden einmal nicht bälder nachlassen, als biß wir alle Bettler und elende Sclaven sind. Durch unsere Uneinigkeit wachset das Ubel, und bekommen jene Vögel Sicherheit. Es werden die Christen, so lang jene aufrecht stehen, den Frieden nicht unzerbrüchlich halten, den Degen nicht in der Scheide behalten, und nicht fromm unter einander leben dörffen. Neulicher Zeit haben sie die Sachsen und Schwaben, (Philipp und Othon) hinter einander gehetzt, darauf den Hochseeligen Kayser Friderich II. so der Christenheit so nutzliche Dienste that, dann Conrad IV. Höchst-wackere Schwäbische Fürsten um das Kayserthum und Leben gebracht. In Teutschland ist inzwischen von dem Teuffel und denen vornehmsten Bedienten des Anti-Christen das höchst-schädliche Ubel der Uneinigkeit ausgestreut worden. Folgender Zeit haben die gottlose Päbste Conrad, einen höchst-unschuldigen Herrn von der allerbesten Art, so von denen Glorwürdigsten Kaysern abstammte, da er sein Erb-Gut dem Völcker-Recht nach einnehmen wollte, hinterlistig- und betrügerischer Weise aufgefangen, und höchst-grausam hingerichtet: Nach diesem die Schwaben und Frantzosen nur sich zum Schauspiel und Zeit-Vertreib in einen Krieg verwickelt, und endlich wider die Letztere die Spanier aufgewiegelt. Nunmehr aber wollen sie uns wider die Könige aus Franckreich und Spanien, so unsere Anverwandte und ehmals aus Teutschland in ihre gegenwärtige

Länder

Länder gezogen sind, aufbringen. Dencket daran, was vor 12. Jahren jene saubere Zehende Gregorius mit denen Zehenden angefangen hat. Ein gleiches hat der Vierte Honorius mit dem Vierten Theil vor. Damit der wachsame Gregorius jene uns mausen möchte, hetzte er die Scythen, Araber und Türcken wider uns auf. Ich will gelogen haben, wo sie nicht lieber sehen, daß es jenen, (als durch sie grossen Zoll fischen) wohl gehe, als uns, u. s. w. Demnach, in Christo andächtige Vätter, wachet auf, schaffet Rath, springt dem Elend bey, werdet gescheider und vertheidiget das gemeine Wesen. Unsere Vor-Elter, so nicht unter dem Römischen Reich stunden, haben dannoch die Römer, ob sie schon Besieger derer Völcker, Herrn über alles, und Bezwinger des Erdbodens waren, nicht so gar bey ihnen aufkommen lassen, sondern ihr Reich mit denen Waffen zertrennt. Wir aber sollen so jungen und weibischen Leuten (ich will kein anzüglichers Wort gebrauchen) gutwillig als Sclaven dienen? Was der Cardinal von Frascati vor ein Pursch seye, weiß ich gar wohl. Ein Geld-Igel ist er, wuchert in der Frohn, handelt höchstmeineydig, und ist ein elender Sclav vom Geld. Ich frage nach seinen Droh-Worten wenig oder gar nichts, und beruffe mich auf die gantze Christenheit auf Erden. So lautete seine Rede, welche jedermann, und zwar so gefiel, daß man die Versammlung unverrichteter Dingen aufhub. Das konnte der Tübinger.

So ist auch hier der Paulus Scriptoris von Weil im Schönbuch gebürthig, nicht vorbey zu gehen, welcher als Guardian in diesem Minoriten-Franciscaner-Closter gestanden, und 1504. im Closter Keyserberg gestorben ist. Selbiger hat guten Applausum im Dociren gehabt, ware auch ein guter Mathematicus, Jurist und Linguist, und defendirte unterschiedliche Wahrheiten, gegen die Päbstische Sophisterey. Seine Explanatio über L. I. Sententiarum Scoti solle das erste Buch seyn, welches in Tübingen seye gedruckt worden. Er hatte aber den Haß vieler von seinen Mönchen auf sich geladen, besonders

sonders weilen die Augustiner-Mönche auch seine fleißige Zuhörer waren. Ob nun sie auch die Haupt-Urheber gewesen seyen, daß er andere wohin wandern müssen, oder ob seine Freyheit im Dociren, da er als ein Testis Veritatis angeführet wird, ihme dieses erwecket habe, lassen wir der Untersuchung des Lesers über. Selbiger aber kan den weiteren Unterricht hohlen aus Crusii P. III. L. IX. c. 8. p. 150. edit. lat. p. 509. 510. und vornemlich aus Herzn Joh. Jacobi Moseri Vitis Professor. Tubingens. Ordinis Theologici Tubing. 1718. p. 60. sqq. welcher weitläuffig von ihme handelt.

Gleichfalls solle den Sebastianum Münsterum nicht unberühret lassen, von deme Crusius P. III. L. X. c. 5. p. 184. ed. lat. p. 554. meldet, daß er ein Franciscaner-Mönch in Tübingen gewesen seye. Seine Worte sind diese: Als sich 1515. Sebastian Münster zu den Franciscanern nach Tübingen begab, hatte er allda Gelegenheit, die Mathematische Künsten, welche der berühmte Mathematicus Stœffler damahlen profitirte, gründlich zu erlernen, und machte sich durch seinen grossen Fleiß diesen Mann zu einem solchen Freund und Gönner, daß er ihm alles dasjenige, was er künstlich und sinnreich ausgearbeitet, abzuschreiben gab, welches auch Stœfflero selbsten nachgehends zu Gutem kam: Dann als Anno 1534. alle seine Bücher und Instrumenta samt dem Philosophischen Facultæt-Hauß im Rauch aufgegangen, würde von seiner Arbeit und Schrifften wohl nichts übrig geblieben seyn, wann nicht Münsterus vieles darvon in Abschrifft gehabt, und also gerettet hätte. (Urstisius.) Dieser Münsterus so 1489. in Ingelheim gebohren ware, verließ hernach diesen seinen Franciscaner-Orden, darein er sich in Heidelberg begeben hatte, von dannen er nach Tübingen gekommen ist, aber von hier nach Heidelberg wieder als Hof-Prediger zuruck kame; und gieng zu denen Protestanten,

testanten, succedirte Pellicano in der Hebräischen Professur, und wurde endlich Professor Theologiæ zu Basel, starb auch daselbst 1552. an der Pest, und ist sein Epitaphium in dem Münster zu sehen. So ware auch dieses sein Elogium, daß man ihne den teutschen Esdras und Strabo nennete. Seine Scripta recommendiren sich selbst. Conf. Lexicon Basiliense. Edit. I. T. III. p. 591. Lexicon Buddeanum Lips. Ed. I. P. III. p. 578. Lexicon Historicum Hofmanni Edit. Lugd. T. III. p. 236. Freheri Theatrum P. IV. p. 1453. Pantaleonem p. III. p. 342.

Das zehende Capitel.

Von dem Collegio Illustri.

Auß dieses Franciscaners Closters Aschen kame ein schöner Phœnix hervor, ich will so viel sagen: Es wurde an desselben Stelle und Grund aufgeführt

Das Collegium Illustre, oder das Fürstl. Collegium.

Solches ist als eine Fürsten-Schule, auf dem Platz dieses abgegangenen Franciscaner-Closters aufgebauet worden.

Observatio I.

Ich habe zwar in Actis Provincialibus Ducis LUDOVICI gelesen, daß man erstlich dieses Fürstl. Collegium, nahe bey dem Universitæts Hauß hat aufbauen und anordnen wollen, und in diesem Endzweck, die Bursam und Facultæts-Häusser der Universitæt wollen abkauffen: nachdem aber theils die Situation des Platzes, der ungleich ist, nicht gefallen hatte, theils andere Hindernisse in Weg stunden,

den, so fiel die Wahl auf den Platz des Franciscaner Closters. Und wurde bey einer Fürstl. Visitation der Universitæt 1564. deliberiret, wie man in diesem Paarfüsser Closter ein neues Collegium aufrichten könnte? dieses nun fieng man auff Befehl des Hertzogs Ludwigs von 1587 an, vollends abzubrechen, und wurde hernach 1589 der erste Stein gelegt. Weilen dieses in die Lebens-Zeit Crusii hinein lauffet, so wollen wir das mehreste mit seinen eigenen Worten bemercken, als eines Zeugens, der es selbsten gesehen und beobachtet hatte. Dieser sagt P. III. L. XII. C. 33. p. 367. ed. lat. p. 805. In der Mitte dieses Monats (Dec. 1587.) fieng man zu Tübingen an, den Theil des Paarfüsser Closters, (darinn ich vor Zeiten gewohnt hatte,) der gegen dem Garten oder Niedergang siehet, abzubrechen, weil der Fürst ein neues Collegium für die Studenten an diesem Ort aufrichten wolte. Und fahrt er c. 34. pag. 369. ed. lat. p. 808. also fort: 1589. den 7. Mart. Abends um 4. Uhr, ist zu Tübingen auf der Abend Seite der erste Stein des neuen Studenten Collegii (wo zuvor das Franciscaner Closter gestanden war) geleget worden; darbey 12. Magister auß dem Fürstl. Stipendio (welches vor Zeiten ein Augustiner Closter war) eine Music machten. Darauf ist den 30. April. dieses Jahrs um halb 10. Uhr auf diesen Stein noch ein anderer Stein geleget, und in diesem eine kupfferne Platte mit der Inschrifft: Dieses Collegium habe Hertzog Ludwig von Würtemberg gestifftet: eingeschlossen worden, samt einem Glaß weissen und einem Glaß rothen Weins. Hernach wurde noch ein anderer Stein darauf gelegt. Der Baumeister war, Georg Bär, welcher im Namen des Fürsten jenen Stein gelegt.

Observatio II.

Ferners meldet er Paralipomen. c. 6. p. 411. ed. lat p. 22. sq. Es ist nun auch zu Tübingen ein neues Collegium von dem Durchlauchtigsten Fürsten LUDWIG, mit

mit grossen Kosten erbauet worden, daß darinn Junge Fürsten, Graffen, Edel-Leute, und anderer reichen und Ehrlichen Kinder um ein billiges Geld ernährt und behalten werden, wobey die Haußhaltung und Aufsicht, was die Studien und das Leben betrifft, auf das sorgfältigste angestellet ist. Man hat es auf dem Platz gebauet, wo vorher das Franciscaner-Closter gestanden. Die kürtzeste Beschreibung ist diese: An. 1589. 8. Mertz ist daselbst der erste Stein unter einer Music von 12. Closter-Magistern, auf der Seiten gegen Abend gelegt worden. Die Figur des neuen Collegii ist viereckigt, doch einen Theil länger. Das Gebäude bestehet aus Quader-Steinen. Die grössere Thür stehet zwischen Morgen und Mittag: Die kleinere aber gegen Mittag. Auf der Seiten gegen Morgen und Mittag sind nur 3. Gänge, oder Sommerlauben: eine über der andern, von der Erde biß unter das Dach, mit starcken Säulen unterstützet, die zum Auf- und Abgehen, oder die Comödien zu sehen, so unten im Hof gehalten werden, dienen. In dem Thürnlein über der grössern Thür, sind zwey Uhren, eine siehet auf die Gassen, die andere in den Hof. Auf der Seiten gegen Abend sind zween grosse Wein-Keller unter der Erde, und auf denselben viel kleine. Zwischen den grössern Kellern sind zwey Back-Stuben. Uber der Erde sind 3. Stockwercke biß zum Dach: Im Untersten eine grosse Küchin, Stuben und drey Schlaff-Zimmer; aber auch noch zwey andere Stuben, und sechs Schlaff-Zimmer. In dem andern und dritten Stockwerck sind viel Stuben und Cammern, darzwischen ein Gang, der diese und jene von einander absondert. Unter dem Dache sind zwey Stuben, vier Cammern, ein Frucht-Boden, und über diesem noch einer. Auf der Mitternacht-Seiten, sind unter der Erde allerhand Gewölber, als ein Baad, Speiß-Cammern und andere. Uber der Erde sind gleichfalls drey Stockwercke: Im ersten, wann man vom Hof hinein geht, ist zur Rechten ein grosses Auditorium, zur Lincken gleichfalls eine grosse, und die gemeine Speiß-Stuben. Im andern Stockwercke ist eine grosse Lauben, und gegen den Garten, der gleich daran auf dieser Seiten ist, ein sehr grosses Zimer, worinn die Bibliothec steht: Ferner die Wohnungen für die Vornehme und Adeliche Jugend. Im dritten Stockwerck ist ein Gang, und auf beyden Seiten gegen dem Garten sechs Stuben und Cammern daran; Unter welchen die zwey Fürstliche Zimmer sind. Unter dem Dache sind auch Stuben und Cammern, und ein Gang gegen den Hof. In diesem Collegio aber geht man durch Schnecken hinauf, die in zwey grossen Thürnen künstlich gemacht sind. Der Bach, die Ammer genannt, fließt unter dem Gebäude durch. Auf den Thürnen und andern Gipffeln stehen verguldte Kugeln. In dem sehr weiten Hofe ist ein Brunnen lebendigen Wassers, welches durch Röhren in den Kästen fleußt. Man hat einen angenehmen Prospect über die Stadt. Die Statuta und das Hauswesen seynd herrlich eingerichtet. Doch genug hiervon Endlich meldet er Paral. c. 28. p. 470. ed. lat. p. 125. Bey uns zu Tübingen wird jetzo 1595. und künfftighin das magnifique und prächtige neue Collegium, welches der höchstselige Hertzog Ludwig für die studirende Jugend erbauen lassen, nur allein auf die Unterhaltung hoher und vornehmer Standes-Persohnen employirt; Und hält sich dermahlen der Durchlauchtigste Würtembergische Printz, Johann Friderich, mit seinem Hofmeister, dem Edlen Luz von Mendlishofen, und Præceptore M. Michael Beringern, darinnen auf. Zu Tübingen studirt würcklich auch der Durchlauchtigste Hertzog von Braunschweig und Lüneburg, Herr Augustus, der Jüngere, in des berühmten Tübingischen Juristen und Professoris, Heinrich Bocers Hauß. Ferner rc.

Biß hieher haben wir den Crusium angehört, welchem desto mehrers zu glauben ist, als er selbst alles angesehen und in der Erfahrung gehabt hat. Ich supplire aus andern Documentis folgendes. Es hatte Hertzog Christoph schon ernstlich den Fürstl. Schluß gefaßt gehabt, ein solches Collegium nur für Fürstliche und andere hohe Personen in Tübingen anzuordnen, um die Universitæt in florisanten Stand zu bringen. Und hatte eben dieser Hertzog Christoph 1564. seine Commissarios erstlich bey einer Fürstl. Universitæts-Visitation deliberiren lassen, wie man in diesem Barfüsser-Closter ein neues Colleg. aufführen könte? Er überliesse es aber seinem Sohn LUDOVICO gleichsam Testaments-weise. Dieser brachte den Bau in Stand, und Hertzog FRIDERICH gabe die völlige Lustre Vermehrung und Vollendung darzu: so daß CHRISTOPHORUS, Primus Motor, LUDOVICUS Fundator, und FRIDERICUS Amplificator, Illustris Collegii Tubingensis genennet werden. Conf. Thomæ Lansii Orat. pro Collegio Illustri, in Mantissa Consultation. & Oration. Tubing. 1656. in Oct. p. 640. sqq. und J. C. Rumetschii Charitum & Charitinorum Applausum ad Ducem EBERH. LUDOVICUM Tub. 1693. fol. p. 27. & p. 68. sq. Seyfridi à Greisen Nobilis Austrial. Orationem de Laudibus Illustris Collegii novi, quod est Tubingæ 1608. 4. Friderici Christophori à Merlau, Gentil Homme Hessien, la Gloire de Wirtemberg, que l'Empire recoit du College Illustre, qui ét à Tubing. 1674. fol. Tub. 1675.

Observatio III.

Ich führe hier einige Worte an, aus der Oratione Funebri, welche diesem Hertzog Ludwig / so den 7. Aug. 1593. gestorben, der damahlige Tübingische Cantzler Dr. Jacobus Heerbrand in eben diesem Collegio gehalten hatte An. 1593. welche diese Sache ins besondere angehen, und so wohl von der Fundation als Einweyhung deßwegen ein Zeugniß abgeben. Also kommt vor p. 29. sqq. Es habe dieser Hertzog LUDWIG ein Denckmahl seiner Liebe und Gunst in Beförderung der Gelehrsamkeit ins besondere auf die Nachwelt, mit diesem Fürstl. Collegio stifften wollen, welches er von Grund auf neu erbauet, und über 60000. Aureos oder Ducaten darauf gewandt habe. Er habe es auch mit allen noth-

nothwondigen Intraden und anderem begabet, daß Fürsten, Grafen, Baronen, Edelleute und andere niedere junge Persohnen, welche in Tübingen studiren wolten, nicht allein umsonst eine bequeme Logis haben möchten, sondern auch die Speisung ein jeglicher seinem Stand gemäß, und nach seinem eigenen Splendor und Hoheit um billigen Preiß geniessen könnte: Alle aber zugleich den Genuß guter angeordneter Disciplin, und Ubungen der Gottesfurcht, und anderer Ritterlichen Exercitien zu ihrem Besten hätten. Darmit aber, fahrt Heerbrandus fort, auch Ausländer und Fremde von dieser Stifftung, Anordnung und Einweyhung mehrere Erkänntniß haben mögen, setzen wir dieses wenige bey. An diesem Gebäu hat man A. 1589. den 7. Martii den ersten Eck-Grund-Stein Abend-wärts gelegt, darbey 12. Fürstl. Magistri aus dem Theologischen Stipendio, zu glücklichem Anfang eine schöne Vocal- und Instrumental-Music gemacht haben. Der Ort dieses Collegii ist sehr angenehm zwischen Gärten, und von dem Getümmel entfernt, und still, daß man am Studiren nicht gehindert wird: Der Prospect in die Weinberge ausser der Stadt ist lustig. Mitten in dem weiten Hof ist ein sehr gesunder Wasser-Brunn. Die Zimmer sind alle geziert: Die Speisung nach eines jeden Vermögen eingerichtet: Alles ist wohl angeordnet, und die klügste Regeln der Disciplin vorhanden. Die Lectiones, so besonders zum Nutzen angestellet werden, sind besonders in dem Jure und der Historie; Und ist nichts darinnen, welches nicht eine grosse und beständige Hochachtung und gesegnetes Gedächtniß gegen den seligen Stiffter, bey denen erwecken solte, welche diese Gutthat geniessen. Es hatte auch dieser Durchleuchtigste Fürst eine rechte Freude an seinem angefangenen Vorhaben, wie er dann unterschiedliche mahlen hieher gereiset ist, die Sache persönlich zu treiben, und die Vollendung zu beschleunigen. Und nachdem der Bau geendiget ware, kame dieser Fürst den 27. Sept. 1592. mit einem grossen Gefolg hieher, daß er selbst persönlich dieses sein neues Collegium auf folgende weise einweyhen wolte. Nachdem der Hof-Prediger Dr. Lucas Osiander, eine ernstliche und gelehrte Predigt von aller Facultæten Wissenschafften und Pflichten gehalten hatte, so wurde ein ernstliches Gebett von dem Für-

 sten

sten selbst und gesamter Versamlung wegen glücklichen Succeß und Aufnahm auch Nutzens dises Collegii verrichtet. Als man nun auß einander gegangen ware, berussfte der Hertzog in sein Zimmer, den Rectorem, Cancellarium und Professores der Universitæt, und ermahnte durch seinen Cantzley-Cantzlern, den beredten und berühmten, J. U. Doct. Martinum Aichmannum selbige, daß alle und jede Sorgfältig verhüten solten, daß ja von niemand fremde Lehrsätze oder andere gottlose und falsche Meinungen von der Religion, außgestreuet würden, und ja der studirenden Jugend, und ihren zarten Gemüthern und Jahren nichts beygebracht werde, welches man hernach entweder gar nimmer, oder doch schwährlich mehr ausreuten könne: Und daß besonders die Philosophie mit der Theologie nicht unvorsichtlich vermischet werde, welches bey denen Scholastischen Theologen vormahls geschehen seye, so die Theologie durch die Philosophie verderbet hätten, darauß hernach die unreine und gottlose Scholastische Theologie entstanden seye, und auß beeden nicht gantzen sondern halben Stücken, ein einiges gantzes verderbtes gemacht worden seye. Und dieses seye eben dasjenige, vor welchem der Apostel Coloss. 2. seine Zuhörer gewarnet habe.

Ins besondere erinnerte Unser Durchlauchtigster Hertzog die Theologiæ-Professores, daß sie sorgfältig acht haben sollten, daß keine Sectarii, vornemlich auch die Sacramentirer sich einschleichen mögen, durch welche die einfältige, oder auch die unvorsichtige Jugend in gefährliche Irrthümer möchten gezogen werden. Endlich wandte sich die Rede gantz allein an mich Cancellarium, daß ich als der Ihro Hochfürstl. Durchlauchtigkeit Stelle bey der Schul vertrette, meine Sorge einig dahin richten solte, und wohl verhüten, daß keine falsche und vergifftete Lehren hervor wachsen mögen, wordurch junge Leute von dem lautern Weg der Wahrheit abgeführet würden! Auf welche Hochfürstl. Ermahnung Ich im Nahmen der gantzen Universität geantwortet, und für diese Gottseelige und Vätterliche

terliche Erinnerung, auch daß Ihro Durchlauchtigkeit für die Erhaltung der Göttlichen Lehre also besorgt seye, gedancket habe, mit Versicherung, daß dieses alles von allen und jeden nach Möglichkeit solte besorgt werden, daß besonders die Lauterkeit und Reinigkeit der Lehre auf die Nachkommen fortgepflantzt, und dieses von GOtt verliehene Pfand wohl und getreu bewahrt werde, damit die Nachfolger bey reiner Religion verbleiben mögen. Anbey wünschten wir Ihro Durchlauchtigkeit zu wohlgeendigtem herrlichen Bau des neuen Fürstlichen Collegii Glück, theils nebst dem Wunsch, daß der grosse GOTT glücklichen Success und Wachsthum darzu geben wolle, damit es zu GOttes Ehre und dem gemeinen Nutzen des Vatterlands, seinen erwünschten Endzweck erlangen möge, theils nebst unserer gemeinschafftlicher Empfehlung und Verspruch alles Fleisses in denen Aemtern.

Nach solcher Handlung folgte ein herrliches Mittag-Mahl, darbey Ihro Durchl. viele von uns an seine Fürstl. Tafel gezogen, und unter dem Essen von denen wichtigsten Sachen auf das klügste geredet hat; Und bezeugte Er sich gegen uns so liebreich und gnädig, daß man hätte meinen sollen, es seyen die Kayser Trajanus Ulpius, und Marcus Aurelius Antoninus Philosophus von den Todten wieder auferstanden.

Und dieses ists, schließt Heerbrandus von dieser Sache, was sich bey dieser Einweyhung begeben hat, woraus ein jeglicher leichtlich den Gnädigen Willen und Gunst dieses Fürsten gegen die Wissenschafften und die Gelehrte erkennen mag. Ich glaube auch, daß die grosse Begierde, womit dieser Fürst die Vollendung dieses Baues beständig so sehr getrieben hatte, ein gewisser Vorbott seines frühzeitigen Tods gewesen seye, rc. Der geneigte Leser kan die Lateinische Worte, daraus wir dieses gezogen haben, in bemeldeter Oratione Funebri de Vita & Obitu Illustrissimi & Pientissimi Principis & Domini LUDOVICI, Ducis Würtembergici &c. recitata in Colleg. Illustri d. 19. Sept. 1593. à Jacobo Heerbrando S. Th. Doct. & Prof. Eccles. Præposito, &

 apud

apud Academiam Tubingensem Cancellario, pag. 29. biß 35. selbsten lesen. Man besehe auch Pregizeri Historische Ephemerides des Hauses Würtemberg pag. 95. da es heißt: den 27. Sept. 1592. weyhete Hertzog LUDWIG das neu-erbaute Collegium zu Tübingen mit vielen Solennitæten ein.

Observatio IV.

Nach dem Tod Hertzog Ludwigs richtete es Hertzog Friederich auf, deme es jener sehr recommendiret hatte. Dieser brachte würcklich 1594. seinen Erb-Printzen Johann Friederich darein, und gienge also dasselbe auf, darnach viele Printzen, Grafen und Baronen ankamen. Wie der Cantzler D. Andreas Osiander in seiner Orat. Funebri de Vita & Obitu Domini FRIDERICI, Ducis Wirtembergensis &c. Tub. 1608. p. 53. meldet, so hat der Hof-Prediger D. Lucas Osiander, ein Vatter des Cancellarii, abermalen eine Predigt über 1. B. der Könige c. III. v. 4. in Gegenwart des Hertzogs und gantzen Hofs gehalten, und dieses Collegium zu einer Officin oder Werckstatt der Gottseeligkeit und nutzlicher Künsten und Wissenschafften nochmahlen eingeweyhet. So heißt es auch in der Ersten Leich-Predigt, welche der Probst Magirus in Stuttgardt gehalten, p. 13. Die Studia, wie in andern Facultæten also auch und fürnemlich in der Theologie haben Ihro Fürstliche Gnaden treulich befördert, mildiglich fovirt, und daran (mit Gnädiger Unterhaltung der studirenden Jugend in den Clöstern, in dem Stipendio zu Tübingen, wie auch der Subsidiariorum im Pædagogio zu Stuttgardt, deren aller ein grosse Anzahl) keinen Kosten gespart. Inmassen sie auch das Fürstliche Collegium zu Tübingen von S. T. Hertzogen Ludwig, Hochlöbl. seel. Gedächtniß erbaut, zu Beförderung der

Stu-

Studien Hoher Fürstlicher, auch Herren-Standes und Adels-Personen angerichtet, und mit allerley nothwendigen nutzlichen Statuten und Ordnungen Gnädiglich versehen lassen.

Observatio V.

Damahlen nun wurde alles, was zu denen Studiis und Ritterlichen Exercitien der hohen Studirenden gehörte, angeordnet, mithin auch die Reut- und Turnier-Schule verbessert. Ein Zeugnis darvon hat sich letzten Monath Febr. 1742. gefunden, da man in dem so genannten Tummel, oder vielmehr Turnier-Garten einen breiten mit dicken Ziegelsteinen oder Platten besetzten Weg unter dem Waasen gefunden hat. Man wolte nemlich einige Bäume setzen, und kame auf Steine, da sich dann in dem Nachsuchen eine zimliche Breite und Länge von vielen Schuhen wohl besetzt und mit Sand-Steinen eingefaßter, aber mit Gras überwachsener Platz gefunden, welcher seinen Anfang an dem alten Armbruster oder so genannten Schieß-Hauß genommen hatte; Weilen nun eine Menge solcher grossen vierecktig ten Ziegel-Platten ausgegraben worden, so fanden sich einige bezeichnet, und lase ich auf einem deutlich die Jahr-Zahl 1595., welches Jahr eben in die Zeit fällt, da das Collegium erstmals ist besetzt worden, so ware auch auf einer Platte der Nahm des Zieglers, Hanß Asphel: Was aber eigentlich dieser Platz gewesen seye, besonders, weilen er so breit besetzt ware, läßt man dem Urtheil des Lesers über, doch weilen die Rudera von einer Schieß-Mauer sich finden, und der besetzte Weg von dem Schießhauß den Anfang genommen hat, so siehet man wohl, daß es ein Schieß-Platz, mit Geschoß und Arm-Brüsten, Item ein Ring- Renn- und Lauff-Platz und Bahn gewesen seye. Daß aber dieser Platz mit Gras und Waasen ist belegt gewesen, ist in etwas dem 30jährigen Krieg, oder vielmehr dem Abgang und Veränderung voriger Ritterlichen Exercitien, besonders des Wett-Lauffens, zuzuschreiben.

Daß dieses nicht leere Muthmassungen seyn, erhellet unter andern aus denen Worten des Reichs-Freyherrn Georg Friderici von Gölnitz / Panegyrico Academiæ Tubingensis, A. 1649. p. 40. da es also heißt: Darmit nun auch ausser denen Lectionen und Studiren man nicht müßig bleiben dörffte, hat man eine Reut-Schule, Fecht-Platz, Tantz-Platz, Baal-Hauß, Renn- und Turnier-Platz, Schieß-Platz zur Armbrust und Gewöhr, zu dressiren der Pferde, zum Wett-Lauffen, zum Lantzen-brechen, zum Ringen, zum Ringel-rennen, und andere Oerter zu allen Fürstlichen und Ritterlichen Exercitien angeordnet, und darzu die beste Exercitien-Meister bestellet. Aus eben dieser Oration fügen wir auch noch die fernere Poetische Beschreibung des Collegii bey, welche damahlen ist gemacht worden: Sie ist im Lateinischen folgende:

Aspice picta novi regalia tecta Lycei.
  Rarum Tecciaci Principis istud opus;
Cernis ut emineat populosi more theatri
  Aula peristyliis scenica fulta suis.
Hic genio locus, hicque Duces morumque Magistri
  Accumbunt epulis editiore loco.
Inde sedent reliqui positis ex ordine mensis,
  Sumendum quoties denotat hora cibum.
Hîc labor ingenio datus est, hoc nempe docetur,
  Discitur, oratur, disseriturque, loco.
Hîc Dux & Comes & Baro, generosaque pubes
  Subjectis discunt imperitare suis.

Hîc ſunt doctiloqui laudata Palatia Phœbi,
Hîc capit innumeros Bibliotheca libros;
Libros Principibus dignos, magnisque Dynaſtis;
Romana dignos Nobilitate legi.
Hîc eſt Pollucis clamoſa palæſtra laniſtæ,
Hîc parit ingenuas, VINCERE VELLE, minas.
Hîc ſicæ ſicis miſcentur, & enſibus enſes,
Hîc pugilum certat quotidiana manus.
Hîc eſt Pomonæ ſedes, ubi ſedula Nimpha
Germine fœcundat multi colore ſolum;
Tum Naias raucis ſtridens Siphonibus auget
Murmura roridulæ lene-ſtrepentis aquæ.
Hîc Pythi domus eſt, qui primus in aëre palmis
Dicitur inventas exagitaſſe pilas;
Quique pilas melius palmis hic tractat, honoris
Palmam, vel victo judice, victor habet.
Hîc & Sphæromachus Latiæ ſpectacula terræ
Brachia fragineo cortice tectus agit;
Diſtentisque leves impellere follibus auras,
Qui volet, ætatis pro ratione, poteſt.
Hîc monſtrant artes cum Pico, Caſtor, equeſtres;
Infrænesque docent ire decenter equos;
Hîc etiam generoſa cohors decurrit ad orbem;
Herois animi motibus intus ovans.
Hîc Brontes qui tela Jovi ſonitumque metumque
Fabricat, emiſſis fulminat ære globis;
CollegIque novos tyrones aptat, adactis
Ut poſſint Sclopos exonerare rotis.
Hîc directa Scythes tereti bonus arte magiſter,
Monſtrat ad oppoſitum mittere tela ſcopum;
Quilibet hîc velut invidia contendit, ut arcu
Sit melior, jaculo certior, arte prior.

Hîc pugnas Mavors agitat cataphractus, & armis
 Membrorum robur consolidare docet.
Macte nova virtute phalanx, sic discis utrinque;
 Ut quondam patriam Marte, vel Arte regas.

Welche Lateinische Verse M. Joh. Fridericus Scholl, Præc. Schol. Anat. II. dem Leser zum Wohlgefallen also ins Teutsche übersetzet hat.

Auf! seht, wie Königlich diß neue Hauß sich zeiget,
 Das Teckens grosser Fürst mit seltner Kunst gebaut!
Wie sonst ein Schau-Platz ist, den vieles Volck besteiget,
 So sind die Gänge hier, die man auf Säulen schaut.
Hier läßt sichs gütlich thun, hier gehet man zur Speise,
 Der Hofe-Meister Schaar, die setzt sich oben an;
Von dar an siehet man die Tische Reyhen-Weise,
 Da, wann die Stunde schlägt / sich jeder setzen kan.
Hier ist der Ubungs-Platz für den Verstand, man lehret,
 Man lernt und betet da, man unteredt sich hier.
Hier ist ein Ort, wo Fürst, wo Grav und Frey-Herr höret,
 Wie man das Regiment geschickt und weißlich führ.
Hier ist der edle Sitz, wo Witz und Weißheit thronet;
 Der Ort, wo man den Kern der schönsten Bücher findt;
Den Kern, der Fürsten dient, der grossen Herren lohnet,

Und

Und Bücher, die erwünscht für edle Augen sind.
Ein Pollux pfleget hier zur Fecht-Kunst anzuführen,
Wo jeder rufft und droht: Er wolle Sieger seyn.
Hier übt der Fechter-Schaar sich täglich mit Rappieren,
Und führet Dolche bald, und bald die Degen ein.
Hier ist ein Garten-Platz, der einem Eden gleichet,
Den ein erquickend Naß mit bunten pflanzen ziert;
Und das Gehör, da es mit sanfften Murmeln streichet,
Und durch die Röhre dringt, mit froher Anmuth rührt.
Hier ist des Pythus Hauß, der die erfundne Bälle,
Wie man erzehlt, zu erst mit seinen Händen schlug.
Wer die am besten schlägt, der hat die Ober-Stelle
Die der besiegte Theil ihm selbsten übertrug.
Hier ist der Kegel-Platz, wo man, wie Rom erdachte,
Die Kugeln, die von Holtz, mit muntern Armen treibt;
Wo den Ballon, den man erst aufgeblasen machte,
Nachdem die Jahre sind, zu schlagen frey verbleibt.
Hier ist auch Castors Schul, darinnen er wohl reiten,
Ja wilde Pferde gar nach Regeln gehen lehrt.
Hier suchet man die Schaar zur Tanz-Kunst anzuleiten
In deren Adern sich der edle Trieb stets mehrt.
Ein Brontes donnert hier und machet tausend Krachen,
Wenn er im Feuer übt, und bey den Büchsen steht,

Er zeigt der neuen Schaar, wie man es müsse machen,
Daß ein gethaner Schuß auf Zweck und Scheibe geht.
Man lehrt der Scythen Kunst, und suchet mit den Pfeilen,
Die man der Kunst nachschießt, das fürgesetzte Ziel.
Mit Bogen, Flinten, Kunst den andern vorzueilen,
Dünckt dem so edlen Trieb wohl keine Müh zuviel.
Man ziehet Harnisch an, man übt sich in turnieren.
Und machet Leib und Glied durch solche Ubung hart.
So lern dann, edle Schaar, in Fried nnd Krieg regieren,
So fehlts den Ländern nicht, die euch GOtt aufgespart.

Observatio VI.

Es erhellet auch die Löbliche Intention des Hertzogs Ludwigs / als Stiffters aus der Inscription, welche ober dem Portal oder grossen Thor dieses Collegii, mit grossen Buchstaben, Deutsch und Lateinisch neben einander gelesen wird.

Das Lateinische heißt also:

Inclytus æterno pietatis nomine Princeps
Würtembergiaci Dux Ludovicus Agri.
Grandibus impensis, hanc, à fundamine magna
Exstruxit studiis utilitate Domum.
Hinc Ludovicani merito fundantis honore
Collegii debet nomen habere Ducis.
Huc age, quisquis eris, princepsque, comesque, baroque,
Nobilis, & studii nomine quisquis ades.
Huc age, si leges patiare statutaque vives,

Pasce-

Pascerisque tui, pro ratione status.
Post etiam grates persolve Deoque Ducique,
Dantibus hac studii, commoditate frui.

Die Teutsche Inscription ist diese.

Der Durchleuchtig from Fürst und Herr,
Des Nam hat ewigs Lob und Ehr,
Herzog Ludwig zu Würtemberg,
Von Grund hat baut des Haus und Werck,
Drum heißt es zu des Stiffters Ruhm,
Herzog Ludwigs Collegium,
Hie sollen studieren zu jederzeit,
Herrn von Adel und ander Leut,
Hieher halt Ordnung und studier,
Nach deinem Stand soll gschehen dier,
Sag auch Danck GOtt und diesem Herrn,
Um solche Glegenheit zu lern.

Observatio VII.

Wie nun dieses herrliche und kostbare Gebäude nicht zu einem leeren Platz gewidmet / sondern zu einer Fürsten-Schule angeordnet ware, so wird nicht undienlich seyn, wann wir die Bewohnung dieses Collegii durch Fürstliche Personen / vornemlich aus dem Hauß Würtemberg / welche das Præsidium allemahl gehabt, wie sie zu unterschiedlichen Zeiten erfolgt, bemercken und melden. Es waren demnach in diesem Collegio unterschiedliche Printzen / in abwechslenden Zeiten, als Fürstliche studierende, (wie die Redens-Art damahlen ware) zugegen, und wurden sie fast jedesmahl mit sonderbarer solennitæt auf die Universitæt gebracht, und zum Theil als Studiosi ritu & consuetudine Academica eingeweyhet, wie man von Printzen

EBER-

EBERHARDO Lansii Orationem, welche er auf dem Schloß in Gegenwart Printz JOH. FRIDERICHS von Würtemberg, Printz FRIDERICHS, Marggrafen von Baaden, Printz FR. JULII, Hertzogen in Sachsen, Frauen BARBARÆ SOPHIÆ und ANNÆ, Hertzoginnen zu Würtemberg den 9. Nov. 1627. gehalten hatte, wie Eberhardus D. W. Princeps Juventutis Academica consuetudine rituque initiaretur in der Mantissa p. 677. sqq. lesen kan. In der Ordnung der Zeit folgen sie also auf einander. Conf. Frider. Christ. de Merlau, Gentil-homme Hessien la Gloire de Wirtemberg, que l'Empire recoit du College Illustre, qui ét à Tubingue. 1674. fol. Tub. 1675.

An. 1594. 6. Jan. im 12ten Jahre des Alters ware biß 1600. zugegen

Erb-Printz JOHANNES FRIDERICUS.

Damahlen ware auch auf der Universitæt Hertzog AUGUSTUS von Wolffenbüttel.

An. 1601. 19. Junii biß 1607.

Printz LUDWIG FRIDERICH.

Neben Ihme waren

Printz CHRISTIAN WILHELM, Archi-Episcopus Magdeburgensis, und

Printz FRIDERICUS, Marchio Brandenburg.

Printz FRID. ULRICUS, Dux Brunsuicensis.

Printz FRIDERICUS, Marchio Badensis.

Printz FRANCISC. JULIUS, }
Printz JULIUS HENRICUS, } Duces Saxon.
Printz ERNEST. LUDOV. }

Ann. 1607. biß 1613.

Printz FRIDERICUS ACHILLES.

und

und von 1610. den 12. Decembr.
Printz MAGNUS. Und mit diesem
Printz FRANCISCUS CAROLUS, Dux Saxon.
Printz JOACH. ERNESTUS, Dux Holsatiæ.
Printz RUDOLPHUS MAXIMIL. Dux Saxon.
Nebst Grafen und Baronibus.

An. 1627. den 8. Novembr. biß 1630.
Erb-Printz EBERHARDUS.
Bey dessen Einführung Lansius die Orationem pro Collegio Illustri gehalten. Vid. Mantiss. p. 640. sqq.

Anno 1648. 8. Octobr.
Erb-Printz JOHANN FRIDERICUS.
So hernach auf der Reise nach Londen gestorben.

Anno 1666. 11. Mart. biß 1669.

Erb-Printz WILH. LUDWIG, Printz FRID. CAROLUS,	Duces Würt. Fratres.
Printz FERDINAND CAROLUS, Printz SYLVIUS FRIDERICUS, Printz CHRISTIANUS ULRICUS	Principes Oelsenses, biß 1667.
Printz ALBERTUS, Printz BERNHARDUS,	Duces Saxoniæ.

Anno 1672.

Printz CAROLUS MAXIMIL. Printz GEORGIUS FRIDER. Printz LUDOVICUS,	Duces Würt. Fratres biß 1677.

Printz CAROL. LUDOVICUS. Dux Holsatiæ.

An. 1680.
Printz JOHANN FRIDERICUS,
so hernach 1693. bey dem Flecken Aichstet Diœces. Herrenbergens. vom General-Major, Graf von Palfy ist im Duell tödtlich verwundet worden, daß er gleich darauf gestorben.

Printz

Printz LEOPOLD EBERH. von Mömpelgardt.

Anno 1682. im Julio.

Printz CAROLUS RUDOLPH. von Neustatt. begabe sich 1683. nach Straßburg.

An. 1695. den 18. Nov. biß 19. Maji 1696.

Printz CAROLUS ALEXANDER.

An. 1698. 11. Jan. biß 17. Maji 1701.

Printz HENRICUS FRIDERICUS,
Printz MAXIMILIAN. EMANUEL, } Fratres.
Printz LUDOVICUS FRIDERICUS,

Anno 1712. auf kurtze Zeit.

Erb-Printz FRIDERICUS LUDOVICUS.

Anno 1729.

Printz CARL. CHRIST. ERDMANN von Oels.

Observatio VIII.

Ob nun zwar auch die blosse Gegenwart so vieler Fürstlicher Printzen dem Collegio Illustri grossen Splendor jederzeit gemacht hat, so bestehet doch der Ruhm des Collegii nicht allhier bloß in diesem äusserlichen, daß es eine Fürsten-Schule geheissen hat, sondern die schöne Ordnungen und grosser Fleiß, den man in den Studien darbey gehabt hat, bezeugen ein mehrers und grössers darvon.

Es mögen die schöne Leges und Ordnungen weitläufig ersehen werden aus denen Statutis des Collegii, welche 1666. erneuert und verbessert worden sind. Man kan selbige bey Herrn Mosern P. I. des erleuterten Würtembergs lesen p. 123. und führen sie den Titul: Leges & Privilegia Illustris Collegii, quod Tubingæ est à Serenissimo Principe ac Domino, Domino EBERHARDO III. Duce Würtembergiæ & Tecciæ, Comite Mömpelgardiæ,

diæ, Dynasta Heidenheimii &c. Renovata, interpolata & confirmata Anno Christi M. DC. LXVI. Latine & Germanice. Sie bestehen aus V. Capiteln, und handlen C. I. Von dem Fürstl. Collegio insgemein, dieses Capitel hat §. §. 9. C. II. Von des Fürstlichen Collegii Ober-Hofmeistern, hat §§. 24. C. III. Von des Fürstlichen Collegii Professoribus hat §§. 12. C. IV. Von des Fürstl. Collegii in Ritter und Hof-Exercitien bestellten Meistern/ hat §§. 5. C. V. Von des Fürstlichen Collegii Studiosis, hat §§. 38. Und wurde ob solchen Statuten und Gesetzen, wann das Collegium geöfnet war, strenue gehalten, so aber nicht geschahe, wann einige Printzen gleichsam nur privatim hier lebten. Es wurde aber jederzeit aller Fleiß bezeugt und unterhalten. Die erste Edition dieser Statuten kame 1601. in quarto herauß unter folgenden Titul: Illustrissimi & Celsissimi Principis ac Domini FRIDERICI Ducis Würtembergensis & Teccensis, Comitis Montis Beligardensis, Domini in Heydenheim, utriusque Regii Ordinis Gallici & Anglici adlecti equitis aurati, Constitutiones atque Leges Illustris & Magnifici in Tubingensi Academia instituti Collegii Ducalis Würtembergici &c. Tubingæ. Typis Cellianis Anno M. DC. I. die zweyte Edition kame auch in 4to 1606. eben zu Tübingen Typis Cellianis heraus unter einerley Titul. Nur ist der Unterschied beeder Editionen, daß bey der erstern das Wappen des Hertzogs Friederichs, bey der andern aber dessen Bildniß sich befindet. In eben diesem Jahr kame auch besonders die Teutsche Edition dieser Legum heraus unter folgenden Titul: Des

Durchleuchtigen Hochgebohrnen Fürsten und Herrn Herrn Friderichen Hertzogen zu Würtemberg und Teck, Grafen zu Mömpelgaldt, Herrn zu Heydenheim und Oberkirch ꝛc. Ritters beeden Königl. Orden in Franckreich und Engelland ꝛc. Statuten und Ordnungen, daß in Ihrer Fürstl. Gnaden Stadt Tübingen gestifften und angeordneten Fürstlichen neuen Collegii. Gedruckt zu Tübingen, bey Erhardo Cellio. Im Jahr 1606. Was würden aber alle Fürstliche Ordnungen und Leges gefruchtet haben, wann man nicht darob gehalten hätte, und die Hochfürstliche Printzen, und hohe von Adel darnach gelebt hätten?

Observatio IX.

Und wird deßwegen der geneigte Leser nicht verargen, wann ich denen Literatis Nobilibus mit einem Wort, denen studierenden überhaupt zur beurtheilung folgende nutzliche und erbauliche Digression mache, damit sie ersehen mögen, wie die Fürstliche Persohnen rechte fleissige hohe Studenten gewesen seyen / und wie nutzlich und rühmlich selbige ihre Studierens-Zeiten auf der Universitæt zugebracht haben/ mithin viele heutige noch jetzo beschämen? wir sehen hierbey theils auf den Ardorem Religionis, wie fein und löblich sie sich die Religion und Gottes-Dienst haben angelegen seyn lassen, theils auf den Eifer in Studiis, nutzliche und dienliche Sachen zu behandlen; theils auf den löblichen Wandel und ordentliche Aufführung derselbigen, daraus der Unterschied so vieler heutigs Tags auf Universitæten Studierenden mag erkannt werden.

Was

Was die Intention der Hertzogen Ludwigs und Friderichs gewesen seye, haben wir schon oben p. 150. sqq. gesehen; Mit selbiger kame der Wille folgender Hertzoge überein.

Wie sich aber alle diese Fürstliche Printzen selbst in Persohn von Zeit zu Zeit aufgeführet haben, solches wollen wir nicht mit unsern Worten, sondern mit anderen die wir gefunden haben, erzehlen. Zuvor aber melde ich aus deß G. Christophori à Gölniz panegyrico folgende Begebenheit, aus welcher man ein Specimen erster Disciplin in dem Collegio haben mag, und welche pag. 43. gelesen wird.

Das Factum ware folgendes: Es kamen nemlich einige Edelleute von Hof in das Collegium, zu dem Essen, vom Schloß herab und zwar nach vollbrachter Jagd, darauf man auf dem Weg offentlich aus dem Salustio laut etwas gelesen hatte, die Zeit des wartens nicht zu verderben. Einer aber von selbigen grieffe diese studirende Gesellschafft unter dem Essen Schertz-weise an, und neñete sie Fuchsschwäntze und Dinten-Schlecker auf hönische Weise; Als nun der Fürstl. Hofmeister, Abrahamus von Bellin lange denen Reden dieses ihme entgegen sitzenden Hof-Cavaliers zugehöret, und die Tisch-Compagnie unter einander streiten lassen, so befahl er auf einmahl das Still-schweigen, und richtete seine Rede mit sehr lauter Stimme an diesen Hof-Cavalier mit folgenden Worten: Ey lieber! Mein Höfling! Wir haben euch schon lang hochmüthig und herrschsüchtig reden gehört, da Ihr vieles gegen uns herauß geplappert habt. Es verwundert uns sehr, daß Ihr endlich an Eurem schlechten Plaudern und Possen-reissen ein Ende habt machen können? Nun sollet Ihr wissen, was Ihr uns gespottet habt? Da Ihr uns nur Fuchsschwäntze und Dinten-schlecker genennet habt, das ist, daß wir Literati und Gelehrte oder Studenten seyn sollen; So nehmet nun auch Zeit uns anzuhören. Ihr bildet Euch ein, wir wären nur spielende Persohnen, und junge unverständige Leute, als wann Ihr und Eures Gleichen uns sehr überlegen wäret, und einen Vorzug vor uns Studierenden hättet? Allein, Ihr wisset nicht, daß wir uns alles dessen auch würden rühmen können, wann es noth und nützlich gewesen wäre, oder seyn würde? Wessen Ihr Euch für die Eurige gerühmet habt. Dann Heus Tu! Ey du! worinnen bestehet und gründet sich Euer (Höflingen) Lob? Vielleicht bestehets im Huren, in poßirlichem närrischem Geschwätz, und im Courtesiren? Wir könnten auch huren, läppische Reden führen und courtesiren, aber wir wollen nicht. Besteht Euer Ruhm im sauffen und schwälgen? Wir können auch fressen und prassen, aber wir haben keinen Gefallen und Belieben daran: Oder rühmet Ihr euch des Spielens? Wir können dieses auch thun, aber wir haben keine Zeit darzu. Oder ist das Reuten Euer Vorzug? Wir wollen uns auch hierinnen zeigen, und hat nicht Einer erst heute von uns Fuchsschwäntzen im Ringel-Ringen das Gewinn vor Euch darvon getragen? Oder suchet Ihr den Ruhm in balgen, zancken, tumultuiren, würgen? so können wir auch fechten, wild seyn, und würgen, wann es solte noth seyn. Oder wann einer von Euch das Courage hat, und es jucket ihme der Buckel, so fordere er uns heraus, wann und wie er wolle, so wollen wir ihme mannlich erscheinen. Sind also dieses Eure Künsten und Wissenschafften, darmit Ihr Euch so groß machet, so wisset, daß andere es für keinen Heller wehrt halten, ꝛc. Porro; Wie aber, wann ich jetzo anfange, bessere und viel mehrere Sachen Euch vorzuhalten, die wir, wir sage ich, mit Ruhm leisten können, Ihr aber zu Eurem grossen Schimpff nicht zu præstiren vermögend seyd? ꝛc. Und was solle dieses alles seyn? Man schicke uns allesamt zu einem König oder Fürsten, im Nahmen und auf Befehl unsers Gnädigsten Fürsten und Herren, da wird man es bald sehen können, was für ein Unterschied zwischen Euch und uns seye? Wir werden freymüthig vor Ihrer Kayserl. Majestät reden können, da Ihr gleichsam als von einer schweren Kranckheit befallen, kein Maul aufzuthun Euch erkühnen

wer-

werdet? Wir werden in Lateinischer, Frantzösischer, Italiänischer 2c. Sprache als Gesandte die nöthige Commissionen vortragen können, da Ihr nicht einmahl in der Teutschen Mutter-Sprache Euch erklären könnet, es seye dann jemand bey Euch, der ein Dolmetscher für Euch sey. Wir wollen für Königlichen Thronen die wichtigste Sache vortragen, da ihr auch die gemeinste Sache nicht vor einem Bauren Convent vorzutragen vermöget. Endlich wollen wir gantze Königreiche und Kayserthüme durch Hülffe unser Beredsamkeit und Klugheit regieren helffen, da ihr nach eurem Wesen und Gebrauch nicht ein Städlen ohne unsere Beyhülffe regieren möget? Nun wisset Ihr also, mit was für Ruhm und Ehre Ihr uns (Candicales) nennet, und doch zu Eures Standes Blame, als wann Ihr aus der weitläufftigsten Famille der Brutorum wäret, als Esel nichts wisset, 2c. Der geneigte Leser sehe die Lateinische Worte p. 43. 44. selbsten an. Da dieses eben von dem Ober-Hofmeister des Printzen Johann Friderichs geschehen ist, so fügen wir so gleich bey, was wir in Lansii Mantissa, in Tito Wurtembergico seu in Vita Johannnis Friderici, Ducis Wurtembergici p. 696. sqq. und besonders pag. 704. lesen. Hier wird erzehlet: Wie bey Abwechslung seiner Hofmeistern, da ihme besonders ein Junger vorgesetzet worden, ihme deßwegen einige einrathen und ihne auftreiben wolten, er solte sich nicht mehr so an die Regeln binden lassen; Aber nein! mit was für bedencklichen Worten hat nicht dieser Printz geantwortet? Er sagte nemlich, das sey ferne, daß ich also thun wolte! Wann mein gnädigster Herr Vatter auch einen blossen Stab mit der Gewalt eines Hofmeisters mir vorsetzen wolte, so wolte ich seinen Befehl nicht krafftloß seyn lassen! Und bezeugt Lansius, wie er seine Hofmeister und Præceptores so hoch gehalten, und hernach mit grossen

Gnaden und Wohlthaten belohnet habe? So wird auch p. 705. sein grosser Fleiß in Studiis, und grosse Erfahrenheit in denen Fürstl. Exercitien gerühmet. Von welchem allem die Lateinische Worte an allegirten Stellen mögen gelesen werden. Ich finde mich genöthiget dieses ferner aus denen Leich-Predigten dieses Ruhm-vollen Fürsten zu suppliren, weilen dieses der Grund des nachfolgenden seyn mag. Also heißt es in der Ersten Leich-Predigt, pag. 60. sq. Nachdem Selbige von Ihrem Hochgeehrten Herrn Vattern Ann. 1594. 6. Jun. in das Hochfürstl. Collegium nach Tübingen geschickt, haben Sie mit GOtt ihre Studia angefangen, und mit Salomo täglich und innbrünstig gebetten, Buch der Weißh. c. IX. ℣. 1. 2. 3. 4. O GOTT meiner Vätter, und HErr aller Güte, der du alle Ding durch dein Wort gemacht hast, ꝛc. Dieses glaubige Gebet Ihro Hochfürstl. Gnaden hat GOtt um Christi JEsu willen gnädiglich erhört, und derselben die Gnade seines Heiligen Geistes so reichlich ertheilet, daß Sie die Heilige Schrifft zur Lehr, Erinnerung, Trost und Warnung nutzlich zu gebrauchen, auch die Haupt-Articuln Christlicher Religion mit sattem Grund zu beweisen, und wider allerhand Irrthümen starck zu verfechten, gleichförmig von Religions-Sachen, von Stritten, vernünfftig zu reden und zu urtheilen gewußt, darneben auch in allerhand Sprachen, die einem Fürsten zu wissen nothwendig sind, sich trefflich geübet, viel nützliche Historische und Politische Bücher mit Fleiß und also durchgangen, daß Sie unter diejenige mit Ruhm mögen gezehlet werden, von welchen Salomo in obgemeldten Worten schreibet, daß um deren Leut willen die verständig und vernünfftig sind, die Fürstenthum lang bleiben. Gleichfalls heißt es in der vierten Predigt p. 239. Sie seyen in der Gottesfurcht und Frömmigkeit also gewachsen, daß sie in An. 1594. 6. Jun. in das Fürstl. Collegium nach Tübingen verschickt worden. Da dann Ihro Fürstliche Gnaden so wohl als der König Josias zu seinen Zeiten nicht allein die reine seligmachende Religion, aus GOttes Wort gründlich erlernet, sondern auch in ausländischen Sprachen, so vor andern hohen Fürstl. Personen wohl anstehen, Sich

nutzlich

nutzlich geübt, auch in Erlernung freyer Künste etlich Jahr zugebracht, und so viel proficirt, daß Ihro Fürstl. Gnaden nicht allein Officium Rectoris Magnificentissimi cum Laude versehen, sondern endlich auch auf gedachten Dero Hochgeehrten Fürstl. Eltern Anordnung in Anno 1600. von Tübingen, allda Ihro Fürstl. Gnaden sich auf die 6. Jahr aufgehalten, hinweg in die frembde Lande sich begeben, &c.

Ferners in der sechsten Predigt p. 362. sq. heißt es: Dannenhero Ihro Fürstl. Gnaden zu weitern Studiis und Fürstl. Ubungen in das Fürstl. Collegium allhero sich begeben und daselbsten nicht allein den Studiis alles Fleisses abgewart, sondern auch (welches billich an einer Fürstl. Persohn hoch zu rühmen) das heilig Wort GOttes brünstig geliebet, und für ihren liebsten Schatz gehalten. Dann hochgedachte Ihro Fürstl. Gnaden nicht allein die Predigten GOttes Worts eifferig besuchet, und die Theologos geliebet, um dieselbige gern gewesen, auch von Theologischen Sachen sehr gern Sprach gehalten, sondern auch die Heil. Schrifft alles Fleisses gelesen, die schönste Sprüch daraus zusammen getragen, und derselben etliche hundert auswendig gelernet, und ihre Christliche Ubungen, alle Tag aus denselbigen gehabt haben: Und also ihre Gottseeligkeit, gleich noch bey der blühenden Jugend, Ihr alles Fleisses, eifferiger weise, haben lassen angelegen seyn. Als auch nunmehr die Jahr herbey gerucket, in welchen Ihro Fürstl. Gnaden anderstwo etwas zu erfahren und zu ersehen, Gelegenheit zu suchen gehabt, sind selbige von Ihren Fürstl. Hochgeehrten Eltern in fremde Land zu reisen, verschicket worden, und damahlen den grössern Theil Italiä, wie auch Franckreich, wie auch Teutschland durchreiset: Und selbige Reisen also angelegt, daß sie dessen bey andern ausländischen hohen Potentaten grosse Ehr und Ruhm erlanget, und mit sich zu Hause gebracht haben.

Observatio X.

Wie es zu der Zeit Printz Ludwigs Friderichs im Collegio Illustri zugegangen, solches kan der Leser selbsten aus denen Actibus Consultatoriis und Oratoriis de Cura Religionis 9. Mart. 1607.

 und

und de Prærogativæ Certamine] quod est inter Milites & Literatos. 8. Sept. 1607. in der Mantissa Lansii p. 1. biß 121. ersehen, daraus er erkennen wird, wie damahlen dieser und die andere ausländische Printzen ihre Zeit so gar nicht auf Müßiggang, oder unnutzliches Wesen gewannt haben. In denen Leich-Predigten Conc. II. p. 96. sq. heißt es von ihme: Zu welchem Pflantzen und Begiessen GOtt auch sein gnädiges Gedeyhen gegeben, daß Ihro Hochfürstl. Gnaden An. 1601. den 19. Jun. nach Tübingen in das Fürstl. Collegium allda verschicket, in welchem selbige nicht allein gedachter allein seligmachenden Religion ferneren und noch satterern Grund geleget, sondern auch in nothwendigen Sprachen, nutzlichen Historien und andern einem Fürsten wohlanstehenden Ritterlichen Exercitiis getreulich und also unterrichtet worden, daß Selbige hernach Land und Leut mit Vernunfft und Verstand rühmlich und nutzlich zu regieren gewußt. conf. p. 38. Man lese zugleich Lansii Orationem de Utilitate & Jucunditate Historiarum habitam in Collegio d. 16. Jun. 1606. an die 9. damahlen anwesende Printzen, JOH. FRIDERICH, LUDW. FRIDERICH, JULIUS FRIDERICH, Hertzogen in Würtemberg. CHRISTIAN WILHELM, Ertz-Bischoff zu Magdeburg und Marggraf in Brandenburg. FRIDERICH ULRICH, Hertzog zu Braunschweig und Lüneburg. FRIDERICH, Marggraf zu Brandenburg. FRANCISCUS JULIUS, JULIUS HEINRICH, ERNST LUDWIG, Hertzoge in Sachsen. Mantissa p. 272. sqq.

Observatio XI.

Der Status Literarius des Collegii in den Zeiten, darinnen Printz FRID. ACHILLES, die ausländische Printzen, und auch Printz MAGNUS studiret haben, ist klärlich und mit Lust anzusehen, wann

man

man des Printzen ACHILLIS Consultationem de Principatu inter Provincias Europæ habitam in Illustri Collegio Anno 1613. Tub. 4. Typis Cellianis & Edit. IV. 8. 1635. sich vor Augen legt, und darinnen lieset: Auch Lansii Allocutionem Votivam ad Principes Wirtembergicos, in Mantissa pag. 336. seqq. darzu hält, so er bey Einführung Printz MAGNI gehalten.

Von welchem Printzen MAGNO man dieses in der Ersten Leich-Predigt pag. 20. lesen kan: Im Jahr 1610. sind Ihro Fürstl. Gnaden zu Continuirung ihrer Studien nach Tübingen in das Fürstl. Collegium geschickt worden, allda sie sich in allem also erwiesen, daß sie von den Professoribus, sonderlich Theologis und männiglich wegen Dero sonderbaren Frömmigkeit, Freundlichkeit und Demuth, hochgelobet, geehret und geliebet worden, &c. Besiehe auch Conc. II. pag. 48. und 49.

Observatio XII.

Erb-Printz EBERHARD übte sich gleichfalls fleißig in der Religion und höheren Studiis und besonders in denen Fürstl. Heroischen Exercitiis, darinnen er grosses Lob und Preiß behalten hat. Er wurde aber in dem 30jährigen Krieg gehindert. Conf. de Merlau Gloire de Wirtemberg. p. 14. da es heißt: Quant au Serenissime Eberhard, qui fut contraint d'abbandonner ce College, avant qu'il y eût fait les progrez qu'il desiroit, parceque Mars chassa les Muses de ce pays, nous en parlerons beaucoup plus commedement à la fin de ce discours. Ce sera en cet endroit là, que nous fairons voir par ses actions, que son genie étoit admirable, & que s'il n'eut pas le loisir de s'instruire aux sciences humaines, il eut assez de téms pour apprendre à connoitre. Que rien ne distingue mieux l'homme de l'homme que le sçavoir. Und hat er eine solche Gnade für das Collegium Illustre gehabt, daß er hernach

6. Printzen nach und nach darein einführen lassen, auch eine unveränderliche Gnade gegen der Universität, dem Predig-Amt und Gelehrten behalten hat, wie aus dessen Leich-Predigt fol. Conc. I. besonders p. 65. sqq. mag ersehen werden. Ins besondere zeuget davon Dr. Tobias Wagner, Cancellarius, in Cippo æternantis Memoriæ EBERHARDI III. Tubing. 1674. d. 3. Jun. p. 6. 7. adde Davidis Scheinemanni J. U. D. & Prof. Panegyricum funebr. EBERHARDO III. dictum. Tub. 1674. pag. 7. sq.

Observatio XIII.

Wie es nun bey Ihme, so viel die Kriegs-Zeiten es zugelassen haben, ist gehalten worden, obwohlen Er über seine Information geklaget hat, so ergienge es noch besser bey seinem

Erb-Printzen, Printz JOHANN FRIDERICH Ann. 1648. von dessen Auf- und Anführung im Collegio in seiner Leich-Predigt 1659. p. 50. sqq. folgendes gelesen wird: Daß er alle Tag Morgens und Abends entweder selbsten ein Capitel aus der Bibel mit lauter Stimme gelesen, oder umgewechselt von andern denen beywohnenden jungen Herren Grafen angehöret: Wie sie dann durch solche tägliche Ubung die gantze Heil. Schrifft oder Bibel, mehrmahlen durchgebracht, nach jedes Capitels Verlesung den Inhalt desselben recapituliret, und weitere Information von denen Informatoribus angenommen, auch bey zunehmenden Jahren nnd wachsendem Verstand öffters darüber eine und die andere Dubia, sowohl den vorgelesenen Text, als auch die Controversien und Streitigkeiten mit den Widersachern belangend, movirt, und deren Erörterung mit Lust angehöret: Darauf stehend ihr Gebet aus einem geistreichen und zu Erweckung der Andacht gerichtem Gebet-Buch verrichtet, und darbey einen Psalm aus dem schönen Psalter-Buch des Königlichen Propheten Davids (deren sie, neben Lutheri und Brentii Catechismo etlich und siebentzig-

same

samt noch vielen Haupt-Sprüchen der Heiligen Göttlichen Schrifft, alle Articuln der Christlichen Religion durch den gantzen Catechismum hindurch, wider alle irrige Gegen-Lehre bestättigend, in die Gedächtniß gefaßt,) auch ein ander kurtz gottseligs Gebet mit dem lieben Vatter Unser und dem gewohnlichen Segen gesprochen. An Sonn- und Feyertägen, auch den wochentlichen Bet-Tägen haben Ihro Fürstl. Gnaden die Predigten Göttlichen Worts fleißig besucht, und jedesmahl hernach in angestelltem Examine, was sie nutzliches daraus behalten, angezeigt, und deren fernere Wiederhohlung und Erklärung angehört. Auch Sonntags vor der Morgen-Predigt einen kurtzen Innhalt des Evangelii vernommen, nach derselben aber andere vorgelesene Lehr und Trostreiche, auch eifferige Straff- und Warnungs-Predigten angehöret; nichtweniger eines vornehmen Theologi gründliche Widerlegung der meisten Papistischen Irrthumben, welche zum andern mal mit Lesen und Auslegen zu End gebracht worden. Vor den Abend-Predigten haben sie wiederum eine Stund, wie auch eine Zeit nach denselben, mit dergleichen Exercitiis Pietatis hingebracht, und sonderlich an die hohe Fest-Zeiten mit singen, deren darzu accommodirter geistlicher andächtiger Lieder und Gesäng samt andern sich zu üben gepflogen. Aus welcher stet-währender Ubung der Gottseeligkeit sie in ihrer Jugend und zarten Jahren gelernet, an GOtt ihren Schöpffer, Erlöser und Heiligmacher zu gedencken, und seines ernstlichen Willens und ihrer Christlichen Schuldigkeit sich zu erinnern; Haben auch des Jahrs zu zerschiedenen mahlen mit der glaubigen Gemein GOttes offentliche Gedächtniß der hohen Wohlthaten Christi JEsu ihres Heylandes und Seligmachers gehalten, durch Empfahung des Hochwürdigen Sacraments des Abendmahls, darzu sie sich mit Beten und Lesen andächtiglich bereitet, auch die Erinnerungen und Andungen ihrer begangenen Fehler . . . gutwillig angenommen, und dieselbe nach Möglichkeit zu verbessern sich bußfertig erkläret. . . . Ferners: Ihre zur Information Vorgesetzte und Præceptores haben sie gebührlich veneriret, und sich gehorsam gegen dieselben bewiesen. In Conversatione gegen Hohe höflich, gegen Geringe freundlich und demüthig sich erzeiget. Hoffärtige und Fuchsschwänzerger, ob sies gleich angehört, im Hertzen gehasset, und ein Abscheuen vor denen gehabt, auch hierinnen ein gut Judicium die Leut zu penetriren, und was Gemüth einer oder der andere seye, zeitlich zu mercken, an sich verspühren lassen. In Studien haben sie ihnen vornemlich so wohl die allgemeine Historiam der 4. Haupt-Monarchien als den absonderlichen Zustand des Heiligen Römischen Reichs bekannt gemacht; genugsame Fundamenta in Arithmeticis, Geographicis und Doctrina Sphaerica gehabt, daß wohl was weiters und nutzliches ins künfftig wäre darauff zu bauen gewesen, und auch in Arte regendi, wie Land und Leut vernünfftig und weißlich zu regieren sich geübet. Zumahlen in denen Ihrem Hohen Stand geziemenden Exercitien sich dermassen perfectionirt, daß nicht leichtlich einige Persohn ihrer Condition Dero etwas würde bevor gethan haben. Wie sie dann auch deßwegen auf Dero Reiß ausser Lands, sonderbaren Ruhm und grosses Lob erhalten, rc. Es ware auch dieser Printz Rector Magnificentissimus. An. 1652. Und klinget ja dieses Fürstl. Lob noch jetzo wohl! Conf. Joh. Conradi Varenbüleri, ab Hemmingen Orationem de Natalium Origine die Nominali JOH. FRIDERICI &c. habitam in Illustri Collegio 1655. fol.

Observatio XIV.

Was die Printzen WILHELM LUDWIG und FRIDERICH CARL für einen Staat gehabt, und wie sie die Zeit von 1666. biß gegen 1669. in dem Collegio zugebracht haben, solches ist aus beederseitigen Personalien zu ersehen. So heißt es in Hertzogs WILHELM LUDWIGS Personalien Anno 1677. pag. 80. seq. Ihre Studien haben ihro Durchl. dero Fürstl. Stand gemäß, eine Zeit lang, unter Fürstl. Elterlicher Aufsicht, bey deroselben Hofhaltung allhie zu Stuttgardt dergestaltet gegründet, daß dieselbe zu Ende des Hornungs 1666. nach Ablegung ihres 19ten. Jahr Alters, in Begleitung des gantzen Hof-Staats, von hinnen abgeraiset, und nachgehends zu Tübingen auf der Fürstl. Würtembergischen

hohen

hohen Schul, in Collegio Illustri sich eingefunden, darein selbe nun einen grossen Zusatz in anständigen Wissenschafften zu erlangen, auf dem 11ten Tag Mertzens, mittelst Erneuerung der alten Gesetze, Ordnung und Freyheiten, solcher hohen Ritter-Schul, als Præses und Vorsteher (dann das Præsidium bliebe bey den Würtembergischen Printzen) aller und jeder dort versammleten Printzen, in Gegenwart dero Durchlauchtigsten Herrn Vatters, und vieler anderer Hochfürstl. Persohnen (nebst dero Herrn Bruders Hertzog Friderich Carls, zu Würtemberg Durchleucht) offentlich und frolockend eingeleitet worden. Allwo dieselbe dann solch ihre Studia biß ins vierte Jahr, mit erfreulichen Wachsthum, emsig fortgesetzet, auch darneben, bey solcher wohlgeordneten Hof-Schul, dem unvergleichlichen Kleinod ihres Fürstenhauses, ja des gantzen teutschen Reichs, die Ritterliche Leibs-Ubungen vollständig ergriffen, und mit vielmals erhaltenem Preiß getrieben haben. Die gemeine hohe Schul allda ist selbiger Zeit, von ihro mit dieser Ehr gewürdiget worden, daß Ihro Durchleucht sich zu löblicher Folge Ihrer Fürstl. Vorfahren, mit übernehmung des Academischen Rectorats freudig und gern sich beladen lassen. Und hierdurch, wie auch durch mannigfaltige Besuchungen der hohen Schul Actuum Solennium, gegen guten rühmlichen Wissenschafften so wohl als denen, welche sie samt und sonders lehren und lernen, eine gantz gnädige Neigung, schon in ihrem höchst vermeldtem Printzen-Stand, so dann hernach jederzeit getragen und behalten, u. s. f. an. Conf. M. Joh. Cunradi Hœslini Tubingam in Flore vernante sub Sceptro Academico Serenis. Ducis WILHELMI LUDOVICI, Anno 1667. d. 9. Maj. Rectoris renunciati Edit. II. 1682. pag. 3. 4. sqq. adde Dr. Tobiæ Wagneri Orationem Funebrem s. Memoriam Ducis WILHELMI LUDOVICI. Tub. 1678. d. 6. Mart. pag. 11. sqq. adde J. C. Crameri Orationem Gratulatoriam sub Titulo: Illustris Collegii Gratulatorium Officium coram Duce EBERHARDO III. super felicissimo

Reditu

Reditu Principum WILHELMI LUDOVICI & FRIDERICI CAROLI. Tub. 1672. 23. April.

In Hertzogs Friderichs Carls Personalien aber heißt es Anno 1698. pag. 58. also: Daß selbiger zu gleichmassiger Inspection und Unterrichtung mit ihrem Herrn Bruder, Hertzog Wilhelm Ludwig seyen anvertrauet und also 1666. den 11 Martii sey mit sonderbahrer Solennitæt in das Fürstl. Collegium nach Tübingen gethan und von ihme in der Gesellschafft nicht getrennet worden. Sondern: wie die Worte fortlauten: Auch Herrn Hertzog Friderich Carls Durchl. allda hingelanget, und denen Studiis und Exercitiis, unter getreuer Aufsicht des seel. Herrn EBERHARDS von Stockheim, Ihro Hochfürstl. Durchl. gewesenen Ober-Raths Præsidenten, so eifferig obgelegen, daß sie keinem ihres Standes und Alters nichts nachgegeben, vielmehr aber immer den Vorzug zu haben sich rühmlich bestrebet. Nach allda verbrachten etlichen Jahren, und zwar Anno 1669. in dem Eintritt Julii, haben Ihro Hochfürstl. Durchl. sorgfältigster Herr Vatter diese ihre beede liebste Printzen unter dem Geleit GOttes und höchst vernünfftiger Conduite und Vorsorge, Weiland Herrn Barthols von Bulau ꝛc. in fremde Land verschicket u. s. f. an.

Observatio XV.

Wie fleissig auch die folgende Printzen CAROLUS MAXIMILIANUS, GEORGIUS FRIDERICUS, und LUDOVICUS von 1672. biß 1678. samt andern sich in Collegio bezeuget haben, solches ist aus offentlichen Zeugnissen des Jubilæi Academici secundi Tubingensis zu ersehen. Der Leser ersehe selbsten das mehrere in der Eberhardina altero Jubilæo Felice. Tub. fol. 1677. besonders pag. 10. sqq. und aus Dr. Johannis Ulrici Pregizeri Eberhardina Magnis Imperiis & Civibus Illustri Tub. 1675. besonders p. 29. sqq. welches Scriptum völlig hieher gehöret. Conf. Dr. Joh. Andreæ From-

Frommanni Carmen Gratulatorium Ternioni Magnificentissimo oblatum Anno 1675. und LEOPOLDI FRIDERICI L. B. de Rechenberg Memoriam Natalitiam Würtembergicorum &c. 1675. adde Orationem Genethliacam EBERHARDI LUDOVICI &c. habitam in Illustri Collegio 1676. Orat. Funebr. GEORGII FRIDERICI, habitam à Christophoro Caldenbachio Tub. 1686. 3. Maj.

Observatio XVI.

Von dem Printzen JOHANN FRIDERICH melden wir folgendes aus seiner Leich Predig Ann. 1693. pag. 43. diese Worte: Wie er dann schon in dem zehenden Jahr des Alters Lectionem Cornelii Nepotis, mit verwunderlicher Behaltung aller darinn enthaltenen schönen Sententiarum absolvirt, und noch in Kirchheim mit dem Stylo Latinitatis es so weit gebracht, daß nach dem hierauf Ihro Durchl. Anno 1680. nebenst dero Herrn Vettern, dem Durchlauchtigsten Printzen von Mömpelgardt, Herrn LEOPOLD EBERHARD in das Fürstl. Collegium nacher Tübingen in schönem Gefolg introducirt worden, sie schon nach gehaltener Introductoria von dem damahligen Professore Illustris Collegii gleichmässig eine Oratiunculam, so in einer Gratiarum Actione gegen Ihro Durchl. der Frau Mutter, als auch Herrn Administratoris Durchl. so dann in Recommendatione Senatui Academico bestanden, mit sonderbarer Zierlichkeit auch unerschrockenem Muth nicht ohne herzinnigliches Vergnügen der Universitæt abzulegen capable gewesen. Es haben auch Ihro Durchl. nach solch besagter Einführung auf die hohe Schul unter der Aufsicht des damahligen Ober-Hofmeisters Illustris Collegii und Ober-Vogts zu gedachten Tübingen auch Herrenberg und Sultz Herrn Johann Eberhard Vahrenbühlers von und zu Hemingen, wie auch Hofmeisters Herrn Senfften von Suhlburg, nicht weniger Information obgedachten Paul Diezen, dero Studia noch immer höchst rühmlich fortgesetzt, und zu Lesung

sung unterschiedlicher alter und neuer Authorum so wohl in Historicis, als Logicis, Ethicis und Politicis, des Curtii, Pufendorfii, Læti, Funccii, Bartholini und vieler anderer angeführet worden, sonderlich aber haben dieselbe nach dem löblichen Exempel Ihro Durchl. Hertzogs Georg Friderichs, nunmehro auch höchst seeligsten Herrn Bruders, die Politicam Lipsii sich dergestalten belieben lassen, daß sie dieselbe, indem bey ihnen eine verwunderliche Gedächtniß fast von Wort zu Wort auswendig, und zwar mit guter Dijudicatur deren Contentorum herzusagen gewust. Auch sonsten in ihren übrigen Studiis, vornemlich derjenigen, so dermahlen eins zu Militarischen Expeditionibus nöthig, als Geographie, Mathematic, Fortifications-Wissenschafft und Ingenieur auch der hierzu erforderten Reiß-Kunst, nicht weniger denen Ritterlichen und Kriegs Exercitiis, als fechten, reuten und dergleichen, worzu sie sonderbahre Inclination getragen rc. auch eine sonderbare Fertigkeit und Fleiß darbey erwiesen, daß die hierunter gebrauchte Exercitien Meister nach selbst eigener Bekanntniß, jederzeit gantz freudig an die Arbeit gegangen, sich dergestalten perfectioniret, und dieselbe die gantze Zeit ihrer Anwesenheit in dem Collegio Illustri ohnermüdet fortgesetzt, auch in der Frantzösischen Sprach so viele Profectus gemacht, daß sie schon damahlen, ehe sie einmahl in Franckreich kommen, so wohl im Reden als Schreiben sich zimlich zu expliciren gewußt: In summa hohen und niedern in dem Vatterland zu einem recht tapffern und qualificirten Herrn eine getroste Hoffnung gemachet. Welche hochrühmliche Anführung auch Senatum Universitatis Tubingensis dahin bewogen, daß selbiger nicht allein dem seligen Printzen Rectoratum Magnificentissimum mit unterthänigster Bitt aufgetragen, noch darzu das Sceptrum Academicum über eine gantze Jahrs-frist, welches sonst was ohngewohntes, in denen Fürstlichen Händen gelassen. Wovor auch Ihro Durchl. nachgehends in dero Oratione Abdicatoria, (so de Nævis in Educatione Principum plerumque obvenientibus gehandelt) sich gegen besagten Patribus Academicis höfflich bedancket, und also hiemit das letzte Specimen dero Studiorum Illustrium in einer grossen Frequenz, mit einer ungemeinen Parthesie, auch Applausu totius Auditorii, wie alle diejenige, so diesem Actui mit beygewohnet, aufrichtig attestiren werden, abgelegt haben u. s. f. an. Conf. Dr. Joh. Ulrici Pregizeri Panegyricum Supremo Honori & Memoriæ Ducis FRIDERICI dictum. Tub. 1682.

Von dem damahligen Printzen CARL RUDOLPH, welcher 1742. den 17. Nov. als Regierender Hertzog zu Neustatt gestorben ist, heißt es in seinen geschriebenen Personalien also: Hiernächst liessen sich die Hochfürstl. Eltern fernerweit höchst angelegen seyn, vor die Christ-Fürstl. Education und Aufferziehung dieses ihres allerliebsten Printzen, die nur immer möglichst erforderliche Sorge zu tragen; Inmassen dann auch Derselbe unter der vortrefflichen Anführung und Unterrichtung derer ihme zugegebenen Informatorum und Hofmeisters nicht nur einen guten Grund in der wahren Religion und Christenthum unter GOttes Segen geleget, sondern auch in den nöthigen und einem Fürsten wohlanständigen Sitten und Wissenschafften solche schöne Fundamenta gefasset, auch mit so glücklichem Successe fortgeführet worden, daß sie sich im Stande sahen in dem 15den ihres blühenden Alters, in das Fürstl. Collegium zu Tübingen abgeschickt zu werden.

Wie sie nun daselbst in dem Anfang des Monaths Julii 1682. würcklich anlangeten, und vor eine hohe Vergnügung achteten, zugleich den Umgang zweyer Würtembergischer Printzen, auch vieler Grafen und Edelleute zu geniessen; Also saumten sie nicht sich auf die Erlernung der Lateinischen und andern frembden Sprachen, alt und neuer Historie, Politisch und Mathematischen Wissenschafften mit aller Application zulegen, sondern auch in allerley Fürstl. und Ritterlichen Exercitien, worzu sie eine sonderbahre Lust bezeugten, zu üben.

Als sie nun das folgende Jahr hierauf die Academie zu Straßburg besuchten, und die schönste Gelegenheit fanden, die bereits angefangene galante Studien und Ritter-Exercitien mit gutem Nutzen fortzusetzen: So ereignete sich so bald die angenehme Occasion, eine kleine Excursion zu machen, und der Belagerung Luxemburg als Volunteur in der Frantzösischen Armee beyzuwohnen, auch nach deren Eroberung von dem berühmten Frantzöschen Ingenier Vauban zu besichtigung der dasigen Fortifications-Wercker angeführet zu werden. Bald hierauf traten sie An. 1684. mit dem ihnen zugegebenen Hofmeister die grosse Reise nach Franckreich rc.

Observatio XVII.

Wie es endlich bey den 3. Brüdern Printzen HEINRICH FRIDERICH, MAXIMILIAN EMMANUEL und FRIDERICH LUDWIG in Collegio nach dem Academischen Wesen zugegangen, können wir allein aus Printz MAXIMILIANS Leich-Predig darstellen, dann da heißt es in denen Personalien pag 20. Daß sie unter der Obsicht des ersten Herrn Hofmeisters, Baron von Forstner &c. und Information der 2. Informatorum M. Zorers und M. Frischeus in das Fürstl. Collegium seyen gebracht worden, und nach dem Willen der Hochfürstl. Eltern in dem Christenthum einen festen und seligen Grund gelegt, und also zugenommen haben, daß sie in dem Examine unter Herrn Dr. Kellern eine genugsame Probe dero wohlgefaßten Christenthums ablegten, und 1698. des Genusses des Heil. Sacraments würdig geachtet wurden. Neben diesem heißt es ferners, trachtete man dieselbe zu Erlernung der Sprachen anzuführen, zu deren Ergreiffung sie sich sehr fähig, obwohlen nicht zu allen gleich geneigt bezeugten. Wie sie dann in der Frantzösischen ungleich mehr profitirten, und selbige bey Zeiten fertig redeten: Jedoch haben sie auch in der Lateinischen, deren Manier zu lehren ihnen etwas gezwungen schiene, so viel gefaßt, daß sie hernach in Pohlen mit denen Magnaten in dieser Sprach sich gantze Stunden lang besprochen, und in solchen Dingen, die auch einem sonst perfecten Lateiner, sogleich zu exprimiren schwer fallen würden, seinen Sinn und Meynung verständlich an Tag geben konnte. In der Mathematique haben dieselbe, was die Architecturam Militarem betrifft, es so weit gebracht, daß sie nicht allein mit eigener Hand einen zimmlichen Riß machen, sondern auch von jeder Fortresse, deren Manier, Vortheil und Schwäche

ein

ein geschicktes Urtheil fällen konnten. Durch dero fertige Reit- und Jagd-Kunst erworben sie sich auch bey Ihro Königl. Majestät in Schweden in denen ersteren Tagen einen gnädigen Beyfall, und mithin die Gelegenheit sich einige mahlen hierinnen mit denenselben zu üben. u. s. f. an. Man besehe auch Herr Prof. J. E. Rösleri Orationem Parentalem Pr. MAXIMIL. EMANVELIS pag. 26. sq. wie auch seine Reisen und Campagnen. &c. welche der selige Herr Probst Bardili zu Herbrechtingen, sein gewesener Secretarius Stuttg. 1730. herauß gegeben, p. 19 und Mſ. F. P. Memoires de Maximilian Emanuel. Amsterd. 1740. p. 3. sq. welches Buch bey nahe nur eine Ubersetzung des vorigen Ttactats ist.

So ware auch Printz HEINRICH FRIDERICH Anno 1700. Rector Magnificentissimus: Auch kan bey uns von Printz Friderich Ludwig, sein gewesener Reiß-Prediger, Herr Georg Cunrad Pregizer, Prælat zu Murrhard das Zeugniß noch jetzo ablegen.

Observatio XVIII.

Erb-Printz Friderich Ludwig excolirte auch zwischen seinen Reissen aus Genev und Turin, nach Holland 2c. 1712 eine Zeit lang seine Studia und Exercitia in diesem Collegio unter der Direction seines Herrn Ober-Hofmeisters Herrn Peters von Forstner, und Information jetzigen Herrn Cancellarii Dr. Pfaffen, hielte auch eine Disputation, darinnen er Respondens ware gegen die von Adel als Opponentes.

Gleicher Fleiß wurde auch von Ihro Durchl. Printz Carl Christian Erdmann, von Oels 2c. angewendet, so daß er 1732. Rectoratum Magnificentissimum auf sich nahme. Was die Religion anbelangt, fasste er einen guten Grund, und wurde von Dr. Christian Hagmajern, damahligen Specialen und Stadt-Pfarrern zum Genuß des heiligen Abendmahls unterrichtet; Sein Fürstliches Gedächtniß wird die Universitæt Tübingen jederzeit unterthänig veneriren. Solten nun nicht alle diese Fürstliche Persohnen noch jetzo nach ihrem Tod, ein löbliches Exempel allen Studiosis auf Universitæten, besonders in Tübingen geben, in ihre Fußstapffen einzutretten? Ruffen sie nicht noch jetzo allen hohen und niedern zu: Gehet hin / und thuet deßgleichen im GOttes-Dienst / im studiren / in Anwendung der edlen Zeit!

Weilen aber nicht alle hohe Printzen so hier studireten, in dem Collegio Illustri gelebet haben, sondern auch vorhero und nachgehends, da dieses angeordnet worden, auf der Universitæt Tübingen gewesen sind: So wird es dem Leser nicht mißfallen, wann aus Tubinga altero Jubilæo felici pag. 26. sq. die Namen in einer Serie vor Augen setze, von den Fürstlichen Persohnen/ so auf der Universitæt gewesen sind.

Nach der Reformation.

Nicolaus Christoph. Princeps Ratzivilius. An. 1564.
Fridericus, Dux Würtmebergiæ, - - 1571.
Georgius Gustavus, Comes Palatinus Rheni. 1578.
Cunradus, è Palatinorum Tubing. Familia. 1582.
Joh. Fridericus, Dux Würtembergiæ. - 1594.
Augustus, Dux Brunsuicensis. - - 1595.
Augustus, Comes Palatinus Rheni. - 1599.
Philippus, Hæredit. Norwegiæ, Dux Slesvici-Holsatiæ. - - 1599.

Alber-

Albertus, Hæreditarius Norwegiæ, Dux Slesvici, Holſatiæ. - - 1599.
Julius Fridericus, Dux Wirtemberg. 1599.
Georgius Johannes, Comes Palat. Rheni. 1600.
Joh. Ludov. Fridericus, Dux Wirtemberg. 1600.
Franciſcus Julius, Dux Saxon. Angar. & Weſtphal. - - - 1602.
Julius Henricus, Dux Sax. Ang. & Weſtphal. 1602.
Erneſtus Ludov. Dux Sax. Ang. & Weſtphal. 1692.
Chriſtianus Wilhelmus, Marchio Brandenb. Archi-Epiſcopus Magdeburgenſis. - - 1604.
Fridericus, Marchio Brandenburgicus. 1604.
Fridericus Ulricus, Dux Brunſuic. & Luneb. 1606.
Fridericus, Marchio-Badenſis. - 1606.
Ulricus, Dux Stetinenſ. & Pomer. - 1607.
Fridericus Achilles, Dux Wirtemberg. 1607.
Joachimus Sigismundus, Dux Saxon. Ang. & Weſtphal. - - 1707. - 1613.
Franciſcus Carolus, Dux Saxon. Ang. & Weſtphal. - - 1607. - 1613.
Rudolphus Maximilianus, Dux Saxon. Ang. & Weſtphal. - - 1607. - 1613.
Magnus, Dux Wirtembergiæ. - 1610.
Johannes Georgius, Dux Slesvici & Holſatiæ. 1610.

† Tub. 1613. Conf. Orat. Funebr. Lanſii Mantiſſ. p. 389. ſqq. & II. Chriſtliche Leich-Predigten gehalten, I. Den 11. Febr. 1613. von Dr. Joh. Georg. Sigwardten, S. Th. D. ac Profeſſ. atque Eccleſiæ Paſtore in der Stadt-Kirche. II. Den 12. Febr. auf dem Schloß von Dr. Matthias Hafenräffern, S. Th. D. & Profeſſ. Ord. gedruckt bey Joh. Alex. Cellio. 1613.

Joachimus Ernestus, Dux Slesvici & Holsatiæ, - - - - 1610. - 1613.
Wenceslaus, Dux Munsterbergiæ. - 1611.
Rudolphus, Episc. Halberstad. Dux Brunsuic. 1616.
† Vid. Orat. Funebr. Lansii Mantiss. p. 452. sqq. & Epitaphium.
Johannes Wilhelmus, Dux Saxoniæ. - 1616.
Fridericus Wilhelmus, Dux Saxoniæ. - 1616.
Franciscus Henricus, Dux. Saxon. Ang. & Westphal. - - - 1620.
Eberhardus, Dux Wirtembergiæ. - 1627.
Georgius Otto, Palatinus Rheni, Dux Bavariæ, Comes Veldentianus. † 1635. Vid. Epitaphium.
Johannes Fridericus, Dux Wirtemb. 1648.
Johannes Adolphus, Dux Slesvici & Holsat. 1649.
Wilhelmus Ludovicus, Dux Wirtemberg. 1666.
Fridericus Carolus, Dux Wirtemberg. 1666.
Albertus, Dux Saxoniæ. - 1667.
Bernhardus, Dux Saxoniæ. - - 1667.
Ferdinandus Carolus, Dux Wirtemb. } Oelsenses.
Sylvius Fridericus, Dux Wirtemberg. } Anno
Christianus Ulricus, Dux Wirtemb. } 1667.
Carolus Ludovicus, Dux Slesvici & Holsatiæ. 1676.
Carolus Maximilianus, Dux Wirtemb. 1672.
Georgius Fridericus, Dux Wirtembergiæ. 1672.
Ludovicus, Dux Wirtembergiæ. 1672. - 1678.
Johannes Fridericus, Dux Wirtemb. 1680. - 1684.
Leopold Eberhard, Dux Wirtemb. Montisp. 1680.
Carl Rudolph, Dux Wirtemb. Neustad. 1682.
Carolus Alexander, Dux Wirtembergiæ. - 1695.
Henricus Fridericus, Dux Wirtembergiæ. - 1698.
Maximilianus Emanuel, Dux Wirtemb. 1698.
Ludovicus Fridericus, Dux Wirtembergiæ. 1698.

Fride-

Fridericus Ludovicus, Dux Wirtemb. 1712.
Carl Christian Erdmann, Dux Wirtemberg. Oelß. - - - - - 1729. sqq.

Von denen Grafen, deren viele auf dieser Universitæt innerhalb und ausserhalb des Collegii studiret haben, kommt folgendes in der Oratione Dr. Joh. Andr. Frommanni, J. U. D. in Jubil. II. p. 28. vor: Quid vero de fulgidis è Comitum Imperii Ordinis Stellis, quæ subinde hîc emicuere, referam? Venia mihi opus foret, si familias tantum tales Illustres & strictim notare saltem, nedum si singulos ex iis, qui hîc Tubinga ad publicum Imperii bonum & familiarum decora, in studiis educati, recensere auderem. Veniam tamen dabitis, Auditores, illustri argumento occupato, si tot illustribus rerum momentis continendis impar lingua solennitati instanti moram aliquam injicit, enarrando saltem è plurimis familiam Nassovicam, Hohenloicam, Leiningensem, Erpacensem, Hanovicam, Mansfeldensem, Schwarzenburgicam, Solmensem, Castellanam, Oetingensem, Waldeccensem, Kirchbergensem, Limburgensem, Montfortensem, Rochspoletanam, Frisicam, Rheni Comitum, Griechingensem, Löwensteinensem, Rhutenicam. Loquantur de cæteris annales fastique Tubingenses; Exteri enumerent suos hîc formatos Königsmarckios, Wrangelios, Wittebergios, Ranzovios, Löwenhauptios, alios. Ipsa hæc Illustrissimorum Comitum Subsellia, me tacente ex Ortenburgica, & Promniziana, familiis, spes ac decora suorum in præsens ostentant. &c.

Nach dieser Zeit biß jetzo, sind nur annoch folgende Grafen, welche hier studirt haben, bekannt worden:

An. 1678. den 5. Jun. Ludwig Crato, Comes in Nassau Saarbrück & Saarwerden.

An. 1680. Julius Gottlieb, Comes de Sunnegk, Silesius.

An. 1703. die beede Schwedische Grafen, Gustavus & Nicolaus de Bonde &c. Von welchen Graf Gustavus unter Direction des jetzigen Senioris der Universitæt Herrn Joh. C. Creulingii, Mathem. & Physic. Prof. P. O. eine Disputationem Publicam de Statera Universali s. Lege Isodynamica &c. in Collegio Illustri rühmlich defendiret hat.

An. 1704. Josephus, Eucharius, Johannes, Ignatius Schenck, Comes à Castell, Francus.

An. 1705. 2. Dec. Josephus Gregorius, Comes de Sidenitsch.

An. 1716. 18. Apr. Victor Sigismundus und Fridericus Wilhelmus, Comm. de Græveniz. Fratres.

\- 3. Sept. Claude, Comes de Stromberg.

An. 1718. biß 1721. der Schwedische Graf Carl Friderich von Piper.

An. 1730. N. Comes Ortenburgicus.

\- - 21. April, Georg Togh de Wilster, des Schwedisch und Rußischen Admirals Sohn.

An. 1732. 21. April. die beede Rußische Printzen, Gebrüder de Nariskin, Simon und Petrus, unter dem Namen de Bisukien, Gentils Hommes de Russie.

Von

Von Baronen und Nobilibus ware jederzeit eine frequenz zugegen. Deren Nahmen aber hier in Ordnung zu erzehlen, nicht zu unserem Vorhaben gehöret.

In diesem Fürstl. Collegio ist dermahlen

Ober-Hofmeister.

Herr ANDREAS HEINRICH, Reichs-Freyherr von Schütz, Hochfürstl. Würtemb. Geheimder Rath, und Hofgerichts-Præsident, rel.

Ratione der Studiorum sind zu bemercken gegenwärtige Herrn Professores:

Herr GüNTHER ALBRECHT RENZ, Bönigheimensis, J. U. L. & Prof. Ord. auch Assessor Collegii Illustris: zugleich würcklicher Regierungs-Rath in Stuttgardt, und Hofgerichts-Assessor.

Herr LUDW. CUNRAD SMALCALDER, Giessensis, J. U. Lic. und Prof. Ord. Colleg. Illustr. Würtemb. Rath und Secretarius Universitatis.

Herr GODOFREDUS DANIEL HOFFMANN, Tubingensis, J. U. L. & Pr. Ord. Illustr. Colleg.

Die Linguas Occidentales dociren:

Professor, Herr FRANCISCUS de GREGORIIS, Mediolanensis, Italicam.

Professor, Herr ALEX. GOTTLIEB la MOTTE, Gallicam.

Ratione der Ritterlichen Exercitien, und zwar auf der Fürstl. Reut-Bahn ist gegenwärtig Stall-Meister:

Herr JOHANN LIBORIUS WIPPERMANN, Hoch-Fürstl. Würtembergischer Ersterer Stall-Meister in Tübingen.

So sind auch der Fürstl. Fechtmeister, Tantzmeister, Ballmeister und andere Exercitien-Meister wohl bestellt, daß denen Nobilibus und Studiosis, nicht das geringste abgehen kan, wann nur viele Lehrbegierige ankommen werden.

Das eilffte Capitel.

Von dem Augustiner-Closter, und dem Fürstlichen Theologischen Stipendio, welches an seiner Statt angeordnet worden ist.

DAs andere Manns Closter ware das bekañte Augustiner Closter.

Observatio I.

Dieses machet uns wegen Erkundigung seines Ursprungs eben die zum Theil vergebliche Mühe, in Mangel ordentlicher Urkunden, als es das Franciscaner Closter gemacht hatte: wir wollen aber dem geneigten Leser für Augen legen, in Connexion, was wir richtig zu seyn untersucht haben. Und zwar muß Crusius, als der allgemeine Schwäbische Annalist, uns anfangs die nächste Anleitung geben. Wann wir nun den ersten Anfang untersuchen, so ist die Relation so gleich wenigsten über 100. Jahr ungleich, welche uns doch in unserer Meynung nicht verworren und confus macht. Es ist nemlich bekannt, daß damahlen die Andacht der edlen Persohnen sich nach ihren Beicht-Vättern gerichtet hatte; und die Franciscaner dem Mann, und die Augustiner der Frauen, oder vice versa die Augustiner dem Mann, die Franciscaner der Frauen oder

übrigen

übrigen Freundschafft und Famille, die Wercke der Gottseeligkeit, um die Wercke der Boßheit zu verschlingen, das Closter und Kirchen-bauen, als einen Weg zur Seeligkeit angewiesen haben. Darauf dann unterschiedliche Gelübde entstanden sind, welches auch in Tübingen geschehen ist. Nun wäre dieser Rath zu erst auf das Closter ad Regulam Augustini gericht gewesen, und wie Dr. Andreas Adamus Hochstetter in seinem schon gemeldetem programmate auf ein Autentisches Privilegium so Anno 1262. denen Mönchen von der Stadt Tübingen gegeben, und mit dem Sigill des Grafen von Zollern bekräfftiget worden ist, sich berusset, so hätte das Augustiner Closter 1262. den ersten Anfang einer Stifftung gehabt, welche Umstände in die Zeit des Pfaltz-Grafen Hugonis V. von Tübingen einfallen, wiewohlen andere auch den RUDOLPHUM, so das Franciscaner Closter gestifftet habe, zum Stiffter angeben. Es ist aber kein sicheres Documentum ausser obigem zu finden, doch aber wann der Pabst Alexander IV. diese Stifftung solle gebilliget haben, so ist diese Jahrzahl zimlich richtig, nur daß ehender 1260. oder 1261. mußte gesetzet werden, weilen dieser Pabst zu Ende 1261. solle gestorben seyn. Crusius P. III. L, II. c. 15. p. 811. ed. lat. p. 104. schreibt also: An einem gewissen Ort habe ich gefunden, man habe in diesem (1262.) Jahr zu Tübingen das Augustiner Closter (wo heut zu Tag das Fürstliche Stipendium für studirende ist) zu bauen angefangen. Nun läugne ich zwar nicht, daß ich bey einem andern Scribenten angetroffen, es seye der Anfang darmit lange Zeit hernach nemlich erst ums Jahr 1464. gemacht worden; doch möchte gegenwärtige Geschicht etwan von einem Theil darvon gemeint, und zu verstehen seyn. Und diese

Erzeh-

Erzehlung und Meynung nimmt Christoph Besoldus in Documentis Redivivis Monaster. Würtemb. Virginum Sacrarum Tub. 1637. pag. 561. an. Es meldet aber Crusius P. III. L. VII. c. 14. p. 79. ed. lat. p. 415. ferners: Bey uns zu Tübingen stehen im Creutz-gang des Augustiner Closter, wo jetzo das Hochfürstl. Stipendium ist, in der Mauren diese Worte eingehauen: Im Jahr des Herrn 1464. (aber diese Zahl habe ich nicht finden können) hat man dieses Closter anfangen zu bauen. Es muß demnach vorher entweder eben daselbst, oder anderwärts in der Stadt, nur ein Hauß und noch kein Closter gewesen seyn, in welchem die Augustiner Mönche gewohnt haben. Dann daß auch schon längst vorher Augustiner-Mönche hier gewesen, ist gewiß, gleich wie auch schon oben, an einem Ort ihrer in einer gewissen Schrifft gedacht worden. Und eben diese Schrifft beweiset, daß der Anfang des Closters gar wohl auf erste Zeit kan gesetzt bleiben. Crus. P. III. L. VI. c. 11. p. 26. ed. lat. p. 342. führt ferners von A. 1416. folgendes an: Ich Bruder Niclaus, Prior zu diesen Zeiten zu Tübingen, und wir der Convent gemeiniglich S. Augustiner Ordens thünt kundt allermänniglich mit diesem Brieff: daß uns die Ehrwürdige Frau Anna Notthäfftin, uns und allen unsern Nachkommen, unserem vorgenanten Closter lauterlich durch GOtt, und ihr und der ihren Söhnen Heyls willen, geordnet und gemacht hat, 4. Schilling und 1. Pfund heller, aus einem Hauß und Hofraiten, gelegen in der Stadt zu Tübingen genannt, der Schwiebenzin Hauß, bey der Bürger Brunnen 2c. dieses geschah, daß Vigilien und Messen zum Heyl der Seelen, ihres Ehe-Herrns, Johann Herters, und ihrer Kinder, Jungfer Anna Herterin, und Georg Herters 2c. solten gehalten werden. Datum am Palm Sonntag 1416. Jetzo ist das Augustiner Closter in das Hochfürstl. Stipendium verwandelt. Was aber von 1464. gemeldet wird, hat auch zum Theil einen Grund, daß das Closter aufs neue zu bauen angefangen worden, wie auch in des Herrn Pregizers kurtzen Historischen

storischen Ephemeridibus des Hauses Würtemberg, Ulm. 1706 in Oct. p. 10. gemeldet worden. Und hat der Prior Domus Fratrum Heremitarum Ordinis S. Augustini in Tüwingen Udalericus Pfæwlin de Gamundia bey Anfang der Universitæt 1477. inscribirt, conf. Cruf. P. III. L. VII. c. 13. pag. 108. ed. lat. p. 451.

Observatio II.

Allein eine mehrere Restauration und Erbauung fält nach Petri in Suevia Sacra p. 794. in das Jahr 1490. biß 1494. und ware damahlen 1490. der erste Pater Prior, P. Johannes Scabis. Anno 1501. aber ware Prior P. Johannes Kruss, so hernach Rector Magnificus worden ware, nach dem Zeugniß Philippi Elsii in Encomiastico Augustiniano fol. 383. Daß aber diese Restauration 1490. gewiß geschehen seye, beweise ich mit folgenden Documenten.

Literæ Augustiniensium super Lectorio Theologorum concesso.

1490.

Universis & singulis præsentes literas inspecturis, lecturis & audituris præsentibus & posteris, Prior & Conventus Ordinis Fratribus Heremitarum Sancti Augustini Monasterii in Tübingen, Constantiensis Diœcesis, Notitiam subscriptorum cum Salute in eo, qui omnium est vera Salus. Cum his diebus Monasterium nostrum prædictum, sua vetustate ruinam minans, in suis ædificiis funditus deposuerimus, novum illuc pro necessario nostro usu, (ut Sacratissimam nostram Religionem Augustinianam condecet)

decet) cum monasticis officinis, non sine gravibus expensis DEo Duce & Rectore ædificando visus fuit, & almæ Universitati Tubing. & nobis illic locus ad orientem talem plagam ambitui circa portam Monasterii principalem super novo Cellarii, contiguus infra tamen fratrum dormitorium pro Lectorio Theologorum ipsius Universitatis satis aptus, itaque cum singulari favore, quo præfatam almam Universitatem in Domino prosequimur, de expresso etiam consensu Reverendi & Religiosi Patris, Fratris, Andreæ Broles, Vicarii Generalis Conventuum Congregationis Alemanniæ præfati ordinis Reformatorum &c. eidem Universitati instanti & petenti locum præsignatum pro perpetuo Lectorio Theologorum ipsius Universitatis assignavimus, sponte & appropriavimus, quadraginta florenos Renenses, ab eisdem in parato auro in recompensam hujusmodi benevolentiæ nostræ, atque pro necessaria perficienda structura, in quibus bene grati & contenti extitimus, levantes. Et licet inter eandem Universitatem & nos mentio facta fuerit de quodam alio loco per nos ipsi Universitati pro Lectorio Juristarum appropriando, quadraginta florenis per eandem Universitatem nobis hujus intuitu, verbo oblatis, quia tamen locus iste minus aptus visus est, idcirco ab acceptatione & assignatione hujus loci pro Lectorio Juristarum hujusmodi communi consensu hinc inde & voluntate destitimus omni hujus intuitu à petitione & requisitione prorsus cessari, & sublatis in quorum promissorum fidem & testimonium literas præsentes dictæ almæ Universitati,

tati, nostrorum Vicarii, Prioris & Conventus Sigillis sub appensis dedimus communitas. Anno Domini millesimo quadringentesimo nonagesimo, die nona Mensis Septembris, Indictione octava. Von solchem Bau führt auch Crusius P. III. L. IX. c. 3, p. 136. folgendes an. Wir Prior und Convent gemeinlich der Ainsiedler Brüder S. Augustini Ordinis zu Tübingen, bekennen offentlich ꝛc. So wir unser Closter von Grund auf neu erbauen ꝛc. Am Tag St. Martini 1490. So stehet auch die Jahrzahl 1491. an dem Eingang in das Stipendium, und auch in der Kuchen an dem Haupt-Pfeiler eingehauen.

Observatio III.

Es geriethe aber dieses Closter in irregulairen Stand und Zucht, wie es mit dem Franciscaner-Closter gegangen ware. Wie es dann schon 1483. unter Grafen EBERHARDO BARBATO ist reformirt worden. vid. Crus. P. III. L. VIII. c. 18. p. 119. edit. lat. p. 466. Selbiger hatte schon, nach seinem Herrn Vatter LUDWIG mit seiner Frau Mutter Mechtilde die böse Gewohnheiten auch anderer Clöster, unter seiner Jurisdiction gelegen, zu verbessern sich beflissen. Crusii Worte sind hiervon: In eben diesem Jahr (1483.) nach S. Crispini wurden die Augustiner-Mönchen in Tübingen reformirt. Folgender Zeit schenckte eine gewisse Weibs-Persohn von Tübingen etwas in das Augustiner-Closter, und empfahl sich damit dem Gebet dieser Mönchen bey dem Prior des Closters. Bald darauff aber kam sie wieder, und bat, man solte ja nicht vor ihren Mann betten, dann sie habe ihr Geschencke hinter ihm, und ohne sein Wissen gebracht. Doch aber begabe sich, daß da die Stadt viele Allmosen diesen Mönchen gegeben hatte,

hatte, und ihr Closter unterhalten, selbige aber dessen sehr mißbrauchten, der Magistrat endlich, nach dem Zeugniß des Herrn Prälat Pregitzers Suev. & Wurt. S. p. 238. ist genöthiget worden 1532. 8. April eine Supplique deßwegen an die damahlige Oesterreichische Regierung nach Stuttgardt abzuschicken, und um Verbesserung anzuhalten. Wir setzen seine eigene Worte hieher, welche daselbst gelesen werden: Mortuo Duce Eberhardo Barbato, Dotatore Monasterii nostri Augustiniani Munificentissimo, mirum in modum decrescere incepit Cœnobium hoc Augustinianum: Diminutæ sunt facultates, crevit superstitio: Protrita & conculcata fuit à Monachis severior disciplina, contaminatus est denique cultus Dei adeò, ut Magistratus Oppidi Tubingensis, à quo beneficia maxima, largissimas Eleemosynas & ipsas ædes Claustrales acceperant Monachi Augustiniani, hos tantos errores satis observans, correctionem seriis votis expeteret. Non enim existimabat, abutendum esse beneficiis, quæ liberali manu multi Cives & incolæ Tubingenses in Augustianos erogaverant. Hinc cum Ulricus Dux exularet, Magistratus Tubingensis à Regimine Austriaco, quod Stuttgardiæ tùm fuit, seriò petiit, ut in pristinum statum reduceretur Monasterium Augustinianum, cultus Dei verus cum Disciplina strictiori nimium neglectus, postliminiò revocaretur, & conservaretur. Id ut obtineret Magistratus Tubingensis, submissas scripsit literas A. 1532. d. 8. Apr. ad Consiliarios Regiminis Austriaci. Sed quod ab istis obtineri tùm non potuit, id præstitit Ulricus Dux Wirtemb. Dahin gehört also auch billich die Mystis. Figur, welche zur Zeit der Reformation in diesem Augustiner-Closter gefunden worden, auch viele Jahre hernach biß auf unsere Zeiten zum Theil geblieben ist. Es stellet dieselbe vor, und beschreibt sie auch Johannes Wolfius in seinen Lectionibus Memorabilibus & reconditis, Tom. II. p. 921. ad An. 1580. Seine Worte lauten im Teutschen also: Zu Tübingen in dem

Hof

Hof des Closters, welches jetzo der Durchlauchtigste Würtembergische Fürst, zu einem Stipendio gemacht hat, befindet sich, nicht weit von der Thüren ein sehr altes Gemählde, welches den Mönchen-Stand gar accurat vor Augen stellet. Das abentheurliche Bild hat eine Kutte, und fällt gleichsam über die Treppen hinab, mit dem einen Fuß, so ein Hirsch-Fuß ware, zum anzeigen, daß seine Füsse seyen schnell böses zu thun, da indessen der andere und rechte Fuß, eine umgekehrte Laterne vorstellet, daß die Beschauer wissen solten, der Ursprung und die Zunahme des Mönch-Wesens beruhe auf Verdunckelung des Lichts der wahren Lehre. Die Hände waren krum mit Klauen versehen, von denen die lincke einen auf der Achsel liegenden Sack hielte, dardurch der Wittwen und Waisen Vermögen angeditten wurde. Die rechte aber hielte nebst einem Wander-Stock, eine Schnur von runden Bett-Kügelen, künstlich gemacht, dann an statt der Ave Maria Kügeln waren runde Spiel- und Rechen-Brettlen, und für die 10. grössere Kügeln des Pater Nosters waren 10. Würffel, welche schön an die Brettlen angemacht waren. Der Busen ware voll Karten-Blätter. Die Kappe auf dem Rucken ware voll spitziger Kegel, und einer Kugel, womit man selbige umzuwerffen pfleget, damit man wissen möge, wie sie ihre Zeit zubringen, da sie indessen unter Vorwand langen und vielen Bettens auch der Könige Häusser erschöpffen. Der Hals ware lang und wie eines Esels-Hals, damit man wissen möge, wie sie auf thierische Art nur ihrem Bauch dienen, wie dann unten an dem Kinn die Gestalt eines Bechers sich fande an statt des Barts. Die Nase wurde vorgestellet durch den krummen Schwantz eines Hundes, der auch wie er aufwärts mit seinem Maul hefftig bellet, dem Mönchen an statt des Kopffs dienet, vorstellend das anschreyen, bellen und Frässigkeit der faulen Mönchen. Letzlich gienge unten an dem Ruck-Grad ein krummes Horn hervor, aus welchem samt dem Rauch ein anderer Mönch hervor getrieben wurde, welcher an Händen und Füssen starcke Klauen hatte, und mit der lincken Hand nach Auszahlung des Gelds, Ablaß-Brieff austheilet, mit der rechten aber die Monstrantz empor hebt. Eben dieses Bilds und Gemählds gedencket auch Beza in seinen Brieffen. Epist. LXXXI. p. 325.

Daß aber wir dieses anführen, beweget uns das lästern eines groben Widersachers, welcher mit solchen alten Gemähldden wieder aufgezogen kommt, und sich nicht schämet, vieles dergleichen auf die Reformation zu schieben, was doch schon zuvor im dicken und finsteren Pabstum von denen Mönchen selbsten ist vorgestellet worden.

Observatio IV.

Und in solchem Stand der sich vorhero von Zeit zu Zeit geändert hat, (darbey es allezeit ein armes Closter muß gewesen seyn,) bliebe dieses Closter biß auf die Reformation unter dem Hertzog Ulrich 1535. und 1536. welcher nach seiner Wiederkunfft aus dem Exilio nicht nur die gantze Universitæt reformirte, sondern auch, nach Abgang der Augustiner-Mönche, so auf Einziehung der Intraden entstanden, auß diesem Augustiner Closter zur Ehre GOttes und zum Nutzen der Würtembergischen Kirche aufrichtete und anordnete

Das Theologische Stipendium.

Nemlich das Welt berühmte Seminarium der Ministrorum Ecclesiæ in Würtemberg; daß also diese beede Manns-Clöster, das Franciscaner und Augustiner-Closter in Wahrheit verbessert, und zu grossem Nutzen der Republique und Kirche in Würtemberg sind erneuert, angelegt, und wohl fundirt worden.

Observatio I.

Da nun auch diese letztere Verwandlung in die neuere Zeiten einlauffet, und einen neuen periodum in der Kirche des Hertzogthum Würtembergs macht, so hat man auch mehrere Documenta darvon, wie-

wohlen

wohlen auch diese rar und mir zimmlich unbekannt sind, und werden wir nach unserem Vorhaben darvon melden, was wir dem Leser gefällig, aber auch glaubwürdig zu seyn vermeinen. Wir recommendiren aber demselben zu eigenem Nachsinnen und lesen als ein nöthiges Scriptum, Nicodemi Frischlini Stipendium Tubingense Ducis Würtembergici Operum Poëticorum in Parte Elegiaca. Argent. 1601. in Oct. Lib. III. und Edit. in 4to. Tubingæ An. 1569. welches auch in B. Pregizeri Sueviam & Würtembergiam Sacram von dem Herrn Sohn Prælat zu Murhardt G. C. Pregizern p. 264. sqq. eingetragen worden ist. Man besehe ferners eben desselben Oration, welche er 1702. de Origine, Progressu & Celebritate Illustris Stipendii Theologici, Monasterii quondam Augustiniani, per aliqua jam Secula celeberrimi; ipso die Augustini gehalten hat, in Suevia Sacra pag. 232. biß 259. Gleichfalls ist sehr lesens-würdig M. Josephi Gmelini, damahligen Closters Præceptoris zu Maulbrunn, Stipendium Ducale Theologicum, Carmine Heroico descriptum. Stuttg. 1677. So besehe man auch Herrn Jac. Friderici Jungii jetzigen Specialis Superintendenten zu Blaubeuren Tubingam Jubilantem, Anno Reformationis Lutheranæ Jubilæo secundo Versu Heroico celebratam. Tubing. pag. B. a. b.

Observatio II.

Wir wollen aber nur dasjenige anführen, was zu unserem Vorhaben leitet und dienet. Also wurde dieses Augustiner-Closter von Hertzog Ulrich 1535. und 1536. an statt der Augustiner-Mönchen mit 70. zur Theologie gewiedmeten Studenten besetzt. Conf. Cruſ. P. III. L. XI. c. 11. p. 241. ed. lat. p. 630. der also redet: Unter dem Durchl. Hertzog Ulrich wurde das Stipendium Illustre gestifftet, in welchem viele Studioſi Theologiæ unterhalten werden. Gleichwie ehemalen die Clöster an statt der Schulen waren, in welchen man die Mönche so wohl in heiligen als Prof.n Studien und Wissenschafften unterrichtete. Dieser Fürst verordnete auch einen Superattendenten, und einen Magiſtrum Domus. Es wurde auch dieses Stipendium bald sehr berühmt, daß schon 1541. daraus Predigere an andere Oerter verschicket worden sind. Und so wurde das Stipendium forthin administriret biß auf die Regierung Hertzog Christophs, welcher die wegen des Interims Vertriebene zuruck beruffen, und dessentwegen auch das Fürstl. Stipendium auf einrathen des Johannis Brentii erweitert, mit 80. neuen Studioſis, mithin mit 150. Incolis besetzt, auch mit dem zweyten, nemlich dem unter Superintendenten vermehret hat. Unter diesem wurde im Stipendio gebauet auf dem alten Bau der gantze Ober-Gipffel neu, alle Stuben aber in bessere Ordnung gebracht, und erneuert, so daß 3. so genannte Sphæren, vulgo Spären darauf sind. Dann unter dem Dach ligt die Frucht. Die oberste Sphæra oder Spär wird deren Repetenten genannt, und finden sich darauf 1) das Consiſtorium, oder Cantzley, die grosse und die kleine, NB. (welche erst dieses Jahr wieder sehr fein erneuert worden sind) 2). das Secretariats Stüblen, 3) die Juncker-Stube, 4) die Vogel-Stube, 5) die Schneider-Stube. Die untere Sphæra oder Spär ist gleichfalls eine Repetenten-Spär, und hat Winterter-Stuben, 1) die Becken-Stube, 2) die Schuster-Stube, 3) die Wiedertäuffer-Stube, 4) die Hafner-Stube, 5) die Ritter-Stube. Woher diese Stuben ihre Nahmen bekommen haben, lasse ich andere rathen und muthmassen. Und ist auf solcher der enge Ausgang in die Stadt, über den Graben oder Zimmermanns-Hof, vulgò der Repetenten-Gang. Die dritte und unterste Spär ist die sogenannnte Sachsen-Spär. An diese stosst obenher die sogenannte Bibliothec, oder Kirchlen, (wie es den alten wahren Nahmen hatte, oder vielmehr das alte Lectorium Theologicum Academicum,) darinnen vor diesem der Catheder des Gabriel Biels gestanden ist, und siehet man darinnen an der Wand noch jetzo angemacht ein altes Epitaphium, welches folgende Inscription hat: An. 1356. starb die edle Frau Agnes von Stadion, &c. Conf. Cruſ. P. III. L. V. c. 5. p. 932. ed. lat. p. 265. Welcher Platz aber jetzo zu einem Behältniß alter Truchen und gar alter Bücher &c. gebraucht wird, weilen der Ort zur Bibliothec jetzo schon viele Jahr ist geändert worden. An dieses stosset ein ander gewölbtes kleines Zimmer alles von Stein darinnen man aus diesem Lectorio kommen kan, durch eine Thür, so aber verschlossen bleibt. In diesem befindet sich noch jetzo die Guthische Bibliothec gantz allein, und ist ohne Zweifel vormahlen die alte Closters Bibliothec an diesem Ort gestanden, dahero der gantze Ort die Bibliothec genannt worden ist. Es hat oben im Gewölb Löcher zu den Seilern, dahero man siehet, daß oben das Thürnlen muß gewesen seyn, darinnen Glocken gehangen haben, wormit man zur Messe gelitten hatte, welches aber unter der Regierung Hertzog Christophs muß abgebrochen

brochen worden seyn. Man siehet auch noch oben unter dem Dach die Rundung des Gemäuers als eines grossen Thürnlins, dahin der steinerne Schnäcken führet.

Observatio III.

Auch damalen wurde das neue Stipendium angebauet, und besonders denen Mömpelgartern und Tifferniten eine neue Spär angeordnet darvon Crusius P. III. L. XII. c. 6. p. 297. ed. lat. p. 705. also schreibt: An das Fürstliche Stipendium hat man Anno 1560. ein neues Stipendium zum Gebrauch der Mömpelgardischen Studenten zu bauen angefangen, darzu Graf Georg von Mömpelgard 10000. fl. beygesteuert hatte. Es ist also damalen der Bau schon gestanden, weilen das Cœnaculum schon daselbst ware, da eben fast hundert Jahr hernach der gantze Bau wegen Baufälligkeit hat abgebrochen werden müssen. Und ist fast zu præsumiren, daß Hertzog Eberhardus Barbatus noch als Graf um die Zeit von 1490. selbigen Bau angefangen habe.

Alle alte Haupt-Ordnungen in diesem Stipendio wie auch in Clöstern, haben ihren Anfang von Hertzog Ulrich, und nach diesem von Hertzog Christoph, wie aus der grossen Kirchen-Ordnung zu ersehen ist. Conf. Pregizeri Sueviam Sacram p. 239. sqq.

Observatio IV.

Ihme folgte in gleichem Eifer nach sein Sohn Hertzog Ludwig, welcher besonders die Visitationes fleissig anordnete, und grosse Liebe zu denen Clöstern bezeugte, selbige auch auf alle gnädigste Weise fovirte. Conf. Pregizeri Suev. Sacr. pag. 243. Also lud er auch 1588. d. 16. April. alle Professores

in

in das neue Stipendium zur Mahlzeit ein in die grosse Stube, wo jetzo die Communitæt ist, nachdem er durch seine Commissarios, Erasmum von Laymingen, Land-Hofmeistern, Johann Schultern, Cantzlern, Johann Magirum, Probsten, Lucas Osiander, Hof-Predigern, Balthasar Eisengrein, JCtum, damalen die Universitæts Visitation angestellet hatte. Conf. Cruſ. P. III. L. XII. c. 34. pag. 369. ed. lat. pag. 808. Es wurde auch unter diesem Hertzog 1572. das Wasser von dem Oesterberg in das Stipendium unter der Erden durch Teicheln geleitet. Vid Cruſ. P. III. L. XII. c. 18. p. 326. ed. lat. p. 746. welcher also schreibt: In diesem (1572.) Jahre hat man zu Tübingen von dem Oesterberg das Wasser unter der Erde durch Teicheln in das Fürstl. Stipendium, (welches vor Zeiten ein Augustiner-Closter war) zu leiten angefangen. Gleiche Sorge truge für dasselbe Hertzog Friederich, welcher 1601. selbst in Person die Universitæt visitirte. conf. Pregizeri Suev. Sacr. p. 244. sqq. Es ließ auch Hertzog Joh. Friderich die Sorgfalt für das Closter unter den grossen Kriegs-Unruhen nicht fahren. Conf. Pregizeri Suev. Sacr. p. 245. sqq.

Observatio V.

Als aber hernach unter der Administration Hertzog Ludwig Friderichs das Kåyserl. Edict in dem 30. Jährigen Krieg wegen Restitution der geistl. Gütern 1629. insinuirt und 1630. exequirt wurde, so mußte nothwendig das Stipendium auch mitleiden, doch wurde auch darinnen, wie im gantzen Land das Jubilæum Aug. Confess. 1630. gehalten. Es wurden aber nachgehends d. 13. Dec. 1630. alle Acten und Documenta dieses Stipendium betrefsend aufgesucht. Nach der Nördlinger Schlacht 1634. wurde es gantz zerstreuet und nach und nach leer gelassen; und ob zwar die Jesuiten in Tübingen ankamen, und sonsten die Mönche sich überall einfanden, so bliebe es doch unangetastet und unbewohnt von selbigen, daran nichts als die Armuth schuld ware, wellen sie keinen Unterhalt funden. Nachdem aber Hertzog Eberhard 1638. wieder aus seinem Exilio aus Straßburg nach Haus kame, nahme er sich so gleich, wie der gantzen Universitæt, also besonders des Stipendii an. Conf. Pregizeri Suev. Sacr. p. 246. Man beruffte nemlich alle recipirte Studiosos wieder zusammen, und fügte jenen neue hinzu. Diese mußten sich aber wegen der harten Zeit, mit weniger Speise und Tranck begnügen lassen, da man die Woche über, nur 1. oder 2. mahl Fleisch zugeben vermögend gewesen ist, welches auch von 1638. biß 1640. gewehret hatte. Conf. Eucharisteria Eberhardo III. soluta ab Illustri Collegio Theologico Tub. 1641. fol. So konnte auch die grosse Stube, wo jetzt die Communitæt ist, nicht zur Speisung so gleich wieder gebraucht werden, wellen alles durch den Krieg an Fenstern und Wänden ruinirt ware, und alles voller Stein und Kalch lage, da man diesen Platz zur defension gebraucht hatte, dahero sie an unterschiedlichen Orten in denen Stuben gespeiset werden mußten.

Ich führe hier aus Gmelini Stipendio Theologico pag. 57. zum Zeugniß folgende Worte an.

Taceo funesta Ducatus
Vulnera, quæ plus mille fuit perpessa; meamque
Phœbeam describo domum, & mens horret, & altum
Ingemit, ac suspirat, vel meminisse malorum,

Quæ

Quæ ceu collecto patriam, patriasque Camœnas
Agmine presserunt: Ut enim surrepta fuerunt
Cætera claustra novo Mavorte, furore, cruore;
Sic & Cœnobii quondam clarissima nostri
Gloria dispergit; Rabidis non præda Luporum
Facta quidem stomachis, Monachisque ululantibus, ædes
Hæc celebrata fuit, penitùs tamen omnibus orba
Civibus.

Und p. 61. zeigt er, wie lang es gewähret habe?

Mirane res igitur, repetamus dicta, Ducale
Civibus exhaustum studiosis esse tot annos
Cænobium, totos quatuor fluxisse, nec unum
Inhabitasse quidem?

Ferners zeiget er pag. 64. die Ursache an, warum das Theologische Stipendium von denen Jesuiten und Mönchen nicht besetzt worden seye? nemlich weilen es nicht reich gewesen.

At forti sola tenore
Hæc domus inconcussa stetit: nec, credo, stetisset,
Ordo nisi Fratrum (qui mendicando mereri
Cœlica regna volunt, Monachis, quos summa fatigat
Æris & argenti rabies, exosus) avaras
Ipsorum mentes vacuà revocasset ab æde.
En verò, res mira! Quis est, quem fulgida nummi
Copia non animet, defendat, protegat, armet?
Et nostrum diro claustrum servavit ab hoste
Indiga paupertas: Trux Dux Rudolphus ab Ossa
Qui nihil intactum, nihil illæsumque reliquit
Tecciacis in Cœnobiis, his sedibus ultrò
Binis abstinuit vicibus. Qua scilicet Aurum
Deficit, hic etiam cultus devotio languet
Papicolum! &c.

Observatio VI

Folgender Zeit kame es wieder in bessern Stand, wie auch die Universitæt überhaupt. Es halff darzu mit vielem Rath und That der seel. Dr. Johannes Valen-

Valentinus Andreæ, welcher nebst andern als Fürstl. Commissarius 1643. 14. Jun. den Stand des Stipendii untersucht / und unterschiedliches gebessert hatte. Wie er dann auch für sich bey hohen und Fürstl. auch andern Persohnen eine Unterhaltung für 2. neue Professores der Mathematique und Hebræischen Sprach colligirte, er redet selbsten in seinem Curriculo vitæ Manuscripto also: Ad A. 1643. Jen. 12. sqq. Ex Muneris mei partibus præcipua fuit Illustris Stipendii Inspectio, quod cum laborare præcoci effusaque graduum literariorum collatione, tum Informationis etiam Mathematicæ & Hebreæ penuria videretur, utrique recte consultum, sumtibus egenorum cautum est 13. Junii, didactro etiam in duos Professores annuo per me collecto, cui Augustus meus 30. florenos. Produx Geizigkofler 10. alii alios pro fortunis suis & humanitate contulere.

Selbiger hat auch mit vieler Bemühung und Fleiß, die Wohlfahrt des Stipendii als Hofprediger seinem Herrn dem Hertzog Eberhard angepriesen, der deßwegen eine solche Liebe gegen dasselbe geheget, daß er die Stipendiarios nur seine Söhne und Lust zu nennen pflegte, auch niemahlen nach Tübingen kame, da er nicht in dem Stipendio eingekehret hätte; und hat er jedesmalen an den vielerley Sprachen, darinnen geprediget wurde, seine Freude bezeugt, zugleich unterschiedliche Stipendia darein ziehen lassen, darmit einige Arme besser subsistiren könnten e.g. Guthianum, Wiederholdianum, Haugianum, Sattlerianum, Wezelianum, &c.

Observatio VIII.

Eine Haupt-Wohlthat dieses Hertzogs ware die gantz neue Aufbauung des sogenannten neuen Stipen-

Stipendii, vulgo des neuen Baues im Stipendio. Dann als die Haupt-Säulen wurmstichig worden, und man keine Dauerhafftigkeit mehr für sich sahe, so brach man 1668 und 1669. das alte Gebäude ab, und führte den gantzen Bau von dem steinernen Grund gantz neu auf. Und befinden sich nun in diesem neuen Bau, zu unterst der Creutzgang, die Communitæt, und die Kuche.

In diesem Creutz-Gang ist also der völlige Eingang auch in das Closter aussen herein von der Stadt. Und zeigt sich zu erst das Haupt-Thor, durch welches man in den beschlossenen Vorhof kommt. Dieses Thor ware anfangs nicht auf solche Weise gebauet, sondern der Haupt-Eingang ware oben wo noch jetzo ein Thor stehet. Es ist aber sehr alt und wohl bey Renovation des Closters, umb die Zeit 1491. angeordnet worden. Gleich bey dem Thor lincker Hand ist die Wohnung des Closter-Thorwarts: welcher seine besondere Pflichten und Jurament auf sich hat, auch die Aus- und Einführung der Mobilien besorgen muß. Eben in dieser Stube beobachten die Famuli das Aus- und Eingehen deren Herren Stipendiariorum, tempore studiorum. Rechter Hand ist die Holtzlege zu der Oeconomie, allwo vormahlen das Mönch-Bildniß ist angemahlet gewesen, so aber jetzo wegen abgefallenen Speises an der Wand nicht mehr zu sehen ist, doch aber zu anfang dieses Seculi noch an vielen Orten erkandtlich ware. Lincker Hand in eben diesem Vorhof ist ein schönes Gärtlein, welches zu denen Superintenduren gehört, wie auch der Eingang in den grossen Closter-Keller.

Hierauf kommt man vor das Haupt-Portal des Stipen-

Stipendii, welches Nachts auch geschlossen wird. Ob diesem stehen aussen diese Inscriptiones mit guldenen Buchstaben geschrieben.

Die oberste ist folgende:

Q. D. B. V. EBERHARDI III. Ducis Würtemb. Munificentia, accurante Dn. Nicolao Müllero, Ducal. Consistor. Direct. hæ Ædes DEo & Musis Sacræ innovatæ sunt.

M. DC. LXIX.

Die andere ist renovirt, und ware schon 1619. angemacht unter dem Dr. Hafenreffer.

Claustrum hoc cum patria, statque caditque sua.

16. M. H. D. C. 19.

Gleich bey dem Eintritt, erblicket man oben in dem gewölbten Schwieb-Bogen ein Marien-Bild, und das Bildniß des Bischoffs Augustini, und hernach in dem Bogen die Jahrzahl 1491. eingehauen, welche Jahrzahl 1491. auch in dem Haupt-Pfeiler in der Kuchen eingehauen gefunden wird. Mitten in dem Creutz-Gang ist bey einem Ausgang in das Höfflen, wo die Brunnen sind, rechter Hand oben die Jahrzahl 1504. eingehauen. Es befinden sich hin und her einige Gewölber welche zur Oeconomie gebraucht werden, darunter ein Haupt gewölbter Speiß-Keller sich rechter Hand befindet, da lincker Hand bey der Communitæt einige sind, welche von denen Kieffern eingenommen werden.

Aus diesem Creutz-Gang gehet man auch rechter Hand, durch eine breite steinerne Treppen hinauf in die sogenannte Zimmermann Kieffer und gemeine Werckstätte. Hier ist noch der alte Platz und Eingang, wo man 1491. in das Lectorium von der Stadt gegangen ist. Es gehet noch eine Thür hinaus in das soge-

sogenannte Zimmer-Höflen, aus welchem man zum obern alten Thor hinaus kommt. Als ich den 23. und 24. Oct. 1742. an diesen Ort kame, und bey angezündeter Laterne, dann der Ort dunckel ist, einige Capellen und Bilder erblickte, war ich begierig die Gegend mehrerers zu untersuchen, darzu mir die Thüre, welche aus dem Kirchlen da hinaus gehet, Anlaß gabe. Der Aspect selbsten zeigte das Alterthum an, taugte mir aber zu nichts anders, als diesen Eingang in das Lectorium zu beweisen. Es waren an der Wand so wohl an dem Frontispicio als an der Seiten rechter Hand allerhand Gemälde und auch ausgehauene Bilder gewesen, welche aber theils hinweg gethan, theils unerkänntlich sind. Es sind aber noch lincker Hand an dem Eingang in das Lectorium zwey, und rechter Hand ein Capellen, darinnen ohnfehlbar vormals Altäre gestanden haben, und Messe ist gelesen worden. Und weilen in einem eine Frauens Persohn kniend angemahlet ist, und besondere Figuren darbey herum sich zeigen, so wird diese eine Stiffterin oder Benefactrix von dem Closter gewesen seyn, deren Epitaphium noch würcklich an der Wand sich befindet, nemlich die edle Frau Agnes von Stadion 1356.

In diesem Eingang und kleinen Porticu, wordurch man in das Lectorium gehet, und daran noch die alte Thür ist, sind gleich wie in denen anderen Capellen Bilder oben in dem Bogen angemahlt. Diese aber zeigen lauter Doctores an. Ob der Thür selbst ware ein Bildnuß, so ohne Zweifel S. Episcopi Augustini wird gewesen seyn, so aber nicht mehr gegenwärtig ist: Doch ist unten in dem Bogen der Thüre dieses groß angezeichnet.

Ut

Ut docet iste Pater
Sic debes vivere Frater.

Von Doctoribus habe ich als gewiß erblicket, lincker Hand das Bildniß Bonaventuræ &c. rechter Hand das Bildniß P. Simplicius und Scotus &c. es sind aber mehrere. Jedes Bild hat ein Buch für sich in der Hand ꝛc. Ausserhalb dieser Capelle, oben an dem Frontispicio an der Wand stehen noch rechter und lincker Hand 2. Engels-Köpffe mit erhobenen geschlossenen Flügeln, und mit Büchern als rothen Rechenblättern. Die ober diesem auf Postamenten gestandene gehauene Bilder sind nicht mehr zugegen.

Welches alles ich darum umständlich habe melden wollen, weilen hiervon sonsten nichts habe irgendwo lesen mögen.

Wir kehren aber wieder durch die steinerne Stiege in den Creutz-Gang zuruck, und fügen mit allem Recht die fernere Meldung von der Communitæt bey. In selbiger befinden sich die Bildnissen der Hertzogen von Würtemberg, wie auch das Bildniß des Augustini in der Wand, der oberste Theil ist erhöhet, welcher Vulgo der Herren-Trippel genannt wird, und worauf vormahlen ordentlich die Herren Supperattendenten gespeiset haben, und noch bißweilen bey solennibus Actibus und Fürstl. Visitationen gespeiset wird. daselbst sind bey allen essen die Herren Supperattendenten abwechslend, und Herr Ephorus Stipendii allezeit zugegen; und kan man von diesem erhöheten Ort über alle Tische sehen. Darbey wir annoch dieses gedencken, daß darinnen nicht nur leiblicher Weise gespeiset werde, sondern auch für fromme und christliche Gemüther geistlicher Weise,

Weise, da Morgens, Mittags und Abends, die Preces, die Lectiones Bibliorum und August. Confess. besorget werden, und unter dem mittag- und abend-essen eine ordentliche Predigt gehalten wird, deren Ordnung durch alle Magistros durchlauffet und wiederhohlet wird. Anbey werden die Lieder nach jedem essen gesungen und die Exercitia Musica gehalten.

Wie dann auch diese jetzige Orgel 1669. gestifftet worden ist, daran man diese Schrifft lesen kan: Vornen an der Orgel stehen die Worte: Laudate Dominum. Hinten aber sind folgende Worte zu lesen: Ihro Hochfürstl. Durchl. in Würtemberg Expeditions- und Cammer-Rath, der Edel und Hochgeachte Herr Johann Jacob Müller, hat zu vollständiger Verfertigung dieses Orgel-Wercks, die darzu gehörige Mittel, seine sonderbahre Affection gegen dem Fürstl. Stipendio zu bezeugen, hergeschossen. GOtt erhalte dessen Gedächtniß in gemeldtem Stipendio im Seegen, und belohne solches endlich aus Gnaden mit der himmlischen Music im ewigen Leben.

Observatio VIII.

Wann also der Leser in das jetzige Fürstl. Stipendium hinein gehet und hernach aufwerts steigen will, so gehet er zur rechten Seiten durch eine Treppe in den alten und lincker Seiten durch eine Treppen in den sogenannten neuen Bau, welcher sich an beeden enden an den alten Bau anschliesset. Wie nun dieser neue Bau 1669. nach Liefferung des Holtzes aus dem Schwartzwald, und Beschlagung desselben auf dem Wehrt, Uberbrinaung desselben über eine gemachte Brücke über den Neckar an das Stipendium, Abbrechung des alten Gebäudes, offentlicher Speissung deren Stipendiaten unter freyem Himmel, und der darbey durch einen Sturm-Wind erfolgten Zerstreuung, häuffiger Flucht der

Rat-

Ratten und Mäuse in die Stadt, und die darauf erfolgte Klage der Bürger (NB. davon noch eine Spår den Nahmen der Ratten Spår führet) rc. wie, sage ich, nach allem diesem, dieser neue Bau seye vollendet worden? beschreibet Joseph Gmelin in seinem gemeldetem Stipendio Ducali Theologico, pag. 72. biß 94. recht wohl, welche Worte wir dem Leser recommendiren.

Von der Brücke über den Neckar heißt es p. 75.

- - - Stetit æquore aperto
Compactis Idea domus erecta Columnis,
Tota stetit concepta diu spes vivida Musis,
Mox veterem visura locum. Nisi Neccarus undas
Objecisset ei; quare de robore querno
Multiplici compage fuit super algida aquarum
Murmura, pons solidus condendas ductus ad ædes.
Huc Iter, huc Cursus! quotquot modo sedula fabri
Brachia condendis navarunt ædibus, instant
Fervidius deturbandis. &c.

Von der Speisung unter dem freyen Himmel p. 76.

Pauci præteriere dies, jam Sphæra retecta
Infima, detractis tabulatis atria cœlo
Tota patent; prandetur ibi, cœnatur aperto
Subdio. Mirum lusum! Quem tota Tubinga
Admirata, gradus & culmina summa Domorum
Conscendit, mensas cœlo visura patentes.
Spectatum admissi risum (fletum) teneatis amici!
Ponuntur mensæ, positis accumbere jussi
Paremus, positis promuntur fercula mensis,
Gustamusque cibos, avidisque repleta labellis
Pocula libamus; subito quibus actus ab oris
Nescio, ventipotens venit & volat Æolus atro
Turbine, disturbatque dapes, & condit, & usque
Fercula aromatibus, quæ nec parit India, spargit.
Hic Rhodus, hic saltus! cæcati lumina spisso
Pulvere, qua data porta, ruunt, mensisque relictis

Lum-

Luminibus meliora suis collyria quærunt
Luminibus stomachisque suis. Tenebrosa subinde
Nox terram subiit, subiit, Lux altera venit,
Venit, & hinc alio nos commigrare coëgit. &c.

Von der Ursache, warum die oberste Spär den Nahmen Ratten-Spär habe, wird folgendes pag. 77. gemeldet.

Nec glires divulsæ Domus, queis tecta scatebat,
Ferre sit ulterius, collectoque agmine multo
Per rimas latebrasque fugat, fugiuntque ruuntque
Innumeri, quacunque datur via. Plena querelis
Incola Gens Tubiæ, peregrinis undique pressa
Civibus, ejulat, ingeminat: Nihil undique tutum,
Nil tutum à Gliris brumalia tempora morsu
Curantis, quo commodius pinguescere somno
Possit, & ad tepidi requiescere tempora veris.

Dieses grosse Gebäude aber kostete wegen der Handwercks-Leuten, e. g. Zimmerleuten, Maurern, Schreinern, Schlossern, Glasern, Mahlern rc. in Summa nicht weiter als 3554. fl. 41. kr. 5. hlr.

Wir melden annoch, was dann auf diesem neuen Bau von Sphæren oder Spären und andern Zimmern zu finden seye? Also finden sich oben an der rechten Stiege in der ersten Etage rechter Hand, die Registratur und des Procuratoris Stüblen; lincker Hand aber die so genannte Altane, darauf ein schöner Spatziergang ist. So ist auch hier die kleine Thür in das Kirchlen, oder Bibliothec. Gehet man lincker Hand die andere Treppe hinauf in diesen Bau, so öffnet sich zu erst die so genannte Mömpelgardter-Spär; zur lincken Hand sind einige Cubicula, auch der Famulorum, und die so genannte Nola Famulorum, oder Glöcklen, wordurch denen Famulis geläutet wird, wann etwas vor dem

Thor passiret, oder jemand zu spät will eingelassen werden. Gleich darbey gegen dem Wehrt ist da: runde Museum des Herren Magistri Domus: Oder das so genannte Herren-Stüblen in welchem alle Causæ und Casus examinirt und decidirt werden, deme jetzo seit zimlichen Jahren das Bibliothec-Zimmer, oder Museum beygefüget ist. Darauf folgen die Musea und Stuben der Mömpelgardter nebst denen Cubiculis, das Unger-Stüblen, welches jetzo der Controlleur des Stipendii besitzet. Und endlich das Valetudinarium oder Krancken-Stube.

Von diesem Boden gehet man eine Stiege hinauf auf die zweyte sogenannte Jäger Spär, welche eigentlich nach erstem Anfang die Augustiner-Spär solte genennet worden seyn, wessen die Haupt-Stube gegen Osten ob dem Eingang die Augustiner-Stube ist, als welchen Nahmen das Closter hat, und worinnen vor diesem Augustinus abgemahlet gewesen seyn solle. Ferners findet sich darauf in dem Ercker, deren vornemlich 3. auf diesem Bau sind, die so genannte Ercker-Stube; Und folgends gegen Südwesten die Jäger Stube. Die Musea lauffen gegen den Wehrt, und die Cubicula in den Closterhof. Auf diesem Boden ist auch die hintere Closters-Thür in des zweyten Superintendenten Hof und Hauß, da der erste Superintendens an dem äusseren Thor des Stipendii an wohnt. Von dieser Spär gehet man abermal eine Stiege hinauf und kommt auf die so genannte Ratten-Spähr, darauf sind nur Musea und Cubicula gegen einander über, so aber offt zu warm oder zu kalt sind, wegen der höhe, so sich gegen das Necker-Thal befindet.

Es stehet auch dieses Closter zwischen denen

Woh-

Wohnungen deren Herrn Superattendenten und Magistri Domus. Dann gegen Osten stosset die Wohnung des obern Superattendenten an das Thor und Eingang des Closters. Gegen Westen stehet des untern Superattendenten Wohnung. Oben gegen Norden wohnt der Ephorus Stipendii oder Magister Domus. Kan also aller Ausgang und Eingang deren Stipendiariorum beobachtet werden.

Observatio IX.

Und dieses ist das Weltberühmte Theologische Stipendium in Tübingen, so aus dem Verfall und Verderbnuß des alten Anno 1262. angefangenen Augustiner-Closters, zur Ehre GOttes / und gemeinsamer Erbauung der Würtembergischen Kirche, auch genugsamer Bestellung des Predig-Amts in Würtemberg in Kirchen und Schulen, empor gekommen ist, und zwar, nach der Führung Gottes durch die Fürstl. Gnade, und Munificenz der Hertzogen von Würtemberg und Beysteuer des Vatterlands. Hat es nun GOtt bißhero, unerachtet so vieler Kriegs-Troublen, unerachtet so vieler Gefahren, Feuerbrünsten und Erdbeben, unerachtet so tausendfacher Machinationen, (der heimlichen Arglistigkeit der Feinden des Evangelii nicht zu gedencken) vor dem Untergang und Ruin erhalten; warum solte nicht ein jeglicher getreuer Würtembergischer Unterthan nebst denen besondern Inwohnern dieses Closters ihme unserem GOtt von Hertzens-Grund darvor dancken, und ihne um ferneren Schutz, Hülffe und Seegen in lauterer Demuth des Geistes anflehen; auch alles widrige mit Gebett und Flehen helffen abtreiben, damit es, nach der Intention des Hochfürstl. Hauses eine wahre und gute Werckstatt des heiligen Geistes bleiben möge, daraus, nach dem Exempel voriger Zeiten reine, orthodoxe und heilige Lehrer unserer Würtembergischen Kirche, in die Gemeinden des Vatterlands austretten, und als Fürbilder der Heerden in Lehr und Leben ins künfftige leuchten mögen?

Observatio X.

Dann daß ich dieses melde, habe ich Ursache genug, nicht nur, weilen die beste Ordnungen, die Lehr und Leben betreffende, jederman vor Augen ligen, sondern weilen theils gleich anfangs nach der Aufrichtung dieses Stipendii, viele Persohnen zu andern Kirchen sind beruffen und von denen Hertzogen von Würtemberg abgefolget, theils von ihnen jederzeiten die getreueste Vorstehere, Superintendenten und Ephori sind vorgestellet worden. Dahero die Worte Lansii unter andern gar nachdrücklich in Oratione Funebri FRIDERICI Ducis, in Mantissa Consultationum & Orationum p. 314. also lauten, allwo er alle Sectirische enrstlich anredet: Unus fraudes vestras antevertit sagacitate, non semel ò obstinati ἑτερόφθαλμοι, unus diras machinationes vestras evertit FRIDERICUS: qui passim in ditionibus suis extructis seminariis & scholis, tanquam fidei Christianæ propugnaculis, semper habet, unde vos debellet. Neque in suo tantum Imperio vestros elusit conatus egregie: verum etiam ex Augustiniano Tubingensi incomparabili illo Stipendio, (ex quo consummati nobilioresque Theologi Germaniæ prodierunt hactenus; & adhuc perenni Ducatus Würtembergici gloria quotidie ibidem formantur novi) missis auxiliaribus, nomini & superstitioni vestræ, etiam in valde longinquis locis, plurimum intulit detrimenti &c.

Wel-

Welcher Lansius auch in der Oratione Funebri des seel. Cantzlers Hafenreffers/ also von dem Fürstlichen Theologischen Stipendio pag. 15. sq. und in der Mantissa Consultationis pag. 560. schreibet, daß man ersehen kan, daß demselben nichts entgehe, wann schon auch Unkraut unter dem Waitzen sich findet.

Potissimum tamen Ducalis Stipendii inspectio sæpe Hafenrefferum cruciabat, & quotidianis curis laboribusque torquebat optimum virorum. Nam cum in hoc Augustinianum toto Christiano orbe celeberrimum monasterium ex varia disciplina domestica prorsus varii & non raro contagio noxii mores afferantur, non omnis Æsculapius ad illos evacuandos, purgandos, & emendandos sit aptus. Et ignoscite mihi, quod nunc dicam, vos Augustiniani sodales, viri juvenes literatissimi, qui hanc laudem obtinetis, ut sitis hodie seminarium Theologiæ nostræ verè Lutheranæ, verè Christianæ, sed qui vester est candor, non abnuetis, ut in amplissimo & principali horto aliquando inter medios pulcherrimos flores filix, urtica, carduus, lolium, & alia rejicula subnascuntur, quæ plurimum fastidii hortulanis parere solent, sic & in prælustri Stipendio inter tot præstantissima & nobilia ingenia succrescere & adolescere nonnunquam portenta, quibus omnino severiori disciplinà occurrendum, ne sinceriorem partem secum raptent, & impunitatis exemplo spiritus ad multorum perniciem arment.

Mit welchen Worten billich diejenige zu verbinden sind, welche Cunr. Wolffg. Plazius, Prediger zu Biberach an Vitum Müllerum, als selbiger die Ephoriam des Stipendii Theologici übernehmen sollen, von dem seel. Brentio überschrieben hatte. Brentii ego tibi, mi Vite, heißt es pag. 48. sq. in Oratione Funebri Viti Mülleri, habita a Zacharia Schæffero Or. & Hist. Prof. 1627. non meis verbis respondeo, ex quibus quid animi mihi sit, facile poteris cognoscere. Ita autem summus ille Theologorum, ad Juventutis hinc inde in monasteriis Ducatus Würtembergici

modera-

moderatores in quadem præfatione; Oro, obtestorque vos, ô Abbates, ut quod facitis, diligenter facere pergatis. Mementote tot vos Ecclesias filio DEi honestas, & pudicas sponsas adducere, quot adolescentes ad ministerium Ecclesiasticum accessuros, in sanâ pietatis doctrinâ erudiendos suscipitis. Quod vel maximè advertere velim Stipendii Tubingensis curatores, in quo plures aluntur Magistri, & Baccalaurei, quàm in omnibus aliis totius Ducatus monasteriis, ut verum veræ Ecclesiæ seminarium dici queat; quemadmodum ab omnibus etiam habetur, qui sincerum DEi cultum profitentur. Imò etiam adversariis, quando id spectarunt, admirationi fuit, optantibus ut apud se ejusmodi quoque disciplina instituatur.

Joh. Martinus Rauscher Orator. P. P. in Oratione Funebri Heinrici Schmidii, S. Th. D. & Pr. schreibt pag. 34. sq. folgendes, da er das Magisterium Domus dieses Manns bemercket: Dicerem singillatim vobis, quà dexteritate, quà prudentia Domum illam & in ea numerosæ adeò juventutis mores, & nonnumquam moros illos quorundam & morosos rexerit, probis in virtutis illo stadio decurrentibus, calcar pulcherrimarum monitionum, addiderit; improbis & contumacibus justa severitate, quàm tamen plurimo humanitatis sale aspergere juxta & fermentare solebat, occurrerit, impetus eorum fregerit, mitigarit, & victa morum asperitate in plana virtutis deduxerit. Hæc, inquam, dicerem nisi scirem ea, non in obscuro aliquo angulo, sed in urbis hujus, adeoque luce clarissima esse gesta. Unde fieri non potuit, quin fama & industria Viri perruptis Patriæ nostræ pomœriis in universam se Germaniam latissimè diffunderet, velut seminarium publicum hactenus, unde veræ & laudatæ pietatis propagines in Ecclesiæ agros passim expetebantur, & felici incremento huc illuc transferebantur. Ex hoc loco velut utero Trojani Equi durateo exivere olim Andreæ, Brentii, Bidembachii, Magiri, Osiandri, Hunnii, Lyseri, Rungii, Hafenrefferi, Sigvvarti, Thummii, Binderi, Hauberi, Heylandi, de vivis & superstitibus taceo, qui totum Christianum orbem, tanquam soles splendidissimi, doctrinæ puritate & religionis sincero lumine irradiarunt. Et si spatium præteriti temporis respicere, antiquitatis memoriam recordari, & præsentem Academiæ faciem intueri velimus, videbimus facem linguarum

guarum cognitioni, & Artium tractationi inde fulgidissimè præluxisse, nunc pro ut rem natam video, vereor, ne in hoc Augustinianum seminarium, toto pronuper orbe Christiano celeberrimum, ex varia disciplina domestica varii, & non raro contagio noxii mores afferantur, ad quos non omnis Aesculapius evacuandos, purgandos & emendandos sufficiat: vereor, ne plurimos per vices partiantur popinæ, Veneris & Bacchi ergasteria, alea & reliqua bonarum mentium tormenta. Enim vero: veniam date vos Augustiniani sodales Juvenes literatissimi si candorem vestrum appello, non abnuetis ut in amplissimo & principalis magnificentiæ horto, inter medios venusti germinis flores filicem, urticam & carduum, pepones, alia & nasturtia uberrimo proventu exuberare, quæ plurimum fastidii hortulanis creare & parere solent; Sic in Illustri hoc seminario inter tot nobilia & præstantissima ingenia, succrescere, & adolescere non raro portenta, quibus nonnunquam severiori disciplina occurrendum, ne sinceriorem partem secum trahant, & impunitatis exemplo spiritus ad multorum perniciem arment.

Observatio XI.

Von denen so ausser Lands beruffen worden und deren von Zeiten zu Zeiten viele gezehlt worden sind, gebe ich nur ein paar Exempel: die Lyseri, Hunni, Plazii, &c. sind bekannt! Bekannt sind auch andere biß jetzo, welche auf Fürstl. gnädige Dimission an anderen Orten in das Predig-Amt oder andere Officia getretten sind, und geschiehet allein Meldung einiger, welche sind hinaus geschicket worden. Also ordinirte 1569. Cancellarius D. Jacobus Andreæ 6. Magistros, daß sie Prediger in dem Braunschweigischen wurden, nach dem Zeugniß Crusii P. III. L. XII. c. 15. p. 319. ed: lat. p. 736. In Ungarn kamen 1585. M. Tobias Zeller, und M. Wilhelm Elenheinz zu dem Grafen von Salm, welche D. Snepff ordinirte. Crus. P. III. L. XII. cap. 31. pag. 359. ed. lat. p. 793. mehrere wollen wir nicht anführen.

Observatio XII.

Der Herren Superattendenten aber, welche offt einander in der Ordnung succediret haben, werden von Aufrichtung des Stipendii durch Hertzogen Ulrich biß jetzo, durch 200. Jahren folgende gezehlet. Darbey zu mercken ist, daß eine Persohn kan Ephorus oder Magister Domus, Superintendens Inferior und endlich Superintendens Superior, nach Veränderung der Aemter und Zeiten gewesen seyn. Dahero wir nur zwey Series machen wollen, deren Herren Superattendenten und Ephororum. Die Ordnung ist nach Möglichkeit untersucht und beobachtet worden, doch bleibet fernere Untersuchung dem geneigten Leser überlassen.

Series Superintendentium tam Superiorum quam Inferiorum.

Paulus Constantinus Phrygio, 1536. S. Th. D.

Erhardus Snepffius, S. Th. D. 1543-1548. ob Interim pulsus.

Leonhardus Fuchsius. Medic. D.

Theodoricus Snepffius, S. Th. D.

Jacobus Heerbrandus, S. Th. D. 1561.

Johannes Brentius, Jun. S. Th. D. 1562.

Stephanus Gerlachius, S. Th. D. 1591.

Matthias Hafenreffer, S. Th. D. 1592-1617.

Michael Schæffer, S. Th. Prof. Extr. 1601.

Joh. Georg. Sigwartus, S. Th. D. 1617.

Johannes Heinricus Hiemer, S. Th. D. 1602.-1612. Nov.

Melchior Nicolai, S. Th. D. 1618. It. 1625-1638. biß er Probst zu Stuttgardt worden, dann er blieb Superintend. Stipendii und zugleich Pro-Cancellarius.

Lu-

Lucas Osiander, S. Th. D. 1619.
Theodorus Thummius, S. Th. D. 1620.-30.
Jacobus Reyhing, S. Th. D. 1622-1628.
Balthasar Philgus, S. Th. Prof. 1652.
Balthasar Raithius, S. Th. D. 1652.
Tobias Wagnerus, S. Th. D. 1653.
Christophorus Wölfflinus, S. Th. D. 1660.
Georgius Henricus Kellerus, S. Th. D. 1670-1696.
Georgius Henricus Hæberlinus, S. Th. D. 1681.
Johannes Wolffgangus Jæger S. Th. D. 1690.
Michael Foertsch, S. Th. D. 1695.
Joh. Christoph. Pfaffius, S. Th. D. 1699. Inferior 1707. Superior. ab Anno 1705-1707. Pastor & Superintendens Ecclesiæ Tubing.
Christophorus Reuchlinus, S. Th. D. 1705.
Andreas Adamus Hochstetterus, S. Th. D. 1705.
Joh. Cunradus Klemm, S. Th. D. 1707.
Johannes Ulricus Frommann, S. Th. D. 1711.
Gottofredus Hoffmann, S. Th. D. 1716.
Christophorus Matthæus Pfaffius, S. Th. D. 1720.
Johann Rudolphus Osiander, S. Th. D. 1720.
Christianus Hagmajer, S. Th. D. 1726.
Christian Eberhardus Weismann, S. Th. D. 1730.
Georgius Bernhardus Bülffinger, S. Th. Prof. O. 1731.
Johann Christianus Klemm, S. Th. D. 1736.

Series deren Ephororum oder Magistrorum Domus in Stipendio Theologico.

Hieronymus Gerhardus, 1541. post. J. U. D. & Vice-Cancellarius Würtembergicus.

M. Jacobus Bruno, als Collega.
Theodoricus Snepffius.
Johannes Hildebrandus. 1546. Prof. L. Hebr. & Dialect. postea Contubernii Rector.
Martinus Frechtus, S. Th. Lic. 1549-1556.
Georgius Liebler, Phys. Prof. & Pædagogarcha. Frischlinus setzet hier Jacobum Dachtlerum und D. Samuelem Brodhagium darzwischen als Collegas. vid. etiam Annal Academicos.
Samuel Hayland, Ethic. Pvof. per 36. Annos M. Dom. von 1556. antea per biennium Adjunctus. Ei aliquandiu Collega seu Adjunctus datus est Joh. Georg Sigward, Repetens.
Vitus Müllerus, Prof. LL. Org. Arist. & Ethic. P. Mag. D. 1592. antea Haylando 1591. adj.
Cunradus Cellarius, Phys. P. P schon vor 1617. Den. 1636. 17. Dec.
Henricus Schmidius, L. Gr. P. 1643. postea Theol. D. & Professor. Den. 1654.
Paulus Biberstein, Den. 1656. L. Gr. P.
Christophorus Wölfflin, 1659. L. Gr. P.
Theodorus Cellarius, P. L. Gr. P. O. 1672.
Joh. Andreas Hochstetter, P. L. Gr. P. O. 1677. 30. Oct.
Benedictus Hopffer, Moral. Prof. P. O. 1681. † 1684.
Joh. Wolffgang Jæger, P. L. G. & Moral. P. O. 1684.
Johannes Osiander, 1690. P. L. Gr. P. O.
Matthæus Hillerus, 1694. P. LL. OO.
Johannes Cunradus Klemm, 1700. L. & Met. P. O.
Joh. Gottofredus Hoffmann, 1707. L. & M. P. O.

Johan-

Johannes Eberhardus Rœsler, 1716. Moral. P.O.
Israel Theophilus. Canz, 1734. L. & M. P. O.

Observatio XIII.

Wir bemercken endlich die innerliche Anordnung und Constitution dieses berühmten Stipendii, besonders, wie selbige würcklich sich befindet nach dem sich gegen die ältere Zeiten / wie überall, also auch hier, unterschiedliches geändert hat, wie die hier nöthige und nutzliche Collation des Nicodemi Frischlini Stipendii Theologici beweiset. Conf. Operum Poeticorum Part. Elegiacam L. III. Arg. 1601. Oct. dann obwohlen solches Theologische Stipendium mit anderen Collegiis in Dännenmarck, Engelland und Teutschland vieles gleiches hat, so ist dennoch die Constitution in vielen gantz unterschiedlich, worein sich viele Exteri nicht zu schicken wissen. Dann wann man von Repetenten, Magistris Vulgaribus, Complenten, Novitiis redet, so wissen sich viele nicht in diese Ordnung zu schicken, wie ich es in meinem Itinere Literario selbst ersehen habe. Es theilen sich nemlich die Incolæ Stipendii in vier Ordnungen ein, in Magistros Repetentes, Magistros Vulgares, Philosophiæ & Humaniorum Literarum Studiosos. Dann hier die Tyferniten, und Mömpelgardter keine besondere Ordnung ausmachen. Alle werden ordentlich aus denen Clöstern und Gymnasio Illustri auf die Universitæt in das Theologische Stipendium promovirt, welches erst nach vier offt biß fünff Jahren von der Reception an geschiehet; doch werden einige immediate darein recipirt.

Obser-

Observatio XIV.

Die Magistri Repetentes haben einen alten berühmten Namen, welcher deren Officium überhaupt exprimirt, und die Prærogativ vor anderen anzeiget. Es wolle der Leser hier ansehen, was der Professor Publ. Ord. Oratoriæ Tubingens. Johannes Martinus Rauscher 1654. in der Oratione Funebri Doct. & Prof. Theol. Henrici Schmidii p. 29. davon geschrieben hat: Quid novi hoc Vocabuli Repetentium? Novum minime? nec insolens, nec antiquitati non compertum. Hi olim Romæ Magistri & Doctores pugilatus erant, qui tyrones, suos primum rude batuentes instruebant, postea ad majora certamina exercebant, & sæpius solenne illud REPETE ingeminabant: Ita voluit Serenissimus Noster Princeps, inter suos Alumnos, certos esse quasi Duces, qui reliquos, antequam in publicam quasi Disputationum Palæstram prodeant, prius in Xysto quodam præparent, donec robur aliquod in profectu faciant, ad publica demum conamina ex peditiores, &c. In dem Programmate Rectorali Funebri des seel. Cancellarii Dr. Pregizeri stehet: Post factus Magister Repetens, quod Officium in Serenissimi Principis Stipendio est in Succenturiis post Magistrum Domus inspectio, per statuta Stipendii nulli competens, nisi Theologiæ Candidatis. Adde Summ. Rever. Domini Abbatis Murhartensis Pregizeri Sueviam Sacr. p. 254. sq. Inspectoribus his Stipendii Theologici primariis adjuncti quodammodo sunt septem, vel octo Magistri Repetitionis, ex numero Alumnorum selectiores, qui ipsi quidem stant sub imperio & Dominio sive dispositione Inspectorum Superiorum, nec sine illorum præscitu, vel consensu aliquid ardui suscipere possunt, nihilominus tamen varia mandata Superiorum Inspectorum exequuntur, Studiosos Theologiæ & Philosophiæ nec non Philologiæ in Stipendio docent, examinant, in illorum delicta inquirunt, & res graves ad Superiores deferunt, precibus Alumnorum intersunt, solennes conciones publicas non tantum, sed & Lectiones catecheticas in templo D. Jacobi Tubingæ habent, ibi etiam ordinarie cum Diaconis, in Superiori autem Templo extraordinarie in casu necessitatis S. Cœnam dispensant,

ibidem-

ibidemque etiam pro ordinariis Ministris concionantur, iidem Repetentes quoque Stuttgardiam & in præcipuas urbes Ducatus ad Vicariatum mittuntur. Vergleichen wir aber die Herren Repetentes Magistros gegen andere auf anderen Academien, so sind sie zum Theil in gleichem Gradu mit denen Magistris Legentibus und Adjunctis facultatis Philosophicæ in einigen Stucken aber etwas mehrers, theils, weilen sie ein ordentliches Ministerium Sacrum, wegen predigens und Administrirung S. Cœnæ in der S. Jacobi Kirche haben, und in S. Georgi Kirchen, und bey Special-Superattendenten vicariren; theils, weilen sie unter Direction und Anordnung deren Herren Superintendenten die Disciplinam in Hochfürstl. Stipendio beobachten müssen; auch vor diesem der erste im Collegio, als Professor æstimiret wurde. Das Officium bestehet darinnen, daß sie erstlich die Disciplinarem Inspectionem subordinatam Stipendii 1) ratione der Precum, 2) ratione exeundi & redeundi in Stipendium, 3) ratione morum & carceris custodiæ &c. beobachten sollen. Zweytens, beständig Lectiones Examinatorias Philosophicas & Philologicas varias mit Candidaten, Complenten und Novitiis halten sollen: Examinatorias Theologicas aber mit denen Magistris alle Wochen montags anstellen, vulgò den Locum Theologicum halten müssen, welches eine Profession erfordert, da sie in præsentia des Cancellarii Universitatis, deren Superattendenten und Magistri Domus einen Locum Theologicum mit exercirten und offt älteren Magistris, auch schon gewesenen Vicariis Ecclesiæ, dogmatice, historice & polemice tractiren. Drittens auch die Examina publica

lica Philosophiæ & Philologiæ Studiosorum nach allen Pensis im Stipendio, und nach ihren Profectibus eine Location und Testimonia besorgen sollen, welches gewiß nichts geringes ist. Anderes nicht zu gedencken, sondern nur noch zu melden, daß von dieser Ordnung die Professores Musices sind vor diesem öffters genommen worden; dahero noch jetzo der erste Repetens das Directorium Musices haben solle und Rector Musices oder Musicorum ist, auch einige Duceur deßwegen vom Stipendio geniesset.

Observatio XV.

Die Magistri Vulgares, in der zweyten Ordnung, (welche darum so genannt werden, nicht als wann sie Honore oder Dignitate Magisteriali geringer wären als die Repetentes, sondern weilen sie kein besonders Officium wie die Repetentes auf sich haben, und die Censura Mensalis allgemein ist,) sind zweyerley, entweder Examinati, welche in Hochfürstl. Consistorio sind examinirt und approbirt worden, daß sie in allen Kirchen, wohin sie beruffen werden, Vicarias Operas an deren Ordinariorum Pastorum stelle versehen dörffen; oder non Examinati, welche sich erst zu diesem Examine Theologico præpariren sollen. Von denen Magistris waren vor diesem e. g. annoch zu meiner Zeit, einige die Magistri Morum seu Censores publici, welche nebst denen Repetenten die Ordnung hatten, immoratos Studiosos vor ihren Convent zu fordern, und generalem Censuram über dissolutos mores anzustellen, welches billich nicht sollte abgekommen seyn. Aber! es ist jetzo überall das gemeine Sprichwort: O tempora! O Mores! wo nimmt man jetzt Censores!

Observatio XVI.

Die dritte Ordnung ist der Philosophiæ Studiosorum, welche Complentes genennet werden, und zuletzt den Nahmen der Candidaten bekommen. Der Name Complens, Complentes, ist ein alter Academischer Terminus, der zwar auch auf andern Universitæten gebräuchlich gewesen ist, doch vornemlich in Tübingen von dem Contubernio ist gebrauchet worden, da diejenige, welche ihre Zeit in Philosophia haben aushalten müssen, so gemeiniglich biennium oder triennium gewesen, Complentes geheissen, und die Zeit Tempus Completionis ist genennet worden. Wann nun diese Philosophiæ Studiosi die Merita unter dem Præsidio deren Herren Philosophiæ Professorum pro Gradu Magisterii obtinendo abzulegen anfangen, so nennet man sie Candidatos Philosophiæ & Magisterii.

Observatio XVII.

Die vierte Class machen die Novitii aus; diese sollen nach den alten Legibus zuerst die Lectiones Philologicas & Literarum Humaniorum & Philosophiæ Instrumentalis frequentiren, nachgehends wurden sie ad Lectiones Philosophicas admittirt wie solches annoch ordentlich zu meiner Zeit gehalten worden ist. Weilen sie aber schon die Philosophie in dem Closter und Gymnasio angefangen haben, so sind sie Philosophiæ Studiosi secundi Ordinis. Werden Novitii genennet, weilen sie die letztere ins Stipendium promovirte sind. Vormahlen aber, da der Pennalismus auf der Universi-

tæt

ræt regierte; hatten diese besonderen harten Stand, darvon wir aber nichts weiters melden wollen, obschon vieles möchte angeführet werden können. Diese sollen annoch in den Clöstern den Gradum Baccalaureatus annehmen, welches auch noch jetzo in dem nahen Closter Bebenhausen geschiehet; doch aber von Anno 1564. an, auch in Maulbrunn und anderen Clöstern gebräuchlich ware, da man einem Selectum personarum welche Baccalauriren solten, machte. Wie es in Annalibus Academicis ad 1564. annotirt ist, da es von Maulbrunn, Bebenhausen, Herrenalb, und Hirschau gemeldet wird.

Observatio XVIII.

Diese vier Classes aber des Hochfürstl. Stipendii Theologici sind auch in ihren besondern Officiis unterschieden, die in selbigem innerhalb müssen verwaltet werden. Die Repetenten haben über gemeldete Officia auch noch dieses per Circulationem, daß sie an allen hohen Fest-Tägen die Predigt im Stipendio ob dem Mittag-Essen versehen müssen, das ord. Predigen mittags und abends circulirt durch alle Magistros Examinatos und nondum examinatos da secundum Libros Scripturæ Sacræ die Texte ausgetheilet werden. Auf welche Weise die gantze Bibel schon vielmahlen und öffters ist durchgeprediget worden. Die Complentes haben die Lectionem Scripturæ S. & Librorum Symbolicorum morgens frühe, auch mittags und abends bey dem essen. Die Novitii aber haben die Preces Mensales publicas gleichfalls per circularem Ordinem. Von welchem Frischlinus und Gmelinus billich zu lesen sind.

Obser-

Observatio XIX.

Es sind zwar noch einige Studiosi, welche den Tisch im Stipendio haben, deren aber selten einer auch das Museum darinnen behält. Diese werden Hospites genennet, und speisen an besonderen Tischen. Derselben sind öffters wenigere öffters mehrere, und werden aus sonderbarer Hulde der Gnädigsten Herrschafft, entweder von Fremden, auf Intercessiones publicas, oder von Lands-Leuten ex gratia ad tempus recipirt. Weilen nun diese denen besondern Legibus Stipendii nicht, wie die andere unterworffen sind, so mögen sie studiren was sie wollen, und können wieder abgehen, wann es ihnen beliebt; Sie machen deßwegen keine besondere Ordnung und Claß in dem Stipendio aus, dahero sie auch nicht unter die Stipendiarios gezählet werden, sondern den Namen der Hospitum behalten.

Observatio XX.

Aus welchem allem zu ersehen ist, was für schöne, löbliche, nutzliche und erbauliche Anordnungen in diesem Theologischen Stipendio seyen.

Darbey die Ordinatio Oeconomica gleichfalls zu bewundern ist, wie ein so grosses Corpus wohl und gut aus Hochfürstl. Munificenz unterhalten werde? darvon wir aber hier nichts zu melden haben, sondern auf andere den Leser hinweissen.

Doch kan hier nicht übergangen werden, daß vormahlen auch der so genannte Herren-Tisch im Stipendio, wie auch in andern Clöstern gewesen ist, da die Herrn Antistites des Stipendii zusammen gespeiset haben, auch Gäste bey ihnen sind gespeiset

wor-

worden, so sich aber erst ohngefähr 1684. änderte, da diese Speissung aufgehört hat. Es dienen zum Zeugniß die Worte, Erhardi Cellii, welche in Oratione Funebri Samuelis Heylandi, pag. 21. gelesen werden. Hæc enim perpetua Stipendii Principalis disciplina Mensalis, (de Universali dicere quicquam locus hic non fert) observatur. Accumbitur ab omnibus: oratur: Surgit è Stipendiatis, per vices, qui reliquis edentibus, breviter & docte concionatur: Doctor Superintendens unus, ad minimum, assidet mensæ Principali: Magister item Domus: Procurator: Nunc etiam Dominus Georgius Liebler*us*, cui DEus & Illustrissimus Princeps hæc otia fecit: & siqui alii præsentes sunt hospites: assidet tandem etiam qui concionatus: Cum eo de habita Concione confertur: eruditur: confirmatur: oriuntur hinc ulterius disputandi occasiones. Annon hæc mensa schola vere Theologica, quæ semper Theologum, Professorem, Præsidemque in promptu habeat, censenda est? quot annis huic mensæ, hocque modo, Doctores, Andreæ, Heerbrandus, Brentius, Gerlachius, præsentes nostro semper Heylando præsunt?

Es conferire dieses der geneigte Leser mit der Historischen Nachricht von den Schulen, Clöstern, und dem Hochfürstl. Theologischen Stipendio zu Tübingen in denen Actis Historico-Ecclesiasticis Vinariensibus. Tom. II. P. X. p. 547. sqq. welche Nachricht wir, ausser etlichen Umständen gantz approbiren. Verhoffentlich kan diese Anmerckung ein Supplementum von selbiger seyn, welches auch noch weiter könnte amplificirt werden. Darbey auch die grosse Kirchen-Ordnung Ed. 1660. fol. von dem Stipendio zu Tübingen pag. 267. biß 308. mag conferirt werden. Darinnen aber vieles verbessert worden ist. Doch ist in allem der Grund-Satz geblieben. GOtt aber seye und bleibe auch hier in diesem Stipendio Sonne und Schild!

Der

Der Status Præsens dieses Hochfürstlichen Theologischen Stipendii ist folgender.

Die Herren Superattendentes sind,

Superior, Herr Christian Eberhardt Weismann, S. Theol. Doctor & Prof. P. Ordinarius, Decanus Ecclesiæ Tubingensis.

Inferior, Herr Joh. Christian Klemm, S. Theol. Doctor & Professor P. Ordinarius.

Ephorus seu Magister Domus Stipendii

Herr Israel Theophilus Canz, Log. & Metaphys. Professor P. Ordinarius.

Unter dieser Direction und Aufsicht sind in Oeconomicis.

Procurator Stipendii,

Herr Gottlieb Friderich Engel, seit 1724. dessen seel. Herr Vatter von 1699. biß 1724. und der seel. Avus von 1680. biß 1699. gleichfalls diesem Officio vorgestanden haben.

Controlleur,

Herr Cunrad Friderich Haas, seit 1721. da dieses Officium den Anfang genommen hat.

Das gantze ansehnliche Corpus dieses Theologischen Stipendii, bestehet dermahlen, nach allen vier Ordnungen, aus 308. Personen, deren singula nomina, nach unserem Vorhaben hier nicht können recensiret werden. Ferners sind darzu zu rechnen 16. Hospites, und 8. Famuli, welche aber auch zu Pastoraten und Præceptoraten, nach erlangender Capacität, promoviret werden.

Darbey wir dieses annoch anmercken, daß innerhalb 10. Jahren von dieser gantzen Anzahl keiner mehr sich in dem Stipendio befinden wird, daran man die veränderliche Scenam auf dem Würtembergischen Theatro, nach dem Lauff der erfolgenden Promotionen, abnehmen mag. Ich sage aber zu allen und jeden, bey diesen gefährlichen Zeitläufften und Erschütterungen der gantzen Welt: Wachet/ stehet im Glauben/ seyd männlich/ und seyd starck. 1 Cor. XVI. 13.

Das zwölffte Capitel.

Von denen Frauen-Clöstern.

Neben denen Manns-Clöstern waren auch in Tübingen

Frauen-Clöster/

oder Beginnen (Nonnen) Häuser gewesen,

Observatio I.

Weilen aber fast gar keine Documenten vorhanden seyn, so kan man nicht viel darvon sagen. Wir wollen darvon melden, was bey Petri in seiner Suevia Sacra p. 795. welcher aber auch uns auf Crusium weisset, vorkommt. Dieser sagt: das eine Monasterium Sanct. Monialium, seye Benedictiner Ordens gewesen, und habe den Prälaten von Blaubeuren zum Visitatore gehabt. Das andere möge ein Franciscaner-Closter gewesen seyn, Tertiæ Regulæ. C. Besoldus pag. 562. Documentorum Monast. Virginum Sacrarum. Tub. 1636. schreibt also: So sind daselbst (in Tübingen) ebenmässig zwey Frauen-Clöster gewesen, darunter das eine Sanct Ursulæ genannt, so in An. 1333. von denen Pfaltz-Grafen zu Tübingen gestifft, und Anno 1492. nach Owen, zu Sanct. Petern transferirt

ferirt worden. Er führt auch ferners des EBERHARDI BARBATI Brief, so er noch als Graf Eberhard der ältere gegeben hatte, an, darinnen aus ihrer Supplication die Ursachen enthalten sind, warum diese Closters-Frauen ihr hiesiges Closter verlassen haben, und nach Owen gezogen sind? Weilen ihre Behaussung zwischen zweyen Gassen gelegen, seye, und an beede gestossen habe, da sie haben hören können, was auf selbigen geschehen; weilen sie nun durch tantzen, hofieren, Geschrey und anderes an ihrer Reue, und in dem Dienst GOttes manigfältiglich gehindert und zerstreuet würden, über das von ihren Nachpauren und Umstössen also überbauen wären, daß die weltlichen zu inn und ihr Cellen und Hoffe sehen, sie auch hingegen zu den weltlichen Gesicht hätten, und derselben Wüncken und Zeichen geben möchten, das alles zu einem geistlichen Closterlichen Wesen, nit allein nit diente, sondern auch zu grossen Schaden der Seelen wol reichen möchte ꝛc. so möchte ihnen das Schwester-Hauß in der Vorstatt zu Owen nebst der S. Peters Capellen zu einem Augustiner-Closter uberlassen werden, und wie die Worte ferners lauten: Die gemeldte Priorin und Convente darinn von Tübingen verändert und transferiret, und inen erlaubt würde, ihr Behaussung, andere liegende Güter auch järlich Zins und Nutzungen zu verkauffen, und zu dem Bau des Closters, und in andere geleaenere ‹ • Gueter und Nutzungen zu bewenden, wären sie inn ungezweifelter Hofnung, daß ir Statt und Wesen hoch dardurch gebessert, und sie GOtt dem allmechtigen viel desto ruwiglicher und baß dienen möchten ꝛc. Und waren von diesen Nonnen in Owen noch biß 1572. einige übrig. Dieses Closter in Tübingen ware also St. Ursalen GOtts-Hauß, Sanct Augustins regulierten Orden, wie es in ihrer Supplication stehet. Dieses Closter solle gestanden haben, wo jetzo der Blaubeurer Hof ist. Cruſ. Paralip. c. 6. p. 412. ed. lat. p. 23.

Observatio II.

Weilen nun diese beede Autores sich auf Crusium beruffen, so wollen wir eben die von ihnen allegirte Stellen aufschlagen, und hier bemercken. Also heißt es bey ihme P. III. L. V. c. 8. p. 941. ed. lat. p. 277. Zu Tübingen waren biß auf die Zeiten der Reformation zwey Frauen-Clöster, nemlich das Blaubeurer und das so genannte Nonnen-Hauß; wovon zwar beede Gebäue, noch stehen, aber zu anderwärtigen Gebrauch employirt worden. Hieher gehöret folgendes: Anno 1368 an St. Urbani Tag stifftete Rudiger Lescher, vor seine in dem Convent zu Tübingen lebende Tochter Guta 1. Pf. Heller aus der Löwen-Wiesen zu Kilberg järlich auf S. Michaelis zu bezahlen, so nach ihrem Tod allezeit gedachtem Convent gereicht werden solten. Das hierüber errichtete Instrument unterschrieben und sigillirten auf weissem Wachs, mit und neben gemeldten Leschern sein Bruder Cuntz, sein Sohn Rudiger, und sein Tochtermann Ulrich Mayer von Wassereck. Und P. III. L. V. c. 10. p. 947. ed. lat. p. 284. kommt folgender Schein: Ich Schwester Adelheit, Burgerin zu Tübingen, des Kämerers seel. von Lustnow Schwester, vergiebe offentlich ꝛc. daß ich hab durch meines ehegenannten Bruders, des Kämerers seel. Seel: durch meiner und unser vorder Seel Heiles willen, leuterlich durch GOtt gegeben 10. Schilling Haller ewiges Gelds, järlich zu richten auf St. Martins-Tag dem Lutpriester zu Lustnow, in dem Bann auf dem Stammler, der dritthalben Manns hoch ist: und gibt vormals darauß 18. Schilling Haller-Gelds, dem Herren von Blaubürnen: und stoßt eines theils an der Frauwen Samnung von Tüwingen wiese: Und anderthalb an der Immuzinum von Lustnow wiese ꝛc. Es siegelten die Richter zu Tüwingen. Geben an dienstag vor Joh. Babt. zu Sungithen. Anno 1373.

Observatio III.

Hier muß ich die fernere Untersuchung andern überlassen, ob nicht vielmehr 3. Frauen-Clöster hier gewesen seyen? Weilen doch die Ursellineren 1492. nach Owen wären translocirt worden, hingegen

gen Crusius schreibt, daß biß auf die Zeit der Reformation zwey Frauen-Clöster wären besetzt gewesen. Allein, weilen nicht gar zu viel hieran gelegen ist, so bekümmern wir uns nicht weiters darüber, und überlassen denen geneigten Lesern das übrige nachzuhohlen. Haben sie sich nicht beständig besser gehalten, und Regulmässiger gelebet, als die mehreste Mönche, sowohl Franciscaner als Augustiner, so wäre nicht gut, wann wir mehreres von ihnen wüßten, dann jene grössesten theils keinen gar guten Nachklang nach sich gelassen haben, welches aus dem erzehlten zu ersehen ist.

Das dreyzehende Capitel.

Von denen Universitäts-Häußern insbesondere.

Von denen Clöstern kommen wir nunmehro der Zeit nach auf die

Universitäts-Häußer,

ehe wir die Universität selbsten beschreiben. Das Universität-Hauß nennte man vormahlen, da das erste noch gestanden hatte, das Sapienz-Hauß.

Observatio I.

Dieses enthält unten das grosse Auditorium Theologicum, so Aula Nova genennet wird. Unter diesem das Auditorium Medicum, nebst der Universitäts-Bibliothec &c. In Aula Nova werden alle Theologische Lectiones und Disputationes Sommers-Zeit gehalten, welche sonsten vor mehrerern Jahren, Winters-Zeit, unter der Bursa neben dem Auditorio Homerico sind gehalten worden. Gleichfalls werden alle Disputationes Inaugurales aller hohen Facultäten, auch die Actus Publici solennes Doctorales, Magisteriales und Oratorii Panegyrici darinnen angestellet. Oben ist auf dem mittleren Boden das schöne Senaculum, so mit denen Contrefaiten deren Professorum ausgezieret ist, mit welchen 1636. diese Ordnung gemacht worden ist, daß der verstorbenen Herren Professorum Imagines sollen geändert, die Theologi in Senat-Ring, die Juristen oben bey dem Juristen-Stüblein, die Medici hinter der Medicorum Tisch, die Philosophi aber bey den Ofen gesetzt werden, damit die abkommene Imagines nicht verderbet werden. Gleichfalls finden sich da die Facultät-Stuben und andere Zimmer, Küchen und Cammern. Ob diesen befindet sich der Frucht-Boden, dahin die Universitäts-Früchten aufgeschüttet werden. Dieser Bau brannte 1534. den 11. Januar. ab, darvon Crusius P. III. L. XI. c. 9. p. 238. ed. lat. pag. 626. also schreibet:

Zu Tübingen stehen vornen an dem neuen Universitäts-Hauß diese Worte aber latine, geschrieben:

Anno 1534. wurde das Universitäts-Hauß, (so man das Hauß der Weisheit nannte) durch eine grausame Feuersbrunst in die Asche gelegt. Irgendwo hab ich gelesen, daß dieses den 11. (andere den 15.) Januar. bey grosser Kälte geschehen, und daß die Bibliothec, welche unter diesem Hauß gestanden, samt einem Theil des Collegii zugleich verbronnen. Anno 1547. wurde der neue Bau wieder vollendet; darvon Crusius abermalen anzuhören ist: P. III. L. XI. c. 21. p. 267. ed. lat. p. 664. Vornen an dem Universitäts-Hauß zu Tübingen stehen diese Worte: Anno M. D. XLVII. (ed. lat. 1548.) wurde dieses neue Hauß, welches der Höchste vor die Academie ersprießlich und gesegnet seyn lassen wolle, wie-

wiederum von Grund auf erbauet. Und sind diese beederley Worte noch jetzo eingehauen zu lesen. Beede Begebenheiten sind von Nicodemo Frischlino bey der Oratione Dr. Theodorici Snepfii de Laudibus Academiæ Tubingensis 1578. also bezeichnet. Von dem Brand des Universitäts-Hauß heißt es:

MVLCIber erIpVIt sapIentI teCta LyCEO,
Fœta TVbIngensIs qVa rIgat arVa NICer.

von neuer Auferbauung aber meldet er folgendes:

Igne prIor perIIt, sapIentIa DICta TVbIngæ:
QVa noVa nVnC VIrIDI CernItVr aVLa LoCo.

Observatio II.

Wann die übrige Universitäts-Häußer gebauet worden seyen, ist nicht eigentlich bekannt, doch sind die obere Häußer nebst dem Universitäts-Hauß zu erst gebauet worden, dahero man auch die Kirche wieder neu aufgeführt hatte. Wohl aber ist es von der Bursa oder Contubernio bekannt, daß es A. 1482. gebauet worden, darvon Crusius P. III. L. VIII. c. 17. p. 118. ed. lat. p. 465. also schreibet: In diesem 1482. Jahr hat man unterhalb denen obern Universitäts-Häußern, wo vorhin der so genannte Roth-Rain, ein mit Dornhecken bewachsener Ort war, auch angefangen das Contubernium oder die Bursch (zwischen deren und der Stadtmauer nur eine einige Reyhe von Häußern stehet) auf hohe und gnädige Veranstaltung des Hochgebohrnen Grafen EBERHARDS, als Stiffters dieser Universität zu bauen. Dieses Gebäu ist 78. Schritt lang, und hat 4. Stockwercke, welche von denen Studiosis bewohnt, und Sparen genennet werden. In demselben ist ein Oeconomus oder Speißmeister, welcher die Studiosos durch eine Köchin speißt, und ein Rector, welcher die Inspection über die Pursch, und besonders über die Disciplin und Mores der Innwohner hat. Diesen præsidirt das Collegium Philosophicum von 6. Professoribus, deren jeglicher ein Jahr Decanus ist. Die ober Inspectores sind der Cancellarius Universitatis und der Decanus der Kirche zu Tübingen. In diesem Contubernio reicht der Fürst und der Academische Senat jährlich gewisse Früchten, darmit die junge Studenten darinnen um etwas wohlfeiler leben können; Wie dann eben heute (den 12. Dec. 1591.) da ich samt dem Rectore oder Oeconomo die Rechnung vor den Tisch machte, ein jeglicher Tischgänger (deren 109. an der Zahl waren) wegen der nechst abgewichenen Woche nicht weiter, als 13. Schilling, oder 7. Batzen vor den truckenen Tisch bezahlen dörffen. So hat auch dieses Contubernium seine besondere Statuta. Unten in diesem Gebäu ist ein grosses Auditorium, welches schon von vielen Jahren her, (so 1565. geschehen ist wegen der grossen Frequenz der Zuhörer, so den Homerum haben erklären hören wollen,) das Auditorium Homericum genannt, und worinnen zu Winter-Zeit, von Lucas Tag biß Ostern, (dann im Sommer lesen wir in einem andern und obern Auditorio, welches bey denen Doctors-Häußern ist, (und Aula Vetus heißt) von mir Crusio der Homerus, Thucydides und Cicero explicirt, von meinen Collegis aber das Organon Aristotelis samt seiner Ethic und Physic docirt wird. An der Wand dieses Auditorii stehet die Tafel des Cebetis von Theben, schwartz und weiß abgemahlt, und bey denen Bildern (oder dem Gemählde Apellis, welches bey Wolfio Memor. LL. T. II. p. 955. zu sehen ist,) folgendes geschrieben:

„Porta Vitæ. Fallacia. Fortuna.
„Fortunati. Infortunati, Concupiscentia.
„Voluptas. Opinio. Avaritia.
„Hic vario vulgus ignavum volvitur æstu,
„Affectus, Sortis, Criminis atque doli.
„Hos rapit affectus, hos Sors, hos Crimina: eosdem

„Mox

„Mox cruciat mœror, suppliciumque dolor.
„Ebrietas. Luxuria. Adulatio.
„Vermis Conscientiæ. Luctus. Dolor.
„Pœnitentia. Supplicium. Tristitia.

Hernach:

„Incumbit Sophiæ Studiis hîc maxima turba:
„Aptior excelsas inde meare vias.
„Ad recti callem hæc nam certa viatica præstant,
„Quamvis indoctus id patiatur iter.

Astronomus. Arithmeticus.
Geometer. Grammaticus.
Dialecticus. Rhetor. Musicus.
Jurisperitus. Medicus. Poëta &c.

Es sind zwar diese Worte annoch zu sehen, aber es ist nicht alles mehr wohl zu lesen, weilen dieses Auditorium nur seit meines Academischen Lebens, da ich noch selbsten in demselben Theologice lesen und disputiren gehöret habe, vieles verändert und selbiges zum theil zu andern Sachen ist gebraucht worden. Hingegen ist das Auditorium Philosophicum Hybernum, ansetzo gleichfalls unter dem so genannten Facultät-Hauß, darein man an der steinernen Treppe, welche von dem Universitäts-Hoff in den Bursch-Hoff hinab gehet, eingehen muß. Unter welchem Facultät-Hauß auch sich das Auditorium Juridicum, und Auditorium Philosophicum Æstivum, oder Aula Vetus sich befinden; In selbigem Facultät-Hauß aber werden die Examina Magisterialia rigorosa gehalten, auch die Instrumenta Mathematica, nebst der Philosophischen Bibliothec aufbehalten. Unter dem Universitäts-Hauß und zwischen

schen der Bursa ist der jetzo sehr schön florirende Hortus Medicus, welcher in sehr guten Stand nach und nach ist gebracht worden, daß er von Reißenden gesehen zu werden verdienet. Gegen diesem Facultät-Hauß eben über ist das alte Hauß des Naucleri, welches er als Cancellarius innen gehabt, und worinnen Graf Eberhard mehistens seine Zeit zubrachte, und darinnen speisete, wann er in Tübingen ware, welches offt geschahe. Dieses ist die Ursache, daß es die beständige Wohnung des jedesmahligen Cancellarii bleibet, und jetzo wohl gebauet ist.

Observatio III.

Andere Häußer in der Müntzgaße an diesem Ort nicht zugedencken, welche Gaße nicht von der Sapientia oder Sapients-Hauß den Nahmen haben mag, wie in der Eberhardina Alt. Jubil. Felice pag. 6. vorkommt, als welches gegen die Etymologie lauffet, sondern von der alten Tübinger Müntz-Stätte, welche in dieser Gegend gewesen seyn muß, den Nahmen führen wird; Davon Crusius P. III. L. III. c. 11. pag. 866. edit. lat. p. 176. also schreibet: Es gibt noch zu Tübingen eine Gaß, wo der Universität, und deren von Adel Häußer stehen, welche die Müntz-Gaß genennet wird, weilen ehe dessen die Müntz allda gestanden. Die gemeine Leute sprechen es: Meins, aus.

Observatio IV.

Vornemlich redet Crusius Paralipom. C. VI. p. 411. ed. lat. p. 21. von denen Auditoriis also: Die fürnehmste Auditoria sind. 1.) Aula Nova, oder das Universitäts-Hauß, (unter dem Domo Sapientiæ) wo die

die Theologie gelehret wird. Man macht da Doctores und Magister. Man pflegt auch da Orationen zu halten am Tage S. Augustini, St. Ivonis, St. Cosmi und St. Damiani, der heiligen Catharinä, und am heiligen Christ-Abend: Auch Trauer-Reden von verstorbenen Professorn. In dessen obern Theil ist die Senat-Stube, wo die Berathschlagungen gehalten werden. Uber derselben sind Frucht-Böden, von welchen den Professorn Frucht gegeben wird. 2.) Aula Vetus, wo die Baccalauren gemacht werden. Allda werden die Ethic, Physic, das Organon Aristotelis, der Homerus, und Thucydides, die Orationen Ciceronis, von Ostern bis Michaelis gelehrt, hernach aber zu Herbst und Winter-Zeit biß Ostern unten in der grossen warmen Stuben, in Contubernio, welche die Homerische Stube genennet wird. Nun heist es Aula Renovata, nachdem es die Philosophische Facultät im Jahr 1593. hat ausbessern, und schön zieren lassen. 3.) Das Juristische Auditorium im untersten Theil des Facultäts-Haußes, worein man zur Lincken durch die Müntz-Gaße gegen Abend herauf gehet. 4.) Das Medicinische Auditorium im Domo Sapientiæ unterhalb dem Aula Nova: An diesem Auditorio ist gleich die Universitäts-Bibliothec. 5.) Oben im Facultäts-Hauß ist auch ein schön Auditorium, wo der Mathematicus lehrt, und seine Instrumenten hat. Es sind auch etliche andere Auditoria, als im Fürstl. Stipendio &c.

Diese Universitäts-Gebäude führen den Leser mit mir auf die

Universität

selbsten, als deren Anrichtung und Erhaltung der Stadt Tübingen den offenbahren mehrerern Ruhm gemacht hat, und ohne welche ihro zu leben sehr beschwerlich fallen würde, nachdem alles schon gegen 300. Jahren in solchem einträglichen Stand ist erhalten worden, wie dieses an einem andern Ort solle berühret werden.

Das

Das vierzehende Capitel.

Von der Universität selbsten, ihrem Anfang, und Zeit, Stiffter, Privilegiis, Statuten und Ordnungen, auch Succession der Rectorum Magnificorum und Professorum aller Facultäten.

NIemand wird in Abrede seyn, daß die Universität ein Haupt-Stück von der Beschreibung Tübingen ausmache, dahero gar wohl der Fleiß derselben Umstände zu untersuchen, angewendet werde. Welches ich dann vornemlich um der Frembden und Ausländer willen zuthun unternommen habe, wiewohlen auch manches denen Incolis derselben noch nicht gar bekannt mag gewesen seyn, wenigstens vieles erst hat müssen untersuchet werden. Kommt also hier die Frage vor: Was besonders von dem Statu der Universität zu Tübingen, welchen Nahmen Sie mit recht führet, und nicht nur eine Academie ist, wann man über die Nahmen critisiren wollte, zu bemercken seye?

Observatio I.

Ehe wir aber diese Materie nach unserem Vorhaben zu beschreiben anfangen, wollen wir alle Subsidia hier benennen, aus welchen der Leser ein mehreres für sich auffsuchen mag, und daraus auch wir das Nöthige zu unserer Beschreibung hernehmen. Diese sind entweder ältere oder neuere Scripta, und gehören hieher 1.) M. Cunradi Summerhardi de Calw, Sacræ Theologiæ Professoris Ora-

Oratio funebris & luctuosa habita ad Universitatem Tubingensem, in Officio Exequiarum, quod eadem Universitas pro Illustri Principe, Domino EBERHARDO, primo Duce in Wurtemberg & Teck, tanquam pro suo Patrono & Fundatore, 7. Idus Martii, Anno Christi M. CCCC. XCVI. pie peregit. Qui præclarus Princeps, paulo ante, in Festo Beat. Matthiæ Apostoli, hora Vesperarum, eodem Anno, diem clauserat supremum, bey dem Besoldo Tomo I. Operis Politici Argent. 1626. Juridico-Politicarum Dissertat. Diss. IV. p. 64. biß 81. 2.) Oratio II. Johannis Schneidewini, JCt. & Prof. Wittebergensis de EBERHARDO Duce Wurtembergensi Anno 1552. ibid. bey dem Besoldo p. 82. biß 90, 3.) Oratio III. Joachimi Camerarii, cum Illustrissimi Principis EBERHARDI Ducis Wurtembergensis &c. Ossa è Schönbuchiano Cœnobio Tubingam allata, & in Choro Templi humata essent. (Anno 1537. besiehe Crusium Annal. P. III. L. XI. Cap. 12. p. 243. ed. lat. pag. 632.) bey Besoldo pag. 91. biß 113. 4.) Oratio IV. Dr. Theodorici Snepffii, S. Th. D. ac Prof. in laudem præpotentis Dei, Honorem Illustrissimæ Domus Würtembergicæ, Celebrationem inclytæ Academiæ Tubingensis, à Divo EBERHARDO, primo Duce Wurtembergico, ante annos centum fundatæ, & à Principibus Successoribus clementer conservatæ & auctæ habita. Anno Christi 1578. die XX. Februarii bey Besoldo p. 121. biß 145. Welche Oratio zu Tübingen von dem Georgio Gruppenbachen 1578. besonders getruckt worden. 5.) Oratio V. de Laudibus Illustris Academiæ Tubingensis X. Januar

nuar

nuar. Anno Christi M. DC. XI Herrenbergæ, cum ibidem Juridicum & Medicum Collegium, propter luem pestiferam Tubingæ grassantem hospitium haberent; publice recitata à Jacobo Ehingero, J. V. Cultore bey Besoldo pag. 145. biß 179. Welche Rede zu erst zu Tübingen Typis Theodorici Werlini 1615. ist getruckt, von Besoldo aber sehr erweitert worden 4to. 6.) Panegyricus Academiæ Tubingensis Illustrissimis Celsissimisque Principibus Dn. EBERHARDO & Dn. FRIEDERICO Principibus Wurtembergicis &c. Sacer; In eadem Academia, loco Anniversariæ, Ivonis Festo habendæ Orationis, præsente Illustrissimo Juventutis Principe, Dn. JOHANNE FRIEDERICO &c. die 25. Aug. habitus à Georgio Christophoro von Gölnitz, Tub. ex officina Brunniana. Anno Æræ Christianæ 1649. 4to. 7.) Eberhardina, Magnis Imperiis & Civibus illustris. d. 6. Maji Anno 1675. decantata à Johanne Ulrico Pregizero D. Tubingæ Typis Joh. Henrici Reussii. 8.) Eberhardina altero Jubilæo Felix, seu Celebrati ab Universitate Tubingensi in Laudem Dei Præpotentis, ac Honorem Domus Augustæ Wurtembergicæ, sub Rectoratu Magnificentissimo, Serenissimi Principis LUDOVICI, Ducis Wurtembergici & Teccii &c. quintum continuato, Festi Secularis, quale inde à primo Natali secundum ad diem XI. Cal. Novembr. M. DC. LXXVII. inter Armorum Strepitus, Luctumque ex Ducali Funere publicum, Academia, non ut voluit, sed ut potuit adornavit, Historica Descriptio. Literis Gregorii Kerneri fol. 9.) Memoria Jubilæi Tubingensis Secundi, seu Fontis

Vitæ

Vitæ Wurtembergici, qualem EBERHARDUS I. Barbatus, Sapiens & Probus, fundando hanc Academiam fodere se dixit, Celebratio, IV. Orationibus in Academia Tubingensi, ejusque Auditorio principe, Aula Nova Theologica, d. 22. Octobr. 1687. publice ac solenniter exhibita. Tubing. prælo Kerneriano fol. Die Oratores waren Marcus Christophorus Welser, Patricius Aug. Christophorus Laurentius Welser. P. A. Marcus Christophorus Merer, Johannes Adamus Dasdorff. 10.) Tubinga in flore vernante sub Sceptro Academico Serenissimi atque Celsissimi Principis ac Domini WILHELMI LUDOVICI, Ducis Wurtembergiæ & Tecciæ, Comitis Mompelgardensis, Dynastæ in Heidenheim &c. Anno M. DC. LXVII. d. 9. Maji. Academiæ Tubingensis Rectoris Renunciati, descripta & oblata humillime à M. Johanne Cunrado Höslino, Holzgerl. S. Th. Stud. in Illustri Stipendio Theologico. 4to. Editio II. quæ prodiit Anno M.DC.LXXXII. cum Appendice Designationis Personarum, ibidem hoc tempore. Typis Martini Rommeji. fol. 11.) Tubinga Jubilans in suo purioris Theologiæ Artiumque Liberalium omnium vigore, sub alis Tutelaribus Serenissimi ac Potentissimi Principis ac Domini, Domini EBERHARDI LUDOVICI, Ducis Wurtembergiæ & Tecciæ &c. Domini & Principis sui Clementissimi, ipso Anno Reformationis Lutheranæ Jubilæo II. Versu Heroico celebrata à M. Jacobo Friderico Jungio, S. Th. Stud. Tubingæ, Typis Josephi Sigismundi. 4to. 12.) Tubinga Sedes sat congrua Musis, seu Dissertatio Historico-Topogragraphica de Tubinga, Oppido Wurtembergiæ post Stuttgardiam Metropolin primario. Præsidente Balthasare Raithio, S. Th. D. & Prof. Respondente M. Joh. Ludovico Metz, Mœccmuhlensi. Duc. Stip. Repetente. Tub. Typis Joh. H. Reissi 1677. 4to. 13.) Charitum & Charitinorum Applausus cum Serenissimus Princeps ac Dominus, Dn. EBERHARDUS LUDOVICUS, Dux Wurtembergiæ & Tecciæ, Comes Montispeligardi, Dynasta in Heidenheim &c. &c. faustis Auspiciis Regimen Ducatus capesseret, qualicunque saltem penicillo delineatus à Johanne Christophoro Rumetschio. Tubing. Typis Viduæ Martini Rommeji. Anno M. DC. XCII. fol. pag. 10. seq. & pag. 50. seqq. 14.) Christophori Harpprechti Oratio de vita & obitu Illustrissimi Principis ac Domini, EBERHARDI, cognomento Barbati, primi Ducis Würtembergici &c. recitata d. 5. Jul. 1617. quæ inter Orationes Joh. Harpprechti est XXVII. pag. 716. sqq.

Anbey sind mir von geneigtesten und wehrtesten Händen einige MSta communiciret worden, daraus ich einige Particularia habe sammlen können. 1.) Die Annales Academiæ Tubingensis, welche aber, biß etwas weniges von Crusio in seine Annales sind eingebracht worden, aus welchem einiges wieder in selbige eingetragen ist. Crusius hat die Avtographa gehabt, und ist ihme vornemlich zu glauben. 2.) Die Acta Universitatis Tubingensis, wie daraus D. Martin Aichmann, Cancellarius Würtemb. eine weitläufftige Relation aufgesetzet hatte. 3.) Summarische Relation, wie die Universität Tübingen in Anno 1477. fundirt

wor-

worden, wie Sie zugenommen, auch was sich darbey von Jahren zu Jahren zugetragen. Sie gehet von 1477. biß 1608. und enthält zimmliche Specialiora, so unser Vorhaben nicht eigentlich berühren. 4.) Einige Protocolla Actorum Senatus, besonders tempore des dreyßigjährigen Kriegs. 5.) Das Corpus Privilegiorum. 6.) Einige Avtographa von einigen Supliquen, welche unterschiedliche Professores, wegen der Vermehrung ihrer Besoldungen, dem Senatui Academico übergeben haben.

Observatio II.

Weilen man nun aus diesen jetzt angeführten Documenten vieles weitläufftiges ziehen kan, so will ich desto kürtzer seyn, und nur dasjenige hauptsächlich beyfügen, was zu unserer Summarischen Beschreibung Tübingens nöthig ist. Hier kommt nun vor.

Erstlich die Zeit, wann diese Universität gestifftet worden ist. Dieses geschahe Anno 1477. nach Christi Geburt. Darbey so gleich mich dessen erinnern muß, was in J. Jac. Schereri Synchronismo Histor. Univers. Synoptic. Sangalli 1708. Oct. pag. Y. ultim. ad An. 1475. angezeichnet ist. Romæ Lupanar, scortis singulis singulos hebdomadatim Julios Papæ pensantibus, 76. Tubingæ vero Academia erigitur. 77. Nicodemus Frischlinus bey der Secular-Oration des Dr. Theod. Snepfii zeiget in seinem Chronostico eben diese Zeit an, welches also gelesen wird:

Annosa posVIt PrInCeps hoC Vrbe LyCeVM
BarbatVs; terræ Cara propago SVæ.

Johannes Nauclerus, Præpositus Tubingensis, T. II. Gener. L. fol. 295. b. schreibt also, wie wir es ins Teutsche übersetzen: Eben in diesem Jahr 1477. auf Ansuchen des berühmten Grafen EBERHARDS von Würtemberg und Mömpelgardt, des Aelteren, und seiner Durchl. Frau Mutter, ist auf Apostolisches Ansehen, die Universität der allgemeinen Schul in diesem Städlen Tübingen, Constantzer Diœces, und Maintzer Provinz, aufgerichtet worden, und auch die Pfarr-Kirche St. Georgen des Märtyrers in eine Collegiat-Kirche erhöhet worden. Crusius P. III. L. VIII. c 13. pag. 107. ed. lat. p. 449. schreibt also: In eben diesem 1477. Jahr ist die berühmte Universität zu Tübingen von EBERHARDO Barbato, dem Hochgebohrnen Grafen zu Würtemberg und Mömpelgardt, (welcher sein Vorhaben überall durch Brieffe kund gemacht) als eine Lebens-Quelle, (wie Er Sie selbst nannte) auf Angeben seiner Frau Mutter Mechtildis, und mit Beyhülff seines Oncles ULRICI, glücklich gestifftet worden, darmit Er immerzu einen Vorrath von gelehrten Leuthen haben möchte, als welche Er ehrte, und an denen Er eine grosse Freude hatte, dann dieses hielte Er für den grösten Schatz, welchen Er und seine Nachkommen zur Ehre GOttes, zum Nutz der Kirche und Republic, und zur Zierde und Ehre, seines Landes haben könnte. Hochermeldter Graff hat auch die Tübingische Pfarr-Kirche zu St. Georgen in eine Collegiaten oder Stiffts-Kirche erhoben, und mit tauglichen Canonicis, und einem Probst versehen, zu diesem Ende das Stifft von Sindelfingen transferirt, und hingegen zu Sindelfingen auf Erlaubnis Pabsts Sixti IV. und Kaysers Friederici III. weltliche Chor-Herren gesetzt. Der Universität zu Tübingen ertheilte Er an St. Dionysii Tag schrifftliche Privilegia, welche dem Volck jährlich am Sonntag nach Georgi, in der St. Georgen-Kirchen von dem Stadt-Schreiber vorgelesen werden, darmit jedermann wissen möge, daß man der studierenden Jugend nicht schaden, sondern vielmehr ihren Nutzen überall befördern solle. Teutsch habe ich an einem Ort folgendes von dieser Stifftung gelesen: Anno 1477. ist die hohe Schul zu Tübingen, durch

durch Graf EBERHARD den Bartmann gestifft, und durch Gabriel Bühel, einen Caplans-Mönch gepflantzt. Es hat aber hochgedachter Graf seine Universität vornemlich deswegen nach Tübingen gelegt, weilen diese Stadt, die vornehmste nach der Residentz-Stadt Stuttgardt in Würtemberg ist, und rings umher eine angenehme Gelegenheit und Gegend hat rc.

Observatio III.

Es wurde auch in diesem 1477. Jahr die Ereẽt. Crucis vom ersten Rectore Johanne Nauclero, die Universitäts-Matricul oder Album Academicum angefangen, darein sich zu erst der Abt Heinrich von Blaubeuren, der Cantzler Tägen und viele hohe andere eingeschrieben haben. Vid. Cruſ. P. III. L. VIII. c. 13. p. 107. ſq. ed. lat. p. 449. auch fiengen Cal. Octobr. 1477. alle Profeſſores an Lectiones zu halten. Die Dionyſii wurde das erste Concilium gehalten. Den 26. Octobr. wurde das erste Examen Baccalaureorum angestellt, und ware Decanus Artium Johannes Stein von Schorndorff. Den 19. Jan. 1478. wurde das erste Magisterium angestellt in der St. Georgen-Kirche, NB. allwo auch in dem Chor lange hernach nach abgebranntem Sapients-Hauß 1534. die Lectiones Theologicæ gehalten wurden.

Es widerspricht aber hier die Matricula Artium, laut deren Annalium Academiæ Tubingenſis, als welche ait, ipſos ſaltem Facultati eſſe incorporatos. Dann primus eorum eſt ipſemet Decanus M. Johannes Stein. Sonsten hat Nauclerus vor der Matricul Studioſorum Tubingenſium folgende Præfation geschrieben:

Proſpiciens deſurſum altiſſimus, ut ima ſuperis & ter-

terrena jungeret cœlestibus, humana largitus factura, cum laboris æstu, studioque vigenti & labore suæ saluti consulere, ambiguitatis laqueos dissolvere atque denique licitum ab illicito discernere queat.

Universitate igitur studii generalis in oppido Tübingen, Constantiensis Diœcesis, feliciter inchoata, diversarum nationum viri, morum venustate, virtutumque & scientiarum floribus perornati, illuc confluere non recusarunt. Quorum doctrina salutari ad altitonantis laudem, ignorantiæ rubigo perpetim confluentis depellitur, ac denique rudes continuato studio in scios commutantur.

Ne autem Personarum hujusmodi varios per eventus transeat memoria, sed earundem nomina scriptis assignata legentium mentes aperiant, lapsamque sic innovent memoriam: non immerito personæ ipsæ dictæ Universitatis matriculam repræsentantes, scriptis solidis veniunt annotandæ.

Qua ex re nos Johannes Vergenhans Decr. D. Rector primævus Almæ Universitatis memoratæ Anno 1477. die S. Crucis &c. personas & supposita infra notata ipsi nostræ matrici incorporare cœpimus, eorundem nomina, ceu subscribitur seriatim annotantes.

Nach seiner Sorgfalt bestellte dieser Graf Eberhard auch, (biß hernach die Bursa oder Contubernium 1482. gebauet worden,) 4. Häußer, für die Studiosos, über welche er 4. Magistros zur Inspection setzte, welche hernach in dem Pædagogio sind Conventores genennet worden. Er berufte auch berühmte Leuthe von andern Universitäten zusammen, und gabe Ihnen gute Bestallung. Gegen die Studenten ware Er sehr freundlich, und nennete Sie nur seine Söhne: Wann Sie vorbey giengen, grüßete Er selbige / entweder mit Worten, oder doch mit freundlichem Wincken. Den Rectorem und Professores ließe er offt, besonders nach seiner Retour aus Italien, zu sich

ruffen,

ruffen, und gienge sehr gnädig, ja fast familiär mit ihnen um, und befragte sich über die schwäreste Sachen. Wann sie aber von ihme giengen, befahl er ihnen seine Söhne, nemlich die Studiosos, an, mit Meldung der Löblichsten Ursache, weilen selbige von ihren Eltern / von denen sie gebohren worden, zu ihnen den Professoribus als Vättern, in Hofnung daß sie wohl proficiren mögen / geschickt worden seyen.

Observatio IV.

Unter solcher Zeit, seit 1477. biß 1742. sind zwey völlige Jubilæa Academica gehalten worden 1578. und 1677. welche wir nicht ohne Ursache bey der Zeit, so von der Universität zu beobachten ist, bemercken. Und ist demnach nunmehro 265. Jahre auf dieser Universität dociret worden. GOtt erhalte diesen Musen-Ort noch ferners in seiner Gnad, und beschütze ihn wieder alles widrige! Lasse auch noch viele gute fromme und gelehrte Leute in selbigem zum besten der Kirche und der Republique erzogen werden!

Vom ersten Jubilæo Academico welches erst Anno 1578. wegen der Seuche ist gehalten worden, ist diese Beschreibung genugsam; der geneigte Leser besehe Crusium P. III. L. XII. c. 24. p. 338. seq. Edit. lat. p. 764. da dieses folget: Den 20. Febr. 1578. wurde zu Tübingen ein Jubel-Fest gehalten, weil nemlich die Universität von ihrer Aufrichtung an 100. Jahr gestanden. Tags zuvor kamen hieher die Durchl. Fürsten, Ludwig von Würtemberg und seine Gemahlin, und dieser zween Herren Brüder, Marggrafen, unter Begleitung vieler Grafen, und Edelleuten. Dieses Fest wurde also gehalten: (damit ichs kürtzlich sage, was in acht genommen. Denn M. Erhard Cell, hat den gantzen Verlauf in einem schönen Lateinischen Carmine weitläufig beschrieben) den 20. Febr. Vormittags um halb 8. Uhr hielt D. Theodoricus Snepff in Aula Nova eine Lateinische Rede, in beyseyn besagter Fürsten, des gantzen Adels, der Closter-Prälaten, Hofgerichts-Assessorn, des Stadt-Magistrats und einer grossen Menge Studenten. Die Rede handelte von dem Lob der Würt. Fürsten wegen Stifftung der Academie, und auf dieselbe gewendeter Wohlthaten. Darauf giengen alle in die nechst dabey gelegene Kirche, unter Heerpaucken und Trompeten-Schall, und hielte da D. Jac. Heerbrand, (weilen der Cantzler Jacob Andreä in Sachsen war,) eine teutsche Predigt, die sich auf die Zeit und gegenwärtigen Zustand schickte. Vor und nach derselben machten die Fürstliche Musicanten eine Music; Nachdeme diese zwey Reden zu ende waren, giengen wir alle hinauf in das Schloß: nach 11. Uhr fieng man an, in der grossen Ritter-Stuben an viel Tischen, zu mittag zu essen, und wurden in 3. Gängen die Speissen aufgetragen, im ersten Gang fünff, im zweyten vier, und im dritten dreyerley Gerichten. Man musicirte mit Singen und auf allerley Instrumenten. Alsdann führte Nicodemus Frischlinus eine Commedie auf, unter dem Titel Priscianus, der in den vorigen wilden Zeiten gestorben, und nun in gegenwärtigen Jahr hundert durch Erasmum von Roterdam und Philipp Melanchthon wieder auferweckt worden. Die Solennität währte biß abends, nach 5. Uhr. Folgenden Tags hielt D. Lucas Osiander eine Leichen-Predigt einem jungen Menschen aus Stuttgardt, Daniel Buchsengiesser, welcher den 19. Febr. da die Fürsten ankamen bey Abfeurung der Stücken auf dem Schloß, da das letzte Stuck zersprungen, sein Leben verlohren. Hernach gab die Universität ein Mittag-Mahl, zu welchem zwar die Fürsten vom Schloß nicht herunter kommen sind, aber die Hof- und Edelleute, Prälaten, Doctores und andere, die alle in dem Sapientz-Hauß an 13. Tischen speiseten. Gegen über in dem benachbarten Hause der Wittwe des seel. Johann Krugs, waren in einer Stuben drey Tische und in einer andern auch drey. Man machte drey Gänge, und wurden bey dem ersten und anderen jedesmal sieben, und bey dem dritten fünff Gerichte aufgetragen. Die Mahlzeit währte biß abends 3. Uhr. Tags darauf haben wir das Ge-

schenck

schenck gesehen, welches der Stadt-Rath durch den Stadtschreiber Isaac Schwartzen, der Universität hat übergeben lassen, nemlich einen fetten Stier, auf dessen Stirn das Stadt-Wappen, auf der rechten Seite des Fürsten, und auf der lincken der Universität-Wappen war. Sein rechtes Horn war verguldet, und das lincke mit Zinober angestrichen. An eben diesem Tage reiseten die Fürsten wiederum ab. Endlich speiseten den 23. Febr. am Sonntag, alle Professores mit ihren Frauen in dem Sapienz-Hauß zu mittag und zu nacht, an sechs Tischen. Und das ist das fröliche Ende dieses gefeuerten Jubel-Jahrs. GOtt allein die Ehre. Darauf aber haben im Monath Augusto alle Prälaten, weil sie zu diesem Fest eingeladen worden und darbey erschienen, der Universität einen kostbaren doppelten Becher verehrt. Aus der Predigt, welche D. Heerbrand den 20. Febr. gehalten, hab ich kürtzlich dieses aufgezeichnet: " wie soll man aber " dieses Jubel-Fest halten? Anfangs sollen wir GOtt lo- " ben, und ihm vor seine grosse Wohlthaten dancksagen, " weil er eine hohe Schul an diesem Ort hat aufrichten las- " sen, und nun 100. Jahr wunderbarlich für dieselbe ge- " wacht und sie beschützet. Hernach sollen wir auch den " Würtembergischen Fürsten dancken, so wohl den verstor- " benen, als auch dem noch lebenden, und ihm freudigst " gehorchen, auch GOtt eiferigst anflehen, daß er unsere " theure Fürsten allezeit behüten wolle für allem Ubel, wie " ein Vogel in seinem Neste seine Jungen: Auch daß er " fürnemlich die Academie erhalten wolle, den Bronnen " des Lebens, wie sie ihr seel. Stiffter genennet hat. Dann " wann die Menschen nicht recht billig handlen, wird dieser " lebendige Bronn versiegen; Wie die so weyland in Grie- " chenland und Asien lautere Bronnen waren, jetzt von den " Türcken verstopfft und gäntzlich verderbt sind. So dringen " alsdann mit Ungestümm falsche Lehren ein, wildes und " tummes Leben, und alles Böse. Ich ermahne aber alle, die da können, daß sie diesen Bronnen erhalten, und als bestellte Lehrer treulich und fleißig lehren, damit junge Leute nicht versäumt, noch die Unkosten vergebens aufgewendet werden. Man besehe die Predigt selbsten über Luc. 7. vers. 1. biß 10. wie sie durch Alexander Hocken in

Tübingen 1578. ist gedruckt worden, aus welcher billig die Worte in Connexion zu lesen sind, welche pag. 25. biß ans Ende folgen.

Observatio V.

Von dem andern Jubileo ist vornemlich die oben allegirte Tubinga altero Jubilæo felix, Tub. fol. 1677. durch und durch zu lesen, aus welchem Scripto dasjenige anch noch hieher gehört, was pag. 1. biß 8. zu finden ist. Wir wollen von diesem II. Jubilæo eine kurtze Nachricht dem geneigten Leser mittheilen, welche wir aus der völligen Beschreibung der Tubingæ altero Jubilæo felicis zusammen ziehen werden. Anno 1677. Dominica Reminiscere, wurde durch ein solennes Programma unter dem Rectorat Printz Ludwigs die Intimation gethan, daß das Jubilæum gehalten werde, damit wann Extranei Promotiones Academicas suchen wolten, sich darnach richten möchten. Gleiche Notification geschahe auch an Städte und Nachbare Ulm, Eßlingen, Reuttlingen, Straßburg, und an die Städte im Lande, wo etwa die Universitæt zu Pest-Zeiten ware aufgenommen worden. Hierauf wurden viele Deliberationes über die Anstalten, welche gantz auf solenne Weise solten eingerichtet werden, gehalten, nachdeme besonders schon unter dem Hertzog EBERHARDO. III. vieles darzu hat sollen colligirt werden. Ins besondere zeigte der Nahme VVILheLM LVDVVIg ein gutes Omen an. Vid. Tubingam Alt Jubil. felicem p. 53. 54. 55. 56. Unter welchen unterschiedlichen Anstalten auch diese besonders waren, daß wann der Hertzog ankommen würde, alsdann die Nobiles aus dem Fürstl.

Col-

Collegio, und der Stadt mit andern Studiosis alle als Deputirte biß Lustnau entgegen kommen, und nach unterschiedlichen Umständen ihre Submission und Dienste bezeugen solten; vor dem Thor solte Ihne der Stadt Magistrat unter Läutung aller Glocken empfangen: In der Stadt solten durch die Strassen die Burger im Gewehr stehen. Zwischen der Kirche und dem neuen Stipendio solten Ihne der Rector Magnificentissimus, Printz Ludwig, nebst dem gantzen Senat und allen Professoribus Ordinariis und Extraordinariis, auch allen Universitæts Studiosis empfangen, darzu solte an diesem Orte ein Triumpf-Bogen verfertiget werden mit vielen Emblematibus, auf welchem die angekleidete Musen auf ihren Bergen sitzende ein schönes Lied bey der Ankunfft absingen solten, da indessen das Geläut aufhören müssen, und darauf der Rector Magnificentissimus eine kurtze Stand-Rede gehalten, und der weitere Zug auf das Schloß, unter dem Geläut biß zu Abfeurung der Stucke, fortgedauret hätten rc. rc. Allein der unverhoffte Todes-Fall dieses Hertzogs VVILheLMILVDVVIgs, so den 23. Jun. 1677. im Closter Hirsau erfolgte, veränderte die grosse Anstalten, und wurde hernach an statt des Termins der Celebration dieses Jubel-Fests des 27. Aug. der folgende Termin auf den 22. Oct. wegen des Herbsts gesetzt, und zwar durch das zweyte Programma. Vid. Tub. alt. Jub. fel. p. 57. 58. Als nun auf gesetzten Termin, auf die viele ausgeschickte Invitatoria auch an alle höhere und niedere Collegia im Land, die Gesandte und Gäste theils den 20. theils den 21. Oct. in Tübingen ankamen, so wurden ihnen die Speissen aus dem Universitäts-Hauß in die Logementer

zuge-

zugeschickt, und wurde auch alles nöthige vor Mann und Pferde angeschafft pag. 60. auch ware wegen der Sicherheit und Ordnung donnerstag vorhero ein Monitorium de pace & tranquillitate publica angeschlagen p. 62. sq. Hierauf wurde Dominica XIX. post Trinit. das dritte Programma Invitatorium, nebst allen Promotions Programmatibus der Facultæten affigirt, auch die gantze Gegend sauber gezieret, die Gäste aber zu führen wurde wenige Sorge gehalten. Hingegen wurden einige grosse Processiones von der Universität und Senat aus dem Universitäts-Hauß, von dem Magistrat aus dem Rathhauß ꝛc. in die St. Georgi-Kirche angestellt, und nachdem die Gäste in die Universitäts und Magistrats-Stühle eingetheilet worden, wurde der Anfang wegen der Trauer nur mit Gesängen, und dem Te DEum Laudamus gemacht, und hielte die Vormittags Danck-Predigt der Cancellarius D. Tobias Wagner, für die Göttliche Wohlthaten, so der Universität wiederfahren seyen, über Syr. c. L. v. 24. 25. nach welcher alle Professores wieder auf das Universitäts-Hauß, die Gäste aber wieder in ihre Logementer zuruck kehrten. Der zwischen Mittags-Kirchen Gottesdienst wurde nicht solenniter besucht, die Abend-Predigt aber, darbey es wie Vormittags gehalten worden, hielte D. Balthasar Raith als Decanus über I. Reg. VIII. 57. 58. 59. Vid. pag. 186. biß 207. An eben solchem Tag wurden die Gesandte und Gäste ordentlich durch den Professorem Eloquentiæ und Canditatos zu denen offentlichen solenitäten eingeladen p. 63. davon die gesamte Programmata können pag. 64. biß 79. gelesen werden. Den 22. Oct. als an dem Haupt-Tag kamen

men so wohl Professores als Studiosi in dem Universitäts-Hauß zusammen. Worauf der gantze Hauf nach dem Collegio Illustri zugienge, den Rectorem Magnificentissimum, Printz Ludwig, mit seinem hohen Geläit abzuhohlen, und in Aulam Novam zu führen. Solches geschahe unter völligem zusammen läuten auf dem Kirchthurn, und trugen vier Juris Studiosi die Privilegia, Confirmationes &c. so auf Küssen geleget waren, nebst den Rectorats Insignien, des Sigilli, der Statutorum und der Schlüssel, denen die Pedellen vorgiengen, und der gantze Senat mit denen vornehmsten Gästen folgeten. Nachdem man also in das Collegium, und in das Fürstliche Zimmer gekommen ware, wurden bemeldete Privilegia und Insignia von diesen Studiosis mit denen Küssen auf einen besondern Tisch geleget; Selbige aber nahmen sogleich, nach einigen gegen einander gemachten Complimenten zwischen den Fürstlichen Rectore und Dr. Osiandern, als Pro-Rectore, vier Nobiles wieder zur Hand, und trugen selbige dem Rectori Magnificentissimo, in Aulam Novam vor, welchen nunmehro dessen Herr Bruder, Printz Johann Friderich, mit denen Fürstl. Gesandten, Senat und Stadt Magistrat begleiteten. Nach der Ankunfft wurden die Privilegia &c. an einen erhöheten Ort auf dem Catheder, daß selbige jedermann sehen könnte, geleget; darauf der Rector Magnificentissimus sich in den oberen Suggestum, der Pro-Rector Dr. J. A. Osiander aber zur lincken Seiten, wann man hinein gehet, in den unteren stellten, welches alles unter schöner Music geschahe. Erstlich perorirte Rector Magnificentissimus, und nach einer Music so gleich Dr. Osiander

ander. Worauf in voriger Ordnung der Ruck-Weg in das Auditorium Collegii Illustris genommen worden ist, allwo Dr. J. V. Pregizer eine Oration gehalten. Auf die Subsellia waren auch das Programma und Carmina geleget, wie es zuvor in Aula Nova geschehen ware. Nach diesem begleitete man Rectorem Magnificentissimum in sein Zimmer, und empfiengen die vorige Studiosi die Privilegia wider, selbige in das Universitäts-Hauß zubringen. Hierauf begaben sich die Hospites in den Speiß-Saal, und gienge nach einiger Zeit die Mahlzeit an, unter welcher man an die Arme im Namen des Jungen Erbprintzens, Eberhard Ludwigs / denen Armen 150. fl. Geld, auch Brod und Wein unter die Leute austheilte pag. 79. 80. diese drey Orationes findet man pag. 81. biß 100.

Folgenden Dienstag wurden die Promotions Actus vorgenommen und morgens 7. Uhr die grosse Glocke gelitten: Hierauf hohlte man Rectorem Magnificentissimum mit seinem Herrn Brudern, Johann Friderich, auf das Universitäts-Hauß ab, und kamen die Gäste zusammen, und nachgeschehenen Gratulationen gegen die Candidaten, gieng die Procession an, und nachdem die Kertzen-Büblen vorangegangen, führten der Rector Magnificentissimus den ersten Candidatum Theologiæ, den zweyten, der Printz, Johann Friderich / und die Gesandte und übrige, die folgende, darbey die Musici sich hören liessen. Die Decani hielten ihre Orationes nach einander, darnach gabe Cancellarius auf einmal allen Namentlich die Licentiam promovendi, auf welches die Renunciationes erfolgten. Nach vollbrachten Actibus gienge

die

die Procession in die Kirche in die Bettstund, da ein Lied gesungen und Musicirt worden. Beym Ausgang opfferte man, und kehrte die Procession auf das Universitäts-Hauß zuruck, daselbst die Mahlzeit zubereitet ware, und ware alles frölich. Es wurden auch alle Pretiosa der Universität gezeiget, und die güldene Becher fleißig gebraucht. Viele, besonders alle Pastores wurden in der Bursa gespeißt, auch in denen Stipendiis besser essen gegeben. Denen armen, besonders Exulanten wurden gegen 75. fl. aus dem Fisco und Stipendiis dispensirt; Auch Brod und Wein auf dem kleinen Werth ausgetheilet, daß es die Gäste haben von denen Fenstern sehen können, pag. 100. 101. die Renunciations Orationes, Doctorales kommen von pag. 102. biß 130. vor.

Am Mittwoch wurde der Actus Magisterialis und Baccalaureatus von Decano Facult. Philos. Benedicto Hopffero, vorgenommen. Es kamen aber der Rector Magnificentissimus und Printz Johann Friderich und gesammte Gäste nicht auf dem Facultät, sondern Universitäts-Hauß zusammen. Nach dem Actu speißten die Printzen, Gesandte und übrige Gäste im Stipendio Theologico da in vielerley Sprachen geprediget worden p. 133. 134. diese Orationes kommen vor pag. 134. biß 160.

Am Donnerstag hielte Cancellarius eine Dancksagungs-Predigt über Psalm 134. Nachmittag wurde eine Deposition angestellt, und gegen Abend eine Professors-Mahlzeit mit einem Selectu Hospitum und deren Professorum Frauen und Kindern auf dem Universitäts-Hauß angeordnet pag. 160. 161. Und also ware das Finale an diesem Festin gemacht.

Die

Die Verehrungen, welche der Universität sind gemacht worden, werden pag. 130. 131. 132. 133. specificirt. Erstlich übersandte der damahlige Junge Landes-Herr Eberhard Ludwig / zwey dutzend verguldete Tisch-Becher / daran seine Wappen und Subscription zu lesen sind, EBERHARDUS LUDOVICUS D. G. D. W. dono misit Universitati Tubingensi in memoriam Anni Jubilæi II. 1677.

II. Ubergab der Rector Magnificentissimus, Printz Ludwig, einen wohl fabricirten verguldeten Becher von sonderbahrer Invention seines Herrn Hofmeisters, nachmahligen Ober-Vogten und Ober-Hofmeistern des Collegii Illustris, Joh. Eberhard Varenbülers von Hemmingen. Zu oberst in der obern Schale stehet das Bild des Fundatoris, auf dessen Schild ein Mann rucklings ruhend gegraben ist, so ein Wasser-Geschirr unter dem Arm hält, daraus vier Bäche durch einen verborgenen Canal in den untern Becher, so grösser ist, fliessen, und zwar in die 3. obere Frauen-Bilder so auf eben diesem stehen, welche die 3. obere Facultæten vorstellen, da aus denen Brüsten der Wein in die Lufft springt. Und ist auf dem Schild des Fundatoris ferners die Beyschrifft: Hinc quotacunque fluit Guttula, Gemma fuit. Das Bild / welches ein Becher, die Theologische Facultæt anzeiget, hält die Bibel mit ausgestreckter Hand, und ist auf ihrem Schild ein Meer vorgestellt, darneben eine Mutschel ist, so eine Perle in sich fasst, und mit himmlischen Thau befeuchtet wird, mit der Uberschrifft: Fœcundum semine Cœli. Das Bild, welches die Juridische Facultæt vorstellet, schwingt einen Degen. Auf dem

dem Schild zeiget sich eine Hand, so aus den Wolcken reichet, und eine Wage hält, mit der Schrifft: Nec citra, nec ultra. Die Medicinische Facultæt wird durch das Bild angezeigt, welches Kräuter in der Hand trägt; auf dessen Schild sich der junge Tobias mit dem Raphael wie er dem alten Tobiæ etwas auf die Augen legt, zeiget; Und ist die Beyschrifft: Cœleste medetur. Die äussere Theile des Bechers waren auch bezeichnet. Und zwar ist auf einer Seite das Hebräische Wort Jehova mit denen göttlichen Strahlen eingegraben nebst einem Engel, welcher eine Posaune blasset, auf deren abhangenden Fahne drey geflügelte Hertzen vorgellet werden, so sich nach diesem Namen wenden, nebst der Beyschrifft: Ad te Vota volant. Auf der mittleren Seite stehen die Worte der Verehrung eingegraben: Hoc Argentum Memoriæ Jubilæi Academici, cum Voto aurei nascentis Seculi III. sacravit Ludovicus, Dux Würtemb. P. T. Rector. Auf der dritten Seite wird ein schöner Baum gesehen, welcher schöne junge Schosse treibt, und welchen ein beystehender Mann begeusset, die Schrifft darbey ist. Hinc Vita vigorque, Summis ac Minimis. Endlich stellet die Philosophische Facultæt ein Weibs-Bild vor, welches die gantze Kunst Machine unterhält und unterstützet, und einen Spiegel hält; auf dessen Schild einige Bauleute, so den Grund eines Gebäudes legen wollen, zu sehen sind, mit der Beyschrifft: Fundamenta locamus.

III. Die Ritterschafft verehrte gleichfalls einen schönen verguldeten Becher? Auf dem Deckel stehet der Ritter S. Georg mit dem Drachen. An dem Becher zeigen sich drey Bildnissen des Herculis, wie er mit dem Löwen streitet, des Curtii, wie er in die Grube rennet, des Mutii Scævolæ, wie er vor dem Porsenna seine Hand verbrennt, wie auch drey anderer Helden-Bilder. Den Becher unterhält der Hercules, so seine Käule und Löwenhaut an hat, darauf diese Uberschrifft gelesen wird: Inclytæ Universitati Tubingensi in perpetuam rei memoriam consecrat Liberæ & Immediatæ Nobilitatis Suevicæ Ordo ad Nicrum, Sylvam Nigram & Ortenaviam, in Jubilæo secundo, quod celebratur Mense Octobri. Anno M.DC.LXXVII.

IV. Die Landschafft præsentirte einen grossen Pocal. Zu oberst ware die Fortuna zusehen, wie sie mit einem Fuß auf der geflügelten Erd-Kugel stehet, nebst einem Knaben so eine Posaune blaset: Von beeden Seiten hängen zwey Bleche, auf deren einem der Stiffter eingestochen ist, wie er, bey einem grossen Umstand der Leute eine Rauch-Pfanne so mit einer Hand aus dem Himmel herabgelassen wird, an vier Orten anzündet, nebst dreyen Beyschrifften, darvon die oberste ist: Tenebris fugatis, die mittlere zwischen denen Stricken, Conservando; die unterste: Accendendo, Fovendo. Auf dem anderen breiten Blättlen ist folgende Inscription zu sehen, mit Versal Buchstaben.

D. O. M.
PROVIDENTIA.
SERENISS. WIRTEMBERG. DUCUM.
EBERHARDI. I. ULRICI. CHRISTOPHORI. LUDOVICI. FRIDERICI. JOAN. FRIDERICI. EBERHARDI III. WILHELMI LUDOVICI.
P. P. MÆCENATUM. CURA.
ORBI. LUCET. LUXIT. LUCEBIT.
ACADEMIÆ. TUBING. SPLENDOR.

ERGO

ERGO. GAUDE. TIBINGA. JUBIL. II.
FESTO. SATIS. SI. NON. FUNESTO.
POST. OBITUM. WILHELMI. LUDOVICI. PRINCIPIS. PIENTISSIMI. OPTIMI.
LUGE. LETHUM. PRÆCOCIS. FATI.
ACADEMIA. VETUS. FELIX. SIMUL. AC. INFELIX.
FATA. TUA. NUNQUAM. ABRUMPE. LÆTA. ET. BENIGNA. EX. VOT. ORDINUM. DUCAT. WIRT.
PROVINCIALIUM. COLLEG. EORUM.
MEMORIÆ. ÆTERNÆ. CAUSA.
HOC. QUANTILLUM. EST. MUNERIS.
DE. SUO. DANTIBUS.

Den Becher unterstützet die Pallas, so ihren Spieß, Nachteulen und ehrnen Schild bey sich hat, auf dem Schild wird der Hercules erblickt, welcher auf dem Haupt eine Schüssel trägt, daraus das geflügelte Pferd mit dem Mund und forderen Füssen das Wasser in einen Felsen spritzet, und zeiget sich darunter das Wappen der Landschafft mit denen Buchstaben: G. P. V. L. I. W. darunter die zwey Buchstaben, so aber durch eine Linie zerschnitten sind AS. um das geflügelte Pferd ist die Umschrifft: Fons Pulcher sufficit undas. Und ist auf dem Fuß des Bechers die Stadt Tübingen sehr wohl vorgestellt.

V. Der verguldete Becher der Reichs-Stadt Eßlingen præsentiret oben einen Engel, mit der Beyschrifft: Gloria in Cœlis & in Terra Pax. 1677. Der mittlere Theil ist dreyeckicht und hat an den drey Ecken wieder 3. neue kleine viereckichte Becherlen, aus denen von einem in dem andern durch Röhrlein der Wein laufft. Den dreyeckichten Becher unterhält ein Mann, so mit einer hohen Kappen, langen Rock und Scepter gezieret ist. Von den kleinern Bechern haben zwey folgende Aufschrifften: der eine diese: Monumentum

tum Pacis, in Memoriam Jubilæi, ab Inclyta Universitate Tubingensi A. O. R. M. DC. LXXVII. splendidissime celebrati, erectum; der andere folgende: Ab Imperiali Libera Urbe Esslinga, Friedens-Denck- und Danckmal wegen des bey Hochlöbl. Universität Tübingen im Jahr Christi 1677. tertio feyerlichst begangenen Jubilæi aufgerichtet von der H. Reichs freyen Stadt Eßlingen. Diese drey Becherlein unterscheiden kleine Büblen, in der Gestalt der Engeln oder Geniorum, welche Trompeten, Kräntze und Oelzweig tragen: Inwendig in der breite des Bechers ruhen 3. Feld-Stücke: Unten erscheinet ein Engel, mit einem Lorber-Zweig und Cornu Copiæ, wie er auf verbrochene Kriegs Instrumenten und zerstörte Machinen deutet.

VI. die Freye Reichs-Stadt Reuttlingen verehrte gleichfalls einen verguldeten Becher, so einen Deckel hat, in dessen inneren Theil das Wappen der Stadt sich zeiget mit der Beyschrifft: Löblicher Universität Tübingen zum freundlichen Angedencken verehrt von der Stadt Reuttlingen, Anno 1677. als damahlen die Universität das andere Jubel-Fest celebrirte: Auf der eusseren Seite præsentiret sich das Bild der Concordiæ, welches in einer Hand drey Pfeile, in der andern eine Decke hält mit der Innschrifft: Pax & Concordia: Darbey der Adler, als der Stadt Wappen sich sehen laßt.

VII. Von der Residenz-Stadt Stuttgardt wurde ein Cymbium oder Trinck-Becher in Form eines Schiffens verehret. Im oberen Theil ist ein Schwan mit ausgebreiten Flügeln, und darneben drey silberne Rosen. Auf dem Rucken der Schale stehen

stehen die Worte: In Memoriam Jubilæi Universitatis Tubingensis, Anno M. DC. LXXVII. auch der Name Stuttgardt, und das Wappen, die Stutte. Die Schale wird durch ein Meer-Schwein so den Schwantz erhebt, und auf dem Kopff einen Knaben, mit ausgestreckten Händen und Füssen, sitzend hat, unterstützet.

VIII. Der Stadt Tübingen Verehrung ware ein schöner Deckel-Becher, darauf oben sich ein ruhender Hirsch zeiget mit einem Halßband, darauf das Stadt-Wappen zu sehen ist, nebst denen Worten: Jubilæum 1677. Am obern Theil des Bechers stehen die Worte: zu Ehren Gedächtniß Löblicher Universität Jubilæi Anno 1677. verehrt dieses Pocal die Stadt Tübingen. Mitten um den Becher herum ersiehet man die Bildnisse der 7. Artium Liberalium, mit ihren Bezeichnungen und Nahmen: Grammatica, Arithmetica, Dialectica, Astronomia, Geometria, Musica, Rhetorica.

IX. Einen besonderen verguldeten langen Deckel-Becher verehrte Dr. Backmeister, so von unten auf sich erweitert mit der Beyschrifft: Gratitudinis ergo obtulit Universitati Tubingensi, olim Discipulus, & Secretarius ab Anno 1655. ad Annum 1673. Serenissimæ Domus Würtembergicæ, nunc Procurator Cameræ Ducalis, Henricus Backmeister, J.U.D. Anno Jubilæo 1677.

Der damahlige Ober-Hofprediger und Prälat zu Lorch, nachgehender Probst zu Stuttgardt Dr. Christophorus Wölflin, übergabe an statt eines Bechers in das Theologische Stipendium 100. fl. zu einem Capital.

Observatio VI.

Wir fügen endlich zum Angedencken des ersten und andern Jubilæi Academici in Tübingen, das Carmen seculare bey, welches in Dr. Raithens Disp. de Tubinga sede sat congrua Musis, p. 11. sich befindet.

CARMEN SECULARE.

In gloriam DEi, & Laudem Academ. Tubing. à Sereniss. Principibus ac Dnn. DN. EBERHARDO BARBATO: DN. HULDERICHO: Dn. CHRISTOPHORO: Dn. LUDOVICO &c. Dnn. nostris clementiss. FUNDATÆ, RESTITUTÆ, AUCTÆ, & hactenus ulrra Annos 200. conservatæ: in primo Jubilæo à Nicod. Frischlino Com. Palat. Cæs. P. L. Acad. Prof. tunc Ordinario confectum, nunc cum continuatione ad præsens usque JUBILÆUM deductum, inque secundo hoc reproductum.

Gentis humanæ Pater, atque Custos:
Lucidum Cœli decus: ò colende
Semper à nobis: cedò quæ precamur
Tempore festo:

Quo novus denos decies per annos
Orbis exactus, celebrare ludos,
Admonet magno Patriæ Lycèo
Vrbe TUBINGA:

Nam modò hinc anni periere centum.
Cum Scholam Princeps EBERHARDUS illà
Sede fundavit Pater, ad vadosum
Neccaris amnem.

Ante cum diro micuisset igne
Nuncius belli geminus Cometa:
Et ferox armis quateret MATHIAS
Panno Bohemos.

Urbe tum SIXTUS solium tenebat
Quartus:

Quartus: & Cæsar FRIDERICUS orbem
Tertius claro Dominus regebat
Austrius ortu.

Ille ubi colles Libani vetustos
Vidit, & celsum Solymæ sionem,
Ad sacrum Christi trepidâ subivit
Mente sepulchrum.

Vim Saraceni fugiens dolosi,
Voce servatus tenui & Latinâ,
Ex pio voto dedit hæc Latinis
Tecta camænis.

Supplicum Tutor, scelerisque Vindex,
Tardus ad pœnas, inopumque portus,
Subditis clemens pater, & paternæ
Plebis Asylum.

Vivet extentum hic EBERHARDUS ævum;
Notus in Musas animi benigni:
Illum aget pennâ metuente solvi
Fama superstes.

Non minor Virtus fuit HULDERICI
Principis, quando patriæ receptis
Urbibus, Musas studiumque avitâ
Sede locavit.

Crescit, ad puras velut arbor undas,
Fama Divi CHRISTOPHORI, micatque
Teccium Sydus, velut inter ignes
Luna Minores.

Nil DEO majus generatur isto,
Nec viget quicquam simile, aut secundum;
Proximos illi licet occuparit
Natus honores;

Utilis Paci LUDOVICE Princeps:
Utilis bello trucibusque cast ris:
(Arbitror) rerum quoties tuarum
Exiget usus.

MONTE-BELGARUM FRIDERICUS ortus,
Exhibens se Magnanimum reapse;
Filius cui JAN-FRIDERICUS, olim
Titus habendus.

Quò trahis fessum, ô EBERHARDE Magne,
Nil Tuâ expertus mediocre vitâ;

Antecessorum superans, jaces nunc
Flebile funus!

Quis Tui, WILHELM-LUDOVICE Mitis,
Numen ut præsens Venerande nobis,
Possit aut optet (DEUS ô diu da!)
Dememinisse?

Serus in Cœlum redeas, diuque
Lætus intersis populo, Scholæque;
Hic ames dici pater, & benigno
Nomine Princeps.

Te fides & Pax Duce, honor, pudorque
Priscus & neglecta redire Virtus
Audet, apparetque beata pleno
Copia cornu.

Christus æterni soboles Parentis:
Omnium qui res hominum coercet:
Qui mare & terras, variisque mundum
Temperat horis.

Lumen accendat studiumque Verbi:
Jura conservet: Medicumque cœtum,
Qui salutari levet arte fessos
Corporis artus.

Det probos mores docili juventæ:
Det senectuti placidam quietem:
Hasque discentum regat & docentum
Undique sedes.

Hæc DEum sentire Patrem benignum,
Spem bonam certamque domum reporto:
Doctus & Christi chorus & virorum
Dicere laudes.

Eben dieses zweyte hundertjährige Jubel-Carmen ist von obiger Poetischer Feder in Tübingen, in gleichem Genere also ins Teutsche übersetzt worden:

Hör', Himmels-König, Menschen-Vater,
Du stets preißwürdigster Berather,
Was unser Mund heut durch die Lufft
anbetend rufft.

Heut, da der Jahre neues hundert
Zu einem neuen Fest', ermuntert,

Das

Das Teck Athenens Musen-Stadt
zu feyren hat.

Dann heute sind es hundert Jahre,
Daß Eberhard der Stiffter ware
Der Schule, die des Neckars-Strand
mit sich verband.

Man schloß aus des Cometen Feuer
Zuvor des Krieges Ungeheuer;
Matthias plagte Böhmens-Land,
mit Krieg und Brand:

Zu Rom saß damahls Sixt der vierte,
Und Kayser Friderich regierte,
Der Oesterreichens Zweig, und zwar
der dritte war:

Als unser Fürst die alte Hayne
Des Libanus, die Grabesteine
Des Heilands, Zions Burg und Stadt
besehen hat.

Weil er nun von der Räuber Horden
Hier, durchs Latein errettet worden,
So mußte diß Hauß dem Latein
gelobet seyn.

GOtt, der du beten heiß'st, und gütig
Barmhertzig, gnädig und langmüthig,
Und dem, der deines Volckes ist,
ein Vater bist!

Laß diesen Eberhard, den Gönner
Berühmter und gelehrter Männer,
In seinem Ruhm mehr als in Stein
verewigt seyn!

Krön' Ulrich, der die Wissenschafften
Ließ in dem alten Sitze hafften,
Da er das Land, nach seiner Acht,
an sich gebracht.

Laß, wie den vollen Mond im dunckeln
Des Christophs Ruhm und Nahmen funckeln,
Daß seinem Stamm kein Wasser nicht,
kein Safft gebricht!

Es kommt kein grössrer Fürst auf Erden,
Es kan kein Fürst wie Christoph werden,

Doch trägt den nächsten Platz, sein Sohn
mit Ruhm davon.
Fürst Ludwig schlägt die tollen Feinde,
Er schützt im Frieden seine Freunde,
Mich deucht, er könne beydes wohl,
nachdem er soll.
Wer rühmt nicht Friderich, den Grossen,
Der uns aus Mömpelgardt entsprossen,
Und Johann Friderich, sein Bild,
des Friedens-Schild!
Man kan von deinen Lebens-Tagen,
O Eberhard, nur grosses sagen;
Die Väter weichen dir. Ach! daß
du denn schon blaß!
Wer wollte Wilhelm Ludwig missen,
Von dem wir so viel Huld geniessen?
Wer wünscht ihn nicht auf lange hin
mit treuem Sinn?
GOtt lasse dich bey langem Leben
Uns lange Schutz und Schatten geben,
Da Volck und Schule Vatters-Gnad
zu rühmen hat.
Durch dich kommt, Ehre, Friede, Treue,
Die seltne Tugenden aufs Neue,
Wormit des Seegens Uberfluß,
auch kommen muß.
Der Heiland, aus des Vaters Wesen,
Den er zum Herrn der Welt erlesen,
Dem Welt, Meer, Erde unterthan,
der alles kan,
Entzünde seines Wortes Lehren,
Er wehre allem rechts verkehren,
Und gebe, daß der Artzt dem hilfft,
der nach ihm gilfft.
Er gebe Folgsamkeit der Jugend,
Dem Alter edle Ruh und Tugend;
Es bleibe wer hier lernt und lehrt,
gantz unversehrt.
So rühmt: (und GOtt, ich hoff es veste,
Gedencket es gewiß aufs Beste,):

Die

Die Kirch und Schul der Fürsten-Schaar
auf immerdar.

Observatio VII.

Wir sollen hier bey der Universitæts-Zeit des Evangelischen Lutherischen gemeinsamen Jubilæi der gesegneten Reformation nicht gar vergessen. Dieses ist nun zweymahlen seit der Reformation wie im gantzen Land, also auch hier celebrirt worden, wiewohlen das erste mal unstreitig ein grösserer Eiffer und darmit verknüpffte Solennität darbey gewesen ist, da noch so ein schönes Monumentum darvon zugegen sich findet, welches folgenden Titul hat: Jubilæum Academiæ Tubingensis in Laudem & Honorem Omnipotentis Dei; in Memoriam Admirandæ Liberationis è Regno Babylonis Mystico; restauratæque in Germania, opera Lutheri, purioris Doctrinæ Evangelicæ; Grati animi ergo, qua voce, qua stylo, celebratum, anno seculari 1617. prid. Cal. Nov. & diebus aliquot sequentibus. Tub. Typis Joh. Alex. Cellii. 1617. 4. In dieser Collectione sind zusammen gedruckt 1) Oratio Joh. Georgii Sigwarti, S. Th. D. & Prof. atque Pastoris Ecclesiæ Tubingensis habita in Actu Doctorali Joh. Gottofredi Thummii, Superintend. in Herrenals, Inferioris Austriæ, designati, pridie Cal. Nov. 2) Oratio Henrici Boceri, J. U. D. & Antecessoris dicta d. 31. Oct. 1617. in Promotione J. U. Candidati Joh. Isaaci Andleri. 3) Oratio M. Zachariæ Schæfferi Poët. & Histor. Prof. hab. 2. Nov. 4) Oratio Joh. Henrici Hiemeri, S. Th. Doct. & Prof. ac Stip. Th. Superint. de Cursu Vitæ & Meritis Reverendi Patris D. Martini Lutheri habita. 3. Nov. 5) Oratio Panegyrica secularis recitata in Illustri

Collegio Theologico d. 4. Nov. à Cunrado Cellario Poët. Laur. & Philos. Nat. Professore atque Magistro Domus. 6) Oratio D. Martini Rümelini, Græca. d. 5. Nov. 7) Oratio M. Johannis Baptistæ Weigenmajeri, Prof. Græco-Logici. de Calvinianorum Jubilæo. 8) Oratio Dav. Mülleri, J. U. D. Bon. Art. Prof. de Quarta Bestia Danielis. Cap. VII. Conf. Præf. Actor. Jubilæi II. Reform. Würtemb. 1617. p. 26. Hierauß ersiehet man die Anstalten selbigen Jubilæi, welche in Tübingen sind gemacht worden; denen aber diejenige nicht in allem gleich gekommen seyn, welche man A. 1717. auf der Universität angeordnet hatte. Dann das letzte mahl wurde nur ein Programma angeschlagen, und solten die beede damahlige Professores Philosophiæ Ordinarii, der seel. Joh. Eberhard Rösler, und der seel. Joh. Christian Neu, Orationes halten. Doch waren die Actus Academici Promotionum zu beobachten, dann in Theologia doctoritten, jetziger Cancellarius Christophorus Matthæus Pfaffius, und Gottofredus Hoffmann, Superintendens Stipendii. In Jure Eberhardus Draing. Hamburgensis. In Medicina Sechs, Theodoricus Christophorus Scharffius, Alexander Camerarius, Henricus Screta à Zavorziz, Johannes Henricus Buehlius, Jonas Brunnerus, Philippus Jacobus Baur.

Das Andere Evangelische Jubilæum der übergegebenen Augspurgischen Confeßion wurde 1630. da die Clöster von denen Mönchen occupirt waren, dennoch in Würtemberg und also auch in Tübingen, aber still celebrirt. Vid. Andr. Caroli Memorabilia Eccles. T. 1. sec. 17. L. IV. c. 1. p. 737. sq. Pregizeri Ephemer. p. 138.

Das-

Dasjenige aber, so A. 1730. eingefallen, wurde hingegen desto solenner wie im gantzen Land, also auch auf der Universitæt Tübingen durch Orationes und allerhand Promotiones in allen Facultæten celebriret. In Theologia, Rectore Magnifico, Johanne Cunrado Creulingio, Phys. & Mathemat. Professore, Cancellario, Christophoro Matthæo Pfaffio. Promotore, D. Christiano Eberh. Weismanno, doctorirten SS, TT. Joh. Christian Klemm und Daniel Maichel. In Jure utroque, Promotore, Dr. Michael Grasso, SS. TT. Christoph Friderich Harpprecht, Prof. und Philipp. Fridericus Jæger, Schorndorfensis, und Johannes Nicolaus Cronnagel, Dünckelspilensis. In Medicina doctorirten, Promotore, Dr. Elia Camerario, neun Candidati, SS. TT. Christoph David Brodbeck, Philipp Christian Laitenberger, Ernestus Christophorus Caspar, Theophilus Frid. Faber, Josephus Gärtner, Joh. Erhardus Wagner, Johannes Dannenberger, Wilhelm Frid. Jæger. In Philosophia, Promotore, Daniele Maichelio, magistrirten 26. Candidati; Und von eben diesem Herrn Decano wurden auch 24. Baccalaurei creirt. Daß also an diesem Jubilæo wieder herein gebracht worden ist, an Academischen Solennitæten, was an beeden letztern zum Theil unterbleiben mußte.

Observatio VIII.

Zum andern kommt bey der Universitæt zu bemercken vor der Stiffter selber, den wir billich mit mehrerem beschreiben müssen. Dieser ware der ältere Graf EBERHARD, welcher auf Einrathen seiner Frau Mutter, und Consens seines Herrn Vet-

Vetters Graf Ulrichs dieses herrliche Werck angefangen hat. Er ware gebohren zu Urach A. 1445. den 11. Dec. und getaufft den 18. Dec. wovon gar wohl zu lesen ist, was Crusius P. III. L. VII. c. 5. p. 56. ed. lat. p. 382. aus Johann Spenlins, Probsten zu Herrenberg Erzehlung anführet. Sein Herr Vatter wäre Graf Ludwig V. zu Urach, die Frau Mutter aber Mechtildis, Pfaltzgräfin am Rhein. Der Vatter starb 1450. den 23. (24.) Sept. und ist auf dem Tumulo unrecht LIV. gesetzet. Daß es wegen seiner Vormundschafft etwas Strittigkeit gegeben habe, und er Rudolph von Ehingen in die Verwahrung und Auffsicht gegeben worden, und man diesem deßwegen das Schloß Tübingen anvertrauet habe, meldet Crusius P. III. L. VII. cap. 11. p. 69, ed. lat. pag. 401. Die Frau Mutter MECHTILDIS verheurathete sich wieder an ALBERTUM, Ertz-Hertzogen in Oesterreich 1452. und starb hernach als eine abermahlige Wittib 1482. Vid. Pregitzerischen Würtemb. Ceder-Baum. Edit. I. P. I. Tab. XI. p. 11. und Tab. XIV. pag. 14. Und wie sie eine weise Princeßin ware, so muthethe selbige ihren zweyten Ehe-Herrn ALBERTUM zur Fundation der Universitæt zu Freyburg 1464. auf, und hernach auch ihren Sohn EBERHARDUM 1477. zur Stifftung der Universitæt Tübingen.

Bey diesem Herrn ware es darum unter andern Dingen etwas singulaires, daß er die Liebe gegen die Gelehrten behalten, und dardurch sich auch zur Stifftung dieser Universitæt hat aufmuntern lassen, weilen solches gleichsam wider seine gehabte Aufferziehung lieffe und stritte, da man seinem Informatori Johanni Nauclero, von der Vormundschafft bey

dem

dem Hof verbotten hatte, ihne die Lateinische Sprache zu lehren, indem ihme das Teutsche schreiben und lesen zu können, genugsam seye; Unterdessen er zwar alle Ritterliche Exercitia also ergriffen, daß er andern es bald zuvor that; aber dannoch hernach diesen Personen die Versäumniß der Sprachen öffters vorgeworffen hat. Conf. Crusii Ann. P. III. L. VII. c. 9. p. 65. sq. ed. lat. p. 395. da es also gelesen wird: Zum Præceptore hatte er Johannem Naucler von Tübingen, welcher nachgehends Probst der Kirche zu Tübingen worden. Es durffte aber Eberhardt nicht Lateinisch reden, dann seine Gouverneurs, und die Hof-Cavaliers, liessens nicht zu unter dem Vorwand, er habe genug an seiner Mutter-Sprach, welche Versaumnüß er nachgehends sehr bedauert, und die Schuld darvon diesen seinen Hofleuten öffters vorgeworffen. Sonsten ware er wegen seines guten natürlichen Verstandes sehr gelirnig, und lernte fertig lesen und schreiben. In denen Exercitien, als z. E. in Fechten, Reuten, Jagen, Vogelfangen, Tantzen, hat er sich ebenfalls trefflich perfectionirt; auch an jungen Cavaliers, die auf eben diese Studia gehen liessen, seine Freude gehabt, und hingegen seine alte Räthe, nicht sonderlich geachtet; Er war alerte, aufgeweckt, und munter, und andern seines gleichen in Ritter und Hofsachen und Sitten immerzu überlegen. Weil er aber weder von grosser Leibes Statur, noch von sonderlichen Leibes Kräfften war, so mußte er sich mit seinen alzuvielen, oder auch unzeitigen Strapazen an seiner Gesundheit nothwendig schaden, welches er auch in folgenden Zeiten durch unterschiedliche Maladien empfunden. Was er aber hernach vor ein grosser, weiser und gütiger Fürst worden, wird unten an seinem Ort zur Gnüge gezeiget werden.

Nachdem sein älterer Bruder Ludwig den 10. Nov. 1457. im 19. Jahr seines Alters zu Urach gestorben, und zu Gutterstein begraben worden, war er der einige übrige Erbe seiner Vätterlichen Landen, über welche er auch noch in den Jahren seiner Minderjährigkeit und Vormundschafft die Regierung angetretten

getretten, und mit zunehmenden Jahren, in seinem Männlichen Alter eine Gravitætische und recht Fürstliche Lebens-Art an sich genommen, dessen ein Zeugniß seyn kan sein Buch: die Sprüche der Weisen, darinnen durch lustige und annehmliche Apologos, der Lauf des Hof-Lebens, und andere Welt-Gebräuche beschrieben werden, und welches Buch in das Lateinische und Italienische ist übersetzt worden.

Observatio IX.

Es ist nicht unnutzlich, wann wir Naucleri eigene Worte aufschlagen, welche weitläufftig sind, und in der Chronographia, seu Memorabilium Chronico-Commentario Vol. II. P. II. Gener. L. p. 301. a. b. sich finden, darinnen sein Gutes und Böses, auch was Lobens-würdig oder Verwerffliches er an sich gehabt, enthalten ist. Unter anderem heißt es: Mater luctus tempore completo superinduxit illi Vitricum, Illustrissimum Principem ALBERTUM, Archi-Ducem Austriæ, unde factum est, ut reliquum Pueritiæ tempus sub tutoribus degeret. Erat autem Puer indolis eximiæ, cui ego primas literas tradens prohibitus sum, ne eum latinum facerem, satis esse ducentibus, si Vernaculam linguam legere didicisset & scribere, quod ille Vir factus tulit molestissime. Und nachdem er sein freyes Leben in der Jugend erzehlt, fahrt er fort: Factus est simul rerum omnium indagator solertissimus, erat enim celsi ingenii & ardentis animi, sapientes propterea in quacunque re incredibili benevolentia & observantia cepit venerari. Et licet literarum latinarum esset penitus ignarus, literatorum tamen hominum

minum conversatione delectabatur plurimum, quos ut erat ingenio promptus jugiter & de industria disputantes fecit. Et si quid notatu dignum audivit perpetuo retinuit, memoria enim admirabili pollebat, ita ut non res solum, sed & causas, loca, personas fideliter conservaret, & pugillaribus quibusdam seu enchiridiis uti solebat, quibus fideliter, quæ acceperat, commendabat; disputabat adeo convenienter de quibuslibet, ut experimentum omnium artium crederetur habere, Libros etiam vernacula lingua conscriptos omnes quæsivit, ac avidissime perlegit, multa ad hæc præclara opera in linguam teutonicam verti è latino curavit, atque his quidem instrumentis orationem suam, ut erat eloquentia admirabili, sive historiam velles, sive sententias, exornavit. Nec aliarum rerum studia neglexit irrequietus à natura & plenus negotiorum, ut non modo alteri alterum succederet, sed sese mutuo truderent, nec hominem respirare sinerent. Ferners: Ne sibi ac subjectis suis tanta deesset (NB. in scientiis proficiendi) commoditas Universitatem Studii generalis privilegiatam, in oppido suo Tübingen autoritate Apostolica erigi fecit & fundavit, in qua usque in præsens, Sacræ Theologiæ, Canonum & Legum, Medicinæ ac Artium Facultates floruerunt, florent ac vigent. Ferners nach Erzehlung von Stifftung des St. Peters-Closter im Schönbuch rc. Religiosis & Ecclesiasticis honestatem aliquam præ se ferentibus bonus erat & propitius, indisciplinatis vero & præsertim mendacibus subamarus, ea ex re fere monasteria omnia suæ ditionis & vicinorum, ut reformarentur, operam dedit indefessam; Justitiæ quoque præcipuus Zelator habitus est, nec illi solum curæ fuit, ut subjecti, quibus præerat, synceriter justitiam administrarent, sed etiam nonnullas consuetudines, quæ minus æquitatis videbantur habere ad normam redegit Justitiæ.

Endlich von seinem Tod meldet er unterschiedliches, wie Er seine vornehme Ministros ihrer Pflicht erinnert, seine Gemahlin sehr freundlich getröstet, einige Meß-Priester, welche von weltlichen Sachen mit Ihme reden wollen, abgewiesen, und zwar mit diesen Worten, Er wolle jezo solche Rede hören / wodurch sein Glaub gestärcket, die Hofnung entzündet / und die Liebe angeflammet werden könne, Er habe die Sorge der Welt verlassen / und gedencke jezo allein an GOtt. Nachdem auch die Schwachheit zugenommen hatte, faßte er sich doch wieder, auch nach der Beichte: Satzte sich wieder auf, und sprach erstlich mit gebrochenen Worten einige mahlen, Domine ago tibi gratias: Ich dancke dir HErr! Endlich aber deutlich: O GOtt du Schöpffer Himmels und der Erden, ach laß mich dich erkennen und erblicken: So jemand ist, deme wider Billigkeit meine Regierung schwer und ungerecht gewesen, so solle solches mit Aufwand aller meiner Haabe ersetzet werden! Und wann hiermit dir mein gnädiger GOtt und Schöpffer noch nicht genug gethan ist, siehe, so ist hier mein Leib, welchen ich dir aufopffere, züchtige ihne, und mache ihne zu einem Versöhn-Opffer.

Wir haben darum dieses weitläuffig aus Nauclero angeführet, weilen alle folgende Scribenten hauptsächlich sich darauf gründen. Ubrigens wie-

der-

derhohlet M. Cunradus Summenhartus das mehreste wieder, was seine Leibes- und Gemüths-Tugenden anbelangt. Besonders beschreibet Er seine Religion von den Reißen nach Jerusalem, und zweymal nach Rom, von der Stifftung des Closters St. Peters zu den blauen Mönchen in dem Schönbuch, von der Kirchen-Disciplin, von Aufrichtung der Universität, von dem hertzlichen Wunsch und Verlangen, daß Er die Zeit eines allgemeinen Concilii erleben möchte, worinnen die Kirche in Gliedern und Haupt, in Membris & Capite eine Verbesserung bekäme. pag. 72. 73. 74. bey dem Besoldo Diss. IV. de Jure Academiarum Oper. Polit. Tom. I. Vornemlich lobt Er dessen Religion wegen der grossen Liebe und Begierde zur heiligen Schrifft, auf welche Er allen Fleiß gewendet hatte, und sich eine Ubersetzung über die andere machen ließe. Es verdienen die Worte des Summenharts aufs neue gelesen zu werden, wie selbige pag. 68. 69. zu finden sind, und wir selbige lateinisch anführen: Qui V. & N. T. Canonem (in quo solo ut in fonte, omnis literarum Sapientia residet) tam crebro legit, sibique legi constituit, legendo denique complevit sæpius: tamque tenaci lecta commendavit memoriæ, ut eum quasi Bibliæ Professorem censuisses. Qui nonnunquam Lectores suos, priusquam ipse Sapientiæ satiaretur cupidissimus, lassos reddidit, atque fastidiosos: quippe in legendis libris laboriosissimus, & vix etiam ulli Scholasticorum, hac in parte evasit, secundus. Commonierat eum forsan illud Deuteronomii XVII. v. 18. sqq. &c. Porro: Adeo denique in his profecit, ut quamplurimis etiam Ecclesiasticis atque Monasticis Viris (quod dolens proh dolor refero) in Sacrarum Scripturarum Libris non inferior inventus sit, sed superior. Nec Historialibus Bibliæ Libris (quibus nonnulli etiam cæterorum sæcularium incumbunt) contentus extitit, verum id egit, quo quod verus esset amator Sapientiæ, evidentius apparuit: quoniam ampliori & singulariori diligentia, his qui sapientiales dicuntur, vacabat Bibliæ Libris: Proverbia puto Salomonis, Ecclesiasten, Ecclesiasticum, atque qui Philonis dicitur: Quibus quidem ita intendebat, ut nec una eorundem translatione, satiari posset Sapientiæ cupidissimus ejus animus, nisi aliam atque iterum aliam acciperet; quasi qui posterius illos sibi traducerent, amplius prælo coacto, minus de sapore ejus rei negligerent, quæ sola sibi sapiebat; Sapientiæ scilicet, cujus gustato Spiritu sibi desipuit caro universa &c. Und pag. 73. Si non Religione magnus fuit? Qui Theologicis ita interfuit Disputationibus publicis, ut quanquam hæ productiores essent admodum, & ipse latini expers esset sermonis: etiam scholasticis Viris discedentibus, non discederet: dicens se profecto nullam neglecturum talem, si latinæ linguæ haberet copiam. Und wann Summenhart alles kurtz zusammen fassen wollen, so schreibt er pag. 77. sc. Ut paucis multa concludam: Universa morum honestate præclarus fuit: profundissima prudentia fultus: formidabilis malis: amabilis bonis: justus in omnes: doctis affabilis: prudentibus spectabilis: devotis religiosis familiaris: blandus piis: terribilis impiis: desiderabilis universis:

adulteria persequens: impudicos fugans: effrontes terrens. &c. In der Oratione II. Joh. Schneidewini pag. 87. wird angezeigt, wie der Wendelinus sein Beicht-Vatter gewesen seye, und Ihme die heilige Schrifft fleißig lesen müssen, auch die Lehre von der Gnade GOttes aus dem Augustino, wider den Thomam und Scotum verbessert vorgetragen, ja teutsch eine Summam der Lehre zusammen getragen habe. So bediente Er sich auch des Capnionis oder Reuchlini. Ob Er nun zwar nicht lateinisch verstunde, so gieng er doch fleißig in die Theologische und Juridische Disputationes, und fragte die Seinige, wovon man disputirte, und wann etwas merckwürdiges vorkame, befahl er, daß man es teutsch geben sollte. Zuweilen brachte er offentlich seine Gedancken vor, damit die Controvers weiter erläutert würde.

Oeffters, wann Er zu Tübingen ware, schickte Er seinen Comitat auf das Schloß: Er selbst aber kehrte bey dem Naucler, in seinem kleinen Hauß, nemlich dem Cancellariat-Hauß, so nahe bey der Kirche war, ein. Wann Sie nun Morgens vor Tag aufgestanden waren, und das Gebet vorbey gewesen, wendete man drey Stunden auf Deliberationes, und mußten die Schreiber zugegen seyn, welche die Befehle ausfertigten: Hierauf giengen Sie in die Kirche. Nach vollbrachtem Gottesdienst speißte man zur ordentlichen Zeit in des Nauclers Hauß zu Mittag, und wurden 2. biß 3. so wohl von Adel, als von Doctoribus eingeladen. (Conf. hic quoque Tubingam altero Jubilæo felicem, pag. 2.) Die Mittagmahle aber waren nicht kostbarer als anderer gemeiner

Burger, hingegen die Gespräche von der Kirche, Göttlicher Lehre, offentlichem Regiment, und gegenwärtigen Gefahren ꝛc. desto würdiger. Nach dem Mittagessen konnte jedermann zur Audienz kommen, und Memorialia überreichen. Diesen allen antwortete Er freundlich, und bestimmte die Zeiten, wann man die Resolutiones abhohlen sollte ꝛc. Nachgehends ruhete er ein wenig, und hernach hielte Er die Vesper, in welcher er mehestens die Schrifften von der Lehre der Kirchen lase. Ehe man folgends zum Nachtessen gienge, kame man wieder zu denen Deliberationen zusammen, oder wurden die ausgefertigte Befehle abgelesen. Das Nachtessen ware fröhlich unter allerhand Discursen, darmit Ihme der Schlaff nicht verhindert würde, welchen Ihme die Sorgen offt benahmen. Talis erat, heißt es pag. 88. Aula in illo Tuguriolo senis Doctoris, quæ modestia, sobrietate, castitate, par erat Eremitarum Pauli & Antonii congressibus; utilitate antecellebat, quia horum Deliberationibus regebatur tota Ditio, & Justitia, Pax, Disciplina conservabantur &c. Bleibt also das Cancellariat-Hauß noch jetzo deswegen merckwürdig.

Von seiner Todes-Stunde wird aus denen Reden des Wendelini seines gewesenen Beicht-Vatters folgendes pag. 90. angeführt: Nachdem Er fast drey Tage gar schwach gelegen seye, und nicht reden können, habe man ihne gefragt: Ob er nicht den Leib Christi oder das heilige Abendmal empfangen wollte? Worauf Er ein Zeichen zum Ja! gegeben. Als er nun selbiges mit Ehrerbietung empfangen hatte, erhohlte Er sich gleich-

sam

sam vom Tod, richtete Sich auf dem Bett auf, und danckete mit lauter Stimme seinem GOtt, bate Ihne um Vergebung aller seiner Sünden, und um Schenckung der ewigen Seeligkeit um seines Sohnes willen, und befahl sich GOtt mit diesen Worten: Ich weiß O HErr JEsu Christe/ du Sohn GOttes, daß du haben willst/ wir sollen an dich glauben: Da nun dieses deine eigene Stimme ist: Kommet her zu mir alle die ihr mühseelig und beladen seyd, ich will euch erquicken; So ruffe ich dich an/ so befehle ich mich dir/ und bitte/ und erwarte von dir das ewige Leben, und vergib mir alle meine Fehler in der Regierung/ auch sonsten alle Fälle! Ein mehrers trifft man auch zur Erläuterung in Camerarii seiner Oration an pag. 95. seqq. welches alles dem geneigten Leser aufzusuchen überlassen wird. Und besehe derselbe weiters Christoph. Carl Ludwigs von Pfeil Scriptum de Meritis Serenissimæ Würtembergiæ Domus in Imperium Tub. 1732. 4to. C. III. pag. 80. biß 110. Darinnen der Autor, jetziger Hochfürstl. Würtemb. Regierungs-Rath, schöne Collectanea zusammen gefüget hat.

Observatio X.

Von seinen Reißen sind vornemlich drey zu beobachten. Die erste 1468. nach Jerusalem, und Rom. Die zweyte 1469. nach Venedig mit Kayser Friederich dem dritten, darauf Er nicht nach Rom gegangen ware, ob es schon einige melden. Die dritte 1482. nach Rom. Er hatte Selbst sein Reiß-Diarium und Itinerarium gehalten,

ten, und alles notiret. Crusius beschreibet alle drey Reißen. Die erste nach Jerusalem P. II. L. VIII. Cap. 5. pag. 88. sqq. edit. lat. pag. 424. sqq. mit folgenden Worten: Betreffend die Zeit der Reiß, so ware es der 10. Tag May, nemlich der Tag Epimachi, an welchem Graf EBERHARD, nachdem Er zuvor, in dem Closter Güterstain, von dem Abten zu Herren-Alb in Gegenwart anderer Prälaten, den Seegen empfangen, seine Reise angetretten, und darauf zu Blaubeyren über Nacht geblieben. Den 11. May übernachtete Er bey Graf Eberhard von Kirchberg zu Lysen: Den 12. in dem Closter Ottenbeuren; Den 13. zu Kempten im Closter; Den 14. in dem Marckt-Flecken Rhyd unter Ehrenberg; Den 15. zu Zierl; Den 16. paßirte Er durch Insprug, und blieb zu Stertzingen, allwo Er ein ohngemein schönes Gemähld in der Pfarr-Kirche gesehen; Den 17. kam Er nach Bryxingen und Closen, allwo drey Schlösser, eines oberhalb des anderen. Die folgende Nacht blieb Er zu Gatzen; Den 18. zu Trident; Den 19. zu Laitern; Den 20. speißete Er zu Castel francò zu Mittag, und hielte die folgende Nacht zu Maistern, eine Meil von Venedig, und ein Meil von Tervis; Den 21. kam er nach Venedig, (so 71. teutsche Meilen von Aurach entlegen) logirte da in dem Towtrineischen Pallast, und sahe sammt seinen Reiß-Gefehrden die alldasige Kirchen, und viele Reliquien. Unter andern auch das Haupt und den Arm des Heil. Georgii. Den Tag vor Pfingsten, so der 4. Junius war, brachen sie von Venedig auf, und schifften nach Parenzo, welches 100. Italiänische Meilen von Venedig entlegen. Den 11. Jun. kamen sie nach Ragusa, 400. Meil von Parenzo, welches denen Türcken zinsbar ist, und in die Türckey handelt, übrigens auch einen Ertz-Bischoff hat. Im Fortmarsch sahen sie die Stadt Epydamnum oder Dyrrachium, Italiänisch Durrazzo. Von Ragusa reißten sie 300. Meil biß in die Insul Corcyra oder Corfu; Von Corfu ebenfalls 300. Meilen biß nach Methona oder Modon, und von dannen 100. Meilen biß in die Insul Cythera oder Cerigo. Den 17. Jun. am Freytag nach Frohnleichnam, kamen sie in die Insul Creta oder Candia, 300. Meil

Meil von Modon entlegen, 500. Meil lang, und 300. breit, in deren auch 350. Kirchen seyn sollen. Den 21. Jun. am Dienstag vor St. Johannis, langten sie in der Insul Rhodus an, welche 300. Meilen von Creta weg ligt, und 15. Thürne am Meer hat, darunter 14. mit so vielen Wind-Mühlenen versehen: Von der Insul Rhodus schifften sie 300. Meil in die Insul Cypern, und von dannen den 28. Jun. am Dienstag wiederum 300. Meil nach Joppe oder Jaffa, welches vorzeiten eine grosse Stadt gewesen, damalen aber nur zwey Thürne übrig hatte, unter welchen etliche Cammern seyn, in denen die Reisende zu warten pflegen, biß ihnen aus der Stadt Jerusalem ein sicherer Paß verschafft wird. Am Sonntag, den 3. Jul. in der Nacht kamen sie in das 13. Meilen von Joppe entlegene Dorf Rama, allwo sie auch den folgenden Montag, als an St. Ulrici einen Rast-Tag hielten. Am Donnerstag, als den 7. Jul. ritten sie von Rama aus, 4. Meilen biß nach Emaus, gegen Jerusalem hin. Den folgenden Freytag, als am St. Kilians-Tag, Morgens frühe zogen sie zu Jerusalem ein, und wurden darauf den 9. Jul. von dem Guardian herum geführt, um die heilige Oerter und Sachen in grosser Menge zu betrachten. (Wer diese ausführlicher wissen will, kan sie in andern Reiß-Beschreibungen lesen.) Den 10. Jul. zogen sie nach Bethlehem. Den 12. hat Graf EBERHARD sammt seinen Edelleuthen den Ritter-Orden angenommen. Den 13. kamen sie zu dem Fluß Jordan; und nachdem sie 3. Wochen in dem gelobten Lande zugebracht, kamen sie den 19. Jul. wieder zu Schiff, embarquirten sich darauf den 21. Jul. und schifften wiederum zuruck Italien zu. Den 25. Jul. also landeten sie wieder zu Cypern an, bey dem Dorf Salins, wo ein grosser See ist, und vieles Saltz von selbsten gesotten, und aus dem Wasser wie Steine heraus gegraben wird, ehe und dann es gantz hart wird. Von dannen kamen sie in die Insul Rhodus am Sonntag vor Mariä Himmelfahrt, und den Tag vor Bartholomäi in Candien, allwo Graf EBERHARD von dem Gouverneur dieser Insul, welcher ihme mit Trompeten und Pfeiffen entgegen gezogen, stattlich empfangen, und den 4. Septembr. bey seinem Abschied auch wiederum stattlich biß ans Meer be-

 gleitet

gleitet worden. Den 14. Septembr. am Montag nach Mariä Geburt, schifften sie nach Modon, einer vesten Stadt in Morea, (Peloponeso) welche die Türcken damals inne hatten: Den 19. Septembr. am Montag vor Matthäi, kamen sie nach Corfu, einer wohlbevestigten Venetianischen Stadt auf der Insul gleiches Nahmens, welche 2. hohe Berg-Schlösser hat, und deren gegen über das Türckische Land Albanien oder Arnaut ligt. Von dannen segelte der Edle Graf EBERHARD Rom zu, und nahm mit sich in seine Compagnie Graf Crafften von Hohenlohe, (weiß nicht, wie dieser hieher gekommen,) ferner Veit von Rechberg, Hermann von Sachsenheim, Ulrich von Westerstetten, item 2. Johanniter-Ritter von Halsingen, und Melchior von Rhin, wie auch M. Johann Mynsinger, Medicinæ Doctorem, und endlich Christophorum Capellanum, Georg Surum, Veit Scherer, Joh. Veßler, und M. Joh. Kynig, Köch. Die übrige alle schifften den Tag vor Matthäi Morgens frühe nach Venedig. Graf EBERHARD aber und die Seinige wurden durch einen Sturm wieder in die Insul Corfu zuruck getrieben, und allda glücklich gerettet. Folgenden Tags, an Matthäi, seegelten sie wieder ab, und langten den 22. Septembr. unter grossen Sturm-Winden zu Otranto, und nachgehends den 5. Octobr. zu Neapel an, allwo sie zu Pferdt einen steinigten Berg durch ein gewisses Loch oder Höhle durchpaßirten, so ehmalen in einer Nacht durch Zauberey gemacht worden, wie Virgilius dichtet, dessen Hauß sie auch daselbst gesehen, mit vielen Cammern, worinnen er eine Schule gehabt haben soll. Zu Neapel wurde Graf EBERHARD den 10. Octob. von dem König herrlich tractirt, und mit einer güldenen Kette, wie auch von seinem Sohn mit 2. Pferden beschencket. Den 12. Octobr. am Mittwoch kamen sie nach Capua, einer grossen Stadt. Von dannen zögen sie den 15. Octobr. am Tag vor St. Galli fort, Rom zu, allwo sie auch an Galli Tag selbst Vormittag angelangt, und biß auf den 26. Octobr. verblieben. Den 29. Octobr. am Sonntag kamen sie nach Siena, von dannen am Dienstag den Tag vor Aller Heiligen nach Florentz, von dannen nach Bononien, Merindola, (wo ihnen die Pferde genommen worden,) Verona, Neumarckt, und Merona den 12. Novemb. Von dannen nach Landeck; Den 17. Novemb. nach Fils, den Tag vor Elisabethä. Nach Kempten am Sonntag vor Catharinä; Nach Memmingen, (4. teutsche Meilen von Kempten) am Montag; Und endlich am Dienstag den 22. Novemb. nach Ulm, 6. Meil von Memmingen.

Porro. Man sagt auch, Graf EBERHARD von Würtemberg seye in dem gelobten Land durch Verrätherey der Zigeuner gefangen, aber wieder loß gelassen, und von dem Sultan herrlich geehret worden. Und darum werde dieses heillose Räuber-Gesind in Würtemberg nicht geduldet. Weil übrigens dieser Graf aus dem Gelobten Land einen Bart heimgebracht, und selbigen auch behalten, welches damalen etwas ohngewohnliches ware, so hat er daher den Zunahmen Barbatus oder im Bart bekommen. In seinem Wappen führte Er 3. schwartze Hirschhörner und 2. Barben, (Fische mit Bärten) zum Zeichen von Würtemberg und Mömpelgardt. Umher waren 2. Cedern, zum Zeichen, daß Er auf dem Ceder-reichen Berg Libano gewesen. Sein Symbolum war: ATTEMPTO, Jch wags. Und so ist dann diese Reise zu Ende gebracht.

Von der zweyten Reise schreibt eben dieser Crusius P. III. L. VIII. cap. 7. p. 93. ed lat. p. 431. also: In eben diesem Jahr (1469.) den 9. Jan. begleitete Graf Eberhard den Kayser Friderich, welcher abermahlen eine heilige Reise oder Wallfahrt nach Rom thate, von Aurach aus mit 65. Reutern, und blieb zu Venedig biß auf den 19. Febr. von dannen kam er durch Villach den 1. Martii. nach Saltzburg; den 3. nach Oettingen in Bayern; den 4. nach Landshut, und endlich den 10. Mart. zu grosser Freude der seinigen, wieder nach Aurach.

Der dritten Reise 1482. gedencket Crusius P. III. L. VIII. c. 17. p. 117. ed. lat. p. 463. also schreibende: Im Jahr 1482. zog Graf Eberhard von Würtemberg, der ältere, nach Rom, und suchte beym Pabst Xysto (Sixto) um Erlaubnuß an, ein neues Closter zu bauen; Und, als er dieses erhalten, stifftete er das Closter Einsidel im Schönbuch, ohngefehr eine halbe Meil von Tübingen, nach der

Regul

Regel St. Petri wie an seinem Ort mit mehrerem gesagt werden wird. Bemeldeter Pabst hat am weisen Sonntag zu St. Peter in Gegenwart dieses Grafen, (deme er auch die güldene Rose, dergleichen am Sonntag Lätare consecrirt zu werden pflegen, geschencket, und viel andere Ehren-Bezeugungen gethan,) den Bonaventuram zu einem Beichtiger declarirt.

Auf dieser letzten Reise solle neben ihm ein Cardinal meichelmörderisch todt gestossen worden seyn, deßwegen er auch mit der Ruckkehr greilet habe. Und ob zwar der Pabst Sixtus IV. die Confirmations-Bulle der Universität, und auch die Concession das Closter St. Peter, oder der blauen Mönchen zubauen, gegeben hatte, so gabe doch dessen Successor so ihme 1484. gefolget hatte, Pabst Innocentius VIII. kaum vor seinem Lebens-Ende 1492. erst die Confirmations-Bulle heraus, daß also zwischen der Fundation des Closters und der Einweyhung gegen 10. Jahre verflossen sind. Darvon Crusius P. III. L. IX. c. 5. p. 140. ed. lat. pag. 497. dieses meldet: In dem Schönbucher-Wald wurde von dem Edlen Grafen EBERHARD, dem Aeltern, das Closter Einsidel, nach der Regul Sanct Petri, vor Priester, Edelleute und Burger aus Würtemberg und Schwaben gestifftet: Worvon ein deutsches Büchlein vorhanden ist, so Anno 1493. zu Ulm Forma 4. getrucket worden, welches in Moseri Urkunden P. I. p. 103. biß 182. zu Tübingen in 8. eingerucket worden ist, adde Cruf. P. III. L. XII. b. 26. p. 342. ed. lat. p. 769. Es ist An. 1580. 6. May durch Verwarlossung, als man das Bad gewärmet, abgebrannt.

Von der ersten Reise aber nach Jerusalem muß ich noch eine Tradition beyfügen, welche diejenige ist, daß er einen Dorn-Zweig, von der Gattung, darmit Christi Crone ist geflochten gewesen, mit sich

aus

aus dem gelobten Land gebracht, und in dem Einsidel eingesteckt habe, daraus hernach derjenige Dornstrauch erwachsen seye, welcher von Zeit zu Zeit, ein Zeichen der Auf-oder Abnahme des Hochfürstlichen Hauses ist unter den Leuten gehalten worden; und darvon man noch jetzo etwas übriges vorzeiget, nachdem er zuweilen biß auf ein einiges Zweiglen abgegangen. Ob diese uralte Erzehlung und Tradition wahr seye, überlasse ich anderer fernerer Untersuchung. Dieses ist gewiß daß ein solcher Hagdorn von seinen Zeiten an in Einsiedel in dem Schlößle oder so genannten Stuten-Hauß gewesen ist, wie ihne Crusius P. III. L. XII. c. 26. p. 342. ed. lat. p. 769. beschreibet, und zwar mit folgenden Worten: Daselbst ist ein anmüthiges Schlößlein, Stuten-Hauß genannt, und ein Hagdorn (Rubus Canicus) der so groß und ausgebreitet ist, daß er im Umfang 52. Ehlen hält, und auf 40. steinernen Säulen ruhet: Niemand kan auch dessen Stamm umfassen: Es sind auch schöne Reben um die Wände des Schlößlein gezogen: Man siehet auch jährlich in der Nachbarschafft des Waldes gantze Heerden Hirsche auf-und abgehen. Jetzo ist nur etwas weniges noch übrig, scheinet aber nicht von solcher Gattung eines Hagdorns mehr zu seyn.

Observatio XI.

Eben dieser Stiffter EBERHARDUS BARBATUS, wurde 1495. zum ersten Hertzog in Würtemberg gemacht, darvon der Vers bekannt ist:

Barbatus, Senior sapiensque probusque vocatus
Wirtberga primus Dux redimitus erat.

Sein Symbolum ware: Attempto: Ich wags; oder auch, ich dencke nach! Von ihme sind auch die Rythmi in Annalibus Cœnobii Bebenhusani, Tom. X. reliq. Diplomat. Mscr. p. 407. bekannt.

Ro-

Rosarum Rosa Würtemberg stirps Generosa.
Longe laudati, Comitesque nominati.
Mömpelgart ditati, post hoc Duces nominati,
De quibus est primus nomen cui Eberhardus,
Ad bona non tardus, fragrans ubique ut nardus,
Nam laus ejus late diffunditur ex probitate
Post vitæ cursum, ductus ad æthera sursum.

Von seiner Erhöhung zu Worms zum ersten Hertzog in Würtemberg, wie selbige 1495. 21. Jul. von Kayser Maximiliano freywillig ist vorgenommen worden, zeuget Crus. P. III. Annal. L. IX. c. 5. pag. 142. ed. lat. p. 500. Nachdem er den vortrefflichen Comitat des EBERHARDI BARBATI nach diesem Reichs-Tag nach Worms erzehlet hatte, so fährt er also fort: Auf diesem Reichs-Tag hat Kayser Maximilian am Tag vor St. Magdalena den 21. Jul. den Grafen Eberhard, (freywillig und ohne sein begehren) zum Hertzog von Würtemberg und Teck mit eigener Hand creirt. Und auf diese Art wurde das Hertzogthum Teck, welches schon längst darnieder gelegen, wieder aufgerichtet. Die Ceremonien, womit dieser Hertzog creirt worden, wird von Johanne Cinturio und andern also beschrieben: An dem Tag, welcher zu diesem solennen Actu bestimmet war, wurde Graf Eberhardt von zwey Land-Grafen von Hessen, denen beeden Wilhelmen zur Rechten, und von dem Fürsten Rudolph von Anhalt zur Lincken, in die Versamlung der Chur-Fürsten und Fürsten eingeführet, allwo sie zu den Füssen des Römischen Königs niedergefallen. Hierauf nahm dieser den Grafen Eberhardt aus dem Grafen-Stand heraus, machte ihne zu einem Hertzog, und gab ihm 1) den Hertzoglichen Mantel. 2.) den Hertzoglichen Hut. 3.) den Hertzoglichen Degen, samt dem Hertzoglichen Wapen und Titul. Nach diesem begehrte Graf Itelfritz von Zollern, Johann von Werdenberg und Craft von Hohenlohe, die Regalien und Reichs-Lehen vor ihne von dem Kayser. Als darauf Befehl gegeben wurde, mit einem schwartzen und gelben Fahnen um den Kayserlichen Thron herum zu reiten: Kam Hertzog Eberhardt mit

5. Fah-

5. Fahnen und 200. Reutern von seinen Vasallen und Edelleuten, und zu seiner Rechten, die obgenannte Land-Grafen von Hessen, zur lincken Seite aber der Fürst von Anhalt. Unter diesen 5. Fahnen war die erste des Hertzogthums Würtemberg, welche von Simon Wecker, dem Grafen von Zweybrück und Bitsch getragen wurde; Die andere des Hertzogthums Teck, welche Graf Wolff von Fürstenberg, Herr zu Hausen im Küntzinger Thal trug: Die dritte der Grafschafft Mömpelgardt, von Simon von Falckenstein getragen: Die vierdte (eine gelbe Fahne mit einem schwartzen Adler) war die Kriegs- und Sturm-Fahne des Reichs, und wurde von Grafen Bernhard von Eberstein getragen: Die fünffte und letzte ware gantz roth und blutig, und beditte die Regalien, und diese trug Baron Stephan von Gundelfingen. Also ist Graf Eberhardt mit allen Ehren zur Hertzoglichen würde erhoben, und mit Hertzoglichen Regalien beschencket worden. Conf. Nauclerum Vol. II. Gen. L. p. 301. Cuspinianum de Cæsaribus in Imperatore Maximiliano I. p. 488. Chytræum in Chronico Saxoniæ. L. 7. p. 214. Inprimis J. Mich. Hallwaxi, Histor. & Eloqu. Prof. Tub. Programma quo defendit Eberhardum Barb. de accepto Titulo Ducis 1729. welches in Moseri erleutertes Würtemb. P. II. p. 199. sq. eingetragen ist. Es zoge dieser neue Hertzog hernach in Tübingen am St. Pelagii Tag ein. Er lebte aber nicht lange mehr in dieser neuen hohen Würde sondern starb, wie wir zum Theil schon gemeldet haben, hier in Tübingen, dahin er auf Einrathen der Medicorum gebracht ware, und sich immer zu viel ermannen wollen, auf dem Schloß 1496. die S. Matthiæ; Und wurde er im Closter St. Peters im Schönbuch, dessen Stiffter er gewesen, begraben, darvon Crusius P. III. L. IX. c. 6. p. 145. ed. lat. p. 504. also schreibet: Im Jahr 1496. ist der Durchlauchtigste Hertzog zu Würtemberg und Teck, Graf zu Mömpelgardt ꝛc. Herr Eberhard im Bart, oder der Aelterе,

ere, zu Tübingen auf dem Pfaltz-Gräflichen Schloß den 24. Febr. an St. Matthiæ, nachmittags um halb 4. Uhr, nachdem er 51. Jahr, und einige Wochen alt worden, am Fieber, Diarrhoe und Stein gestorben, und darauf in dem neuen Closter Einsiedel, im Schönbuch, (oder zum blauen Mönchs-Hauß, wie es insgemein genannt wurde, alwo auch Gabriel Biel begraben liegt,) auf Veranstaltung der alldasigen Mönchen, in einer blauen Kutte begraben worden, nachdem er die jüngst erlangte Hertzogliche Würde nur 13. Wochen genossen. Er war nicht von grosser, aber starcken Leibs Constitution, und hatte einen zimmlichen Bart rc. Und bliebe er daselbst biß 1537. (1538.) begraben liegen; da Hertzog Ulrich seine Gebeine nach Tübingen in St. Georgi Kirche, in der Fürstlichen Grufft beysetzen lassen.

Bemeldter Kayser Maximilianus als er auf seinem Grab in dem Einsiedel stunde, redete also von ihme: Hier ligt ein solcher mit Klugheit und Tugend dermassen begabter Fürst, deßgleichen er im gantzen Reich keinen gehabt, dahero er sich seines Raths offt mit Nutzen bedienet habe. Conf. Cruf. P. III. L. IX. c. 7. pag. 147. Seine Gemahlin, mit welcher er auf das keuscheste lebte, ware Barbara, eine Tochter Marggrafen LUDOVICI zu Mantua, und Frau Barbara, eine Tochter Johannis Marggrafen zu Brandenburg, welche er in seinem 29. Jahr heurathete. Die Vermählung wurde in Urach an S. Ulrichs Tag 1474. angestellet; auch wurden darbey vierzehen tausend Menschen gespeißt, und lief neben der Speiß-Kammer ein Brunn mit Wein von drey Röhren, in dem Brunnen-Trog aber lagen höltzerne Becher, deren sich ein jeder nach Belieben bedienen konnte. Vid. Crusius P. III. L. VIII. c. 10. pag. 98. ed. lat. p. 438. Er starb aber ohne Kinder, welche schon vorhero wieder gestorben waren, und succedirte EBERHARDUS II. seines Vatters Bruders Sohn.

Observatio XII.

Drittens solle besonders betrachtet werden die Stifftung der Universitæt selbst, nebst der Bestätigung

tigung derselbigen durch die Diplomata publica; wie auch die Sorgfalt und Anordnung, wie die Professores unterhalten werden? da nun dieses vornemlich auf die Fundations- und Beståtigungs-Brieffe Bullen und Diplomata ankommt, so solle zu unserem Vorhaben genug seyn, daß wir selbige in Extenso hier beyfügen, weilen sie doch in weniger Personen Handen sich finden mögen, man auch selbige nicht leichtlich in serie haben kan. Folgen demnach

I.

Pabsts Sixti IV. Beståttigung der Universitæt zu Tübingen.

d. d. 1476. Id. Nov.

IN Nomine Domini Amen. Heinricus permissione Divina Abbas Monasterii in Blaubeüren; Ordinis S. Benedicti Constantiensis Diocesis, Executor & Commissarius ad infra scripta, à Sanctâ Sede Apostolicâ, unâ cum certis nostris in hâc parte Collegis: cum Clausula. Quatenus vos, vel duo aut unus vestrum in subinsertis literis Apostolicis apposita specialiter deputatus. Universis & singulis has literas visuris, lecturis & audituris, præsentibus & posteris, ac præsertim illi vel illis, quorum interest, intererit, aut interesse poterit, & quos nosse fuerit oportunum: Subscriptorum notitiam indubitatam: cum salute in Domino sempiternâ. Literas Sanctissimi in Christo Patris, & Domini nostri, Domini Sixti, divinâ providentiâ Papæ quarti: ejus vero Bulla plumbea in filis canapi, more Romanæ Curiæ, inpendente, bullatas, non abrasas, cancellatas vel abolitas: nec in aliquâ suâ parte suspectas, sed sanas, integras, & illæsas, omnique prorsus vitio & suspicione carentes: Nobis pro parte Illustris & Generosi Domini, Domini Eberhardi: Comitis in Würtemberg & in Montepeligardo, Senioris, in ipsis literis principaliter nominati als pridem præsentatas: Nos cum eâ quâ decuit reverentiâ accepisse noveritis, hunc qui sequitur tenorem de verbo in verbum continenter.

SIXTUS Episcopus servus servorum Dei Dilectis Filiis, Abbati in Blaburren & Sancti Martini in Sindelfingen, per Præpositum

 positum

positum soliti gubernari Monasteriorum ac Ecclesiæ, in Herremberg, Præpositis Constantien. Diocesis. Salutem & Apostolicam benedictionem. Copiosus in misericordia Dominus, & in cunctis suis gloriosus operibus, à quo omnia dona defluunt ad hoc nobis. Licét in sufficientibus meritis suæ sponsæ Universalis Ecclesiæ regimen committere, & nostræ debilitati jugum Apostolicæ servitutis imponere voluit. Ut tanquam de summo vertice montis ad infima reflectentes intuitum, quod pro hujusmodi illustranda Ecclesia ad fidei propagationem conferat orthodoxæ. Quod statui quorumlibet fidelium conveniat, prospiciamus attentius. Et qualiter à fidelibus ipsis profugatis ignorantiæ tenebris: illi per donum sapientiæ in viâ mandatorum, ac domo Domini conversari debeant, solertius attendamus, eas ad quærendum literarum studia, per quæ militantis Ecclesiæ Resp. geritur, divini nominis, ac ejusdem fidei cultus protenditur, omnisque prosperitatis humanæ conditio augetur, nostræ sollicitudinis ope, Apostolicisque favoribus propensius excitemus. Sanè pro parte Dilecti filii nobilis Viri, Eberhardi Comitis in Würtemberg, & Montispeligardi, nobis nuper exhibita petitio continebat. Quod in Civitatibus, oppidis, & locis suo, ac dilecti Filii nobilis Viri Vlrici etiam Comitis in Würtemberg & Montispeligardi temporali Dominio subjectis, quorum territoria longè latéque ampla existunt, & incolarum multitudine ac fructuum ubertate abundant, non est aliqua universitas studii generalis, ad quam civitatum, terrarum, oppidorum & locorum hujusmodi, & aliorum circumvicinorum locorum incolæ volentes in scientiis proficere ad studendum & ad discendum commodè se transferre valeant. Quòdque si in oppido Tüvvingen Constantiensis Diocesis, Provinciæ Moguntinensis: loco insigni & commodis habitationibus pleno, in quo victualium omnium maxima copia habetur ejus temporali Dominio subjecto. Propè quod infra duas dictas vulgares, non est aliqua universitas studii generalis, erigetur una Uuiversitas ipsius studii generalis cujuscunque facultatis & scientiæ, eidémque Universitati sic postmodum erectæ pro faciliori supportatione onerum & expensarum ejusdem, præsertim salariorum illorum, qui Cathedras pro tempore inibi regent: Sancti Johannis Baptistæ in Brackhenheim, & Sanctorum Philippi & Jacobi in Stetten, ac in Asch, nec non Ringingen, & Eningen, Wormaciensis & prædictæ Constantiensis diocesis Parrochiales Ecclesiæ, quæ de jure Patronatus, Comitis de Wirttemberg pro tempore existentis, fore noscuntur, reservata congrua portio-

ne

ne pro perpetuis Vicariis, ad præsentationem dictæ Universitatis instituendis perpetuo unirentur, annecterentur, & incorporentur, ac in Ecclesia Sancti Martini in Sindelfingen dictæ Constantien. dioces. quam nuper in Collegiatam ac illius præposituram dignitatem inibi Principalem, & octo Canonicatus, & totidem præbendas ad Parochialem S. Georgii dicti oppidi Tübingen transferri, & S. Georgii in Collegiatam, cum dicta præpositura & octo Canonicatus & totidem præbendis. Sancti Martini vero Ecclesiam prædictam in Monasterium Ordinis S. Augustini erigi mandavimus, duo Canonicatus & totidem præbendæ, postquam erecti fuerint, supprimerentur & extinguerentur, illarumque fructus, reditus & proventus pro dote quatuor inibi aliorum Canonicatuum, & totidem præbendarum de novo erigendarum æquis portionibus applicarentur & assignarentur, ac per nos statueretur, & ordinaretur, quo ad hujusmodi decem Canonicatus & totidem præbendas, qui de dicto jure patronatus existunt, cum prima vice eos vacare contigerit, & deinde perpetuis futuris temporibus successivè Viri Ecclesiastici, ad regendas decem Cathedras in eadem Universitate studii erigendi idonei & docti, videlicet quatuor magistri in artibus: quibus dictæ quatuor de novo erigendæ præbendæ assignarentur, & in eisdem artibus legerent & regerent, per dictum Comitem seu dilectam in Christo filiam Mechtildem, illius genetricem, ad quam ratione dotis suæ in præsentiarum præsentatio personarum idonearum, ad Canonicatus & Præbendas prædictos, cum pro tempore vacant, ut asseritur pertinet, & eorum successores in jure patronatus prædicto, præsentari, & ad præsentationem hujusmodi institui deberent, exinde prædictis, & aliorum prædictorum locorum circumvicinorum incolis, & habitatoribus volentibus in scientia proficere, magna Commoditas studendi pararetur, & eorundem studentium postmodum doctrina & scientia in Civitatum, terrarum & locorum prædictorum regimen, fideique Catholicæ propugnationem quam plurimi fructus provenirent. Quare pro parte dicti Eberhardi Comitis, nobis fuit humiliter supplicatum, ut in præfato oppido Tübingen studium generale quarumcunque facultatum erigere, ac eidem sic erecto, Parochiales Ecclesias præfatas perpetuo unire, annectere & incorporare; nec non duos Canonicatus & totidem Præbendas ejusdem Ecclesiæ, si opus fuerit, supprimere, ac quatuor alios Canonicatus, & totidem præbendas ibidem de novo erigere, illisque sic erectis pro eorum dote fructus, redditus & proventus, dictorum

suppri-

supprimendorum Canonicatuum & præbendarum æquis portionibus applicare & assignare : & quod ad Canonicatus & præbendas prædictos, videlicet de novo erigendos, quatuor Magistri in artibus, ad alios vero alii Viri docti & idonei, qui
omnes in prædicta Ecclesia modo infra scripto residentiam facere teneantur, ad regendas cathedras prædictas, ut præfertur, & non alii præsentari debeant statuere & ordinare, ac alias
in præmissis oportunè providere, de benignitate Apostolica
dignaremur. Nos igitur qui dudum inter alia voluimus & or-
dinavimus, quod petentes beneficia Ecclesiastica, aliis uniri
tenerentur, exprimere verum valorem tam beneficii uniendi,
quàm illius cui uniri peteretur, alioquin unio non valeret. At-
tendentes, quod ex literarum studio, animarum saluti consu-
litur : insurgentes controversiæ deciduntur : Pax & tranquilli-
tas inter mortales procurantur : licitum ab illicito discernitur,
bonis præmia, & reprobis supplicia dispensantur, & alia tam
publica quam privata, spiritualia & temporalia commoda mundo proveniunt. Universitatis prædictæ fructuum, redditiuum
& proventuum, verum valorem annuum præsentibus pro expresso habentes. Et ejusdem Comitis laudabile propositum hujusmodi, plurimum in Domino commendantes : hujusmodi
supplicationibus inclinati, discretioni vestræ per Apostolica
scripta mandamus, quatenus vos, vel duo aut unus vestrum si
prædicta vera compereritis in præfato oppido Tüvvingen, perpetuis futuris temporibus generale studium cujuscunque facultatis & scientiæ licitæ, authoritate nostra erigatis, & in illo
Cathedras quarumcunque facultatum, nec non Rectoriæ, &
alia pro illius prospero & felici regimine, necessaria officia dicta authoritate instituatis, & quæ præterea utilia & oportuna
fore cognoveritis : Constitutiones & statuta eadem auctoritate
ordinetis, nec non dictas parochiales Ecclesias quarum omnium
fructus, redditus & proventus quinquaginta duarum Marcarum
Argenti, secundum communem æstimationem valorem annuum, ut asseritur, non excedunt, reservata tamen congrua
portione pro perpetuis Vicariis, in illis ad præsentationem Universitatis dicti studii instituendis, de quo se sustentare, Episcopalia jura solvere, & alia eis incumbentia onera perferre commodè possint, eidem Mensæ Universitatis prædictæ ; Ita quod
cedentibus vel decedentibus ipsarum Parochialium Ecclesiarum
Rectoribus, seu alias Parochiales Ecclesias prædictas quomodolibet dimittentibus, liceat ex tunc eidem Vniversitati per se
vel alium, seu alios, corporalem Parrochialium Ecclesiarum,
juium-

Juriumque & pertinentiarum prædictorum possessionem propria authoritate liberè apprehendere, & de earundem Parrochialium Ecclesiarum fructus, redditus & proventus in dicti studii usus, & utilitatem, ac inibi legentium doctorum salaria convertere & perpetuo retinere. Diocesani loci, & cujusvis alterius licentia super hoc minimè requisita, præfata authoritate uniatis, incorporetis, & annectatis. Nec non duos Canonicatus & totidem præbendas in dicta Ecclesia S. Georgii eadem authoritate supprimatis & extinguatis, ac ibidem quatuor alios Canonicatus & quatuor præbendas de novo erigatis, & pro illorum sic erigendorum dote fructus, redditus & proventus dictorum supprimendo cum Canonicatuum & præbendarum æquis portionibus applicetis & assignetis. Sic quod ad Canonicatus & præbendas prædictos, quoties illos perpetuis futuris temporibus vacare contigerit, videlicet ad quatuor de novo erigendos, quatuor Magistri in artibus, qui in eisdem artibus actu legant & regant; Ad alios verò Canonicatus & præbendas prædictos, alii Viri Ecclesiastici docti, & idonei ad regendas decem ex hujusmodi Cathedris in eodem studio perpetuo per dictum Comitem in Wertemberg, & ejusdem Comitis successores in jure patronatus prædicto præsentari & ad præsentationes hujusmodi in Canonicos dictæ Ecclesiæ institui, & instituti cathedras ipsas regere teneantur & debeant. Quodque si ex modernis Canonicis hujusmodi aliqui reperirentur ad legendum & regendum ibidem sufficientes & idonei, & unus hujusmodi assumere voluerint, ad illud deputentur prælibata auctoritate statuatis & ordinetis. Ac obtinentibus pro tempore dictos Canonicatus & præbendas, cathedrásque actu regentibus in Vniversitate prædicta, ut quamdiu cathedras ipsas rexerint, divinis in dicta Ecclesia S. Georgii; in qua sunt duodecim perpetui Vicarii, divina officia ibidem continuè celebrantes, & illis insistentes ratione Canonicatuum & præbendarum dictorum interesse non teneantur, nisi quatenus interesse tenentur divinis in Ecclesia Sancti Spiritus Heidelbergen. Wormacien. Diocesis, ipsius Ecclesiæ Sancti Spiritus Canonici, Cathedras regentes in Universitate Studii Heidelbergensis, absque eo quod in dicta Ecclesia S. Georgii divinis intersint seu insistant eorundem Canonicatuum & præbendarum fructus, redditus, & proventus etiam pro tribus primis annis, pro quibus novi Canonici juxta ipsius Ecclesiæ in Sindelfingen statuta jurata illos non percipiunt, sed partim defuncto Canonico, partim fabricæ cedunt, cum ea integritate quotidianis distributionibus duntaxat exceptis, percipere possint & debeant, cum qua illos perciperent si in ipsa Ecclesia S. Georgii divinis interessent, nec ad interessendum divinis in dicta Ecclesia S. Georgii alias teneantur, aut ad id inviti coarctari valeant, nisi quatenus in Ecclesia S. S. Heidelbergen. eadem auctoritate concedatis, faciatisque eis hujusmodi eorundem decem Canonicatuum & præbendarum fructus, redditus, proventus & emolumenta quæcunque quæ interesse divinis in eadem Ecclesia perciperent integrè ministrari. Non permittentes eos per venerabilem fratrem nostrum Episcopum Constantien. & dilectos filios dictæ Ecclesiæ S. Georgii capitulum, seu quoscunque alios ad interessendum in ipsa Ecclesia, compelli, aut aliàs contra hujusmodi concessionis, si illam feceritis tenorem quomodolibet molestari. Et nihilominus si ad effectum præmissorum obtinentes parrochiales Ecclesias prædictas illas resignare voluerint, resignationes hujusmodi, præfata authoritate recipiatis & admittatis, eisque per vos receptis & admissis eisdem resignantibus, ne ex resignationibus hujusmodi nimium dispendium patiantur, pensiones annuas de quibus cum eis concordari poterit, super fructibus, redditibus & proventibus Parrochialium Ecclesiarum resignatarum hujusmodi eisdem resignantibus, quoad vixerint, vel procuratoribus eorum sub pœnis & censuris Ecclesiasticis, ac in terminis & locis, per nos statuendis integrè persolvendas, aut Parrochialium Ecclesiarum, quas resignaverint fructus, redditus & proventus, in toto vel in parte cum libera facultate illos etiam propria auctoritate percipiendi aut levandi dicta auctoritate reservetis, constituatis & assignetis facientes pensiones hujusmodi, juxta reservationis, constitutionis & assignationis earundem, si eas fieri contigerit, tenorem efficaciter persolvi, & non permittentes eosdem resignantes, quo minùs pensiones seu fructus hujusmodi percipiant per quoscunque impediri. Contradictores auctoritate nostra appellatione postposita compescendo. Non obstantibus priori voluntate nostra prædicta ac felicis recordationis Bonifacii Papæ octavi, prædecessoris nostri per quem hujusmodi concessiones de fructibus in absentia percipiendis, sine præfinitione temporis fieri prohibentur, & aliis Apostolicis ac in Provincialibus etiam Synodalibus Conciliis editis generalibus vel specialibus constitutionibus & ordinationibus, nec non dictæ Ecclesiæ S. Georgii juramento confirmatione apostolica, vel quavis alia firmitate roboratis, statutis & consuetudinibus contrariis quibuscunque. Etiam si per ipsos decem Canonicatus & præbendas pro tempore obtinentes, de illis servandis & non impetrandis

dis literis contra illa, & illis impetratis, seu aliàs quovis modo concessis, non utendo præstare contingeret juramentum. Aut si primam non fecerint in eadem Ecclesia S. Georgii residentiam consuetam, seu in Episcopo præfato à Sede Apostolica sit concessum, vel in posterum concedi contingat, quod Canonicos Ecclesiarum suarum civitatis & Dioces. per subtractionem proventuum suorum Canonicatuum & præbendarum compellere valeant ad residendum personaliter in eisdem seu si Episcopo & Capitulo præfatis, communiter vel divisim à dicta sit sede indultum, vel in posterum indulgeri contingat, quod Canonicis & Personis suarum Ecclesiarum non residentibus personaliter in eisdem fructus, redditus & proventus suorum Canonicatuum & præbendarum ministrare in absentia minimè teneantur, & ad id compelli, aut quod interdici, suspendi vel excommunicari non possint per Apostolicas non facientes plenam & expressam, ac de verbo ad verbum de indulto hujusmodi mentionem. Aut si aliqui super provisionibus sibi faciendis de hujusmodi vel aliis beneficiis Ecclesiasticis in illis partibus speciales vel generales, Apostolicæ Sedis vel Legatorum ejus literas impetrârint. Etiam si per eas ad inhibitionem, reservationem & decretum, vel aliâs quomodolibèt sit processum. Quas quidem literas & processus habitos per easdem, ac indè secuta quæcunque ad Parrochiales Ecclesias hujusmodi volumus non extendi, sed nullum per hoc eis, quoad assecutionem beneficiorum aliorum præjudicium generari; Et quibuslibet aliis privilegiis indulgentiis & literis Apostolicis generalibus vel specialibus, quorumcunque tenorum existant, perque præsentibus non expressa, vel totaliter non inserta effectus eorum impediri valeat, quomodolibet, vel differri, & de quibus quorumque totis tenoribus habenda sit, in nostris literis mentio specialis. Proviso quod propter unionem annexionem & incorporationem hujusmodi si fiant, & effectum sortiantur Parrochiales Ecclesiæ prædictæ debitis non fraudentur obsequiis, & animarum cura in eis nullatenus negligatur, sed earum debitè supportentur onera consueta. Attentè quoque provideatis, ne in resignationibus hujusmodi si fiant ex parte Rectorum dictarum Parrochialium Ecclesiarum & Universitatis prædictorum aliqua pravitas interveniat, seu etiam corruptela. Hos etiam si erectionem, unionem, annexionem, & incorporationem, ac alia præmissa vigore præsentium fieri contigerit, ut præfertur, pro tempore existente præpositum dictæ Ecclesiæ S. Georgii, ejusdem Studii Cancellarium perpetuis futuris temporibus Apostolica authori-

care facimus, creamus, constituimus & deputamus, ac illos quos primo diligenti examine & servatis servandis idonei reperti fuerint, ad Baccalaureatus licentiæ, Magisterii & Doctoratus aliosque gradus quoscunque in Theologia, utroque Jure, artibus quoque & Medicina, cum solita insigniorum exhibitione, servata tamen constitutione Viennens. Concilii, super hoc ædita in Universitate prædicta duntaxat promovendi, & eis sic promotis, ut cathedras regere, legere, docere, & alios actus pertinentes ad gradus, ad quos promoti fuerint, facere possint & valeant concedendi, & generaliter omnia alia & singula, quæ Archi-Diaconus Ecclesiæ Bononiensis in Universitate studii Bononiens. facere & exercere quomodolibet potest ex Apostolica confessione, statuto vel consuetudine faciendi, exercendi, præsentium tenore, authoritate Apostolica concedimus facultatem, ac volumus & Universitati ejusdem sic erigendi studii, nec non illius pro tempore Rectori, ac Doctoribus, Scholaribus & Personis, qui pro tempore erunt, ac illis quos ad gradus quoscunque inibi promoveri contigerit, ut omnibus & singulis Privilegiis, immunitatibus, gratiis, favoribus, exemptionibus, concessionibus, & indultis, tàm de jure communi, quàm ex concessionibus Apostolicis & Imperialibus, aut alias quomodolibet in genere vel in specie quibuscunque aliorum quorumcunque studiorum generalium, Universitatibus & illarum Rectoribus, Doctoribus, Scholaribus, & Personis, ac Promotis pro tempore in eisdem concessis & concedendis, & quibus illi potiuntur & gaudent, ac uti & gaudere poterunt, quomodolibet in futurum uti potiri & gaudere possint & debeant in omnibus & per omnia, perinde ac si illa eisdem Universitati erigendi studii & illius Rectori, Doctoribus, Scholaribus & personis in illa pro tempore promotis specialiter & nominatim concessa forent, authoritate Apostolica tenore præsentium indulgemus. Et insuper ex nunc irritum decernimus, & inane, si secus super his à quoquam quavis authoritate scienter vel ignoranter contigerit attemptari. Datum Romæ apud S. Petrum, Anno incarnationis Dominicæ Millesimo Quadringentesimo Septuagesimo Sexto, Idibus Novembris Pontificatus nostri Anno Sexto.

Post quarum quidem literarum Apostolicarum præsentationem, acceptionem & diligentem inspectionem pro parte præfati Domini, Comitis Eberhardi, ut præfertur principaliter in eisdem nominati, quatenus ad earum & in eis contentorum, nobisque commissorum, debitam executionem juxta traditam

nobis

nobis inibi formam procedere dignaremur, debita extitimus precum instantia requisiti. Nos verò Heinricus Abbas, executor & Commissarius prædictus superiorum nostrorum & potissime Apostolicis mandatis reverenter, sicut tenemur, obedire, cautêque & rite in commissi nobis negotii executione procedere volentes, ut nulli interesse habenti vel prætendenti in suo videremur jure præjudicare, omnes & singulos cujuscunque dignitatis, gradus, status vel præeminentiæ fuerint, sua communiter vel divisim hac in parte interesse putantes; in genere vel in specie ad comparendum coram nobis in loco ad hoc deputato. Et ad videndum & audiendum nos de expositis, narratis, & contentis in dictis literis Apostolicis, eorùmque circumstantiis singulis diligenter informari. Et hujusmodi informatione accepta & habita, veritatêque narratorum hujusmodi quantum sufficere videretur comperta: Deindê ad executionem Apostolicæ commissionis servata forma nobis tradita, ritê per nos procedi, vel ad dicendum & allegandum quicquid in contrarium eorum rationabiliter dicere, proponere, & allegare vellent ac valerent, in locis quibus videbatur expedire per præsentes nostras literas citari & vocari fecimus, atque citavimus. In certum terminum competentem peremptorium, cum certificatione, quod eis vel alio legitimo oppositore & contradictore non comparente, aut comparente, nil tamen rationabilis in contrarium præmissorum dicente aut allegante, Nos nihilominus ad debitam executionem dicti nobis commissi negotii, servatis servandis procul dubio procedere non obmitteremus, Citatorum absentia seu contumacia in aliquo non obstante. In quo quidem citationis termino citatione ipsa ritê & legitimê executa unà cum executione debita à tergo seriatim notata, coram nobis pro parte memorati Domini Comitis Eberhardi realiter producta, atque citatorum non comparentium contumacia accusata, Nos meritò eosdem prout debuimus, reputavimus contumaces, nullo prorsus alias contradictore apparente legitimo vel oppositore. Cæterum quatenus amplius ad executionem hujusmodi commissionis nobis factæ, juxta illius vim formam & tenorem ritê procederemus, debita sumus instantia requisiti, Nos itaque judex & commissarius sæpe dictus, vigore clausulæ supradictæ de veritate narratorum in præ insertis literis Apostolicis deductorum, sollerti nostra, super his inquisitione prævia, testimoniis fide dignis sufficienter informati atquê edocti: ad hujusmodi nobis commissorum executionem & expeditionem debitas duximus procedendum, & processimus negotiumque ipsum nostris pronunciatione decreto & declaratione, de jurisperitorum consilio & assensu in scriptis terminavimus in hunc, qui subscriptus est, modum.

CHRISTI NOMINE INVOCATO. Quia visis, diligenterque perpensis, coram nobis in præsenti negotio deductis narratorum in supra inserta commissione Apostolica, veritatem comperimus indubitatam. Idcircò ad hujusmodi nobis hac in parte commissorum debitam executionem humiliter procedere volentes, sicuti tenemur, de Jurisperitorum consilio, nobis super hoc communicato, authoritate Apostolica decernimus, declaramus & in his scriptis pronunciamus, in oppido Tubingen, in præinsertis literis Apostolicis nominato, perpetuis futuris temporibus generale studium cujuscunque facultatis & scientiæ licitæ erigi posse & debere, atque eadem auctoritate erigimus. Et in illo cathedras quarumcunque facultatum nec non Rectoriæ & alia pro illius prospero & felici regimine necessaria officia instituimus, ac constitutiones & statuta melius visa expedire ædenda esse decernimus. Ecclesias denique parrochiales St. Johannis Baptistæ in Brackenheim. Sanctorum Philippi & Jacobi in Stetten. Wormatien. ac in Asch, nec non Ringingen, & Eningen Constantien. Diocesum cum omnibus suis juribus & pertinentiis præfatæ sic in Tubingen erectæ Universitati pro faciliori onerum & expensarum ejusdem, præsertim salariorum illorum, qui cathedras pro tempore inibi regunt, supportatione, quorum interest, accurrente consensu, ac præsentium tenore in DEi nomine unimus, annectimus, & incorporamus. Earùmque omnium & singularum fructus, redditus & proventus memoratæ Universitati, & in illa regentibus & legentibus perpetuo approbamus, volentes & præsentibus statuentes: Quod cedentibus vel decedentibus ipsarum parrochialium Ecclesiarum Rectoribus, seu alias illas Ecclesias quomodolibet dimittentibus, liceat ex tunc eidem Universitati per se, vel alium, seu alios, corporalem parrochialium Ecclesiarum, juriumque & pertinentiarum earundem possessionem propria authoritate liberê apprehendere, & ipsarum parrochialium Ecclesiarum fructus, redditus & proventus, in dictæ Universitatis usus & utilitatem convertere, & perpetuo retinere Diocesani loci, & cujusvis alterius licentia super hoc minimè requisita. Ut autem prædictæ parrochiales Ecclesiæ debitis non fraudentur obsequiis, & animarum cura in illis non negligatur, reservari & assignari volumus, ac potenter authoritate Apostolica

stolica resignamus & assignamus Vicariis perpetuis, pro tempore dictarum Ecclesiarum juxta cujusvis Ecclesiæ habitudines & circumstantias, portionem congruam, unde se sustentare, jura Episcopalia solvere, & alia sibi ratione illius Ecclesiæ incumbentia onera commodè supportare queant & eorum quilibet queat atque possit. Quod inter octo Canonicatus & præbendas, quos pridem dicta auctoritate de Ecclesia S. Martini in Sindelfingen, in Ecclesiam parrochialem S. Georgi in supra tactum oppidum Tubingen transtulimus, duo Canonicatus & totidem præbendæ in eadem Ecclesia parrochiali supprimendi sint & extinguendi, quos ut sic dum illos vacare quomodolibet contigerit, pro nunc prout ex tunc & ex tunc prout ex nunc extinguimus & supprimimus, & ex hiis quatuor alios Canonicatus, & quatuor præbendas de novo erigimus, ac pro illorum, ut sic erigendorum Canonicatuum & præbendarum, dote, fructus, redditus & proventus dictorum suppressorum Canonicatuum & præbendarum æquis portionibus applicamus & assignamus, sic quod ad Canonicatus & præbendas prædictos quotiens illos perpetuis futuris temporibus vacare contigerit. Videlicet ad quatuor de novo erigendos, ac quomodolibet erectos, quatuor Magistri in artibus, qui in eisdem artibus actu legant & regant, Ad alios verò sex Canonicatus & præbendas prædictos alii viri Ecclesiastici. Docti & idonei ad regendas decem ex hujusmodi cathedris in eodem studio per Illustrem Dominam Mechtildem Archiducissam Austriæ, &c. ratione dotis suæ, quoad vixerit, & deinde perpetuo, per dictum Dominum Comitem in Würtemberg, & illius successores in jure patronatus prædicto præsentari, & ad præsentationem hujusmodi in Canonicos dictæ Ecclesiæ institui, & instituti cathedras ipsas regere teneantur, & debeant, ac obtinentibus pro tempore dictos Canonicatus & præbendas, cathedrasque actu regentibus in Universitate prædicta, ut quàm diu cathedras ipsas rexerint, diuinis in dicta Ecclesia S. Georgii in qua sunt duodecim perpetui Vicarii deputati, divina officia ibidem celebrantes, & illis insistentes ratione Canonicatuum & præbendarum prædictorum interesse non teneantur, nisi quatenus interesse tenentur divinis in Ecclesia S. S. Heidelbergensis, Wormatiens. diocesis], ipsius Ecclesiæ S. Spiritus Canonici cathedras regentes in Universitate Studii Heidelbergens. absque eo quod in dicta Ecclesia S. Georgii divinis intersint, seu insistant eorundem Canonicatuum & præbendarum fructus, redditus & proventus, etiam pro tribus primis Annis, pro quibus novi Canonici juxta ipsius Ecclesiæ in Sindel-

Sindelfingen statuta jurata, illos non percipiunt, sed partim Fabricæ cedunt, cum ea integritate quotidianis distributionibus, duntaxat exceptis, percipere possint & debeant, atque percipiant, cum qua illos perciperent, si in ipsa Ecclesia S. Georgi divinis interessent, nec ad interessendum divinis in dicta Ecclesia S. Georgii aliás teneantur, aut ad id inviti coarctari valeant, nisi quatenus in Ecclesia S. Spiritus Heidelbergens. eadem authoritate concedimus. Volentes & statuentes eis hujusmodi suorum decem Canonicatuum & præbendarum fructus, redditus & proventus, ac emolumenta quæcunque, quæ si interessent divinis in eâdem Ecclesiâ perciperent, integrè ministrari debere, ordinaria & cujusvis alterius molestatione in his & causa ea cessante & semota. Et nihilominus si ad effectum præmissorum resignationes parrochialium Ecclesiarum prædictarum in favorem unionis, annexionis, & incorporationis, de quibus in Apostolicis literis mentionatur, juxta & secundum earundem vim, formam, & tenorem factæ fuerint, ac per nos acceptæ & admissæ, unionem, annexionem & incorporationem hujusmodi effectum sortitas esse, in robore debito existere scilicet authoritate Apostolica nobis commissa ex nunc prout ex tunc declaramus. Atque cuilibet resignantium earundem pensionem annuam, de qua concordatum fuerit super fructibus, redditibus & proventibus parrochialium Ecclesiarum resignatarum hujusmodi quoad vixerit, vel illius legitimo procuratori sub pœnis & censuris Ecclesiasticis, ac in terminis & locis statuendis integrè persolvendum pari authoritate reservamus, constituimus, & assignamus. Volentes pensionem, & pensiones hujusmodi juxta reservationis & assignationis earundem si eas fieri contigerit, tenorem efficaciter persolvi. Reservatis desuper mandatis & processibus in contradictores dicta authoritate Apostolica fulminandis super quibus disponendi, ordinandi, faciendi & exequendi, si & prout temporis tractu videbitur oportunum, & expedire nobis potestatem omnimodam, plenamque facultatem ex nunc salvamus & retinemus. Reservantes etiam nobis & reservata esse volentes omnia & singula aliàs in præinsertis literis Apostolicis nobis quomodolibet concessa, Et præsertim facultatem nobis statuendi & statuta faciendi datam & concessam, de quibus cum & ubi oportunum visum fuerit, præstante Domino sæpè dicta authoritate executionem debitam faciemus. Non obstante in præmissis omnibus & singulis, quæ supra dictus Dominus noster Papa hac in parte suis literis voluit non obstare. Adhibitis & servatis in his & circa ea

sollen-

sollennitatibus & cautelis de jure in talibus observari consuetis & adhibendis. Decernentes prout dictus Dominus noster Papa decrevit, irritum & inane sic secus super hiis à quoque quavis auctoritate scienter vel ignoranter contigerit attemptari. IN QUORUM omnium & singulorum fidem & testimonium præmissorum præsentes literas, sive præsens publicum Instrumentum hujusmodi nostram sententiam & decretum, aliaque præmissa in se continens exinde fieri, ut per Notarios publicos scribasque nostros infra notatos, subscribi & publicari, ac sigilli nostri Abbatialis jussimus & fecimus appensione communiri. Lecta, lata & in scriptis promulgata fuit hæc nostra sententia, sive nostrum decretum, in oppido Urach, Anno Domini Millesimo quadringentesimo septuagesimo septimo. Pontificatus Sanctissimi in Christo Patris & Domini nostri, Domini Sixti, divina providentia Papæ quarti, prædicti, Indictione decima, die vero Martis Mensis Martii, undecima hora ferè meridiei. Præsentibus tunc ibidem Venerabilibus & Religiosis, honorabilibusque Viris, ac patribus, Domino Bernhardo Abbate in Bebenhausen, Cisterstien. Domino Albrechto, Priore Domus Bonilapidis Cartusien. ordinum. Nec non Dominis Johanne Degen, Præposito, M. Cunrado Menckler de Mœnchingen, Sacræ Theologiæ, M. Johanne Heckbach, in Sindelfingen Canonicis. Johanne & Ludovico Vergenhanss fratribus, Ecclesiarum parrochialium in Brackenheim & Kirchheim Tegk, Wormaciens. & Constan. diocesis. Rectoribus Luca Spetzhard, Artium & Medicinæ, ac super Illustris Principis, & Dominæ, Dominæ Mechtildis, Archiducissæ Austriæ &c. Physico, Doctoribus, M. Johanne Tefener professo Monasterii nostri Blaburren, Sacræ Theologiæ Baccalario formato, M. Georgio Schriber, Rectore Ecclesiæ in Asch, Jodoco Meder, de Wyla Civitate Imperiali, & Conrado Woldan, de Tessingen, Capellanis in Sindelfingen, nec non strenuo & valido Domino, Johanne Spæth, de Estetten Milite. Laico, Constantiens. diocesi. prædictæ, testibus ad præmissa, vocatis, rogatis, & debita precum instantia requisitis.

Et Ego Matthias Horn de Eltingen Clericus Spirens. dioces. sacra Imperiali authoritate Notarius publicus, Protonotarius Oppidi Urach, ac Commissarius Curiæ Constantiens. causarum matrimonialium in & circa oppidum præfatum generalis, juratus. Quia dictarum literarum Apostolicarum præsentationi, acceptioni, citationis emittendæ decreto, & reproductioni ejusdem,

ejusdem, contumaciæ absentium accusationi, conclusioni, pronunciationi, omnibusque, aliis & singulis, dum sicuti præmittitur, fierent & agerentur unà cum Domino Notario & Testibus sub & præscriptis præsens fui, illa sic fieri videndo & audiendo. Idcirco hoc præsens publicum decreti Instrumentum, ad ipsius executoris, & Domini Commissarii præscripti mandatum adjutoris Domini, Gregorii Maji, Notarii subscripti, de præmissis contextum, & in hanc publicam formam redactum, manu mea propria exaravi, signóque & nomine meis solitis & consuetis signavi, & roboravi, in fidem & testimonium omnium & singulorum præmissorum, ad hoc vocatus, rogatus pariter & requisitus.

Ego quoque Gregorius Maji de Tuvvingen Clericus Constantiens. dioces. sacra Imperiali authoritate Notarius publicus, & Curiæ Constantiens. causarum matrimonialium Commissarius generalis. Quia supra insertarum literarum Apostolicarum, porrectioni, acceptioni, citationis emittendæ decreto, ac reproductioni ejusdem, contumaciæ absentium accusationi, conclusioni, pronunciationi, aliisque omnibus & singulis, dum sicut præscriptum est fierent, una cum prædictis testibus, & Notario ad hæc correquisito præsens fui, ea sic fieri videndo & audiendo. Quamobrem hoc præsens publicum decreti Instrumentum, post ipsius Domini Commissarii mandatum coadjuvante Domino Matthia Horn, Notario memorato, manu ejusdem scriptum exinde confeci, & in hanc formam publicam redegi. Signòque & nomine meis solitis signavi & communivi in robur & fidem omnium & singulorum præmissorum rogatus & debitè requisitus.

Vid. C. Besoldi Diss. de Majestate p. 186. sq. und Moseri Part. 1. Sammlung Würtemb. Urkunden 1732. p. 48. sq.

II.

Kaysers Friderici III. Bestättigung der Universitæt Tübingen, d. d. 1484. 20. Febr.

FRIDERICUS divina favente Clementia, Romanor. Imperator semper Augustus, Hungariæ, Dalmatiæ, &c. Rex, ac Austriæ, Stiriæ, Karnthiæ & Carniolæ Dux, Dominus Marchiæ, Sclavoniæ, ac portus naonis, Comes in Habspurg. Tyrolis, Pherretis & in Kyburg. Marchio Burgoviæ & Land-

gravius

gravius Alsatiæ ad perpetuam rei memoriam. Notum facimus, tenore præsentium universis, & si inter varias Reip. curas, quibus pro debito Imperialis culminis, ad quod divinâ clementia evecti sumus, diurnâ sollicitudine, saluti & quieti subditorum invigilemus, minus quoque distrahamur negotiis, quò eorum, qui Remp. nostram crebris bellorum impulsibus fatigare non quiescunt, contundamus audaciam, ad ea tamen præcipuè mentis nostræ apicem dirigimus, & sedulum destinamus affectum, qualiter præcessorum nostrorum divæ memoriæ Romanorum Imperatorum leges & constitutiones sacræ, multis vigiliis & lucubrationibus editæ, subditorum nostrorum auribus magis ac magis inbibantur, qui solo earum usu remp. nostram, nedum conservari, sed & plurimum augeri videmus. Hiis enim imperialis Celsitudo fulcita effrænes subditorum suorum animos cohærcens solium Imperiale firmare ac sistere potest, quo utrumque tempus & pacis & belli suis finibus subnixum, aptè gubernet. Hinc est, cum Nobilis ac Generosus Noster ac sacri Imperii fidelis, dilectus Eberhardus Senior. Comes de Würtemberg & Monte Beliardo, affinis noster, nuper in oppido suo Tübing nobis ac dicto Imperio subjecto pro laude DEI omnipotentis, ac suorum subditorum incremento scolas generales, in quibus, artium, Medicinæ, Juris Pontificii ac sacrarum literarum publice traderentur documenta, & quibusvis in ea palæstra certantibus Sanctissimo Domino nostro, Domino Sixto Papa IV. auctorante digna laborum suorum præmia tribuerentur, erexisset; Nos itaque Præfati Comitis institutionem nedum suis sed & omnibus Imperii Sacri fidelibus utilem ac fructuosam, considerantes quoque præfatas scolas diversis literarum documentis illustrare cupientes, quo scolarium multitudo se idem confluens habundius se locuplatatam jocundetur; de liberalitatis nostræ munificentia ac Imperialis auctoritatis & potestatis plenitudine ex certa scientia sano Principum, Baronum, Procerum, Nobilium & fidelium nostrorum accedente consilio, dicto Comiti & suis hæredibus & successoribus præsentium tenore gratiosus de novo concedimus, ut ex nunc & in antea perpetuis futuris temporibus omnes & singulas Imperiales leges, constitutiones, & quæcunque alia jura, ubicunque & à quibuscunque edicta aut promulgata quibus sacræ memoriæ præcessores nostri Romani Imperatores jus auctoritatemque dederunt, in præfatis eorum scolis per idoneas personas publicè legi ac exerceri &, ipsarum auditores digni honoribus & gradibus in eisdem sublimari faciant. Decernentes & hoc

impe-

Imperiali volentes edicto ut quicunque cujuscunque status gradus præeminentiæ nationis aut linguæ fuerint, dummodo . . . . , obstiterit, ad locum præfatum confluxerint, dictas Imperiales leges docere, audire, in eisdem ad gradus solitos & consuetos promoveri ac sublimari, nec non omnibus & singulis titulis, dignitatibus, præeminentiis, honoribus, prærogativis, ac aliis Juribus & immunitatibus quibuscunque uti, frui & gaudere valeant, quemadmodum reliqui legum Imperialium Doctores & Scolares per alias scolas ubivis in Sacro Romano Imperio consistentes de jure vel consuetudine utuntur, & gaudent in contrarium facientes non obstantibus quibuscunque, quibus per præsentes expressè volumus esse derogatum. Nulli ergo omnino homini liceat hanc nostræ concessionis decreti voluntatis & derogationis paginam infringere, aut ei ausu temerario quoquo modo contraire. Si quis autem hoc attemptare præsumpserit, indigitationem nostram gravissimam & pœnam centum librarum auri puri, quarum unam fisco nostro Imperiali, reliquam vero medietatem injuriam passorum usibus applicari volumus se noverit irremissibiliter incursurum . . . . . sub nostri Imperialis Majestatis Sigilli appensioni testimonio Literarum. Datum in oppido nostro Gretz, 20. die Mensis Febr. Anno 1484. Regnorum nostrorum Romani quadragesimo quarto, Imperii tricesimo secundo, Hungariæ vicesimo quinto.

Conf. Besoldum l. c. pag. 198. sq. & Moserum P. I. der Urkunden. pag. 100. sq.

Ob diesem Kayserl. Diplomate gabe es hernach von Zeit zu Zeit einige Dispüten, besonders ob dem Cancellario Widmanno. Einige wolten es nur für die Juridische Facultæt erklären und angehend machen; andere aber verstunden selbiges, und zwar mit besserem Recht, als eine Ratification concessæ Erectionis Pontificiæ, welches aber noch ferners de novo die potestatem legendi Jura Cæsarea der Universitæt zueigne, welches auch annoch die Meynung ist und bleibet.

III.

III.
Confirmatio Privilegiorum durch Kayser Carolum V. 1521.

Wir Carl der fünfft, von GOttes Gnaden Erwehlter Römis. Kayser 2c. bekennen, als Weyland Hertzog Eberhard zu Würtemberg 2c. ein gemeine hohe Schul und Universität in unser Statt Tüwingen gestiftet und uffgerichtet, und die mit nothwendigen gebührl. und erbaren Statuten zu halten augericht, auch mit sondern Gnaden und Freyheiten begabt, und nachmals eine neue Ordnung, wie es mit und in solcher Universität gehalten werden soll, fürgenommen hat, wie dann solches alles die Verschreibungen darüber aufgericht, mit weiterm lautern Begriff, unterschiedl. Innhalten, die wir von Wortt zu Wortt für inserirt haben wöllen, der Data stehen nehmlich die erst Verschreibung auf St. Dionysien-Tag, nach Christi Geburt als man zehlt 1477. und die andere auf St. Thomas Abend nach Christi Geburt 1491. welches alles vom Stul zu Rom durch Weyland Päpstl. Heyligkeit und Kayserl. Majest. als die obriste Häupter und nachmals durch Weyl. Hertzog Eberhardten den Jüngern und Hertzog Ulrich von Würtemberg confirmirt und bestätigt, und aber das Fürstenthum Würtemberg in unser und unsers Hauß Oesterreich Hand kommen ist, daß wir demnach als regierender Ertz-Hertzog zu Oesterreich und Hertzog zu Würtemberg die berührte Stifftung, Gnad, Freyheit, Statuten und Ordnung derselben Universität mit sammt denen Verschreibungen, darüber sagende, in allen und jeden ihren Puncten, Clausuln, Articuln, Innhaltungen, Meynungen und Begreiffungen gnädigl. confirmirt und besteet haben, confirmiren und besteeten die auch aus Fürstlicher Macht wissentl. in Crafft diß Brieffs, und meynen, setzen und wöllen, daß dieselben Stifftung, Gnad, Freyheiten, Statuten und für gemeine Ordnung mit samt den Verschreibungen, darüber weysende, in solchen ihren Puncten, Clausuln, Articuln, Innhaltungen, Meynungen und Begreiffungen Cräfftig seyn, steet gehalten und vollzogen und von niemands dawider gethan werden, sondern die gemelt Universität zu Tübingen und ihr Verwandten deren geruewiglich gebrauchen

chen mögen, und wir sie dabey gnädigl. bleiben lassen, und Handhaben sollen und wollen, ohngevährlich mit Urkund diß Brieffs besiegelt mit unserm anhanden Innsigul, geben in unser und der Reichs-Stadt Wormbs am ersten Tag des Monaths Marti nach Christi Geburt 1521. Jahr.

Carolus.

G. Lamparter. V.

IV.

Confirmatio Cæsarea, Rudolphi II. Privilegiorum Universitatis generalis. 1600.

Wir Rudolff der Ander, von GOttes Gnaden, Erwöhlter Römischer Kayser, zue allen Zeiten, Mehrer des Reichs, in Germanien, zu Hungern, Beheimb, Dalmatien, Croatien, vnd Sclavonien ꝛc. König, Ertz-Hertzog zue Oesterreich, Hertzog zue Burgundi, zue Brabant, zue Steur, zue Kärndten, zue Crain, zue Lützenburg, zue Württemberg, Ober vnd Nider Schlesien, Fürst zue Schwaben, Marggraue des heiligen Römischen Reichs, zu Burgaw, zu Mehrren, Ober und under Laußnitz, Gefürster Graue zue Habspurg, zue Tyrol, zue Pfirdt, zue Kyburg, und zue Görtz ꝛc. Landt-Graue in Elsaß, Herr vff der Windischen Marckh, zue Portenaw, vnd zue Salins ꝛc. Bekhennen offentlich mit diesem Brieue, vnnd thun kundt allermeniglich, nachdem wir vns, inn dem güettlichen Vergleich vnd Vertrag, so der vffgehabenen Oesterreichischen Affter-Lehenschafft beeder Hertzogthumb Würtemberg vnd Teckh vnd respective vorbehaltenen Anwardtschafft, vnd Succession halber, zwischen vns, alß Eltisten Regierenden Ertz-Hertzogen zue Oesterreich, so woll auch vnsern geliebten Brüdern vnd Vettern, den Ertz-Hertzogen zue Oesterreich, vnnd dem Hochgebornen, vnserm lieben Vettern, vnnd Fürsten, FRIDERICHEN, Hertzogen zu Württemberg vnd Teckh, Grauen zu Mümppelgarth, vnter dato Prag den vier vnd zwantzigsten Tag des Monats Januarii, nach Christi vnsers lieben HErrn vnd Seligmachers

machers Geburt, Fünffzehenhundert, vnnd im neun vnd neuntzigsten Jahrs vffgerichtet, beym fünfften Puncten gnedigst erpotten, vff ervolgende gebührende Laistung, vnnd wann der Landtschafft in dem Fürstenthumb Württemberg Consens, vnd Gutthabung, solcher getroffner Handlung, vnd Vergleichung richtig sein werde, derselben Landtschafft, vnd der Universität zue Tüwingen, alle Ihre von Römischen Käysern vnd Königen, oder den Hertzogen zue Württemberg, wie auch vorigen Antecessorn einem oder mehr, oder auch von andern Herrschafften erlangte, vnd bißher inn wolgebrachter Vebung vnd Gebrauch, gehabte Privilegia, Freiheiten, Recht, Gerechtigkeiten, vnnd Gewonheiten, (jedoch so weit vnd fer dieselbigen, solcher Vergleichung der künfftigen Succession, vnd Anwartschafft nicht zue wider, oder entgegen) inn Namen vnnser vnd vnsers gantzen löblichen Haußes Oesterreich, gnedigst zue confirmiren, vnnd zue ernewren, das haben wir angesehen, sein Hertzog FRIDERICHEN zue Württemberg, wie auch angeregter Landschafft, vnd Universität zue Tüwingen, geleiste Gebühr, vnd erholte gehorsame fleißige Bitt, vnd Erinnerung, vnd darumb mit wolbedachtem Muth, guttem Raht, vnd rechten Wissen, alle vnd iede gedachter Landtschafft vnd Universität zue Tüwingen, von Römischen Kaysern, vnd Königen, oder der Hertzogen zue Württemberg, wie auch vorigen Antecessorn, einem oder mehrn, oder auch von andern Herrschafften erlangte, vnd bishero in wolhergebrachter Vebung vnd Gebrauch gehabte Privilegia, Freiheitten, Recht, Gerechtigkeitten vnd Gewonheitten, wie auch insonderheit die Stewren, Vmbgelt, Abzüg, Fron, Holtz-Gerechtigkheitten, vnnd dergleichen andere mehr, den Gemeinden sonderbarliche Zugehörige Jura, vnd Herbringen, belangendt; Als Römischer Kayser vnd Eltister Regierender Ertz-Hertzog zue Oesterreich, für vnns, vnd Crafft dern von Inen empfangnen gnugsamen Vollmacht, für gedachte vnnsere geliebte Brüder vnd Vettern, gnediglich confirmirt, bestättet, vnd ernewert, confirmiren, bestetten, vnd ernewern, auch Ihnen sambt vnd sonders dieselben hiemit von Römischer Käyserlichen vnd Oesterreichischen Macht, vnd Vollkhommenheit, wißendtlich, inn

Crafft diß Brieffs, was wir Inen sampt vnd sonders, von Rechtes vnd Billicheit wegen, daran zue confirmiren, zue bestetten, vnd zue ernewern haben, sollen vnd mögen, vnd meinen, setzen, vnd wöllen, daß berürte Privilegien, Freiheitten, Recht, Gerechtigkeitten, vnd Gewonheitten, auch Stewren, Vmbgelt, Abzüg, Fron, Holtz-Gerechtigkeitten, vnd dergleichen andere mehr den Gemeinden sonderbarlich zuegehörige Jura vnnd Herbringen, wie die erlangt, vnd bißhero in wolhergebrachter Vebung, vnd Gebrauch erhalten worden, crefftig vnnd bestendig sein, steeht, veßt, vnd vnverbrochenlich gehalten werden, auch besagte Landtschafft vnd Vniversität zu Tüwingen sich derselben, wie bißher, also auch fürohin, vnd zue ewigen Zeitten, gebrauchen, freyen, genüessen, vnd gentzlich dabey bleiben sollen vnd mügen, von allermeniglich, innsonderheit aber auch vff den Fahl eröffneter Oesterreichischen Anwartschafft, vor den künfftigen Successorn, vnsers löblichen Haußes Oesterreich, denen Ertz-Hertzogen zu Oesterreich, vnverhindert, getrewlich, vnd sonder alle Gefehrde, doch vnns als Römischen Kayßern, vnd dem heiligen Reich, an vnnsern vnd sonst meniglich, an seinen Rechten, vnd Gerechtigkeitten vnuergriffen vnd vnschädlich, so dann allein so weit vnd fer dieselbigen mehr besagter Vergleichung, der künfftigen vnserm löblichen Hauß Oesterreich vorbehaltener Anwarttschafft, vnd Succession, in beeden Hertzogthumben Würtemberg vnd Teckh, nicht zu wider, oder entgegen seyen; Vnnd gebiethen darauf, als Römischer Kayßer, allen vnd jeden Chur-Fürsten, Fürsten, Geistlichen und weltlichen Prälaten, Grauen, Freyen, Herrn, Rittern, Knechten, Landtvögten, Hauptleuthen, Vitzdommen, Vögten, Pflegern, Verweßern, Amptleuthen, Schultheißen, Burgermeistern, Richtern, Räthen, Burgern, Gemeinden, vnd sonst allen andern vnßern vnd des Reichs Unterthonen, vnd Getrewen, in was Würden, Standt, oder Wesen die seint, ernstlich vnd vestiglich, mit diesem Brieffe, vnd wöllen, daß sie offtgedachte Landtschafft des Fürstenthumbs Württemberg, vnd Universitet zu Tuwingen, an vorbenanten Ihren Privilegien, Freyheitten, Rechten, Gerechtigkeitten, vnd Gewonheitten, auch Stewren, Vmbgelt,

Abzug,

Abzug, Fron, Holtz-Gerechtigkeitten, vnd dergleichen andern mehr, den Gemeinden sonderbarlich zuegehörigen Juribus, vnd Herbringen, wie sie die erlanget, vnd hergebracht haben, nit hindern, noch irren, sondern sie geruehlich gebrauchen, genieẞen vnd ohneinträglich dabey bleiben lassen, hierwider nit thun, noch das jemandts andern zue thun gestatten, in kein Weiẞ noch Weg, als lieb einen seye, vnser vnd des Reichs schwere Vngnad, vnd Straff, vnd dazu ein Poen viertzig Marckh löttigs Goldes, zuuermeiden, die ein ieder, so offt er freuentlich hierwider thette, vnnß halb, in vnnser vnd des Reichs Cammer, vnd den andern halben Theil offt benennter Landtschafft vnnd Universitet zue Tüwingen, vnablääßlich zu bezahlen verfallen seyn soll, mit Vrkhundt diß Brieffs besigelt, mit vnserm Kayserlichen anhangenden Innsigel, der geben ist uff vnsern Königlichen Schloß zue Prag, den fünfften Tag des Monats Septembris, nach Christi vnsers lieben HErrn vnnd Seligmachers Geburt, im Sechzehenhunderten. vnserer Reiche, deß Römischen, im fünff und zwantzigsten, des Hungarischen, im acht und zwantzigsten, vnd des Beheimischen auch im fünff vnd zwantzigsten Jahren.

Rudolff

R. Coraduz

Ad mandatum Sacræ Cæs. Majest. proprium.

Andreas Hannibald.

V.

Imperatoris Rudolphi II. Confirmatio Privilegiorum Universitatis Tubingensis Specialis.

Wir Rudolph der Ander, von GOttes Gnaden, erwöhlter Römischer Kayser, zu allen Zeiten Mehrer des Reichs, in Germanien, zu Hungarn, Böheimb, Dalmatien, Croatien vnndt Schlavonien 2c. König, Ertz-Hertzog zue Oesterreich, Hertzog zue Burgund, zue Brabandt, zue Steyer, zue Kärndten, zue Crain, zue Lützenburg, zue Württemberg, Ober- vndt Nieder-Schleßien, Fürst zue Schwaben, Marggraff des Heiligen Römischen Reichs, zue Burgaw, zue Mehren, Ober- vndt Nieder Laußnitz, Gefürster Graffe zue Habspurg, zue Tyrol, zue Pfirdt, zue Kyburg, vndt zue Görtz ꝛc. Landgraff in Elsaß, Herr auf der Wiendtischen Marckh, zue Portenaw vndt zue Salins ꝛc. Bekennen offentlich mit diesen Brieff, vndt thun kundt allermeniglich, nachdem Wir Uns in dem gütlichen Vergleich vndt Vertrag, so der aufgehabenen Oesterreichischen Affter-Lehenschafft beyder Hertzogthumb Württenberg vndt Teckh, vndt respectivè vorbehaltener Anwartschafft vndt Succession halber, zwischen vnns als Eltisten Regierendem Ertz-Hertzog zue Oesterreich, so wol auch vnseren geliebtem Brudern vndt Vettern, den Ertz-Hertzogen zue Oesterreich, vnndt dem Hochgebornen vnserm lieben Vettern vndt Fürsten, Friderichen, Hertzogen zue Württemberg vndt Teckh, Grauen zue Mümppelgardt vnder Dato Prag den vier vndt zwantzigsten Tag, des Monats Januarii, nach Christi vnsers lieben HErrn vndt Seligmachers Gebuhrt, fünffzehenhundert vndt im neun vndt neunzigsten Jahr aufgericht, beim fünfften Puncten gnedigist erbotten, auf erfolgende gebührende Leistung, vndt wann der Landtschafft in dem Fürstenthumb Württemberg Consens vndt Guthabung solcher getroffener Handtlung vndt Vergleichung richtig sein werde, derselben Landtschafft vndt der Universität zue Tübingen, alle Ihre von Römischen Käysern vndt Königen, oder den Hertzogen zue Württemberg, wie auch vorigen Antecessorn, einem oder mehrern, oder auch von andern Herrschafften erlangte, vndt bishero in wolhergebrachter Vbung vndt Gebrauch gehabte Privilegia, Freyheiten, Recht, Gerechtigkeiten vndt Gewonheiten. (Jedoch so weit vndt ferr dieselbigen solcher Vergleichung der künfftigen Succession vndt Anwartschafft, nicht zu wider oder entgegen) Im Nahmen vnser vnd vnsers gantzen Löblichen Haußes Oesterreich gnedigist zue confirmieren vndt zu ernewren, vndt vnns darauf gedachter Hertzog Friderich zue Württemberg, wie auch die Landschafft vndt sonderlich die Universität zue Tübingen vnderthenig angeruffen und gebetten, daß wir neben der General-Confirmation gemelter Landtschafft vndt Vniversität zue Tübingen Privilegien, Freyheiten, Recht, Gerechtigkeiten, vndt Gewonheiten, so sich mit dato dieser vnserer Special-Bestettigung vnd Ernewerung vergleichet, auch innsonderheit Ihrer der Hohenschul vndt Universität zue Tübingen Privilegien vndt Freyheiten, welche derselben von Ihrem ersten Erectorn vndt Stifftern, weilundt Eberhardten Grauen zu Württemberg vndt zu Mümpelgart, dem Eltern, gegeben worden, vndt die sie vnns in ohnversehrten Original vorbringen lassen, zue bestetten, zue confirmiren vndt zu ernewern, gnediglich geruheten, so von Wort zue Wort lautten wie hernach volgt.

Wir Eberhard Graff zu Würtemberg, reliqua. Sind die Privilegia, wie selbige so gleich in Extenso nachfolgen, inserirt, und folget letztens:

Das haben wir angesehen, sein Hertzog Friderichen zue Würtemberg, wie auch angeregter Landschafft, vndt Ihrer der Hohenschul vndt Universität zu Tübingen geleiste Gebühr, vndt erholte gehorsam befleißige Bitt vndt Erinnerung, vndt darumb mit wolbedachtem Muth, gutem Rath vndt rechter wissen, ob inserirtes Privilegium vndt Freyheiten, als Römischer Kayser, vndt Eltister Regierender Ertz-Hertzog zue Oesterreich, für vnns vndt in Crafft deren von Ihnen empfangenen genugsambe Vollmacht, für gedachte vnsere geliebte Brüder vndt Vettern gnediglich confirmiert, bestettet vndt ernewert, confirmiren, bestetten vndt erneuwern Ihr der Hohenschul vndt Universität zue Tübingen, dieselben hiemit von Römischer Kayserlicher vndt Oesterreichischer Ertz-Herzogischer Macht, Vollkommenheit, wißentlich in Crafft diß Brieffs, was wir Ihnen der Hohenschul vndt Universität zue Tübingen von Rechts vndt Billicheit wegen daran zu confirmiren, zue bestetten, vndt zu ernewern haben, sollen vndt mögen. Vnndt meinen, setzen vndt wollen, daß vorgeschrieben Privilegium vndt Freyheits-Brieff, in allen vndt ieden Wortten, Puncten, Clausuln, Articuln, Innhaltungen, Meinungen vndt Begreiffungen, wie obsteht, cresstig vndt mechtig sein, stett, vest vndt ohnverbrochenlich gehalten werden, vndt dickhbesagte Haheschul vndt Universität zue Tübingen, ietzt vndt künfftig, sich alles dessen Innhalts frewen, gebrauchen, geniesen, vnd gentzlich darbey bleiben vndt gelassen werden mögen vndt sollen, von allermeniglich, Innsonderheit aber auch auf den Fall eröfneter Oesterreichischer Anwartschafft, von den künfftigen Successorn vnsers löblichen Hauß Oesterreich, den Ertz-Hertzogen zue Oesterreich ohnverhindert, getrewlich vndt sonder alle Geferde, doch vnnß als Römischen Kayser, vndt dem heiligen Reich, an vnnsern, vndt sonst meniglich an seinen Rechten vndt Gerechtigkeiten ohnvergrieffen vndt ohnschedlich. So dann allein so weit vndt ferr selbiges Privilegium gemelter Vergleichung, der künfftigenn vnserm löblichen Hauß Oesterreich vorbehaltener Anwartschafft, vndt Succession, in beeden Hertzogthumben Württemberg vndt Teckh, nicht zu wider, noch entgegen sey. Unnd gebieten darauf als Römischer Kayser allen vndt jeden Chur-Fürsten, Fürsten, geistlichen vndt weltlichen Prälaten, Grauen, Freyen, Herrn, Rittern, Knechten, Landtvögten, Haubtleuthen, Vitzdomben, Vögten, Pflegern, Verwesern, Ambtleuthen, Schultheißen, Burgermeistern, Richtern, Räthen, Burgern, Gemeinden vndt sonst allen andern vnnsern vndt des Reichs Vnderthanen vndt Getrewen, was Würden, Standts, oder Wesens die seindt, ernstlich vndt vestiglich mit diesem Briff, vndt wöllen, daß sie mehrgedachte Universität zue Tübingen an berürten Privilegio nicht hindern noch irren, sondern sie desselben geruhiglich gebrauchen, genießen vnd ohneinträglich darbey bleiben lassen, hier wider nicht thuen, noch deß Jemandts andern zu thun gestatten, in kein Weiß noch Weeg, als lieb einem Jeden sey, vnser vnd des Reichs schwere Vngnadt vndt Straff, vndt darzue ein Poen, viertzig Marckh löttiges Golts zuuermeiden, die ein ieder so offt Er frevenlich darwider thete, vnns halb in vnser vndt des Reichs Cammer, vndt den andern halben Theil viel angeregter Universität zue Tübingen ohnablößlich zue bezahlen, verfallen sein soll. Mit Urkundt diß Briefs besiglet mit vnserm Kayserlichen anhangendem Insiegel. Geben auf vnserm König-

lichen

lichen Schloß zue Prag den fünfften Tag des Monats Septembris, nach Christi vnnsers lieben HErrn Gebuhrt, Sechzehenhundert, vnnserer Reiche des Römischen im fünff vndt zwantzigsten, des Hungarischen im acht und zwantzigsten, vndt des Böheimischen auch im fünff vndt zwantzigsten Jahren.

Rudolff ꝛc.

R. Coraduz &c.

Ad mandatum Sacræ Cæs. Majest. proprium.

An. Hannibald, m. p.

VI.

Copia Privilegiorum & Immunitatum, quibus Illustrissimus Fundator, Universitatem Tubingensem clementissimè donavit, & quæ quotannis in Templo primario, die Sancto Georgio Festo, publicè prælegi solent.

Wir Eberhardt Grave zu Württemberg, vnnd zu Mümpelgardt ꝛc. der Elter, Bekennen vnd thun kundt offenbahr aller männiglichen mit diesem Briefe, für vnns und alle vnser Erben und Nachkomen: Dieweil vnd Wir von sondern Gnaden des Allmächtigen GOttes, vnsers Schöpffers, von Geburt, vnd sonst zeitlicher Mächtigkeit Landts vnd Leut, die zu regieren vnd zu versehen hochgeboren begabt seindt. So ist in vns wohl Erkanndtnuß, daß Wir seiner Allmächtigkeit desto mehrer schuldig werden, an der Rechnung vnsers Ampts darzu legen vnd zu bezahlen, vnd doch durch Blödigkeit menschlicher Natur gebrüchlich vnd sömig an den Gebotten desselben Ewigen GOttes offt erfunden werden.

Demselben nach uns billich gebührte, nach underthäniger Erkandtnuß, mit demüthigem Hertzen, so grössest Wir mügen, unser Schuldt abzulegen, und nach Kräfften demselben unsern ewigen GOtt und Schöpffer gegen uns in Barmhertzigkeit zu ermildtern, dem zu Fürderung, und auch darmit Wir der Hochgelobten Himmels-Königin, und Jungfrawen Maria, der Mutter GOttes, und in allen GOtt-geheyligten Wohlgefallen, und der gantzen Christenheit Trost, Hilff und Macht, wider die Feind unsers Glaubens ohnüberwündlich gebähren, dardurch Wir dann nit minder hoffen, allen unsern Vorfahren und Nachkommen seelig Heyl auch zu bawen, und unser gantzen Herrschafft Württemberg Lob, Ehre und Nutz zu erwerben, auch auswendige Schäden, den die Unsern und unsere Zugewandten bißher vielfältig gelitten haben, zu verhüten.

So haben Wir in der guten Meinung helffen zu graben den Brunnen des Lebens, daraus von allen Enden der Welt ohnersichtlich geschöpfft mag werden, tröstlich und heylsam Weißheit, zu Erlöschung des verderblichen Fewers, menschlicher Ohnvernunfft und Blindheit, uns auserwehlt und fürgenommen, ein hoch gemein Schul und Universitet in unser Statt Tübingen zu stifften und uffzurichten, die dann von dem Heyligen Stul zu Rohm mit Bäpstlicher und vollkommenlicher Fürsehung begabt, und darzu mit gnug nothdürfftigen gebührlichen, und Erbarn Statuten zu halten angesehen ist. Darauff Wir dann gereitzt werden, unser sonderlich Gnad und Freyheit darzu auch zu geben, als Wir dann das für uns, unsere Erben und Nachkommen thun, inmassen wie hernach volgt:

Zum

Zum Ersten, wöllen Wir alle Magister vnnd Studenten, die jetzo hie in vnserm Studio zu Tübingen seindt, oder hienach kommen, vnd alle die hinweg ziehen, in was Standt, Würden oder Wesen die seyen, in allen vnsern Landen, Stätten, Dörffern, und Gebieten, schirmen vnd handthaben, in allen den Gnaden und Freyheiten, Rechten vnd Gewohnheiten, wie die in gemein, oder insonderheit von den Geistlichen oder Kayserlichen Rechten den Magistern und Studenten gnädiglich gegeben seyen vnd verlihen, in allem Fug, als ob solch Gnad, Freyheit vnd Recht, wie vorgemeldt ist, hierinn all vnd jeglichs insonderheit von Wort zu Wort gantz eigentlichen verschrieben vnd begriffen were. Doch die nachfolgende Articuln sollen verstanden vnd gehalten werden, nach jhrem Innhalt, wie die begriffen seindt.

Wir nemmen auch in vnsern, vnserer Nachkommen vnd Erben sonderlichen Schirm vnd Behütung alle Doctor, Magister und Studenten, die jetzo hie seindt, hienach kommen mögen, oder hinweg ziehen.

Deßhalben gebieten Wir ernstlichest so wir mögen, allen vnsern Vnterthanen, Edlen vnd Ohn-Edlen, Vögten, Schultheißen, Burgermeistern, Burgern, Gebawren, vnd allen die vns zugehören, oder in vnsern Landen wohnen oder wandtlen: daß jhr keiner keinen Magister noch Studenten, die hie seindt, oder herkommen, oder hinweg ziehen, in vnserm Landt, keinerley ohnbillich Gewalt, Schandt, Schmachheit, Laydt, Letzung oder Ohnrecht, Mißhandlung oder Vbels thue oder zufüge, durch sich selbs oder andere, oder schaffe geschehen werden, an Leib,

Leib, an Gut, an Glimpff, oder an Ehre, in welcher Weiß oder Maß das sein möge, heimlich oder offentlich, sondern das nicht gestatt von jemands geschehen, als sehr er darvor sein möge, ohn alles Gefährde.

Und wer der oder die weren, die solch unser Gebott brächen und ubersühren, die oder der sollen zur Stundt unser Huldt verlohren haben, und darzu hundert Hulden, die uns zur Poen verfallen sollen, zu der Pönen der er auch sonst verlohren hätte, nach der Statt Recht zu Tübingen, und dannoch nicht minder solle derselb, oder die also unser Gebott ubertretten, dem derselb Schadt oder Schmachheit geschehen were, auch bessern, nach dem Rechten, und gantz ablegen.

Uber solches und anders, so Doctor, Magister, oder Studenten, zu schaffen gewinnen mit den unsern, sollen auch unsere Amptleute in unserer Stadt Tübingen, oder an andern Enden, da sich gebühret in unsern Landen, zu Stundt kurtz ußträglich Recht sprechen, ohn alles Verziehen und Auffschieben, alsbaldt sie solches vernemmen, oder jhnen fürgebracht wirdt, von wem das seye, bey unsern Hulden das zu halten, und bey Verlierung aller jhrer Aempter, und hundert Gulden zu Poen ohnablåßlich, denselben unsern Amptleuten, allen und jeden insonderheit, Wir hiemit in Krafft diß Brieffs, vollen Gewalt geben, als dick das noth ist, uber solches Recht zu sprechen, und Ehrbarlich zu entscheiden, alles getrewlich, und ohn alles Gefährde. Were aber jemands under denen, die solch unser Gebot brechen, und der doch nit mit Gut thun möchte, der solle solches mit seinem Leib erarmen, bessern und gantz ablegen.

Wir

Wir wöllen auch, vnd gebieten ernstlichen allen vnsern Vögten, Burgermeistern, Amtleuten, Stattknechten, Gebütteln, vnd andern vnsern Vnderthonen, daß sie keinen Magister noch Studenten, dem Studio zugehörig, fahen oder fahen lassen, noch jemandts gestatten, Handt oder Gewalt an sie zu legen, in keinerley Weisse, und keinerley Schuldt, vnd Missethat oder Verwürckung, die sich in der Statt zu Tübingen, oder in demselben Ampt begebe, sondern das lassen geschehen von dem Rector der Universität, oder denen, denen es von der Schulen oder Rectorn empfohlen wurdt, nach jhrem Willen vnd Gefallen. Es were dann, daß er sich friedtlicher Anmuthung für den Rector mit jhnen zu kommen freffentlich widert, oder in einer treffenlichen Missethat erfunden würde: So gebieten wir doch bey obgemeldten Poenen denselben Magister oder Studenten zu Stundt seinem Rector oder Obersten ohn alle Widerrede vnd Mißhandlung erbarlich vnd ohngetötzt, so fern es sein mag, zu antwurten, demselbigen in sein Straff zu geben vnd zu lassen. Vor demselben soll Er (ob es noth were) Bürgen setzen, gnug zu sein dem Rechten, vnd möcht er nicht Bürgen haben, solle Er geloben, das zu thun, vnd darnach auch von dem Rector gelassen werden. Were aber einer so leichtfertig, oder die Sach so groß, daß jhm uff solch Gelübde nicht wölt ein Rector vertrawen, so solle jhn der Rector sonst innhalten vnd versorgen, biß zu Austrag der Sachen, auch ob Einer als gröblich were verleumbdet umb Vbelthat, den soll doch ein Rector zu Zeiten, oder die vnsern (ob sie das von Einem Rector wurden geheissen, und sonst nicht) bescheidenlich, ohne alle Mißhandlung gefänglich halten,

halten, vnd wann er wird vßgelassen, soll er nicht mehr geben noch bezahlen, dann was er in Gefängniß verzehrt hat, ohne gefährlich.

So geben Wir auch einem ieglichen Rector zu Zeiten, oder dem, der sein Statthalter ist, gantzen vollen Gewalt, Außrichtung vnd Recht zu sprechen vnd zu thun, vber alle vnd jegliche Sachen, das Magister vnd Studenten vnder einander auszutragen haben (ausgenommen vmb ligende Gütter, Erbfäll oder andere dergleichen Sachen, die sollen berechtet werden an den Enden, so sie gefallen vnd gelegen seindt) ob aber ein Lay mit Einem Magister, oder Studenten zu schaffen hette, soll jhme der Magister oder Student antworten vor seinem Rector vnd würdt einem Studenten für vnsern Amtmann gebotten, solle jhn der Amptmann zu Stundt, do diß an jhne gefordert wirdt, wider weisen für sein Rector, vnd wo er das zu Stundt nicht thete, solle er sein Ampt, vnd darzu hundert Gulden verlohren haben. Wiederumb wo Magister oder Studenten mit den Vnsern zu schaffen gewinnen, sollen sie die Vnsern auch bleiben lassen vor Vnsern Amptleuten, also daß die Studenten den Layen: und die Layen den Studenten Recht geben vnd nemmen, vnd nemmen, vnd geben, sie all vnd Ihr jeglicher vor seinen geordneten Richter, nach Innhalt gemeiner geschriebenen Recht.

Wolt aber ein Magister oder Student demselben Rector, oder seinem Statthaltern, nicht gehorsamb sein in zimlichen Dingen, vnd redlichen Gebotten, wann dann der Rector begehrt Hülff zu solchem, gebieten Wir allen vnsern Amptleuten, jhme Hülffe vnd Beystandt zu thun mit jhren Knechten vnd Vn-

dertha-

derthanen, als dick das noch wirdt bey vorgemeldter Poen hundert Gulden.

Auch wöllen Wir, daß alle Magister vnd Studenten, die hie zu Tübingen seindt, oder herkommen, oder hinweg ziehen, an Ihren Personen/ auch an allen ihren Gütern / wie die seyen genannt: Es seye Tuch, Wein, Korn, Habern, Fleisch, Bücher, oder anders, so sie brauchen wöllen, aller Schatzung, Zoll, Stewr, Umbgelts, Gewerpff, Tribut, oder anderer Beschwehrung, wie die genannt werden, zu Ewigen Zeiten, in allem Unserm Land, uff dem Wasser, Veldt, oder in Stätten, oder in Dörffern hinein zu führen oder tragen, durch sich selbst oder andere, nach oder vor Sanct Martinstag, wie, wann, oder an welchen Enden sie die kauffen, führen, tragen, oder bestellen, gantz frey vnd ledig sein sollen, vnd von allen Unsern Zollern, Amptleuten vnd andern, denen dis zu erfordern vnd einzunehmen zusteht, ledig gezehlt vnd gelassen werden, ohne Widerrede, allweg bey Poene hundert Gulden, halb vns, vnd halb der Universität verfallen, ausgenommen, was Gütter weren, die sie jetzo hetten, oder führter überkämen, die nicht frey an sie kommen weren, mit denselben solle es gehalten werden, wie mit andern dergleichen Güttern, vßgenommen, were ob Doctor oder Magister der Universitet, Korn, Wein oder anders deß Ihren verkauffen wöllen, da sollen sie sich mit dem Verkauffen halten, wie andere die Unsern, vnd nicht höher beschwähret werden von newem, alles ohngefährlich.

Wir geben auch Doctorn, Magistern vnd Studenten die Freyheit, ob es immer darzu käm, daß von vns oder Unsern Nachkommen, oder denen von

von Tübingen einicherley Beschwerung vff Wein oder Korn, Bücher oder anders, was das were, weitter, dann jetzo ist, gesetzt würdt, zu Tübingen oder vffgelegt, das soll gantz vnd gar die genandte Doctor, Magister oder Studenten, noch auch die so jhnen zu kauffen geben, nicht binden noch beschwären. Es mögen auch alsdann nichts destominder die Vniversitet, Doctor, Magister oder Studenten durch sie selbs, oder wen sie sie darzu ordnen, solches zu jhrem vnd der jhren Brauch bestellen, ohn alle Hindernuß männiglichs.

Auch wöllen Wir, vnd gebieten ernstlichen, allen der Vnsern, daß alle Doctor, Magister vnd Studenten, oder die jhnen zugehören, solch obgeschrieben Gut, Wein, Fleisch, Visch, Korn, Brodt, vnd anders, wa und wann sie wöllen, bestellen mögen oder kauffen, vnd als dick das in Verkauffensweis gelegt, oder zu verkauffen offentlich herfür gethon wirdt, sollen alle Vnsere Vnderthonen in Verkauffen sich gutwillig gegen jhnen beweisen vnd zu kauffen geben, noch vber gemeines Kauffgelt nach der Statt Gewohnheit nicht schätzen.

Darbey soll nicht minder von der Vniversitet nothdürfftiglich vnd ernstlich bestellt, geordnet vnd versehen werden, daß in solchem kein Gefährde mit andern den Vnsern gebraucht: Sondern diß Erbarlich ohne Vffsatz vnd redlich gehälten, zu jhrem Gebrauch vnd ohne Fürkauff, es were dann, daß Probst und Capitel, auch die von der Vniversitet jhre Gülten, die jhnen von ihren Pfründen vnd Stipendien allher fallen, zu Tübingen verkauffen würden, daß sie dann solch Verkauffen wol thun mögen, wie andere die Vnsern von Tübingen.

Wir

Wir wöllen auch, vff daß niemandt ohnzihmlich geschätzt werde, daß der Rector zu Zeiten, vnser Statt Tübingen Vogt, als dick die erfordert werden, geben zween Mann, die bey guten Trewen vorhin darumb gegeben, schätzen die Häuser, darinnen die Studenten ziehen wöllen, nach Billichkeit vnd guter Gewohnheit der Statt Tübingen, darbey auch die, deren dieselbe Häuser seindt, bleiben sollen, als lieb jhnen der Haußzinß desselben Jahrs ist, vnd vnser Ohngnade zu vermeyden. Vnd wo auch Magister oder Studenten erfinden ein Hauß, das der eigen Haußwürth, deß das Hauß ist, nicht will selber nutzen, oder die Seinigen: mögen dieselben Magister oder Studenten also lassen schätzen, vnd darein ziehen, vnd deß Zinß halb zu bezahlen, nach guter Gewohnheit der Statt, und der vorberührten Schätzer, Geheiß und Willen gnug thun vnd verzinsen: Daran soll niemandt sie somen noch irren, bey vorgemeldter Poen Verlierung des Zinses.

Wir haben auch alle Freyheit gegeben wie Magistern vnd Studenten, geben auch hiemit in Krafft diß Brieffs, allen jhren Ehelichen Weibern vnd Kindern, darzu allem jhrem Haußgesindt, Knechten, Mägden, Dienern, darzu Pedellen, Schreibern, Einbindern, Illuminirern, welche zu Tübingen Wohnung haben.

Wir wöllen auch, und gebieten ernstlichen, denen von Tübingen, daß sie keinen Juden, auch sonst keinen offnen Wucherern, bey ihnen in der Statt oder in ihren Zwingen vnd Bännen lassen wohnhäfft bleiben.

Wir wollen auch, daß niemandt zu Tübingen, keinem Magister oder Studenten uff Bücher leyhe, die kauffe oder verpfände / ohne sondere Vrlaub eines Rectors zu Zeiten, vnd ob einer das wiederfuhre, der solle von Stundt an verfallen seyn viertzig Gulden, vnd nicht minder die Bücher ohn entgelten wiedergeben. Würde auch ein Buch, oder mehr bey jemandts gefunden, das gestolen oder abtragen were, das soll zu Stunden dem, deß es gewesen ist, wo er das mit seiner Trew behalten mag, widerkehrt werden ohn Gelt, bey jetz gemeldter Poen.

Wir wollen auch vnd gebieten, daß die Amtleut vnser Statt zu Tübingen, keinen Leib-Artzt Fraw oder Mann, der von der Facultät der Artzeney nicht bewährt ist, lassen einicherley Artzeney zu Tübingen treiben oder vben, es seye mit Wasser besehen, oder Reinigung geben, oder sonst, deßgleichen wöllen wir, daß kein Wundt-Artzet, Scherer oder ander, in was Statt der seye, Leib-Artzney treib, er sey dann bewehrt, vnnd von der Facultet der Artzney zugelassen.

Solch obgeschrieben Freyheit vnd Gnad, sollen auch alle Jahr, vnser Vogt, vnnd zween von dem Gericht, von wegen der gemeldten gemeinen Statt, auf ein genandten Tag, einem Rector, oder der Universitet zu GOtt schwehren, alles redlich vnd aufrecht zu halten, wie vorgeschrieben stehet, ohn alle Gefährde, vnd sich bey Verlierung jeglicher hundert Gülden wider solches schwehren nicht stellen, noch sich des widern in keinen Weg als baldt sie vnd ihr jeder das zu thun, von dem Rector oder der Universitet ermahnet werden vnd erfordert, ohn alles Gefährde.

Darumb gebieten auch wir ernstlichen, vnd wöllen, so vil vns das berührt, daß alle vnsere Amt-

Amtleut, Statthalter, Vögt, Hofmeister, Haupt-Mann, vnd alle vnsere Lehen-Leute, geistlich vnd weltlich, in was Stand die seyen, Schultheissen, Richter, Gebüttele, in allem unserm Landt, in vnser Gegenwertigkeit vnd Abwesen, bey den Ayden, so sie vns gethan haben, darzu bey vorgemeldten Poenen, nach allem ihrem besten Vermügen, handthaben, schirmen vnd schützen vestiglich, in ewige Zeit, ohn Widerred und Fürwort, in gemein vnd sonderheit, all Gnad, Freyheit, Schirm, Recht vnd Schützung, so Wir Doctorn, Magistern vnd Studenten, vnd allen denen, die ihnen zu versprechen stehen, des vorbenannten vnsers Studium zu Tübingen, mit gutem Willen, geben vnd verlihen haben mit diesem Briefe, ohn Gefährde.

Vnd vmb das solch Gnad und Freyheit, Poen, Gebott, und Satzung, allermänniglich offenbahr werde, vnd sich deren niemandt möge entschuldigen in Ohnwissenheit, wöllen Wir bey vorgemeldten Poenen, hundert Gulden der Universitet verfallen, vnd zugeben von der Stadt Tübingen, daß sie alle Jahr, an Sanct Georgen, des Heyligen Ritters, vnd Märtyrers Tag, in desselben Sanct Georgen Kirchen, des Stiffts, vor allem Volck, von dem Stattschreibern, in Beywesen eines Vogts, vnd zweyen Richtern, vnd der Statt Gebütteln, vff der Cantzel von Wort zu Wort, vnderschidtlich, gantz zu Endt vß verlesen vnd verkündet werden.

Dieselben all vnd jeglich also für vns, vnsere Nachkommen vnd Erben, was von vns vorgeschriben stehet, vnd so vil vns das berührt, bey vnsern Trewen vestiglich vnd ohnzerbrochenlich an allen Stucken vnd Articuln zu halten, geloben Wir vnd ver-

versprechen, in Krafft diß Brieffs, nach vnserm besten Vermögen, alles getrewlich, vnd ohngefährde, Wir wöllen auch solch von einem jeglichen vnserm Erben vnd Nachkommen, dem vnser Statt Tübingen wirdt zu regieren, im Anfang seines Regiments versprochen vnd gelobt werden.

Deß zu wahrem Uhrkundt, haben Wir vnser Insigel für vns, vnsere Erben vnd Nachkommen offentlich gehenckt an diesen Brieff. Vnd wir Vogt, Gericht vnd Rath, der Statt Tübingen, bekennen auch für vns, vnd vnsere Nachkommen, daß diß alles, wie hievor geschrieben stehet, nicht ist vßgenommen, mit vnserm guten Willen vnd Wissen, vnd vß sonder Befelch deß vorgenannten vnsers Gnädigen Herrn geschehen ist. Darumb geloben wir auch, für vns, vnd alle vnsere Nachkommen, der Statt Tübingen, bey guten Trewen an Eydesstatt, all vorgeschriben Gnad, Freyheit, Stuck vnd Articuln, vest vnd ståht, zu halten, wider die nimmer zu thun, noch schaffen gethon werden, alles Ehrbarlich, getrewlich vnd ohngefährlich.

Vnd deß zu wahrem Uhrkundt haben wir der gemeinen Statt Tübingen Insigel, zu des vorgenannten vnsers Gnädigen Herren Insigel, auch offentlichen gehenckt an diesen Brieff, der geben ist zu Tübingen, vff Sanct Dionysien Tag, nach Christi Geburt, als man zahlt Tusendt, Vierhundert, Sibentzig vnd Siben Jahre.

Diese Copie ist auch von Herrn Mosern Part. II. des Erläuterten Würtembergs pag. 28. sqq. abgedruckt zu finden. Ich habe selbige aus Besoldo aus der Diss. de Jure Academiarum genommen, Operis Politici. Arg. 1625. pag. 180. sqq. Es ist gleichfalls eine

eine Copie an die Statuta Universitatis renovata 1602. p. 189. angehängt, darinnen die pure alte Orthographie vorkommt, welche hier nicht durchgehends beobachtet worden ist.

VII.

Literæ donationis Ecclesiarum & Canonicatuum incorporatorum. 1486.

Wir Eberhard Grave zue Württemberg vnd zue Mümppelgardt ꝛc. der Elter, bekennen vnnd thun kundt allen denen die disen Brieff sehen oder hören lesen. Dieweil wir nit fruchtbarers wissen zu Fürderung gemeines Nutz, darzu wir dann sonder Neigung handt, dan das die Leuth von Jugend auf erzogen, vnnd geübt werden zu lehren Tugent, gute Sitten vnnd Kunst der Heiligen Schrifft vnnd der Recht, So haben wir bey vnserm heiligsten Vatter Bapst Sixten dem Vierten erworben, das Sein Heiligkeit vns bewilligt hat ein Hohe Schul vnnd Vniuersitet in Vnser Statt Tüwingen vffzurichten, nach laut der Bullen von seiner Heiligkeit darumb außgangen vnnd der Datum ist an dem Dreizehenden Tag des Monats Nouember, do man zelt Tusend vierhundert siebenzig vnnd sechs Jahr, vnnd eins theils do man zelt tusend vierhundert achtzig vnd zwey Jahr im Aprillen an dem dreizehenden Tag, als wir auch darauf daselbst zu Türwingen ein Vniuersitet vnd Hohe Schul auffgericht, vnnd GOtt dem Allmechtigen zu Lob, vnnd vmb das dieselb Schule desto bestendiger sein, vnnd in guttem löblichen Wesen behalten werden möge, daran gegeben vnnd ergeben haben, vnnd thun das ietzo aber mit gutem freyem Willen, wolbedacht vnd mit Raat Vnnser Räth

Getrewen, in der allerbesten Form, als es mit Recht vnnd sust geschehen mag, für Vns, Vnsere Erben vnd Nachkommen, in crafft diß Brieffs dise nachgeschriben Kirchen vnnd Pfründen nemblich die Kirch in Vnser Statt Brackenheim, die Kirch zue Stetten dem Dorff vnderm Hüchelberg, bald in Wormbser Bistumb, vnnd die drey Kirch zu Asch, zue Ringingen vnnd zue Oewingen in Costentzer Bistumb gelegen, vnnd darzu Acht Chorherren Pfründt vff Vnserm Stifft zue Tüwingen, die von Sindelfingen so dahin seit gezogen vnd transferirt, wie dann solch Kirch vnnd Pfründen mit allem vnd Jeglichen Ihren Rechten Nutzen, Gülten vnnd Zuegehörung nichzit daran ausgenommen, sondern auch mit dem Rechten der Lehenschafft (das mann zu Latin nennpt Jus Patronatus) von Vnsern Vordern seeligen Gedächtnus vnnd Vns ingehebt vnd gebraucht, vnd von dem vorgenandten Vnsern Heiligsten Vatter dem Bapst, vff Vnser Vbergab vnnd Bith an die Hohe Schul zu Tübingen incorporirt vnd bestettigt seind, das die zu Nutz vnd Nothdurfft derselben Hohen Schul bewendt vnnd gebraucht werden sollen, wie das die obgemelte Bull vßweiset alles ohngefehrde, vnd wir verzeihen Vns, für Vns Vnsere Erben vnnd Nachkhommen zu den vorgemeldten Kirchen vnd Pfründen mit Ihren Zugehörungen als vorsteht aller Vnser Gerechtigkeit, die wir doran oder darzu gehapt haben, oder gethon möchten mit Recht Geistlichen oder Weltlichen oder sust in andere Weg gahr vnnd genutzlich in crafft diß Brieffs geredende vnd versprechende für Vns, Vnsere Erben vnnd Nachkommen, die Rectores, Doctores und andere Glieder der vorgenannten Hohen Schul

Schul zu Tübingen vnnd alle Ihre Nachkommen bey dieser Vnser Begebung getrewlich zu handthaben zu schützen vnnd zue schirmen, Inen och selbs keinen Eintrag doran zuthuend in keinen Weg ohngeferdt. Doch nemblich sollen die Regierer der jetzgenandten Schul, die vorgenannten Kirchen mit Erbaren taugendtlichen Priestern versehen vnd besetzen, mit dem die Unterthonen derselben Kirchen versehen werden, mit den heiligen Sacramenten, Meß-Predigern und andern Dungen, nach zimblicher billicher Notturfft vngeferlich. Vnnd deß zue warem Vrkundt haben wir Vnnser aigen Insiael offentlich thun hencken an disen Brieff, der geben ist zu Studtgartten an Sanct Anthonien Tag, nach Christi Geburt, als man zelt Vierzehen hundert Achtzig vnd Sechs Jahr.

VIII.

Erste Ordination EBERHARDI I. 1581. Nachdem vorhero zwischen Graf Ulrich und Graf Eberharden wegen der Privilegiorum Gültigkeit und Extension gehandelt worden ware. Es bestunde selbige, nach Recension Cancellarii Dr. Aichmanns in 15. folgenden Puncten.

Als Erstlich, so nehmen seine Hoch-Fürstl. Gnaden (EBERHARD) alle Doctores, Magistros und Studenten in Dero sonderlichen Schirm, und gebieten darauf allen Ammtleuten und Unterthanen, daß ihr keiner, kein Magister noch Studenten an Leib, Gut und Ehr offendire oder vergwaltige, bey seiner Fürstl. Gnaden Ungnad und Straff hundert Gulden, die seiner Fürstl. Gnaden zu Poen verfallen sollen, zu der Poen die er auch sonsten nach der Stadt Tübingen Recht verlohren, und soll nicht destominder dem, welchem der Schad geschehen, solchen auch ablegen und bessern.

Zum Andern, so Doctor, Magister, oder Studenten mit den Unterthanen zu schaffen gewinnen, so sollen die Ammtleut zu Tuwingen oder anderer Orten ohne alles Verziehen und Aufschieben ihnen kurtz, austräglich recht sprechen, bey Verliehrung aller ihrer Aemter und 100. fl. zur Poen, ohnabläßlich, und da jemand solch Gebott brechen, und doch mit Gut nicht genug thun möcht, der soll solches mit seinem Leib erarmen und ablegen.

Zum Dritten, wird allen Vögten, Burgermeistern, Ammtleuten, Stadtknechten, Bütteln und andern Unterthanen, bey obgemeldten Poenen gebotten, keinen Magister oder Studenten zu fahen oder fahen zu lassen, noch jemands zu gestatten, Hand oder Gewalt an sie zu legen, und keinerley Schuld, Missethat, oder Verwirckung die sich in der Stadt zu Tuwingen oder in demselben Ammt begeb, (diese Restrictio uff Stadt und Ammt Tuwingen ist, wie vorgemeldt, uff Herrn Graf ULRICHS Begehren inserirt worden) sondern sollen das lassen geschehen, von dem Rector der Universität, oder denen, welchen es von der Schulen oder Rector befohlen wird, nach ihrem Willen und Gefallen. Würde sich aber einer für den Rector zu kommen verwiedern, oder aber in einer trefflichen Missethat erfunden werden, so soll er doch nichts destoweniger ohne alle Wiederred und ungeletzt (so sehr es seyn mag) dem Rector in sein Straff geantwortet werden, vor welchem er fidejussoriam oder juratoriam cautionem thun solle, dem Rechten uszuantworten, wovern aber einer so leichtfertig, oder die Sach so groß, daß ihm uff Caution nicht zu trauen, so soll ihne der Rector sonsten innehalten und versorgen, biß zu Ußtrag der Sachen, ob auch einer um Ubelthat gröblich wäre verleumdet, den soll ein Rector zu Zeiten, oder die Ammtleut (wann sie das von einem Rector würden geheisen, und sonsten nit) bescheidenlich ohne alle Mishandlung gefänglich halten, und wann er ausgelassen, soll er nit mehr geben noch bezahlen, dann was er in der Gefangenschafft verzehrt.

Zum Vierdten beschicht de Jurisdictione Rectoris diese Verordnung, daß er soll gantzen vollen Gewalt,

Ans-

Ausrichtung und Recht zusprechen über all und jegliche Sachen, so Magister und Studenten untereinander auszutragen haben.

Dieser gemeinen Regul wird wiederum eine Limitation angehenckt, so uff Herrn Grave ULRICHS Begehren hinzugesetzt worden, welche des Innhalts, ausgenommen umliegende Güter, Erbfall, oder andere dergleichen Sachen, die sollen berechtet werden an den Enden, da sie gefallen und gelegen seyn.

Wann aber ein Läy mit einem Magister oder Studenten zu schaffen hett, soll ihm der Magister oder Student antworten vor seinem Rector, und da einem Studenten für ein Ammtmann gebotten, soll ihn der Ammtmann zu Stund, so diß an ihn gefordert wird, wiederum weisen für seinen Rector, und wa er das zu Stund nit thäte, soll er sein Ammt und dazu 100. fl. verlohren haben.

Wiederum wo Magister oder Studenten mit den Unterthanen zu schaffen gewinnen, sollen sie die auch bleiben lassen vor den Ammtleuten, also daß sie all und ihr jeder vor seinem geordneten Richter nach Innhalt gemeiner geschriebenen Rechten, Recht geben und nehmen sollen.

Wann dann ein Magister oder Student dem Rector oder seinem Stadthalter in zimmlichen Dingen und redlichen Gebotten nicht gehorsam seyn wollte, und er Rector Hülff begehrte, wird allen Ammtleuten gebotten, ihme Hülff und Beystand zu thun, mit ihren Knechten und Unterthanen, so oft es die Nothdurfft erfordert, bey Poen 100. fl.

Zum Fünfften wird die Zolls-Befreyung gesetzt, daß alle Magister und Studenten, so von und zu ziehen, an ihren Persohnen, und allen ihren Gütern, wie die genannt seyn, es seye Tuch, Wein, Korn, Habern, Visch, Fleisch, Bücher oder anders, so sie brauchen wollen, aller Schatzung, Zoll, Steuer, Umgeldts, Tributs oder anderer Beschwehrung, wie die genannt werden, zu ewigen Zeiten in allen Ihrer Fürstl. Gnaden Land, uff Wasser, Veld oder in Stetten und Dörffern hinein zuführen oder tragen, durch sich selbst oder andere, nach oder vor St. Martins Tag, wie, wann und an welchen Enden, sie die kauffen, führen, tragen, oder bestellen, gantz frey und ledig seyn, auch von allen Zollern, Ammtleuten und andern, denen diß zu erfordern und einzunehmen stehet, ledig gezehlt und gelassen werden sollen, ohne Wiederred, allweg bey Poen 100. fl. halb Ihro Fürstl. Gnaden, und halb der Universität verfallen.

Uff diesen Articul folgt eine Exceptio, welche durch Herrn Grave ULRICHS Fürstl. Gn. Erinnerung hinzugethan worden, so sich uff diesen Articul nicht opposité rejmet, nachdeme derselbig allein uff die Res mobiles, Exceptio aber uff die Res immobiles dirigirt, des Innhalts, außgenommen was Güter wären, mit denselben soll es gehalten werden, wie mit andern dergleichen Gütern, welches uff die liegende Güter damalen verstanden worden, (wie es ex Correctione dieser Addition zu sehen.

Nach solcher Exception wird eine andere Limitation præcedentis Artic. gesetzt, de venditione rerum, so sich besser unter nachfolgenden Articul de precio rerum emendarum schicket, damit venditionis & emtionis materia beysamen were, und ist diese Limitation des Innhalts: Wann DD. oder Magister der Universität, Korn, Wein, oder anders des ihrigen verkauffen wollen, so sollen sie sich mit dem verkauffen halten, wie andere Unterthanen, und sollen von neuem höher nicht beschwehrt werden, welche letzte Worte auch sehr unlauter, daß sie ein zweifflenden Verstand uff sich haben, indem sie wohl dergestalt könnten verstanden werden, daß die Universitäts-Verwandten niemand höher, dann wie sonsten der gemeine Schlag, beschwehren sollen, oder das verisimilius, daß sie von der Universität nicht höher sollen beschwehret werden, weder mehr oder minder, so ihnen gefällig zu verkauffen.)

Zum Sechsten wird Doctor, Meister und Studenten diese Freyheit geben, wann es dazu käme, daß von Ihro Fürstl. Gnaden oder Dero Nachkommen, oder denen von Tüwingen einicherley Beschwehrung, uff Wein oder Korn, Bücher oder anders gesetzt würde, das soll gantz und gar sie die Doctor, Meister oder Studenten, noch

auch

auch die, so ihnen zu kauffen geben, nit binden noch beschwehren, es mögen auch alsdann nichts destominder die Universität, Doctor, Meister und Studenten, oder die ihnen zugehören, durch sich selbst, oder wen sie dazu ordnen, solch obbeschrieben Gut, Wein, Fleisch, Fisch, Korn, Brodt und anders, wa und wann sie wöllen, zu ihrem und der ihren Gebrauch, bestellen oder kauffen, darauf wird allen Unterthanen ernstlich gebotten, sich im Verkauffen gutwillig gegen ihnen zu beweisen, und zu kauffen zu geben, auch über gemeines Kauff-Geld nach der Stadt Gewohnheit nicht zu schätzen, doch soll von der Universität auch nothdürfftiglich und ernstlich bestellt, geordnet und versehen werden, daß in solchen kein Gefahr mit den Unterthanen gebraucht, sondern dieses erbarlich, ohne Auffsatz und redlich gehalten werde, zu ihrem Brauch und ohne Fürkauff, es wäre dann, daß Probst und Capitul auch die von der Universität ihre Gülten, die ihnen von ihren Pfründen und Stipendien fallen, zu Tübingen verkauffen, mögen sie wohl thun.

Zum Siebenden wird verordnet, daß es mit der Taxa habitationum und derselben Verleihung dergestalt solle gehalten werden, daß der Rector und der Stadt Tuwingen Vogt sollen geben zween Mann, so offt es die Nothdurfft erfordert, welche bey ihrer darum gegebenen Treue, die Häuser, darein die Studenten ziehen wöllen, nach Billigkeit und guter Gewohnheit der Stadt Tüwingen schätzen, dabey auch die, denen solche Häuser seind, bleiben sollen, bey Vermeidung Ihrer Fürstl. Gn. Ungnad, und als lieb ihnen der Hauß-Zinß desselben Jahrs ist, da auch Meister oder Schüler würden ein Hauß finden, welches derjenige, oder die seinen, dem solch Hauß zustehet, nicht selber will nutzen, mögen es dieselben Meister oder Schüler also lassen schätzen und darein ziehen, und nach der Stadt guten Gewohnheit, und der Schätzer Geheiß und Willen den Zinß geben, deren sich niemand irren noch säumen solle, bey Verlierung des Zinß.

Zum Achten, werden die Privilegia Universitatis auch uff der Professorum und Studiosorum Ehrliche Weib und

und Kinder, auch all ihr Gesind, Knecht, Mägd, Diener, dazu Pedellen, Schreiber, Einbinder, und Illuminirer, welche zu Tübingen wohnen extendirt.

Zum Neunten wird denen von Tüwingen ernstlich gebotten, daß sie kein Juden, auch sonst kein offenen Wucherer, bey ihnen in der Stadt, oder in ihren Zwingen und Bänen wohnen lassen.

Zum Zehenden wird verordnet, daß niemand ohne sondere Erlaubnus des Rectors, keinem Meister oder Studenten uff Bücher leihe, die kauff oder verpfändt, und ob einer das überführe, der soll von Stund an 40. fl. verfallen seyn, und dazu die Bücher ohne Entgeld wieder geben, wird auch ein Buch oder mehr bey jemand gefunden, das gestohlen oder abtragen wäre, das soll alsbalden dem, des es gewesen ist (wa es das mit seiner Treu erhalten mag) bey jetzt gemeldter Poen ohne Entgeld wiederkehrt werden.

Zum Eilfften wird der Physicorum und Chirurgorum halben, den Ammtleuten zu Tuwingen gebotten, daß sie keinen Leib-Artzet, Frau oder Mann, so von der Facultät der Ertzney nicht bewehrt, zu Tüwingen lassen einicherley Artzney treiben oder üben, es sey mit Wasser besehen, Reinigung geben, oder sonst, daß auch kein Wund-Artz, Scherer oder anderer Leib-Artzney treibe, er seye dann bewährt, und von der Facultät der Artzney zugelassen.

Zum Zwölfften, so sollen uff solche Freyheiten alle Jahr der Vogt und zween von dem Gericht, von gemeiner Stadt wegen uff ein benannten Tag, einem Rector oder der Universität einen Ayd schwehren, alles redlich und uffrecht zu halten, sich auch wider solches bey Verlierung hundert Gulden, von einem jedem, nit stellen, noch sich des widern in keinem weg, alsbald sie, und ihr jeder das zu thun von dem Rector oder der Universität ermahnt und erfordert werden.

Zum Dreyzehenden beschicht eine besondere Provision, bey welcher zu mercken, daß die Wort (so viel uns das berührt) allein von Hertzog EBERHARDTEN zu verstehen, dann erstlich diese Wort im Concept gesetzt gewesen,

wesen, so viel das Unßer iedtlichen in seiner Gestalt berührt, mit welchen Worten nicht allein uff sein Hertzog EBERHARDTS, sondern auch uff Grave ULRICHS Persohn gesehen, welche aber hernach allein uff Hertzog EBERHARDTEN restringirt worden, also bevilcht Hertzog EBERHARDT allen seinen Ammtleuthen, Stadthalter, Vögten, Hofmeister, Hauptmann und Lehenleuten, geistlich und weltlich, waß Staats die seyn, Schultheissen, Richter, Gebütteln in allem seinem Land, bey den Ayden, so sie Sr. Fürstl. Gn. gethan, darzu bey vorgemeldten Poenen, alle Gnad, Freyheit, Schirm, Recht und Schützung, zu gemein und sonderheit, so sie der Universität mit gutem Wissen verleyhen und geben, nach allem ihrem besten Vermögen handzuhaben, schirmen und zu schützen ohne Widerred und Fürwortt.

Zum Vierzehenden, damit solche Gnad, Freyheit, Poen, Gebott und Satzung aller manniglich offenbahr werden, und sich niemand der Ohnwissenheit möge entschuldigen, so sollen sie bey Poen hundert Gulden von der Stadt Tüwingen der Universität zu geben, alle Jahr an St. Georgen Tag, vor allem Volck von dem Stadtschreiber in beyseyn eines Vogts und zweyer Richter und der Bittel, auf der Cantzel von Wort zu Wort unterschiedlich gantz zu End aus verlesen und verkündet werden.

Zum Fünffzehenden und letzten wird Hertzog EBERHARDTS und Sr. Fürstl. Gn. Posterität Obligation ad Observationem Privilegiorum mit angehengt, welche anfangs eben wie die oben bey dem dreyzehenden Articul referirte Provision uff beede Herren gestellt gewesen, so hernacher allein uff Hertzog EBERHARDTEN gericht worden, und ist solche Obligatio dahin gestellt, daß Hertzog EBERHARDT Fürstl. Gn. für sich und alle Dero Nachkommen und Erben bey Sr. Fürstl. Gn. Trewen alles was vorgeschrieben stehe, und S. Fürstl. Gn. berüre, an allen Stücken und Articuln vestiglich und ohnzerbrüchlich, nach allem besten Vermögen, zu halten gelobt und versprechen, und wöllen S. Fürstl. Gn. daß solches von einem ieglichen Dero Erben und Nachkommen, dem

die

die Stadt Tübingen zu residiren werde, im anfang seines Regiments versprochen und gelobt werde.

Solche Privilegia haben allein (wie oben gemeldt) Hertzog Eberhardt und die Stadt Tüwingen besiegelt. Auf diese folgte Ordinatio II. eben dieses EBERHARDI Barbati, welche aber nur eine Wiederhohlung voriger ist, und wurde selbige mit Hertzogs Eberhardtens, der Universität, und auch des Cancellarii, Johann Vergenhanßen, Joh. Naucleri Cancellariats-Innsigul bekräfftiget, so zu Urach auf St. Thomas Abend An. 1491. geschehen.

IX.

Mandatum vnnd Beuelch,

Des Durchleuchtigen Hochgebornen Fürsten und Herrn, Herrn Friderichen, Hertzogen zu Württemberg, vnnd Teckh, Grauen zu Mümppelgart, Herrn zu Haidenheim, beeder Königlichen Orden, in Franckreich vnd Engellandt Ritter. 2c.

Betreffendt, den Schutz vnnd Schirm, vber Ihr Fürstl. Gn. gemeine hohe Schuel zu Tübingen, vnnd wie sich Ihr Fürstl. Gn. Amptleuth in Ertheilung Rechtens gegen den Vniuersitäts-Verwandten verhalten sollen.

Wir FRIDERICH von GOttes Gnaden, Hertzog zue Württemberg, vnnd Teckh, Graue zu Mümppelgart, Herr zu Haidenheim, Ritter beeder Königlichen Orden in Franckreich vnndt Engellandt 2c. Bekennen vnnd thun kundt allermeniglich mit diesem Brieff für vnns, alle vnnsere Erben vnd Nachkommen, Als weylundt der Hochgeborne Fürst, vnnser freundtlicher lieber Vetter, Herr

EBER-

EBERHARDT der Eltter, Hertzog zu Würckemberg rc. Christmiltter Gedechtnus, ein gemeine hohe Schuel in vnnser Stadt Tübingen gestifft, das sein seelige Liebdt dieselb mit sonndern Privilegien vnnd Freyheitten gnediglich bedacht, vnnd versehen, in welchen vnnder andern mit nachvolgenden Wortten dise sondere Verordnung beschehen:

Wir nemmen auch in Vnnsern Vnnser Nachkommen vnnd Erben sonnderlichen Schirm, vnnd Behüettung all Doctor, Magister, vnnd Studenten die Jezo hie (zu Tübingen) seind, hienach kommen mögen, oder hinwegckh zihen, deßhalben gebieten wir ernstlichest, so wir mögen, allen Vnnsern Vnnderthonen, Edlen vnnd Vnedlen, Vögten, Schuldtheissen, Burgermeistern, Burgern, Gebauren, vnnd allen die vnns zugehören, oder in Vnnsern Lannden wohnen, oder wandlen, daß Ihr keiner kein Magister, noch Studenten die hie seindt, oder herkommen, oder hinwegckh zihen, in Vnnserm Lanndt keinerley ohnbillich Gewalt, Schandt, Schmacheit, Laid, Letzung oder Vnrecht, Mißhandlung oder Vbels thue, oder zufüege, durch sich selbs, oder andere, oder schaffen geschehen werden, an Leib, an Gut, an Glümpff, oder an Ehre, in welcher Weiß, oder was das seyn mag, heimlich oder offentlich, sonder das nit gestattet, von Jemandts geschehen, alls ferr er darvor sein möge, alles ohne Geverde, vnnd wer der oder die weren, die solch Vnnser Gebott brechen, oder vberführen, die oder der sollen zu Stund Vnnser Huldt verlohren haben, vnd darzu Hundert Gulden, die Vnns zu Poen verfallen sollen, zu der Peen, die er auch sonsten verlorn hett nach der Statt Recht zu Tübingen, vnnd dannoch nit minder soll derselb, oder die allso Vnnser Gebott vbertretten, dern derselb Schad, oder Schmacheit geschehen were, auch bessern, nach dem Rechten vnnd ganntz ablegen.

Aus welcher Verordnung zu uernehmen, das wer darwider handlen, vnnd ein Person, so vnnser gemeinen Hohen Schul zu Tübingen verwandt, vnnd zugethon, auch sich zu oder von derselben begeben würde, ohnbillich vergwaltigen, schänden, schmehen, belaidigen, verletzen, oder beschedigen würde, solcher in drey Weg gestrafft werden solle. Erstlich das er vnns Vnseren Erben vnnd Nachkommen Insonndersonnderheit allspalden Ainhundert Guldin zur Straff erlegen, vnnd dann fürs annder, nichts destoweniger noch darzu den ordenlichen Fräuel erstatten, wie auch zum dritten schuldig seyn solle, dem Beschedigten seines zugefügten Schadens, vnnd angelegter Schmach halber gebürenden Abtrag zu thon, vnnd weill Jetziger Zeit ohne das Vnser Statt Tübingen Recht nichts anders ist, weder was in Vnserern vßgekündten Lanndrechten, Lanndts vnnd andern Ordnungen begriffen, da hatt es kein andern Verstandt, dann das der bey dem andern Peenfall bestimpte ordenliche Fräuel, nach Ausweisung Vnnsers Landtrechtens, Lanndts, vnnd annderer Ordnungen verstanden, vnnd gerechtferttiget werden solle, Wie nun nach Absterben obgedachts Vnnsers Vettern, Herzog Eberhardts seeligen Gnaden, alle anndere hernach geuolgte Regierende Herzogen zu Württemberg, in Antrettung in Jedes Regierung vorangezogene Privilegia vnnd Freyheitten, (darunder oberzehlte Verordnung auch Insonderheit begriffen) gnediglich confirmirt vnnd bestettiget, darob auch mit allem Ernst gehalten haben wöllen; Also seindt wir nit weniger gemeint, diese Vnsere gemeine Hohe Schuel, bey solch Iren Priuilegien vnnd Freyheitten gnediglich zu schützen, schirmen vnndt handtzuhaben, Inmassen wir solche Priuilegia vnnd Freiheitten, allbereit ebenmeßig confirmiert vnnd bestettiget.

Nachdem auch biß dahero gezweiffelt werden wöllen, wann vnnser gemeinen Vniuersitet zugehörige Personen mit Vnnsern Vnnderthonen zu schaffen bekommen, wie sich Vnsere Amptleuth in Ertheilung Rechtens gegen Jhnen verhalten sollen, da ist abermahls Vnnser gnediger und ernstlicher Beuelch, weil alle Sachen eintweder vß Oberkeitlichem Ampt (ex officio) allspalden, vnnd ohne lengern Vffzug, oder aber durch den ordenlichen Weg Rechtens müessen erörtert werden, daß Vnnsere Amptleuth sich fürohin solchem Vnderschid nach allso verhallten sollen, was sie für sich selbsten, oder da Inen die Sach zu schwer, mit Zuziehung etlicher, oder eines gantzen Gerichts in allen den Sachen, so sich ex officio von Ampts, vnnd Oberkeit wegen verrichten lassen, entscheiden könden, daß sie gannz schleinig, vnnd ohne einigen Vffzug darinnen volnfahren sollen.

Was

Was aber andere Sachen betrifft, die vor einem Gericht mit ordenlichen Rechten müessen außgetragen vnnd erörtert werden, in denselben sollen sie Vnnsere Amptleut gewisse Verordnung thun, daß von Acht Tagen, zu Acht Tagen gleicher gestallt schleünig procediert vnnd fürgeschritten, auch keinem Theil lange vnnd gefährliche Vffzüg gestattet werden.

Damit sich dann niemandt der Ohnwissenheit, zu entschuldigen, so haben wir diese Verordnung, zu Jedermeniglichs Nachrichtung vnnd Verwarnung durch dem offentlichen Truckh an den Tag geben, wöllen auch, daß so offt an allen vnnd Jeden Ortten Vnsers Hertzogthumbs Vogtgericht gehalten würdt, solche offendtlich verlesen werde.

Gebietten hierauff allen vnnd Jeden Vnnser Ober, vnnd Vnnder-Amptleuthen, Pflegern, Verwesern, Kellern, Castnern, Vorstmeistern, Schuldtheissen, Gerichten, Rhäten vnnd allen Vunsers Hertzogthumbs Vnnderthonen, vnnd Zugehörigen, daß sie obgesetzte Verordnung gehorsamblich haltten, vnnd deren mit allem Fleiß nachsetzen. Insonnderheit aber die Ober, vnnd Vnnder-Amptleut, Gericht vnnd Rhat, in begebenden Fällen Inen solche ein gewisse Richtschnur sein, dieselb auch Järlich in allen Vogtgerichten mit Fleiß den Vnnderthonen verlesen vnnd verkünden lassen, ernstlich darob halten, die Vberfahrer obgesetzter massen ohnnachläßlich vnd mit Ernst straffen, auch wie billich vnnd recht, Jnn solchem niemandt verschonen, die verfallene Straffen vnnd Fräuel von den Vbertrettern ohnnachläßlich einzihen, sie auch zum Abtrag vnd Widerbekerung des zugefüegten Schadens, vnnd angelegter Schmach des Belaidigten anhaltten, vnnd Jr Jeder Vnns hierinnen schuldigen Gehorsam leisten.

Dessen thun wir Vnns zu Jnen allen vnnd Jeden Amtleuthen, Vnnderthonen vnnd Angehörigen entlich versehen. Geschieht auch hieran Vnnser ernstlicher Will vnd Meinung.

Geben vff Vnnser Vöstung Hohen Tübingen, Mittwochs den ersten Julii, als mann zahlt nach Christi Vnnsers HErrn vnndt Haylandts Gepurt, Tausendt Sechshundert vnnd Ein Jar.

Und nach solchen Kayserlichen und Fürstlichen Confirmationen ist bißhero, GOtt Lob! alles in seiner guten Ordnung auf der Universitæt unterhalten worden. Die letztere Kayserliche Confirmatio Generalis ware Kaysers Caroli VI. An. 1714.

Die letzte Hochfürstliche Confirmation ware Hertzog Carl Alexanders, schrifftlich und persöhnlich 1734. ertheilet; dahin insbesondere die, mit Fürstl. Hertzen, Mund und Feder ausgestellte Reversalien gehören, in welchen die Universitæt gleichfalls ihrer Privilegien versichert worden ist.

Observatio XIV.

Viertens siehet man auf die innere Verfassung der Universität nach allen Ordnungen unter denen Lehrenden und Lernenden, und was die Decision in allen Casibus &c. angehet. Zu dieser gehören die Statuta und Ordinationes. Diese nun haben sich sehr verändert von Zeit zu Zeit, doch bliebe allezeit der erste Haupt-Grund. Die Statuta Hertzogs EBERHARDI Barbati sind von Ihme selbst und hernach durch Hertzog Ulrich vor und nach dem Exilio auch unter der Regierung Königs FERDINANDI, welcher 1532. die Universitæt reformiren wollen, und besonders bey der Religions-Reformation der Universitæt in etwas verändert worden, nachdem besonders 1536. das Ausweichen des Cancellarii D. Ambrosii Widmanns einige fernere Gelegenheit darzu gegeben hatte. Dann dieser wolte sich nach der Verordnung Hertzogs ULRICH besonders in Sacris nicht bequemen, und entstund zugleich zwischen Ihme und denen Professoribus ein Streit, weilen er die Gradus, besonders in der Theologie nicht ertheilen wolte, immerdar vorwendende, es lauffe wider seinen Apostolischen Ayd, weilen

weilen er Cancellarius Apostolicus seye? Dahero er auch, als man ihne triebe, im Unwillen nach Rothenburg entwiche, das Sigill mit sich nahme, und nicht mehr zuruck kommen wolte, darüber auch, wie folgen wird, unter andern Lutherus und Melanchton zu Rath gezogen worden. Conf. Besoldi Diss. de Jure Academiar. c. 3. §. 3. p. 199. sq. So daß der Cancellarius hernach die Formulam die Licentiam promovendi zu geben ändern mußte. Crusius Ann. P. III. L. XI. c. 10. pag. 240. ed. lat. pag. 628. schreibt also von diesem Ausweichen. In diesem Jahr (1535.) machte sich Ambrosius Widmann, Cantzler der Universitæt und Probst der Kirche zu Tübingen heimlich von Tübingen weg, weil er (seinem Vorgeben nach) die teutsche Psalmen nicht mit andern in der Kirche singen wolte. Und ob er wohl nachgehends offt und feüerlich zu seinem vorigen Amt zuruck beruffen worden, so wolte er doch nicht kommen. Inzwischen giengen die Academische Promotiones dannoch fort. Diese Anordnungen, Verbesserungen oder Veränderungen wurden Ordinationes genannt, dergleichen seynd:

I. Ordinatio I. Eberhardi I. de Modo legendi in Universitate Tubingensi. A. 1481. Welche der Prälat zu Blaubeuren, Henricus, als Commissarius Apostolicus, nebst dem Rectore der Universitæt versiegelt haben, die aber nachgehends meistens ist übergangen worden.

II. Ordinatio II. Eberhardi I. Scholæ. Urach in Vigiliis S. Thomæ. 1491.

III. Constitutio & Ordinatio Scholastica Universitatis Tubingensis, cum expositione Statutorum. 1518.

IV. Ordinatio Universitatis de emendatione

Lectionum, LL. Latinæ & Græcæ, unter der Regierung Ferdinandi I. 1522.

V. Ordinatio Regis Ferdinandi. A. 1525.

VI. Ordinatio Ducis Ulrici, ante Exilium. 1498.

VII. Ordinatio nova Ducis Ulrici s. Reformatio Universitatis. 1535. 30. Jan.

VIII. Confirmatio Ordinationis Ducis Ulrici. 1536. 3. Nov.

IX. Ordnung Ducis Ulrici der Artisten-Facultæt. 1544. 20. Jul.

X. Declaratio Ducis Ulrici über die Ordinationem Facultatis Artium. 1545. 25. Febr.

XI. Ordinatio Ducis Christophori nova & Manuductio. 1557. 15. Maji. Item wegen der Grassationum Nocturnarum 1551. 10. Dec.

XII. Ordinatio Ducis Christophori. An. 1561. 16, Sept.

XIII. Confirmatio Ducis Christophori und Approbation, der Freyheit, Ordnung und Statuten. 1562. 1. Aug.

XIV. Donatio & Traditio Redituum Præposituræ Tubingensis. 5. Aug. 1562.

XV. Der Universitæt Revers des Rectoris, Doctorum und Regenten, gegen Hertzog Christoph wegen Cession und Ubergab der Probstey. 1562. 5. Aug.

XVI. Ordinatio Ludoviciana. 1593.

Endlich nach unterschiedlichen Handlungen zwischen denen Hertzogen Ludwig und Friderich und der Universitæt, wurden die Statuta renovata angerichtet, und folgten darüber von Kayser Rudolpho II. die Confirmationes Privilegiorum Generalis

ralis und Specialis. Hertzog FRIDERICH aber ließ einen Fürstl. Befehl in das gantze Land wegen der Rechten der Universität 1601. ausgehen, wie p. 334. angezeigt worden ist, welche Privilegia von jedem Hertzog in Würtemberg, wann er in die Regierung tritt, aufs neue confirmirt werden.

Da nun also die folgende Stücke biß jetzo als Grund-Gesätze der Universitæt anzusehen sind, nach welchen jetzund alles zu beurtheilen ist: so werden sie hier billich specificirt, nemlich: Hertzogs Friderichs Statuta Universitatis Scholasticæ Tubingensis Renovata. An. 1601. Und stehen auf dem Titul-Blat folgende Disticha:

Eobanus Ps. C. 19. Qua ratione suos adolescens diriget actus?
Si tua conservet sacra statuta Deus!

und aus dem Mantuano:

Est opus ardentem frenis arcere juventam,
Nec sinere in mores luxuriare malos.

Tubingæ Typis Cellianis. An. 1602. in 4. 1. Alph. 4. Bogen. p. 1. biß 211. darinnen cap. 4. p. 27. die veränderte Formula gelesen wird, wann der Cancellarius denen Decanis Licentiam promovendi giebet, daß, da es vor diesem geheissen hat, Autoritate Apostolica: es jetzo heisset: Autoritate publica & ordinaria, ab Imperatoribus concessa & confirmata &c.

Weilen nun diese Statuta renovata nicht vielen in die Hand kommen, so habe die Contenta, nach denen Capituln, hier beyfügen sollen, daraus von der Sache selber desto besser könne geurtheilet werden.

Nach der wichtigen Præfation kommen folgende Capita vor:

C. I. De Religione.

C. II. De toto Corpore Universitatis. 1.) De Universitatis Membris. 2.) De Ordine Membrorum. 3) De Ordine Hospitum, Nobilitate & Dignitate præstantium. 4) De Nervis & Sustentatione Membrorum. 5) De Inspectione & Cura Universitatis.

C. III. De Rectore. 1) De Rectore eligendo. 2) De Juramento Senatorum in eligendo Rectore. 3) Ipsum Rectoris Juramentum. 4) De Officio Rectoris.

C. IV. De Cancellario Scholæ.

C. V. De Professoribus 1) De Receptione Professorum. 2) De Juramento Professorum. 3) De Officio Professorum. 4) De Orationibus Professorum. 5) De Disputationibus Professorum. 6) De Examine Neglectuum. 7) De Feriis. 8) De Resignatione Professionum aliorumque in Academia Officiorum.

C. VI. De Senatu & Senatoribus. 1) De Senatu constituendo. 2) De Juramento Senatorum. 3) De Officio Senatorum. 4) De Senatu convocando & dirigendo.

C. VII. De Quatuor Universitatis Facultatibus. 1) De Facultate Theologica. 2) De Facultate Juridica. 3) De Facultate Medica. 4) De Facultate Bonarum Artium. (a) De Pædagogii Ordinatione. (b) De Inspectione Pædagogii. (c) De Lectionibus publicis. (d) De Honorum Gradibus. (e) De Disputationibus. (f) De Exercitiis Oratoriis (g) De Lectionibus Sabbathicis. (h) De Musica. (i) De Opera Vicaria Professorum Artium.

C. VIII. De Decanis Quatuor Facultatum.

C. IX. De Promotionibus omnium Facultatum.

C. X. De Consistorio Universitatis. 2) De Appellationibus Universitatis.

C. XI. De Universitatis Fisco. 1) De Quatuor Deputatis. (a) De Electione Deputatorum. (b) De Juramento Deputatorum. (c) De Deputatorum Officio. 2) De Syndico Universitatis. 3) De Quæstoribus Universitatis Provincialibus. 4) De Bibliothecario & Bibliotheca Universitatis. (a) De locupletanda & conservanda Bibliotheca. (b) De Officio Bibliothecarii.

C. XII

C. XII. De Universitatis Notario. 1) De Electione Notarii. 2) Juramentum Notarii. 3) De officio Notarii.

C. XIII. De Collegiis apud Universitatem. 1) De Illustri Stipendio Ducali Theologico. 2) De Contubernio. 3) De Reliquis Stipendiis. 4) De Officiis Superintendentium Stipendiorum.

C. XIV. De Studiosis, aliisque Universitatis Membris. 1) De Professione nominum apud Rectorem. 2) De Cultu Pietatis. (a) De Studio rerum sacrarum. (b) De vitandis blasphemiis. (c) De Reverentia erga Præceptores: Officio quoque & studio in æquales. (d) De Pietate in Defunctos. 3) De Moribus Studiosorum. (a) De Vitæ Honestate & Morum Disciplina. (b) De Temperantia & moderato Victu. (c) De Hospitibus. (d) De Convictoribus. (e) De Conviviis. (f) De Examine Rationum Convictus. (g) De Castitate colenda. (h) De Ludis illiberalibus. (i) De Vestitu. (k) De Larvatis. (l) De Divagationibus, maxime nocturnis. (m) De Injuriis & famoso Libello. (n) De Conflictibus, itemque armorum, bombardarum usu. (o) De pace componenda, publicis etiam tumultibus atque Incendiis. (p) De non refigendis Edictis publicis. (q) De iis, qui aliorum rebus damnum dederunt. (r) De his, qui carcerem vel refringunt, vel cum captivis loquuntur. (s) De non insidiando feris. (t) De excludendis à Republica Scholastica. 4) De Studiis. (a) De Diligentia in Lectionibus audiendis. (b) De Honorum Gradibus consequendis. (c) De communi Vitæ Studiorumque Inspectione. 5) De Adjumentis, Impedimentis, & quibusdam aliis Studiorum accessoriis. (a) De Habitationibus earumque Taxa. (b) De ære alieno. (c) De Mercatoribus, Sutoribus, Sartoribus aliisque Opificibus, Studiosis ære alieno gravantibus. (d) De Solutione Debitorum. (e) De Chorauliſtis, Tympaniſtis, & vagabundis Musicis. (f) De frequentioribus Nuptiis & Choreis. (g) De clandestinis Desponsationibus.

C. XV. De Civibus Universitatis, qui nec Professores sunt nec Studiosi. 1) De promiscuis Universitatis Civibus. 2) De Typographis, Bibliopolis, Bibliopegis, & Pharmacopolis.

C. XVI. 1) De Testamentis & Successionibus ab Intestato. 2) De Successione Conjugum.

C. XVII. 1) De Pupillis, eorumque Tutoribus. 2) Juramentum Tutorum. 3) Officium Tutorum. 4) De Rationibus Pupillaribus.

C. XVIII. De Pedello. 1) De Conductione Pedelli. 2) Juramentum Pedelli. 3) Officium Pedelli. 4) Merces Ministri Publici.

Worauff ein schöner Epilogus folget: Wie auch Cap. XV. XVI. XVII. XVIII. in teutscher Sprache pag. 165. sqq. Endlich pag. 189. folget: Copia Privilegiorum, Fundatoris Universitatis Tubingensis. Zuletzt ist ein guter Index angehängt.

Zu diesen Statutis gehören auch die Ordinatio Fridericiana 4. 1601. welche in Moseri Erläutertem Würtemberg Part. II. Tub. 1729. Nr. r. eingerucket worden ist, p. 34. biß 192. Wie auch dieses Fürsten Declaration, welcher gestalt der Universitæt zu Tübingen Freyheiten erläutert und confirmirt werden sollen. 1601. Der Kern von allem stecket in denen gedruckten Statutis.

Doch hat eine jegliche Facultæt annoch ihre besondere Ordnungen und Statuta Renovata 1601. darvon wir nichts gedencken.

Zu unserem Vorhaben ist dieses genug. Ein mehrers aber von der innerlichen Verfassung, kan der geneigte Leser aufsuchen und hiervon finden in Thomæ Lansii Tract. de Academiis, welcher Tomo IV. Dissertationum D. W. Ad. Lauterbachii mit andern Dissertationibus p. 1700. sqq. inserirt ist, und anfangs als eine Disputatio Academica A. 1619. ist gehalten, und von Stenone Bielke de Krakerum Sueco vertheidigt worden, darinnen alle hieher gehörige Fragen umständlich erörtert werden. Deme beyzufügen sind C. Besoldi Dissertatio de Jure Academiarum Oper. Polit. Argent. 1624. pag. 197. sqq. cap. III. de Rebus & Personis Academiam constituentibus, cap. IV. pag. 204. sqq. de Gradibus Honorum Scholasticorum. cap. V. de

Studio-

Studiosis, pag. 215. sqq. cap. VI. p. 219. sqq. de Jurisdictione Academiarum; Herrn Ludovici Cunradi Smalcalderi, J. U. Lic. & Profess. Extraordin. Colleg. Illustr. Ordin. Sereniss. Würtemb. Ducis Consiliarii, auch Universitatis Tubingensis Secretarii Diss. Inauguralis de Jurisdictione Academiarum Privilegiaria. Tubing. 1734. darinnen gleichfalls unterschiedliches vorkommt, welches hieher zu ziehen ist.

Ja es waren diese innerliche Ordnungen der Tübingischen Universitæt so berühmt, daß schon 1576. Hertzog JULIUS in Braunschweig und Lüneburg sich nach selbigen bey Einrichtung seiner neuen Academie zu Helmstätt richtete. Dann A. 1576. den 6. Dec. schriebe er an Hertzog Ludwig, als seinen Vetter und Gevattern, daß Ihm, zu und wegen seiner neu angelegten Universitæt die Privilegia und Ordnungen der Tübingischen Academie, samt aller Einrichtung des Contubernii und dessen Verwaltung übersandt werden möchten. Vid. Crus. P. III. L. XII. c. 22. p. 334. b. Ed. lat. p. 758.

Welches auch schon zuvor A. 1507. gegen die Universitæt Ingolstadt geschehen ware, da es in Annalibus Acad. Tubing. also heißt: Scholæ Tubingensis Professores liberaliter Ingolstadiensibus omnia sua, cum Universitatis, tum singularum Facultatum communicarunt Statuta, datis Literis in Festo Paschatos.

Observatio XIV.

Wellen wir schon bey denen Ordnungen des Cancellarii Widmanns haben Anregung, und Meldung thun müssen, so fügen wir hier eine compenpendieuse Nachricht von seiner gantzen Affaire bey, welche wir in die Enge zusammen gezogen und gesammlet haben; Es wird diese Digression aber dem Leser nicht mißfallen.

Es sind die Acta des ausgewichenen Cancellarii D. Ambrosii Widmanns Decret. D. sehr bedencklich, weilen der Procefs von 1536. biß 1561. fortgewähret, und zu grosser Veränderung der Anordnung auf der Universität Gelegenheit gegeben hat. Jederman verwundert sich jetzo, wie eine einige Persohn sich wider das gantze Hoch-Fürstl. Hauß, und die gantze Universität, so habe setzen, und bald schmeichlend, bald drohend den Gegenpart halten mögen? Allein wer vor Augen hat, auf was für Mittel, (selbige mögen gerecht oder ungerecht seyn,) das odium Religionis anführe und leite? der kan hieran ein Exempel an dem Ambrosio Widmann nehmen; auch wie fern man eine gerechte Sache von ihrem rechten Endzweck ableiten könne? nachdem die Inseparabilitas der Præpositur und Cancellariats zum Grund geleget wurde?

Ich habe diese Affaire einiger massen aus denen Urkunden ein wenig weiter untersuchet, und gebe aus denen Annotatis folgende richtige Nachricht in connexione, ohne von den Meinigen etwas hiezu zu thun. Dieser D. Ambrosius Widman, hatte den Nahmen, Ambrosius Mänchinger, und wurde alias Widman genennet. Er wurde im Nahmen des Schwäbischen Craißes zu einem Cammer-Gerichts Assessor declarirt und angenommen, und solle nach anderer Nachricht 1511. (nach seiner eigenen Subscription 1510.) Probst zu Tübingen worden seyn, ehe seine Stelle durch Dr. Beatum Widman wieder ersetzet worden ist.

Hieraus erhellet genug, daß Er in die Schwäbischen Troublen schon vorhero eingeflochten gewesen, hernach unter der Oesterreichischen Herrschafft gedienet, aber da die Reformation ihren Anfang genommen hatte, einen unauslöschlichen Haß gegen die Religion und Region behalten habe. Welchen er auch unter FERDINANDO, 1527. gegen

gen M. Jonam, bezeuget hatte, welchen Er König FERDINANDUS zum Professore vorgeschlagen hatte, und den Widman nicht annehmen wollte, weilen er zu Wittemberg complirt habe;

Und dieses kan man so gleich vorgängig daraus ersehen, weilen er gleich anfangs seinen Proceß an dem Kayserlichen Cammer-Gericht anhängig gemacht, dardurch die damalige Hertzogen in viele bedenckliche Umstände, bey selbigen vorhin verwirrten Zeiten, sind eingeleitet worden, daß man sich nicht weiter verwundern darff, daß man diesem bösen Mann so lang nachgesehen, mit Ihme so viele Gedult durch allerhand schrifftliche und mündliche Unterhandlungen gehabt, und mit Ihme so sanfft verfahren, auch Ihme als abwesend die Besoldung durch 30. Jahre, auch contra Leges fundamentales, gereichet hat. Die erste Händel entstunden nach seiner unerlaubten und wider die Statuta lauffenden Entweichung nach Rotenburg, welche allein genug zu seiner Absetzung gewesen wäre, daß er keine Potestatem promovendi, entweder gar nicht, oder nur Auctoritate Apostolica, scil. Pontificia geben wollte, weilen sein Aydt ihn darzu triebe, und trotzte auf diese Weise gegen die vorgehaltene Potestatem Imperatoriam, da indessen doch alles, nach geschehener Reformation, und nach der neuen Ordination geschehen sollte. In solchen Umständen wurden, nachdem Er den 7. August. An. 1536. durch sein Ausweichen, und Vorwand, daß er bey der alten Religion sein Leben zu beschliessen sich entschlossen habe, viele Unruhe erreget, und wurden von Luthero, Melanchthone, Pontano vel Pomerano, Johanne Brentio, Joach. Camerario, Dr. Klingen in Wittemberg, (so sich Melchiorem de Cancellario geschrieben hatte) Consilia Theologica und Juridica eingehohlet, auch viele mündliche und schrifftliche Unterhandlungen von Hertzog ULRICHEN durch Abgesandte, und von der Universität durch Deputatos, aber vergebens vorgenommen, weilen er alles, als ein böser Advocat trainiret, und nur theils per Delegationem, theils per Substitutionem Vice-Cancellarii, dann und wann, aber mit lauter gefährlichen Restrictionen, die Potestatem promovendi gegeben hatte.

Und

Und unter solchen schrifftlichen und mündlichen Unterhandlungen theils von der Fürstl. Cantzley, theils von der Universität selbsten, verflosse eine zimliche Zeit unter Hertzog ULRICH, biß endlich auf allgemeinen Consens, (weilen die Probstey und Cancellariat inseparabel seyn sollten) Johann Scheurer (andere nennen ihn Schnizer) von Offterdingen, vel Schurer, vulgo Doctor Offterdinger, so auch Professor Philosophiæ vorhero gewesen ware, Decretorum Doctor und Decanus zu Stuttgardt den 29. Nov. 1538. als ein neuer Probst und Cancellarius vorgestellet und beaydiget wurde. Es setzte aber zwischen Ihme und dem Senat gleich ob denen Wahlen e. g. Dr. Joh. Cappelbeckens, Dr. Snepfens, und Dr. Varenbülers, allerhand Disputen; Auch protestirte Dr. Widman solenniter schrifftlich darwider den 16. Dec. 1538.

Auf solche Weise liesse es zimliche Jahre hin. Als es aber wegen Gültigkeit der Promotorum und derselben Admission bey dem Cammer-Gericht vieles verdrießliches setzte, weilen man, ohne Zweiffel auf Anstifften des Widmans, gegen dieselbe excipirte, daß Sie nicht mit Consens des ordentlichen Cancellarii den Gradum erhalten hätten, so tractirte man aufs neue mit demselben, und wurde Er hernach wieder als Præpositus und Cancellarius erkannt, brauchte aber eben vorige Streiche, bald durch die Promessen, bald durch die Dilation, biß an Hertzog ULRICHS Tod.

Nach selbigem tractirte aufs neue Hertzog CHRISTOPH mit Ihme, richtete eine neue Capitulation mit Ihme auf den 27. August. 1551. wie auch mit denen anderen entwichenen Canonicis, besonders Jodoco Voglern, Martino Ditlin, und Cunrad Kupferschmid, daß sie wieder zuruck kommen sollten, aber auch dieses ware zur Besserung der Sache vergebens, ihne wieder nach Tübingen zu bringen, weilen er allemal Pontificiam Authoritatem vorhielte, biß er endlich den 30. Dec. 1556. eine perpetuam Delegationem promovendi gegeben, durch ein besonderes Diploma: Welches also anfangt: Ich Ambrosius Widman, der Rechten Doctor, Probst zu Tübingen und Ehingen am Neccar, bekenne ꝛc. Da hernach an statt Dr. Kæuffelins

Dr.

Dr. Beurlinus das Vice-Cancellariat versehen hatte, biß Widman A. 1561. den 11. August. absturbe, und indessen wegen der geschehenen Reformation, an statt der Formul des Widmans, Authoritate Apostolica & Pontificia: die geänderte: Authoritate publica legitime ab Imperatoribus concessa &c. gebraucht worden ware.

Von seinem Tod an wurde hernach alles besser ordiniret. Und als auch der Decanus Pfaffgosen gestorben, wurden 3. Doctores bestellet. Auch wurden 1561. die Præpositur, Parochie, und Decanats-Gefällen, sammt dem Übergabs-Brieff der Universität zugestellet. Und muß man hierbey die gedultige Gnade, Hertzogs CHRISTOPHS mit Verwunderung ansehen, daß da Er nach 1555. erfolgten Religions-Frieden, von aller Relation gegen diesen feindseligen Widman frey ware, und man ihme die zweyte Deposition, wegen seiner allzugrossen Hartnäckigkeit communi Consensu angerathen hatte, dennoch ihne biß in den Tod gedultet hat, welches noch biß jetzo ein Zeugnis der Willfährigkeit der Protestanten gegen die Papisten abgeben kan.

Wer dieses also in der Connexion einsehet, wird ersehen, daß weder die Herrschafft in Würtemberg, noch die gantze Universität in diesem Casu gewalthätig gehandelt habe, aber auch kein anderer Widman also sich einstellen dörffe, weilen kein Mensch mehr so viel Gedult mit ihme wirde haben können.

Observatio XVI.

Unter solcher Zeit geschahe wegen der Philosophischen oder wie damalen auch die Formula gebraucht wurde, der Artisten Facultät eine zimliche Verbesserung; Dann als vorhero der Unterschied in dem Senatu zwischen den Doctoribus und Artisten oder Philosophis gar zu groß gemacht wurde, darbey von 1504. an von dieser Facultät ein mehrers an den Senat gesuchet worden: so nahme sich Hertzog Ulrich dieser Facultät zimmlich und meh-

rers

ters an, und mußte endlich auf seinen Befehl 1544. den 20. Jul. diese Facultas Artium zu allen Deliberationibus Academicis gezogen werden, und bekam ihre eigene Ordnungen, da selbige vorhero von den Oberen fast gar dependirte, doch ware alles noch zimlich restringiret, und wurden die Artisten nur von den drey oberen Facultäten eligirt und confirmirt. Es kamen auch nur Decanus und zwey in Senat, welche jährlich abwechselten. So blieben Sie auch biß 1602. von der Deputatur ausgeschlossen, als damahlen Prof. Georg Burckard, als der erste zu einem Deputato Universitatis erwehlet worden ist. Denjenigen, welche keine würckliche Senatores waren, wurden biß nach 1631. in Senatu, wann sie beruffen worden, keine Stühle zu sitzen gestellet. Jetzo hat die Facultas Philosophica an nichts mehr etwas zu desideriren, und sind alle Ordinarii auch Senatores.

Observatio XVII.

Die Veränderung und der Abgang des vormahligen gewesenen Pædagogii Academici auf der Universität, ist nicht mit Stillschweigen zu übergehen, weilen es auch zu denen Ordnungen gehöret hatte. Mit diesem ware eine sehr nutzliche Anstalt gemacht, daß die junge Studiosi nicht ohne genugsame Præparation in denen Sprachen, und ohne genugsame Wissenschafft der Humaniorum Literarum und der Philosophie zu denen oberen Facultäten schreiten durfften, daß die Herren Professores Theologiæ, Juris und Medicinæ durch die Schwachheit der Auditorum nicht möchten aufgehalten und die Lectiones und Collegia halb frucht-

los

los gehalten, auch die Profectus verringert werden, welches letztere in so vielen Programmatibus publicis schon ist geklaget worden.

Ich führe aus vielen anderen nur des gewesenen Professoris und Pædagogiarchæ Joh. Martini Rauscheri Worte an, welche in seiner Oratione Funebri, so Er dem Achatio Sturmio, Academiæ Notario gehalten hat, vorkommen, und pag. 26. 27. 28. gelesen werden.

Ita autem studiorum rationes ordinavit, (Sturmius) ut cum amœniores illas literas, viam etiam qua itur ad carmen, jam alibi cognovisset, politiora hæc studia omni studio non affectaret modò, sed & perdisceret, & velut præclaram erectæ mentis supellectilem, & palmarium eruditionis instrumentum, cum disciplinis Philosophicis conjungeret. Non ex eorum censu, qui sine ulla sapientiæ, sine ulla aut linguarum, aut facundiæ, Ethicarum quoque aut Mathematicarum Physicarumque artium cognitione, sine historiæ, priscorumque rituum utili & robusto lepore, nimiæ festinationis pleni, ingenia cruda ad majores artes propellunt, ubi more canum, qui festinant, cum jus Civile aut Medicinam, aut Theologiam quasi per nebulam lineam aut ventum textilem viderunt, continuò ad Templa, ad Respublicas, ad Valetudinaria transmittuntur. Ita fit, ut in sacris erronum duces sint, in jure semper Leguleji, & veris legum Sacerdotibus infesti: cœlum cùm suspexerint, pro lacteo circulo asinum frænatum, ut loquuntur Genethliaci, videant, quem in terris tamen eis vel speculum exhibere potest, vel in littore ambulantibus amnis. Hi postremò ne in verba Galeni jurare videantur, male sanis se insinuent; quorum chronicos plerumque morbos, in acutos mutant, & ut ipsi sua didicerunt, ita eos, ad quos veniunt officiosè quidem, sed compendiosè mori docent. Et hi tales cùm sublatis scalarum gradibus, tàm grandi passu in superiorum facultatum adyta irrumpunt, piaculum credunt, disciplinas suas severiores Græca Latináque eruditione mitigare, censentque hoc modo fucum addi, quo illa virilium literarum lineamenta elangueant. Quæ hominum natio Democriti Pharmaco indiget. Gens est ad ultimum quidem Europæ claustrum sata & nata, Germaniæ tamen & huic Patriæ nostræ jam

jam olim, & hac ipsa tempestate, plus satis, & præter votum, nota. Hæc in magna pecuniæ inopia, ærarii sui famam fiduciaria Indiarum opulentia & ingentibus præterea verbis, cauta, sed industria fraude sustentat. Nostri Lucumones eloquentiæ suæ paupertatem & maciem mira rerum, quas se venari in primariis disciplinis jactant copia, etiam deficiente penu, solantur. Planè ut Hydropici, qui aqueo isto aqualiculo pinguedinem mentiuntur. Quem profectò tramitem si ætas calcare hæc nostra porro perrexerit, intra brevem annorum flexum, ignorantia cardui ac bliti instar, vel inter plantas fertili proventu succrescet. Et jam ecce, hos inter strepitus clangoresquè tubarum, inter tonitrua & ferale tormentorum carmen, bonis illis Musis funus instauratur: exequias, quibus commodum est, ite.

Es ware dieses Pædagogium Academicum wohlbedächtlich von denen Hertzogen Selbsten, und dem Senat angeordnet, damit der Grund in Artibus und Humanioribus auch der Philosophie, desto fester gelegt werden möchte, und zu allen Aemtern desto tüchtigere Leute auf der Universität erzogen würden, welche in allen Casibus mit Nutzen zu brauchen wären. Solches ist vorderist aus der grossen Kirchen-Ordnung in Würtemberg Edit. 1660. fol. p. 308. seq. zu ersehen, da es unter anderem heißt: (von Hertzog Christoph) Wann dann unser freundlicher lieber Herr Vatter, (ULRICH) Christlicher Gedächtnis, nicht weniger, als S. L. Anfördern, geneigt gewesen, berührte Universität in allweg zum besten zu befördern, in Aufgang und Ruhm zubringen helffen, seyen S. L. bewegt worden, neben etlich anderen Reformationibus und angestellten Ordnungen, mit Rath und gut Ansehen, Rectors, Doctorn, und Regenten berührter unser Universität, auch ein Pædagogium neben den andern hievor angerichten Lectionibus bonarum artium, den daselbsten ankommenden Jungen und Rudioribus zu gutem, mit unterschiedlichen Classibus, und darzu dienlichen Lection, Disciplin und Inspection anrichten, mit etwas Hülff solche Professores darvon zu besolden, bedencken und

und begaben, auch zu solchem gewisse gottsfürchtige und gelehrte Præceptores bestellen zu lassen, damit die Jungen, so ex tertia Classe unserer particular oder dergleichen Schulen dahin gesandt, daselbsten gleich anfahen, und ihre Studia nutzlichen continuiren mögen, wie dann auch wir diß alles unterschiedlichen begriffen, Rectori, Doctoribus und Regenten offtbemeldeter unserer Universität, mit Ernst zu exequiren, schrifftlichen übergeben, darzu unsern Commissariis und Kirchen-Räthen auferlegt und Befehl gethon, ob diesem Pædagogio neben andern der Universität Statuten, Ordinationen und Sachen getreulichen zu halten, und derhalben jedes Jahrs einmahl zu visitiren, alle Mängel und Gebrechen zu emendiren und abzustellen, auch wo vonnöthen, an uns gelangen zu lassen, gedencken wir jederzeit gebührlichs Einsehen zu thun und Hülff zu erweisen. Gleiches wurde hernach in die Statuta Universitatis renovata 1601. eingerücket, da es Cap. II. §. 1. p. 10. heißt: Quartum (Collegium) Bonarum Artium, & trium Linguarum, Hebraicæ, Græcæ & Latinæ, ad minimum duodecim Professoribus ordinatum. Quorum sex sunt de Consilio Facultatis, Reliqui, Professores Inferiorum Classium.

Cap. VI. §. IV. p. 50. de Pædagogii Ordinatione, folget dieses: In Pædagogio Scholæ, pro Junioribus quatuor Classes constituuntor, in quibus singulis, per singulos dies, quinis horis, secundum Lectionum constitutam Ordinationem, docetor.

Qui nuper à Rectore inscripti, & pro officio ad Pædagogarcham, de profectu judicando missi fuerint: Eos Pædagogarcha, vel totum etiam Bonarum Artium Collegium examinato, tentato, & pro ingenii captu, studiorumque progressu in competentem & aptam Classem locato.

Ac primum omnium, tam publici, quam privati Præceptores suæ curæ commendatos Discipulos, ad veram & synceram pietatem studiose, diligenter, sedulo monento.

Quotidianæ quoque repetitiones, ex auditis Lectionibus instituuntor.

Singulis Septimanis, ex prælectis locis, argumenta proponuntor, & ad Ciceronianam Phrasin dextre examinantor. Singulis etiam semestribus, per Cancellarium, Pædagogarcham,

cham, & aliquos Artium Professores, promotiones Classicorum habentor.

Pag. 51. §. 2. De Inspectione Pædagogii. Cancellarius & Pædagogarcha singulis Mensibus, tam Professores, quam Discipulos Classicos visitanto: Secundum Ordinationis Capita omnia diriguntó: & graviora ad Senatum referunto.

Und zwar erhellet theils aus dem vorhergehendem, da von denen Lectionibus gehandelt worden, theils aus pag. 59. folgenden Worten, daß nach der Reformation, nachdem der Unterschied der Realisten und Nominalisten, welche beständig mit einander zanckten und einander schimpfirten, aufgehöret hatte, dieses Pædagogium in das Contubernium verlegt worden seye. Die Worte sind diese: Ad Gradus Philosophici honores aspiraturi, omnes in Contubernio sub Disciplina Rectoris & Magistrorum habitanto, & cibum quoque ibidem capiunto: Nisi forte quis in oppido, cúm Parentibus, Propinquis, aut certe cum Doctore aut Præceptore, vel aliis honestis hominibus vivendi copiam à Collegio Bonarum Artium impetraverit.

In der Ordinatione FRIEDERICIANA Cap. 35. Edit. Moserianæ Erleut. Würt. P. II. p. 148. sq. kommt Præfationis loco folgendes vor: Dieweil in Studio Liberalium Artium sonderlich von Nöthen, gute nutzliche Ordnungen zu halten, daher vor sehr dienstlich und vorträglich geachtet, daß bey Unser Universität zu Tübingen ein Pædagogium auf die ordentlichste und bequemlichste Weeg und Mittel angerichtet werde, darinnen zuvorderst die junge Scholares und angehende Studiosi, in den Fundamentis Artium & Linguarum zu den höheren Studiis & Facultatibus præparirt und angeführet werden: So lassen wir es bey der Bestellung und Verordnung bewenden, wie dieselbe bey weilundt Unsers Vettern, Herzog CHRISTOFFS seeligen Lbd. Regierung, mit Rath und gueth Ansehen Rectoris und Regenten bedacht, und beschlossen worden.

Nemblich und zum ersten, so sollen die darinnen angerichte

richte vier sonderbahre Classes nochmal unverändert verbleiben, und in deren jedwedern jedes Tages zu fünff unterschiedlichen Stunden hernach benannte Lectiones gelesen werden rc. Und werden in der I. Class tractirt Melanchtonis Grammaticæ Quæstiones, Cicero de Amicitia, Bucolica Virgilii & Tristia Ovidii, Terentius, Grammatica Græca, Plutarchi Apophtegmata, & liber de Educatione Liberorum, Isocratis Parænesis ad Dæmonicum. In II. Classe Officia Ciceronis & quædam Orationes, quædam Xenophontis. In III. Classe Dialectica & Rhetorica Philippi, Orationes Ciceronis so in Tübingen gedruckt worden; Ejusd. Epistolæ ad Familiares. In IV. Classe, Organon Aristotelis, Rhetorica & Oratoria ac Orationes Ciceronis. Mathematica. Darneben waren die Repetitiones, Exercitia Styli, Declamationes, Disputationes &c. Es wurden auch die Profectus der Incolarum fleißig durch den Cancellarium, Pædagogarcham, und einige Professores der Artisten Facultät geprüffet, und Sie ad Facultates superiores nicht admittiret, biß selbige tüchtig genug darzu gefunden wurden.

Und wie grosse Sorge für dieses Pædagogium auf Seiten Fürstl. Regierung getragen worden, erhellet auch nebst obigem aus der Ordinationis Friedericianæ Cap. XX. Edit. Moseriano p. 97. da es heißt: Dem Fisco Universitatis hangt auch etlicher massen die Bursch an, deren Gefäll in derselben ebenmäßig eingezogen, und ordentlich verrechnet werden rc. mithin hatte die Universität nöthige Aufsicht auf dieses Pædagogium Academicum.

Fragt man aber, woher ist es gekommen, daß dieses vortreffliche, nutzliche, und nöthige Pædagogium Academicum nicht mehr zugegen und in vorigem Stande ist? Warum wissen wenige mehr etwas davon? So ist die Antwort, daß die eigentliche Zeit nicht anderst als in dem dreyßigjährigen Krieg, und besonders nach der betrübten Nördlinger Schlacht, da gantz Würtemberg von Feinden überschwemmet worden, zu suchen seye. Dann in dem erneuertem Ordine Studiorum Academiæ Tubingensis 1652.

findet sich nichts mehr darvon, vor welchem doch der damahlige Rector Magnificentissimus, Erb-Printz JOHANN FRIEDERICH, ein Programma gesetzt hatte. Zu dieser Zeit aber wurde bey Fürstl. Universitäts-Visitation, wie mich eine geneigte Feder berichtet hat, vorgestellt, und zwar als ein Gravamen, daß die Burst nach dem leidigen Einfall des Feindes in das Land biß auf 1642. gantz geschlossen gewesen, und erst damalen wieder eröfnet worden seye. Es ware aber die alte Einrichtung nicht mehr darbey: Dann als zuvor die gnädigste Herrschafft zu Unterhaltung des Tisches 300. Scheffel Dinckel, theils gratis, theils im Gnaden-Schlag pro 30. Kr. den Scheffel gereicht, die Universität aber 100. Scheffel darzu gethan hatte; So cessirten diese Beyträge dergestalten, daß die damalige Studiosi grossen theils nur von den Früchten, welche die flüchtlinge Bauren aus denen Cammern des Contubernii als Zinß gaben, unterhalten werden mußten. Es ließ zwar gnädigste Herrschafft wieder nach und nach etliche hundert Scheffel angedeyhen, es kame aber die Sache nicht mehr in sein voriges Esse; und also cessirten die Professores Classici. Man ließ zwar von Seiten der Universität die Sache nicht gar liegen, sondern Senatus Amplissimus suchte 1662. wieder an, daß einige Professores Classici aufs neue angeordnet würden; Es floß aber in die damalige Visitations-Receß-Puncten den 8. Nov. 1662. Hertzog EBERHARDI III. folgendes darvon ein: **Jngleichem weil sichs noch der Zeit mit Wiederanrichtung etlicher Professorum Classicorum vor die Studiosos Novitios nicht wohl thun lassen will / als lassen wir es biß auf weitere Gelegenheit und Zeit auf sich beruhen. So hieße es auch in folgender Zeit: Man wollte auf andere Weise den Hiatum zwischen den Privat-Schulen und der hohen Schul ergänzen.** Welches auch A. 1685. einiger massen durch Aufrichtung des Fürstl. Gymnasii zu Stuttgardt hat geschehen sollen. Welches Gymnasium an statt des vorhero daselbst gewesenen Pædagogii angeordnet worden ist. Ob aber der bemeldete Hiatus auf der Universi-

tät

tät zwischen denen Literis Humanioribus und obern Facultäten würcklich bey denen Studiosis Novitiis überhaupt ergänzet worden seye, mögen andere beurtheilen. Und es kommt dieser Hiatus Philologicus und Philosophicus, quoad Ambitum horum Studiorum noch gar groß vor, und wird also der Lis sub Judice gelassen. Es ist aber auch zu diesen Consiliis guter Ausgang zu wünschen.

Sonsten solle hier annoch nicht unvergessen beyfügen, wie man schon, gleich bey der Reformation, für dieses Pædagogium gesorget habe, daß die reine Lehre darinnen tractiret werden möchte. Dann da kamen 1538. in octav heraus, Capita Christianismi, sive Catechismus fidei expositus in Scholæ Tubingensis Pædagogio, cum Præfatione Johannis Brentii, darinnen er also anfangt: Cum ad hanc nostram Tubingensem Scholam sacra docendi gratia superiori anno venissem, comperi, Studiosæ Juventuti, cum in omni optimarum artium genere doctissima præcepta, tum præcipuè hanc brevem quidem illam, sed ut eruditam, ita egregiè piam Christianæ doctrinæ epitomen proponi. Non potui igitur teneri, quo minus eam in lucem darem, atque ad communem Studiosorum utilitatem vulgarem, &c. è Tubinga III. Cal. Febr. Anno XXXVIII. Der Auctor ware Philippus Melanchthon, aber nicht allein, und da er gewünscht hatte, daß Brentius dieses Scriptum vorhero mehrers verbessert hätte, so gab er hernach selbiges 1540. zu Halle in Schwaben heraus, unter dem Titul: Catechesis puerilis Philippi Melanchtonis 8. unter welchem Titul es auch in seine OO. eingetragen worden ist. Tom I. confer D. Sontagii ἀξιογνώσα Lutheri, Melanchtonis 4. pag. 99.

Von der Historia des Pædagogii aber kommt weiter darinnen nichts vor.

Observatio XVII.

Die Schola Anatolica ist ohne Zweiffel, nach Abgang des Pædagogii Academici in höheres Ansehen gekommen, aus deren Classe III. man Subjecta in das Pædagogium recipirt hatte. Wer aber diese

Scholam oppidanam aufgerichtet habe? Und wann sie angeordnet worden? darüber bin ich zwar gefraget worden, habe aber auf keinen Grund gelangen und darauf antworten mögen. Sie bestehet aus 4. Classibus, und ist die vierdte die Höchste, deren Præceptor den Titulum Rectoris Scholæ Anatolicæ schon über 200. Jahre geführet hat. Ja es waren auch einige Professores Grammatic. & L. Lat. bey der Universitæt, wie es M. Eusebius Stetter und andere gewesen sind.

Jetzige Præceptores dieser Anatolischen Schulen sind.

Classis IV. Der Rector: M. Johannes Ferber, Kirchemio-Teccensis.

Classis III. M. Georg. David. Häfelin, Göppingensis.

Classis II. M. Joh. Fridericus Scholl, Megalo-Glattbacensis.

Classis I. Joh. Frid. Hoch, Tubingensis.

Observatio XVIII.

Zu dieser innerlichen Verfassung, weilen wir derselben zu gedencken angefangen haben, sollen wir billich Fünfftens auch die Officia, Bedingnissen, Juramenta und Folge der Lehrenden nach und nach berühren; Dann ob zwar das mehreste auf denen Universitäten überhaupt zusammen stimmet, so hat doch eine jede ihre besondere Ordnungen und Officia welche in particulari von einander unterschieden sind.

Die Officia nun, wie sie gleich Anfangs in Tübingen auf der Universitæt bey der Fundation sind angeordnet worden, sind entweder Ambulatoria, welche in denen Personen abwechseln, oder Perpetua,

tua, in welchen ein jeglicher seinen Fleiß, Arbeit und Nutzen beständig ohne Veränderungen beweisen und erzeigen solle.

Es verändern sich demnach Erstlich Rectoratus Magnificus nach denen Personen, Facultäten und Zeiten. Selbiges ist auf ein halb Jahr, nach denen Legibus angeordnet, daß es rarissime, und nur aus erheblichen Umständen auf ein gantzes Jahr continuiret werden solle, gehet auch durch alle Facultäten und deren Gliedern hindurch; Und da alles an Rectorem Magnificum angebracht wird, so decidirt Er alsdann theils privatim in geringeren Casibus, theils in allen wichtigen Sachen ex Consensu & Votis des gantzen Senatus Amplissimi, oder eines erwählten Consistorii, oder auch ex Votis Decanorum spectatissimorum. Anbey gebühret Ihme auch nach denen Legibus das Examen ~~Defectuum~~ Neglectum ernstlich zu urgiren.

Zum Andern verändern sich die Decanatus nach allen Facultäten, welche der Zeit nach unterschieden gewesen, da selbige zuweilen auf ein halb Jahr gesetzt gewesen, jetzo aber ordentlich ein gantzes Jahr fortwähren. Darbey alle besondere Facultät-Sachen an die Decanos gelangen, welche in publicis ex consensu totius Senatus, in privatis aber mit ihrer besonderen Facultät zu handlen haben.

Drittens wechseln die Deputaturæ der Universität ab, da von jeglicher Facultät ein Deputatus erwählet wird, und Einer von solchen als Supremus Deputatus dieses Officium auf drey Jahr übernehmen solle, alsdann ein neuer oder eben dieser wieder, nach abgelegter Rechnung, erwählet wird. Es hat nemlich diese Universität ihre herrliche eigene Dotes,

Gefäll und schöne Einkünffte an Früchten und Wein, welche sie selbsten administriren muß, darzu dieses Officium Deputaturæ angeordnet worden ist. Diese Deputati müssen demnach zu richtiger Erndte-Zeit auf die Verleyhungen fahren, alles besehen und alles anordnen; Und besorgen sie die Sache mit dem Syndico der Universität, und ihren beeydigten Pflegern: Darneben die Decani ihren besondern Fiscum besorgen müssen.

Viertens ist die Administratio Stipendiorum veränderlich; Dann nachdem selbige richtig oder unrichtig behandelt und besorgt wird, so bleibt sie nach denen Legibus entweder beständig bey einer Person, oder sie wird andern anvertrauet.

So sind auch Fünfftens einige Professiones veränderlich, und zwar besonders bey denen Philosophis. Dann ob zwar die Pensa auch bey denen Theologis, Jureconsultis und Medicis, wie bey denen Philosophis sich ändern, so bleiben doch Theologi allezeit Theologi, Juristen allezeit Juristen, und Medici allezeit Medici, und werden keine Philosophi mehr, hingegen können aus denen Philosophis, Theologiæ, Jurium und Medicinæ Professores werden, wie solches durch alle Zeiten geschehen ist, und so viele Exempla vorhanden sind.

Gleichfalls ist des Pedelli Academici Officium (welches auf Englischen Universitæten auch Professores ambiren) veränderlich; dann ob es schon bey einer Person bleibet, so muß er Pedellus dennoch allemahl, bey einem jeglichen neuen Rectore Magnifico um sein Officium wieder aufs neue ansuchen, und er auf solche Weise angenommen und bestättiget werden.

Bestän-

Beständige und perpetuirliche Officia sind erstlich das Cancellariat, welches Officium bey denen Catholischen öffters die Bischöffe der Oerter haben, wo Universitæten sind, und meinet Gretserus, ein Cancellarius seye Vicarius des Pabsts, und werden denen Episcopis die Præpositi der vornehmsten Haupt-Kirchen beygesetzt. Wie zu Wien der Probst der Cathedral-Kirche Cantzler ist, zu Heydelberg der Probst der Heil. Geistes Kirche, und zu Tübingen der Probst der Haupt-Kirche zu St. Georgen. Und ist dieses Cancellariat, ordentlicher Weise, nach denen Legibus, mit der Probstey beständig vereinigt, und solle nicht getrennet werden; dahero es auch allein bey der Theologis. Facultät verbleibet, und kein Jureconsultus oder Medicus, Cancellarius in Tübingen, nach der gemachten Ordnung, werden kan. Es kan auch der Cancellarius weder auf- noch absteigen, nemlich er kan weder Rector Magnificus werden, welches Officium das höchste ist, noch kan er eine niedrigere Profession annehmen. Ferners hat er auch solches zu seiner Authoritæt und Würde gehörig, daß man von einem Consistorio in Judicialibus an Ihne appelliren mag.

Zweytens ist das Secretariat bey der Universität ein beständiges Officium, welches gleichfalls bey einer Person bleibet. Dieses wurde vormahlen das Notariat genennet, und ist der Titul Secretarii, kaum hundert Jahr gewöhnlich.

Drittens bleibt auch die Syndicatur beständig bey einer Person.

Die Wahl derer Professorum ausser des Cancellarii, stehet ordentlich bey dem Senat, darbey aber wich-

wichtige Recommendationes statt haben sollen. Die Confirmatio aber gehöret dem Landes-Fürsten zu, als Landes-Herrn, Patrono und Nutritio. Und führe ich aus dem Besoldo de Jure Academiarum Cap. III. §. 6. pag. 202. folgende Worte an: Ac item, ubi Electio spectat ad Academicum Senatum, vel Collegas, Confirmatio tamen omnino reservata esse debet Superiori, seu Patrono: Et hac nimirum ratione, duplex velut Examen, atque cognitio instituitur, adeoque res geritur ex magis bona fide, deliberationeque majori. Dn. D. Lansius hîc fol. 17. tandemque aliâs Academia, Hospitale otiosorum ignavorumque Generorum & Filiorum magis quam Schola redderetur, &c.

Observatio XIX.

Niemand aber meyne, daß man auf dieser Tübingischen Universitæt nach eigenem Gefallen und Willkühr handlen und leben darffe, sondern da schrencken alle und jede Lehrende und Lernende theils die Generalia, theils die Privata Ordinum Statuta und Leges ein, und bleiben gewisse Maß-Reguln, nach welchen man sich richten muß. Und damit diese nicht mögen versäumt, oder gar bey seiten gesetzt werden, so sind die Asseverations- und Eyds-Formuln vorgeschrieben, welche einem jeglichen vorgelegt und vorgehalten werden, welche man bona & salva Conscientia nicht übertretten solle.

Das Juramentum eines erwählten und recipirten Professoris meldet Besoldus de Jure Academiarum c. III. §. VI. p. 203. mit folgenden Worten:

Tubingæ, qui in numerum Professorum electus, & nomen apud Rectorem professus fuerit, sub consueto receptionis juramento Formulæ etiam Concordiæ subscripserit: in hæc Capita jurat.

Velle

Velle se in officio suo, ante omnia gloriam Dei omnipotentis, sincero studio & zelo promovere, ac veram pietatem ex animo colere.

Velle in assignatis Lectionibus obeundis & aliis commissis officiis expediundis, debitam diligentiam, & studium adhibere; neque aliis suis negotiis, aut privatis studiis, in primario suo officio impediri se pati.

Velle Discipulorum & Auditorum, tam mores, quam studia ad pietatem & laudabiles profectus diligenter & sedulo conformare.

Velle muneris Dignitatem, vitæ inoffensæ, & honestæ gravitate, decorare: Scholæ commoda, & privatis suis omnibus anteponere, & omni tempore promovere, damna pro viribus cavêre & avertere.

Et præter ea, quæ præcedenti Formula Jurisjurandi continentur, etiam hæc de Officio Professorum sanciunt Statuta fol. 30. Suas Lectiones quilibet Professor, ipse per se, non per Vicarium, statis & completis Horis, ac quoad ejus fieri potest, diversis ab aliarum Professionum temporibus ut obeat, nisi à Rectore, & suæ Professionis Decano, ejus rei copiam impetraverit. Ut nemo Professor neque in Lectionibus suis, neque ullo alio loco & tempore, de alterius Professionis fama & dignitate sive in universum, sive singulatim, quicquam detrahat. Qui contra fecerit, & à suæ Professionis munere, & à Consilio Senatus remotus esse debet, donec meritam pœnam, arbitrio Universitatis decretam, exsolverit, & læsæ atque offensæ Professioni satisfecerit. De alia quoque in aliam horam, privato arbitrio transire, nulli Professorum fas esse, peregre etiam non abire debet, nisi in causis gravioribus, conscio & permittente Rectore, & suæ Facultatis Decano.

Diesem fügen wir bey die Juramenta Rectoris Magnifici, wann er publice in Auditorio vorgestellet wird; Der Doctorandorum, der Magistrorum und Baccalaureorum, welche alle publice vorgelesen, und mit Berührung des Academischen Scepters abgeschworen werden: Endlich auch deren Studiosorum, welche bey der Inscription in Album Academicum von ihnen abgeleget werden.

For-

Formula Juramenti RECTORIS MAGNIFICI.

Hic attacto prioribus tribus dextræ manus digitis Sceptro juret:

I.) Velle se gravitatem commissi muneris pie & accurate ponderare.

II.) Eidem cum dignitate & fidelitate præesse.

III.) Scholæ totius incolumitatem promovere, cumprimis pietatem colere; paci & otio publico consulere.

IV.) Privilegia, Ordinationes, Statuta Scholæ, omni opera & studio conservare.

V.) Justitiam omnibus incorrupte & æquabiliter administrare, tutari probos, improbos ulcisci,

VI.) Senatus Decreta studiosè & fideliter exequi.

VII.) Denique omni suo officio ac munere sedulo defungi. Vid. Tubingam altero Jubilæo felicem. pag. 18.

Formula Juramenti THEOLOGORUM.

Jurabit Theologiæ Candidatus eodem modo.

I.) Velle se doctrinam Scriptis Propheticis & Apostolicis divinitus traditam, Symbolicis, Apostolico, Niceno, Athanasiano, comprehensam; repetitam autem in Confessionibus, Augustana, Wirtembergensi (*) & Concordiæ Formula, fideliter secundum fidei Analogiam, docere; (**) adeoque consensum doctrinæ, qui in hoc Ducatu & hac Schola est, etiam retinere, & propugnare.

II.) Omnia Dogmata, quæ istis Fundamentis Catholicæ Orthodoxæque Fidei repugnant, non modo damnare, sed palam etiam oppugnare, & pro virili confutare.

III.) Magnifico Universitatis hujus Domino Rectori, Dignissimo (***) Domino Cancellario, & Præceptoribus, suum semper honorem deferre.

IV.) In Causis & Controversiis gravioribus, nihil temere, inconsultis (****) oraculis divinis decernere.

V.) Capita hujus Juramenti nulla, vel scripto, vel viva voce retractare; nec honores Doctoreos & Licentiæ, in alia Academia reiterare.

(*) In der Formula Juramenti Theologici 1572. Vor der Formula Concordiæ, hieß es: & in *Apologia*. *Fideliter* deest.

(**) Antiquior Formula: *nullas de ingenio suo innov-*

terpretationes confingere, veritatem cœlestis doctrinæ pro virili tueri.

(***) *Domino*, in antiquiori deest.

(****) *ipsis*, sed *Oraculis divinis* deest.

Vid. Libro citato pag. 117. Orationes recitatas 1672. 24. Sept. Dum præsentibus Duce Ludovico & Comite Montispeligard. Friderico, honores Doctorales in Theologia & Jure quibusdam conferrentur. Tubing. 1572. pag. 23. sq.

Formula Juramenti JURECONSULTORUM.

Jurabit Juris U. Candidatus

I.) Velle in posterum, sicut retroactis temporibus, venerationem & obedientiam, non solum spectatissimo Domino Decano, sed & toti inclyto Collegio Studii Juris, præstare; nullum legitimum detrectare imperium.

II.) Magnifico Domino Rectori, & Dignissimo Domino Cancellario Universitatis, laudatissimæ nostræ Scholæ, & vices eorum gerentibus, debitum honorem & venerationem deferre.

III.) Velle utilitatem, non tam universæ hujus inclytæ Scholæ, quam Studii Juris, ad quodcunque honoris fastigium evecti fueritis, augere, damna vero avertere.

IV.) Velle Doctorea insignia, in nulla alia Academia reiterare aut repetere.

V.) Si de Fide Christiana Disputatio oriatur, & ejus vestrum super hac Controversia expetatur judicium, secundum Sacram Scripturam, & analogiam fidei, syncere, & sine ulla Sophistica, respondere, & veritatem defendere.

VI.) In honorum ac insignium præsentium gradus doctorei adeptione, sumtus facere non inhonestos, aut illicitos, sed convenientes, & tales, quales sunt à Juribus ipsis præfiniti, & statuti, & non ultra.

VII.) Contra ea omnia, quæ nunc dicta, & prælecta sunt, nihil, neque dolo, neque fraude, unquam admittere.

Vid. Tub. alt. Jubil. felic. pag. 119.

Formula Juramenti MEDICORUM.

Jurabit Medicinæ Candidatus se

I.) Venerationem ac Obedientiam, Magnifico Domino Rectori, Universitatis Scholæ hujus, Dignissimo Domino Cancellario, Spectatissimo Domino Decano, & Consilio Studii Medicinæ se præstiturum, nullum legitimum detrectaturum imperium.

II.) Quod

II.) Quod pro virili sua, commoda cum Universitatis Scholæ hujus, tum præcipuè Studii Medicinæ, omni tempore, ad quamcunque honoris eminentiam evectus fuerit, augeri velit, malum vero avertere.

III. Ægrotantibus autem pro facultate, & judicio suo, remedia commoda præscribere, omneque detrimentum & injuriam ab eis prohibere.

IV.) Velle Licentiæ ac Doctoreos honores in nulla Universitatis Schola reiterare.

V.) Insignia Doctoratus ritu solenni præfinito, â Consilio Studii hujus, persolutis omnibus expensis, de more debitis, capessere.

Vid. Tubing. Jubil. felic. p. 122.

Formula MAGISTERII Candidatorum.

Promittent Domini Candidati Magisterii Philosophici, velle se & in posterum, obedientiam & venerationem præstare Magnifico Domino Rectori Universitatis Scholæ hujus, Dignissimo Domino Cancellario, Spectatissimo Domino Decano, ac Consilio Studii Artium; nullum legitimum detrectare imperium: pro virili commoda, cum Universitatis hujus Scholæ, tum præcipuæ Studii Artium, omni tempore augere.

L. c. p. 146.

Primæ LAUREÆ Candidatorum.

Promittent Domini Candidati primæ Laureæ Philosophicæ, se omni cultu reverentiæ, atque obedientiæ, Spectatissimum Dominum Decanum, & reliquos Dominos Professores Facultatis Philosophicæ, & bonarum Artium, singulariter observaturos, profuturos, quacunque in re possint, communitati Studii Artium, nocituros in nulla.

Loc. cit. pag. 148.

Formula Juramenti STUDIOSORUM, qui Nomina in Album Academicum inscribunt.

I.) Velle Religionem piè, sanctè, castèque colere.

II.) Velle Rectori, Senatui, & Professoribus obedire, eosdem reverentia digna prosequi, neque ulla, dictorum factorumve, contumelia afficere.

III.) Velle Statutis Academicis, Edictis publicis, monitis item privatis, parere,

IV.) Nihil

IV.) Nihil velle adversus Serenissimum nostrum Principem Wirtembergicum, nihil adversus Rempublicam, tum Scholæ, tum Oppidi hujus, hostiliter, improbè, scelerate, moliri, machinari, patrare, ulla ratione ac via.

V.) Velle in jus vocatum propter Contractus, vel actus heic gestos, vel aliunde, sivé propter æs alienum, sive quamcunque aliam ob causam, heic exortam, revocatum comparere, Rectori se præsentem sistere & coram eodem causam dicere.

VI.) Velle rixis, dimicationibus ac duellis, quantum penes ipsum est, nullam, vel Studio, vel opera præbere occasionem.

VII.) Velle exclusum, propter improbitatem, consortio scholastico, ex oppido, primo quoque tempore discedere.

VIII.) Velle, si tumultus, aut alia contra Scholæ Senatum difficultas gravior, exoriatur, eidem præsto esse, & honestis obsequi mandatis.

IX. Velle Scholæ Utilitatem & Commodum, omni tempore & occasione, promovere, damna pro viribus cavere & avertere.

Vid. Statuta Renovata C. XIV. p. 87.

Uber dieses Jurament werden noch andere Statuta und Leges denen Studiosis vorgelegt, deren 35. Puncten sind, und 1730. wieder aufs neue sind gedruckt und ausgetheilet worden, darvon man das sehr ernstliche Programma Rectorale Academicum, welches im November nach der Herbst-Vacanz 1730. ist angeschlagen worden, lesen mag.

Wann demnach solche Leges von einigen Studiosis gar zu enormiter übertretten werden, und keine Bestraffungen statt haben, so werden dergleichen ungehorsame Subjecta deren Privilegien der Universitæt beraubt, und bekommen theils Consilium abeundi, theils werden sie publice per programma, und in gewissen Casibus cum infamia rejicirt,

jicirt, welches hernach auch an andere Universitæten zur Nachricht gelanget.

Observatio XX.

Sonsten ist noch wegen der Religion und Orthodoxie dieses zu melden, daß denen vielfachen Abweichungen und heimlichen oder offentlichen Irrthümern zu begegnen und Einhalt zu thun, die Subscription deren Librorum Symbolicorum von allen Professoribus erfordert wird, eben wie es auch allen Räthen und Bedienten in Hochfürstl. Cantzley, und allen Beamten in dem gantzen Land Würtemberg zu thun aufgelegt ist, wann sie zu ihren Aemtern confirmirt und beeydiget werden, als worauf auch bey dem letzten Land-Tag aufs neue gedrungen worden ist: Allein wie bey so vielen nicht einmahl eine generale Erkanntniß ist, was die Formula Concordiæ seye? und die mehreste in ihrer heylsamen Religion überhaupt gantz Eißkalt sind, so fruchtet leyder, bey vielen diese Hochfürstl. Sorgfalt wenig. Was insbesondere die Herren Professores auf der Universität angehet, daß alle und jede bey der Reception in die Zahl der Professorum der Formulæ Concordiæ unterschreiben müssen: So fügen wir den Fürstl. Befehl bey, welcher 1628. vornemlich deßwegen aufs neue ergangen ist, theils, weilen in dem dreyßig-jährigen Krieg es unterschiedliche wanckende Gemüther gegeben hat, welche theils Crypto Calviniani, theils Crypto Pontificii gewesen sind, theils, damit allen Dissensionibus und Erroribus cum clandestinis tum publicis vorgebogen würde.

Fürst-

Fürstliche Ordnung wegen Subscription der Formulæ Concordiæ, welche von allen Professoribus erfordert wird.

Demnach die Regierende Hochlöbliche Hertzogen zue Würtemberg ꝛc. die Befürderung der Ehr GOttes vnnd getrewe Fortpflantzung der wahren, reinen, allein seeligmachenden Religion, Ihnen jederzeit höchst-getrewestes Vleiß angelegen sein lassen, vnnd dannenhero nicht allein weillundt der Durchleuchtig, Hochgeborne Fürst vnnd Herr, Herr EBERHARDT, Grave zue Württemberg, vnnd zue Mümpelgardt ꝛc. der Elter ꝛc. Christmiltisten Angedenckhens, bey deren (an St. Dionysien Tag nach Christi Gebuhrt, alß man zahlt Tausent, Vierhundert, Sibenzig vnnd Siben Jahr.) beschehener Erection der Universität Tübingen, Ihme fürgenommen, " zue graben den Bronnen des Lebens, daraus von allen Enden der Welt vnersichtlich geschöpfft mag werden Tröstlich vnnd heilsamb Weißheit, zue Erleschung deß verderblichen Fewers menschlicher Vnvernunfft vnnd Blindheit ꝛc." Sondern auch nachgevolgte Regierende Hertzogen dahin eiferichst getrachtet, daß solche Bronnquell des Lebens, durch vnreine Lehre, vnnd Menschen-Satzungen nicht verstopffet würde: Indem weillundt ꝛc. Herrn ULRICHS, Hertzogs zue Würtemberg, Fürstliche Gnaden, lobseeligster Gedechtnus in Confirmatione Privilegiorum de Anno fünffzehenhundert, dreißig sechs, mit diesen Verbis formalibus geordnet: " daß zue der Lehr, gelerte, geschickhte, vnnd Christliche Männer gebraucht vnnd angenommen werden sollen, die Widerwertigen der rechten, wahren Evangelischen Lehr vnnd göttlichen Warheit zue vermeiden.

Desgleichen Herrn CHRISTOPHS ꝛc. Hertzogs zue Württemberg ꝛc. Fürstlich Gnaden, Christseeliger Gedechtnus, in deren Mense Majo, langst verwichenen fünffzehenhundert, fünffzig vnnd siebenden Jahrs, gemeiner Universität Tübingen gnedig ertheilter newer Confirmation, solche puritatem doctrinæ getrewlich zu erhalten, mit diesen Verbis formalibus ernstlich bevohlen: " Damit das schädliche " Gifft der Vneinigkeit vnnd Zwispalt, in Religion vnnd

„ Glaubens-Sachen (daraus zue allen Zeiten, vnnd mehr-
„ mahlen in der wahren vnnd Christlichen Kirchen (wie lay-
„ der noch vor Augen schwebet) allerhandt Zerrüttung, Ke-
„ tzereyen, vnnd verderblichen Vnraths hergeflossen vnnd
„ entstanden seindt) in vnserm Fürstenthumb vnnd Gebie-
„ ten, so viel möglich, vnnd vermittelst göttlicher Gnaden
„ verhüetet vnnd ausgereuttet, vnnd dargegen ein Christ-
„ liche, friedliche vnnd bestendige Einhelligkheit, in der er-
„ khanten reinen Lehr göttliches Wortts gepflantzt vnnd er-
„ halten werden möge; So ist vnser gnediger, auch ernst-
„ licher Will vnnd Meinung, daß alle vnnd jegliche vnse-
„ rer Universität Professores, in allen Facultäten durch-
„ aus Sich Vnser, vnnd der Augspurgischen Glaubens-
„ Confeßion (alß die vff den rechten Grundt, der wahren
„ Apostolischen vnnd Evangelischen Lehr gericht vnnd ge-
„ stellt, auch durchaus dergestalt clärlich vnnd stattlich be-
„ weret vnnd erwiesen ist,) gemäß erzeigen, vnnd hergegen
„ verworfene Secten vnnd Sacramentierer Lehr, Bücher
„ vnnd verwürte Personen, nitt auffgenommen, gehayet,
„ vnnd geduldet werden."

Eben zue diesem Ende auch ꝛc. Herrn LUDWIGS, Hertzogs zue Württemberg ꝛc. Fürstlich Gnaden Hochlöblichen Angedenckhens, Sich in vnderschiedlichen, Anno Fünffzehenhundert, Achtzig drey, an Rectorem vnnd Senatum Academicum gemeiner Universität Tübingen, ergangenen Fürstlichen Rescriptis, mit diesen wiederholeten Verbis formalibus genedig resolviert, vnnd erclärt: "Dann
„ wir einmahl ie anderst nicht gesinnet, auch fürter ie len-
„ ger ie weniger gemeint sein werden, in Vnserer Hohen
„ Schuel Jemandts andern, Sonderlichen aber von Pro-
„ fessoribus, dann der rechten, reinen, ohnverfälschten
„ Lehr Augspurgischer Confeßion von Hertzen, mitt Leben
„ vnnd Lehren gentzlich zuegethon, weil ieder, so nicht mitt
„ vnns, wider vnns sein mueß, zue gedulden, darnach sich
„ ein Jeder zue richten wisse."

Vnnd damit nach Ihrer Fürstlich Gnaden gevollgtem Tödtlichem Ableiben, weillundt Herrn FRIDERICHS, Hertzogs zue Württemberg ꝛc. Fürstl. Gnaden, Christmiltisten Angedenckhens der bestendigen Erhalt- vnnd Fortpflanzung tzung dieser wahren, reinen, allein seeligmachenden Religion, ohngeenderter Augspurgischer Confession, so wohl bey gemeiner Universität, als Dero Geist- vnnd weltlichen Rhäten, Dienern vnnd Vnderthonen vmb so viel mehr vergewißet vnnd versichert, haben Ihre Fürstl. Gnaden nicht allein Mense Augusto, Anno Fünffzehenhundert, neuntzig neun, die Formulam Concordiæ dem in Anno fünffzehenhundert vnnd achtzig, publicierten Exemplar gemäß, wiederumb aufflegen vnnd nachtruckhen lassen, sondern auch die newe Fürstliche Ordination gemelter Universität ertheilet vnnd derselben vollgenden worttlichen Innhalt inseriert: „ Damitt nun Wir, Vnsere Erben vnnd Nachkhommen, „ vmb so viel mehr vergwißert seien, daß wider vnser Christ- „ liche Religion, Augspurgischer vnnd in dem Christlichen „ Concordi-Buch wiederhohlten Confeßion, khein schädliche „ Sect, noch verdamblicher Irrthumb eingeschlaichet wer- „ de, so ist vnser gnediger auch ernstlicher Will, Meinung „ vnnd Bevelch, daß alle vnnd jede, vnserer Universität „ Professores in allen Facultäten durchaus sich zu solcher „ oberzehlter reiner, vnd ohnverfälschter Religion, mitt „ Mundt vnnd Hertzen bekhennen, vnnd dessen zue wah- „ ren ohnbefelbahrem Gezeugkhnus, angezogen Concordi- „ Buch mitt aigen Hénden vnderschreiben, hinfürter auch „ kheiner, wer der auch sei, zue Professorn auff- vnnd an- „ genommen werde, mann seie dann genugsamb vergewis- „ set, daß Er Sich mitt Mundt vnnd Hertzen, zue dieser „ vnserer wahren Religion bekhenne, der Ursachen Er auch „ zue mehrer Versicherung das Concordi-Buch mitt aigen „ Handen vnderschreiben, vnnd kheiner dessen erlassen wer- „ den solle.

Gleichen Eyvers sich auch ꝛc. Herrn Johann FRJDERJCHS, Hertzogs zue Württemberg Fürstl. Gnaden Hochseeliger Gedechtnus lobwürdigist beflissen: Indem Ihre Fürstlich Gnaden nicht allein angezogene Formulam Concordiæ, Mense Aprili, verwichenen Sechzehenhundert vnd Aylfften Jahrs, distractis reliquis Exemplaribus, de novo zue Stuttgardten typis mandieren, sondern auch (deroselben zue der reinen allein seeligmachenden Religion, ohngeenderter Augspurgischen Confeßion, getragenen hertzlichen

Eyver unnd Begierdt, umb so viel desto mehr im Werck zuerweisen) derselben ein Fürstliches Rescript præmittieren, unnd darinnen allen unnd jeden, Ihrer Fürstlichen Gnaden Rhäten, Prælaten, Rectorn, und Regenten, deroselben Universität zue Tübingen, Theologis, Ihrer Fürstlich Gnaden Consistorii Ecclesiastici zue Stuttgardten, auch allen Superintendenten, Pfarrern, Predigern, Diacon, Sub-Diacon, Pædagogis &c. Ernstlich unnd gnedig bevehlen lassen, " daß Sie sambtlich unnd jeder insonderheit mitt allem Vleiß unnd Ernst daran sein wollen, damit in Ihrer Fürstlich Gnaden Hertzogthumb, Grav- unnd Herrschafften, hiewieder das wenigste von niemanden offentlich, oder heimblich eingeführt, desgleichen kheine Diener bey den Kirchen oder in den Schuelen angenommen werden, Sie seien dann dieser Christlichen Confeßion syncerè unnd auffrichtig zuegethan."

So dann der Durchleuchtig, Hochgeborn Fürst und Herr, Herr LUDWIG FRIDERICH, Hertzog zue Württemberg, Vormundt unnd Administrator, umb fruchtbarer Erhalt- unnd Fortpflantzung willen, solcher wahren, reinen, unnd allein seeligmachenden Religion, Mense Decembri, jetzigen ablauffenden Sechzehenhundert Acht unnd zwaintzigisten Jahrs, an Magnificum Dominum Rectorem, Cancellarium, unnd Senatum Academicum nachvollgende Fürstliche Rescript ergehen lassen:

Von GOttes Gnaden, Ludwig Friderich, Hertzog zue Württemberg, Vormundt unnd Administrator &c.

Unsern günstigen Gruß zuevorn, Würdige, Hochgelehrte, unnd Ersame, liebe Getrewe; Wir haben unns, bey übernommen unserer Administration bedächtlich erinnert, daß unsere Hochgeehrte Vorfordern, bey Antrettung Ihrer Regierung, diesen löblichen unnd Christlichen Brauch in acht genommen, die Formulam Concordiæ, unnd darinn begriffne Bekandtnus, durch ihre Diener, so wohl bey der Cantzley, alß uff dem Landt, zue des Staats mehreren Sicherheit, underschreiben zue lassen.

Obwohlen wir nun nit zweiflen wollen, Ihr werdet

Euch

Euch zue solcher Confession vnnd Formulæ Concordiæ, mit Mundt vnnd Hertzen bekhennen, jedoch, so haben wir für ein Notturfft ermeßen, auch bey Antrettung vnserer Vormundtschafft dergleichen in Acht zue nemmen. Bevehlen Euch solchen nach gnedig, daß Ihr nicht allein vor Euch solche Formulam vnderschreiben, sondern auch alle Professores vnd andere Universitäts-Angewandte, zue gleichmessigen, vnnd daß ein solches vnverlengt beschehe, gebührendt anhalten, auch vnns darauff euere Verrichtung vnderthenig berichten sollen, dessen geschicht vnser zueverläßliche Meinung, vnnd wir bleiben Euch mit Gn. Willen wohlgeneigt. Datum Stuttgardt den 2ten Decembris, Anno 1628. Nach diesem Befehl wird biß jetzo gehandelt, und muß auch nach denen Legibus gehandelt werden, und wer ein aufrichtiger Würtembergischer Lutheraner ist, thut es gern mit Mund, Hand und Hertzen.

Observatio XX.

Weilen zum Ruhm einer Republique die langwührige Succession der Regenten nicht weniges beytraget, so mercken wir selbige auch billich hier an, und stellen Sechstens die ordentliche Succession deren Rectorum Magnificorum in Chronologischer Ordnung, von Anfang der Universitæt biß jetzo 1742. da der letzte Rector erwählet worden ist, vor Augen. Weilen nun dieses Rectorat auch hohe und Fürstliche Personen auf sich genommen haben, so theilen sich solche Rectores zum Voraus in Magnificentissimos und Magnificos, und setzen wir die Rectores Magnificentissimos zu erst in ihrer besondern Ordnung, und hernach wiederum in Serie aller Rectorum Magnificorum.

Series Rectorum Magnificentissimorum.

Die Rectores Magnificentissimi der Universitæt zu Tübingen waren in Folge theils Hohe, theils Fürstliche Personen:

ALBERTUS ARBOGASTUS, L. B. ab Hewen. An. 1541.

FRIDERICUS, Dux Würtemb. & Tecciæ. 1573.

CONRADUS, Comes Tubingensis, Dominus in Liechteneck. 1584.

JOHANNES FRIDERICUS, Dux Würtembergiæ & Tecciæ, 1596.

Von dieses Printzen Johann Friderichs grossem Academischen Fleiß, den wir schon oben p. 163. sq. bemercket haben, zeugen noch ferners zwey gedruckte Disputationes, die Er im Collegio Illustri offentlich vertheidiget hatte. Die eine hat diesen Titulum: Disputatio de Sophisticis Elenchis seu Fallaciis, Respondente Illustrissimo Principe, ac Domino, Dn. JOHANNE FRIDERICO, Duce Würtembergico, ac Teccio, Comite Montis Belgarum &c. Præside M. Michaele Beringero, Ulbacensi, eid. Illustriss. Principi &c. à Studiis. Habita Tubingæ, in novo Illustri Collegio, Anno 1597. mense Augusto. Tub. ex Typographeo Celliano. 1597. Oct. Die andere, so er sine Præside gehalten, führte diesen Titulum: Disputatio Logica, ex tertio Libro Topicorum Aristotelis: de Locis comparationum, quam Deo clementer adjuvante Illustrissimus Princeps ac Dominus, Dn. JOHANNES FRIDERICUS, Dux Würtembergensis ac Teccius, Comes Montispeligardi &c. Tubingæ, in Illustri novo

novo Würtembergensi Collegio, 21. Jan. exercitii gratia, defendendum suscipiet. Tubingæ apud Georgium Gruppenbachium. Anno 1598. Oct. Die Dedication an seinen Herrn Vatter ware folgende: Illustrissimo Principi ac Domino, Domino Friderico, Duci Würtembergensi & Teccensi, Comiti Montis-Belgarum &c. Domino Parenti suo Dilectissimo,

In Filialis Obsequii testificationem, & novi ineuntis anni felicissimam comprecationem

offert ac dedicat

Filius obsequentissimus

JOH. FRIDERICUS, Dux Würtemb. &c.

Wer der Jesuiten Sophismata bedenckt, mit welchen sie auch besonders denen Fürstl. Persohnen begegnet sind, wird sich nicht befremden, daß vor andern Thematibus Disputandi vornemlich diese sind erwählet worden; und hat dieser Hertzog Johann Friderich wohl gewußt derselben sich nutzlich zu gebrauchen.

AUGUSTUS, Dux Brunsuic. & Lüneb. 1596.

AUGUSTUS, Comes Palatinus Rheni, Dux Bavariæ, 1599.

JOHANNES FRIDERICUS, Dux Würtembergiæ & Tecciæ, 1652.

WILHELM LUDWIG, Dux Würtembergiæ & Tecciæ, 1666.

CAROLUS MAXIMILIANUS, Dux Würtembergiæ & Tecciæ, 1674.

GEORG FRIDERICUS, Dux Würtembergiæ & Tecciæ, 1675.

LUDOVICUS, Dux Würt. & Tecciæ, 1675.-77.

JOHANN FRIDERICUS, Dux Würtembergiæ & Tecciæ, 1682.

HENRICUS FRIDERICUS, Dux Würtembergiæ & Tecciæ, 1700.

CARL CHRISTIAN ERDMANN, Dux Würtembergiæ & Oelsæ, 1732.

Ordentliche Succession aller Rectorum Magnificorum und Magnificentissimorum von der Fundation 1477. biß 1742.

1. Johannes *Nauclerus* s. Vergenhans, Decret. D. Anno 1477.
2. Mag. Conradus *Vessler*, Decr. D. 1478.
3. M. Johannes à *Lapide*, S. Th. D. & Prof. und Plebanus Ecclesiæ Tubingens.
4. M. Ludovicus *Truchsess* de *Hessingen*, Decr. D. 1479.
5. M. Johannes *Stain*, Decr. D.
6. M. Christianus *Vollmann*, S. Th. D. 1480.
7. M. Johannes *Cruzlinger*; J. U. D.
8. M. Helias *Flick*, S. Th. D. 1481.
9. M. Cunradus *Schöferlin*. Canonicus Eccl. Collegiatæ in Stuttgardt. Unter diesem inscribirte auch M. Johannes Röchlin de Pforzheim. LL. Ltus. 5. Id. Dec.
10. Georgius *Hartsesser*, Decr. D. Rector unicus Propter Pestem. 1482.
11. M. Mangoldus *Widmann*, Can. Eccl. Colleg. Tubing. 1483.
12. M. Conradus *Blenderer*.
13. M. Conrad *Summerhard* de *Calw*, S. T. D. 1484.
14. Cunradus *Bömlin*, Decanus Eccles. Tub.

15. Ul-

15. Ulricus Crafft de *Ulma*, U. J. D. 1485.
16. M. Gabriel *Biel*, S. Th. Ltus.
17. D. *Petrus*, Præpositus Eccles. S. Guidonis Spirensis, 1486.
18. Petrus *Boppbart*, U. J. D.
19. M. Georg. *Lamparter* de Bibraco, V. J. L. 1487.
20. Joh. *Stainmajer*, U. J. D.
21. M. Joh. *Hiller* de Dornstetten, S. Th. Baccal. 1488.
22. M. Joh. *Stein* de Schorndorff, Decret. D.
23. M. Gabriel *Biel*, *S.* Th. Ltus. 1489.
24. M. Martin *Plantsch* de Dornstetten, *S.* Th. Bacc.
25. Wendelinus *Steinbach*, *S.* Th. Profess. 1490.
26. M. Cunrad *Vessler*, Decret. D.
27. M. Cunrad *Summerhart*, *S.* Th. Profess. 1491.
28. Mangold *Widmann*, Decret. D.
29. Hieronymus de *Crovaria*, J. V. D. 1492.
30. M. Dietmar *Aschmann* de Vayhingen.
31. M. Georgius *Lamparter*, J. U. D. 1493.
32. Vitus de *Fürst*, U. J. D.
33. Wendelinus *Steinbach*, *S.* Th. Prof. 1494.
34. M. Jacobus *Lemp*. von Marpach, Decr. & *S.* Th. Prof.
35. M. Joh. *Lupffdich*, V. J. Ltus. 1495.
36. M. Andreas *Rumpis* de Gyslingen, *S.* Theol. Baccal. formatus.
37. Hieronymus de *Crovaria*, V. J. D. 1496.
38. M. Cunr. *Summerhart*, *S.* Th. D. & Prof.
39. Conr. *Vesseler*, Decr. D. 1497.
40. M. Joh. *Aquila* de Hallis, J. V. D.
41. M. Sim. Leonis de *Biel*, Baccal. formatus. 1498.
42. M. Andreas *Drostel* (oder *Doschtel*,) ex Osweil, V. J. D.

43. Laurentius *Hornstain*, V. J. D. 1499.
44. Wendelinus *Steinbach*, S. Th. Profess.
45. Cunr. *Summenbart* von Calw, S. Th. Pr. 1500.
46. Jacob *Lempt* von Steinheim. Decr. & Th. D.
47. Andreas *Gaislinger*, Profess. Theol. 1501.
48. Andreas *Frostell* (*Drostell*) von Ostweil. V. J. D.
49. Cunrad *Fesler* (*Vesseler*) Jur. Pontif. Doct. s. Decr. von Reminisc. 1502. biß Phil. & Jac. 1503.
50. Petrus *Bronn*, Probst zu St. Peter im Wald, S. Theol. Ltus. 1503.
51. Casp. *Forestarius*, J.U.D. & P. profundissimus.
52. Reinhardus *Gaiser*, S. Th. Prof. & D. 1504.
53. Sigismundus *Epp* ex Binnichen, S. Th. Doct.
54. M. Joh. *Vesenmaier* von Donsdorff, Cruf. *Vebenmaier*, Eccles. Colleg. Decanus. 1505.
55. Ioh. *Hilarius*, (vel *Hiller*) Cruf. *Halier*, V. J. D.
56. Jacob *Lemp*, S. Can. Theol. D. per totum annum. 1506.
57. Wendelinus *Steinbach*, S. Theol. Prof. 1507.
58. Petrus *Brunn*, S. Th. D. 1508.
59. Henricus *Winckelhofer*, Ehing. J. U. D. 1509.
60. Jacobus *Lemp*, Decret. D. 1510.
61. Wendelinus *Steinbach*, S. Th. Mag. 1511.
62. Johannes *Schemer* von Offterdingen. D. 1512.
63. Petrus *Brunn*, S. Th. D. 1513.
64. Jacobus *Lemp*, Can. & Th. D. 1514.
65. Balthasar *Sellarius*, 1515.
66. Wendelinus *Steinbach*, S. Th. Prof.
67. M. Joh. *Kreuss*, 1516.
68. M. Gallus *Müller*.
69. M. Alexander *Rieger*. ex Vayhingen, 1517.
70. Jac. *Lemp*. D. D. Cruf. D. Jacob *Brunn*.

71. M.

71. M. Petrus *Brunn*, *S.* Th. D. 1518.
72. Franciscus *Stadian.*
73. Balthasar *Sellarius* à Canstatt, 1519.
74. Gallus *Müller*, S. Th. D.
75. Balthasar *Köffelin*, *S.* Th. D. 1520. per annum.
76. Jacobus *Lemp*, D. D. 1521.
77. Johannes *Epp*, V. J. L.
78. M. Johannes *Stöffler*, Mathematicus. 1522.
79. Petrus *Brunn*, S. Th. D.
80. Johannes *Eschenbach*, D. 1523.
81. Conrad *Brunn*, D.
82. M. Fridericus *Schaup*, 1524.
83. Gallus *Müller*, S. Th. D.
84. Jacobus *Lemp*, Th. D. 1525.
85. Balthasar *Käuffelin*, Th. D.
86. Petrus *Brunn*, D. 1526.
87. Jacobus *Lemp*, *D.*
88. Gallus *Müller*, *D.* 1527.
89. Balthasar *Käuffelin*, *D.*
90. Petrus *Brunn*, *D.* 1528.
91. Jac. *Lemp*, *D.*
92. M. Martinus *Kugelin*, 1529.
93. Gallus *Müller*, *D.*
94. Balthasar Käuffelin, *D.* 1530.
95. Joh. *Königssattler*, l. *Künig.* Oeting. J. V. D.
96. Jac. *Lemp*, *D.* 1531.
97. Joh. *Königssattler*, J. V. D.
98. Petrus *Brunn*, *D.* 1532.
99. Gallus *Müller*, *D.* † Rector M.
100. Joh. *Königssattler*, J. V. D. 1533.
101. Balthasar Käuffelin, *D.*
102. Petrus *Brunn*, Th. D. 1534.

103. *Jo-*

103. Johan. *Ambruster*, Waltorfensis, Th.Lt. 1534.
104. *D*. Balthasar *Käuffelin*, 1535.
105. Joh. *Sichardus*, Francus. V. J. *D*.
106. *D*. Balthasar *Käuffelin*, 1536.
107. Leonhardus *Fuchs*, (Annal. Mich. *Rucker*,) Med. *D*.
108. M. Gebhard *Brastberger*, Urac. J. U. *D*. 1537.
109. Constantinus *Phrygio*, S. Th. *D*.
110. Joachimus *Camerarius*, Pabebergensis. 1538.
111. Ludvvig *Gremp*, J. U. D.
112. Michael *Rucker*, Med. D. 1539.
113. D. Balthasar *Käuffelin*.
114. Caspar *Volland*, U. J. D. 1540.
115. Leonhard *Fuchsius*, Med. D. & Prof.
116. Generosus Dn. ALBERTUS ARBOGASTUS Baro ab HEWEN, 1541.
117. D. Balthasar *Käuffelin*.
118. Idem *Käuffelin* continuavit ob Pestem. 1542.
119. Johannes *Sichardus*, U. J. D.
120. Michael *Rucker*, Med. D. & Prof. 1543.
121. D. Gebhardus *Brastberger*, JCtus.
122. Jacob *Scheck*, Med. Dr. 1544.
123. Erhardus *Snepffius*, S. Th. D.
124. Caspar *Volland*, J. Can. P. Ord. 1545.
125. Johannes *Sichardus*, LL. Ord.
126. Leonhardus *Fuchs*, M. D. 1546.
127. D. Balthasar *Käuffelin*.
128. Melchior *Volmarius*, Rufus. 1547.
129. Gebhard *Brastberger*, J. U. D.
130. Michael *Rucker*, Med. D. 1548.
131. D. Balthasar *Käuffelin*.
132. D. Johannes *Sichardus*, 1549.

133.

133. D. Leonhardus *Fuchsius*. 1549.
134. D. Balthasar *Käuffelin*, 1550.
135. D. Caspar *Volland*, JCtus.
136. D. Michael *Rucker*, 1551.
137. D. Gebhard *Brastberger*.
138. D. Balthasar *Käuffelin*, 1552.
139. D. Caspar *Volland*.
140. Jacob. *Scheckius*, M. D. 1553.
141. D. Jacobus *Beurlinus*. S. Theol. Pr.
142. Nicolaus *Varenbulerus*, U. J. D. 1554.
143. Leonhardus *Fuchsius*, M. D.
144. D. Jacob *Beurlinus*, Vice-Rector zu Calw. 1555.
145. Mart. *Frecht*, S. Th. Dr. & Prof.
146. Jacob *Cappelbeck*, U. J. D. & Prof. 1556.
147. Chilianus *Vogler*, J. U. D.
148. Michael *Rucker*, M. D. 1557.
149. D. Jacobus *Beurlinus*, S. Th. Pr.
150. Nicolaus *Varenbuler*, J. U. D. 1558.
151. Jacobus *Scheckius*, M. D.
152. Gebhard *Brastberger*, J. U. D. 1559.
153. D. Jacobus *Heerbrandus*, S. Th. Prof.
154. Anastasius *Demler*, U. J. D. & Prof. 1560.
155. Leonhard. *Fuchsius*, M. D.
156. Jacobus *Cappelbeck*, U. J. D. 1561.
157. Theodoricus *Snepffius*, S. Th. D.
158. Chilianus *Vogler*, U. J. D. 1562.
159. Jacobus *Scheck*, M. D.
160. Joh. *Hochmann*, U. J. D. 1563.
161. D. Jacobus *Heerbrand*, S. Th. Pr.
162. Anastasius *Demler*, J. U. D. 1564.
163. Leonhard. *Fuchs*, M. D.

164.

164. M. Johannes *Mendlinus*, Philoſ. 1565.
165. *D.* Theodor. *Snepffius*, S. Th. Pr.
166. Chilianus *Vogler*, J. U. *D.* & Pr. 1566.
167. Jacobus *Schecкius*, M. *D.*
168. *D.* Jacob. *Cappelbeck*, 1567.
169. Valentinus *Volcius*, J. V. D. & Prof.
170. D. Jacob. *Heerbrandus*, S. Th. Pr. 1568.
171. D. Anaſtaſius *Demler*, JCt.
172. Joh. *Hochmann*, V. J. D. 1569.
173. Theodoricus *Snepfius*, S. Th. D.
174. Chilianus *Vogler*, V. J. D. 1570.
175. Jacob. *Scheckius*, M. D.
176. Jacob. *Cappelbeck*, J. V. D. 1571.
177. Valentinus *Volcius*, J. V. D.
178. Jacobus *Heerbrand*, S. Th. D. 1572.
179. Anaſtaſius *Demler*, J. V. D.
180. Johannes *Viſcher*, Med. D. & Pr. 1573.
181. Illuſtriſſimus Princeps FRIEDERICUS, Dux Wurt.
182. Johannes *Hochmannus*, V. J. D. 1574.
183. Theodoricus *Snepfius*, S. Th. D.
184. Chilianus *Vogler*, J. V. D. 1575.
185. Georg. *Hamberger*, Med. D. & Pr.
186. Anaſtaſius *Demler*, J. V. D. 1576.
187. D. Valentinus *Volcius*.
188. Jacobus *Heerbrand*, S. Th. D. 1577.
189. Jacobus *Cappelbeck*, JCt.
190. Johannes *Viſcher*, M. D. 1578.
191. D. Nicolaus *Varenbüler*, JCt.
192. Johannes *Hochmann*, J. V. D. 1579.
193. Chilianus *Vogler*, J. V. D.
194. Georgius *Hamberger*, M. D. 1580.

195. Anastasius *Demmler*, J. V. D.
196. Theodoricus *Snepffius*, S. Th. D. 1581.
197. Jacobus *Heerbrand*, S. Th. D.
198. Johannes *Vischer*, M. D. 1582.
199. Johannes *Hochmann*, V. J. D.
200. D. Anastasius *Demmler*, JCt. 1583.
201. Theodoricus *Snepffius*, D. Theol.
202. Illustr. Comes de Tubingen & Dominus in Lichteneck CUNRADUS, 1584.
Pro-Rector D. Theodoricus *Snepffius*.
203. Georgius *Hamberger*, Med. D.
204. Jacobus *Heerbrand*, Theol. D. 1585.
205. D. Andreas *Laubmajer*, JCt.
206. Andreas *Planerus*, Med. D. 1586.
207. Jacobus *Heerbrand*, Theol. *D.*
208. *D.* Johannes *Hochmann*, JCt. 1587.
209. Georgius *Hamberger*, Med. *D.*
210. M. Georgius *Liebler*, Physic. Profess. 1588.
211. *D.* Matth. *Enzlinus*, JCt.
212. *D.* Andreas *Laubmajer*, JCt. 1589.
213. Andreas *Planer*, Med. *D.*
214. *D.* Johannes *Hochmann*, JCt. 1590.
215. *D.* Georg. *Hamberger*, Medicus.
216. *D.* Matthæus *Enzlin*, JCt. 1591.
217. *D.* Stephanus *Gerlachius*, Theol.
218. *D.* Daniel *Mögling*, Medicus. 1592.
219. *D.* Johannes *Hochmannus*, JCt.
220. *D.* Johannes *Halbritter*, JCt. 1593.
221. *D.* Georgius *Hamberger*, Med.
222. *D.* Andreas *Planer*, Med. 1594.
223. *D.* Andreas *Laubmajer*, JCtus.
224. *D.* Johannes *Hochmann*, JCt. 1595.

225. *D.* Matthias *Hasenreffer*, Theol. 1595.
226. Illustrissimus Princeps ac *D*ominus, *Domi*nus IOANNES FRI*D*ERICUS, *Dux* Wurtemberg. & Teccens. Comes Montispeligardi, *D*ominus in Heidenheim, Pro-Rector erat, *D. D*aniel *Mögling*, 1596.
227. Illustrissimus Princeps ac *D*ominus, *Domi*nus AUGUSTUS, *J*unior, *D*ux Brunsuicensium & Luneburgensium, &c.
228. Johannes *Halbritter*, *J.* V. *D.* 1597.
229. Stephanus *Gerlachius*, S. Th. *D.*
230. *J*oannes *Hochmannus*, *J.* V. *D.* 1598.
231. Georgius *Hamberger*, Med. *D.*
232. *J*oannes *Harpprechtus*, *J.* V. *D.* 1599.
233. Illustrissimus Princeps ac *D*ominus, *Domi*nus AUGUSTUS, Comes Palatinus Rheni, *D*ux Bojorum, Comes Veldentianus, & Sponheim.
234. Matthias *Hasenreffer*, S. Th. *D.* 1600.
235. *D*avid *Magirus*, *J.* V. *D.*
236. Andreas *Planer*, Phil. & Med. *D.* 1601.
237. *J*oannes *Halbritter*, *J.* V. *D.*
238. *D*aniel *Mögling*, Med. D. 1602.
239. Johannes *Hochmannus*, U. J. D.
240. *J*oannes *Harpprechtus*, U. *J.* D. 1603.
241. Matthias *Hasenreffer*, SS. Th. D.
242. David *Magirus*, U. *J.* D. 1604.
243. M. Georgius *Burckardus*, Prof. Logicus, Pædagogarcha.
244. Heinricus *Bocer*, U. *J.* D. 1605.
246. Stephanus *Gerlachius*, SS. Th. D.
247. *J*oannes *Halbritter*, *J.* V. D. 1606.

248. Iohannes Georgius *Sigwartus*, S. Th. D. 1606.
249. David *Magirus*, I. U. D. 1607.
250. Sebastianus *Bloss*, Med. D.
251. Andreas *Bajer*, I. U. D. 1608.
252. Matthias *Hafenreffer*, SS. Th. D.
253. Ioh. Valentinus *Neuffer*, I. U. D. 1609.
254. Iohannes *Harpprecht*, I. U. *D*.
255. Iohann. Georg. *Sigwartus*, S. Th. *D*. A. 1610.
Sub hujus Rectura ob Pestilentiam Tubingæ grassantem (quæ absumsit 2400. homines) dissipata est Academia Calvam & Herrenbergam. 1610.
256. Iohannes *Fabri*, M. *D*.
257. *David Magirus*, I. U. *D*. 1611.
258. Heinricus *Bocer*, I. U. *D*.
259. Andreas *Bajer*, I. U. *D*. 1612.
260. Michael *Ziegler*, Med. *D*. Physicus.
261. Iohannes *Halbritter*, I. U. *D*. 1613.
262. Matthias *Hafenreffer*, S. Th. *D*.
263. Christophorus *Besoldus*, I. U. *D*. 1614.
264. Iohannes Iacobus *Haug*, Med. *D*.
265. Iohannes Georgius *Sigwart*, S. Th. *D*. 1615.
266. Henricus *Bocer*, I. U. *D*.
267. Andreas *Bajer*, I. U. D. 1616.
268. Iohannes *Fabri*, Med. D.
269. Iohannes *Halbritter*, I. U. *D*. 1617.
270. Christophorus *Besoldus*, I. U. *D*.
271. Iohannes Georgius *Sigwart*, S. Th. *D*. 1618.
† Rector. M. 5. Octob.
272. Andreas *Bajer*, I. U. *D*.
273. Heinricus *Bocer*, U. I. *D*. 1619.
274. Iohannes *Halbritter*, U. I. *D*.

275. Theodorus *Thumm*, S. Th. D. 1620.
276. Christophorus *Besoldus*, U. I. D.
277. Andreas *Baier*, U. I. D. 1621.
278. Iohannes Ludov. *Mögling*, Medicus.
279. Heinricus *Bocerus*, Iur. D. & Prof. 1622.
280. Iohannes *Halbritter*, Iur. D. & Prof.
281. Andreas *Baier*, Iur. D. & Prof. 1623.
282. Iohannes Ulricus *Pregizer*, S. Th. D. & Prof.
283. Christophorus *Besoldus*, U. I. D. & Pr. 1624.
284. Theodorus *Thummius*, Th. D.
285. Iohannes *Halbritterus*, U. I. D. & Prof. 1625.
286. Heinricus *Bocerus*, U. I. D. & Prof.
287. David *Magirus*, I. U. D. 1626.
288. Andreas *Bajer*, Iur. D. & Prof.
289. Iohann Ulricus *Pregizer*, S. Th. D. & Pr. 1627.
290. Iohannes *Harpprechtus*, U. I. D. & Prof.
291. Christophorus *Besoldus*, U. I. D. & Pr. 1628.
292. Theodorus *Thummius*, S. Th. D.
293. Andreas *Bajer*, U. I. D. & PP. 1629.
294. David *Magirus*, U. I. D. & Prof.
295. Conradus *Cellarius*, Physices Prof. 1630.
296. Iohannes Ulricus *Pregizer*, S. Th. D. & Pr. O.
297. Andreas *Bajer*, U. I. D. & Prof. 1631.
298. David *Magirus*, U. I. D. PP.
299. Christophorus *Besold*, U. I. D. & Prof. 1632.
300. Melchior *Nicolai*, S. Th. D.
301. Iohannes *Harpprecht*, U. I. D. & Prof. 1633.
302. Iohannes *Gerhardus*, M. D.
303. Conradus *Cellarius*, Phys. Prof. 1634.
304. Christoph. *Besoldus*, U. I. D. & Prof.
305. David *Magirus*, I. U. D. & Prof. 1635.

† Rect. 1635. 13. Ian.

306.

306. Joh. Ulricus *Pregizer*, S. Th. D. & P. 1635.
307. Johannes *Harpprecht*, Senior. 1636.
308. Martinus *Neuffer*, Pr. Jur.
309. Joh. Ulricus *Rümmelin*, Pr. Jur. 1637.
310. Johannes *Gerhardus*, Med. D. & Pr.
311. Johannes Martinus *Rauscherus*, Pr. Eloq. & Histor. 1638.
312. Joh. Ulricus *Pregizer*, S. Th. D. & Pr.
313. Johannes Ulricus *Rümelin*, Jur Prof. 1639.
314. Carolus *Bardili*, Med. D. & Prof.
315. Johannes *Geilfusius*, P. P. 1640.
316. Joh. Ulricus *Pregizer*, SS. Th. D. & Prof.
317. Johannes *Gerhardus*, Med. D. & Prof. 1641.
318. Joachimus *Wiebelius*, J. U. D. & Prof.
319. Joh. Ulricus *Pregizer*, S. Th. D. & P. 1642.
320. Johann Ulricus *Rümelin*, Jur. D. &. Prof.
321. Wolffg. Gualtherus *Gruberus*, Jur. P. 1643.
322. Carolus *Bardili*, Med. D. & Prof.
323. Joh. Ulricus *Pregizer*, S. Th. D. & P. 1644.
324. Joh. Martinus *Rauscherus*, P. P.
325. Joachimus *Wiebelius*, J. U. D. 1645.
326. Wolffg. Gualtherus *Gruber*, J. U. D. & P.
327. Joh. Ulricus *Pregizer*, S. Th D. &. P. 1646.
328. Johannes *Gerhardus*, Med. D. & Prof.
329. Henricus *Schmidius*, Prof. Græcus. 1647.
330. Joachimus *Wiebelius*, J. U. D. & Prof.
331. Johannes *Geilfusius*, P. P. 1648.
332. Joh. Ulricus *Pregizer*, S. Th. D. & Pr.
333. Joachimus *Wiebelius*, J. U. D. & Pr. 1649.
334. Johannes *Gerhardus*, Med. D. & Pr.
335. Wolffgangus Gualtherus *Gruber*, J. U. D. & Prof. 1650.

336. Johannes Ulricus *Pregizer*, S. Th. Lic. & Moral. Prof. 1650.
337. Henricus *Schmidius*, Gr. Ling. Pr. 1651.
338. Joachimus *Wiebelius*, J. U. D.
339. Ser. Dn. JOHANNES FRIDERICUS, Dux Würtembergiæ & Tecciæ. 1652.
340. Johannes *Wurmserus*, J. U. D. & Pr.
341. Samuel *Hafenrefferus*, Med. D. & Pr. 1653.
342. Wolffg. Adam *Lauterbachius*, J. U. D. & P.
343. Tobias *Wagnerus*, S. Th. D. & Prof. 1654.
344. Johannes *Gravius*, J. U. D. & Pr.
345. M. Paulus *Biberstein*, Græcæ Ling. Pr. 1655.
346. Wolffg. Adam *Lauterbachius*, J. U. D. & P.
347. Josephus *Demmler*, S. Th. D. & Prof. 1656.
348. Samuel *Hafenreffer*, Med. D & Pr.
349. Joh. Ulricus *Pregizer*, S. Th. Lic. & Philos. Moral. Prof. 1657.
350. Johannes *Grave*, J. U. D. & Pr.
351. Wolffg. Ad. *Lauterbach*, J. U. D. & P. 1658.
352. Josephus *Demmler*, S. Th. D. & Pr.
353. Balthasar *Raith*, S. Th. D. & Pr. 1659.
354. Samuel *Hafenreffer*, Med. D. & Pr.
355. Joh. Ulricus *Pregizer*, S. Th. Lic. & Prof. Philos. Practic. 1660.
356. Wolffg. Adam *Lauterbach*, J. U. D. & Pr.
357. Johannes *Grave*, J. U. D. & Pr. 1661.
358. Balthasar *Raith*, S. Th. D. & Pr.
359. Johannes Conradus *Brotbeckius*, Med. Dr. & Prof 1662.
360. Johann Adam *Osiander*, S. Th. D. & Pr.
361. Burckhardus *Bardili*, J. U. D. & Prof. 1663.
362. Wolffg. Adam *Lauterbach*, J. U. D. & Pr.

363.

363. Georg. Balth. *Metzger*, Med. D. & P. 1664.
364. Ericus *Mauritius*, J. U. D. & Pr.
365 Johannes *Grave*, J. U. D. & Pr. 1665.
366. Johannes Andreas *Fromannus*, Instit. Jur. Pr.
367. Balthasar *Raith*, S. Th. D. & Pr. 1666.
368. Joh. Ulrich *Pregizer*, S. Th. Lic. & Prof. Phil. Pract.
369. Sereniss. Princeps Dn. Dominus WILHELMUS LUDOVICUS, Dux Würtembergiæ. 1667.
370 Pro-Rector, D. W. A. *Lauterbach*.
371. Burckhardus *Bardili*, J. U. D. & Pr.
372. Joh. Adam. *Osiander*, S. Th. D. & Pr. 1668.
373. Joh. Conradus *Brotbeck*, Med. D. & Pr.
374. Johannes *Grave*, J. U. D. & Pr. 1669.
375. Georg Balthasar *Metzger*, Med. D. & Pr.
376. Wolffg. Adamus *Lauterbach*, J. U. D. & Pr. 1670.
377. Balthasar *Raith*, S. Th. D. & Pr.
378. Joh. Andr. *Frommann*, J. U. D. P. P. 1671.
379. Burckhardus *Bardili*, J. U. D. & Pr.
380. Joh. Adam. *Osiander*, S. Th. D. & Pr. 1672.
381. Johannes *Grave*, J. U. D. & Pr.
382. Georg. Balth. *Metzger*, Med. D. & P. 1673.
383. Wolffg. Adamus *Lauterbach*, J. U. D. & Pr
384. Balthasar *Raith*, S. Th. D. & Pr. 1674.
385. Serenissimus ac Celsissimus Princeps ac Dn. Dn. CAROLUS MAXIMILIANUS Dux Würtemb &c. Rector Magnificentissimus.
386 Pro-Rector Joh. Andreas *Frommann*, J. U. D. & Prof. Instit.
387. Serenissimus ac Celsissimus Princeps ac Dn. Dn. GEORGIUS FRIDERICUS, Dux Würtemb.

temb. & Tecc. Rector Magnificentissimus. 1675.

388. Pro Rector, Burckhardus *Bardili*, J. U. D. & Pand. P. P.

389. Serenissimus ac Celsissimus Princeps ac Dn. Dn. LUDOVICUS, Dux Würtemb. ac Tecc. &c. Rector Magnificentissimus.

390. Pro-Rector Joh. *Grave*, J. U. D. & P. P.

391. Continuavit Rectoratum Magnificentissimum, Serenissimus, Idem ac Celsissimus Princeps ac Dn. Dn. LUDOVICUS, Dux Wurtemberg. & Tecc. &c. 1676. & 1677.

392. Cujus Pro-Rector per hoc temporis spatium fuit Joh. Adamus *Osiander*, S. Th. D. & Pr.

Man besehe von diesen Fürstlichen Rectoraten Tubingam Alt. Jubilæo felicem pag. 20. biß 57.

393. Georg Balth. *Metzger*, Med. D. & P. 1678.

394. Balthasar *Raith*, S. Th. D. & P. P.

395. Joh. Andr. *Frommann*, J. U. D. & P. P. 1679.

396. Elias Rudolphus *Camerarius*, Med. D & Pr.

397. Joh. Ludwig *Mögling*, Med. D. & P. 1680.

398. Burckhardus *Bardili*, J. U. D. & Pr.

399 Johannes *Grave*, J. U. D. & Pr. 1681.

400. Georgius Henricus *Keller*, S. Th. D. & P. P.

401. Johann Adamus *Kurrer*, J. U. D. & P. 1682.

402. Balthasar *M tzger*, Med. D. & Pr.

403. Ferdin. Christoph *Harpprecht*, J. U. D. & Prof. Publ. 1683.

404. Benedict *Hopffer*, Moral. Pr. P. Mense Januario pie defunctus, Pro-Rectoratum postea gerente prædicto Dn. Ferdinando Christophoro *Harpprechto*.

405. Michael *Müller*, S. Th. D. & P. P. 1684.

406. Serenissimus ac Celsissimus Princeps ac Dn. Dn. JOHANNES FRIDERICUS. Dux Würtemb. & Tecc. Rector Magnificentissimus.
407. Pro-Rector, D. Joh. Andr. *Frommann.*
408. Gabriel *Schweder*, J. U. D. &. P. P. 1685.
409. Elias Rudolph. *Camerarius*, Med. D. & P. P.
410. Burckhardus *Bardili*, J. U. D. & P. P. 1686.
411. Johannes *Grave*, J. U. D. &. P. P.
412. Georg Henr. *Keller*, S. Th. D. &. P. P. 1687.
413. Joh. Adamus *Kurrer*, J. U. D. & P. P.
414. Joh. Ludovicus *Mögling*, Med. D. & P. 1688.
415. Ferdin. Christophorus *Harpprecht*, J. U. D. & P. P.
416. Michael *Müller*, S. Th. D. & P. P. 1689.
417. Joh. Andr. *Frommann*, J. U. D. & P. P. qui Rect. Magnif. die 7. Febr. pie obdormivit, Pro-Rectoratum gerente Dno. Michaele *Müllero.*
418. Burckhardus *Bardili*, J. U. D. & P. P. 1690.
419. Johann Wolffgang. *Jager*, Metaphys. P. & Magister Domus.
420. Gabriel *Schweder*, J. U. D. & P. P. 1691.
421. Elias Rudolph. *Camerarius*, Med. D. &. P. P.
422. Johannes *Zeller*, Med. D. & P. P. 1692.
423. Johannes *Osiander*, Græc. Ling. Prof. & Magister Domus.
424. Georg. Henr. *Keller*, S. Th. D. & P. P. 1693.
425. Ferdin. Christophor. *Harpprecht*, J. U. D. & P. P.
426. Michael *Müller*, S. Th. D. & P. P. 1694.
427. David *Scheinemann*, J. U. D. & Moral. P. P.
428. Michael *Graff*, J. U. D. & P. P. 1695.
429. Gabriel *Schweder*, J. U. D. & P. P.

430. Rudolphus Jacobus *Camerarius*, Med. D. & P. P. 1696.
431. Georg. Henricus *Keller*, S. Th. D. & P. P.
432. Ferdin. Christophorus *Harpprecht*, J. U. D. & P. P. 1697.
433. Ernest. Theophilus *Majer*, Crusianus J. U. D. & P. P.
434. Matthæus *Hiller*, Hebr. & Græc. Ling. P. P. 1698.
435. Michael *Müller*, S. Th. D. & P. P.
436. Michael *Förtsch*, S. Th. D. & P. P. 1699.
437. Gabriel *Schweder*, J. U. D. & P. P.
438. Rector Magnificentissimus Sereniss. Princeps ac Dominus D. HENRICUS FRIDERICUS, Dux Würtemb. & Tecciæ 1700.
439. Pro-Rector David *Scheinemann*, J. U. D. & P. P.
440. Andreas Adamus *Hochstetter*, S. Th. Extraord. Moral. Ord. P. P.
441. Johannes *Zeller*, Med. D. & P. P. 1701.
442. Michael *Graff*, J. U. D. & P. P.
443. Ferdin. Christophorus *Harpprecht*, J. U. D. & P. P. 1702.
444. Christophorus *Reuchlin*, S. Th. D. & P. P.
445. Rudolphus Jacobus *Camerarius*, Med. D. & P. P. 1703.
446. Ernest. Theophilus *Majer*, Crusianus J. U. D. & P. P.
447. Michael *Förtsch*, S. Th. D. & P. P. 1704.
448. Joh. Andr. *Frommann*, J. U. D. & P. P.
449. Joh. Eberhard *Rösler*, Moral P. Ord. 1705.
450. Gabriel *Schweder*, J. U. D. & P. P.

451. Joh. Christophorus *Pfaff*, S. Th. D. & P. P. 1706.
452. Joh. Conrad. *Klemmius*, P. Logic. & Met.
453. Michael *Graff*, J. U. D. & P. P. 1707.
454. Ferd. Christoph. *Harpprecht*, J. U. D. & P. P.
455. D. Andr. Adamus *Hochstetter*, 1708.
456. Ernest. Theophilus *Majer*, Crusianus J. U. D. & P. P.
457. Rudolphus Jacob. *Camerarius*, Med. D. & P. P. 1709.
458. Gabriel *Schweder*, J. U. D. & P. P.
459. Johannes Conradus *Creiling*, Physices & Matthes. P. P. 1710.
460. Joh Christoph. *Pfaffius*, Th. D.
461. Michael *Graff*, J. U. D. & P. P. 1711.
462. Joh. Christian *Neu*, P. Eloq. & Histor.
463. Ferdin. Christophorus *Harpprecht*, J. U. D. & P. P. 1712.
464. Joh. Conrad. *Klemm*, Th. D. & P. P.
465. Godofredus *Hoffmann*, Met. & Logic. P. P. 1713.
466. Elias *Camerarius*, Med. D. & P. P.
477. Ernest. Theophilus *Majer*, Crusianus J. U. D. & P. P. 1714.
468. Gabriel *Schweder*, J. U. D. & P. P
469. Joh. Eberh. *Rösler*, Phil. Pract. Pr. 1715.
470. Joh. Christoph. *Pfaffius*, S. Th. D. & Pr.
471. Rudolphus Jacobus *Camerarius*, Med. D. & Prof. 1716.
472. Andreas Adamus *Hochstetter*, S. Th. D. & Prof. Ord.
473. Michael *Graff*, J. U. D. & Pr. Ord. 1717.

474. Jacob. David *Mögling*, J. U. D. & *Pr*. Ord.
475. Joh. Conradus *Creiling*, *Phys*. & Mathemat. *Pr*. Ord. 1718.
476. Ernestus Gottlieb *Majer*, J. U. D. & *P*. Ord.
477. Elias *Camerarius*, Med. D. & P. Ord. 1719.
478. Joh. Rudolphus *Osiander*, Græcæ & Orient. Ling. Prof. Ord.
479. Christophorus Matthæus *Pfaffius*, S. Th. D. & Prof. Ord. 1720.
480. Gabriel *Schweder*, J. U. D. & Pr. Ord.
481. Christian *Hagmajer*, *Philosophiæ primæ & Rationalis Prof*. Ord. 1721.
482. Michael *Graff*, J. U. D. & Pr. Ord.
483. Godofredus *Hoffmann*, S. Th. D. & *P*. Ord. 1722.
484. Joh. Eberhardus *Rösler*, *Phil*. Pract. P. Ord.
485. Ernestus Gottlieb *Majer*, J. U. D. & *P*. Ord. 1723.
486. Gabriel *Schweder*, J. U. D. & *Pr*. Ord.
487. Joh. Rudolphus *Osiander*, S. Th. D. & *Prof*. Ord. 1724.
488. Alexander *Camerarius*, Med. D. & *Pr*. Ord.
489. Joh. Conradus *Creiling*, Physices & Math. Prof. Ord. 1725.
490. Michael *Graff*, J. U. D. & *Pr*. Ord.
491. Joh. Christian *Klemm*, Græcæ & Orientalium Ling. *Prof*. Ord. 1726.
492. Ernest. Gottlieb *Majer*, J. U. D. & P. Ord.
493. Christian Eberh. *Weismann*, S. Th. D. & *Pr*. Ord. 1727.
494. Michael *Graff*, J. U. D. & *Pr*. Ord.
495. Joh. Michael *Hallwachs*, Historiar. Eloq. & Poës. *Prof*. Ord. 1728.

496. Gabriel *Schweder*, J. U. D. & Pr. Ord.
497. Alexand. *Camerarius*; Med. D. & P. O. 1729.
498. Wolffg. Adamus *Schœpff*, J. U. D. & *Pr.* Ord.
499. Joh. Conradus *Creiling*, Physic. & Mathem. Prof. Ord. 1730.
500. Michael *Graff*, J. U. D. & *Pr.* Ord.
501. Christian Eberhardus *Weismann*, S. Th. D. & Prof. Ord. 1731.
502. Joh. Theodor. *Scheffer*, J. U. D. & *Pr.* Ord.
503. Rector Magnificentissimus, Sereniss. & Celsiss. Princ. CARL CHRISTIAN ERDMANN, Dux Würtembergiæ & Oelsæ &c. 1732.
Pro-Rector Joh. Theodorus *Scheffer*, J. U. D.
504. Continuavit Rector Magnificentissimum Idem Princeps CARL CHRISTIAN ERDMANN, Dux Würtemb. & Oelsæ &c.
Pro-Rector Dan. *Maichel*, S. Th. D. Phil. pr. & R. O.
505. Continuavit Rector. Magnif. Idem Princeps CARL CHRISTIAN ERDMANN, D. W. Oelsæ.
Pro. Rect. Christ. *Hagmajer*, S. Th. D. & P. O. 1733.
506. Joh. Jacob *Helfferich*, J. U. D. P. *P.* Ord.
507. Georgius Bernhardus *Bülffinger*, S. Th. P. P. Ord. 1734.
508. Christ. Fried. *Harpprecht*, J. U. D. & *P.*
509. Joh. Christian *Klemm*, LL. OO. P. P. & Th. D. 1735.
510. Burckard. Davides *Mauchart*, Med. & Chir. ac Anat. D. & P. Ord. Consi. & Archiat.
511. Joh. Jacob *Helfferich*, J. U. D. *P.* P. O. 1736.
512. Christian Eberh. *Weismann*, S. Th. D. & P. O.
513. Joh. Frid. *Mögling*, J. U. D. & P. Ord. 1737.
514. Joh. Michael *Hallwachs*. Mor. & Hist. *P.* O.

515. Joh. Christian *Hagmajer*, S. Th. D. & *P. P.* Ord. 1738.

516. Wolffg. Adam. *Schœpff*, J. U. D. & *P. P.* O.

517. Israel Gottlieb *Canz*, Phil. *P. P.* Ord. 1739.

518. Christ. Frid. *Harpprecht*, J. U. D. & P. Ord.

519. Iohannes *Baccmeister*, Med. *P.* P. O. 1740.

520. Daniel *Maichel*, Th. D. Phil. R. P. Ord.

521. Wolffg. Ad. *Schœpff*, J. U. D. & *P.* O. 1741.

522. Daniel *Hoffmann*, Med. D. & P. Ord.

523. Joh. Jac. *Helfferich*, J. U. D. & *P.* P. O. 1742.

524. Burckard David *Mauchart*, Med. Chirur. & Anat. D. & *P. P.* Ord. Consiliarius Würtemb. & Archiat.

Observatio XXII.

Series Cancellariorum Tubingensium & Præpositorum Ecclesiæ ab Anno 1477. usque ad 1742.

Iohannes *Teegen*, Artium Mag. Præpositus Ecclesiæ, Collegiatæ B. V. M. & S. Martyris Georgii atque Cancellarius Apostolicus.

Iohannes *Vergenhans*, seu *Nauclerus*, Decretorum Doctor.

Ambrosius *Widmann*, Decretorum Doctor ab 1510. biß 1560.

Iohannes *Schürer*, alii *Schnizer* s. *Scheurer*. Vice-Cancellarius vivo Widmanno, 1538. sed post ea iterum dimissus.

Iacobus *Beurlinus*, S. Theol. D. post Reformationem primus Cancellarius Evangelicus. Obiit Parisiis 1561. 28. Oct. Ætat. 41.

Iacobus

Iacobus *Andreæ*, S. Th. D. atque Prof. Canc. & P. 1562. biß 1590. mort. 1590. 7. Ian. æt. 67.

Iacobus *Heerbrand*, S. Th. D. & Prof. C. & P. 1590. mort. 1600. 22. Maji. Æt. 80.

Stephanus *Gerlachius*, S. Th. D. & Prof. Pro-Cancellarius ab 1599. biß 1605. Postea iterum Decanus Ecclesiæ. Mortuus 1612. 30. Ian. æt. 65.

Andreas *Osiander*, S. Th. D. & Prof. Cancellarius atque Præpositus ab Anno 1605. 19. Mart. biß 1617. 21. April. Mortuus æt. 55.

Matthias *Hafenreffer*, S. Th. D. & Prof. Cancellarius atque Præpositus ab Anno 1617. biß 1619. 22. Oct. mort. apoplex.

Lucas *Osiander*, S. Th. D. & Prof. Cancell. & Præpositus ab Anno 1620. biß 1638. 10. Aug. mort. Æt. 68.

Melchior *Nicolai*, S. Th. D. & Prof. Pro-Cancellarius & Superintendens Stip. Theol. tempore quo Iesuitæ ædes & officium Cancellariatus occupabant, ab Anno 1638. biß 1651.

Iohannes Ulricus *Pregizer*, S. Th. D. & Prof. Cancellarius atque Præpositus 1652. biß 1656. mortuus 10. April. 1656. antea 1651. Pro-Cancellarius.

Tobias *Wagner*, S. Th. D. & Prof. Cancellarius & Præpositus. 1662. biß 1680. mort. 1680. 12. Aug. Æt. 82. antea 1657. biß 1662.
Pro-Cancellarius & Superatt. Stip. Theol.

Iohannes Adamus *Osiander*, S. Th. D. & Prof. Cancellarius atque Præpositus ab Anno 1680. biß 1697. mort. 26. Oct. 1697. Æt. 75.

Michael *Müller*, S. Th. D. & Prof. Cancellarius,

non

non Præpositus, qui Kellerus fuit, ab Anno 1698. biß 1702. 26. Mart. mort. æt. 63.

Iohannes Wolffgangus *Jæger*, S. Th. D. & Prof. Cancellarius atque Præpositus. ab Anno 1703. biß 1720. mort. 1720. 3. April.

Christophorus Matthæus *Pfaff*, S. Th. D. & Prof. Primarius, & Abb. Laureacensis, Cancellarius atque Præpositus. ab Anno 1720. biß jetzo.

Observatio XXIII.

Man träget billich auch Verlangen bey einer Universität zu erfahren, was für lehrende Persohnen darauff gewesen seyen, welche die Künsten und Wissenschafften profitiret haben, und von welchen eine Republique und Kirche gute und nutzliche Leute empfangen haben? Gewiß wo die Seminaria wohl bestellet werden, da kommen fruchtbare Pflantzen hervor. Hier lehrt nun auch die Erfahrung, daß die Tübingische Universität allezeit gute Professores gehabt habe, welche biß noch jetzo, grössesten theils ihren Ruhm behalten. Dahero man Siebendens auch die Successionem deren Professorum von allen Facultäten, welche in Tübingen dociret haben, bemercket. Wie ich nicht zweiffle, es werde dem geneigten Leser diese Arbeit nicht mißfällig seyn: Also glaube, daß sie auch nicht werde ohne allen Nutzen seyn. Folget demnach:

Successio Theologorum Professorum Tubingensium ab incunabilis Academiæ ab Anno 1477. biß 1742.

Ehe ich aber hier die Succession deren Professorum in Tübingen in Ordnung zu erzehlen anfange, muß

muß ich dieses zum voraus melden, daß mich fast nicht habe entschliessen können, diese mühsame Arbeit anzugreiffen, weilen mir gar zu viel darzu mangelte; Und besonders Ihro Hochwürden Herr Joh. Christian *Klemm* S. Th. D. und Pr. P. O. auch Superint. Stipendii Theol. dieses zu thun einen Anfang gemacht hatte, auch einiges darvon zu colligiren bemühet gewesen ist, so Er mir gütigst zu guter Beyhülffe und Nutzen communiciret hat. Allein da auch hier eines dem andern die Hand bothe, und ich mich nicht in die Vitas selbsten, selbige zu beschreiben einlassen wollte, als welches zu viel von meinem Vorhaben abgienge, sondern nur die Namen in Ordnung zu bringen in Sinn nahme, so bemühete ich mich die Sache in nähere Ordnung zu bringen. Einige Specimina aber von der vorgehabten Arbeit Herrn Dr. Klemmen kan der Leser ersehen in seinen zweyen Programmatibus, welche Er als Professor LL. OO. & Græcæ Ordinarius 1728. bey einem Baccalaureat und Magisterio, de Serie Professorum Linguæ Hebraicæ in Academia Tubingensi den 18. April und de Serie Professorum Linguæ Græcæ 9. Maj. gemein gemacht hatte, und welche in Mosers Erläutertem Würtemberg, jenes P. I. p. 119. seqq. und dieses P. II. p. 1. seqq. mögen gelesen werden. Darbey billich zu wünschen ist, daß Ihme die überhäuffte wichtigere Geschäffte so viel Zeit überig liessen, daß Er die Arbeit zum Nutzen der Universität aufs neue übernehmen, und zu Ende bringen könnte, darzu wir Ihme den Willen, Zeit und Gesundheit wünschen. Ich muß mich in meine Umstände richten, und mir genügen lassen, daß nur die Succession und Seriem der Professorum habe zum Stand bringen

gen können, daran vielleicht eines und anderes möchte ausgesetzet werden, welches aber nicht mir, sondern dem ungebahnten Weeg, den ich habe gehen müssen, zu zuschreiben ist. Ich habe auch dasjenige von Subsidiis annotirt, daraus man die Vitas beschreiben mag, was ich habe auftreiben können, und überlasse das übrige eigenem Fleiß. Doch habe zur Probe bey einigen etwas beygefügt, welches dem Leser nicht mißfallen wird.

Was insbesondere die Theologische Facultät angehet, so ist biß nach dem Tod des gewesenen Cantzlers Widmanns schwer eine ordentliche Succession ohne Exception heraus zu bringen, besonders weilen die Decretorum Doctores auch offt Theologiam dociret haben, und man also dann und wann nicht weißt, ob sie zu den Theologis oder Jurium Professoribus mehrers zu rechnen seyen?

Es bezeugen es die Annales Academici, da es ad Annum 1484. also heißt: Quod ad frequentes in Theologia Lectiones seu, potius multigenos & distinctos ea in Facultate Professores attinet, sciendum est, eos antiquitus partim sorte, partim electione ad Libros legendos & Exercitia fuisse deputatos, unde numerus eorum auctus est. Und ad Annum 1486. wird gelesen: Qui apud Majores nostros ad Gradum Theologicum aspirabant, prius Eruditionis suæ Specimen exhibituri, materiam Disputationis in Magistro Sententiarum legebant. Nonnunquam tot accedebant, qui à Facultate Theologica legendi potestatem petebant, ut locus pene & hora docendi non essent, & alternatim quidam legere cogerentur. Ich hoffe aber dennoch, ich werde in meiner hier vorgestellten Ordnung nicht weit von dem rechten Weg abgegangen seyn, auch wird die fernere Untersuchung die

Sache

Sache desto gewisser und sicherer machen. Es folgen demnach die Theologi also auf einander in ihrer Ordnung.

Johannes *Teegen*, (aliis *Tægen*) Artium Magister, Præpositus Ecclesiæ Collegiatæ, Beatissimæ Virginis Mariæ & S. Martyris Georgii, atque Cancellarius Apostolicus Academiæ Tubingensis.

Johannes *à Lapide* s. *Lapidanus* s. *von Stein*, Art. Mag. S. Theol. D. atque Ecclesiæ Collegiatæ S. V. Mariæ & SS. Georgii & Martini Rector & Plebanus. Vid. de eo *Panthaleonem* & *Moserum* de X. Theologis. pag. 19. sqq. Rector Magnificus 1478. adde Menkenium.

Christianus *Wollmann*, Art. Mag. S. Th. D. & Profess. in Theol. Ordinarius, inscripsit 1478. Rector 1480.

Helias *Flick* de Isna Constantiensis, Art. Mag. S. Theol. D. & Prof. Ord. inscripsit 1478. Rector 1481.

Cunradus *Summenhard* (aliis *Summerhard*) Calvensis (NB. von Sommenhard bey Calw,) Litem de Anno natali 1465. & 1467. ego non composuerim? Denatus peste in Monasterio Schuterensi 1511. 3. Nov. Art. Mag. & Prof. postea S. Th. D. & Prof. inscripsit 1478. Tubingæ. vid. Crus. P. III. L. X. C. I. p. 174. edit. lat. p. 541. conf. Moseri Vit. p. 35. sqq. Rector 1484. 1496. 1500. adde Freherum P. I. p. 99. Melch. Adamum. p. 12. sq. Refertur a quibusdam inter testes veritatis, quem Staupicius sæpius ingeminantem audiverat: quis me miserum tandem liberabit ab ista rixosa Theologia. adde. Pantaleon. P. III. p. 41. Vir fuit pius

& eruditus, dictus Gymnasii Tubingensis Decus, Theologiæ Monarcha, & Phœnix Doctorum. &c.

Cunradus *Bömlin*, Art. M. & Decanus Eccles. Collegiatæ, & Th. Prof. Rector Magn. 1484.

Gabriel *Biel*, Art. Mag. Theol. Licent. & Prof. Ord. etiam Præpositus Ecclesiæ Uracensis. Conf. Moseri Vit. p. 21. sqq. Rector 1485. obiit Tubingæ 1495. adde Freheri Theatrum. P. I. Sect. III. p. 95. Lexica Buddeanum, Hoffmannianum, Basileense, Menckenianum. Er halff die Universität anordnen.

Von diesem *Biel* wollen wir ein Specimen von der angefangenen Arbeit Hrn. Dr. Klemmen geben, wie er folgendes darvon aufgezeichnet, aber noch nicht ins Reine gebracht hatte.

Gabriel BIEL SS. Theol. Lic. ejusque Professor Ordinarius. Natus is est Spiræ Sec. XV. quo præcise anno ignoramus. Primam provinciam obiit apud Moguntinos, ubi in Ecclesia metropolitana S. Martini Sacerdotem & Prædicatorem Ordinarium egit. Postea apud nos & Uraci Ecclesiæ Collegiatæ fuit præpositus & cum EBERHARDUS hancce Academiam constitueret, quoniam apud eum gratia & autoritate plurimum valebat, ad eam plantandam fuit adhibitus. Qua de re antiquam hanc notam profert CRUSIUS A. 1477. Ist die hohe Schul zu Tubingen durch Graff EBERHARD den Bartmann gestifft und durch Gabriel Bihel einen Kapplins Münch gepflanzt. Nec abludit PANTHALEON, Gabriel Biel, inquit, Vir in divinis Scripturis eruditus & in humanioribus literis doctissimus fuit. Cum itaque ejus tempore A. Christi 1476. (1477.) EBERHARDUS Comes Inclytus Wirtembergensis Tubingæ Academiam fundasset atque multis Privilegiis ornasset, Gabriel ille inter primos Professores ibidem extitit atque sua eruditione eandem plurimum illustravit. Fuit itaque apud Comitem illum in magna existimatione. Scripsit is inter alia in Canonem Missæ, atque in Passionem Domini cum aliis. Cum autem longo tempore sacras literas ipsamque Philosophiam magno Auditorum con-

concursu professus esset atque tandem ordinem eorum, qui se fratres in communi viventes appellant, suscepisset, vitam cum morte commutavit. Hæc PANTHALEON. In eandem sententiam scribit TRITHEMIUS eum ab initio Tubingensi præfuisse Gymnasio, multumque apud EBERHARDUM potuisse, quem CAVEUS & alii sequuntur. Quare etiam laudatissimo huic EBERHARDO una cum Ludovico Nauclero Cancellario, Petro Arlunensi & Joh. Reuchlino in itinere MCCCCLXXVIII. Romam suscepto comes fuit. A. MCCCCLXXXIV. Rectore Conrado BOEMLINO, modo allato, albo nostro nomen dedit atque Rempublicam hanc bis MCCCCLXXXVI. & MCCCCLXXXIX. administravit. In Cœnobio Einsiedelensi S. S. Petri aqud Eremitas dicti noviterque erecti Canonicum egit. Quare de eo NAUCLERUS hæc habet: Superiori tempestate Tubingæ Gabriel Biel fuit ex Canonicis Schönbacensib. Theologus vita & literis clarus, cujus monumenta passim hodie leguntur multa edita studio Viri boni Wandalini Steinbach Theloogi Tubingensis. Adjungamus brevem Morerii relationem: Gabriel Biel, dicit, Alemand, a ète en estime dans le XV. Siecle. Il ètoit natif de Spire ou comme les autres disent de Tubinge, (in quo tamen falluntur) dans le Duchè de Wirtemberg où il prât le Bonnet de Docteur (quod denuo falsum) & il y enseigna même avec beaucoup de reputation la Theologie dans l' Universitè, que le Duc Eberard y fonda l'an 1477. Il vecut en communautè parmi les Clercs Reguliers elits de la vie commune fondez par Gerard le Grand, & il est estimè par sa Science & par sa pietè. Possemus plura id genus ejus elogia proferre. In inscriptione Operis sui de Missa dicitur Sacræ Theologiæ Licentiatus istius ætatis profundissimus, passim ab Autoribus GESSNERO, MIDDENDORPIO, FREHERO aliisque præsertim iis, quos citabimus appellatur doctissimus & celebratissimus. Tanta in orbe Pontificio ejus erat autoritas, ut vel in ipso Concilio Tridentino teste Pallavicino Cardinale ejus sententiarum habita fuerit ratio. Imo ipse Lutherus ejus scripta commendasse legitur, præsertim quod simplici stylo & compendiosa tractandi ratione sua expediat, quodque Occami, Celeberrimi Minoritæ sententiis potissimum innitatur, cujus acumen Thomæ & Scoto Megalander præferebat. Autor Schediasmatis de Gabriel Biel celeberr. Papistæ Antipapistæ in eo laudat ingenium, sinceritatem & modestiam, sed culpat fervidum Viri subtilis studium determinatas in Ecclesia Pontificia hypotheses fictis rationibus & defendendi & confirmandi. Nihilominus inter testes veritatis, quæ ipsi ante motas controversias vel inscio sæpe excidit, haud infimum meretur locum, quem etiam laudatus modo autor in pluribus materiis ei tribuit, v. gr. quod asseruerit, Concilia Oecumenica esse supra Papam, pro Vicario Christi tanquam pro homine errare patente, verba sunt ipsius, esse orandum, non Petrum sed Petram in Evangelio Christi designari, longe alios mores aliasque pompas videri in successoribus, quam in Petro, solum DEum justificare, peccata dimittendo, solum beatificare Vitam æternam conferendo, certum posse confitentem esse, quod non ponat obicem atque se consequi gratiam & peccatorum remissionem, pacis præsidium nos nostris meritis impetrare non posse, nec præsumere, quoniam nostræ justitiæ ante DEum tanquam pannus menstruatæ, cum dicatur præmium dari propter meritum, propter esse notam consecutionis & non causalem secundum Petrum Lombardum, circumcisionem in remedium contra originale peccatum & actuale institutum esse, plura esse Sacrificia quam septem in orbe Pontificio, characterem indelebilem esse ponendum, nec rationem necessariam, nec evidentem autoritatem probare, contritionem solam, si fuerit perfecta, sine aliis v. gr. satisfactione ad pœnitentiam sufficere, peccatum remitti perfecte absque satisfactione formaliter pœnali: communionem sub utraque specie de se non illicitam, quoniam olim in quibusdam Ecclesiis fuerit consueta, & passionem Christi perfectius significari per utrasque species panis & vini, quam per alteram tantum nec admixtionem aquæ cum vino in calice de Sacramenti necessitate requiri, nostram oblationem non esse reiterationem Christi oblationis sed repræsentationem, & plures omnino theses veritatis, quas ex Scholastici hujus scriptis possemus elicere, si res esse tanti, hujusque loci, allegare, integrum esset. Uti jam etiam inter veritatis testes refertur à WOLFFIO, quia statuerit, quomodo sit corpus Christi in pane? non inveniri expressum in Canone Scripturæ à STRATEMANNO, quod cultum imaginum rejecerit, à MOLINÆO, quod pontificis indulgentias animabus purgatorii non prodesse crediderit, quanquam hoc iterum retractaverit, quæ ejus fuit timiditas, merito improbanda. Spiritum tandem grandævus DEo tradidit MCCCCXCV. exeuntium Sacramento munitus, uti loquitur STEINBACHIUS ejus Collega. Est in Ducali nostro Stipendio cathedra, quam Bielis fuisse nescio quo fundamento est traditio. Scripta Viri sunt, quibus innotuit. Lectura super Canone Missæ in alma Universitate Tubingensi ordinarie

narie lecta, seu Canonis Missæ tam mystica, quam literalis Expositio, constans Lectionibus LXXXIX. Tubingæ 1499. f. Basileæ 1515. f. quæ editiones nobis erant ad manus. & alibi sæpius. Sermones de festivitatibus Christi Moguntiæ prædicati. 4. Sermones de Testis S. Mariæ. 4. Sermones Dominicales de tempore & de Sanctis. 1499. f. Basileæ 1519. Brixiæ 1583. 4. Sermones Medicinales tempore pestis. Defensorium contra æmulos suos de obedientia sedis Apostolicæ. Sermo de Historia Dominicæ passionis, qui sermones & separatim & conjunctim Basileæ 1519. editi prostant, ut adeo de editione sermonum medicinalium præter rem dubitet Cl. Bielius. Collectorium sive Epithomen in Magistri Sententiarum Libros quatuor Tubingæ 1501. 2. T. in F. cum supplemento in 4. Librum Brixiæ 1574. 4. 3. Vol. & alibi. Supplementum separatim in XXVII. Distinctiones ultimas per Wendelinum Steinbach Tubingæ. 1520. f. Epitome Expositionis sive Compendiaria elucidatio Canonis Missæ ex grandiori opere Gabrielis Bielii Coloniæ 1532. 8. De monetarum potestate & utilitate Noribergæ 1542. 4. & alibi. Præmissa in cubiculo, cujus libri meminit TRITHEMIUS, Collectorium autem & Commentaria in Magistrum pro eodem habemus. Conferri possunt Trithemius fol. 164. Possevinus, Labbeus, Miræus, Bellarminus de Scriptoribus Ecclesiast. Quenstettius de patriis Illustr. Virorum, Caveus, Gesnerus, pag. 265. Acta Jubilæi II. Buddeus in Lex. Univ. voce Biel, Freherus, Besoldus de jure Academiarum p. 167. Magnif. D. Pfaffius de Actis Scriptisque Würtemb. D. Weismannus Histor. Eccles. T. 1. p. 1020. Moserus p. 21. sqq. Pantaleon P. II. p. 553.

Petrus *Kompsim*, seu *Arlunensis* S. Th. D. & Præpositus Eccles. S. Guidonis Spirensis inscripsit 1483. Vid. Moser. Vit. pag. 41. sqq. Rector 1486.

Johannes *Hiller*, Art. M. & S. S. Th. Baccalaureus. Dornstettensis. Rector. 1488.

Wendelinus *Steinbach*, Butzbaco-Wetteravus, S. Th. D. & Professor atque Confessionarius Ducis Eberhardi Barbati. Biele Doctore usus est. Initium fecit 1486. Lectionum publicarum, cum Summenhardo, Hillero, Plantschio, An. 1487. Licentiam petiit. Anno 1489. præsente & expen-

 sante

sante Comite Eberhardo, aliisque diversarum Universitatum & Facultatum Prælatis, Doctoribus, Comitibus, Baronibus atque Nobilibus Mitram accepit. Ultra 1518. vixit. Dicitur Vir eximius, bonus, Tubingensis Gymnasii lumen, sanctus &c. Rector 1490. 1494. 1499. 1507. 1511. 1515. Conf. Moserum pag. 43. sqq.

Martinus *Plantschius*, Art. M. S. Theol. Doct. Dornstettensis, Ecclesiæ Plebanus per 37. Annos Mortuus An. 1533. 18. Jul. Conf. Moseri Vit. pag. 47. sqq. Fundator Stipendii Martiniani. Rector 1489. Erat inter primos Studiosos Academiæ 1477. Interfuit Colloquio Tigurino Anno 1523. Sein Epitaphium ist in dem Stipendio Martiniano, unten an der Wand bey der Thür in dem Hof angemacht, und hat mitten einen Kelch. Conf. Pantaleonem P. III. pag 264.

Jacobus *Lempius*, Steinheimensis, Art. M. & S. Th. & Decret. Doct. Rector 1494. 1506. 1510. 1514. 1517. 1521. 1525. 1526. 1528. Antea Artium Professor. Mortuus 1532. Rector Magnif. Genuinus Discipulus Summerhardti. Egit caussam Reuchlini Moguntiæ 1513. Dicitur ab Irenico θεολογότατος & utriusque Theologiæ Censor. Apud Majum in Vita Reuchlini Generalis Studii Tubingensis Gymnasiarcha, & primarius Regens in Theologia. Conf. Vit. Melancht. apud Adamum pag. 329.

In Annalibus hæc ad annum 1516. Mens. Mart. annotantur. Hoc anno componunt, Jacobus Lempius, S. Th. D. & Jur. Canon. D. Andreas Rumpis, & ipse Theol. D. Cunrad Ehinger, & Bartholom. Cleber, & ipsi Th. D. D. Universitatem

tem Tubingensem & Hospitale Kirchheimense pro primo, cum Casparo, Pastore Neckershusano pro secundo, in controversia Decimarum.

Andreas *Rumpis*, de Gyslingen, Art. M. & Th. Doct. Rector 1495.

Andreas *Gaislinger*, Prof. Th. Rector. 1495.

Paulus *Scriptoris*, Vid. Moseri Vit. pag. 60. sq. Sepultus in Monasterio Keysersbergensi, 1504. conf. *Flacium* in Catalogo Testium p. 563.

M. *Simon Leonis*, de Biel: *S.* Th. Baccalaureus formatus. Rector 1498.

Petrus *Brunus*, Kirchheimensis. Præpositus S. Petri in Sylva nat. 1443. mort. 1553. 8. Febr. Nonaginarius, Vid. *Moseri* Vit. pag. 68. sq. *Fischlini S*upplement. p. 21. Rector 1503. 1508. 1513. 1518. 1522. 1526. 1528. 1532. 1534.

Renhartus *Gaiser*, S. Th. Prof. & D. Rector 1504.

Sigismundus *Epp*, ex Binnicken. S. Th. Doct. & Pr. Rector 1504. Ordinis Heremit. S. Augustini.

Gallus *Müller*, Firstenbergensis, aliis Rotenburgensis S. Th. *D.* & Pr. Ord. & Pastor Tubing. Rector 1516. 1519. 1524. 1527. 1529. 1532. Mortuus Rector Magnif.

M. Johannes *Vesenmaier*, (secundum Annales Academicos) nach dem Crusio Vehenmajer, von Donsdorff. Eccles. Colleg. (al. Diaconus) Decanus. Rector 1501.

Johannes *Armbruster*, S. Th. Lic.

Balthasar *Kayffelin*, alias *Kefflen*, *Köffelin*, Wildbergensis, *S.* Th. *D.* natus sub finem Seculi XV. mortuus 1559. 4. Oct. Conf. Moseri Vit. p. 70. sq. Fischlini Supplem. p. 22. Rector 1520. 1525.

 1527.

1527. 1530. 1533. 1535. 1536. 1539. 1541. 1542. 1548. 1550. 1552. Accepit Interim, & missam Pontificiam iterum frequentavit, magno offendiculo Ecclesiæ, quem secuti sunt, Sichardus, Vollandus, Brastbergerus, JCti, Ruckerus Medicus, Garbitius, Philosophus &c. tandem rude donatus à Christophoro Duce, post 40. Annos Professionis.

Tempore Reformationis & post Reformationem.

Paulus Constantinus *Phrygio*, Seelestadio-Alsatus; Germanice, Seidenstücker (vulgò der Costantzer) S. Theol. Prof. receptus 1536. Fer. Lucæ. † 1543. Calend. August. & in Templo S. Georgiano sepultus. Conf. *Fischlin* Memor. Theolog. Würt. P. I. p. 12. sq. Rector 1537. adde *Freberum* P. I. p. 115. sq. Lexica *Budd. Basil.* & *Mencken. Pantaleon.* P. III. p. 195. Melch. *Adamum* p. 97. sq.

Ambrosius *Blaurerus*, Constantiensis, Ab Ulrico Duce vocatus est 1535. in Helvetia mortuus 1567. æt. 75. Conf. *Fischlin.* P. I. p. 18. sqq. *Pantaleonem* P. III. p. 210. *Freberum* p. 213. Lexicon *Iselini Basil.* & *Budd.* Melch. *Adamum* in Vit. Theol. Germ. p. 413.

Dr. Simon *Grynæus*, Verigensis, aliis Famigensis Suevus, Prof. Theol. per biennium. Peste obiit Basileæ, unde 1534. evocatus fuerat & quo redierat Anno 1541. Conf. *Freberi* Theatr. V. Erud. P. II. pag. 1446. adde Dictionar. Gallic. *Belii* T. II. p. 611. edit. Brandmüll. Lexic. Basil. *Iselini* T. II. Voc. Grynæus. Univ. *Hoffmann* in T. II. pag. 426. Edit. Lugd. *Pantaleonem* P. III. p. 217. J. Fr. *Reimmanni* Einleit. in H. Lit. Germ. Contin. L. II. Sect. III. qu. 110. pag. 297. sq.

Johan-

Johannes *Brentius*, Senior, Wielensis, tandem Præpositus Stuttgardiensis, Emendator Academiæ per Annum, denique Visitator. Conf. *Fischlin*. P. I. p. 23. sqq. nat. 1499. 30. Jun. † 1570. Sept. Stuttgard. Diese zwey Verse beschreiben ihne:

Brentius Antistes Sacrorum, Assecla Lutheri,
Consiliis Dexter: Colloquiisque fuit.

und des *Boissardi*:

Ardor eras raræ Brenti pietatis, & illum
Ardorem incendit Relligionis Amor.

Conf. Jacobi *Heerbrandi*, S. Th. D. & Prof. Orat. Funebr. de Vita & Morte Joh. Brentii. Tub. 1570. Frid. Jac. *Beyschlagii* Versuch einer vollständigen Lebens-Beschreibung Joh. Brentii Part. I. Halle in Schwaben, 4. 1734. Johannis Justi von Einem Leben und Schrifften Johannis Brentii. 8. Magd. und Leipz. 1733. Den Ersten Theil des Testaments Joh. Brentii, betreffend seine Confession. Tübing. 1570. 4. D. Pauli *Freberi* Theatr. Viror. Eruditor. P. I. p. 220. sq. adde Lexicon *Iselini* T. I. p. 612. & Supplem. T. I. p. 550. in hac Voce Brentius. Conf. *Budd.* Menck. *Hoffmann*. *Caroli* Würt. Unschuld. P. III. c. 1. p. 111. sqq. *Pantaleonem* P. III. p. 281. M. *Adamum*, p. 436. usque 455.

Erhardus *Snepffius*, Heilbronnensis, abiit Jenam, propter Interim expulsus. Vid. *Fischlin*. P. I. p. 8. sqq. Successor Phrygionis, S. Th. D. & Prof. & Parochus Tubingensis. nat. 1495. 1. Nov. mortuus Jenæ 1558. 1. Nov. die Natali. Conf. *Freberi* Theatr. Vir. Erud. P. I. Sect. III. p. 177. Rector 1544. adde *Menckeni*. gel. Lex. *Pantaleonem* P. III. p. 236. Melch. Adamum, p. 320. sqq. D. Weismanni Intr. in H. E. T. II. Sec. XVI. §. 42. p. 119. sq.

Martinus *Frechtius*, Ulmensis, post multas persecutiones ab Ulrico Duce Theologiæ Professor & Ephorus in Stipendio Illustri Theologico constitutus est, mortuus & in templo S. Georgiano 1556. sepultus. Vid. *Freheri* Theatr. Vir. Erudit. P. I. pag. 171. *Fischlini* Memor. Th. P. I. p. 42. sq. *Crusium* Ann. P. III. L. XI. c. 25. p. 27. Rector 1555. adde *Pantaleonem* P. III. p. 250. M. Adamum. p. 300. sq.

Petrus Paulus *Vergerius*, Episcopus Justinopolitanus. denat. 1565. 4. Octobr. Tubing. Dieser gehöret in diese Zeit 1555. ob er schon nicht offentlich docirt hatte, so wird er doch unter die Theologos in Tübingen gerechnet. Vid. Supplem. Memor. Th. Fischlini pag. 113. sqq. adde Freheri Theatr. Vir. Erud. P. I. p. 206. P. Bælium in Dictionar. Tom. IV. p. 431. sqq. Edit. Brandmüller. Lexicon Basil. Iselini T. IV. p. 743. Caroli Würt. Unschuld. pag. 279. sq. Legavit vineam Stipendio Theologico, quæ 1742. in agrum mutata est. add. Crusium P. III. L. XII. c. 11. p. 311. ed. lat. p. 725. M. Adamum vit. Theoll. Exterorum. p. 116. sqq. D. Weism. Introd. T. II. Sec. XVI. §. 41. p. 115. sq.

Jacobus *Beurlinus*, Dornstettensis, S. Th. D. & Prof. 1550. tandem Cancellarius & Præpositus, natus 1520. non 1522. uti habet Fischlinus. Peste correptus Lutetiæ Parisiorum. 1561. 28. Oct. mortuus est. Conf. Fischlin. P. I. p. 82. sqq. adde Pregizeri Sueviam & Wirt. Sacram. Supplem. p. 173. sqq. adde Freherum p. 189. Crusium, Buddeum, Iselinum, Menckenium, Thuanum, Pantaleonem P. III. pag. 414. Oration. & Concion. funebrem Dr. Snepffii. M. Adamum p. 364. sq. Rector 1553. 1555. 1557.

Jaco-

Jacobus *Andreæ*, S. Theol. D. & Cancellarius, 1562. Waiblingensis, nat. 1528. 25. Mart. mort. 1590. 7. Jan. Conf. Fischlin. P. I. p. 95. sq. Orat. Funebr. Jac. Heerbrandi, S. Th. D. & Prof. de Vita ejus & obitu. Tub. 1590. It. Orat. Funebr. Antonii Varenbüleri, Abbatis Hirsaugiensis. Tub. 1590. Welche beede von seinem Nepote D. Joh. Val. Andreæ in die Famam Andreanam reflorescentem sind eingetragen p. 220. sqq. adde Freheri Theatr. Vir. Erud. P. I. Sect. III. p. 277. Lexicon Basileense Iselini T. I. p. 174. Supplem. T. I. p. 215. Erhardi Cellii Imagines. Hoffmanni Lexic. in Voce Jacobus T. II. p. 570. Andr. David Caroli Würtemb. Unschuld. P. III. c. 2. p. 129. biß 384. Cruſ. P. III. L. XII. c. 37. p. 382. sq. ed. lat. p. 828. sq. Pantaleonem P. III. p. 496. M. Adamum p. 636. - 660. D. Weismanni Introd. in H. E. T. II. Secul. XVI. p. 119. sq.

Theodoricus *Snepffius*, Wimpinensis, S. Th. D. & Profess. Ordin. 1. Febr. 1557. nat. 1525. mort. 1586. Conf Fischlin. *P.* I. pag. 89. sq. & Orat. Funebr. M. Erhardi Cellii Poët. *P. P.* 1587. typis Alexandri Hockii 1587. & Conc. Funebr. Jacobi Andreæ D. & Cancellarii. Freheri Theatr. Vir. Erud. P. I. Sect. III. p. 266. Erh. Cellii Imagines. Rector 1561. 1565. 1569. 1574. 1581. 1583. Conf. Hoffmanni Lex. in Voce Theodoricus. T. IV. p. 414. Menck. G. L. M. Adamum pag. 578. usque 591. Vices quoque Cancellarii Andreæ absentis egit. 1580. in actu Doctorali.

Jacobus *Heerbrandus*, Giengensis, S. Th. D. & Cancellarius Tubingensis, nat. Giengæ, A. 1521.

12. Au-

12. August. denat. 1600. 22. Maj. Conf. Fischlin. P. I. p. 70. sqq. Orat. Funebr. Erhard. Cellii & ejus Imagines. Conc. Funebr. Matthiæ Hafenrefferi ex Hebr. XIII. 7. adde Freheri Theatr. Vir. Erud. P. I. Sect. III. p. 311. Lexic. Basil. Iselini T. II. pag. 697. Rector 1559. 1563. 1568. 1572. 1577. 1581. 1586. 1588. Hatte 1598. seine Aemter niedergelegt, und genosse ein Annuum Stipendium. Conf. Pantaleonem P. III. p. 451. M. Adamum p. 668. biß 681.

Michael *Schæfer*, Petri Cellensis, nat. 1573. den. 1609. ut Concionator Aulicus & Consistorialis, qui factus fuit 1606. Antea 1601. Prof. Th. quartus & Stipendii Superintendens. Conf. Fischlin. P. II. p. 57. sq. Vid. Præfat. Acropoli Christianæ Relig. Schæferi præfixam, Tub. 1607. in oct. Er hatte bey der Gemeine als Abend-Prediger die Valet-Predigt 1606. wegen Unpäßligkeit nicht ablegen können, und kame hernach heraus: Christliche Treuhertzige Erinnerung an statt einer Valet- oder Letzen-Predigt, aus dem XI. Cap. Matth. an eine Hochlöbl. Gemein zu Tübingen. Tüb. 1606. Welche Cancellarius, D. Andreas Osiander hatte mit einer Præfation trucken lassen. In Annalibus vocatur: Philosophus egregius, Theologus divinus, quem ingrato Mundo Deus maturius subtraxit, peste 1609. Stuttgardii, ubi Concionator Aulicus (zelo ardens) & Consiliarius Ecclesiasticus Ducis Würt. erat. Primum Diaconus Marpacensis.

Joh. *Brentius*, Junior, Hala Suevus, S. Th. D. & Prof. 1561. per 30. Annos, postea Abbas Hirsaugiensis, nat. An. 1539. 6. Aug. sepultus 1596. 31. Jan. Conf. Fischlin. P. I. p. 178. sqq. & Oration. Funebr. Erhardi Cellii 1597. & Ej. Imagines. Adde de Concionem funebr. habit. in Es. LVII. 1. 2. (al. 56.) per Johannem Esthoferum, Special. Calvensem. Tub. 1598. Freherum p. 298.

Stephanus *Gerlachius*, Knittlingensis, S. Th. D. & Prof. per 35. annos & per aliquot annos Pro-Cancellarius, postea iterum Decanus Tubing. nat. 1546. denat. 1612. 30. Jan. Conf. Fischlin. P. I. p. 202. sqq. Erhardi Cellii Imagines. Successor Snepffii. 1586. Rector 1591. 1597. 1605. Adde Theophili Spizelii Templum Honoris reseratum, August. Vindel. 1673. pag. 25. sqq. Freherum p. 364. sq. Iselini Lex. Bas. Menckenii Gel. Lex. Concionem funebr. ad 2 Reg. II. v. 1 - 14. & Orat. fun. Dr. Hafenrefferi. M. Adamum pag. 813. sqq. D. Weismanni Introd. in H. E. T. II. Sec. XVI. p. 1123. sq.

Andreas *Osiander*, Blabyrensis S. Th. D. Cancellarius & Præpositus Tubingensis Ann. 1605. nat. 1562. 27. Mart. Blabyr. den. 1617. 21. April. sep. 22. April. Conf. Fischlin. P. II. pag. 1. sq. & Concion. Funebr. habit. per Matthiam Hafenreffer. S. Th. D. in Gen. L. 25. cui utrumque Programma funebre annexum, bey Dieterich Werlin. Adde ejusd. Hafenrefferi Orat. quoque funebr. hab. 13. Jun. 1617. Melchior Adami Vitas Theol. p. 860. sqq. Freheri Theatr. Vir. Erud. p. 391. Antea Concionator Aulicus, postea Abbas Adelbergensis & Generalis Superintendens.

Albertus *Bauhofius*, 1606. Postea Abbas Hirsaugiensis, 1630. à Monachis pulsus.

Joh. Georgius *Sigwart*, Wennendensis, S. Th. D. & Professor & Superatt. Stipi. & Decanus Tubing.

bing. nat. 1554. 16. Oct. den. 1618. 5. Oct. als Rect. M. æt. 64. Conf. Fischlin. P. I. pag. 319. sq. Erhardi Cellii Imagines. Rector 1606. 1610. 1618. Adde Freherum p. 398. Menckenii G. L. A. Caroli Memorabilia Eccles. T. I. p. 449. & alibi. Præcipue legi merentur Concio funebris hab. per Th. Thummium S. Th. Doct. Prof. & Past. Eccles. in 2 Tim. IV. 7. 8. cui duplex Programma funebre annexum, & Oratio fun. hab. per Matth. Hafenrefferum, Cancellarium 1619. 27. Jan. Diaconus Tub. 1584. An. 1587. Pastor Eccles. Tubing. & in Dioec. Tub. SuperInt. Specialis, S. Theol. Prof. Ordin. Successor Doct. Theodorici Snepfii, per 31. annos 1617. Decanus Eccl. & Superint. Stipendii.

Matthias *Hafenreffer*, Lorchensis, S. Th. D. & Cancellar. nat. 1561. den. 1619. 22. Octobr. Confer. Fischlin. P. II. p. 8. sq. Programma funebre Collegii Illustris 1619. 24. Octob. Orat. Funebr. Thomæ Lansii s. Amicitiæ Monumentum. Tub. 15. April. 1620. Tub. typ. Eberhardi Wildii. & in Mantissa Consultation. oct. pag. 540. sq. add. Freheri Theatr. Vir. Erud. p. 400. sq. & Erhardi Cellii Imagines. Rector. 1595. 1600. 1603. 1608. 1613. Besonders Henningi Witteni Memorias Theolog. Decad. II. welcher p. 147. sqq. Lansii Orat. Funebrem eingerucket hat. It. Th. Spizelii Templ. Honor. p. 53. sqq. A. Caroli Memorabilia Eccles. T. I. p. 476. Iselinum, Buddeum & Menckenium in Lexicis. Dr. Weismanni Introd. in H. E. T. II. Secul. XVII. p. 1126.

Joh. Henricus *Hiemer*, Unter-Ensingensis, S. Th.

S. Th. D. & Profess. quartus, ac Stipendii Theologici Superintendens, postea Abbas Anhusanus. nat. 1573. denat. 1621. 14. Jan. ibid. Conf. Fischlin. Part. II. pag. 60. sq.

Lucas *Osiander*, Stuttgardiensis, S. Th. D. & Cancellarius Tubingensis ab Anno 1620. biß 1638. nat. 1571. 6. Maj. denat. 1638. 10. Aug. Conf. Fischlin. P. II. p. 44. sq. Oration. Funebr. Melchioris Nicolai, D. Th. & Prof. atque Stipendii Th. Superint. Tub. typ. Philib. Brunnii 1638. adde M. G. Cunr. Maicleri, Diac. Schornd. Panegyricum de Vita & Obitu Lucæ Osiandri S. Th. D. Patris. 1606. Tub. conf. A. Caroli Memor. Eccl. T. I. p. 920. & passim. A. D. Caroli Würtemb. Unschuld P. III. c. 6. p. 410. seqq. Dr. Weismanni Introd. in H. E. T. II. Sec. XVII. p. 1126.

Johannes Ulricus *Pregizer*, Custerdingensis, nat. 1577. 29. Mart. den. 1656. 10. April. Prof. Th. atque Past. Tubingensis, & ejusdem ac Vicinarum Eccles. Superintendens. Cancellarius 1652. antea Diaconus Tubingensis, Decanus Calvensis. Damahlen hatten die Jesuiten das Cancellariat-Hauß innen von 1638. biß 1651. und cessirte das Cancellariat und Probstey, auch prætendirten die Jesuiten durch ein offentliches Programma das Jus Magistros und Baccalaureos zu machen. Conf. Fischlin. P. II. pag. 84. sq. add. Conc. Funebr. per Tobiam Wagnerum S. Th. D. & Pro-Cancellar. habit. in text. Luc. II. 29. Tubing. typ. Joh. Alexandr. Cellii, darbey das Programma Funebre 13. April. 1656. Rector 1623. 1627. 1630. 1635. 1638. 1640. 1642. 1644. 1646. 1648. 1650. add. Caroli Memorabilia Eccles. T. II. p. 135.

Theodorus

Theodorus *Thummius*, Hausa-Brackenheimensis, S.Th. D. & Pr. & Eccl. Decan. & Stip. Th.Super. &c. nat. 1586. 8. Nov. denat. 1630. 22. Oct. Conf. Fischlin P. II. pag, 138. sq. & Orat. Funebr. de Vita & Obitu Theodori Thummii habit. à Luca Osiandro, Cancellario Tubingensi, Tubingæ typis Theod. Werlini 1631, Rector 1620. 1624. 1628. adde A. Caroli Memor. Eccl. T. II. p. 740. & alibi. Freherum p. 588. Mencken Lex. A. D. Carol. *Wurtemb. Unschuld* P. III. c. 7. p. 423. sq. Domin. Cancellarii Pfaffii Orat. Dn. Weismanni Introd. in H. E. T. II. Sec. XVII. p. 1129.

Jacobus *Reyhingius*, Augustanus, nat. 1579. 6. Jan. Ex-Jesuita, Prof. Theol. & Superintend. Stipendii 1622. denat. 1628. 5. Maj. Conf. Orat. Funebr. habit. per Joh. Martinum Rauscherum Acad. Professor. 17. Cal. Dec. 1628. Tub. typis Theodorici Werlini. It. Freheri Theatr. Vir. Erudit. P. I. p. 431. Th. Spizelii Templ. Hon. p. 93. sq. Caroli Memoralia Eccles. T. II. pag. 697. & passim. Iselin. Lex. Bas. Menck. Gel. Lex.

Melchior *Nicolai*, Schorndorfensis, tandem Præpositus Stuttgardianus, nat. 1578. 4. Dec. den. 1659. 13. Aug. Prof. Theolog. Extraord. & Superintend. Stipendii 1618. postea Abbas Anhusanus 1620. Iterum Professor 1625. Abbas Laureacensis 1627. Abbas Adelbergensis & Generalis Superattend. 1629. Iterum ad Cathedram Prefessoriam rediit & 1631. Thummio in Decanatu & Profess. successit. Anno 1638. Pro-Cancellarius & Superintend. Stipendii Th. Anno 1650. Præpositus Stuttgardiensis. Conf. Fischlin. P. II. pag. 92. sq. Orat. Funebr. habit. à Cancel. Dr. Tobia Wagnero, Tub. fol. 1662. typis Joh. H.

Reisii

Reisii, Sumptibus J. G. Cottæ. Rector 1632. adde Th. Spizelii Templ. Honor. p. 244. sq. A. Caroli Memorab. Eccles. T. I. p. 621. 666. 876. 888. T. II. p. 206. sq. A. D. Caroli *Würtemb. Unschuld* P. III. c. 8. p. 427. sq. Freherum p. 614. Programma Funebre 1661. D. Weismanni Introd. in H, E. T. II. sec. XVII. pag. 1138.

Henricus *Schmidius*, Nürtingensis, S. Th. D. & Prof. Stipendii Theol. Ephor. nat. 1611. den. 1653. 23. Febr. Conf. Fischlin. P. II. p. 253. sq. & Orat. Funebr. habit. per Joh. Mart. Rauscherum Orat. Prof. Rector 1647. 1651. adde. A. Caroli Memorab. Eccles. T. II. p. 68. Confirmatus Th. Professor Ordinarius 1652. 2. Jan. Conf. Programma Funebre Propridie Cal. Mart. 1653.

Tobias *Wagner*, Heidenheimensis, S. Th. D. Cancellarius & Præpositus, nat 1598. 21. Febr. denat. 1680. 12. Aug. Conf. Fischlin. P. II. p. 187. sq. Concion. Funebr. ad Apoc. XIV. 15. habit. per Georg. Heinricum Keller. S. Th. D. & Pr. apud Joh. Heinr. Reuss. Rector 1654. adde A. Caroli Memorab. Eccles. T. II. p. 248. A. D. Caroli *Würtemb. Unschuld* P. III. c. 10. p. 469. sq. Programma Funebre 1680. Dom. X. p. Tr.

Ein Zeugniß seiner Arbeitsamkeit will ich von ihme selbsten nehmen: Dann so schreibt er in der Præfation seiner Epistel-Postill: Setzte also, aller für Augen schwebenden Beschwerlichkeiten ohnerachtet, im Nahmen GOttes die Feder an, und weilen ich zu andern meinen Beruffs-Geschäfften offtmahls nicht Tag genug hab, streckte ich die Nacht dran, war früh und spath, wann andere schlieffen, wachte

ich, ruheten, schaffte ich, assen und trancken, fa-
stete ich biß in die Nacht hinein, und ergrieff die zum
schreiben unæstimirliche Commoditæt des Lucubri-
rens, da kein Pedell weder in Senat, noch ins Collegium Decanorum, noch in die Examina der Candidaten, noch zu Abhörung der Rechnungen, noch
Licentias, Doctores & Magistros creandi, zu geben, mich absorderte; also auch kein Stund schlug
zu profitiren, zu disputiren, zu peroriren, kein
Glock litte Beicht zu hören, Predigen abzulegen;
noch einiger Student bald diß, bald ein anders begehrte; und also fortan von allen andern Berufs-
Avocamentis zu reden, deren keine die Feder stillt,
wann durch ein angezündetes Licht aus der Nacht
Tag wird gemacht, und die Meditationes Göttlichen Worts in der Stille mit Freud und Erquickung der Seele ungehindert lauffen &c.

Josephus *Demmlerus*, Thermiferinus. S. Th. D. & Pr. Ord. & Pastor, nat. 1603. den. 1659. 28. Nov. Conf Fischlin. *P.* II. pag. 207. sq. Orat. Funebr. hab. per D. Raithium. Rector 1656. 1658. adde A. Caroli Memorab. Eccl. T. II. p. 208. & Programma Funebre Cal. Dec. 1659.

Balthasar *Philgus*, Campidonensis S. Th. D. & Prof. Pastor Eccles. Tubing. & Vicinarum Superintendens, denat. 1653. 22. Maj. ætat. 52. Confer. ejus Programma, quo Respondente M. Georg. Henrico Kellero, Disputat. in Epistolam ad Galatas, ad obtinendum Gradum Doctoralem indixit. 1652. 18. Maj. S. Th. Prof. Extraord. & Stipendii. Superintendens. d. 28. Jul. 1652. wurde er Ordinarius, & in Senatum, Ducali jussu, recipirt.

Balthasar *Raithius*, Schorndorfensis S. Th. D. & Superintendens. Stipend. nat. 1616. 8. Oct. den. 1683. 30. Nov. sep. 5. Dec. Conf. Fischlin. P. II. pag. 266. sq. & Orat. Funebr. D. Ernesti Theophili Majeri, J. U. D. & Prof. & Concion. Funebr. hab. in Ps. 126. v. 5. 6. per Georg Heinric. Kellerum, S. Th. D. & Prof. Theol. Stipend. Superint. Rector 1659. 1661. 1666. 1670. 1674. 1678. adde A. Caroli Memorab. Eccl. T. II. L. 9. p. 323. Menckeni G. Lex Programma Funebre 1683. 5. Dec. 1680. immunis ab officiis factus Victalitium annuum accepit.

Joh. Adamus *Osiander*, Vayhingensis S. Th. D. Cancellarius & Præpositus Tubing. nat. 1622. 3. Dec. denat. 1697. 26. Oct. Conf. Fischlin. P. II. p. 285. sq. Orat. Funebr. D. Joh. Christoph. Pfaffii & Concion. Funebr. habit. per Andr. Ad. Hochstetterum Profess. & Diacon. Rector. 1662. 1668. 1672. 1677. adde A. Caroli Memorab. Eccles. T. II. p. 766. A. D. Caroli *Würtemb. Unschuld* P. III. c. 11. p. 501. sq. Iselin Lex. Basil. Budd. Lex. Mencken. G. Lex. Conf. Programma Cancellariatus 1681. Programma Funebre 1697. 28. Oct. Dr. Weismanni Introd. in H. E. T. II. Sec. XVII. p. 1159.

Christophorus *Wölfflin*, Kirchhemio-Teccensis, S. Th. D. & Prof. tandem Præpositus Stuttgardianus, & quidem ultimus. Natus 1625. 23. Dec. Den. 1688. 30. Oct. Antea 1651. Diaconus Uracensis, 1659. Diaconus Tubing. 1659. Pr. Græc. Ling. & Magister Domus Stipendii 1660. S. Th. D. & Prof. Extraord. ac Stipendii Th. Superintendens An. 1669. Concionator Aulicus, Successor Dr. Zelleri 1671.

Designatus Abbas Laureacensis 1680. Præpositus Ecclesiæ Stuttgardiensis.

Pater ipsius M. Georgius *Wölfflin*, Pastor Owens. cum 1634. post cladem Nördlingensem, Nürtingam fugam capessivisset, ab irruente milite Hispano in ipso templo, ictum fugiens per sacrarium, tandem in sede principis, gladio transfossus est; Biblia quoque, quæ in manibus habuerat, transfossa & sanguine ad 2. Tim. IV. 7. verba aspersa fuerunt, cujus sanguinis maculæ ad hodiernum usque diem ab hac Sede deleri nequeunt, perpetui tyrannidis Pontificiæ indices. Qui casus hisce versibus ab Eckardo descriptus fuit.

Quo fuga te duxit fugitivi terminus ævi
Hic, quanquam fovit spes meliora, fuit;
Nam postquam irrupit furiis accensa latronum;
Insontum nulli parcere sueta cohors:
In manibus fuerant, (sed dudum mente reposta)
Exilii fidus, Biblia sacra, Comes.
Et quantum omen inest? digitis, moribunde, notasti
(Pagina quod nobis sparsa cruore probat)
Tarsensis pugnam quam depugnaverat olim
Felicem, cujus justa Corona comes.
O fervens studium, si Biblia volvere sancta,
Ut proprio signes sanguine lineolas.

Cujus rei Dr. Wölfflinus memor, in Examinibus Theologicis Magistrorum & Pastorum sæpissime hac formula uti solebat, ut mihi ex relatione Paterna constat; Könnet ihr auch über eurem Amt und Glaubens-Lehre, Schwerdt, Galgen, und Raad leiden? Utinam Serpens, vulpes, & Leo hodie non plus nocerent! Confer. Fischlini Vit. Theol. W. P. II. p. 312. sq. Programma Doctorale 28. Jul. 1661.

1661. Andr. Caroli Memorab. Eccles. T. II. p. 467. sq. & Concion. Funebr. habit. per J. Laur. Schmidlinum Eccles. Cathedr. Antist. in Ps. XVII. 15. Dr. Weismanni Introd. in H. E. T. II. Sec. XVII. pag. 1151.

Georgius Henricus *Keller*, Hornbergensis, S. Th. D. & Prof. Ord. tandem Præposit. Tubing. & Abbas Alpirspacensis, nat. 1624. den. 1702. 1. Oct. ætat. 78. Factus An. 1670. Prof. Th. Extraord. & Superintend. Stipend. Th. Inferior, & Ecclesiastes Sabbathicus, vulgo, *Abend-Prediger* per 11. Annos. Postea An. 1681. Successor Dr. Raithii Theol. Prof. Ord. & Superintend. Superior per 18. Annos. Anno 1699. Præpositus Eccles. & Abbas Alpirspac. Rector 1681. 1687. Conf. Fischlin. P. II. pag. 300. sqq. & Concion. Funebr per Joh. Frid. Hochstetterum t. t. Diacon. Tub. & Orat. Funebr. habit. per. Andream Ad. Hochstetterum D. Add. Programma Prof. 1670. 6. Jul. & Doctorale 1671. 24. Oct. Funebre 1702. 5. Oct. Dr. Weismanni Introd. in Hist. Eccl. T. II. Sec. XVII. pag. 1160.

Joh. Antonius *Winter*, Tubingensis. S. Th. D. & Prof. Extraord. antea D. & Prof. Philosophiæ & Theol. Pontificius Publicus in Gallia & in Academia Herbipol. ab anno 1641. - 1661. qui tamen 1675. & spartam & Uxorem cum Liberis ad Pontificios Redux, deseruit: Natus 1612. Tub. Filius Antonii Winteri J. U. D. confer. Programma Revocatorium 1662. 12. Nov. & Professionale 1663. Dom. Reminiscere. Conf. A. Caroli Memorab. Eccl. T. II. L. VII. p. 299. & L. VIII. p. 98.

Diesen Brieff schickte dieser Dr. Antonius Winter, nach seinem Ruckfall zum Pabstum von Ulm zurück, von dessen ferneren Fatis ich aber nichts weiteres erfahren habe. Er ware also in Tübingen in der Lutherischen Kirche getaufft, von seinem Vatter Antonio Winter, gewesenen Hofgerichts-Assessore, und Professore in Illustr. Collegio, &c. in das Pabstum entführet, zur Lutherischen Religion wieder getretten, und von selbiger das zweyte mal abgefallen.

Magnifice Domine Pro-Rector.

Dignissime Domine Cancellarie, Viri plurimum Reverendi, Dignissimi, Amplissimi, Nobilissimi, Præcellentissimi, Experientissimi, Subtilissimi, Domini Fautores, Patronique honoratissimi.

Cum per Conscientiam ac eminentiorem vocationem diutius hic hærere non liceat, valedicturus utique tam Serenissimo Duci pro more, quam amplissimo Senatui, habita hanc in rem Oratione fuissem, nisi prævisa Meorum lamentatio obstitisset. Dura ab amantissimis prævignis jam dupliciter orphanis separatio! durius à longe charissima, in paucis honestissima, mihiqué tot annis perquam fidissima Conjuge divortium! Sed aut Deus aut mei deserendi. Scio charitatis hic parum, Stipendia ditioribus pinguiora cedere, unde publica civitati calamitas forte impendebit. Sed hoc ipsum nubes oculorum in sua causa cœcutientium, in Meis serenabit, si advertant se in honorificis congressibus negligi, postponi, deprimi: Tum enim verò pœnitudine serius ducentur, tantam se à tantis oblatam gratiam, nimio suæ sectæ amore neglexisse, cùm tàm Conjugi, quam liberis omnia affatim offerentur, si suam mecum exuerent religionem: Et forte ab aliis pressi mentem mutabunt, nam gratiæ porta nunquam non illis patebit, Egoque in illorum rem intentus ero. Gratias interim habeo quam maximas Serenissimo Duci, cujus beneficia humanis majora deprædicare verbis sat nusquam nunquam potero, Proximas Amplissimo Senatui refero, cujus Summus in me favor semper fuerat; Generosa enim mens privatorum ludicra negligit. Rogo autem præfatum Amplissimum Senatum, singulis meis tam optimæ Conjugi quam charissimis privignis patrocinari deinceps pergat. Licet autem filius ægre ad Martinianum rediturus Stipendium sit, non tamen committendum est, ut Matrem Salario nunc privandam (quæ suæ Religionis amore

pin-

pinguiorem recusavit fortunam) domi gravet. Favorem meretur & filia, cui matrimonium nobile, statuique conforme alibi cessisset, si Vitrici fides placuisset. Nil dubito, quin celeberrima Universitas preces interpositura sit, si Curator Bebenhusanus semestre mihi salarium ad Festum Simonis, & Judæ debitum nollet exsolvere. Tunc enim de jure debet 15. frumenti, 4. avenæ medimnos, unum ac dimidium siliginis, in ære vero 90. fl. Quod si per Injuriam hæc negarentur Sacram id Cæs. Maj. non lateret; Quum mihi sint homines, quibus indies ad Eam aditus patet.

Hisce me omnium favori, ipsos verò Universos divinæ protectioni quam commendatissimos exopto.

Datum Ulmæ Suev. 4. Nov. 1675.

Vestræ &c.

Humillimus servus.

Joh. Anthonius Winter.

P. S.

Rogo nullum deinceps Catholicum recipite; Nemo cui hæc religio intimè perspecta, seriò eam deponit. Nec ullus me scriptis lacessat, cùm enim non tantum fragilia status, sed & domesticas privatorum sordes apprime norim, nolite, obsecro servum vestrum, vestræ, suæque adeò amantem Patriæ, compellere, ut Lutulenta tam chari soli, vel invitus, fœtorem excitaturus moveat.

Tit.

Magnifico Domino Pro-Rectori, Dignissimo Domino Cancellario, Viris admodum Reverendis, Amplissimis, Nobilissimis, Experientissimis, Excellentissimis totique Amplissimo Celeberrimæ Universitatis, Senatui DD. Fautoribus ac Patronis perquam honoratissimis, &c.

Franco

recommendirt Dn. Dr. Lauterbach.

Sonsten sind von ihme in Tübingen gehaltene Disputationes bekannt. Seine eigene (so viel ich besitze,) sind VII. Stücke, contra Vitum Ebermannum, Jesuitam. I. II. III. De verbo Dei scripto. 1667. 1668. IV. De conditione primigenii textus, & de Jure in varias Linguas illum transferendi. 1669. V. De Perspicuitate Scripturæ Sacræ. 1670.

 VI. De

VI. De Variis Scripturæ Sensibus. 1670. VII. De Indice Controversiarum. 1672. Tub. Unter seinem Præsidio aber wurden von denen Autoribus defendirt. De Gratia conversionis von Georg Conrad Galli, Beverb. Franco. Tub. 1666. und Labyrinthus Romanus, hoc est Meritum & Dubitatio, quibus totius Papisticæ Religionis structura absolvitur, ab Autore Andrea Saarossio, Hungaro. 1669. Tub.

Georgius Henricus *Heberlin*. Stuttgardianus. Nat. 1644. 30. Sept. Den. 1699. 20. Aug. S. Theol. D. & Prof. Extr. & L. Hebr. Ord. Stipendii Theol. Superintendens & Concionator Subbaticus 1681. Postea 1692. 19. Febr. Consistorialis & Antistes Templi Cathedralis Stuttgardiani, atque Academiæ & Monasteriorum Visitator, & Abbas Alpirspacensis. Antea 1668. Diaconus Leomontanus, 1669. Canstadiensis, 1675. Stuttgardianus. conf. Fischlinum P. II. p. 371. A. Caroli Memor. Eccles. T. II. p. 846. A. D. Caroli Würt. Unschuld. P. III. c. 12. p. 507. sqq. D. Weismanni Introd. in H. E. T. II. Sec. XVII. p. 1161. Concion. Funebr. habit. in Act. XX. 25. sqq. per Ericum Weismannum, t. t. Special-Superint. und Spital-Prediger in Stuttgardt. adde Programma Doctorale 1682. 5. Febr.

Michael *Müller*, Campidonensis, S. Theol. D. Prof. & Cancellarius Tubingensis. Nat. 1639. 17. Oct. Den. 1702. 26. Mart. Anno 1682. Prof. Th. Ordinarius & Pastor Eccles. Tubing. Cancellarius constitutus 1698. Successor Osiandri, sed absque Præpositura, quæ D. Kellero emerito relicta fuit. Antea 1662. Diaconus Göppingensis, postea Diaconus

conus Stuttgardianus, porro Specialis Superint. Göpping. tandem 1682. Prof. Th. Ordin. conf. Fischlinum P. II. p. 343. sq. Programma Doctorale 3. Jun. 1683. Programma funebre concioni annexum habitæ per M. Joh. Frider. Hochstetterum t. t. Diac. Tub. tandem Abbat. Murhardensem in 1. Tim. I. 15. etiam Programma funebre uxoris Sibyllæ 1694. 10. Jan. D. Weismanni Introd. in H. E. T. II. Sec. XVII. p. 1160.

Michael *Færtschius*, Werthemio-Francus, nat. 1654. den. 4. April. 1724. S. Th. D. Eccl. Decanus & Superint. Stipend. Theol. 1695. sub fin. Postea Professor Theol. primarius Jenensis, Jenam abiit 1705. Conf. Programma Professionale 1696. 9. Febr. Rector M. 1704 conf. J. C. Kriegi Schediasma de Vita, Scriptis & Meritis in Ecclesiam Michaelis Förtschii. 1720. Lexic. Basil. Iselini T. II. p. 325.

Johann Wolffgang *Jæger*, Stuttgardiens. S. Th. D. & Cancellarius, Abbas Adelb. & General-Superint. nat. 1647. 17. Mart. denatus 1720. April. conf. Programma Professionale 1679. quo Professor Geographiæ Extraordinarius declaratus fuit. Programma Professionale 1681. quo Professor L. Græcæ & Fac. Philos. Ordinarius pronuntiatus fuit, Programma 1684. Prof. Moralium loco B. Hopfferi & Ephorus Stipendii, An. 1689. Professor Metaphys. & Log. 1690. Superint. Stipendii, Anno 1693. S. Th. D. 1694. Abbas Mulifontanus & Prof. Theol. Honorarius. An. 1699. Consistorialis und Stiffts-Prediger. Anno 1703. Cancellarius Tubingensis. Adde Programma Doctorale Anno 1693. 8. Jan. denique Funebre

5. April 1720. & Program. funebre uxoris Annæ Magdalenæ, natæ Osiandrinæ, 1706. 5. Nov.

Johannes Christophorus *Pfaff*, Pfullingensis, S. Th. D. & Prof. Ordin. Decanus & Stipend. Th. Superatt. superior. nat. 1651. 28. Maj. den. 1720. 6. Febr. Ann. 1697. Prof. Th. Extr. & Log. ac Metaph. Prof. Ordin. 1699. Th. Prof. Quartus Superint. Stipend. Theol. Infer. Postea S. Th. P. O. & Pastor Ecclesiæ 1705. Porro 1707. Decanus Eccles. & Superatt. Stip. superior Antea Diaconus Uracensis & Stuttgardianus. Vid. Programm. funebr. 9. Febr. 1720. & Doctorale 26. Nov. 1699. & ejusd. Letzte Segens-Rede, so er vor seinem Ende den 6. Febr. 1720. gehalten hatte, mit dem Vorbericht seines Herrn Sohns, Christoph Matthäus Pfaffens, jetzigen berühmten Cancellarii Magnifici.

Christophorus *Reuchlinus*, Tubingensis, S. Th. D. & Prof. Ord. Eccles. Decanus, Stipendii Theolog. Superattendens, nat. 1660. Domin. Jubilate, denat. 1707. 11. Jun. An. 1699. Pastor Eccles. Tubing. & S. Theol. Prof. Ord. Anno 1705. Decanus Eccles. & Superintend. Stipendii Superior. Conf. Fischlin. P. II. pag. 413. sq. & Concion. Funebr. habit. per D. A. A. Hochstetterum ex Es. LVII. 1. 2. adde Programma Funebre 13. Jun. 1707. concioni annexum. Programma Doctorale 1702. 15. April. & Professionale 1700. 13. Maj. Dr. Weismanni Introd. in H. E. T. II. Sec. XVII. p. 1163.

Andreas Adamus *Hochstetterus*, Tubingensis, S. Th. D. & Profess. Ord. Abbas S. Georgianus nat. 1668. 12. Jul. denat. Rector Magnificus 16. April.

1717.

1717. antea 1690. Diaconus Tubing. & 1697. Prof. Eloq. Anno 1702. Moral. An. 1705. Theol. Extraord. s. Quartus & Superintend. Stipend. Anno 1707. S. Th. P. Ord. & Special. Tub. etiam An. 1711. Consistorialis & Ecclesiastes Aulicus Superior, atque Abbas S. Georgianus. Iterum ad prius Munus Academicum rediit A. 1714. Conf. Programma Professionale 1697. Dom. X p. Tr. Programma, Rectorale Dom. Jubilate 1706. Progr. Funebre prid. Kal. Maji 1717. Concion. Funebr. habitam per G. C. Pregizerum t. t. Diacon. Tubing. in Ps. 116. v. 7. 8. 9. Moserum in *Erleut. W.* P. I. p. 233. sq. *Erdmann Heinrichs Grafen Henckels letzte Stunden* P. I. p. 135. sq.

Joh. Cunradus *Klemm*, Herrenbergensis, S. Th. D. & Prof. Ord. nat. 1655. 23. Nov. den. 1717. 18. Febr. antea. 1686. Diaconus Mözingensis, 1688. Diaconus Stuttg. 1700. Professor Logic. & Metaphys. & Stipendii Ephorus. Anno 1707. Superintend. Stip. Inferior. Th. Prof. Extraord. & Concionator Vespertinus. An. 1711. S. Th. Prof. Ord. & Pastor Eccles. ac Superintend. An. 1714. Pastoratum deposuit, sola Professf. Th. Ord. retenta, ob valetudinem adversam. Conf. Programma Doctorale 1708. 8. Jul. Funebre 1717. Dom. Reminiscere & Concion. Funebr. per M. G. C. Pregizerum t. t. Diacon. Tubing. habit. in 1. Cor. II. 2.

Johannes Ulricus *Frommann*, Tubingensis, An. 1711. S. Th. D. & Prof. Quartus, Stipendii Theol. Superattend. & Concion. Sabbaticus nat. 1669. 28. Nov. den. 1715. 21. Nov. antea ab anno 1698. Diaconus Tub. Conf. Programma Doctorale 1713. & Programma Funebr. 1715. Dom. 23. post. Trinit.

anne-

annexum Conc. Funebr. hab. per A. A. Hochstetterum S. Theol. D. & Pr. P. Ord. in Psalm. 73. vs. 23-26.

Gottofredus *Hoffmannus*, Stuttgardianus, S. Th. D. & Prof. Ord. Superintend. Superior. Stip. Theol. nat. 1669. 13. Maj. den. 1728. 8. Dec. Conf. Conc. Funebr. habit. per Christ. Eberh. Weismannum t. t. S. Th. D. & Pastor in Ps. LXIII. 23-26. add. Programma Professionale 1707. Dom. XX. p. Tr. Programma Doctorale 1717. Dom. Lætare. Programma Funebre XII. Dec. 1728. A. 1692. 13. Maj. Diacon. Stuttgard. per ordinem tandem primus 1707. Prof. Th. Extraord. & Philos. Log. & Metaph. Ord. atque Ephorus Stipendii in locum Dr. Klemmii An. 1716. Prof. Theol. quartus & Superintend. Stipend. Theol. Anno 1717. S. Th. D. & postea Prof. Ord. & Pastor Eccles. 1720. Superattend. Stip. Theol. Superior & Decanus. Adde Moser. P. II. *des Erleut. Würt.* p. 207. ubi Programma Funebre insertum est.

Johannes Rudolphus *Osiander*, Tubingensis, S. Th. D. & Prof. Ord. ac Superattend. Stipend Theol. nat. 1698. 21. Mart. denat. 1725. 21. Oct. conf. Progr. Funebr. 24. Oct. 1725. & Concion. Funebr. habit. per G. C. Pregizerum t. t. S. Th. & Histor. Eccl. Prof. *und Abend-Predigern*, *in 1. B. Mos.* c. XXXII. v. 10. adde Programma Doctorale Domin. XIV. p. Trin. 1720. & Professionale 1715. Dom. 1. p. Trin.

Georg. Bernhardus BILFINGER, Canstad. S. Th. Pr. Ord. Stipend. Theol. Superint. reliqua. Nunc Sereniss. Würt. Duc. Illustris Consiliarius Administrat. Intimus, Consistorii Ducalis Eccles. Præses, rel. nat. 1693. 23. Jan. Antea Professor Philosoph. Extraord. An. 1721. Professor Moral. & Mattheseos in Collegio

Illu-

Illustri Ordin. An. 1724. Professor Petropolitanus Cæsareus 1725. Log. & Metaphys. & Physices. Anno 1731. Redux, Prof. Theol. Ord. & Superintend. Stipend. Theol. Anno 1734. Consiliarius Intimus Sereniss. Duc. Caroli Alexandri. Vid. Moseri Lex. Theol. pag. 101. sqq. & 791. adde Programma Profession. 1721. Dom. XIV. p. Tr.

Christianus HAGMAJER, Blabyrensis, S. Th. D. & Prof. Ord. atque Pastor Eccles. Tub. nat. 1680. 31. Mart. nunc Abbas Hirsaugiensis retento titulo Pr. Theol. Ord. Antea Anno 1711. Diaconus Tubing. Anno 1716. Prof. Ord. Logicæ & Metaphysicæ & Contubernii Rector. Anno 1725. Prof. Theol. Quartus & Superintend. Stipend. Inferior. Anno 1727. D. Theol. & Prof. Theol. Ord. vide Programma Professionale Domin. Trin. 1716. Moseri *Erleut. Würt.* P. I. p. 188. sq. & Lexic. Theol. p. 248. sq.

Georg Conrad PREGIZER, Tubingensis, Profess. Theol. & Histor. Ecclesiast. Honorarius 1720. nat. 1675. 21. Maj. Nunc ab anno 1740. Abbas Murhartensis, retento titulo Pr. Theol. Honor. vid. Moseri Lex. Th. p. 819. sq. Antea Diaconus Calvensis, Tubingensis & *Abend-Prediger* &c. Conf. Programma Professionale 1720. Dom. XV. p. Tr.

In dem Programmate Professionali G. Henrici Kelleri S. Th. D. 1670. 6. Jul. kommen nach Erzehlung der Nahmen der Vornehmsten Theologorum in Tübingen folgende Worte vor, welche wir als nutzlich hier beyfügen: Bone DEus! Viros quantos, quantis meritis Posteritatem ad benedictionem sui nominis attinentes! ut pro infanda, imo detestanda habenda sit oblivione, quæ eorum memoriam sepelit, & nos, qui in præsens stationes eorum providente DEo occupamus, tum demum officio satisfecisse existimemus,

mus, si ἀναθεωρῦντες τὴν ἔκβασιν τῆς ἀναστροφῆς αὐτῶν, eorum quoque fidem imitemur, iisque succedamus tam in doctrinæ puritate, vitæque sanctitate, quam in muneribus. Dici vix potest, quam inflata bucca papistæ successionem Pontificum suorum jactent, ut ficulnee probent, Ecclesiam suam esse veram Ecclesiam: Si viri sunt, probent Successionem in fide vera & vita sincera, ut Universitatis nostræ luminum se habet Successio, & laudabimus eos. Pietatis Successio, ait Gregor. Nazianz. in Orat. de laudibus Athanasii, propriè Successio nominanda est. Nam qui eandem fidem profitetur, ejusdem quoque throni particeps est. Qui autem adversariam fidem amplectitur, adversarius quoque in throno censeri debet: Atque hæc quidem nomen, illa vero rem ipsam, & veritatem habet Successionis: Quam quidem Successionem, ut rem in præsentem veniamus, hoc ipso tempore in facultatis nostræ cathedra singulari DEi provisu sartam tectamque continuari videmus.

Mit welchem auch Dr. Balthasar Raithius, S. Theol. D. & Prof. P. Ord. in seiner Oratione Jubilari, die er als Decanus und promotor gehalten hat, übereinstimmet; da es Tub. alt. Jub. Felic. pag. 104. also heißt: Habetis proximi Seculi Viginti Duos Φωστήρων Cœli Theologici, Viros Munerum Eminentia (Præpositi enim, Cancellarii, Superintendentes & Pastores erant) vitæque decentia conspicuos, scriptisque vivacibus contra Pontificios, Calvinianos, aliasque sectas famosiores, immortales, qui ut uno numero in diebus Carnis suæ servierunt Voluntati Domini sui: Ita memoria eorum apud bonos jugiter manet in benedictione. Nos, qui vivi in hac supersumus Facultate, cum Pescennio Nigro, vivi placere volumus, mortui laudari, imo placere potius DEo, quam laudari ab hominibus &c.

Præsentes Theologiæ Professores florentes & docentes hi sunt, quorum Scripta varia ubique nota & celebrata sunt.

Dn. Christophorus Matthæus PFAFFIUS, Stutt-

gar-

gardianus, S. Theol. Doctor & Professor Primarius, Cancellarius Academiæ Tubingensis, atque Ecclesiæ Præpositus, adhæc S. Cæs. Palatii Comes, Consiliarius Wurtembergicus atque Abbas Laureacensis. Natus 1686. 25. Dec.

De Vita ejus & Scriptis legantur Programmata; Professionale, die Festo Ascensionis. 1717. quod & Primitiis Tubingens. præmittitur; Doctorale, pridie Kal. Novembr. 1717. Dr. Christiani Polycarpi Leporini verbesserte Nachricht von Herrn Christ. Matthäi Pfaffens Leben, Controversien und Schrifften. Leipz. und Aschersleb. 1726. Herrn D. Joh. Jacobi Moseri Beytrag zu einem Lexico der jetzlebenden Theologen. Züllichau 1740. Part. II. pag. 640. biß 681. Ernst Ludwig Rathleff, Prediger zu Langenhagen, in den Geschichten der jetztlebenden Gelehrten in Europa. Part. II. pag. 342. sqq. biß 439. Præfatio Part. II. von gesammleten Schrifften von Vereinigung &c. Ann. 1723. Adde Brieff-Wechsel mit D. Cypriano. 1721. &c.

Dn. Christian. Eberhardus WEISMANN, Hirsaugiensis, S. Theol. Doctor & Prof. P. Ord. Ecclesiæ Decanus, & Stipendii Ducalis Theologici Superintendens Superior. Natus 1677. 2. Sept. Antea 1701. Diaconus Calvensis. 1705. Diaconus Aulicus. 1707. Professor Gymnasii Stuttgardiani & Concionator in templo Cathedrali. 1721. S. Th. Profess. Quartus & Pastor Ecclesiæ Tubingensis. 1730. S. Th. D. & *Prof.* Ord. Eccles. *Decanus* & Stipendii Superintendens.

Conf. Programma *Professionale* 1721. Dom. I. p. Tr. & *Progr.* Doctorale 1722. Dom. XIV. p. Tr.

Joh-

J. J. Moseri Lex. Theol. P. II. p. 744. biß 754. und in Erläut. Würtemb. P. II. p. 165. sqq.

Dn. Johann. Christian. KLEMM, Stuttgardianus, S. Theol. Doctor & Prof. Publ. Ordin. Stipendii Ducalis Superintendens Inferior. Nat. 1688. 22. Oct. Antea primum Prof. Phil. Extraordinarius, postea LL. OO. Ordinarius.

De Vita & Scriptis conf. Programma Professionale 1717. 25. Nov. Programma Doctorale 1730. 25. Jun. Joh. Jac. Moseri Lexic. Theol. P. I. pag. 309. sqq. und in Erläut. Würtemberg. P. II. pag. 189. sqq.

Dn. Johannes Fridericus COTTA, Tubingensis, S. Theol. Doctor & Professor P. Extraordinarius, Ecclesiæ Tubingensis Pastor & Superintendens. Natus 1701. 12. Maj. Antea Adjunctus Facultatis Philosophicæ Jenensis 1728. 1729. designatus, post confectum iter literarium in German. Belg. Angliam & Galliam 1734. confirmatus Prof. Philosophiæ Ordinarius. Postea An. 1736. Professor LL. OO. Ordinarius & Theologiæ Extraordinarius, Göttingensis atque ibidem 1737. Doctor Theol. creatus. Rediit Tubingam vocatus 1739. ad Professionem Philosophicam Eloqu. & Historiarum Ordinariam. An. 1740. S. Theol. P. Extraordinarius & Pastor Ecclesiæ Tubingensis & Superintendens.

Conf. de Vita & Scriptis Progr. Professionale Tub. 1734. & Doctorale Göttingense, in Jacobi Wilh Feuerlini S. Th. D. Primarii, General. Superintend. Eccles. Ducat. Götting. &c. Panegyr. solenn. prim. p. 20. seqq. Joh. Jac. Moseri Lexic. Theol. P. I. pag. 150. sqq.

Obser-

Observatio XXIV.

Series
Jurium Professorum,
Ab Incunabilis Academiæ Tubingensis, von 1477. biß 1742.

Johannes *Nauclerus*, Decretorum Doctor.

Hujus neque annum natalem neque emortualem certum reperire potui. Adhæc, quo loco poneretur dubitavi? Fuit Præpositus & Cancellarius: Fuit primus Rector Magnificus Tubingensis: Fuit primus Professor Jurium. Certa hæc omnia sunt. Primum edocent ejus Memorabilium omnis ætatis & omnium gentium Chronici Commentarii, & D. Heerbrandi Concio Jubilaris p. 15. ubi Præpositus & Cancellarius Tubingensis vocatur. Secundum probant Annales Academici & Matricula Academica. Tertium evincit ejus Descriptio & Character officii, quod fuerit Jurisprudentiæ peritissimus, & maxime Joh. Reuchlinum Jus docuerit, forsan & Insignibus Doctoralibus ornaverit, imo Eberhardi Barbati Consiliarius exstiterit Intimus. Quæ officia tamen omnia, si rationem illorum temporum consideraveris, in una persona convenire potuerunt.

Quo celebrior autem hujus Viri fuit fama, & quo majus ipse in administratione officiorum adhibuit studium, eo breviorem vitæ ejus deprehendimus descriptionem, eorum exemplō, qui plus prodesse vivi, quam laudari mortui voluerunt. Credideris Lector vitam ejus prolixius descriptam fuisse, sed nisi ipse fallor, falleris, quia solus Reuchlinus ejus Vitam & Familiam commemorat in Præfatione Chronici, ex qua reliqui omnes sua hauserunt. Dabimus pauca, sed comperta. Patria fuit Justingensis, qui nobilis tractus Ulmensi vicinior est, hodie ad Barones Freybergenses pertinens; Ex quo loco plures tunc doctissimi Professores Tubingenses prodierunt, duo Bebelii, Henricus & Wolffgangus, Johannes Stöfflerus atque alii.

Pater ipsius fuit Johannes Verge, vel Vergenhans, Equestris Dignitatis, Consiliarius Comitis Ludovici V. Patris Eberhardi I. Quoniam vero nomina propria, præsertim, quæ vel pronunciatu difficiliora, vel inconsuetiora erant, illo tempore, in aliam linguam, eadem significatione retenta, vertebantur, id quoque heic factum est; & qui antea Vergæ, Germanice Vergen seu *Ruders-Leute* vocati sunt, nomen mutabant in vocem græcam Nauclerorum. Quod ipsum clarissime ex insignibus, quæ navigium à Naucleris gubernatum repræsentant, patet, quæ ipsa insignia Chronographiæ sunt præfixa. Unde vero nomen Vergenhans, quod cum Nauclero non omnino convenit, fuerit ortum, disquirendum erit? Conjicio prænomen Johannes, more populorum communi, fuisse Vergæ additum, & significare filium Vergæ.

Habuit noster Johannes Vergenhans seu Nauclerus Fratrem Ludovicum natu minorem, quem ipse instruxerat, J. V. D. Ecclesiæ Stuttgardiensis Præpositum & Consiliarium Würtembergicum, cujus 1512. 15. Dec. mortui effigies in Capella Parochialis Templi Stuttgardiani, quam ipse fundaverat, rubro marmori insculpta est. Vid. Crusium P. III. L. X. c. 2. p. 178.

ed.

ed. lat. p. 546. Habuit quoque Sororem unicam, cujus nomen & Maritus ignorantur, & ex eadem duos Nepotes, Johannem & Georgium, J.U. Doctores, qui nomen Nauclerorum asciverunt, quorum prior Præpositus fuit Göppingensis, alter Georgius Ecclesiæ Constantiensis Metropolitanæ Vicarius. Johannem, XXX. florenorum pretio annuo, qui ex censu Göppingensi solvebantur, in victalitium suscepit in Aula sua Eslingensi Abbas Bebenhusanus, cui libros suos & omnia sua bona esset relicturus.

De tempore mortis atque loco nihil certi constat; vulgo refertur adhuc 1501. vixisse, quantum vero augurari possum, usque ad 1510. vixit. Quo anno mox Ambrosius Widmann Cancellarius atque Præpositus fuit secutus. Alioquin sedes Cancellarii Tubingensis, per plures annos vacasset, quod nemo facile concesserit.

Ut fidem narratis nostris faciamus, subjungimus alibi notata. Ita vero infit Johannes Reuchlinus in præfatione Chronici:

Hac una prodesse voluit hic noster JOANNES NAUCLERUS J. U. DOCTOR illustraturus & gesta & literas Germanorum, quæ multos jam annos in tenebris & situ delituerant, vir literis & fide præstans, quorum alterum sua potuit industria & principum virorum favor, alterum, & si id quoque vere suum, quasi ex traduce accepisse videtur à patre JoanneNauclero viro equestris ordinis, qui monumenta probitatis suæ apud Ludovicum Uracharium Comitem egregia reliquit. Verum ea filii virtus fuit, ut auctis Comitum Urachariorum rebus, primus hic Nauclerus noster esset, cujus honos cujus opes jure cumularentur. Ecclesiæ Tubingensi Præpositus, & Universitati studiorum Tubingensium Cancellarius dictus est. Tum & publicis & familiaribus commodis PATRIÆ PATER succurrens ingentia in Tubingensem Ecclesiam beneficia contulit, & fratrem suum Ludovicum optima indole juvenem, optimis moribus & literis institutum ad rem patriæ provexit. Is Ecclesiæ Stuttgardiensi Præpositus fuit, & ducatus Wirtembergæ Cancellarius. Hæc nimirum est vera laus familiæ, quæ tanta tot viris ex virtute contigit. Nam qua oratione prædicandi sunt Joannes & Georgius qui post in nomen Nauclerorum transiere summi viri, e sorore Joannis annalium autoris ac Ludovici Stuttgardiensis Præpositi, geniti. Juris Doctores, Joannes Geppingensis Præpositus, Georgius Ecclesiæ Constantiensis Metropolitanæ Vicarius, is cujus Magnificentia volumen hoc editum est. Multum huic domui debent studiosi virtutis e qua tot exempla laudum simul accipiunt, sive ipsa familiæ lumina optimos viros admirantur, sive quas noster hic Joannes composuit omnis memoriæ tabulas.

Joachimus Camerarius in vita Melanchtonis p. 16. ita de Nauclero scribit. Illis temporibus vir prudentia & Juris publici scientia celebris colligere cœperat historias, & exponere tempora rerum memorabilium gestarum ab origine prima mundi: Ei nomen fecerant Naucleri, quod in familiæ nomine Germanici nautæ significatio esset, qui sunt Vergæ. Librum autem hunc exprimendum susceperat Thomas Anshelmus, qui Typographicam officinam habebat Tubingæ. A quo perfectum fuit, ut & illius scripti, & aliorum quæ à se ederentur, curam respectumque Philippus susciperet, quo prodirent correctiora. Is tunc & in hoc opere Naucleri partim disponendo, partim augendo, partim etiam retexendo, id præstitit, ut lectio libri istius à plurimis expeteretur & fructu voluptateque non careret.

Henricus Pantaleon de Viris Illustribus Germanorum, ed. lat. P. III. p. 505. edit. German. fol. Basil. 1568. P. II. pag. 554. eadem fere verba Reuchlini repetit.

Johannes ist Johannis Naucleri Sohn gewesen, welcher zu Ritter geschlagen, auch bey Grave Ludwigen von Wirtemberg zu Aurach gantz löblich gelebet. Dieser hat seinen Sohn gelehrten Zuchtmeisteren übergeben zu aufferziehen, dann er war mit einem sinnreichen Kopff und guter Art begabet. Also hat er bald in freyen Künsten das rechte Fundament gelegt, und angefangen sich auf die höhere Facultäten vorab auf die Rechte zu legen. In diesem hat er dermassen

zuge-

zugenommen, daß er in beyden Rechten Doctor promoviret! Weil er aber mit viel Tugenden verrümet, und sich auch in der H. Schrifft darzu in mancherley Historien Erfahrnus geübet, wurde er der hohen Schul Cantzler, demnach auch Probst zu Tübingen. Diese Aemter hat er gantz wol ausgerichtet, und bey Männlichen einen grossen Namen erlangt, um das 1480. Jar. Es hat Johannes auch einen verstendigen Bruder, diesen hatte er dermassen in guten Künsten unterwiesen, daß er erstlich Probst zu Stuttgardt und hernach des Fürsten Cantzler erwehlet. Wie Nauclerus dergestalt alle Tugend und gute Kunst gefürderet, hat er aller Völckeren Historien fleißig durchlesen, auch mit hohem Verstand zu Latein ein namhafftig Werck, von Anfang der Welt, biß auf das 1506. Jar nach Christi Geburt, geschriben. Dieweil in diesem Buch viel Thaten geoffenbahret, so bißher bey den Teutschen unbekandt, hab ich mich zu dieser Zeit unterwunden diese grosse Chronick zu verteutschen, und mit Gottes Hülff jetzt den grösseren Theil vollendet. Es hat dieser Nauclerus unter anderen Jüngeren auch Johannem Reuchlin, so hernach ein treffentlich gelehrter Mann worden. Diesen hat er in den freyen Künsten, darzu in den Rechten fleißig unterrichtet, auch durch sein Exempel die Jugend zum studiren angereitzet. Deßhalben dieses hochverständigen Manns Arbeit billich bey allen Liebhaberen der Historien in frischer Gedächtniß blieben.

Sein Hauptwerck, so er geschrieben hat, ist Chronicon ab Init. Mundi usque 1500. dessen Titul ist: Memorabilium omnis ætatis & omnium gentium Chronici Commentarii à Johanne Nauclero J. U. D. Tubing. Præposito & Universitatis Cancellario digesti in Annum Salutis M. D. Adjecta Germanorum rebus Historia de Suevorum ortu, institutis ac Imperio. Complevit opus Nicolaus Basellius, Hirsaugiensis annis XIV. ad M. D. additis. Ex Tubinga Sueviæ Urbe. Cautum Maximil. Aug. Decreto privilegio, ne quis intra Decennium excudat. Hæc prima & Tubingensis est Editio. Legitur in fine Vol. II. Editum est hoc opus Chronographicum impensis ornatissimorum Virorum, Cunradi Breuningi, Kiliani Veszler, & Johannis Zuysel, Civium Tubingensium, impressum

Tubingæ opera Thomæ Anselmi, Badensis, Mense Martio Anno MDXVI. Illustrissimo Udalrico Würtembergiæ principe.

Continet hæc Editio Vol. I. præfixam Epistolam Erasmi Roterodami ad Typographum Anshelmum; Et præfationem utilissimam Johannis Reuchlini. Vol. II. autem præfixam habet Præfationem Fr. Nicolai Baselii Hirsaugiensis exhortatoriam. Jure hæreditario hoc Mscr. habuit Georgius Nauclerus, qui illud imprimendum tradidit, ut Reuchlinus deprædicat. Suasor vero & Hortator, ut hoc opus scribendum susciperet Nauclerus, fuit Imperator Maximilianus I. qui maximo amore literarum maxime Historicarum capiebatur: Hæc enim in Chronico Carionis per Melanchtonem & Peucerum aucto, ed. Germ. fol. pag. 1097. leguntur verba. *Weil aber* Maximilianus *sehr fleissig und genau von denen alten* Historien *nachzufragen pflegt, hat er darmit Ursach geben* Cuspiniano, Nauclero, Cunrado Peutingero & Jacobo Manlio, *welche alle er viel um sich gehabt, dass sie eine ordentliche und völlige Erzehlung der* Historien *zusammen bringen müssen &c.*

Præter editionem Tubingensem recensetur Editio Coloniensis apud Petrum Quentel 1544. fol. cui accessit Appendix nova cursim memorans res interim ab Anno 1515. usque ad annum 1544. gestas, rapsodis partim Cunrado Tigemanno partim Bartholomæo Laurente. Commemoratur etiam continuatio Laurentii Surii, usque ad Annum 1574. sed nullam vidi.

Confer de hoc libro Degorei Wheari Relectiones Hyemales Edit. Angl. Cantabrig p. 155. Tubingensis 1700. pag. 156. sq. Martini Zeileri *Epistolische Schatz-*

Cam-

Cammer Epist. 109. & 110. pag. 351. Bellarminum de Scriptoribus Ecclesiasticis, ed. Col. oct. pag. 304. Sam. Artopœum in Comment. ad C. Schraderi tabulas Chronologicas, per J. C. Bartenstein Argent. 4. 1715. p. 483. Freheri Theatr. V. E. p. 1428 qui errat eum 1479. mortuum scribens. Vossium de Histor. Lat. L. III. cap. 10. p. 646. B. G. Struvii Bibl. Histor. Jen. 1705. c. 8. §. 9. p. 196. Lex. Basil. Iselini, Buddei & Menckenii.

Hæc denique primum cum Lectore communicantur. Putavi in Imagine ejus quædam deprehendi, quæ picta in Senaculo Academico conservatur. Spes erat, annum natalem & emortualem fore consignatos, sed Spes fefellit. En imaginem Nauclerianam, non primam, sed ad autographum 1477. depictam! In hac tamen non desunt, quæ memorabilia existunt. Tabula est lignea, in qua imago depicta conspicitur, quæ cum ea convenit, quam Freherus exhibet. Ad latus depicta sunt Insignia, supra descriptis simillima. Inferiori loco hæc leguntur. Natus Patre Cognomine & Equite. Anno 1450. Juris Doctor & Ephorus Ducis Eberhardi. 1460. Ecclesiæ Stuttgardiensis Præpositus 1477. Præpositus Tubingensis, Decretalium Doctor. Primus Universitatis Rector, & denique secundus Cancellarius.

In inversa parte, tergo quasi inusti sunt versus, & sequentia verba. Effigiem hanc inclyto Senatui d. d. M. Fridericus Hermannus Flayder. P. C. Humanior. literarum Professor & Universitati à Bibliotheca Anno 1627. additi sunt versus.

Postquam peste nata, Academia passaque fluctus,
Se vidit dubia Navis obire vicem.

 Nau-

Nauclero primum merito se credidit & jam
Omnes Naucleri munera Rector habet.
Quare ò Naucleri, ò Rectores vivite cuncti
Et bene per rapidos ducite Vela Notos.

Aliud

Nostra potest merito felix Academia dici,
Quæ, velut ipsa feras æquoris intrat aquas.
Ipsos Naucleros, Rectores eligit, ut jam
Nauclerum Rector, primus & imus agat.

Laurentius *Mareachus*, Novanus Civis Genuensis Artium Magister & J. U. D. & Prof. Ord. 1477.

Cunradus *Vessler* (aliis, sed falso, *Fessler*,) Artium Magister, Decret. Doctor, Canonicus Tubingensis, primum Philosophiam docuit. Decanus 1479. Rector 1478. 1490. 1497. 1502. Exorsus quoque Lectiones in Biblia sibi assignatas 1482. 2. Jul. & Baccalaureatum in Theologia obtinuit.

Matthæus *Ochsenbach*, Decretorum Doctor, inscripsit 1478. Vid. Crusium P. III. L. VIII. c. 14. p. 110. ed. lat. p. 454.

Ludovicus *Truchsess de Höfingen*. Art. Magist. Decretor. Doctor. Renuncirte in Versammlung der Universität auf die Academische Privilegia. 1496. Conf. Crusium in Annal. P. III. L. VIII. c. 13. p. 108. Rector 1479.

Mangoldus *Widmann*, Art. Mag. Ecclesiæ Canonicus, Decret. D. Rector 1483. & 1491.

Johannes *Stein*, Schorndorf. Art. Magist. Decretor. Doctor, Rector 1479. & 1489.

Johannes *Cruzlinger*, de Costanz, Art. Magist, inscripsit 1478. J. V. D. Rector 1480.

Johannes *Ebinger*, dessen gedencket D. Melchior Teu-

Teuberus in Vita Hieronymi Schurffi: da er also schreibt:

Ita de Hieronymo Schurffio Teuberus: Motus admiratione sapientiæ & virtutis doctoris Craffti Ulmensis omissa Paterna arte, Juris doctrinæ se dedidit. Multi enim adhuc Basileæ meminerunt, eximiam fuisse sapientiam & gravitatem in Craffto, qui cum Ulmam vocatus esset, Hieronymum Pater in Academiam Tubingensem misit, in qua & ipse diu vixerat & cum Nauclero & Summenhardo Theologo dulcissima amicitia conjunctus erat. Ibi Jurisconsultos audivit Ebingerum, qui diu postea vixit, & lector Juris fuit annos tres & quinquaginta, quem & ipse Doctor Hieronymus narrabat minimum labyrinthorum in docendo adferre solitum & fontes Juris rectissime ostendisse. Ibi & Doctorem Lupffdich audivit, cujus perspicuitatem in docendo etiam probabat. Simul autem Theologum Summenhardum audivit, quem & alii Juris Studiosi audiebant, quia doctrinam Ecclesiæ evolvere ex præstigiis inutilium Disputationum & ex superstitiosa interpretatione traditionum humanarum conabatur & Gersonis imitator erat.

Georgius *Hartsesser*, Art. Magist. Decret. Doctor, Co-Erector & Fundator Stipendii Martino-Georgiani. Rector 1482.

Ulricus *Crafft*, Ulmensis, J. V. D. Rector 1485. Ulmam vocatus est. Etiam Basileæ docuit.

Petrus *Boppbard*, (Ann. Acad. *Boxbard*) J. U. D. Decanus Montis-Pelicardi. Rector 1486.

Georgius *Lamparter*, Biberacensis, Art. Magist. J. U. Licentiatus, postea Cancellarius Würtembergicus, tandem Consiliarius Intimus Imperatoris Maximiliani à quo Equitis Aurati Dignitate donatus fuit. Rector 1486. 1493. † 1523.

Martinus *Uranius* s. *Prenninger* de Erdingen (aliis Tubingensis) J. V. D. & Prof. ab 1490. mortuus Bebenhusæ 1501. Antea Advocatus & Cancellarius Constantiæ Episcopi, Tubingam ad Profess. Jur. Can. Ord. 1490. vocatus.

Johannes *Lupffdich*, Blabyrensis, J. V. D. & Pr. Antea Prof. Phil. e. g. 1489. Rector 1495.

Caspar *Forestarius* s. *Forstner*, Kirchheimensis, J. V. D. & prof. profundissimus. Rector 1503.

Johannes Aquila *Hilarius* s. *Hiller*, aliis *Halier*. Rector 1505.

Andreas *Trostel*, (aliis *Dorstel*) J. V. D. Rector 1498. 1501.

Johannes *Steinmajer*, Lindaviensis, J. V. D. Rector 1487.

Hieronymus de *Crovaria*, J. V. D. Rector 1492.

Vitus de *Fürst*, Tubing. I. V. D. Rector 1493. Postea Gubernator & Vicarius Ducatus Mutinensis.

Henricus *Winckelhofer*, Ehingensis, I. V. D. Rector 1509. per totum annum. Postea Cancellarius Würtemb. Denat. Hirsaugiæ 1526. Daselbst sein Epitaphium in der Kirche ware. Conf. Cruf. P. III. L. XI. c. 1. p. 218. edit. lat. p. 599. Um den Stein waren folgende Worte: Anno Dom. XV. C. XXVI. auf Sanct Catharinen Tag, starb der Ehrwürdig Hochgelehrt Herr Heinrich Winckelhofer, beyder Rechten Doctor und Cantzler zu Würtemberg, dem GOtt gnad, Amen. In der Mitte des Steins hieß es: D. PP. S. Consultiss. LL. Doctori, hujusque Duca. Wirt. Cancellario ben. me. Heinrico Winckelhofer de Ehingen. Io. Ab. Hirsaug. fil. dul. Patri Vitricoque, Monast. Op. Patrono ac Fautori, hoc memoriæ faciendum curavit. Obiit anno Christi M. D. XXVI. 7. Cal. Decemb.

Georgius *Simlerus*, Wimpinensis, I. V. D. & Pr. schon 1530. Decanus 1535. Magistrirte 1510. Cruf. P. III. L. IX. cap. 16. p. 171. & Annal. Acad. Docirte zu Pfortzheim, und ward damahlen ein Præceptor

ceptor Melanchtonis. Conf. Vita Melancht. per Camerarium p. 7. & Freher. p. 183.

Cunradus *Plücklin*, genannt *Ebinger*, Decr. D. In Annal. Acad. ad An. 1531. heißt es von ihme, Dr. Lempen und Semlern, alle 3. deß Zeit Ordinarii, und verordnete Deputirte der Universität zu Tübingen, an statt und wegen der 8. extinguirten Chor-Herren Pfründen, und alten Capitels zu Syndelfingen.

Johannes *Epp*, Tubing. I. V. Lic. Rector 1521.

Johannes *Königssattler*, Oeting. I. V. D. & Prof. Novorum Jurium Can. Rector 1530. 1531. 1533.

Petrus *Neser*, I. V. D. & Prof. 1530. biß 1536. Fuit à Dominis Reformatoribus dimissus. Num ipse ob Reformationem Officio se abdicaverit, an fuerit dimissus, non liquet. Is abiit Ensisheimium literis systaticis instructus. Hic postea residuum salarii, & pecuniam, vulgo Abzugs-Geld à Rectore & Senatu postulavit, hisce inter alia verbis usus: Alterum est ratione pecuniæ, quam vocant Abzug, vel Letzin, in plena Universitate & Consessu Reformatorum, semel atque iterum mihi promissæ. Quam ob rem Rector & Senatus has ad Ambrosium Blaurerum literas scripserunt, ut quid promiserint, referret.

Amplissimo Viro, Domino Ambrosio Blauer &c. Domino suo multum observando:

S. Ne velit Dominatio vestra, Vir Eminentiss. nostrarum harum ad se literarum accessum vel mirari vel ægre ferre. Nam necessitate instructionis in causa quadam, quæ inter nos agitatur, de qua & nobis non satis constat, impulsi, eas ad D. V. transmittere destinavimus. Causa vero quam loquimur hæc est. Instituit jam pridem ad nos preces atque petitionem, eximius vir D. Doctor Petrus Nesser, Jurium quondam apud nos Pro-

Professor, qui petit dari sibi quid pecuniæ vel honorarii, nomine missionis & ablegationis à Lectione vel officio factæ &c. At quia ea in re, quidnam cum eo à D. V. aut Domino Grynæo, qui tum temporis Commissarii Illustrissimi Principis nostri affuistis, actum sit, & qua ratione dimissus atque ablegatus sit, promissione ne honorarii vel viatici, aut spe quadam hujus, aut neutro horum penitus, ipsi nos non satis novimus, putavimus plane id à D. V. exquirendum esse: Quo proinde cum præfato D. Doctore Petro recte agere, & responsum rei, honestati & æquitati consentaneum dare possemus. Rogamus igitur D. V. ut hac in causa nos informare, & quid hac in parte cum D. Doctore Petro Nesser egerit, anne quid promiserit, aut spem dederit, aut nihil horum, certiores reddere, & quam primum fieri possit, dignetur. Ne sic diutius hominem differamus, verum responso nobis digno tandem absolvamus & dimittamus. Quod sane factum, nobis futurum est longé gratissimum. Bene valeat D. V. Vir excellentiss. & Universitatem nosque sibi optime commendatos habeat. E Tubinga 27. Julii die Anno Christi 1537.

Rector & Doctores Universitat. Tubing.

Gebhard *Braßberger*, Vracensis, Art. Magist. I. V. D. & Pr. Decanus 1544. Rector 1537. 1543. 1547. 1551. 1559. Resignirt 1560. und bekommt D. Volcius die Lectionem Feudal. & Criminalem.

Johannes *Sicbardus*, Bischoffshemensis Francus, I. V. D. & Prof. 1535. 5. Jul. per 17. annos, natus 1499. den. 1552. 9. Sept. Decanus 1540. Rector 1542. 1545. 1549. Conf. Freheri Theat. V. E. P. II. Sect. IV. p. 828. Er wurde 1544. von Hertzog Ulrich, nebst seiner Lectur auf 10. Jahr als ein Rath angenommen; und begehrte ihne 1548. Kayser Carolus V. zu einem Extraordinario Camer-Gerichts-Assessore, welches aber Hertzog Ulrich abgeschlagen. An seiner Statt wurde Dr. Gremp Hertzog Christoph von der Universität recommendirt. Conf. Pantaleon. P. III. p. 223.

Ludovicus *Gremp* de *Freudenstein*, Stuttgard. nat.

nat. 1509. den. 1581. I. U. D. Prof. Discessit Argentoratum A. 1541. ut Syndicus Urbis, sed Bibliothecam Academiæ Tubingens. legavit pro familia s. nepotibus ex Fratre Dionysio Grempio de Freudenstein. Nullos liberos suscepit ex uxore Barbara, Nobili de München. Ejus Stipendium & hodie bene ab Academia administratur & distribuitur. Bibliotheca vero, quæ ultra bis Mille & sexcentos libros complectitur, Bibliothecæ Universitatis annexa est, sed separatim extat, quam legavit postquam 1573. filium, Johannem Ludovicum, juvenem 24. annorum Paduæ demortuum, & uxorem 1574. amisisset. Theologis familiariter usus est, qui ipsum vehementer laudarunt, teste Fechtio in Epistolis Marbachianis. Mortuus 1581. ut ex Epitaphio Brumatiano colligitur. Conf. Pantal. P. III. p. 324. Freheri Th. Vir. Er. P. II. Sect. IV. pag. 890. Rector 1538.

Caspar *Volandus*, Grüningensis, I. V. D. & Prof. Iur. Can. Ordin. una cum Brastbergero à Grempio Doctor creatus 1540. Den. 1554. Rector 1540. 1545. 1550. 1552. Conf. Oration. de ejus obitu Pauli Calberi. Magister creatus 1520. 22. Aug.

Von dessen und anderer Professorum damaligem Tod hat M. Josephus Hirnbachius, Lindaviensis, folgendes Carmen gemacht, wie es auch in Annalibus Academicis ad annum 1554. zu lesen ist:

Quæ mihi sub media splendentem luce *Sichardum*
Abstulit & cœca mors quoque nocte tegit:
Te quoque tam celeris gressu, quam livida vultu
Eripuit superis, docte *Benigne*, locis?
Hoc quoque post superis Petrus discessit ab Oris
Longævus, Senio, *Brunus* & arte Gravis.

Labitur

Labitur ingenio magnus, meritisque potens Vir
Vollandus nostræ firma columna Scholæ.
Tu Deus ast alios horum in Vestigia siste
Præstantes simili dexteritate Viros.

conf. Cruſ. P. III. L. XI. c. 28. p. 287. ed. lat. p. 690.

Carolus *Molineus*, nat. Pariſ. 1500. denat. ibid. 1566. 28. Dec. Fuit à Principe 1554. in locum Dr. Sichardi ſubſtitutus & Menſe Martio receptus, verbliebe aber nicht über ein halb Jahr. Cruſ. P. III. L. XII. c. 27. p. 347. edit. Lat. p. 777. conjungit Carolum Molinæum, Matthæum Gribaldum & Johannem Sichardum, I. V. Profeſſores. Conf. Menckeni gelehrt. Lexic. p. 1170. Freher. p. 852. ſq. Jubil. II. Tub. p. 5.

Matthæus *Gribaldus*, I. V. D. & Prof. Er ware 1556. von Vergerio recommendirt, deme es aber Beza in einem Brieff verwiesen hat, weilen er in der Religion nicht aufrichtig wäre. Fuit hic Matthæus Gribaldus, JCt. cum Sigismundo Geloo, Polono, Henrico Scoto & cum Vergerio αὐτόπτης deſperationis Franciſci Spieræ. Conf. Melch. Adami Vit. Theol. Exter. p. 120. Menckenius in gelehrt. Lex. p. 874. edit. 1715. gedencket, er seye unter die Socinianer gerathen, von Tübingen hinweg auf Genev zu Calvino gegangen, und habe mit ihme conferiret, seye hernach zu Bern arreſtirt worden, und endlich 1565. an der Pest gestorben. Vid. ejus Scripta ibid. recenſita.

Samuel *Hornmoldus*, I. V. D. & Prof. per XI. annos 1561. poſtea Cancellarius Badenſis, & per XX. annos Syndicus Heilbronnenſis † 1601. Conf. Conc. Funebr. hab. per M. Johannem *Strubinum* Superintend. Tub. 1602. apud Erhard. Cellium.

Nico-

Nicolaus *Varenbülerus*, Lindaviensis, I. V. D. & *Prof.* per 50. annos. nat. 1519. 5. Dec. den. 1604. 20. August. Conf. Orat. Fun. de Vita & obitu ejus hab. per Joh. Harpprechtum I. V. D. & *Prof.* Ord. Tubing. 1605. Typis Cellianis, ejus Orationum XXVI. p. 590. sqq. adde Imagines E. Cellii & Freheri Theatr. Vir. Erud. *P.* II. p. 964. Rector 1554. 1558. 1578. Decanus 1554. An. 1544. 23. Febr. Doctor creatus à Sichardo, post Advocatus Curiæ Oppidanæ factus. Eodem Anno 25. Jul. Ordinarius Pandectarum *Professor* constitutus.

Christophorus *Wuestius*, Bambergensis, I. V. D. & *Prof.* Institut. Imperialium 1544. Decanus 1546. Discessit aliorsum rebus suis melius consulturus, 1551.

Jacobus *Cappelbeccius*, Zusmarhusa-Augustanus I. U. D. & *Prof.* Nat. 1506. Denat. Tubing. 1586. 14. Jan. non Februar. ut habet Freherus. Decanus 1546. it. 1557. Rector 1556. 1561. 1567. 1570. 1577. Supersunt ejus Mscr. in Bibliotheca Tubing. Crusius *P.* III. L. XII. c. 32. p. 363. ed. lat. p. 799. ita de eo scribit: Tubingæ d. 14. Jan. 1586. mortuus D. Jacob. Cappelbeccius, Juris *Professor*, senex pius & mitis: ætate jam ipse etiam cœcus. Hic Wittembergæ à D. Luthero viam salutis didicerat: discipulos suæ fidei commissos, fideliter instituerat: in Italia etiam Jura didicerat: (NB. & Doct. I. V. Ferraræ fuit creatus) domi res sacras diligenter legerat. Vid. Imag. Cellii & Freheri Th. Vir. Erud. *P.* II. Sect. IV. p. 899. Menck. Lex. Er.

Chilianus *Vogler*, Canstadiensis, I. V. D. & *Prof.* per 30. annos. Nat. 1516. 18. Febr. *Den.* 1585. 16. Mart. ætat. 70. Decanus 1558. Rector. 1556. 1562.

1562. 1566. 1570. 1575. 1579. Fuit antea Conventor Contubernii, postea Moralium Professor, tandem J. V. D. & Prof. Er wolte 1582. die Formulam Concordiæ nicht unterschreiben, doch liesse er sich hernach weisen. Conf. Orat. Funebr. E. Cellii apud G. Gruppenbachium & Imag. Cellii, Freheri Theatr. Vir. Erud. P. II. Sect. IV. p. 895.

Laurentius *Slehenried*, J. V. D. 1554. 8. Maj. Denat. 1556. In ejus locum successit D. Demlerus. Crusius P. III. L. XI. c. 27. p. 288.

Valentinus *Volzius*, Horbensis, J. V. D. & Prof. & Consiliar. Onolspacensis. nat. 1534. den. 1581. 26. Sept. Rector 1567. 1571. 1576. Successor Brastbergeri 1560. Conf. Imag. Cellii. Add. Mencken. in gelehrt. Lex. p. 2433. Freher. p. 886.

Anastasius *Demmlerus*, Marpacensis, J. U. D. & Prof. per 36. annos nat. 1520. 7. Nov. den. 1591. 21. Jul. æt. 71. Vid. Orat. Funebr. Johannis Harpprechti, quæ est inter Orationes XXV. pag. 542. add. Imagines Cellii, Freheri Theatr. Vir. Erudit. P. II. pag. 925. Successor Slehenriedi. Rector 1460. 1564. 1568. 1572. 1576. 1580. 1583. Conf. Crusium P. III. L. XII. c. 38. p. 391. ed. lat. p. 841. & alibi. Non defecerat tempore Interimistico, sicut aliquis alius, sed quosdam ad se confugientes texerat, tutatusque fuerat &c. Annal. Acad.

Johannes *Hochmannus*, Biberacensis, Jur. Can. D. & Prof. 1557. Artium, utriusque Linguæ, postea Juris Utriusque 1561. nat. 1527. den. 1603. 24. Jul. Conf. Orat. Funebr. habit. ab Henrico Bocero. Placitor. Feudal. & Criminal. Sanction. P. O. Tub. typis Cellianis 1604. add. Imagines Cellii, Freheri Theatr.

Vir.

Vir. Erud. P. II. p. 963. Rector 1563. 1569. 1574. 1579. 1582. 1587. 1590. 1592. 1595. 1598. 1602. *hier ist zu mercken daß* Doctores Capelbeck, Varenbüler, Vogler, Demmler, Hochmann, Volzius, 20. *Jahre* Professores coætanei *gewesen*. Conf. Orat. Jun. Vogleri pag. 22. Extat. ejus MNS. in Bibliotheca.

Nicolaus *Varenbüler*, Junior, J. V. D. & Prof. Institutionum 1582. Bekame Dr. Laubmejeri Lectionem extraordinariam. Er blieb nicht lang, sondern kame laut seines geschriebenen Memorials ad Senatum Academ. Tub. gleich nach Speyer.

Matthæus *Entzlinus*, Stuttgardianus, J. U. D. & Prof. 1584. postea Consiliarius Intimus Supremus Würtembergicus Ducis Friderici. Conf. Imagines Erh. Cellii, Freheri Theatr. Vir. Erud. p. 938. Rector 1588. 1591. Antea Professor Juris Heidelbergensis. Exitus vitæ fuit tragicus Uraci. Successor Capelbecci 1585.

Andreas *Laubmajer*, Stuttgardianus, J. U. D. & Pr. Successor Volzii, 1582. Mens. Februarii, tandem rude donat. nat. 1538. den. 1604. Conf. Imag. Cellii, Freheri Theatr. Vir. Erud. P. II. Sect. IV. pag. 938. Rector 1585. 1589. 1594.

Joh. *Halbritter*, Michelfeldo-Ambergensis, Jur. U. D. & Prof. Consil. Brandenburg. Würt. & Badens. & Antecessor, nat. 1560. den. 1627. 6. Mart. æt. 67. Vid. Imagines E. Cellii, Freheri Theatr. Vir E. p. 939. Rector 1593. 1597. 1601. 1606. 1613. 1617. 1619. 1622. 1625. Antea Advocatus Tribunalis Imperialis, postea Successor Vogleri 1586.

Joh. Jacob *Plebstius*, Stuttgardianus, J. U. D. & per XII. annos Prof. Feudal. in Collegio Illustri, nat. 1576. 26. Maj. den. 1615. 23. Maji.

Joh. Georgius *Besoldus*, Tubingensis, J. U. D. & Pr. Colleg. Illustr. nat. 1580. fer. S. Thomæ, den. 1625. 6. Oct. frater Christophori Besoldi. Conf. Orat. Funebr. Martini Neufferi, successoris. J. U. D. & Profess. Tub. 1626. typis Th. Werlini.

Johannes Harpprecht, J. U. D. & Antecessor An. 1595. per 47. annos nat. 1560. Mens. Januar. denat. 1639. 16. Sept. æt. 79. Conf. Thomæ Lansii, Joh. Harpprechtum, Antecessorem suprema laude celebratum. Tub. typis Brunnianis 1640. in Mantissa p. 746. sq. add. Imagines E. Cellii, Freheri Theatr. Vir. Erud. pag. 939. Iselini Lex. Bas. Rector 1599. 1603. 1609. 1627. 1633. 1636.

Davides *Magirus*, Vayhingensis J. U. D. & Pr. Pandectar. 1591. Consil. Brandenb. 1606. nat 1565. den. Rector Magnif. 1635. 13. Jan. æt. 70. Conf. Imagin. Cellii, Freheri Theatr. Vir. Erud. pag. 940. Rector 1600. 1604. 1607. 1611. 1626. 1629. 1631. 1635. Adde vel maxime Joh. Valentini Andreæ, Davidis Magiri, JCt. Genium Domesticum expositum, inter funera amicorum condecorata. Lüneburgi 1642. p. 34. sq. & Orat. Funebr. habitam à Zacharia Scheffero.

Henricus *Bocerus*, Salcato-Paderbornensis, J. U. D. Dicasterii Assessor, Feudal. & Criminal. Prof. ab Anno 1595. *biß* 1630. in Senatum & Facultatem receptus 1603. natus posthumus 1561. Die Festo III. Regum. den. 1630. 6. Jun. æt. 69. Conf. Imagin. Cellii,

lii, Freheri Theatr. Vir. Erudit. P. II. Sect. 4. p. 940. Doctorirte 1585. *unter dem* Decanat Nicol. Varenbülers. *Bey ihme* logirte *Herzog* Augustus *von Braunschweig, als er 1595. in Tübingen* studirte.

Andreas *Bajer*, Stuttgardiensis, J. U. D. & Prof. per 31. Annos, nat. 1566. 4. Jan. den. 1635. 24. Jan. æt. 69. Conf. Laudationem Funebrem Zachariæ Schefferi, Orator. & Histor. Prof. 1636. Tub. typis P. Brunni, & Concion. Funebr. hab. per Joh. Ulr. Pregizerum S. Th. D. Pastor & Special. Tub. 1635. Rector 1608. 1612. 1616. 1618. 1621. 1623. 1626. 1629. 1631.

Joh. Valent. *Neuffer*, Herrenbergensis, J. U. D. primum Prof. Feudal. Illust. Colleg. postea 1604. Pandect. Prof. nat. 1572. 10. Nov. den. 1610. April. Conf. Ej. Laudationem Funebrem Christophori Besoldi J. U. D. Tub. 1610. typ. Th. Werlini. Rector 1609. Decanus 1609.

Christoph. *Besoldus*, Tubing. J. U. D. & Antecessor, Profess. 1610. Decanus 1612. nat. 1577. Den. Ingolst. 1638. 15 Sept. ad Pontificios transiit 1635. Vid. ejus Christlich und erhebliche Motiven, &c. Ingolstadt bey Gregorio Hænlen 8vo. 1637. welche D. Tobias Wagner, in seiner Evangelischen Censur Tub. 1640. kräfftig wiederlegt hatte. Dem darauf die damahlige Catholische Prælaten zu Maulbrunn, Bebenhaussen, Murrhard, Adelberg, Königsbronn, Lorch 2c. auf offentlicher Gasse zu Eßlingen durch einen Notarium Publicum und zwey Testes eine hefftige Schrifft, unter dem Nahmen einer Retorsion und nöthigen Defension, wegen der Kirchen-Güter insinuiren liessen, denen er aber so gleich mündlich und schrifftlich hertzhafft und unerschrocken begegnete und antwortete. Vid. Fischlini, P.II. p.189. & Abb. Caroli Memorabil. Tom. I. pag. 1074. Rector 1614. 1617. 1620. 1624. 1628. 1632. 1634. adde Iselini Lex. Bas. Mencken G.L. D. Weismanni Introd. in H. E. T. II. Sec. XVII. p. 741. J. Fr. Reinmanni Einleit. in H. L. Germanic. fortſ. L. II. Sect. III. p. 158. p. 509.

Dr. Joh. Valentinus Andreæ, intimus Besoldi amicus, in Manuscripto Curriculo Vitæ suæ, ad Annum 1635. ita de hoc transitu ad Pontificios scribit: omnium luctuosissima mihi esse debet Mors Besoldi spiritualis, sive á nobis in Religione ad Pontificios discessus, Viri supra omnes mortales de me præclare meriti, cætera, ne quid dissimulem, nunquam sibi in Religione constantis, sed & multiplici variarum sententiarum lectione se se volutantis, qui, aut valde fallor, nec in his castris habebit, ubi acquiescat, ubi verborum accepisse plurimum, rei vix Umbram possidere animadverterit. Ac postquam putat, ejectum esse importunitate quorundam Theologorum, sic pergit: Ut dum nostros vitat & odit, in aliorum Insidias & Casses homo incautus inciderit, quèm DEus eripiat, & postliminio nobis reddat! At potius alio tempore, quam sub Patriæ fatum discessisset, ne cum fortuna fidem etiam mutasse aliis credatur. Porro autem de ipsius morte ad Annum 1638. ita scribit: Sed & Besoldus Apostasiæ brevem periodum absolvit Ingolstadii, majore lubricitate in Religione, an perfidiæ in Patriam Domumque Würtembergicam virulenti Odii infamia, incertum, ut qui venenato calamo plus Cladis & damnosæ moræ quam armatorum totæ Acies, gladiique milleni nobis intulit, detestabilis ob id ad omnem posteritatem habendus.

Weilen diese Leichtsinnigkeit des Besoldi in der Religion, damahlen vieles Aufsehens gemacht hat, so füege hier diejenige haupt-piecen bey, aus welchen man Historice und Theologice sich eines mehreren erkundigen mag. Also sind nachzulesen 1) die schon gemeldete Motiven des Besoldi selbsten in 8. 2) D. To-

Tobiæ Wagners Evangelische Censur und Wiederlegung dieser Motiven. Tübingen 1640. in 8. besonders in prolegomenis. 3.) Henrici Wagnereckii, S. Th. D. & Cancell. Dillingensis, Vindiciæ Motivorum Fidei Catholicæ C. Besoldi, oder Catholische Gegen-Censur. An. 1644. Augspurg in 8. 4) D. Tobiæ Wagners Evangelische Theologia Patrum, zur Beantwortung der genannten Catholischen Censur Wagnereckii. Tübingen in 8. 1647. 2c.

D. Wilhelmus *Bidenbach*, Successor Halbritteri 1628. d. 12. Jun. electus & 7. August. receptus, sed ab Aula inculpatus & Uracum deductus 1630. remotus, Postea restitutus salarium accepit, sed & hoc 1632. prorsus privatus fuit, quia ad officium redire noluit, sed Viennam abiit. Aliquot Cæsarea Mandata de restituendo Salario & restitutione in integrum, ad Aulam & Academiam missa fuerunt: Quo ipso salario ipsius Familia utebatur, ipse vero ad officium non rediit, sed absens fideliter Consiliis Academiam & Aulam adjuvit in Comitiis & in Aula Cæsaris, maxime 1639. sqq.

Martinus *Neuffer*, I. U. D. & Professf. nat. 1594. ult. Jun. denat. 1638. 26. Jul. Successor Boceri 1630. 25. Aug. cujus Lectiones instituit. Rector 1636. Decanus 1637.

Joachimus *Wiebelius*, Hersfeldensis, I. U. D. Senior Facultat. & Antecessor. nat. 1594. Starb im Dainach am Schlagfluß, wurde aber hier begraben. 1653. 9. Jun. Conf. Orat. Funebr. Christophori Caldenbachii, Tub. 1661. Rector 1641. 1645. 1647. 1649. 1651.

Samuel *Bansovius*, Rostochiensis, I. U. D. 1603. &

& Prof. 1636. 5. Febr. den. 1638. 22. Mart. æt. 62. Successor Besoldi. Antea Dicasterii Assessor.

Wolffg. Gualtherus *Gruber*, I. U. D. & Prof. & Dicasterii Assessor. Rector 1643. 1645. 1650. Decanus 1641. It. 1650.

Thomas *Lansius*, Austria-Bergensis, I. U. D. & Prof. Colleg. Illustr. Consiliar. Würt. Intimus & Academiæ Visitator. nat. 1577. 16. Febr. den. 1657. 22. Dec. æt. 81. Conf. Orat. Funebr. S. Panegyr. Christoph. Caldenbachii, Tub. 1658. Concionem Funebr. habit. per D. Josephum Demlerum, S. Th. D. & Pastor. Tub. gedruckt bey Joh. Alexander Cellius 1658. in Psal. XCII. v. 13 - 16. darbey das Programma Funebre beygefügt ist, die S. Stephani 1657. Ejus unicus Gener fuit D. Wolffg. Adam Lauterbachius &c. Adde Freheri Theatr. Vir. Er. P. II. Sect. IV. p. 1146. & Programma funebre Illustris Collegii 1657. Successor D. Magiri 5. Febr. 1636.

Johannes *Wurmserus*, Giesensis Hassus, I. U. D. 1626. & Prof. Feudal. & Canonic. Sanctionum. nat. 1600. die Lucæ. den. 1659. 20. Oct. Rector 1952. Decanus 1648. 1649. It. 1653. It. 1654.

Joh. Ulr. *Rümelin*, Tubingensis, I. U. D. & Prof. Colleg. Illust. postea Academic. loco Bidenbachii 7. April. 1632. electus inter 15. Competentes. Debebat autem Bidenbachio Ordinariam Professionem iterum tradere, continuo à Senatu Amplissimo electus Extraordinarius, ne ullus Ordinariam spartam ipsi præripere posset. Constituebatur quoque Dicasterii Assessor & Consiliarius Provincialis. Mortuus ætat. 88. Stuttgardiæ & Tubingæ sepultus 1670. 28. Octobr. Nat. 1582. 10. August. Denat. 1670.

1670. Rector 1637. 1639. 1642. Conf. Programma funebr. 26. Oct. 1670.

Davides *Scheinemann*, I. U. D. & Prof. Colleg. Illustr. atque Academicus Ordin. & Consiliarius Statuum Provinc. æt. 48. nat. 1628. 18. Iun. den. 1676. 4. Mart. Conf. Conc. Funebr. I. A. Osiandri, S. Th. D. Prof. O. & Pastor. Eccles. Tub. apud Ioh. Heinr. Reiss. conf. Programma Funebre Illustr. Collegii 1676. 9. Mart. & Academicum Ducis Ludovici Rectoris Magnificentissimi.

Wolffgang Adam *Lauterbach*, Schleizensis, I. U. D. & Prof. postea Consiliarius Intimus & Consistorii Director. In itinere Stuttgardia Tubingam redux Waltenbuchii in Arce, cum aërem mutare vellet, mortuus est. Natus 1618. 22. Dec. *Denat.* 1678. 18. Aug. Conf. Magni Hessenthaleri Effigiem Lauterbachianam &c Stuttg. fol. 1681. & Programma funebr. 21. Aug. 1678. Concion. Funebr. hab. per D. Balth. Raithium 1679. bey Ioach. Hein. in 2. Tim. IV. 6. 7. 8. Rector 1653. 1655. 1658. 1660. 1663. 1667. 1670. 1673.

Iohannes *Grave*, Osnabrugensis Westphalus. I. U. D. & Prof. 1653. natus 1620. 14. Nov. Den. 1688. 3. Nov. Conf. Conc. funebr. habit. per Ioh. Adam Osiandrum, Cancellarium in Iohann. V. 24. Das *Programma* Funebr. ist beygefügt. Rect. 1654. 1657. 1661. 1665. 1669. 1672. 1675. 1686.

Burckardus *Bardili*, Tubingensis, I. U. D. & Prof. 1653. Antecessor Senior & Assessor Dicasterii & Collegii Illustr. Nat. 1629. 11. Oct. *Den.* 1692. 10. April. Ann. 1655. 18. Febr. Prof. Iur. Extraord. An. 1660. 20. Ian. *Prof.* Iur. Ordin. Pandect. Rector 1663. 1671. 1675. 1680. 1686. 1690. Conf. Pro-

Programm. 1692. 12. April. & Conc. funebr. hab. per I. Ad. Osiandrum, Cancellar. in Roman. VIII, 35-39. Add. Programm. funebr. ejus Viduæ, Iustinæ, natæ Eckeriæ 1705. 28. Oct.

Ericus *Mauritius*, Izenhoa-Holsatus, I. U. D. Prof. Iur. Publ. & Feudal. 1660. Nat. 1631. 10. Aug. Denat. Wezlariæ An. 1691. 10. Sept. Rector 1664. Vocatus à Duce Christiano Alberto in Academiam Novam Kiloniensem 1665. Resignirte als Rector Magn. 6. April. 1665. Postea 1672. Assessor Camer. Imper. Spirensis & Wezlariensis. Vid. Contin. Lex. Budd. p. 264. & Iselini Basileense.

Johann Andreas *Frommann*, Coburgensis, J. U. D. & Prof. per XXX. annos. A. 1660. 2. Maj. Mense nat. 1626. 2. Sept. den. Rector Magnif. 1690. 7. Feb. Conf. Conc. Funebr. D. Joh. Adam Osiandri Cancel. in Johann III. 16. cui Programma Funebre annexum 10. Febr. 1690. Successor D. Wurmseri. Rector 1665. 1671. 1674. 1679. 1681. 1684.

Johann Adam *Kurrer*, Reuttlingensis, J. U. D. 1663. primum Secretarius, postea Prof. & Antecessor. nat. 1641. 14. Jul. den. 1692. 4. April. Rector 1682. 1687. Conf. Programma Funebre 1692. 6. April. conf. Programma Viduæ Mariæ Veronicæ, postea Michaeli Müllero S. Th. D. nuptæ 1694. 17. Octobr.

Ferdinandus Christophorus *Harpprecht*, Tubingensis, J. U. D. & Prof. per 36. annos ab An. 1678. 28. Maji *biß* 1714. nat. 1650. 3. Jun. den. 9. Nov. 1714. Conf. Programma & Concion. Funebr. hab. per M. G. Cunrad Pregizerum t. t. Diaconum Tubing.

adde Iselini Lex. Basil. Rector 1683. 1688. 1693. 1697. 1702. 1707. 1712. Conf. Programma Funebre Dom. XXIV. p. Tr. 1714.

Gabriel *Schweder*, Cöslino-Pomeranus, J. U. D. 1674. 26. Jan. Anno 1677. Dicasterii Wirt. Assessor & Jur. Publ. & Feudal. Prof. ab Anno 1681. 31. Jan. ultra 50. annos. nat. 1648. 18. Maji. denat. 30. April. 1735. Conf. Programma Anno 1735. 4. Non. Maj. & Concion. Funebr. per G. C. Pregizerum t. t. S. Th. & Histor. Eccles. P. P. *und altesten Predigern* in Rom. XIV. 7. 8. 9. Rector 1685. 1691. 1695. 1699. 1705. 1709. 1714. 1720. 1723. 1728.

Johann David *Mögling*, Tubingensis, J. U. D. & Prof. Dicasterii Assessor & Ordin. Equestr. Consiliarius. nat. 1650. 29. Jul. denat. 1695. Conf. Concion. Funebr. habit. in Psal. XXVII. 13. per Johann. Wolffg. Jæger. S. Th. Doct. & P. P. *darbey das* Programma Funebre pag. 27. *zu lesen ist* 27. Jun. 1695.

Michael *Graff*, Wolgasto-Pomeranus, J. U. D. 1687. & Prof. Publ. atque Crim. Prof. ac Assessor Colleg. Illustr. & Dicasterii. nat. 1657. 5. Febr. den. 25. Jul. 1731. Conf. Programma & Conc. Funebr. hab. per G. C. Pregizerum t. t. S. Th. & Histor. Eccl. P. P. *und altesten Predigern* in Psalm. LXXIII. 23. 24. adde Programma Professionale 1687. Rector 1695. 1701. 1707. 1711. 1713. 1721. 1725. 1727. 1730.

Ernestus Theophilus *Majer*, Crusianus, Lustnauensis, J. U. D. 1676. & Prof Extraord. 1672. Ordin. Pandect. 1695. nat. 1651. 29. Sept. den. 15. Octobr. 1727. Rector 1697. 1703. 1708. 1714. 1718. 1723. 1726. Conf. ej. Vitam ap. Moserum *im Er-*

senterten Würtemb. P. I. p. 250. sq. & Programma Funebr. 5. Oct. 1727.

Davides *Scheinemannus*, Tubingensis, J. U. D. Jurispr. Univers. & Instit. Imperial. P. P. 1696. nat. 1662. 20. Jun. den. 1702. 2. April. Antea 1686. Prof. J. U. Extraord. mox Ordin. Prof. Moral. Successor D. Möglingi. Rector 1694. Conf. Program. Funebr. Non. April. 1702. & Concion. Funebr. hab. per Christoph. Reuchlin, S. Th. D. & P. O. ac Eccl. Past. in Ps. LXXXIV. 11. 12. 13.

Johannes Andreas *Frommann*, Tubingensis, J. U. D. & Prof. primum Extraord. 1699. mox autem Ord. postea una Consiliarius Principis Intimus. Nat. 1672. 30. Jan. denat. 1730. 2. Jan. Stuttg. Rector 1704. Conf. Programma Doctorale 1699. Dom. XXV. p. Tr. & Professionale 1699. IX. Dom. p. Tr.

Stephanus Christophorus *Harpprecht*, Lustnauensis, J. U. D. & P. P. Ord. primum Extraord. 1702. postea Ordin. mox Sereniss. Wurtemb. Duc. Cameræ Procurator. Professor Kiloniensis, Cancellarius. Nat. 1676. 12. Jun. denat. Viennæ 1735. Conf. Programma Professionale 1702. Dom. Exaudi.

Jacobus Davides *Mögling*, Tubingensis, J. U. D. & Prof. Extraord. 1705. & Ordinar. Anno 1714. Nat. 1680. 16. Maji. denat. 19. Nov. 1729. Rector 1717. Conf. Programma Professionale 1705. Dom. VI. p. Trin. Programma & Concion. Funebr. hab. in Apoc. XXI. 7. per G. C. Pregizer. t. t. S. Th. & Hist. Eccl. P. P. *und Abend-Predigern.*

Philippus Ludovicus *Brenner*, Nürtingensis, J. U. Lic. & Prof. Extraord. etiam Collegii Illustris Assessor &c. postea Consiliarius Regiminis & Ordinum Provincial.

vincial. Consiliarius. Nat. 1683. 19. Dec. denat. 1737. Conf. Programma Profess. 1710. Dom. I. p. Tr. & Funebre 1737. 6. Cal. Maji. Adde Lex. Basil. Suppl. T. I. p. 550.

Iohannes Adamus *Majer*, Tubingensis, I. U. D. & Prof. Extraord. 1709. postea Consiliarius Iustitiæ. Conf. Programma Doctorale.

Ioh. Iacob. *Moser*, Stuttgardianus, I. U. D. & Pr. Extraord. 1720. postea Consiliar. Regiminis & Pr. Colleg. Illustr. 1729. porro Consil. Intim. Borussic. & Prof. Jur. *Primarius* Francofurt. ad Oderam &c. Conf. Program. Professionale Academ. 1720. 12. Sept. Progr. *Profess.* Colleg. Illustr. 1729. Dn. Lætare. *Programm.* Doctorale 1736. Fest. Phil. & Iacobi.

Christoph. Davides *Gerlachius*, Calvensis, I. U. Lic. & Prof. Extraord. natus 1701. Mens. Nov. denat. 1742. Conf. Progr. Profess. VIII. Cal. Oct. 1735. Funebre 1742. 11. Oct.

Iacobus Fridericus *Mögling*, Tubingensis, I. U. Lic. & Professor Academ. & Colleg. Illustr. Extraord. nat. 1708. 29. Oct. denat. 1742. 10. Nov. Conf. Program. Profess. Idib. Febr. 1736. Funebre 1742. 12. Nov.

Qui præsenti tempore florent atque docent *Professores* Jurium & Jure-Consulti, Scriptis & Consiliis ubique celebres, sunt

Dn. Georgius Fridericus HARPPRECHT, Senior. Tubingensis, J. U. D. Seren. Würtemb. Ducis Consiliarius & *Prof.* Publ. Ord. atque Dicasterii Assessor, Natus Tub. 1676. 10. Dec.

Conf.

Conf. Programma Professionale 1722. 18. Jan. & Doctorale 1699. Dom. XXV. p. Trin.

Dn. Joh. Theod. de SCHEFFER, Dünckelsbühlensis, J. U. D. & Profess. Publ. Ordin. 1716. Adhæc Consiliar. Würtemb. Intimus atque Cancellarius Supr. Natus 1687. Cal. Mart.

Conf. Programma Doctorale 1714. NB. observatur hic (absque præjudicio reliqu.) tantum Ordo Professorius.

Dn. Wolffgangus Adamus SCHOEPFFIUS, Suevofurtensis, J. U. D. Seren. Würtemb. Duc. Consiliarius, & Prof. Pandect. & Praxeos Publ. Ord. 1718. Nat. Suinfurti 1679. 23. Sept. Antea Prof. Extraord. & Supr. Dicast. Assessor.

Conf. Programma Professionale 1716. & Doctorale 1703. Dom. Cantate. Add. J. J. Moseri Erleutertes Würtemb. P. II. p. 183. sqq.

Dn. Johannes Jacobus HELFFERICH, Göppingensis, J. U. D. Seren. Würt. Duc. Consiliar. & Jur. Publ. & Feud. Prof. Publ. Ord. 1730. Natus 1692. Prid. Non. Jan. Antea Prof. Iur. Politices & Historiar. in Collegio Illustri, & Dic. Assess.

Conf. Programma Doctorale 1716. & J. J. Mosesum in Erleut. Würtemb. P. I. pag. 195. sqq.

Dn. Christoph. Fridericus HARPPRECHT, Junior, Tubingensis, J. U. D. Consiliarius Sereniss. Würtemb. Duc. & Profess. maxime Iur. Canon. Ord. 1731. Natus 1700. 22. Sept. Antea Prof. Iur. Extraord. Collegii Illustris Ordin. & Dicasterii Assessor.

Conf. Programma Doctorale 1730. & Professionale 1727. 3. April.

Dn. Johannes Fridericus MOEGLING, Tubinbingensis, J. U. D. Seren. Würtemb. Duc. Consiliarius & Prof. Publ. Ord. Natus 1690. Antea Advocatus Dicasterii, postea 1731. I. U. D. & Prof. Publ. Ord. Giessensis. Redux 1734. I. U. Pr. Ordinarius Tubing.

Conf. Programma Doctorale 1731. 18. Febr.

Extraordinarii Professores Juris.

Dn. Christianus Henricus HILLER, Kirchemio-Teccensis, I. U. D. Consil. Würtemb. & Pr. Extraordinarius atque Supremi Dicast. Assessor. Natus 1696. 30. Octobr.

Conf. Progr. Doctorale 1719. Dom. I. p. Trin.

Dn. Ludovicus Cunradus SMALCALDER, Giessensis, I. U. Lic. Consiliar. Sereniss. Duc. Würtemb. Prof. Jur. in Academia Extraordinarius, in Collegio Illustri Ordinar. & Universitatis Secretarius. Nat. 1696. 1. Nov.

Conf. Programma Professionale, Fest. Michael. 1735.

Dn. Gottofredus Daniel HOFFMANN, Tubing. I. U. Lic. & Prof. in Academia Extraordin. & Illustr. Colleg. Ordin. Natus 1719. 19. Febr.

Conf. Programma Professionale 28. Ian. 1742.

Observatio XXV.

Series

Doctorum & Professorum Medicinæ Academiæ Tubingensis.

von 1477. biß 1742.

Iohannes *Maius*, Artium Magister & Medicinæ utriusque Doctor Ordinarius primus 1477. vid. Crus. P. III. L. VIII. c. 13. p. 108. ed. lat. p. 450.

Tho-

Thomas *Ruſs* (vel *Rüſs*) Gemmingenſis, Art. Magiſt. Medicin. Doct. & Facultat. Medicinal. Prof. Ordinarius, inſcripſit 1478. Vid. Cruſium P. III. L. VIII. c. 14. p. 110. ed. lat. p. 454.

Johannes *Widemannus*, de Möchingen, Med. D. & *Pr.* aliâs Möchinger dictus. Jam ante 1495. Comes Eberhardi I. ad Comitia. Vid. Cruſ. P. III. L. IX. c. 6. p. 142. Decanus 1497.

Andreas *Rintpiſs*, Eslingenſis, (aliis Giſslingenſis) Artium Mag. & Med. D. atque Prof. Doctor creatus à Decano Möchingero 1497. Decanus ipſe Anno 1498.

Jacobus *Kurlin*, Tegerlocenſis (vulgo Tegen) Art. Magiſt. Decanus 1498. poſtea Medic. D. atque Prof. Doctor creatus à Möchingero, 1497.

Bernhardus *Rorbach*, Hallenſis (aliis Bechingenſis) Art. Magiſt. & Prof. 1495. poſtea Medic. D. & Prof. Ord. Doctor creatus à Möchingero 1497. An. 1511. Decanus Doctores creavit, iter. 1520. & 1528.

Rudolphus *Unger*, Medic. D. & Prof. Ord. Decanus, 1518. 1520. 1529. 1531. Inter alios Doctores etiam Michaelem Ruckerum creavit.

D. Johannes *Simpius*, Medic. Prof. 1537.

Michael *Rucker*, Medic. Doct. & Prof. 1534. Denatus 1561. 9. Oct. Rector 1539. 1543. 1548. 1551. 1557.

Leonhardus *Fuchſius*, Wembdingenſis, Medic. D. & Prof. Anno 1535. 14. Aug. per 31. annos. Nat. 1501. denat. 1566. 10. Maji. Rector 1536. 1540. 1546. 1549. 1554. 1560. 1564. Dictus fuit Medicus illuminatus, viva voce & ſcriptis fulgentiſſimus.

mus. Sepultus est in Cœmiterio suburbano. Concionem Funebrem habuit D. Heerbrandus: Orationem Funebrem autem G. Hitzlerus. Fuit procero corpore, animo magno. Celeberrimam fecit hanc Scholam & suum Nomen. Inviserunt Hispanorum Docti, quando in Præsidiis hujus Ducatus erant, Lectiones quoque frequentarunt ejus, & curatione ejusdem usi sunt fideli, Quodam die carpsit, nescio quid in Anatomicis Vesalii, auscultante peregrino Viro. Lectione finita, is ad Fuchsium accedens: Cur me, comiter inquit, reprehendisti? Qua in re te læsi? Esne tu Vesalius inquit, Fuchsius. Vides ipsum Vesalium, inquit hic. Tum inter eos gratulatio, amica collatio & ad convivium invitatio. Hæc ex Annalibus & Crusio. Conf. Crusium P. III. L. XII. c. 12. p. 313. ed. lat. p. 728. Freheri Theatr. Vir. Erudit. Part. III. pag. 1257. Lexic. Basil. Iselin. Tom. II. pag. 407. Add. Pantaleonem P. III. p. 305. J. Fr. Reinmanni *Einleitung* in Hist. Lit. Germ. P. VI. p. 549. & p. 752.

Jacobus *Scheckius*, Schorndorfensis, Art. Mag. & Prof. Phys. 1539. Medic. D. & Prof. Medic. An. 1553. Nat. 1511. die Profesto Pentecost. den. 1587. 8. Maji Docuit per 44. annos Rector 1544. 1553. 1558. 1562. 1566. 1570. Anno 1576. renunciavit Lectionibus Medicæ & Organicæ, tamen usque 1577. docuit, postea cœcus factus per 10. annos. Sepultus extra occidentalem murum Templi San. Georgiani. Concionem Funebr. habuit Diaconus M. J. G. Sigwartus in Gen. XXV. de Morte Abrahami. Adde Orationem Funebr. G. Liebleri de Vita, Moribus & Studiis Jac. Scheckii hab. 1587. & J. J. Moseri *Erleutertes Würtemb.* P. II. p. 260. sqq. Conf. Freheri Theatr. Vir. Erud. P. III. p. 1287. Lex. Isel. Basil. Tom. IV. p. 279. Pantaleonem P. III. p. 332.

Venerandus *Gabler*, Stuttgardianus, Med. D. & Prof.

Prof. 1561. 30. Dec. Successor Ruckeri. Nat. 1522. 24. April. den. 1579. 26. Oct. Ad Pontificios defecit, adductus per Comitem Helffensteinium, Amicum, ob metum Executionis Concilii Tridentini. Vid. Cruf. P. III. L. XI. c. 18. p. 258. ed. lat. p. 653. & P. III. L. XII. c. 13. p. 314. ed. lat. p. 729.

Johannes *Vischerus*, Wembdingensis, Med. D. & Prof. per 19. annos. nat. 1524. 16. Dec. den. 21. April. 1587. Conf. Orat. Funebr. M. Erhardi Cellii Poët. Prof. Publ. Tub. 1588. Freher. Theatr. Vir. Erudit. P. III. pag. 1286. Rector 1573. 1578. 1582. Antea Professor Ingolstadiensis, & Medicus Nerolingensis per sex annos, & Archiater Onolspacensis per Sexennium. Tandem Successor Fuchsii in facultate Medica 1567. Ipse fuit Auditor Lutheri & Melanchtonis. Concionem Funebr. habuit M. Joh. G. Sigwartus, Diaconus.

Georgius *Hamberger*, Dinckelsbülensis, Medic. D. & Prof. 1568. 7. Febr. nat. 1537. den. 1599. 23. Jul. Conf. Freheri Theatrum Vir. Erudit. P. III. pag. 1297. adde Imagin. Cellii. Successor Gableri. Antea Medicus Rothenburgo-Tubarinus.

Andreas *Planerus*, Athesinus *oder ein Etschländer*, vel Boza-Tyrolensis, Medic. D. & Prof. ab Anno 1578. nat. 1546. denat. Tub. 1606. 29. Aug. *wehrender Fürstl.* Visitation. Conf. Freheri Theatr. Vir. Erudit. Part. III. p. 1321. Cellii Imagines. Adde Laudationem Funebr. qua ipsi Præceptori Discipulus solenniter parentavit Iohannes Fabri. Tubingæ è Chalcographeo Celliano 1607. Successor Scheckii.

Daniel *Mögling*, Tubingensis, Med. D. & Prof. Consil. W. & Archiater. nat. 1546. denat. 1603. vid. Imag.

Imag. Cellii. Antea Professor Heidelbergensis, sed à Calvini sequis abire coactus. Rector 1592. 1596. 1602. Successor Vischeri 1587. Ejus Filius Johann Ludwig Mögling, Medic. D. & Prof. Nepos Joh. Ludwig. Mögling Med. D. & Prof. successerunt. add. Freherum pag. 1297. qui carmen Cellii inseruit.

Sebastianus *Bloss*, Ulmensis, (aliis Münsingensis) Med. D. & Prof. 1604. Sepult. 1627. 9. Mart. Rector 1607.

Johannes *Fabri*, Dusslingensis, Med. D. & Pr. nat. 1571. 22. Mart. denat. 9. Aug. 1620. Conf. Orat. Funebr. Johannis Ludovici Möglingii hab. 27. Nov. 1520. typis Eberhardi Wildii. Rector 1610. 1616.

Johannes Jacobus *Haugius*, Augustanus, Patricius, Med. D. & Prof. circiter 1608. nat. 1567. den. 1616. 22. Oct. Conf. Lachrymas Exequiales, fusas in Aula nova 18. Maji 1617. à Joh. Ludovic. Möglingio Med. D. & Prof. Tub. typ. Joh. Alexandri Cellii 1617. Rector 1614. Antea Physicus Heilbronnensis 1592. per 16. Annos. Successor Planeri.

Johannes Ludovicus *Mœgling*, Heidelbergensis, Med. D. & Pr. nat. 1585. Heidelberg. ubi Pater t. t. Medicus erat & Archiater Electoralis. den. 1625. 25. Sept. æt. 40. Rector 1621. Successor Haugii 1617.

Matthæus *Müller*, Med. D. & Prof. Anno 1620. postea ob vitæ culpam 1628. suspensus & remotus 1630. 30. Mart. Academiæ Gravissimas lites Mandatis Cæsareis, postquam Viennæ Medicus Aulicus constitutus esset, movit, salariumque extorsit, quo sui fruerentur; Ipse tamen, quantum compertum

 habeo

habeo, ad Professionem non rediit. Lites fuerunt diuturnæ per plures annos. Ultima non novi.

Johannes *Plachetius*, Moravus, Med. D. & Pr. Sepult. 1635. 20. April. Successor Mülleri 1630. antea Medicus Stuttgardianus. Conf. Orat. Funebr. hab. per Z. Schæfferum.

Balthasar *Simonius*, Schmalcaldiensis, Med. D. & Prof. electus 1628. 12. Jun. Successor Blossii. nat. 1591. 29. Mart. sep. 1635. 7. Oct. conf. Orat. Funebr. hab. per. Z. Schæfferum.

Johannes *Gerhard*, Stuttgardianus, Med. D. & Prof. per 27. annos, æt. 58. nat. 1598. den. die ult. 1657. sep. 1658. 3. Jan. Rector 1633. 1637. 1641. 1646. 1649. Conf. Programma Funebre 1658. 3. Jan. & Uxoris Progr. Funebr. 1689. 22. Jul.

Carolus *Bardili*, Stuttgardianus, Med. D. & Pr. electus 1635. 16. Jun. atque Archiater Würt. Consil. Cæsar. & Würtemb. 27. Nov. 1638. Rector 1639. 1643 Successor Plachetii. Natus 1600. 26. Maji denat. 1647. 8. Nov. æt. 47. Sepultus 8. Nov. 1647. conf. Program. Funebr. d. 8. Nov. 1647.

Martinus *Solfleiss*, Altenburgensis, Med. D. & Profess. 1590. Plevritide extinctus, sepult. 1654. 21. Febr. antea 1587. Prof. Pædag.

Samuel *Hafenreffer*, Herrenbergensis, Med. D. & Prof. natus 1587. 26. April. den. ætat. 74. sepult. 1660. 30. Sept. Rector 1653. 1656. 1659. Conf. Programma Funebre 1660.

Joh. Cunradus *Brodbeck*, Tubingensis, Phil. & Med. D. & Pr. per 20. annos. nat 1620. 28. Aug. den. 1677. 22. Febr. æt. 56. Conf Conc. Funebr. habit. per M. G. Burck. Knöbeln, t. t. Diaconum Tubingensem, tan-

tandem Abbat. Maulbr. & Gener. Superintend. in Ps. 103. vs. 1-5. Rector 1662. 1668.

Antea Physicus Eslingensis 1646. Professor Astronomiæ Tub. Extraordinarius Anno 1650. postea Pr. Physicus Ordinarius Anno 1653. Prof. Medic. Ord. 1657.

Georg Balthasar *Metzger*, Suinfurtensis Francus, Med. D. & Prof. ab Anno 1661. nat. 1623. 23. Sept. denat. 1687. 8. Oct. Rector 1664. 1669. 1673. 1678. 1682. Antea Prof. Physic. & Medicin. 1653. Giessensis per octennium ab 1653. conf. Concion. Funebr. habit. à G. H. Kellero S. Th. D. & Prof. Ord. ac Ecclesiæ Decano in Ps. VII. v. 11. Collegii Naturæ Curios. Co-Instaurator, nomine Americus. Conf Programma Funebre 1687. 12. Oct. Adde Progr. Funebr. Filii G. H. Metzgeri, cal. Jul. 1695.

Johann Ludwig *Mögling*, Tubingensis, Med. D. & Prof. æt. 80. Rector 1680. 1688. natus. 1613. 4. Oct. den. 10. Nov. 1693. Conf. Programma Funebre d. 12. Nov. 1693. Successor in hac Facultate Patris & Avi Joh. Ludovici, & Danielis Möglingiorum. Primum Physicus Tubingensis. An. 1660. Professor Physices & Matheseos Ordinarius, Medicinæ Extraordinarius per XXV. annos. Tandem Med. Prof. Ord. 1687. Successor Metzgeri.

Elias Rudolphus *Camerarius*, Tubingensis, Med. D. & Prof. & Archiater Würtemb. Colleg. Imperial. Nat. Curiosor. Hector I. nat. 1641. 7. Maj. den. 1695. 7. Jun. ætat. 54. Conf. Progr. Funebre annexum Concioni Funebri habit. per G. H. Kellerum S. Theol D. Eccles. Decanum & Superintend. Stipend. Theolog. in *Ps.* IV. vs. 9. Adde Supplem. Lexici Basil. T. I. p. 609.

609. Rector 1679. 1685. 1691. Adde Progr. Fun. Uxoris Reginæ Barbaræ 1697. 17. Nov.

Johannes *Zeller*, Lünzingensis, Med. D. & Pr. per 47. annos ab An. 1686. Consil. & Archiat. Würt. atque Oetingens. & alior. P. P. Natus 1656. 6. Jan. den. 1734. 7. April. ætat. 79. duorum Collegiorum Medicorum Senior. Conf. Progr. Funebr. annexum Concioni Funebri habit. in Es. XLV. 4. 5. 6. 7. per Joh. Zellerum t. t. Pr. Phil. & Archi-Diacon. nunc Concionatorem Vespertinum & Special. Superintend. Diœces. Tubingensis. Adde Programma Doctorale Anno 1684. V. p. Tr. Rector 1692. 1701.

Johann Adam *Osiander*, Tubingensis, Med. D. & Prof. Extraord. 25. Nov. 1685. Conf. Program. Professionale 1685. 10. Sept. & Funebre 25. Maji 1708. Nat. 1659. 9. Nov. den. 1708. 23. Maji.

Rudolphus Jacobus *Camerarius*, Tubingensis, Med. D. & Prof. Colleg. Imp. Nat. Curios. Hector. II. nat. 1665. 17. Febr. denat. 1721. 11. Sept. æt. 56. Anno 1688. Prof. Med. Extraord. & Horti Med. Inspector. A. 1689. Pr. Phys. Ord. 1695. Prof. Med. Ord. Conf. Programma Funebr. additum Conc. Funebr. hab. in Psal. LXII. 2. per M. Wilhelm. Gottlieb. Tafingerum, t. t. Diaconum Tubing. nunc Conc. Aulicum, Consistorialem & Abbatem Adelbergens. General. quoque Superintend. Adde Supplement. Lexici Basil. T. I. p. 609. Moseri *Erleutertes Würt. P.* I. p. 266. sq. Pregizeri *geistl.* Poes. Anno 1721. p. 449. sq. Rector 1696. 1703. 1709. 1716.

Elias *Camerarius*, Tubing. Med. D. & Pr. Consiliar. atque Archiater Würt. Societ. Imper. Nat. Curiosor. Hect. III. nat. 1672. 17. Febr. den. 1734. 8. Feb.

Conf.

Conf. Programa Doctorale Programma Funebre annexum Concion. Funebr. habit. per G. C. Pregizerum t. t. S. Th. & Histor. Eccles. P. P. und ältesten Predigern in Genes. XLIX, 18. Supplement. Lex. Basil. P. I. p. 609. Rector 1713. 1719. Adde Programma ad Orat. Annivers. Fac. Med. 1690.

Joh. Georgius *Duvernoy*, Montisbelig. Med. D. & Prof. P. Extraord. 1716. postea Prof. Medicinæ Petropolitanus Imperialis 1725. nat. 1691. ipf. Kal. Junii. vid. Program. Professionale P. II. Moseri Erleut. Würtemb. p. 277.

Alexander *Camerarius*, Tubingensis; Med. D. & Prof. P. Ord. Societ. Colleg. Imperial. Naturæ Curiosor. Hector IV. nat. 1696. 3. Febr. den. 23. Nov. 1736. Conf. Programma Funebre & Conc. Funebr. hab. per Joh. Zellerum t. t. Archi-Diaconum, *Prof.* Philos. P. atque Special-Superintend. Diœces. Tub. Adde Programma Doctorale 1717. Supplem. Lexic. Basil. T. I. p. 609. Rector 1724. 1729.

Florentes atque Docentes Professores Medicinæ, suis Scriptis & Consiliis celebres, præsentes sunt.

Dn. Burckardus Davides MAVCHART, Marpacensis, Medicinæ & Chirurgiæ Doctor, harumque ac Anatomiæ *Prof. Publ.* Ord. Consiliarius & Archiater Würtemb. Natus 1696. 19. April.

Conf. *Programma Professionale* 1726. Dom. III. p. Trinit. Doctorale 1728. J. J. Moseri Erläutertes Württemb. P. I. p. 203. seqq.

Dn. Johannes BACKMEISTER, Travemunda-Lubecensis, Med. *D.* & *Prof. Publ.* Ord. Consiliarius

rius atque Archiater Würtembergicus & Bado-Durlacensis atque Poliater Tubingensis. Natus 1580. 24. Octobr.

Conf. Programma Doctorale 1707. Feria II. Paschat. & Professionale 1710. Dom. Invocav. Bernhardi Raupachii Erläutertes Evangelisches Oesterreich Dedicationem der zweyten Fortsetzung.

Dn. Daniel HOFFMANN, Stuttgardianus, Medicinæ Doctor atque Prof. Publ. Ord. Acad. Nat. Curios. Collega, d. Niceratus. Nat. 1695. 25. Nov.

Conf. Programma Doctorale 1718. & Programma Professionale 1719. 24. Augusti.

Observatio XXVI.

Series Professorum Facultatis Artium & Philosophiæ in Academia Tubingensi.

Ab Anno 1477. ad Annum 1742.

Diese Professores sind von Anfang wohl schwerlich in unwidersprechliche Ordnung zu bringen, dessen unterschiedliche Ursachen sind, theils, weilen, wie es noch jetzo geschiehet, viele zuerst, die Philosophie und Artes dociret haben, welche hernach zu denen höhern Facultäten gekommen, und also nicht in die Matriculam Philosophicam ordentlich gezogen worden sind; theils, weilen viele Professores Classici Academici gewesen, so nicht würcklich als Senatores in der Facultät gestanden sind: Wie dann der Unterschied inter Professores Artium de Consilio Facultatis, und Professores de Pædagogio & Regentiæ, in der Declaration auf die Ordinationem Ducis Ulrici 1545. gemacht wird: theils,

theils / weilen diese Facultæt anfangs unter denen Doctoribus, als Superioribus fast gantz gestanden hat, und erst durch den Hertzog Ulrich in bessern Stand ist gesetzet worden; theils, weilen die mehreste Philosophiæ Professores, besonders die Conventores Contubernii, anfangs unverheurathet seyn musten, wie es in Oratione funebri Chiliani Vogleri zu ersehen ist, dann als solcher sich 1541. als Professor Ethices verheurathete mit Jungfer Ursula Schollin, so mußte er seine Profession aufgeben. Und heißt es pag. 16. also: Cæterum, quia Academiæ Statutis erat cautum, ut omnes Philosophiæ Professores, præsertim Conventores Contubernii cœlibem agerent vitam: etiam Voglerus noster suam renunciare Professionem Ethices cogebatur. Quare Legum poscente necessitate, honeste dimissus, ultimam in Ethicis Prælectionem habiturus: nolite, inquit, inter cætera, Auditores optatissimi, existimare, turpe aliquod à me facinus patratum: sed matrimonium nuper initum solam hujus dimissionis & veram esse causam statuite: Worauf er erst die Jura studirte, und Doctor auch Professor erstlich in Straßburg 1548. und Anno 1552. Ordinarius in Tübingen wurde; theils / weilen unterschiedliche wegen geringer Subsistenz, ihre Professiones aufgaben, oder andere Officia Ecclesiastica und Politica ambirten ꝛc. Wir wollen aber die Namen anführen, wie sie uns sind bekannt worden. Und wird man am besten die Sache treffen können, wann man sie eintheilet, entweder in diejenige, welche vor der Reformation gewesen, und welche nach derselben gefunden werden. Oder vielmehr, welche nach denen Jubilæis von 1477. biß 1577. und hernach von 1577. biß 1677. und endlich von 1677. biß 1742. gezehlet werden. Und wollen wir wit auf zweyerley Weise die Sache versuchen, daß auch diese Professores Artium und Philosophiæ in richtige Ordnung gesetzet werden.

Erstlich folgen auf einander alle Decani Facultatis Philosophicæ, welche ohnfehlbar Professores Ordinarii gewesen sind, und nachgehends werden auch die übrige in diese lauffende Seriem gebracht werden. Haben wir die Sache nicht also getroffen, daß gar keine Exception zu machen wäre, so hoffen wir doch am allernächsten zur Richtigkeit gelanget zu seyn.

Decani Facultatis Philosophicæ,

Secundum Ordinem annorum, ab Anno 1477. usque ad Annum 1742. Partim ex Annalibus Crusii, partim ex Albo Philosophico, partim ex aliorum Relatione.

Omnes vocabantur Magistri Philosophiæ, usi præfixa Litera M. quam nos omnino omisimus.

Anno 1477. Johannes Stein, von Schorndorff.
1478. Wilhelm Mütschelin, Rotenb.
1479. Joh. Hahn, von Hohnen.
1480. Conrad Vesseler.
1481. Conrad Blenderer, von Stuttgardt.
1482. Alexander Martolf, von Rothenburg.
1483. Udalricus Klingler, Stuttgard.
1484. Alexander Martolf, von Rothenburg.
1485. Johann von Dornstetten.
1486. Jacob Kraiss, Böbling.
1487. Georg Ezechielis, von Tübingen.
1488. Conrad Summenhardt, von Calw.
1489. Martin Plantsch, von Dornstetten.

A. 1490. Johann Lupfdich.
1491. Johann Geich, von Franckfurt.
1492. Simon Leonis, von Biel.
1493. Andreas Trostel.
1494. Jacob Lemp.
1495. Bernhard Rorbach, von Beckingen.
1496. Johann Aquila, U. I. Lic. von Hall.
1497. Andreas Rintpis, von Gißlingen.
1498. Jacob Kurlin, von Tegerloch. dictus Tægerloch. Successit huic Wolfg. Stæchelin, von Rothenburg.
1499. Licentiat Hemsuger, &c.
1500. Caspar, von Kirchheim, U. I. L.
1501. Michael Pæss, Tübing.
1502. Sebast. Widmer, von Frickingen.
1503. Joh. Achzinit (ἐκ ἀλέγου)
1504. Martin, von Lustnau, S. Theol. Baccalaur.
1505. Leonh. Wernher, von Staden S. Theol. Baccalaur.
Mich. Kochlin, von Tübingen, l. Coccinius.
1506. Johann Munner, von Kornwestenn.
Johann Schurer, von Offterdingen.
1507. Gregorius Wæselin, von Schorndorff.
Joh. Altenstaig, von Mindelheim, S. Th. Bacc.
1508. Michael Huber, von Entringen.
M. Andreas Lemp.
1509. Michael Mögling.
1510. Simon Caldeator, von Biberach.
Balthasar, von Canstatt.
1511. Amandus Mögling, ex Urach.
Joh. Sigmar, von Gmünd.
1512. Sebast. Loner, von Bahlingen.

A. 1512. Simon Keßler, von Biberach.
1513. Johannes Aſtmann.
1514. Joh. Kreſs, vel Kreus.
1515. Wolfg. Bebel, von Juſtingen, Med. D.
1516. Bartholomæus Klee, D.
1517. Joh. Weber, von Weiſſenhorn.
1518. Balthaſar Sellarius, von Canſtatt.
1519. Matthæus Orth, von Wiltpaden.
1520. Joh. Renninger, D.
1521. Joh. Sigling, I. U. D.
1522. Bernhard Benter.
1523. Frid. Schaup, von Beſicken.
1524. Joh. Ebinger, von Tübingen.
1525. Joh. Tuſchælin.
1526. Joh. Viſcher, Artium & Medic. D.
1527. Joh. Sturm, von Bietickèn.
1528. Jacob Kalt, von Coſtantz.
1529. Conrad Helmſchrot, von Tübingen.
1530. Martin Kigelin, von Birckenfeld.
1531. Chriſtoph. Cirus.
1532. Melchior Ruch, von Kempten.
1533. Gebhard Braſtberger, von Urach.
1534. Joachim Kegel.
1535. Gabriel Sattler, von Waiblingen.

Poſt Reformationem

1536. Michael Vai, von Brackenheim.
1537. Michael Schweicker, von Canſtatt.
1538. Jacob Schegk, von Schorndorff.
1539. Conrad Schott, von Tagersheim.
1540. Johann Benignus, von Büttickeim.
1541. Michael Vajus.
1542. Jacob Schegk.

1543.

A. 1543. Mich. Schweigker.
1544 Cunr. Schott, von Tagersheim.
1545. Joh. Benignus.
1546. Matthias Garbitius.
1547. Melchior Volmar Rufus, von Rotweil.
1548. Iohann Mendlin.
1549. Iohann Hildebrand, von Straßburg.
1550. Iacob. Schegk, Med. D.
1551. Ioh. Benignus.
1552. Matthias Garbitius.
1553. Melch. Volmar Rufus, Iur. D.
1554. Ioh. Hildebrand.
1555. Ioh. Mendlin.
1556 Georg. Liebler.
1557. Matthias Garbitius, Illyricus.
1558. Ioh. Hildebrand.
1659. Michael Toxites, Poet. & Com. Pal.
1560. Iohann Mendlin.
1561. Georg Liebler.
1562. Georg Hitzler, von Giengen.
1563. Samuel Siderocrates, von Bretten.
1564. Samuel Hailand.
1565. Martin Crusius.
1566. Ioh. Hildebrand.
1567. Iohann Mendlin.
1568. Georg Liebler.
1569. Georg Hitzler.
1770. Samuel Hailand.
1571. Martin Crusius.
1572. Philipp Apianus, Med. D.
1573. Iohann Mendlin.
1574. Georg Liebler.

A. 1575. Georg Hitzler.
1576. Samuel Hailand.
1577. Martin Crusius.
1578. Philipp Apianus, D.
1579. Georg Liebler.
1580. Georg Hitzler.
1581. Samuel Hailand.
1582. Martin Crusius.
1583. Georg Burckard.
1584. Georg. Liebler.
1585. Georg Hitzler.
1586. Samuel Hailand.
1587. Martin Crusius.
1588. Georg Burckard.
1589. Michael Mæstlin.
1590. Georg. Liebler.
1591. Erhard Cellius.
1592. Samuel Hailand.
1593. Martin Crusius.
1594. Georgius Burckard.
1595. Michael Mæstlinus, Calvæ.
1596. - - - -
1597. Vitus Müllerus.
1598. Michael Ziegler, Med. D. & Ph. P. O.
1599. Martinus Crusius.
1600. Mich. Ziegler.
1601. G. Burckard.
1602. Mich. Mæstlin.
Erhard. Cellius.
1603. Vitus Müllerus.
1604. Mich. Ziegler.
1605. Vitus Müllerus.

A. 1606. Erhard. Cellius.
1607. G. Burckard.
1608. Vitus Müllerus.
1609. D. Mich. Ziegler.
1610. Mich. Mæstlinus.
1611. Vitus Müllerus.
1612. D. Mich. Ziegler.
1613. Caspar Bucher.
1614. Henric. Welling.
1615. Vit. Müllerus, aliis Mich. Mæstlin.
1616. Caspar. Bucher, aliis D. Joh. Ludwig Mögling.
1617. Henric. Welling.
1618. Jodocus Colbius J. U. D.
1619. Cunradus Cellarius.
1620. Zacharias Schæfer.
1621. *D.* Joh. Ludwig Mögling.
1622. Vitus Müllerus.
1623. Caspar Bucher.
1624. Henric. Welling.
1625. Jodocus Colbius.
1626. Cunradus Cellarius.
1627. Zacharias Schæfer.
1628. J. B. Weienmejer; aliis Weiganmejer.
1629. Mich. Mæstlinus.
1630. D. Jodocus Colbius.
1631. Cunradus Cellarius.
1632. Zacharias Schæferus.
1633. Joh. Martin. Rauscherus.
1634. Wilhelm. Schickardus.
1635. Joh. Geilfusius.
1636. Cunrad. Cellarius.

A. 1637. Zachar. Schæferus.
1638. Zach. Schæferus.
1639. Joh. Geilfusius.
1640. Frid. Herm. Flayderus.
Pro-Decanus & Academiæ Rector, Joh. Geilfusius.
1641. Joh. Mart. Rauscherus.
1642. Joh. Geilfusius.
1643. Henricus Schmidius.
1644. Ioh. Mart. Rauscherus.
1645. Ioh. Geilfusius.
1646. - - - - -
1647. Ioh. Mart. Rauscherus.
1648. Ioh. Geilfusius; Acad. Rector t. t.
1649. Henricus Schmidius.
1650. Ioh. Mart. Rauscherus.
1651. Iohannes Geilfusius.
1652. Iohannes Geilfusius, Pro-Decanus.
1653. N. N.
1654. Iohannes Geilfusius.
1655. Ioh. Ulric. Pregizer.
1656. Paulus Bibersteinius.
1657. Ioh. Cunrad. Brodbeckius, Med. D.
1658. Iohannes Graftius.
1659. Christoph. Caldenbachius.
1660. Iohannes Ulric. Pregizer.
1661. Iohannes Graftius.
1662. Christoph. Caldenbachius.
1663. Ioh. Ulric. Pregizer.
1664. Iohannes Graftius D.
1665. Christoph. Caldenbachius.
1666. Ioh. Lud. Mögling. D.

A. 1667. Theodorus Cellarius.
1668. Ioh. Ulric. Pregizer.
1669. Iohannes Graftius.
1670. Christoph. Caldenbachius.
1671. Ioh. Ludov. Mögling.
1972. Iohannes Graftius.
Theodorus Cellarius
1673. Iohannes Graftius Pr. Ord. L. & M.
1674. Christoph. Caldenbachius.
1675. Ioh. Ludov. Mögling.
1676. Theodorus Cellarius.
1677. Bened. Hopfferus P. P.
1678. Iohannes Graftius.
1679. Christoph. Caldenbachius.
1680 Ioh. Lud. Mögling.
1681 Bened. Hopfferus.
1682. Ioh. Graftius, S. Th. D. & P. P.
1683. Christoph. Caldenbachius.
1684. Ioh. Lud. Mögling.
1685. Ioh. Wolffg. Iæger, Pr. Moral.
1686. Ioh. Graftius, S. Th. D. & Fac. Senior.
1687. Christoph. Caldenbachius.
1688. Ioh. Wolffg. Iæger.
1689. Iohannes Osiander, Pr. Gr. L.
1690. Christoph. Caldenbachius, El. Pr.
1691. Ioh. Wolffg. Iæger, S. Th. Lic. & P.
1692. Ioh. Osiander, Conf. & G. L. P.
1693. Rud. Iac. Camerarius, Ph. & Med. D. Phys. Prof. Ord.
1694. David. Scheinemann I. U. D. & Mor. P.
1695. Matthæus Hillerus, Ph. Pr. LL. OO.
1696. Joh. Osiander, Conf. & Mag. Dom.

1697.

A. 1697. Matth. Hillerus, Ill. Stip. Th. Ephorus.
1698. Matth Hillerus, Rector.
1699. Ioh. Christoph. Pfaff, S. Th. Lic. & Pr. Extr. ut & Log. & Met. Ord.
1700. Andreas Adam. Hochstetter, S. Th. Pr. Extraord. & Philos. Pr. Ord.
1701. Matth. Hillerus.
1702. Andr. Adam. Hochstetterus.
1703. Ioh. Eberhard. Röslerus, El. & Poës. P.
1704. Ioh. Cunrad. Klemmius, Log. & Met. P. Ord. Stip. Duc. Ephorus.
1705. Ioh. Cunrad. Creilingius, Phil. Nat. & Matth. P. P. Ord.
1706. Matth. Hillerus.
1707. Ioh. Eberhard. Röslerus, Phil. Mor. P. P.
1708. Ioh. Cunrad. Creilingius.
1709. Ioh. Christian Neu, Hist. El. ac Poës. P.
1710. Godofred. Hofmannus, S. Th. Pr. Extr. Phil. Pr. O. & Duc. Stip. Ephorus.
1711. Matth. Hillerus.
1712. Ioh. Eberh. Röslerus.
1713. Ioh. Cunrad. Creilingius.
1714. Ioh. Christian Neu.
1715. Godofredus Hofmannus.
1716. Ioh. Eberh. Röslerus, Stip. Th. Ephor.
1717. Joh. Cunrad. Creilingius.
1718. Joh. Christian Neu.
1719. Joh. Rudolph. Osiander, LL. OO. P. & Pædag.
1720. Christianus Hagmajerus, Log. & Met. P. & Contub. Rect.
1721. Ioh. Eberh. Röslerus.

A. 1722. Joh. Cunrad. Creilingius.
1723. Christian. Hagmeierus.
1724. Joh. Christianus Klemmius.
1725. Joh. Michael Hallwachsius, Hist. Eloq. ac Poës. P. P. Ord.
1726. Joh. Eberh. Röslerus.
1727. Ioh. Conrad. Creilingius.
1728. Ioh. Christian. Klemmius.
1729. Ioh. Michael Hallwachsius.
1730. Daniel Maichel, Prof. Th. Extr. Log. & Met. Ord.
1731. Ioh. Eberh. Röslerus.
1732. Ioh. Cunrad. Creilingius, Contub. R.
1733. Ioh. Christian. Klemmius, SS. Th. D.
1734. Ioh. Michael Hallwachsius.
1735. Daniel Majchelius, S. Th. D.
1736. Israel Gottlieb Canzius, Eloq. & Poës. Prof. Ord. & Illustr. Stip. Theol. Ephorus.
1737. Ioh. Cunrad Creilingius.
1738. Ioh. Michael Hallwachsius, Moral. & Histor. P. P. Ord.
1739. Daniel Maichel.
1740. Israel Gottlieb Canzius, Log. & Met. P.
1741. Ioh. Adam. Osiander, Græc. Ling. Prof.
1742. Iohannes Cunrad. Creilingius.

Professores Philosophiæ & Artium Tubingenses.

In Serie & Ordine.

Ante Reformationem.

Johannes *Stein*, Artium Prof. postea Decretor. Dr. Rector Magnif. 1488.

Wilhelmus *Mutschelin*, Decanus 1478. creavit Baccalaureum Martinum Plantschium, & Magistrum, Cunradum Summenhardium.

Johannes *Hahn*, Hohnensis, Monachus Bebenhusanus, S. Th. Baccalaureus formatus, Universitatis Syndicus & Procurator primævus. Sententiarum Lector 1479.

Cunradus *Schöfferlen*, Esslingensis, Artium Collegiatus seu Professor, Canonicus Ecclesiæ Stuttgardiensis Collegiatæ. Rector M 1481.

Cunradus Blenderer, Stuttgard. Rector 1483.

Alexander (aliis Johannes) *Martolfus*, Rotenb.

Cunradus *Nessler*, Collegiatus s. Prof. creavit Magistros 1479.

Udalricus *Klingler*, Stuttgardiensis.

Johannes de *Dornstetten*.

Jacobus *Krais*, Böblingensis.

Georgius *Ezechiells*, Tubingensis.

Cunradus *Summerhard*, 1487. secundum alios jam 1478. Calvensis, postea Th. D. & Prof.

Martinus *Plantschius*, 1488. Dornstettensis, postea Ecclesiæ Plebanus.

Johannes *Lupffdich*, 1489. Blabyr. postea J. V. D. & Prof. Rector 1495.

Diethmarus *Aschmann*, Vayhingens. Rect. 1492.

Johannes *Geich*, Francofordianus.

Andreas *Rintpis*, Esslingensis, S. Theol. Baccal. formatus. Postea Med Prof.

Johannes *Aquila* de Hallis seu Hallensis. Rector 1496. Postea J. V. D.

Simeon *Leonis* (aliis Joh. *Leo*) Bielensis. Ordinis S. Johannis. Rector 1498.

Andreas *Trostel* ex Osweil (aliis *Dobstel*, & *Frostel*)

ftel) J. V. D. postea Jur. Prof. Rector 1498. denat. 1522. 28. Apr. sepultus in Templo S. Georgiano.

Jacobus *Lemp*, 1494. postea Theol. D. & Prof. creavit Magistros 1494.

Bernhardus *Rorbach*, Hallensis, postea Med. D. & Prof.

Jacobus *Kurlin*, Tegerlocensis.

Wolffgangus *Stöchelin*, Rotenburgensis. (aliis *Stebelin*) 1498.

- - *Hermsnger*, I. Lic. creavit Magist. 1499.

Caspar, Kirchheimensis, I. U. Lic.

Michael *Päss* (aliis *Pees*) Tubingensis.

Sebastianus *Widmer*, Fridingensis, S. Th. Bacc.

Johannes *Achzinit*.

Martinus Lustnaviensis, S. Th. Baccalaureus.

Von dieser Zeit an 1505. wechselten die Decani Facult. Philos. wie die Rectores alle halbe Jahr ab. Welches aber nur biß 1513. währete, da es wieder geändert worden ist.

Leonhardus *Wernher*, Stadensis, S. Th. Baccal.

Michael *Kochlin* s. *Coccinius*, Tubingensis. Dieser beschrieb Tübingen, und gieng in Italiam. Viti de Fürst, Gubernatoris & Vicarii Ducatus Mutinensis Cancellarius constitutus. Ejus libellus de rebus gestis in Italia ab Anno 1511. usque ad 1512. exstat.

Johannes *Münner*, Kornwestensis.

Johannes *Schürer*, Offterdingensis. Postea Vice-Cancellarius loco Widmanni.

Berhardus *Buer*, 1505.

Georgius *Weselin*. Schorndorfensis.

Johannes *Altenstaig*, Mindelsheimensis, S. Th. Baccalaureus.

Johannes *Heylin*, Rotenburgi Plebanus, Univers. Friburg. Baccalaureus Sententiarius. 1506.

Michael *Huber*, Entringensis.

Jacobus *Henrichmannus*, Sindelfingensis. Grammaticus, ante 1506.

Johannes *Tettinger*.

Andreas *Lemp*.

Henricus *Bebelius*, Justing. Orat. & Poës. Prof. 1497. scriptis clarissimus. Vid. Pantaleonem P. III. p. 62. J. Frid. Reinmanni Einleit. in H. Lit. Germ. L. II. Sect. III. q. 226. p. 327. Cruf. P. III. L. IX. c. 10.

Johannes *Brassicanus*.

Michael Mögling, Uracensis.

Simon *Caldeator*, Biberacensis, Med. D. creatus à Dr. B. Rorbachio.

Balthasar *Sellarius*, Canstadiensis. Rector 1515. 1519. postea 1526. D. Theol. creatus.

Amandus *Mögling*, Urac. postea J. V. D. & Advocatus Consistorii Stuttgardiani, qui ob fidem in Ducem Ulricum fuit incarceratus & vitæ periculum subiit.

Johannes *Sigmar*, Gemundensis, postea Med. D. 1512.

Albertus *Kraufs*, de Melchingen. Receptus in Facultatem 1511.

Sebastianus *Loner*, Bahlingensis.

Simon *Keßler*, Biberacensis.

Hic Kesslerus ante novum studium Hyemale in templo S. Georgiano orationem habuit, cujus thema fuit. Extra Universitatem non est Vita: vid. Cruf. P III L. X. c. 4. p. 183. ed. lat. p. 552. Inter alia hæc est prolocutus: Thales Milesius grates Deo, omnium rerum Conditori agebat: quod Homo esset, non Bestia, Mas non

Fœmina

Fœmina, Græcus & non Barbarus. Numquid Dominus igitur laudandus, quia rationales sumus, & non Bruta, Mares non Mulieres, Studentes & non barbari Bacchantes: qui plerique sunt vel ut equus & mulus, quibus non est intellectus, &c. porro: Domicilium Urbis hujus venustissimum est: in quo est aër saluberrimus, Tres fluvii alunt eam piscibus, Amera, Steinachia, Neccarus. Montes frugiferi circumdant, præcipue Mons Austriacus. Qui ab Orientali Urbis plaga situs, & in loco qui Neccarum respicit, undique vineis est consitus: qui vero Ameram, partim Sylvosus, partim frugifer. Septem aquæ ibi limpidissimæ. Majori ex parte, horti arboribus consiti. Hac ergo loci fertilitate ac salubritate, Dux Wurtemb. plurimum delectatus est: quam sibi etiam sedem, relicta Stuttgardia, elegerat &c. Idem legitur in Annalibus Academicis.

Johannes *Astmann*, Blabyrensis.

Johannes *Kress*, s. *Krens*, Blabyrensis. Creavit Melanchtonem Magistrum. A. 1513. postea Th. Doct. 1517.

Wolffg. *Bebel*, Justingensis, postea Med. D

Johannes *Stöfflerus*, Justingensis, Mathem. *Pr.* celeberrimus 1511. Nat. 1452. Den. 1531. peste extinctus. Rector 1522. Primum Plebanus Justing. Conf. Pantal. *P.* III. p. 84. sepult. Tub.

Von diesem Stöfflero bemercken wir, daß er ein grosser Mathematicus gewesen, und auch wegen seines Tods unterschiedliche Erzehlungen seynd. Von ihme meldet Crus. *P.* III. L X. C. VI. p. 180. ed. lat. pag. 55. Daß er durch Thomam Anshelmum 1517. seine Tabulas Astronomicas habe drucken lassen, C. VII. p. 189. ed. lat. p. 560 daß sein grosser Römischer Calender, den er Kayser Maximiliano dedicirte, zu Oppenheim 1518. den 24. Mart. durch Jacob Köbel gedruckt worden, darzu Joh. Alexander Braßicanus, Joh. Brentius und Martinus Frechtus Verse gemacht haben. Cap. V. p. 184. ed. lat. p. 554. wird folgendes gelesen so er aus dem Urstisio anführet. Als sich 1515. Sebastian Münster zu den Franciscanern nach Tübingen begabe, hatte er alda Gelegenheit, die Mathematischen Künsten, welche der berühmte Mathematicus Stöffler damalen profitirte gründlich zu erlernen, und machte sich durch seinen grossen Fleiß diesen Mann zu einem solchen Freund und Gönner, daß er ihm alles dasjenige, was er künstlich und sinnreich ausgearbeitet, abzuschreiben gab, welches auch Stöfflero selbsten nachgehends zu gutem kame: Dann als 1534. alle seine Bücher und Instrumenta samt dem Philosophischen Facultät-Hauß im Rauch aufgegangen, würde von seiner Arbeit und Schrifften wohl nichts übrig geblieben seyn, wann nicht Münsterus vieles davon in Abschrifft gehabt und also gerettet hätte. Wie er dann ein sehr erfahrner Mechanicus gewesen und außerordentliche Instrumenta verfertiget, wie Martinus Zeilerus in der Epistolischen Schatz Cammer, fol. Ulm. 1700. Epistol. 78. pag. 310. b. aus des Schikardi Tarich p. 160. folgendes meldet: Es habe der Kayser Heraclius nach Überwindung des Königs Cosroes in Persien, ein Instrument oder Werck daselbst verbrannt, welches des Himmels Würckung nachgeartet, die Gestirn herum getrieben, wie ein Regen Tropffen fallen lassen, geblitzet und gedonnert, und damit unversehens die Leute geschreckt hat, wann man etwann solches den eingeladenen Gästen gewiesen, welches dann der König den ausländischen Gesandten zu thun im Brauch gehabt. Etwas dergleichen, sagt man, habe auch der hohen Schul Tübingen Mathematicus, der Stöffler gemacht, welches im Jahr 1534. mitten in Jenner, zusamt dem Hauß, die Sapienz genannt, verbronnen, wie solches Wilhelm Schickard von den alten, die er deßwegen mit Fleiß ausgefragt, zur Antwort bekommen: die darzu gesagt, daß man da auch einen Regenbogen gesehen habe. Aber wie viel fürtreffliche Sachen seynd also mit ihren sterblichen Erfindern untergangen? Welche, ob sie wol vielleicht noch etwann könnten zuwegen gebracht werden, doch der Zeit niemand fast mehr, der ihrer achtete, und die Künstler ehrete und belohnte, finden würden, es gehet alles zum Ende, und damit auch diese Epistel. rc.

Von seinem Ende aber schreibet Zeilerus Epistol. 13. pag. 14. a. folgendes: Der vornehmste teutsche Mathematicus Johan. Stöfflerus, von Justingen bürtig, hat vorhero gesehen, daß auf einen gewissen Tag, durch einen Fall, ihme eine Gefahr obhanden seye, dieweil er aber wußte, daß sein Hauß wol gebaut, so hat er etliche gelehrte Leute zu sich in seine Studier-Stuben beruffen, durch deren Gegenwart und Gespräch er möchte lustig gemacht werden. Als aber bey dem mäßigen Trunck eine Disputation vorfiele, und der gute alte Stöfflerus oben herunter ein Buch langen wolte, der Strittigkeit dardurch abzuhelffen; da wiche der Nagel, und fiele die Bücher-Stell auf seinen Kopff, davon er eine grosse Wunden bekam, daß er den 16. Febr. Anno 1531. zu Tübingen verschieden ist, wie Sethus Calvisius, ein anderer vornehmer Mathematicus und Historicus in seinem Opere Chronologico fol. m. 825 (mihi p. 1165. ed. III. Franc. 1629.) schreibet; wiewol Crusius sagt, daß er zu Blaubeyren an der Pest gestorben sey. Man besehe auch von ihme Baylii Dict. Hist. Edit. Basil. T. IV. p. 285. sq. Wie auch Freheri Theatr. Vir. Erud. P. IV p. 1442. In Vita Melanchtonis per Camerarium pag. 14. werden als berühmte Coævi zusammen gesetzt, Henricus Bebelius, Johannes Stöfflerus, Franciscus Stadianus und Johannes Brassicanus. Confer. Joh. Fr. Reinmanni Einleit. in H. Lit. Germ. L. II. Sect. III. qu. 108. p. 200. & qu. 135. p. 283. sq.

Bartholomæus *Klee*, I. U. D.

Alexander *Rieger*, Vayhingensis, Rect. 1517.

Johannes *Weber*, Weissenhornensis. Magistros creavit J. Vischerum, postea Med. Prof. & Vesslerum, postea Cancell. Würtemb. Rector 1518.

Franciscus *Stadianus*.

Matthæus *Orth*, Wildbadensis.

Johannes *Renninger*, I. U. D.

Johannes *Sigling*, I. U. D.

Philippus *Melanchton*.

Ad hoc tempus refertur Philippus *Melanchton*, Patrio nomine *Schwartzerd*, nat. Brettæ in Palatinatu

1497. 16. Febr. den. Witteb. 19. April. 1560. Magister creatus Tubingæ 1513. 15. Febr. Professor Orator. Poes. & Historiarum in Contubernio ab An. 1514. *biß* 1518. quo Wittebergam venit. De eo ita legitur in Vita ejus per Camerarium, Pabebergensem §. VI. pag. 21. sqq.

Erant tum studia Philosophiæ, qua Theologia involvebatur, scissa in duas præcipue partes. Quarum una veluti Platonicam de ideis seu formis abstractis separatisque ab iis, quorum moles corporum sensibus subjiceretur, sententiam tuebatur. Hæc de eo, quod generalis cogitatio comprehendit, ut hominem, animantem, pulcritudinem, etiam spondam atque mensulam, quia natura & res singularis constituitur, Reales isti sunt nominati. Altera pars Aristotelem magis sequens, speciem istam de iis, quæ suam naturam ipsa haberent, universis colligi docens, & concipi intelligendo notionem hanc ex singulis quibusdam existentem atque contractam, neque naturae esse has per se ipsas priores singulis, neque re sed nomine tantum consistere, Nominales appellati fuere & moderni. Habuitque utrumque quasi agmen suos ductores & autores, quorum sectam, sequi placuerat. Atque non solum contentiones & jurgia inter dissentientes, sed dimicationes etiam ac pugnæ commissæ fuerunt, interdum concertationibus non tantum pertinacibus verborum: sed manuum quoque violentis. Hæc dissidia & Tubingensem Academiam invaserant, contubernio bonarum artium & Philosophiæ studiis destinato, in duo quasi castella diviso, ex quibus de opinione sua factiones illæ acerrime præliantes, inimicitias graves exercebant. Philippus qui certam docendi disserendique rationem probaret, & Aristotelica in hoc genere primas tenere intelligeret; magnificas & splendidas & amplas alteras disputationes non amabat. Quamvis autem in verborum contentionibus suam sententiam ita assereret, ut adversantes facile refelleret, id tamen eximia humanitate & parata omnibus, qui uti vellent, opera perfecit, ut sua autoritate inter sectas illas odia restinguerentur, & quamvis studia discreparent, voluntatum tamen maneret conjunctio. Aliis etiam officiis plurimis contubernium interdum rebus difficilibus fulcivit, & sustentavit consilio opeque sua. Nam curatio in eo, consuetudine Academiæ ejus quoque fuit, qui & optimarum artium disciplinarumque esset Magister, & publicæ

doctrinæ

doctrinæ munus gereret. Postquam annos sex confecit Tubingæ discendo & docendo cum magna laude omnium, conventus fuit Ordinum Imperii Romani Augustæ Vindelicorum, quem egit Maximilianus Imperator postremum, anno Christi M. D. XVIII. &c. Adde Orat. Funebr. D. Joh. Brentii habit. per E. Cellium pag. 4. Von denen beeden Philosophischen Secten aber recommendiren wir dem geneigten Leser des Aventini Annales Bojor. L. VI. p. 624. & 625. nachzulesen. In denen Annalibus Academicis ad Annum 1536. werden diese Worte davon gelesen: Cessarunt Sectæ Realium & Nominalium. Philosophi utriusque partis usque ad Annum 1536. cum Philosophiæ Magistris quotidianis digladiabantur contentionibus, mutuisque se vexabant altercationibus, ut in apertam Academiæ perniciem res spectare videretur; sublatum proinde erat illud inter Philosophos futile discrimen. Adde Crusium P. III. L. VIII. c. 13. pag. 108. ed. lat. p. 451.

Uti postero tempore Præceptor Germaniæ fuit vocatus, ita quoque ipsius Grammatica & Rhetorica & alia scripta, Tubingæ & in tota Patria ut scripta classica recepta fuerunt, quorum tanta fuit auctoritas, ut cum Fischlinus, eam lædere videretur, ingenti bello grammaticali inter Frischlinum & Crusium oborto, pro illa quasi pro aris & focis pugnaretur. Conf. Vitam Melanchtonis, Joachimi Camerarii Pabebergensis (cujus quidem variæ sunt Editiones) Lips. 8. 1696. Joh. Fechtium in apparatu ad Epistolas Marbachianas, in Supplemento Historiæ Eccles. Sec. XVI. p. 52. sqq. Christophorum Sontagium in Axiognostis præcipuorum quorundam Sec. XVI. & XVII. Theologorum Lutheranorum. Altorfii 1725. c. II. p. 64. sq. pluresque alios. Freherum p. 183. sq. Pantaleonem. P. III. pag. 202. sq. D. J. C. Klemmii Programma de Professoribus Græcis Tubingensibus apud Moserum P. II. Erläut. W. p. 3. M. Adamum

p. 327-361. J. Fr. Reinmanni Einleitung in Hist. Lit. Germ. P. III. L. II. Sect. 3. qu. 97. p. 120. sq. &c.

Bernhard *Benter*.

Hoc tempore 1521. jure commemoratur Senex Johannes *Reuchlinus*, seu *Capnio*, Prof. Tubing. Græcus & Hebræus primus, qui quidem diu antea consiliis suis Academiam Tubingensem statim ab initio adjuverat, & Doctor ibidem fuerat creatus. Conf. Programma D. Joh. Christian. Klemmii de Professoribus Hebræis Tubing. apud Moserum, *Erleut. Wurt.* P. I. p. 120 & Progr. de Professoribus Græcis P. II. p. 2. Crusius P. III. L X c. 10. p. 196. ed. lat. pag. 569. hisce ejus mentionem facit verbis:

> Cum hoc anno Johannes Reuchlinus, in Bojorum Angelopoli, vel Ingolstadii, principales linguas docens, vi sævæ pestilentiæ coactus fuisset redire in patriam: velletque, annis fessus, jam quietè vivere, Tubingensis Academia, amore politioris literaturæ misit ad eum legatos: viros & numero & dignitate spectabiles: qui orabant: ut, quod in Bojis Hebraicè Græcèque nuper cœpisset; deinceps inter suos conterraneos Suevos continuaret: promisso ei salario quotannis honorifico. Venit igitur Tubingam, docuitque Grammatica Hebraica Rabi Mose Kimchi, & Græca Manuelis Chrysoloræ. His fundamentis jactis: explicaturum se pollicitus est Biblia Hebræa: idque fecit, Exemplaribus ex Venetâ urbe, à Typographo Daniele Bombergo, magno numero missis. A Thoma autem Anshelmo, Haganoæ jam habitante, literis ad Idus Januar. 1522. Tubingæ scriptis, petiit: ut duas adversarias Demosthenis & Æschinis orationes excuderet, & Tubingam mitteret. Fecit ille, ac mox mense Aprili exemplaria misit: statimque pro eis pecuniam accepit. Ita Capnio, quantum video, primus fuit publicus Doctor Græcus in hac schola.

Mortuus 1522. 20 Jun. Stuttgardiæ morbo icterico. ætatis 67. conf. Cruf. P. III. L. X. c. 11. p 201. ed. lat. p. 576. sq Vitam ejus prolixe descripsit, J. H. Majus, S. Th. D. & Prof. Giessensis. Adde Lex Isel.

P. IV.

P. IV. p. 57. sqq. Pantaleon. P. III. p. 35. sq. Reinmanni *Einleit.* in Hist. Germ. L. II. Sect. III. p. 304. sqq. & passim alibi. Adde Wolffium, Hermannum van der Hardt, aliosque.

Fridericus *Schaup*, Besigheimensis. Rector 1524.

Johannes *Ebinger*, Tubingensis, D. Postea mox Jur. U. D. & Prof.

Eustachius *Dachtler*, Mag. Parisiensis. 1524.

Cunradus *Bab*, Esslingensis. 1525.

Johannes *Tuschelinus*.

Johannes *Vischerus*, 1526. postea Med. D. & Pr.

Johannes *Sturmius*, Bietigheimensis.

Jacobus *Jonas*, LL. OO. *Pr.* 1527. postea Imperatoris Consiliarius. Cancellarius Ambrosius Widmann wolte ihne nicht zum Magister machen, weilen er zu Wittemberg complirt hatte, wurde aber durch die Königl. Regierung darzu genöthiget. En odium Religionis Widmannianum!

Jacobus *Kalt*, Constantiensis.

Cunrad *Helmschrot*, Tubingensis.

Martinus *Kügelin*, Birckenfeldensis. Rector 1529.

Christophorus *Cirus*.

Melchior *Ruch*, Campidonensis.

Gebhardus *Brastberger*, Uracensis. Postea J. U. D. & Profess. 1533. Dialect. Pr.

Joachimus *Kegelin*.

Gabriel *Sattler* (aliis *Sauter*) Waiblingensis.

Post Reformationem ab A. 1535.

Anno 1535. vocatus fuit Joachimus *Camerarius*, à Duce Ulrico, qui etiam per quinquennium Tubingæ usque ad 1540. docuit, ut instauraret Academiam.

Tunc

Tunc abiit Lipsiam etiam ab Electore Saxoniæ, ut Academiam illam instauraret, vocatus, ibidemque ad vitæ finem, usque ad 1574. literas Græcas & Latinas docuit. Nat. Pabebergæ in Franconia, 12. Apr. 1500. Den. Lipf. 1574. Rector Tub. 1538. Conf. Freheri Theatr. V. Er. p. 1468. Lex. Basil. Iselini T. I. p. 712. sqq. H. Pantaleonem P. III. p. 340. Thuanum Hist. Lib. LIX. pag. 86. P. III ed. Francof. 1614. J. Frid. Reinmanni *Einleit*. in Hist. Lit. Germ. Part. III. L. II. Sect. III. p. 262. sqq. & alibi, Cruf. P. III. L. XI. c. 13.

Michael *Vajus*, Brackenheimensis, LL. Lat. & Gr. Prof. postea Consiliarius Wurtemb. Hic cum Scheckio à Crusio P. III. L. XII. c. 27. conjungitur.

Johannes *Sechelius*, Professor Ethices, postea J. U. D. & Consiliarius Würtembergicus.

Ejus Epitaphium in Templo Hospitali Stuttgardiæ hoc est, ut à Crusio P. III. L. XII. c. 26. pag. 343. edit. lat. p. 771. commemoratur:

D. O. M. S.

ΒΙΩΣΑΣ ΑΠΕΘΝΗΣΚΟΝ.

Hoc mea Sechelii clauduntur membra sepulcro.
  Christe, velis animam, quæso, beare meam.
Nate Dei, miserere mei, delicta remitte:
  Daque tui meriti posse salute frui.
Sed mea, non dubito, per Christum membra resurgent.
  Spes est, Sanctorum velle tenere locum.
Wirtembergiaca sum vita functus in Aula:
  Aequa fuit studium Jura referre meum.

Michael *Schweicker*, (aliis sinistre *Schweickhardt*,) Canstad. Poës. & Hist. Prof. 1537. postea J. U. D.

Johannes *Forsterus*, Ling. Hebr. Prof. sed jussu Ser. Duc. abiit Wittebergam, dimissus 1540. 1. Nov.

Er hatte unter Phrygione eine Disput. de Pœnitentia 1539. pro Gradu Theologico gehalten.

Chilianus *Vogler*, Pr. Ethices, postea J. U. D. & *P.*

Jacobus *Scheckius*, Schorndorfensis. Primum LL. Gr. & Lat. 1530. Prof. Contubernii Rector 1534. A. 1539. Doct. Med. creatus est. & Phil. Prof. Ord. postea Med. Pr. ab ann. 1553. nat. 1511. den. 1587.

Sebaldus *Havenreutterus*, Noribergensis, Prof. Ethic. & Contubernii Rector Tub. postea Med. D. & 1749. Physicus Argentoratensis. Den. ibid. 1589. Conf. Freher. p. 1290.

Erasmus Oswaldus *Schreckenfuchsius*, Merckenstenio-Austriacus, LL. OO. Prof. 1549. nat. 1511. denat. Friburgi 1579. Ann. 1551. abiit Friburgum. Conf. Pantal. *P.* III. p. 412. Freher. p. 1474. Dr. Klemmi Progr. Profess. Ling. Hebr. apud Moserum *in Erleut. Würt.* P. I. p. 121.

Cunradus *Schott*, Tagersheimensis, Phil. Pr postea J. U. D. tandem Consil. Curiæ. Den. 1550. 23. Mart. æt. 44. Cruf. P. III. L. XI. c. 24. p. 278. ed. lat. p. 678.

Johannes *Knoder*, Rotenburgensis, Rhet. Prof. postea J. U. D. & Consiliarius Wurtemb. Den Stuttg. 26 Jun. 1565. æt. 80. Sepultus in Templo S. Leonh. Conf. Cruf. P. III. L. XII. c. 11. p. 311. ed. lat. p. 725.

Johannes *Benignus*, Bieticanus. Rhet. Orat. *Prof.* Vid. Literas ad Senatum 1552. Docuit Quintilian. & Orationes Ciceronis. Receptus in Facultatem 1535. Decanus 1545. Denat. 1553.

Matthias *Garbitius*, Illyricus, Prof. Ling. Græc. Rhetor. & Ethic. per 22. annos, ab ann. 1537. Den. 1559. apoplexia tactus in Lectione, cum explicaret Auditoribus Feriis *Philippi* & Jacobi verba Christi

Joh.

Joh. XIV. 1. sqq. Conf. Orat. Funebr. M. Georg. Liebleri, edit. per Israel Wielandum. Tub. 1614. Typis Ioh. Alex. Cellii. Er ware von Wittenberg hieher durch Melanchtonem recommendirt, und von der Universität beruffen, solle aber der Religion nicht gar günstig gewesen seyn, dahero man auch besorgt ware. Er ware aber in Wittenberg an Lutheri Tisch gewesen.

Melchior Volmar *Rufus* s. *Roth*, Rothwilensis, nat. 1497. denat. Isnæ 1561. Apoplexia. Magister Pariensis inter 100. primus, postea J. U. D. Consiliar. Ducis Ulrici & Prof. utriusque Linguæ Tubingensis, Prof. A. 1544. Rector M. 1547. Missam fecit tandem Professionem 1556. sed retinuit Salarium 100. flor. Conf. Pantal. P. III. p. 336. v. Cruf. P. III. L. IX. c. 8. p. 148. L. XII. c. 2. p. 291.

Paulus *Calwer*, vel *Calber*, Orat. *P. P.* Successor Benigni 1553. Den. 1583. circiter 13. Nov. æt. 61.

Sigismundus *Lupulus*, Rotenburgensis, Prof. Grammatic. 1541. cujus Grammatica quoque est edita.

Iohannes *Mendlinus*, Tubingensis, Log. Prof. An. 1550. Antea quoque Prior Bebenhusanus. denat. 14. Iun. 1577. & sepultus extra Oppidum. Concionem Funebr. habuit M. Iac. *Dachtlerus* ad 2. Tim. IV. 7. 8. Crusius *P.* III. L. XII. c. 23. p. 337. edit. lat. pag. 762. nominat Virum pium & prudentem, egregiæ doctrinæ & humanitatis cum gravitate conjunctæ, proceræque staturæ, cujus suavitate & bonitate semper fuerit delectatus. Frequenter Versiculum clericalem recitavit.

Te primum benedic, quia Presbyter ipse facit sic!

Do-

Docuit per 35. (Sec. Annales 38.) annos, & Stipendium in pauperes Studiosos legavit. Rect. M. 1565. Conf. Freheri Theatr. Vir. Erud. P. IV. p. 1473. Imagines E. Cellii.

Philippus *Imsserus*, Mathem. & Astron. Prof. An. 1537. An. 1551. supplicirte er nach 14. Jahr um die Auction des Salarii. Er doctorirte zu Ingolstatt 1544. wurde aber deßwegen von Hertzog Ulrich bestrafft, da er sich entschuldigte, die Freunde haben Ihme die Sumptus gegeben.

Iohannes *Scheübelius*, Kirchheimensis, Arithmet. & Euclydis Prof. Mathem. Schon 1544. bestellt. 1551. suchte er wieder um Auction der Besoldung an, worbey Balthasar von Gültlingen Vorbitt einlegte. Natus 1494. Gemellus. Denat. 1570. 20. Febr. Sepultus extra Oppidum. Concionem habuit M. Caspar Zimmermann, Diaconus. Orat. Funebr. habuit Erhardus Cellius. Adde Pantaleon. P. III. p. 443. Instrumenta sua & scripta Mathematica Academiæ legavit.

Iohannes *Hiltebrand*, Prof. Ling. Hebr. post Dialect. 1544. Argentoratensis, postea 1552. Tubingensis Ord. & Not. Publ. etiam Contubernii Rector. 1563. Prof Dialect. & Magist. Domus. Denat. 1568. Conf. Orat. Funebr. E. Cellii.

Georgius *Lieblerus*, Nicro-Denzlingensis, Phys. & Orat. Prof. Ord. & Pædagogarcha. Antea 1552-1557. Mag. Domus in Stipend. nat. 1524. 3. (aliis 8.) Oct. den. 1600. ætat. 76. A. 1596. rude donatus in Stip. Theolog. victum habuit, Conf. Freher. P. IV. p. 1494. Cellii Imagin. Sumptibus Ducis Ulrici 1537. vixit & studia tractavit. Primum fuit Pastor Derindenginsis 1547. sed 1548.

ob

ob Interim officio motus, Tubingam concessit, & Prof. L. Lat. & Græc. constitutus fuit. A. 1553. Prof. Phys. factus, per 40. annos docuit. Rector 1588. Habuit orationem funebrem Sabinæ, Matri Ducis Christophori. Adde Oration. Funebr. Michaël Ziegleri.

Michael *Toxites*, Rhætius Storzingensis, Successor M. Pauli Calberi, quem Crusius vocat Virum Doctissimum. Prof. Orat. Poëf. atque Comes Palatin. Poëta Laur. atque Polyater 1557. conf. Freher. p. 1267. Er wurde 1556. von der Visitation Hertzog Christophs zum Pædagogarchen gemacht. Dieser recommendirte Senatui Academico M. Mercurium, Prof. Heidelbergens. weilen Seccervitius nicht mehr bleiben wolte. Ex Literis Mscr. adde Lex. Menckeni. p. 1207.

Iohannes *Seccervitius*, Poëf. & Hist. Pr. 1551. Ist ohne Zweiffel hernach ein Medicus worden. Es gienge ihm hart, wegen Mangel der Subsistenz, wie seine Suppliquen und Carmina ausweisen.

Georgius *Hizlerus*, Giengensis, L. Græc. & Eloq. Prof. nat. 1529. den. 1591. 22. April. æt. 65. An. 1558. 2. April. Prof. Tubing. De qua Vocatione hæc in Annal. Acad. ad an. 1558. leguntur: Hoc Decano, (M. Johanne Hildebrando) Mense Aprili, cum nova quædam ratio studiorum, mandato Illustrissimi Principis Christophori, esset instituta, vocatus huc fuit decreto Senatus Academici, ad docendas Græcas literas, M. Georgius Hitzler, Giengensis, qui easdem multos annos (scil. X.) Argentinæ magna cum laude docuerat, & statim in Consilium Artium receptus est. Receptus eodem tempore M. Samuel Isenmængerus, ut Mathematica doceret. Conf. Crusii scripta aliquot consolatoria de obitu ejus uxoris Elisabethæ. Tub. 1585. Usum ocu-

oculorum tandem amisit 1585. Concion. Funebr. habuit D. I. G. Sigwartus. Orat. vero Funebr. habuit E. Cellius. Add. Imagin. Cellii. Freher. p. 1485. Menckenium im gelehrt. Lexic. Crusium P. III. L. XII. c. 4. p. 294. ed. lat. p. 701.

Samuel *Siderocrates*, German. Eisenmenger, Bretta-Palatinus. Mathem. Prof. Ord. 1557 Successor D. Philippi Imseri. conf. Crus. P. III. L. XII. c. 3. p. 293. & 296. ed. lat. p. 699. & p. 703. Factus Schwengfeldianus fuit, nec abduci se à sententia est passus; Igitur 1568. dimissus ad Marchionem Durlacensem Carolum pervenit.

Samuel *Hailand*, Basileensis, Ethices Profess. Ord. 1559. & Magister Domus Stipendii Theologici per 36. annos. Natus 1533. 17. April. Den. 1592. æt. 59. conf. Orat. funebr. hab. ab E. Cellio apud Gruppenbachium 1592. Imag. Cellii. Freherum. P. IV. p. 1486. Reinmanni Einleit. in Hist. Lit. Germ. Conf. L. II. Sect. III. qu. 226. p. 558. sqq. Adde Crusium passim.

Martinus *Crusius*, Greberna-Bambergensis, Linguæ Lat. & Græcæ, atque Rhetoricæ Pr. Ord. per 48. annos, ab A. 1558. 9. Aug. Natus 1526. 19. Sept. Den. 1607. 25. Febr. conf. Conc. Fun. hab. per Andr. Osiandrum, Cancellarium, in Act. VII. 58. Orat. Funebr. - - - Imagin. Cellii. Freherum pag. 1503. Lexic. Basil. Iselin. T. I. p. 1106. Pantaleonem P. III. p. 499. Reinmanni Einleit. in Hist. Lit. Germ. cont. L. II. Sect. III. p. 546. Ipse suum Epitaphium conscripsit; wie es Freherus anführet:

Crusius hic recubo, docui qui Græca Tubingæ
Atque latina diu, Christo confisus in Uno.

Conf. quoque ipsum Crusium suarum rerum testem passim, præcipue Martini Crusii longævi in Illustri Academia Tub. Professoris, Annum ætatis octogesimum. Tub. 1606. in quo scripto omnes Professores Academici recensentur, qui tunc temporis sequentes fuerunt: & quos d. 19. Sept. 1606. convivio in ædibus Academiæ exceperat. Theologi docentes erant: D. Andreas Osiander, Cancellarius. D. Sigwart, Decanus. D. Gerlach. D. Hafenreffer. M. Bauhofius. M. Pregizer. Jureconsulti; D. Halbritter, Rector Magnif. D. Baier, Decanus. D. Harpprecht. D. Bocer. D. Val. Neuffer. Medici: D. Fabri, Decanus. D. Bloss. Philosophi: In Collegio Facultatis Decanus, Burcardus. M. Mæstlin. M. Müllerus. D. Ziegler. M. Bucherus. Extra Collegium, D. Beringer. M. Wellingius. M. Stetter. M. Glotseisin. M. Medinger, Scholæ Anatolicæ Rector &c. Er verehrte nach dieser Mahlzeit der Universitæt einen Becher von 100. fl. und starb darauf 1607. den 25. Febr. gantz sanfft. Add. omnino Crusii Orationem de Oppido Calva, 1595. inprimis pag. 48. sqq. Menckenii G. L. p. 556. Lexic. Basil. Iselin. Supplement. T. I. pag. 784. Morhof. Polyh. T. I. L. IV. c. VI. §. 13. p. 783. edit. Lubec. An. 1714. & T. III. L. V. §. 23. pag. 543. D. Osiander meldet p. 17. in der Predigt, er habe sich den Grabstein selbst machen, und folgende Verse darauff hauen lassen.

Martinus tegit hoc Saxo sua Crusius ossa.
Confisus Domino, sed redivivus erit.

Er habe sich auch den Sarg machen lassen, und für Augen gestellt.

Wil-

Wilhelmus *Bidembach*, Gronberga-Hassus. Nat. 1538. 2. Nov. Den. 1572. 6. April. Professor L. L. Tub. 1558. *Postea* S. Th. D. & Ecclesiæ Cathedralis Stuttg. Antistes & Consistorialis. Melancholia correptus, Bebenhusæ ex turri Abbatiæ delapsus est, diemque obiit Supremum. conf. Fischlini Vit. Th. Würt. P. I. p. 168. sqq.

Leonhardus *Engelhard*, Hallensis, L. L. & Gr. Professor, Exul. & ex schola Eppingensi, ob improbatum Calvini dogma dimissus, receptus est Tub. 1562. postea jussu Serenissimi Ducis Stuttgardiam Rector Scholæ, & Pædagogarcha Inferioris Ducatus vocatus & constitutus est 1572. Vid. Crusium P. III. L. XII. c. 20. p. 330. ed. lat. p. 752. Cum decem liberorum parens, ante abitum salarium ultra terminum accepisset, ac pretium restituere teneretur, supplices literas Senatui exhibuit, quibus ad finem & hæc continebantur verba: Perpendant Domini, quantillum temporis mihi, qui duas septimanas hujus angariæ legendo contrivi, à fine vocationis vindemialis superfuturum sit ad Luciæ usque festum. Revocent etiam in memoriam, quod olim à Schola recedentibus, qui hic fidelem suam operam probarant, honoraria benefice ultro sint erogata.

Flectere sed quid opus Dominos, qui mente *Paterna*
Affecti? pressos sponte juvare solent:
Quos ego vix duris durosque fuisse recordor:
Qui bonus est, bene vult: & bene semper agit.

Me conquassatum & prostratum: Conjugem prægnantem: pignora decem, quæ domi alo: Magnificentiæ ac singularum Dominationum Vestrarum benevolentiæ & benignitati ſuplex committo, gratitudinem promittens.

Magnif. Rev. Dign. & Amplitud.

Veſtr. deditiſſimus

Leonhardus Engelhardt.

Præerat adhuc 1592. Scholæ Stuttgardienſi.

Bartholomæus *Hettler*, Hohenhaslacenſis 1572. ejus Succeſſor, in prima & ſecunda Claſſe Pædagogii. Jam ſenex electus à Senatu Anno 1575. primi Ordinis. Denatus 1600.

Bartholomæus *Megerlin*, L. L. Lat. & Gr. Prof. 1569. biß nach 1578. mortuus 1580. 13. Oct.

Jacob. *Stabelius*, Pr. L. Gr. & Humanitatis. 1559.

Melchior *Münſterus*, Pr. Gram. L. in Pædagogio.

Stephanus *Culingius*, Salcenſis-Thuringus, Jur. U. D. Poëſ. & Hiſtor. Profeſſ. 1561. Petiit 1564. auctionem ſalarii.

Georgius *Burckardus*, Wettelshemio-Weiſenburg., Pr. Ling. Lat. 1562. Rhetor. & Log. 1578. Rediit Rotenburgo ad Tubarim. Tub. 1578. 25. April. Nat. 1539. Den. 1607. 10. Maj. Conf. ejus Orat. Funebr. Mich. Ziegleri, Med. D. & Phyſ. Pr. Add. Imag. Cellii. Freher. Theatr. p. 1503.

Jacobus *Dachtler*, Bahlingenſis, Pr. Ling. Hebr. 1569. mox ad ſacra admotus. Profeſſio ejus Hebraica Bartenbachio commendata 1575. Fuit à Paſtoratu ſuo pulſus à Comite Ulrico Helfenſteinenſi, postquam, hic Pontificiam amplexus eſſet Religionem. Conf. Cruſium P. III. L. XII. c. 13. p. 314. edit. lat. p. 729.

Nicodemus *Friſchlinus*, Prof. Ling. Lat. & Poëſ. atque Comes Palatinus. De Bello Grammaticali inter Eum & Cruſium, quod ab anno 1586. usque

1588.

1588. duravit, postea morte Frischlini exstinctum, conf. Caroli Henrici Langii, Con-Rectoris Lubecensis Nicodemum Frischlinum, Vita, Fama, Scriptis ac Vitæ Exitu memorabilem. Brunsuigæ & Lipf. 1727. 4. Successor fuit Culingii. An. 1567.

Philippus *Apianus*, German. Bienenwitz, Ingolstadiensis, Med. D. & Mathem. Pr. P. 1569. Natus 1531. 14. Sept. Den. 1589. 15. Nov. Conf. Orat. funeb. Erh. Cellii, Tub. typ. G. Gruppenb. 1591. Add. Freher. p. 1483. Lex. Basil. Iselin. T. I. p. 203. Er beharrete 1582. die Formulam Concordiæ nicht zu unterschreiben, und wurde 1583. deßwegen beurlaubet. Alii dicunt, er habe resignirt, ut Crusius P. III. L. XII. c. 29. p. 354. dicit. In Annal. Acad. hæc de eo leguntur, ab Val. Rotmaro in Annal. Academ. Ingolstad. scripta: Philippus Apianus, Magni illius Petri Apiani filius, patre non indignus, sed Luteranus. Is aliquandiu, jam Doctoralia quoque in scientia Medica consecutus Insignia, in Schola Ingolstadiensi Mathesin docuit, totam Bavariam & omnes ejus angulos, singulos recessus, montium cacumina sylvasque & loca tenebrosa perreptavit, ac duplici descripsit tabula. Nunc vero temporis Tubingæ docet Mathesin, posteaquam Ingolstadium propter Luteranismum deseruit. Conf. J. F. Reinmanni Einleit. in Hist. Lit. Germ. P. III. L. II. Sect. III. qu. 113. p. 218. & q. 169. p. 395. quæst. 192. p. 477.

Andreas *Planer*, Athesinus, Dial. Prof. Aristot. 1578. postea Med. D. & Prof.

Johannes *Bartenbach*, Bottwariensis, Prof. LL. OO. 1575. Denat. 1579. 15. Jan.

 Geor-

Georgius *Weiganmeier*, Eslingensis, Successor Bartenbachii, LL. OO. Professor, Anno 1579. 25. April. Denat. Paduæ, cum missa Provincia Professionali in Orientem proficisci vellet, 1599. NB. darzu ihme die Noth triebe, wie ich aus seiner Supplique ad Senatum 5. Jan. 1593. und 21. Mart. 1595. ersehen habe. Jam 1583. cum M. Valentino Clessio, Knittlingensi, qui eadem tentavit, iter in Arabiam, Linguam discendi causa instituere voluit, sed spe cecidit. conf. D. Klemmii *Progr.* de Prof. L. Hebr.

Michael *Mæstlinus*, Göppingensis, Mathem. Prof. P. A. 1583. 15. Maj. Den. 1631. Conf. Imag. Cellii, & Orat. funeb. Wilhelmi Schickardi. Antea Profess. Heidelbergensis. Successor Apiani.

Erhardus *Cellius*, Cella-Pfædersheimensis, Palatinus, Eloq. Poës. & Histor. P. P. 1582. natus 1546. den. 1606. Fer. II. Pentec. Conf. Imagin. Cellii & Oration. funebr. de Vita & obitu Erh. Cellii habit. per Casparum Bucherum L. L. *Prof.* Ord. 1607. Verum ei nomen fuit Erhardus Horn, quod non ipse mutavit, sed præceptor ejus Moguntinus, qui ut ipsum ab alio Hornio, condiscipulo, distingueret, à Patria vocavit Cellensem, quod postea nomen in aliis scholis & per vitam retinuit. Vid. Orat. dict. p. 8. sq.

Martinus *Solfleisch*, (alii *Solfleiß*) Altenburgensis, Ling. Lat. Prof. 1587. in Pædag. postea 1590. Medicinæ Doct. & porro Prof. den. 1654.

Henricus *Vellingius*, Tubingensis, natus tempore pestis 1555. denat. 1620. 16. Cal. Febr. Literarum Human. Prof. per 32. annos, ab anno 1588-1620. Conf. Orat. Funebr. Jodoci Colbii, Eloq. Prof. 1620.

Er-

Erhardus *Uranius*, Gerstettensis, Contubernii Rector. Denat. 1596.

Wilhelmus *Theodorus*, Durlacensis, Ling. Lat. Prof. 1591. Antea Verbi div. Minister in Palatinatu à Calvinianis officio pulsus.

Vitus *Müllerus*, Bülhemio-Francus, natus 1561. den. 1626. Ab anno 1587. 2. Oct. Prof. LL. Lat. & Græc. postea Organi Aristotelici & Ethices atque Magister Domus in Stipend. Theol. Vid. Orat. Funeb. Zachar. Schæferi Orat. & Histor. Prof. Tub. Typis Philib. Brunnii 1627. Add. Imagin. Cellii & ex iis Freherum p. 1490.

Michael *Ziegler*, Gröningensis, Med. Doct. Ling. Græc. postea & Philos. Nat. Prof. 1594. Den. 1615. Conf. Imag. Cellii & qui Versus hosce repetit Freher. p. 1299. Orat. Funebr. habit. per J. L. Möglingum. Stipendio ultra 3000. fl. celebris.

Michael *Beringer*, Ulbacensis, J. U. D. & Ling. Hebrææ Pr. 1598. nat. 1566. 29. Sept. den. 1625. Doctorirte 1600. Conf. Orat. Funebr. à Wilhelm. Schickardo habit. & J. J. Moseri *Erleutertes Würt.* P. II. p. 294. sq.

Casparus *Bucher*, Austriacus, Kirchslagensis, Eloq. & Lat. Ling. Prof. 1592. Denat. 1617.

Eusebius *Stetter*, Ling. Lat. Prof. & Rector Scholæ Anatol. jam ante 1606. Den. 1611.

Johannes *Glotseisin*, Ling. Lat. Profess. & Contubernii Rector. ante 1606. postea Med. Doct.

Israel *Mögling*, Tubingensis, Med. D. & Ling. Lat. Prof. nat. 1575. 26. Jan. denat. 1601. Conf. Henr. Wellingii L. Lat. Prof. Möglingidem f. Orat. Funebr. Tub. typis Cellianis.

Johannes *Ogger*, Contubernii Rector & Ling. Lat. Profess. 1608.

N. N. Bintelius. 1608.

Johannes *Plancus*, Ling. Lat. Professor.

Martin *Kümelin*, Ebingensis, J. U. D. & Profess. Ling. Lat. jam 1616. Den. 1631.

Davides *Müller*, J. U. D. & L. Lat. Prof. 1616. Denat. 1626.

Johannes Martinus *Rauscher*, Orat. P. P. & Pædagogarcha 1629. Ling. Lat. jam ante 1613. Profess. Dicitur magnus Rei literariæ Vindex, Historicus & Orator Excellentissimus. Den. 1655.

Jodocus *Colbius*, Spirensis, J. U. D. 1600. & Eloq. ac Orat. Prof. jam ante 1613. denat. 1630.

Johannes Ludovicus *Mögling*, Med. D. & Prof. Phys. Ord. jam ante 1613.

Zacharias *Schæfer*, Poës. & Histor. Profess. jam ante 1613. den. 1638.

Johannes Baptista *Weiganmeir*, Tubingensis, Gr. & Lat. LL. Prof. jam 1613. den. 1629.

Wilhelmus *Schickardus*, Herrenbergensis, nat. 1592. 22. April. den. 23. Oct. 1635. peste correptus. An. 1619. Prof. LL. OO. Contubernii Rector, quo officio iterum se abdicavit. An. 1628. 30. Maji in Senatum receptus. Successor Beringeri in Professione Hebræa & Mœstlini in Arithmetica. Conf. Orat. Funebr. Zachar. Schæferi, Orat. & Hist. Profess. & M. Joh. Christoph. Speidelii, nunc. Superintend. Specialis Waiblingensis Grammaticæ Hebraicæ *vorgesezte* Præfationem de Vita hujus Schickardi. Adde Th. Spizelii Templ. Honor. pag. 335. sq. J. Fr. Reinmanni *Einleit.* in Hist. Lit. Germ. P. III. *and. Hauptst.* pag. 233. & p. 437.

Joh.

Joh. Sebast. *Wieland*, Ling. Lat. Prof.

Johannes Bernhardus *Unfried*, Profess. Ling. Lat. 1629. 29. April.

Petrus *Scaturigius*, Prof. Ethic. 1629. 29. April.

Gottofredus *Mästlin*, Mathemat. Professor. Fil. Michaelis. 1627.

Cunradus Cellarius, Phys. Prof. Ord. Den. 1636. 17. Dec.

Frid. Hermannus *Flayder*, Prof. Græc. Ling. & Lit. Hum. & Bibliothecarius, 1629. 22. Nov. antea Prof. Colleg. Illustr. den. 1640. April. Poëta Laureat. factus 1626. Conf. Diplomaticum Progr. Joh. Joach. à Gruenthal Ephori Ill. Colleg. & Præfecti Superioris Tubingensis. Quia consortio & amicitia Monachorum Bebenhusanorum nimis delectabatur, hæc ipsi Sodalitas à Senatu 1631. 4. Dec. prohibebatur, & major Cura Bibliothecæ habenda commendabatur. Successor Weiganmeieri in Lectione Homerica. Ejus Artem volandi edit. 1628. nunquam vidi.

Eberhardus *Schultheis*, Hala Saxo. Primum Prof. Mathes. in Collegio Illustri, postea 1631. in Professione Euclydea Mich. Mœstlini Successor. Den. 1636. Legaverat Bibliothecam suam & Instrumenta Mathematica Academiæ, sed Jesuitæ pro Imperatore Ferdinando III. 1637. 12. Jan. & Instrumenta & Manuscripta petierunt. An tradita fuerint, nescio? Mirabitur Lector fraudem & dolum Jesuitarum, quibus nocere Academiæ voluerunt prætextu quidem specioso, sed ficto. Quis fidem de fide Jesuitica dederit?

Johannes *Geilfus*, Wizenhusa-Hassus, Professor Philos. Log. & Metaphys. fere per 34. annos. 1621. 22. Nov. In Senatum receptus 1631. Nat. 1592.

 14. Dec.

14. Dec. Denat. 1654 25. Jul. Conf. Programma Funebr. 28. Jul. 1654.

Philippus *Raumaier*, An. 1640. 19. Oct. Ethices Profess. postea Pastor Leomont.

Henricus *Schmidius*, Prof. Græc. Ling. in locum Flayderi, & Ephorus Stipend. Theolog. 1640. 19. Oct. postea Theol. Profess.

Johann Adam *Osiander*, S. Theol. D. Diaconus & Græc. Ling. Prof. Extr. 1656. postea Theol. Profess. Ord. 1660. Cancellarius 1681.

Paulus Biberstein, Leobergensis, Prof. Gr. Ling. & Mag. Dom. 1652. Nat. 1600. Den. 1656. Conf. Program. 'funebr. concion. addit. 21. Dec. 1656. Antea 1626. Diaconus Göppingensis. A. 1630. Pastor Ober-Esslingensis per 22. annos. Iter instituere Uracum voluit, ut orationem auspicalem Pastoratus istius loci haberet, sed morbo præventus est.

Joh. Ulricus *Pregizer*, Tubing. S. Th. Lic. & Moral. atque Polit. Prof. per 28. annos, ac Pædagogarcha. Nat. 1611. 10. Jul. Denat. 1672. 27. Maji. Conf. Progr. funeb. & concion. funeb. hab. in Text. Luc. II. v. 29. ab Joh. Ad. Osiandro, S. Th. D. & Pr.

Joh. Andreas *Hochstetter*, Kircho-Teccensis, Ling. Græc. Prof. & Magist. Domus in Stip. Theologico 1677. postea Theol. Doct. & Prof. tandem Abbas Mulifontanus, denique Bebenhusanus.

Joh. Cunrad *Brodbeck*, Med. D. Astronomiæ Prof. Extraord. 1650. & Physices 1653. Prof. Publ. denique Med. Prof. Ord. 1656. 4. Dec.

Joh. *Grafftius*, Mengerenghusa-Waldeccensis, Log. & Metaph. & Mathem. Prof. 1655. per 36. annos, Successor Geilfusi, S. Th. D. 1660. & tandem

1688.

1688. Abbas Alpispacensis. Nat. 1618. Den. in Monasterio Alpirspacensi 1695. 30. Jan. æt. 77. Conf. Fischlini Vit. Theol. Würt. P. II. p. 273. sqq. Add. Programma Licentiatus 1657. & Doctorale 1660. Conc. funeb. hab. in Joh. XI. 2. à Pastore loci M. Joh. Christoph. Hegeln. impress. Stuttg.

Christoph. *Caldenbach*, Suebusio-Glogoviensis, Eloq. Poës. & Hist. *Prof.* 1656. 5. Nov. Successor Rauscheri. Nat. 1613. 11. Aug. Den. 1698. 16. Jul. Octogenario major. Antea in Regiomontana *Palæo*poli Pro-Rector & L. Græc. Prof. destinatus. Conf. Programma funeb. 1698. 19. Jul. & *Progr.* uxoris ultimæ Mariæ Margarethæ 1705. 27. Jun.

Johannes Ludovicus *Mögling*, Tubingensis, Med. D. *Physices* & Mathemat. *Prof.* Ord. 1660. postea 1672. Med. *Prof.* Ord. Antea Physicus Tubing.

Theodorus *Cellarius*, Tubingensis, Prof. Ling. Gr. & Magist. Domus 1660. per 17. annos. Nat. 1627. 27. Nov. Den. 1677. Antea 1654. Diaconus Göppingensis, & 1656. Præceptor Ducalis Blabyrensis Superior. Conf. *Program.* funeb. 1677. Dom. XIV. p. Trin. & Uxoris Sybillæ, natæ Zurlandiæ. 1685.

Albertus ab *Holten*, Hamburgensis, Ling. Hebr. in Stipendio Th. Lector Publ. Nat. 1637. 13. Mart. Den. 1677. Conf. Progr. funeb. 1677. Dn. Rogat. Elatus ex Aula Blabyrensi. Gener Caroli ab Egen.

Magnus *Hessenthaler*, *Professor* Histor. Eloqu. & *Politices* in Collegio Illustri Anno 1656. postea Stuttgardiam *Patriæ* Historiographus vocatus à Serenissimo Eberhardo III. conf. Orationem valedictoriam de Patriæ Historiæ Eminentia, habitam 20. Jan. 1663. Hic notandum est, plures fuisse Professores Colle-

Collegii Illustris, quorum nomina hic non sunt commemorata; Jussum vero fuit Ducale tempore Belli tricennalis, ut si vacua Professorum loca fuerint in Academia, Professores Collegii ea occuparent.

Benedictus *Hopffer*, Altorfensis, Moral. *Pr.* Ord. & Magist. Dom. in Stip. Theol. 1672. 2. Jul. Successor *Pregizeri*. Nat. 1643. 11. Sept. Denat. 1684. 29. Jan. Rector Magnificus. Conf. concion. funebr. habit. in Matth. XXV. 34. ab Georg. Henr. Kelleto, S. Th. D. & *P.* O. atque Superintend. Stip. Theolog. Tub. apud Martin Rommey. Add. J. J. Moseri *Erleutertes Würtemb. P.* II. p. 288. sqq It. Progr. funeb. Ephori Ill. Collegii Illustris Joh. Eberhardi à Varenbüler 1684. & Academicum d. 2. Febr. 1684. Programma *Professionale* 1672. Dom. XV. p. Tr.

Johannes Ulricus *Pregizer*, J. U. D. A. 1675. Politices Eloq. & Hist. An. 1688. Juris publici *Prof.* Ill. Collegii & Assessor Dicasterii, postea 1694. Consiliarius Regiminis. Nat. 1647. 2. Febr. Denat. 1708. 2. Febr. Conf. Programma Ill. Colleg. Professionale 1675. 5. Dec. funebre, additum concioni funebri hab. per A. A. Hochstetterum, S. Th. D. Prof. Ord. Ecclesiæ Pastorem, in Luc. II. 29-32. adde Lex. Menckenian. p. 1770. Hic observandum, quatuor Pregizeros, Professores Tubingenses sese fuisse insecutos. *Primus* fuit Proavus, Cancellarius & Præpositus D. Joh. Ulricus *Pregizer*. Avus, Joh. Ulricus *Pregizer*, S. Th. Lic. & Moralium Prof. O. & *Pædagogarcha*. Parens, Joh. Ulricus *Pregizer*, J. U. D. & *Prof.* Collegii Illustris. Filius atque Nepos, Georg. Cunradus Pregizer, S. Theol. *Prof.* Honorarius, nunc Abbas Murrhartensis. In Quo genere successionis præcipue

conve-

conveniunt Möglingii, Camerarii, Osiandri, Harpprechti & *Pregizeri*.

Joh. Wolffgang *Jager*, Stuttgardianus, Prof. Geographiæ 1679. Græc. Ling. 1681. Prof. Moralium in Locum Hopfferi & Mag. Dom. 1684. Pr. Log. & Metaph. 1689. postea S. Th. D. & *Pr.* atque Cancellarius.

Henricus *Breuning*, Stuttgardianus, Græc. Ling. Prof. Ord. 1684. vid. *Progr.* Prof. 1684. 16. Mart. funeb. 1686. 12. Oct. Nat. 1650. die Henric. Denat. 1686. 12. Oct. antea Diaconus Stuttgardianus.

Johannes *Osiander*, Tubingensis, nat. 1657. 22. April. Denat. 1724. 18. Oct. Ling. Ebr. Prof. Extr. postea Græcæ Ord. & Mag. Domus in Stip. Theolog. postea Abbas Regiofontanus & mox Hirsoviensis, Consiliarius Regis Sueciæ & Poloniæ & Ducis Wurtembergiæ Intimus, Academiæ Visitator atque Consistorii Ecclesiastici Director. Conf. *Progr.* Pr. 1686. funebre 20. Oct. 1724. addit. Conc. funeb. hab. per G. C. Pregizerum in Gen. XXXII. 10. Rector 1692.

Rudolphus Jacobus *Camerarius*, Tubing. Medic. D. Phys. atque Mathem. Prof. Publ. ab 1689. usque 1695. postea Prof. Med. in locum Möglingii.

David *Scheinemann*, Tubingensis, J. U. D. atque An. 1686. Moralium & Juris Nat. & Gentium & Institution. Impp. P. P. O. postea J. U. Prof. 1696. nat. 10. Jun. 1662. den. 1702. Filius Davidis Scheinemanni, Cöslino-*Pomerani*, J. U. D. & Prof. Ord. in Ill. Colleg. Assess. Dicasteri i & Consiliarii Provincialis. Conf. *Progr.* funebre Ann. Aprilis 1702.

Matthæus *Hiller*, Stuttgardianus, antea 1685. Præceptor Ducalis Bebenhusanus. 1692. Philosoph. Primæ & LL. OO. *Prof. Publ.* Ord. & Ephorus Stipendii.

pendii. Tandem Abbas Regiofontanus. Nat. 1646. Den. in Königsbronn 1725. 4. Febr. vid. Program, Professional. 1692. Dom. IX. post Trin.

Stephanus *Gerlachius*, Bernhusanus, Antiquitatum Prof. Honorarius Heidelberga per hostes pulsus, ubi per 36. annos Prof. Antiqq. Ordinarius fuit, nat. 1621. Denat. 1697. Vid. Moseri *Erleut. Würtemb.* P. I. p. 287. sqq. & ipsum Progr. fun. 1697. 15. Jan.

Johannes Christophorus *Pfaffius*, Pfullingensis, S. Th. Prof. Extr. Log. & Metaphys. P. O. 1697. Postea S. Th. Ord. & Prof.

Andreas Adam *Hochstetter*, Tubing. Prof. Eloq. 1697. Moralium 1702. ibi Successor Caldenbachii, hîc Scheinemanni, postea Theol. D. & Prof. Conf. Program. Profess. Dom. X. post Trin. 1697.

Johannes Eberhardus *Rösler*, Laureacensis. Nat. 1668. 11. Oct. Den. 1733. 16. Oct. Eloq. & Poës. Prof. 1698. postea Moral. & Phil. Pract. Prof. atque Contubernii Rector. 1716. Ephorus Stip. Th. Conf. Program. Professional. 1698. Dom. IV. Advent. & Funebre 17. Kal. Nov. 1733. atque Conc. funebr. habit. in Ps. XXXIX. v. 8. à Christ. Eberh. Weismanno, S. Theol. D. & P. O. Decano Eccl. & Superint. Sup. Stip. Theol. typ. Joh. Phil. Schramm.

Joh. Cunradus *Klemm*, Herrenberg. 1700. Log. & Metaphys. Prof. Ord. atque Ephorus Stip. Theol. postea S. Th. D. & Prof. 1707. Nat. 1655. 23. Nov. Den. 18. Febr. 1717.

Johannes Christianus *Neu*, Laureacensis. Natus 1668. 13. Oct. Den. 28. Dec. 1720. Prof. Histor. 1699. & postea 1705. Prof. Ord. Histor. Eloqu. & Poëseos. Vid. Progr. Professional. 1699. Dom. VIII. post

post Trin. & Concion. funebr. habit. in Psal. LXXIII. v. 23. 24. per Wilh. Theophil. Tafingerum, t. t. Diac. typ. Beati J. Conr. Reisii Viduæ, & *Program.* funebre uxoris, Annæ Dorotheæ, 1710. 12. Jun. & Ipsius Program. funebr. 1720. 30. Dec.

Johannes *Nicolai*, Ilma-Schwartzenburgicus, Antiquitatum Prof. Publ. Honor. 1722. nat. 1665. den. 1708. Conf. Progr. Professional. Domin. Esto mihi 1702. & Progr. funebre 1708. 14. Aug. Add. J. J. Moserum *im Erleut. Würt.* P. I. p. 284. sq. *da das* Programma funebre *wiederholet ist.*

Gottofredus *Hoffmann*, Stuttgardian. nat. 1669. 13. Maji. Denat. 8. Dec. 1728. S. Th. Pr. Extr. Prof. Log. & Metaphys. Ord. 1707. & Mag. Dom. in Stip. Theol. Successor Dr. Klemii, postea S. Th. D. & Pr.

Johannes Rudolphus *Osiander*, Tubingensis, Prof. LL. OO. 1715. Vid. Program. Professional. 1715. Dom. I. p. Trin. postea Th. D. & Prof. Ord.

Christianus *Hagmajer*, Blabyrensis. Log. & Metaphys. Prof. Ord. & Contubernii Rector 1716. nat. 1680. prid. Cal. April. Conf. Program. *Prof.* 1716. Dom. Trinit. postea Theolog. D. & *Professor*, nunc Abbas Hirsoviensis.

Joh. Christianus *Klemm*, LL. OO. Pr. Ord. 1720. & Th. Extraord. nat. 1688. 22 Oct. Antea 1717. *Prof.* Exrraord. postea Theolog. *Prof.* Ord.

Johannes Michael *Hallwachsius*, Tubingens. Nat. 1691. 22. Mart. Den. 27. Dec. 1738. *Profess.* Phil. 1716. Extraord. postea Eloq. *Poës.* & Hist. tandem Moral. Jurisprudentiæ Universalis & Histor. Ordin. atque Stip. Martiniani Administrator. Conf. *Program.* *Professionale* 1716. & Concion. Funebre habit. in

Psal.

Psal. XXXVIII. v. 22. 23. per G. C. Pregizerum, t. t. S. Th. & Histor. Ecclesiast. Prof. Publ. Hon. und ältisten Predigern, typ. J. H. P. Schrammii.

Sonsten wurden auch zu denen Professoribus Artium gezehlet die Professores Musici, welche alle in Senatu confirmiret worden. Darvon sind mir bekannt worden folgende Namen:

M. Joh. Crapnerus. 1546.
M. Paulus Snepffius. 1552.
M. Georgius Beuerus. 1552.
M. Johannes Walchius. 1576.
M. Christoph. Lindlinus, ex Stip. Th. 1584.
M. Abel Vinarius, ex Stipendio. 1588.
M. Samuel Magirus, Stip. 1592.
M. Joh. Ulricus Pregizer, 1605.
M. Petrus Meudderlinus. 1606. Postea Ephorus Collegii Annæani Aug. Vind. biß gegen 1651.
M. - - Grabius. 1608.
M. Samuel Martini. 1612.
M. Oswaldus, 1629.
M. Christoph. Lindenmajer, Stip. 1631.
M. Mich. Jæger, Rep. Stip. Theol. 1633.

Florentes atque Docentes Professores Facultatis Philosophicæ hoc tempore sunt:

Dn. Joh. Cunrad CREILING, Löchgaviensis, Physices Experim. atque Matheseos Profess. Publ. Ord. ab Anno 1701. & Contubernii Rector. Natus 1673. 28. Jun. Senior in tota Academia. Solus, ex omnibus Professoribus, qui ab A. 1700. à meo in Academia adventu tum temporis docuerunt, superstes.

Conf.

Conf. Programma Professionale 1701. Dominica Misericord.

Dn. Daniel MAICHEL, Stuttgardianus, S. Th. D. & Prof. Extraord. Moralium Prof. Ord. atque Ducatus Superioris Pædagogarcha, Memb. Societ. Lugdun. Lipsiensis, & Anglicanæ de Propaganda fide &c. Natus 1693. 14. Oct. Antea Prof. Philos. Ord. & Ecclesiastes Vespertinus, postea Logic. & Metaphys. Professor Ordin.

Conf. Programma Professionale 1724. die Eberhardi, & Doctorale 1730. & J. J. Moseri Lexic. Theol. P. II. p. 466. sqq.

Dn. Israel Theophilus CANZ, Canstadiensis, Log. & Metaph. Prof. Publ. Ord. & Stip. Ducalis Ephorus s. Magister Domus. Natus 1690. 4. Cal. Mart. Antea 1720. Diaconus Nürtingens. 1721. successive Præceptor Ducalis Collegii inferior & superior Bebenhusanus. 1733. Specialis Superintendens Nürtingensis. 1734. Ephorus Stipendii, Eloquentiæ & Poëseos Prof. Ordinarius.

Conf. Program. Professionale 1734. Non. Mart. & J. J. Moseri Lex. Theol. P. I. p. 138. sqq.

Dn. Joh. Adamus OSIANDER, Tubingensis, Ling. Gr. Pr. Publ. Ord. 1732. Nat. 1701. 15. Aug. Antea 1728. Diaconus Calvensis, & postea 1730. Diaconus Tubing. ac Prof. Philos. Extraord.

Conf. Progr. Professionale 1732. 27. Jul.

Dn. Paulus BIBERSTEIN, Schlaidorfensis, Eloquent. Poës. & Historiarum Prof. Publ. Ordinarius. Natus 1697. 1. Novemb. Antea 1729. per Ordinem Diaconus Stuttgardianus,

Conf. Programma Professionale 1741. Dom. XI. post Trinit.

Extraordinarii.

Johannes Ulricus STEINHOFER, Owensis, Prof. Phil. Extraord. Natus 27. Sept. 1709.

Conf. Programma Professionale 1736. 14. Cal. Julii.

Christophorus Davides BERNHARDT, Leopoli-Polonus, Ex-Judæus, Lector LL. OO. Rabbinicus & Thalmudicus, per 25. Annos ab A. 1618. Natus 1682 6. Martii.

Scripta ejus varia his insignita sunt titulis: סכת דוד, Hütte Davids, oder Gramatische Regeln, Teutsch und Hebräisch. 4. Tüb. 1722. Weilen eine Recommendation darbey gedruckt wäre, so wurde er, ohne alle Vernunfft und Raison von einem hefftigen Widersacher angegriffen, deme er aber mit Stillschweigen auf das klügste geantwortet.

דברי דוד ראשונים. Die erste Worte Davids, von der Menschwerdung Christi, über Es. VII. 8. Tübingen gedruckt bey Pflicken. 1724.

Unpartheyische Beurtheilung des Eydschwurs eines Judens gegen einem Christen, verlegts Cotta. Druckts Pflicke. 8. Tüb. 1728.

מקל דוד, Davids Stab; Gründliche Unterweisung von unterschiedlichen Fragen gegen die Juden. 8. Tüb. bey Pflicken. 1730.

Seinen Discours von Süß Oppenheimern, und Jüdischen Heiligen. 4. Tüb. bey Cotta 1738. und Unterredungen zwischen einem Juden und Christen. 8. Tüb. 1739. rechnet er als Ludicra.

Hingegen hat er folgende nutzliche Scripta zum Druck fertig, denen er noch andere beyfügen könnte.

מגן דוד, Davids Schild, oder Widerlegung des

des bekannten gifftigen Buchs von R. Isaac Abrahams Sohn einem gelehrten Juden, wider unsere Evangelische Christliche Lehre. (Chisuck Emuna genannt.)

אמונת דוד, oder Davids Glaub, eine Widerlegung des bekannten R. Joseph Albo, welcher in seinem bekannten Buch Ikkarim Sect. III. c. 25. uns Christen gelästert, und unsere Evangelische Lehre geschimpffet hat.

דברי דוד האחרונים, Davids letzte Worte über das IX. Cap. Danielis, von der Weissagung, daß der Meßias müsse getödtet werden, und daß die Erfüllung zu Ende der 70. Jahr-Wochen geschehen seye.

באורי דוד, Davids Auslegung, oder eine Version über den Hiob.

הגיון דוד, Davidische Meditation, oder eine Ebräische Grammatick auf das allerkürtzeste verfasset, in welcher gezeiget wird, wie aus einer Regel, auf demonstrativische Art alle übrige herfliessen.

Wir wünschen zu diesen nützlichen Aufsätzen einen willigen und baldigen Verleger.

Observatio XXVII.

Zu der Universitæt werden annoch, ausser den Doctoribus und Studiosis, gerechnet alle Cives Academici, welche inscribiret, und recipiret, oder auch von Serenissimo zu der Universitæt singulari gratia gewiesen werden. Dahero gehören alle Herren J. U. Licentiati und Hofgerichts-Advocati, welche theils in Stuttgardt, Tübingen, auch anderswo sich aufhalten, und Causas tractiren, nebst anderer Facultæten Licentiatis und Literatis dahin;

Es gehören dahin die Viduæ Professorum cum Liberis. Andere Literati, auch von der Ritterschafft, so sie Jus Civitatis Academicæ begehren: Gleichfalls stehen unter den Statutis Academicis die Apothecker, ein gewisser Chirurgus Juratus, die Buchhändler, Buchdrucket, Buchbinder, Mahler und Illuministen 2c. so viele deren das Jus haben 2c.

Unter solche Cives Academicos Literatos Docentes, zehle ich mich dermahlen auch, so lang ich hier wohnen will, kan und darff, der ich sonsten mein Closter-Amt habe und verwalte.

GOtt erhalte dieses Corpus Academicum, und gebe Seegen, Gnade, Schutz, Einigkeit und Wohlseyn in Consiliis und Doctrinis!

Das fünffzehende Capitel.

Von denen Stipendiis Martiniano und Hochmanniano.

Die Universität Tübingen hat unter andern Zierathen und nutzlichen Anstalten einige besondere

STIPENDIA und COLLEGIA.

Dann wie das Closter oder Stipendium Theologicum seinen Ruhm biß in die Ferne auch noch jetzo behält, so sind auch vor andern Privat-Stipendiis, Legatis und Stifftungen, die Stipendia, das Martinianum und das Hochmannianum wohl zu bemercken, als in welchen gleichfalls Contubernia und freye Tische sich finden, zum Nachruhm deren Fundatorum und Beystifftern, deren Legata dahin gezogen worden. Und also komt zu erst vor der Aelte nach das

Sti-

Stipendium Martinianum.

oder wann man es nach dem Zunahmen des Stiffters nennen will, das Plantschianum.

Observatio I.

Der Stiffter darvon ware eines theils MARTINUS PLANTSCH, von deme Crusius Paralipom. c. VI. p. 411. ed. lat. p. 22. folgende Worte vorbringet: M. Martinus Plantsch de Dornstetten, Anno Domini 1486. d. 27. April. principiavit in Bibliam: Et una cum eo Dominus Wendelinus Steinbach de Butzbach, Plebanus Castri in Tuwingen. Qui & in Sententias principiavit, quas pro forma legit & complevit die 16. Maji Anni &c. 87. Insuper recepit Licentiam in Aula die 17. Jul. Anni &c. 89. Vesperiatus fuit una cum M. Cunrado Somerhart, die 12. Octobr. ac denique die crastina sequenti aulatus & birretatus, cum eodem præsente & expensante illustri Domino, Domino Eberhardo, Comite de Wirtemberg & Mompeligardo &c. Seniore, nostro Universitatis fundatore aliisque non minoris numeri diversarum Universitatum & Facultatum Prælatis, Doctoribus, Comitibus, Boronibus & Nobilibus. Insignia Magisterialia in Theologia M. Martinus Plantsch recepit penultim. die April. 1494. priore autem die Licentiam in Theologia recepit, & cum eo M. Johannes Hiller de Dornstetten, & Frater Johannes de Gotha (Prior Heremitarum S. Augustini in Tuwingen) & M. Herdevicus Themensis. Habuit M. Martinus primatum in Cathedra. Man besehe hier auch Joh. Jacobi Moseri Decad. Vitarum Professorum Tubingensium Ordinis Theologici. Tub. 1718. pag. 47. sqq. Als nun dieses Stipendium gestifftet wurde, ware dieser D. Martinus Plantschius vieljähriger Pfarrer und Kirchherr zu Tübingen, und wie er sich selbsten geschrieben hat, *Sacræ Paginæ Doctor & Plebanus* in Tübingen, welcher auch biß 1533. den 18. Julii gelebet hatte, wie dessen Grab-Stein, so in dem neuen

Gebäude dieses Stipendii zu sehen ist, anzeiget, auf welchem ein Kelch ist. Er ware aber nicht der einige Stiffter, sondern es stifftete auch vieles darzu, *Georgius Hartsesser*, Decretorum Doctor, der heiligen Creutz-Kirche zu Stuttgardt Chor-Herr und Dechant. Oder, wie er sich selbst unterschrieben hatte, *Decretorum Doctor, Ecclesiæ Collegiatæ Sanctæ Crucis Oppidi Stuttgardt Canonicus, & ejusdem Ecclesiæ Decanus primus.* Beede schrieben sich *Co-Erectores* und *Con-Fundatores Collegii Sanctorum S. Martini & Georgii*, daß es also anfangs das Stipendium S. Martini-Georgianum von denen Prænominibus Martini & Georgii deren Stifftern geheissen. Es nahme auch unter Direction des Plantschii selbsten, als Administratoris, 1518. den würcklichen Anfang, und ware der erste *Magister Domus*, Johannes Vischer, Thailfingensis, Medicinæ Doctor. Auch wurden die erste Stipendiaten recipirt, den 7. Febr. 1519. Allein es ware zuerst nicht gegenwärtiger neue Bau, die Wohnung dieser Collegiatorum, sondern der erste Platz wurde vor das Collegium erhandelt in der obern Häfner-Gasse von dem Osiandrischen Hauß an biß noch auf ein paar Häuser ꝛc. Hinüber in die Gasse, darzu das Fickerische stoßte, wo jetzo biß an das Smalcalderische Hauß sich es erstreckt, welches noch darzu solle gehört haben.

Observatio II.

Weilen hier gar viele einen falschen Begriff von diesem gegenwärtigen Neuen Bau, welcher das Martinianer-Stipendium insgemein hin genennet wird, haben, als wann er von Plantschio angeordnet wäre, so will, nach meinem Vorhaben, nur mit weni-

wenigem die rechte Nachricht hieher setzen: Es heißt dieser Bau eigentlich das Neue STIPENDIUM, und das Hauß Vagorum Stipendiorum, hat aber die jetzige Benennung von dem Stipendio Martiniano, welches schon vorhero, als ein besonderes Collegium oder Corpus ist tractiret worden, und darein man andere Stipendiarios gezogen hatte. Da nun selbiges gantze Corpus in dieses neue Stipendium ist verlegt, die vorige Wohnung aber verkaufft worden, so hat dieses novum Stipendium à potiori, oder von der grössern Zahl der Stipendiorum Vagorum, welche zu dem Martiniano sind gezogen worden, die Benennung des Stipendii Martiniani behalten. An diesem Platz aber, wo dieser Bau stehet, stunden vorhero, die Decaney und Præsenz, nemlich das Decanat-Hauß und Ober-Vogtey. Diese beyde Gebäude brannten 1624. ab, und bliebe aller Muthmassung nach der Platz in dem dreyßigjährigen Krieg wegen der trübseligen Zeit, leer und ungebaut biß 1662. da er feil gebotten wurde. Weilen nun wegen der Vagorum Stipendiorum viele Jahre vorhero von der Universität ware deliberirt worden, wie man selbige in ein Corpus zusammen ziehen möchte, darmit auch die Speisung und Oeconomie besser könnte eingerichtet werden: So hatte Senatus Amplissimus sein Absehen auf diesen abgebrannten Platz, ein Hauß für diese Stipendia zu bauen, und gabe sich 1662. als Käuffer an, liesse es auch gleich dem Pfleger auf dem Hof notificiren, als welcher wegen des Decanat-Platzes die Sorge hatte. Von dieser Zeit an, vom 1. Oct. 1662. gelangte die Sache an Serenissimum. Senatus stellte das Vorhaben vor, und ersuchte Hertzog EBERHARDUM III. um den abgebrannten Platz. Dieser liesse durch seine Commissarios D. Müllern ab Ehrenbach und D. Christoph Zellern, den 19. Nov. 1662. melden, daß er Senatus Vorhaben approbire, und den Platz darzu verehren, auch Holtz-Bau-Materialien, ausser rothem Zeug, vor welchen man selbsten sorgen müsse, gratis zukommen lassen wolle, mit diesen Formalien: *Serenissimus* erfreuen sich / wann sie Gelegenheit erlangen / etwas anzustellen / so zu mehrerem Aufnehmen des *Corporis Academici*, und was davon *dependiret* / gereichet. Hierauf wurde sogleich im December für den Keller Sorge getragen, daß er durch den Schnee keinen Schaden leiden möchte: So wurde auch der Uberschlag der Unkosten durch Berechnung der Stipendiorum Vagorum, wie auch der Riß des Baues, so etlich mal verändert worden, gemacht, und Serenissimo zugeschickt. Darauf erfolgten im Febr. 1663. die schrifftliche Cession des Platzes, und Fürstl. Befehle nach Waldenbuch und Freudenstatt, das Bau-Holtz in leidentlichem Preiß anzuschaffen. Die Direction des Baues solten als Ober-Aufsehere, Cancellarius D. Wagner, D. Burcard Bardili, und D. Frommann haben, Secretarius solte die Rechnung führen. Baumeister ware Michael Behr, Zimmermann aber Georg Gulden; die Steine wurden aus Hanß Jacob Langen Stein-Grube, welche vermiethet wurde, genommen, 2c. und waren den 18. Jun. 1663. schon zwey Stockwercke fertig, der gantze Bau aber währete, biß auch der Buchladen, oder Boutique und alles übrige in Perfections-Stand kame, abwechslender und stillstehender weise biß 1665. Nach Vollendung wurden einige Zimmer vermiethet, die Besetzung aber

erfolgte

erfolgte erst nach und nach von 1666. biß gegen 1670. durch Reception derer Alumnorum, nachdeme alles zuvor ad Serenissimum gelangen mußte, und mit vielerley Deliberationen, wie alles einzurichten wäre, zimliche Zeit verflosse? Die Puncta, darüber man deliberirte, waren 1) wer die Inspection über die Studia und Mores haben solle? 2) Wer die Administration der Redituum haben solle? 3) Wie es ratione pietatis anzufangen? 4) Wie es ratione Studiorum zu halten? 5) Wie es mit der Speisung anzustellen? Und wurde damahlen 1666. der generale Schluß also gemacht: Die General-Inspection bleibet Cancellario, und wird Professoribus im Hof, auch andern Administratoribus derer Stipendiorum, aus welchen Alumni hinein kommen, gelassen, oder es solle mit denselben im Hof wohnenden ein Wechsel getroffen werden. Die Special-Inspection solle einem tauglichen, gelehrten Studioso, gestandenen Alters, als Inspectori Speciali, so auch Repetens heissen solle, übergeben werden, zu welchem Officio zum ersten mal M. Hopffer ware benennet worden. Die Normam der Disciplin und innerlichen Verfassung solten einige Deputati aus denen Legibus Stipendiorum Hochmanniani, Martiniani, Fickleriani &c. nehmen, zu Papier bringen, und appliciren, worauf man selbige Serenissimo ad adprobationem vorlegen solte. Die Speisung aber solle einem guten ehrlichen wohlgesessenen, hier in der Stadt wohnenden Mann aufgetragen werden; Doch solte dem Stipendio vorbehalten seyn, Wein und Frucht einzukauffen; Der Buchladen wurde von J. G. Cotta bestanden, es währete aber lang, biß man wegen des Pretii übereinkame. Diese kurze Nachricht wird dem Leser nicht mißfallen, und kan er selbige mit jetzigem Statu zusammen halten. Es finden sich aber alle Fürstl. Befehle, Memorialien Senatus, Vorschläge, Rechnungen ꝛc. zusammen in einem Fascicul, so diesen Bau angehen, von An. 1662. ꝛc. so ich aber nicht gesehen. Dieses ist annoch zu melden, daß der Titul Collegii allein dem Fürstl. Collegio verbleibet, und keinem Stipendio ordentlich gegeben wird, auch diesem Stipendio Martiniano 1677. ausdrücklich von Senatu Amplissimo hat müssen verbotten werden, solchen auf Carminibus zu gebrauchen, welches auch bey denen übrigen muß beobachtet werden.

Observatio III.

So wurden auch die Legata *Famerianum*, *Lempianum*, *Mendlinianum*, *Voglerianum*, *Welzerianum*, *Laubmerianum*, *Kellenbenzianum*, *Weinmannianum*, *Baierianum*, *Drachianum*, *Zieglerianum*, und andere Vaga Stipendia darzu gezogen, ꝛc. welche aber zum Theil in grosse Abnahme gekommen sind. Vornemlich ist annoch in Consideration Johann Michaelis *Fickleri*, J. U. D. Kayserl. Cammer-Gerichts-Advocati und Procuratoris zu Speyer vermachtes Legatum und Stipendium, welches 1590. den Anfang genommen hat. Darvon Crusius P. III. L. XII. c. 37. p. 386. ed. lat. p. 834. also schreibt. In dem Mitten des Novembers (1590.) nahm das Ficklerische Stipendium in Tübingen seinen Anfang, daß Studenten darinnen lebten. Besiehe die Sache in Extenso in Herrn Mosers Sammlung Würtemb. Stipendiorum. P. I. Tubing. 1732. Oct. p. 122. sqq.

Obser-

Observatio IV.

In den Annalibus Acad. Tubing. ad An. 1581. kommt, daß seit Anrichtung dieses Stipendii Martiniani biß 1581. 200. darein recipirt worden seyen, darunter gewesen sind Michael Heldinus, Enslingensis, hernach Bischoff zu Merseburg. Dr. Jacobus Beuerlinus, Cancellarius. Christoph. Binder, Abbas Adelbergensis. Dr. Joh. Stechel, Consiliarius Wurtemb. Henricus Weickensreuter, Th. D. und Abbas Hirsaugiensis. Jacobus Dachtler, Theol. & Hebræus. Johannes Enzlin, Director Consistorii Duc. Stuttgard. Sebastianus Kienlin, Med. D. & Pr. Andreas Ruttelius, Registr. & Bibliothecarius. Andreas Laubmaier, J. U. D. & Professor &c. Nebst vielen andern berühmten Leuten, welche nach ihnen gekommen, und zum Theil noch jetzo leben und floriren. Wie deren Herr Moser in seiner Decade p. 55. sq. mehrere anführet, mit welchem abermahlen Crusius zu conferiren ist in seinen Annal. P. III. L. XI. c. 2. p. 219. ed. lat. p. 601. Es lidte im dreyssigjährigen Krieg sehr viel, und wurde sehr verringert, biß 1642. es wieder aufgerichtet worden ist, da man auch von Bebenhausen die Zinse wieder gegeben hatte.

Observatio V.

Wir fügen, hoffentlich mit Gefallen des geneigten Lesers, ein paar alte Zeugnissen von diesem Martinianer-Stipendio bey, in welchen zugleich einige Begebnisse desselben vorkommen. Das erste haben wir in Erhardi Cellii Oratione funebri, so er dem J. U. Professori, D. Chiliano Voglero 1585. gehalten hat, gefunden. Dieser, nachdem er vorhero der

der Stifftungen für die Bursch des Cunradi Hageri, Rudolphi Rasii, Jacobi Stüelini, Georgii Ziegleri &c. gedacht hatte, fähret in Erzählung des Voglerischen Legati für das Martinianer Stipendium also pag. 50. sqq. fort:

Martiniani vero nominis hæc est ratio. Etsi duo primum hujus Collegii fundatores fuere: Georgius HARTSESSER, Decretorum Doctor, ac Decanus Stuttgardianus: & Martinus PLANTSCH, Theologiæ Doctor, & Parochus Tubingensis: ideoquè propter hæc fundatorum nomina, Stipendium Sanctorum Georgii, & Martini, fuit ab initio appellatum: quia tamen Martinus ille plus ad id erigendum contulerat, & post obitum Georgii demum perfectè instituerat: atque etiam ipsemet aliquot annos vivus administrarat, principalis ab hujus fundatoris nomine dictum fuit, MARTINIANUM. Cæterum duo sunt hominum genera, qui beneficia Stipendium in hoc contulerunt. Unum genus eorum est, qui non fuerunt alumni: sed proventibus, & Stipendiariis sua sponte auxerunt. Primus horum est Magister Andreas LEMP, Parochus Rimingensis, qui 600. florenos pro unius Stipendiati sustentatione huic Collegio reliquit. Secundus est Johannes GOCKELIUS, Parochus Benzingensis, qui eidem Stipendio, eundem in finem ut ex proventibus annuis alantur duo, mille trecentos contulit florenos. Tertius est Magister Johannes MENDLINUS, Tubingensis, antiquus Rector Contubernii, & Professor Artium, vir clarissimus: qui similiter fovendis pro duobus eidem Collegio mille quadringentos florenos legavit. Quartus est clarissimus & consultissimus noster D. Chilianus VOGLERUS, qui eidem Stipendio, eundem in usum duo florenorum millia testamenti sanctione reliquit. Alterum genus eorum est: qui aliquando Alumni ejus fuere Collegii: ac proinde debitæ gratitudinis ergò dona quædam illi dederunt: Quorum primus est Vincentius HARTWEG ex oppido Kirchen oriundus: qui eidem Collegio sexaginta florenos, unà cum Corpore Juris Testamento legavit. Secundus, Nicolaus DIEMER, Hailpronnensis, Episcopi Herbipolensis Quæstor Provincialis, licet Religionis erat Pontificiæ: tamen accepti in hoc olim Stipendio beneficii non immemor, literis Lauingam ante paucos annos ad ornatissimum & doctissimum virum M. Jacobum CELLARIUM, & ipsum aliquando ejusdem loci Alumnum, & quidem Magi-

Magiſtrum domus, quem vocant millis, de Stipendii Statu, an adhuc primæ fundationi, atque adeò ſui temporis vigori conſentaneus floreret, edoceri petivit: quod bona fide doctus, ducentos florenos, gratæ mentis teſtes, Stipendio legavit. Tertius, Johannes SECHELIUS, Tubingenſis, J. U. Doctor, & Conſiliarius Wirtembergicus, dono dedit in vita ſua ſcyphum inſignem argenteum. At quartus reverendus & clariſſimus M. Chriſtophorus BINDER, Præſul Adelbergenſis, quòd & is hujus olim alumnus Stipendii, non ſine ſuo jam & ſuorum fructu fuiſſet: etſi duodecim viventium pater erat liberorum: centum tamen nuper miſſis florenis, idem Stipendium gratitudinis ergò remunerari non dubitavit, Hi quatuor ſoli magno ex Alumnorum numero, qui divites evaſerunt, gratos ſeſe viciſſim exhibuerunt. De cæteris non pauci, ſicut novem leproſi apud Evangeliſtam, diſparuère, neque reverſi ſunt: ac licet ad ſummas: etiam Epiſcopales, evecti dignitates fuiſſent: immemores tamen: ingratique, contra conſcientiam ſuam, atque etiam fundatoris in Juramento, tempore receptionis præſtito, cohortationem, ſine ulla Stipendii vel etiam minima remuneratione vivis ſunt exempti. Sed & in vivis etiamnum hodie ſunt multi, qui, ejusdem Stipendii præeunte beneficio, ac præparatione quadam, ad ſplendidiſſimos pariter honores, & opes aſpirarunt: ſed neque dum ullum adhuc ejus augendi, dotandique documentum edidere. Quamobrem ii, quos paulo ante Collegium hoc amplificaſſe commemoravimus, & erga DEum, & fundatores pii, gratorum quidem hominum officium, ad declarandam animorum ſuorum ſignificationem, fecerunt: aliis autem (qui in vivis adhuc ſunt, ejusdem aliquando Stipendii beneficiis, non infimis ſuæ felicitatis, dignitatis, & opum inſtrumentis uſi) illuſtri exemplo ſuo, tanquam face aliqua luculenta, præeunt: eosque ad ſimilem aliquam gratarum mentium declarationem imitandam excitant, & invitant. Neque etiam ſpes eſt exigua; fore ut hi, pro pietate, prudentia, humanitate, doctrina, rerumque uſu ſingulari hac in parte honori, exiſtimationique ſuæ conſulant, & ad Eccleſiæ DEI plantationem, Reique publicæ emolumentum, domum hanc Martinianam, in qua olim, ut in dulciſſimæ matris gremio ſunt educati, reſpiciant, dotent, atque liberali ſua benignitate latius propagent. Unde non modo regno Chriſti & Reipublicæ cives ſalutares plurimos lucrabuntur, verum etiam amicis, & familiæ ſuæ incredibili ornamento & utilitati ſunt futuri. Denique ipſi quoque veram gloriam, & nominis immor-

immortalitatem haud dubiè consequentur, & apud omnem gratam posteritatem deponent. Quid enim? Annon principalis hujus Collegii fundator Martinus PLANTSCH, etsi Theologiæ Doctor, & Ecclesiæ hujus Pastor, magna suo tempore gloria, audivit: ex omnium animis hominum jam abiisset: & non magis nomen ejus, atque memoria vigerent, quam corpus apud Carmelitas (forsan Franciscanos, aut Augustinos,) hujus oppidi, quondam terra obrutum: nisi Stipendium hoc solidum virtutum & immortalitatis suæ monumentum posuisset. Spero equidem hæc multos adhuc alios quoque, quibus divina benignitas aspiravit, altius esse cogitaturos: & sive hoc Stipendium amplificaturos, sive alia pro sua liberalitate fundaturos. Noster certe J. C. D. Voglerus tam diligenter hæc in vivis evolvit: ut, si ejus alia, in multos, ut dictum est, collata beneficia, temporis aliquando, sicut fieri solet apud ingratos, vetustate obliterarentur: hoc tamen pietatis opus ex quo continuo quasi motu, ac fluxu ingens ad multos utilitas redundabit, nunquam ejus memoriam, ulla temporis injuria obscurari pateretur. Quod si beneficii hoc, in Stipendium ab eo collati dispositionem examines; quid ea præclarius? quid liberalius? quid liberius? Annon omnium Antecessorum rationi esse præferendam; & quidem jure dixeris? Alii siquidem à se fundata Stipendia vel ad familiæ suæ, vel ad patriæ prærogativam obligarunt. Alii liberalitatis ad hoc genus cœlibatu suo, liberorum & propinquorum inopia causisue aliis fuerunt inducti. Alii eodem aliquando usi Stipendio, gratæ pietatis causa vicissim aliquid in hoc contulerunt. Alii Beneficiarios suos ad certum studii genus obstrinxerunt. Alii aliis oneribus gravarunt. Noster vero Mecænas D. Voglerus longe aliter. Neque enim beneficium hoc ad suæ familiæ homines necessariò recipiendos transtulit: neque familiæ suæ jus nominandi reservavit: neque certum numerum recipiendorum definivit: neque liberis orbus, quatuor enim liberorum, & quidem è diversis matrimoniis pater: neque hujus Stipendii commodis vel per se vel per suos unquam usus: neque ad certum studii genus receptos alligavit? sed ut paucis dicam, liberæ Inspectorum voluntati, fidelitati, æquitatique omnia commisit. Etsi enim minimè dubitavit, quoquo tempore Stipendii hujus prudentissimos, æquissimosque Administratores, debitæ gratiæ referendæ causa: Vogleranæ familiæ, & cognationis idoneos pueros, aliis esse prælaturos; (quod ipsum etiam tota hæc familia sine dubitatione sperat) obligare tamen ad hoc certo noluit consilio.

Etsi

Solchem Stipendio Martiniano thate der berühmte Professor Moralium & Græcæ L. M. Matthias Garbitius, Illyricus sehr treffliche Dienste, als er als beruffener Professor selbiges zu administriren bekame, und behält deßwegen noch jetzo sein Lob in dieser Sach. Wie aus dessen Oratione Funebri, welche der Professor Physicæ & Scholarcha M. Georgius Lieblerus gehalten hatte, p. 14. sqq. zu ersehen ist, daraus wir folgende Worte anziehen.

Erat ea tempestate (Anno 1546.) ut fieri solet, ex confusione temporum & rerum mutatione, cum in aliis quibusdam partibus Scholæ tum in Stipendio Martiniano magna quædam orta morum dissolutio & ἀταξία. Nam qui Adolescentibus, qui studiorum causâ tenebantur ibi, præesse debebat (quod meminerunt plerique; ex Senioribus Dominis Doctoribus) præterquam quod nullâ prorsus esset institutus liberaliore Doctrinâ, ita erat depravatus moribus: ita stulta quadam ac plusquam juvenili insolentiâ turgebat: ut non modo alios, sed ne ipsum quidem in officio retinere posset, ob hanc rem ab Adolescentibus contemptus, omnem introduxerat licentiam. Cui rei, cum obviam ire conarentur ii, quibus inspectio & cura illius Stipendii erat demandata: deque salubribus adhibendis remediis diligenter & prudenter deliberarent: visum est tandem, nihil consultius fieri posse, quam si virum aliquem doctum, prudentem & gravem domui illi, quasi custodem & Magistrum disciplinæ præficerent. Ad quam rem nemo magis occurrebat idoneus, quam noster Garbitius, qui adhuc cœlebs, & eo consilio huc profectus, ut quacunque in parte posset, industriâ suâ scholam hanc juvaret: facile istam provinciam sibi imponi passus est.

Et cum animadverteret, effrenam illam, quam reperiebat, petulantiam, alia ratione nulla coherceri posse, quam si severiorum LEGUM Statutorumque vinculis constringeretur: paucas quidem illas: sed prudentissime ad illud institutum accommodatas & cogitatas LEGES conscripsit ac Dominis Inspectoribus exhibuit: quibus cum pleræque probarentur: ad earum formulam non solum istud Stipendium hactenus administratum est: sed multa etiam desumpta inde & translata sunt

alio;

alio: ad earumque exemplum utiliter & salubriter instituta: atque ita sine magno negocio paucis quibusdam, qui corrigi non poterant, dimissis, Disciplinam, quam acceperat dissolutissimam, reliquit severissimam, & ad normam rationis rectissimè institutam.

Ex quo factum est, ut brevi tempore multi boni Adolescentes proficerent in studio Literarum humanitatis & pietatis: ut inde non pauci prodirent viri consumatissimi, quorum jam hodie & in Ecclesiis & in Rebuspublicis viget industria.

Eratque tum mirabilis quædam rerum confusio: nam Adolescentes, qui prius omnia indulgentem ipsis ferre non poterant; ii jam omnibus eorum cupiditatibus resistentem ac severè cohercentem metuebant illum quidem: sed interim etiam ut parentem diligebant: Severitatem enim castigationis orationis comitáte mitigabat: & ea arte tractabat illos: ut ipsi etiam, quamvis imperiti intelligerent: magis se ab austero, quam indulgente præceptore diligi.

His accedebant, quæ quottidie oculis cernere poterant, in omni victu & vitâ frugalitas & continentiâ: studiorum assiduitas: frequentes ad pietatem exhortationes: denique omnium virtutum, ad quas studiosi bonarum artium adsuefaciendi sunt, unum exemplum, quibus rebus, dici non potest quantum moveantur animi hominum. Habet enim hoc omnino præclara virtus, ut nihil etiam in oculis Hostis aut inimici eâ sit formosius, nihil pulchrius, nihil amabilius.

Observatio VI.

Anjetzo ist Administrator dieses Stipendii, Magnificus Dominus Cancellarius Dn. Dr. Pfaffius, und seynd die Superattendentes neben ihme Dn. Georg. Fridericus Harpprecht, Sen. J. U. D. & Prof. Ord. Dn. Davides Burckhardus Mauchart, Med. atque Anatom. D. & Prof. Ord.

Es ist auch dieser neue Bau des Stipendii Martiniani nach und nach verbessert worden, wie dann in eben diesem Jahr dessen Herr Administrator alle Musæa, wie auch das Convictorium hat renoviren, auch die Nahmen deren Benefactorum und

und Fundatorum anzeichnen lassen. Wer gegenwärtigen Statum dieses Stipendii gegen den alten zusammen hält, kan leichtlich die Differenz und Melioration einsehen, welches offt die Incolæ nicht glauben können, noch wollen.

Zum andern ist zu melden Das auf der Universitæt berühmte Stipendium HOCHMANNIANUM.

Observatio I.

Dessen Stiffter ware JOHANNES HOCHMANNUS, J. U. D. & Professor zu Tübingen, auch Brandenburgischer und Würtembergischer Rath, nebst seiner Ehe-Frau, Maria / einer gebohrnen Ruckerin / einer Tochter Dr. Ulrici Ruckers, der Hertzogen Ulrichs und Christophs Raths. Er ware zu Biberach gebohren, studirte anfangs zu Biberach nachgehends mit Crusio in Straßburg, in Tübingen aber wurde er Baccalaureus, unter dem Decanat M. Johannis Mendlini 1548. und Magister 1549. unter dem Decano M. Johanne Hildebranden. Zuerst ware er Professor Latinæ Linguæ Classicus, und erklärte die Officia Ciceronis offentlich in seinen Prælectionen. Nachgehends wurde er Professor Juris, und docirte biß in sein 76stes Jahr, da er den 24. Jul. 1603. als Professor Juris Canonici verstarbe. Die Orationem Funebrem hielte ihme Henricus Bocerus, J. U. D. & Placitorum Feudalium & Criminalium Sanctionum Professor Ordinarius. Welche 1604. zu Tübingen Typis Cellianis gedruckt worden. In selbiger heißt es p. 20. Daß er gesparsam und häußlich gewesen seye, nicht an dem Reichthum seine Freude und Ergötzung zu haben, oder sich einen Lösungs Pfenning aus dem Fegfeuer zu sammlen, sondern für Studiosos, besonders seiner Freunde ein Stipendium anzuordnen und einzurichten. Die Worte selbsten lauten also: Quid taceo temperantiam, frugalitatem, parsimoniam? quibus hic Collega noster honorandus studebat exquisitius, non certe, ut thesaurum colligeret, cujus magnitudine & splendore vel oculos pasceret, animumque oblectaret, quibus, vel animam ex purgante Pontificiorum igne redimeret mortuus, sed Ecclesiæ, scholis & Reipublicæ beneficentiam suam, & studium promovendi earum salutem probaret. Subjiciamus oculis nostris amplissimam intra septa Civitatis hujus positam domum, opere magnifico, artificioque summo exstructam, variis Musæis, Cœnaculis, Cubiculis, mirifice distinctam, aliisque conclavibus & locis necessarios utilesque in usus apparatam. Hæc ipsa liberalitate, & munificentia Hochmanni, ejusque Conjugis, (cum prolem unquam habuerint nullam) pio Zelo destinata est Collegio Studiosorum, cui & Possessionum suarum & censuum annuorum, bonam partem liberalissime addixerunt, caventes, ut in hoc Collegium ex utriusque familia Cognati, gradu proximiores recipiantur, quibus (cum non omnium Juvenum eadem sit ingenii bonitas, non idem naturæ ductus) liberum reliquerunt, cui facultatum studio volent animum suum adjungere. O facinus præclarum! & æterna memoria dignum, pro quo beatissime Hochmanne, gratias tibi agit maximas, majores etiam habet Respublica nostra literaria, ipsi quoque Parietes aulæ hujus, quos intuemur, quosque præsentiæ tuæ splendore annos ornasti multos, tanti beneficii tui nomine debitam gratiam meritamque tibi agere videntur.

Observatio II.

Crusius Paralipomen. cap. 28. pag. 478. ed. lat. pag. 123. schreibt also von diesem Hauß: d. 1. Oct. (1595.) fanden Johann Hochmann, U. J. D. und Professor, und damahliger Rector Magnificus der Universität zu Tübingen, M. Michael Mœstlin, mein Collega, und ich

ich Crusius, an der untersten Ecke desjenigen Hauses, zu Tübingen, welches dem Meinigen gegen über jenseit der offentlichen Strassen stehet, an einem Balcken unter dem Bild der Mutter GOttes die Jahrzahl dieses anfänglich gebauten Hauses also eingeschnitten: I. S. Z. vor M. C. LII. worauf ich den 3. Octob. folgendes Epigramma gemacht:

In Stipendium

Cl. V. Johannis Hochmanni, Jurisc. &c.

Mille fluunt anni, ter quinquaginta, duoque
 Post Christum, domus hæc condita quando fuit.
In qua plura diu granaria Nusodochæi:
 Quam sanctæ Domini Matris Imago notat.
Mille sed exactis, sexcentis, (excipe quinque,)
 Annis, hac forma nobiliore nitet.
Utilis, ampla domus, dotataque divite censu:
 Hic ut succrescat docta Juventa Deo.
HOCHMANNO meriti debetur gratia tanti,
 Juribus eximio consiliisque Viro,
Principibus charo, claroque docendo Tubingam:
 Ejus non nullo laus peritura die.

Gemeldtes Marien-Bild war dazumahl ohngefehr 86. Jahr alt, und daher zimlich rauchig: ist aber jetzo mit Gold und Farben auf das schönste ausgeschmückt, (nicht zur Anbetung, sondern zur Zierde.)

Observatio III.

Es gehörte dieses Haus Anfangs zu dem Spital, von welchem es der Hertzog Ludwig erkauffte. Wir wollen eben diesen Crusium ferners darvon hören: Also schreibt er ad Annum P. III. L. X. c. 11. p. 199. Ed. Lat. p. 574. Unser Frauen zu den Armen, bey dem Lustnauer-Thor, zwischen der gemeinen Straß, auch zwischen Veit Schwalldorffern, und Luderhausen Häusern, ist der Heiligen Marien Hauß, heut zu Tag unsers Durchleuchtigisten Hertzogs Korn-Hauß und Wein-Keller, dem

dem Crusianischen Haus gegen über. Und ad An. 1578. P. III. L. XII. c. 24. pag. 138. a. Edit. lat. pag. 764. Unser Durchlauchtigster Fürst kaufft vom Spital zu Tübingen das Haus unser lieben Frauen (zu den Armen) gerad von meinem Hauß über, welches nun Seiner Durchleucht Frucht-Kasten ist. Es steht ein Mutter GOttes Bild daran, welches damahls schon 64. Jahr gestanden.

Observatio IV.

Mit diesem berühmten Stipendio Hochmanniano ist nunmehro combinirt das sogenannte Glockische Stipendium, welches Dr. Gottschalck Glock von Biberach 1593. gestifftet. Beede Stipendia aber sind besonders, und erhält letzteres 2. Studiosos von Biberach, in deren Ermanglung auch andere können von Ulm, Eßlingen, Reuttlingen genommen werden. Beede Stipendia haben 4. Superintendenten aus allen 4. Facultäten, davon einer Administrator ist. Welcher letztere dermahlen ist Herr Daniel Maichel, S. Th. D. und Prof. Extraordinarius, Phil. Pract. Pr. Ord. und Ducat. Wirtemb. Superioris Pædagogarcha. Die gegenwärtige Superintendentes sind, Dn. Cancellarius Universit. Dn. Christoph. Matth. Pfaff, S. Th. D. Prim. Dn. Wolffg. Adam. Schöpff, J. U. D. & Pr. Ord. Dn. Davides Burcardus Mauchart, Medic. & Anatom. D. & Prof. Ord.

Observatio V.

Es hatte dieses Stipendium, wie ich es in Actis ad Annum 1637. den 6. und 27. Febr. annotirt gefunden, in dem dreyßigjährigen Krieg, als die Mönchen die Clöster wieder occupirten, die Fatalität und Begebniß, daß der damahlige Catholische Prälat in

Beben-

Bebenhausen, Nahmens Joachim Müller dieses Stipendii Hauß, als ein Adpertinenz seines Closters ansprache, und selbiges, als ein von dem Closter erkaufftes Hauß zurück haben wollte, solches auch bey damahliger Oesterreichischer Administration und Regierung betriebe. Es wurde ihme aber zur Antwort gegeben, daß vermög des Religions-Friedens, die Hertzogen in Würtemberg die Jura Episcopalia über die im Land gelegene Clöster gehabt; und sollte er Prälat das ihme von Kayserl. Majest. ertheilte Diploma cum copiis, wie auch seinen Kauff-Brieff in Originali cum copiis einhändigen, alsdann wolte man weiter darvon reden; So wurde auch die Sache an die Kayserliche Regierung berichtet, und durch Ubersendung des Universitäts-Kauff-Brieffs, wie solches Stipendium an die Universität gekommen seye, der Ungrund angezeigt. Weilen nun der Prälat mit keinem Beweiß aufkommen könnte, so bliebe die Sache liegen, und im vorigen Stand, darinnen es GOtt Lob! noch jetzo ist.

Observatio VI.

Neben diesen zwey Haupt-Contuberniis und Stipendiis sind noch andere Stipendia libera, welche frey genossen werden, ohne an die Tische gebunden zu seyn. Es machen alle solche Stipendia, welche wohl durch das gantze Alphabeth mögen gezehlet werden, viele Mühe in denen Rechnungen, und hat besonders hierinnen Herr Moser eine gute Arbeit angefangen gehabt, da er selbige untersuchen wollen, in der Sammlung allerley Würtembergischer Stipendiorum und anderer Stifftungen, darvon aber nur Pars I. 1732. heraus gekommen ist; Doch hat er auch einige in dem Erläut. Würtemb. angeführet. Man weiset deßwegen billich den Leser dahin, weilen man weiters keine Nachricht geben kan noch will.

Das sechzehende Capitel.

Von denen Bebenhausisch- und Blaubeurischen Pfleghöffen.

Unter den andern Publiquen Gebäuden in Tübingen, kommen noch unterschiedliche vor, und ist deßwegen zu bemercken

Erstlich

Der Bebenhäusische Pfleghoff,

ein langes und grosses Gebäude auf dem Monte Anatolico oder Oesterberg.

Observatio. I.

Hier muß ich bekennen, daß fast auf gar keinen Grund des wahren Alterthums habe kommen mögen, dann dieser Hoff oder Curia schon 1292. einer von denen Frohn- oder wie sie auch genennet wurden, Frey-Höffen gewesen ist in Tübingen. Wie dann die Bauren von denen Bebenhäusis. Gütern und Stifftungen die Früchten dahin lieffern und führen mußten. Man besehe Cruf. P. III. L. III. c. 11. p. 864. edit. lat. p. 174. in der teutschen und lateinischen Edition, welche hier differiren, da in der teutschen etwas aussen gelassen worden ist. Um diese Zeit (1292.) hatte das Closter Bebenhaussen schon den Abts oder Bebenhäusser Hoff in der Stadt Tübingen, an welchen mein Stall stoßte. Lat. Hoc tempore Bebenhusani jam habebant Curiam Monasterii in oppido Tübingen: Quo frumenta ipsis invehebantur à Rusticis. Des Abts oder Bebenhäusser-Hoff: Cui Curiæ, Equile domus meæ contiguum est.

Obser-

Observatio II.

Mit selbigem ware das Jus Patronatus der Kirche zu Tübingen verknüpfft, und hatte selbiges Pfaltz-Graff Gottofridus von Tübingen, ein Patruelis Eberhardi Schærers an Bebenhaussen Id. Maji, Indict. 8. 1295. verkaufft. Darvon bey Crusio P. III. L. III. c. 12. p. 868. ed. lat p. 179. also gelesen wird: Jn eben diesem Jahr (1295.) den 15. May in der achten Indiction verkaufft Gottfried Eberhardi Scharers Vatters Bruders Sohn dem Closter zu Bebenhausen seine Fron-Höffe zu Tübingen, wormit der Kirchen-Satz zu Tübingen verknüpffet ware, wie auch des von Rugge Gut, mit aller seiner Zugehörde ausgenommen die Weinberge, item die Weinberge des Pfaltzgrafenbergs mit ihrer Kelter, so bey dem Schloß Tübingen und Wizemannes-Berg gelegen waren, auch alle Weinberge zu Tübingen, so er von seines Vaters Bruders Sohn Eberhard dem Schärer gekaufft hatte, nur 3. Jauchart, die Freveln-Weingart genannt, ausgenommen. Jtem alle Güter, gebaute und ungebaute, welche ihme und seines Vatters Bruders Sohn die Landgarbe geben müssen. Ferner den Berg Hohenberg mit aller seiner Zugehörde, biß an den Bach Adebach (oder Arlebach) und von dem Bach an biß an das Schloß Entringen. Jtem einen Hof zu Jesingen, nebst dem Wald-Buchhalden und seiner Zugehör. Weiter den Berg Creutzberg mit seiner Zugehör. So dann Güter zu Weil, Altorff und Neuweiler, mit allen zu diesen Höfen gehörigen Gütern. Alles dieses bezahlte ihme das Closter. Aber den Kirchen-Satz zu Tübingen verehrete er ihnen.

Observatio III.

Als nun hierauf 1342. gantz Tübingen an Würtemberg verkaufft worden ware, so bliebe auch dieser Hof bey Bebenhaussen, wie auch Bebenhaussen selbst an Wirtemberg kommen. Mithin waren diese Höfe, und besonders dieser Bebenhäusische in seinem Wesen und würden von Zeit zu Zeit verbessert.

sert. Dann da finden wir auf Anno 1343: folgendes bey dem Crusio P. III. L. IV. c. 13. pag. 911. edit. lat. pag. 242. In eben dem Jahre (1343.) Freytags nach S. Gregorii des Pabsts Tag ist ein teutsches schreiben zu Würtemberg auf der Burg verfertiget worden, dessen Innhalt war, daß Graff Ulrich, und seine Söhne, Eberhardt und Ulrich, den Abt und das Convent in Bebenhaussen, auch derselben Prediger, Priestern und Güter, zu und um Tübingen, in ihren Schutz und Schirm nehmen, doch also, daß es nicht wieder den Römischen Kayser seyn solte rc. Ferner, daß sie zween freye Höffe in der Stadt Tübingen beständig haben solten, mit allen ihren Zugehörden: Den einen, an dem Oesterberg, welcher begreifft 2. Häußer, Meister Heinrich Kern, und Cunrads des Höven, den andern in der Müntze (Müntzgassen, wo man nemlich müntzte:) der Gocken, (andere Golcken) seel. Baaß. Da dörfften ihre zween Wirthe seyn, die derselben Häussern vorstehen, und dieses frey, ohne Bezahlung eines Tributs, auch ohne eine Auflage im kauffen und verkauffen. Diese geistliche Verwalter durften auch eine Mühlen haben an der Ammer; wer in ihrem Wald Holtz hauen würde, solte 5. Gulden Tübingischen Geldes zur Straffe erlegen: Wer ihre Frucht abmehe oder den Saamen und das Graß abschneide, solle, so offt er solches thue, um zwey Gulden gestrafft werden: Insonderheit solte man den gethanen Schaden gut thun: Uberdas, sollen der Schultheiß und die Büttel, ohne die Richter darum zu fragen, wegen ihren offenbahren Schulden, Gefällen, Zehenden ohne Verzug Pfänder nehmen. Wo solches nicht geschehe, soll ihnen erlaubt seyn, alle ihre Schuldner, welche die seyn mögen, zu beruffen, vor das Kirchen-Gericht stellen, anklagen, und die schuldige so weit eintreiben, biß sie zu dem ihren kommen, rc.

Observatio IV.

Biß hieher hatte er noch nicht den Namen des sogenannten Bebenhäusischen Pfleghoffs, sondern den Namen eines Freyhoffs, dergleichen Bebenhaussen auch in Eßlingen hatte, und worauf der Abt sich dann und wann aufhalten könnte. Nachdeme er

nun

nun den ersten Anfang, (welchen Crusius auf 1292. P. III. L. III. c. 11. p. 864. setzet) schon lang vorhero ehe er 1295. an Bebenhaussen gekommen ware, genommen hatte, dessen Termin wir, aus Mangel der Fundation nicht wissen können; So wurde er dennoch hernach in besseren Stand gebracht, und durch Einfassung einer hohen Mauer bewohnt, da er villeicht vorhero mit denen gegen über liegenden Häussern, darvon das Hochmannische Stipendium eines gewesen seyn wird, unverwahrt wird gewesen seyn. Darvon haben wir folgende weitere Nachrichten gefunden. Es wurde nemlich Anno 1492. die Mauer aufgebauet an diesem Pfleghoff, wie Crusius P. III. L. IX. c. 5. p. 139. ed. lat. p. 496. dessen Meldung mit diesen Worten thut. So wurde auch, schreibt er, zu Tübingen um diese Zeit (1492.) die viereckichte Mauer des Abten zu Bebenhaussen, gegen der Stadt hin mit 2. hohen Thürnlein, (deren eines nechst an meinem Hauß ist,) erbauet, worbey das alte und baufällige Frucht-Hauß stehen geblieben, solches nachgehends 1501. an St. Elisabethä Tag abgebronnen, und darauf wieder neu aufgebauet worden.

Observatio V.

Allda ist auch eine schöne Capell des Bebenhäusischen Hoffs, in welcher oben in der Höhe diese Worte stehen: Bernhardus, Abbas de Magstaat M. CCCC. XCII. welcher (als Prælat zu Bebenhaussen) selbige erbauet hat; dann bald darauf wurde unter dem Priore daselbst, Bartholomæo Haybacho welcher 1499. gestorben das grosse steinerne Hauß, nebst dem Keller gebauet, wie Crusius P. III. L. IX. c 9. p. 153. ed. lat. p. 513. meldet.

Zu Bebenhaussen starb Anno 1499. Bartholomäus Heubach, Prior: unter welchem allda das Refectorium hiemale, oder die grosse Winter-Stube, und zu Tübingen das grosse steinerne Hauß mit dem Keller gebaut worden. A. 1501. sagt er auch am Tag nach Elisabetha ist das Hauß des Abten zu Bebenhaussen abgebronnen. P. III. L. IX. c. 11. pag. 157. ed. lat. p. 518. Ob dieses Hauß gestanden seye, wo das jetzige Pfleghauß, oder das Nebenhauß stehen, kan ich nicht errathen, wiewohlen ich glaube, daß das Pfleghauß da stehe, wiewohlen auch hernach 2. Häusser haben mögen auf diesem Platz erbauet worden seyn.

Observatio VI.

Es solle vormahlen der Prælat zu Bebenhausen sein besonderes Thörlen und Eingang gehabt haben: Wo aber selbiger eigentlich gewesen seye, kan ich nicht melden. Dieses ist gewiß, daß noch biß jetzo dieser Pfleghof seine Thüre und Ausgang bey dem Neckar-Thor hat und gebrauchet: In dem dreißigjährigen Krieg, als die Mönche die Clöster wieder occupirten, waren beständig, biß an den Westphälischen Frieden 2. Conventuales von Bebenhausen auf diesem Hof, und zwar in dem Nebenhauß, welche die Messe hielten, und die Intraden, vielleicht auch gegen die Jesuiten, daß sie nicht zu weit um sich griffen, besorgten. Es bestellten auch die Jesuiten diese Conventuales für sie Messe zu halten in der St. Georgi Kirche: Man stritte aber sogleich von der Stadt darwieder, daß das Vorhaben nicht reussiren konnte.

Observatio VII.

Nachgehends, als die Clöster restituiret waren, kam dieser Hof auch wieder in vorige Ordnung, und wurde ihme, nachgehends endlich der

Blau-

Blaubeurische Hof beygefüget, daß es jetzo eine Rechnung zusammen ist. So hat auch gemeiniglich dieser Bebenhäusische Pfleger in Tübingen über das Fürstl. Collegium die Rechnungen, als Fürstl. Collegii-Verwalter zu führen.

Gegenwärtiger Bebenhäusischer und Blaubeurischer Pfleger ist:

Herr Friderich Wendel Hummel/ welcher anjetzo 1742. auch Verwalter in Hochfürstl. Collegio worden, in welchem letzteren Officio sein Antecessor gewesen,

Herr Johannes Hiller/ jetziger Geistlicher Verwalter in Tübingen.

Zweytens
Der Blaubeyrer Pfleghof.
Observatio I.

Dieser Pfleghof hat eine alte Anordnung, wie der Bebenhäusische, allein wir haben auf keinen Grund kommen können, wann selbiger seinen Anfang genommen habe? oder wer ihne aufgerichtet habe? Doch daß wir seiner nicht gar vergessen, wollen wir anführen, was wir gefunden haben, und uns ist communicirt worden.

Also ist es klar, daß er schon vor 1440. mithin lang vor Aufrichtung der Universität gewesen ist, wie beyfolgende Nachricht erweiset: Dietterich Laßt, Burger zu Tübingen verkaufft Anno 1440. dem Ehrwürdigen gaistlichen Herrn, Herrn Heinrichen Abte, und dem Convent gemeinlich des Gottes-Hauß zu Blawbeyren, St. Benedikten Ordens, Costanzer Bistumb gelegen, und allen ihren Nachkommenden

den desselben Gottes-Hauses, seinen Widumbhof zu Altingen, und den Kirchen-Satz zu Pfäffingen gelegen, und auch die Lehenschafft der Kirchen zu Pfäffingen und des Widumbhofs zu Altingen, die beede Stuckh mit Eigenschafft und mit Lehenschafft, mit grossen und mit kleinen zehenden, mit allen iren und jr iegliches Rechten, Gülten, Guettern, Nutzen, Gewohnheiten, Freyheiten, Begreiffungen, und Zugehörungen, so dann zu Dorff und zu Veldt, von Recht oder von Gewohnheit darzu und darein gehören soll und mag nichzit überal vßgenommen, noch abgeschaiden, vmb vier tausend und zweyhundert, alles vetalligl. guter und gemeiner Reinischer Gulden.

Laut dieses Documents gehört der Zehend zu Pfäffingen an den Blaubeurer-Hof, und anjetzo an den Bebenhäusischen Hof.

So siehet man auch laut dieses Documents daß lange zuvor dieser Blaubeurische Hof gestanden habe, da schon 1333. das Urseliner-Closter darinnen wäre aufgerichtet worden, wie oben p. 228. sq. ist gemeldet worden.

Observatio II.

Ferners ist uns von dem Bebenhäusischen Pfleghof, mit welchem dieser Blaubeurische jetzo vereinigt ist, eine Blaubeurische Pfleg-Rechnung von 1654. biß 1655. communicirt worden, welche der damahlige Blaubeurische Pfleger Johann Carl von Egen gestellet hatte: In selbiger kommt folgendes vor:

Die Pfleeg Blaubeuren, mit allen Gemachen, sambt dem Keller, in welchem vorhin der Herrschafft Wein geleget worden, so aber anjetzo gegen mir Pfleegern verkaufft, erträgt dahero . . 0.

Die

Die Stallung vnder dem Hew-Hauß ist auff der Landtschafft-Costen zue einem Gymnasio erbawet worden, so jetziger Zeith Monseor Duomai bewohnet, hat der geistliche Verwalter die Inspection darüber, dessentwegen allhier . . o.

Die andere alte Behaussung, darinnen die Nonnen vor dieser Zeit gewohnet, ist verkaufft, dahero gefallen . . . . . o.

Die newe zuegerichte Stallung sambt dem Boden darauf wirdt zue Legung Hewes vndt Strohes gebraucht, welche mir aber noch der Zeit vnbewußt, also hat es ertragen . . . . o.

Es ist auch vor etlich wenig Jahren in diesem Pfleeghof, eine Behaussung zuer Eisen-Factory auff der Pfleeg Costen erbavet: Welche aber Crafft dessentwegen erfolgten Fürstl. gnädigen Befelchs gegen Geörg Essenweinen Collaboratori hießiger Schuel Jährlichen pro 8. fl. Bestandts-weis hingellhen. Unnd biß solche verkaufft: daran erhebt worden . 4. fl.

Die Kästen vnnd Bindthauß, so vorhin zue Legung der Pfleeg-Früchten vnd Faß gebrauchet: welches aber anjetzo gegen 2c. Herr Dr. Haugen 2c. khäuflichen vberlassen worden, dessentwegen dises Jars ertragen . . . . o.

Der Keller, so vor der Zeit zue Vßschenckhung der Pfleg-Wein gebraucht: ist gegen Geörg Eßenweinen, Collaboratori hießiger Schuel verkhaufft: Dahero eingenommen worden . . o.

Zue Pfeffingen hat diese Pfleeg ein aigene Behausung vnnd zwaw Scheuren, die eine hat ein Pfarrer daselbsten jnnen, in die vndere Scheuren werden die Zehend-Früchten daselbsten, vnnd auch zu Jeßigen gelegt, ertragen . . . . . o.

Es

Es ist von diesem Joh. Carolo von Egen, sein Rectorale Programma funebre wohl zu lesen, welches ihme 1675. 25. Febr. bey der Leiche gemacht worden. Und ist er der letzte seines nobilitirten Geschlechts gewesen. Er ware gebohren zu Raabs in Nieder-Oesterreich 1614. (2.) 12. Jan. Gestorben in Tübingen den 23. Febr. 1675. Nachdem er Kriegs-Dienste gethan hatte, kame er 1639. nach Tübingen, heurathete Jungfer Ursulam, eine Tochter D. Samuelis Haffenrefferi, Med. Prof. Wurde sogleich von dem Catholischen Prälaten zu Blaubeuren zum Pfleger des Blaubeurischen Hofs gemacht, in welchem Amt ihne hernach Hertzog Eberhardus der III. confirmirte. Und bliebe er in solchem Amt biß 1664. da er es seinem Successori übergab.

Observatio III.

Es ist demnach dieser Hof so alt, als der andere, der Bebenhäusische Pfleghof seyn mag, und ist muthmaßlich der zweyte Frey-Hof in Tübingen gewesen, dessen Alter unbekant ist. Wann nun auch das Nonnen-Hauß, so aber dannoch von dem Ursuliner-Closter unterschieden wird, und welches jetzo ein Hafner als eigen, mit Namen Christian Wanner, bewohnet, zu diesem Hof gehöret hat, so ist leichtlich zu ersehen, daß er muß groß gewesen seyn. Der Platz ist aber gewesen, wo jetzo das Schillingische und das Frommännische Hauß stehen, und wo der Fürstl. Stall, und das Hauß des Fürstl. Stallmeisters aufs neue aufgebauet sind. Es würden aber die alte Inwohner desselben, wann sie solten den Ort wieder besehen, sich in nichts mehr schicken können, und ihre veränderte Stelle bewundern.

Obser-

Observatio IV.

Von diesem Hof aber kan man schliessen, welches die Ursache seye, daß bey Aufrichtung der Universität die Päbstliche Commission dem Prälaten zu Blaubeuren ist aufgetragen worden, weilen er nemlich seinen Frey-Hof oder Aulam Abbatialem in dieser Stadt gehabt hat; Der Prälat zu Bebenhausen aber das Jus Patronatus Ecclesiæ schon hatte, und mit Veränderung der Kirche wird beschäfftiget gewesen seyn. Darvon das Urtheil einem jeglichen überlassen wird.

Das siebenzehende Capitel.

Von denen übrigen publiquen Häusern und Anordnungen, dem Spithal, Schwärtzloch, Theatro Anatomico, Universitäts-Lazareth und Korn-Hauß.

WIr nehmen hier die übrige publique Gebäude, und die dabey seyende Anordnungen, in ein Capitel zusammen, und melden auch von solchen noch etwas weniges, so viel wir mit Mühe auf einige Spuhren haben kommen mögen. Und also kommt vor

Erstlich:

Der Spithal an sich selbst.

Observatio I.

Daß der Hospital eines von denen ältisten Gebäuden und Anordnungen in Tübingen seye, wird wohl niemand leichtlich in Abrede seyn. Wann aber solcher? und von wem er gestifftet worden seye? Darvon habe keine sichere Nachricht erhalten können,

ohne

ohnerachtet mich viel darum bemühet habe. Wann ich aber in etwas determiniren solle, so muß ich fast zum Voraus auf das zwölffte Seculum, und zwar Anno 1100. ohngefehr hinaus gehen. Mein Grund ist dieser: Es ist des Hochmännischen Stipendii Hauß 1152. gebauet, und hatte dem Spital gehört, so hat selbiger gleiches Alter, und muß lang zuvor gewesen seyn. Will man mir entgegen halten, es seye keine Folge, weilen doch der Spital neuer seyn könnte, welcher dieses Hauß an sich gebracht habe, so überlasse ich es eigener Nachforschung, bleibe aber bey meiner Meynung. Sehe ich aber auch das Schwärtzloch an, welches 1292. wie auch den Bebenhäuser-Hof, so auch schon 1292. gewesen sind, ja ferners das Armen- und Siechen-Hauß, so glaube ich nicht, daß gar vieles an der determinirten Zeit abgehen wird, weilen der Spital in gleicher Zeit, ja schon vorhin gewesen ist.

Observatio II.

Dieses ist gewiß, daß der Spital seine eigene Capell gehabt hat, und die jetzige Jacobi-Kirch mit selbiger nicht zu vermischen ist, ob schon hernach selbige auch dem Spital zur Sorgfalt zugezogen worden ist; und hat eben diese Capell, welche jetzo zu andern Sachen gewidmet ist, einen eigenen Caplanen, wie das Schwärtzloch und das Schloß gehabt. Derjenige, welcher 1477. auch in die erste Universitäts-Matricul inscribiret hatte, hieß Johannes Ernst, Capellanus Hospitalis in Tübingen, Caplan des Spitals zu Tübingen, und der Stiffts-Kirche Bauverwalter: So wird auch des Spital-Caplans 1413. gedacht, welcher bey der Meß und Vigil in dem

dem Franciscaner-Closter seyn mußte, als Crusius P. III. L. VI. c. 9. p. 23. ed. lat. p. 337. zeuget.

Sonsten ist der Spital-Brunn 1524. gantz neu nach Crusio P. III. L. X. c. 13. p. 205. angeordnet worden, da vorhero keiner da ware.

Observatio III.

Daß ich hier meinen Defect einiger massen entschuldigen möge, will ich einige Worte aus den Obrigkeitlichen Bericht einrucken, welchen die Stadt Tübingen d. 20. Nov. 1720. an Hochfürstl. Regierung hiervon eingeschickt hatte, als man auch Herrschafftl. Seiten auf die Fundation gedrungen: Ratione Fundationis aber, (also lauffen die Worte) gehorsamst anfuegende, daß wie vormals schon unterthänl. berichtet worden, die Documenta sich noch nicht gefunden, wohl aber auß Actis zu ersehen, daß schon in Anno 1630. da man gleichfals um Beybringung derselben sehr sollicitirt gewesen, deren Abgang beklaget, und sich auf die vorhandene An. 1569. verfertigte 2. Läger-Bücher beruffen worden, auß deren Proëmio unsere Antecessores nicht zwar ipsam Fundationem des Spitals wie nemlich derselbe angeleget worden und aufgegangen, erwiessen, wohl aber darbey unterthänl. deducirt haben, wie der Spital jederzeit vor ein Burgerlich Stifft und Stadt-Corpus gehalten, die Administration solchen einem Magistrat der Stadt, je und je ohnvordencklich obgelegen und anvertrauet gewesen, wie derselbe allein die Aufrichtung gedachter Läger-Bücher befördert, Haußhaltung und Officianten bestellet, Rechnungen angenommen, probirt und abgehört und darinnen ohn unterbrochen continuiret biß ꝛc. Porro: Und wie wir die christliche Vorsorge haben, daß dardurch unseren vielen verburgert-verweißt-und ihrer Leibs-Constitution halber elenden und alten mittellosen Leuthen, die wir würcklich im Spital, Seel-und Gutleut-Hauß unterhalten, zulänglich geholffen werde, darneben auch viel tausend Pfund Brodts wochentlich denen Hauß-Armen darauß raichen-und sonst viel zu Allmosen geben, welches alles 7. biß 800. Scheffel Früchten, jährlich erfordert, benebens mit Abreichung der Corporum und Besoldungen vor die Pfarrer im Amt, Bau- und Unterhaltung derer Wohnungen, Spitals und Armen-Häußer, auch beeder Kirchen Ornaten, und Music in der Stadt abzulegen habenden Stipendiaten, Stifftungs und Spend-Geltern, auch was Besoldungen, die Oeconomie, Steuren ꝛc. und andere, wie einem privato, dem Corpori obgelegener Præstationes erfordern, kaum aufkommen können: Also hoffen und bitten wir ꝛc.

Observatio IV.

Sonsten bestehet der Spital noch jetzo aus folgenden Gebäuden: Innerhalb einer Ringmauer stehen 1) der alte grosse Spital-Bau an sich selbst: 2) ein grosse Kelter und Frucht-Kasten, ein Gebäude. 3) eine gedoppelte Scheuer nebst drey Vieh-Ställen, ein grosses Gebäude. 4) ein Heu-Boden, worunter ein Pferd- und ein Ochsen-Stall sich befindet, ein Gebäude. Ausserhalb bey der Spital- oder S. Jacobi-Kirche ist ein grosser Frucht-Casten, und gehört auch dahin das Seelen-Hauß.

Observatio V.

Ausserhalb der Stadt selber werden zu dem Spital gerechnet das Armen- und Siechen-Hauß, welche in einer schönen Situation stehen, und ihr eigenes Capellen oder Kirchlen haben, in welchem zu Zeiten das heilige Abendmahl administriret wird, auch wird fleißig darinnen geprediget, weilen zu allen Zeiten sich Studiosi Theologiæ darinnen im Predigen exercirt haben, und es noch thun. Das Alter dieser Häuser ist gleichfalls unbekannt.

Observatio VI.

Die General-Visitations-Inspection hat der Prælat zu Bebenhausen, welcher auch jedesmahlen

bey

bey der Kirchen-Visitation in Tübingen nach der Administration des Spitals fragen muß.

Die Vorstehere aber in Tübingen, ausser daß Specialis darüber genaue Obsicht haben solle sind dermahlen.

Herr Johannes Harpprecht, J. U. Lic. Burgermeister in Tübingen, auch Landschaffts und Hofgerichts Assessor.

Herr Georg Friederich Lentz, Handelsmann, Gerichts-Verwandter und Kayserl. Reichs-Posthalter.

Herr Georg Heinrich Schlotterbeck, Hospital Verwalter.

Johannes Meyer / Hospital-Vatter.

Zweytens ist als ein Appendix bey dem Spital zu betrachten:

Das Schwärtzloch.

Observatio I.

Zu dem Spithal gehört anjetzo auch das Schwärtzloch, so vor diesem andere Besitzer und Herren gehabt hat. Wer auch diesen Hof und gehabte Capelle gestifftet habe, ist unbekannt. Und wie es mit der Wurmlinger Capell ergangen, so gehet es auch mit diesem Ort, daß der rechte Stiffter fast unbekannt bleibet, ob es schon bey Wurmlingen richtiger ist. dieses ist gewiß, daß das Schwärtzloch schon vor 1293. gewesen ware, wie Crusius ad An. 1293. d. 13. April. Part. III. L. III. c. 11. pag. 866. edit lat. pag. 176. darvon Meldung thut, wann er also schreibt: Hugo von Hailfingen und Marquard und Heinrich, Söhne des Haugens, verkaufften dem Closter Bebenhausen eine Wiese von 8. Jaucharten, so ihnen unzertheilt zustunde. Sie lage zu Tübingen

 an

an dem Bach Ammer zwischen Schwärtzloch, und Hindibach, und wurde Hailfinger-Briel genannt, um 30. Pf. Heller, Hallischer Müntz, mit völliger Genemhaltung Pfaltzgraffs Gottfrieds zu Tübingen, dessen Dienstleute und Vasallen sie waren.

Observatio II.

Es hatte auch dieses Schwärtzloch seine eigene Capell, welche noch zu sehen ist, und inscribirte, laut des Crusii Annal. P. III. L. VIII. c. 13. p. 108. Ann. 1477. unter Nauclero in die erste Universitæts Matricul, Herr Johann Aimber, Caplan im Schwärtzloch.

Observatio III.

Es sind demnach auch die erste Besitzere dieses Schwärtzlochs-Hofs unbekannt. Doch ist dieses gewiß, daß er lange Zeit im Besitz der Breuningischen Familie in Tübingen gewesen ist, weilen Cunrad Breuning, Burger in Tübingen per Modum Contractus solchen 1544. d. 18. Aug. Innhalt Pergamentinen besiegelten Brieffs dem Spital überlassen. Es hatte zuvor König Ferdinandus einen neuen Freyheits-Brieff wegen des Schwärtzlochs dem Hanß Breuning, Unter-Vogten zu Tübingen gegeben, darvon die Summa ist: Wir Ferdinand, Römischer König, Hertzog zu Würtemberg ꝛc. geben den Freyheits-Bestättigungs-Brieff, Hanß Breuning, unserem Unter-Vogt zu Tübingen, mit unserem mehrerem Innsiegel, so wir in unseres Fürstenthums Würtemberg Sachen gebrauchen; besiegelt und geben in Stuttgardten d. 9. Nov. A. c. 1531. Ferdinand ꝛc.

Ad mandatum Dni. Regis
J. W. Gr. Z. Eberstein Statthalter,
Joseph Münsinger, Cantzler in Würtemberg.

Solte

Solte nun das Schwärtzloch beständig bey der Familie der Breuningen gewesen seyn, und diese sind seit Anno 1230. in Tübingen bekannt gewesen, so gibt es eine Muthmassung, daß vielleicht ihre Vorfahren Stifftere und Besitzere gewesen seyn mögen, so man aber dahin gestellt seyn lasset.

Observatio IV.

Doch ist zu glauben, daß es seine Herren schon vorhero gehabt habe, wie dann bey dem Crusio P. II. L. X. c. 15. p. 608. ed. lat. pag. 433. ad Annum 1157. austrucklich Wernher von Schwertisloch genennet wird, welcher eine Wiesse, an der Ammer, die er unrechtmäßig an sich gezogen hatte, den Mönchen wieder gegeben hatte. Es ist dieser Hof annoch in gutem Stand, und hat einen herrlichen Prospect, in der Tübinger Gegend, gegen Osten, Norden und Westen, dann gegen Süden ligt er an Wald. So ist das Capellen noch übrig.

Drittens

Ist das Theatrum Anatomicum zu melden.

Observatio I.

Daß an gegenwärtigem Ort, an dem St. Jacobi Kirchhof das Theatrum Anatomicum gleich anfangs seye angeordnet gewesen, kan ich nicht melden, obwohlen die Assignation des Orts von dem Pabst Sixto IV. vieleicht möchte geschehen seyn, als welcher der Facultati Medicæ eine besondere kleine Bullam ertheilet hatte. Welches auch daraus zu schliessen ist, weilen man hernach austrucklich diesen Ort begehret hatte. Daß aber das Theatrum,

trum, oder Musæum Anatomicum nicht allemahl hier gewesen seye, bezeugen folgende Nachrichten.

Observatio II.

Anno 1558. wurde denen Medicis und Anatomicis eine Stube in dem Baarfüsser-Closter eingegeben. Es wurde auch anfangs an der Medicinischen Facultæt von der Universitæt gespahret: Dahero Hertzog Ulrich auf derselben Ansuchen, einen Befehl, nebst einem Filtz, Anno 1545. ergehen liesse, daß man ihro besser beystehen, und einen Bein-Mann, scilicet ein Sceleton erkauffen solte.

Anno 1593. aber wurde austrucklich das Kirchlen oder Capellen zu St. Jacobi zur Anatomie von Fürstlicher Commission begehret, und scheinet es von selbiger Zeit an darzu gewidmet worden zu seyn, weilen es den Nahmen eines Theatri Anatomici bekommen hatte.

Welches Anno 1634. 8. Nov. dieses Fatum hatte, daß die Kayserliche selbiges zur Machung der Petarden haben wolten; dahero die Stände hinweggethan und abgebrochen, und in Sicherheit auf das Universitæt-Hauß sind gebracht worden.

Observatio III

Das gegenwärtige Theatrum Anatomicum ist von dem seel. Dr. Johanne Zellero, Med. Doct. & Anatomiæ Professore Publ. Ord. rel. eingerichtet worden, dann nachdem er Anno 1686. Prof. Med. worden ware, profitirte er auch Anatomiam, und machte die biß jetzo fortwährende neuere Institutiones Anatomicas. Ja er fügte auch zuletzt ein Theatrum Chymicum darzu, welches gegen der Maderder-Gasse, auf der andern Seite der St. Jacobi Kirche, zwar unter das Dach gesetzt worden, aber erst perfectionem erwartet. Vid. dessen Leichpred. in denen Personalien p. 53. da nun der seel. Dr. Zeller 1686. zur Professur kame, obwohlen zu erst als Extraordinarius, so fällt die Aufrichtung gegenwärtigen Theatri Anatomici in die von selbigem Termin lauffende Zeit ein.

Viertens

Muß das Universitäts-Lazareth oder Krancken-Hauß gemeldet werden.

Observatio I.

Auch diese Anordnung eines Valetudinarii publici zeiget die grosse Vorsichtigkeit und Sorgfalt der Universitæt an, daß wo etwa einige krancke Studiosi oder Cives Academici, so keine Verwandte und besondere Freunde hier haben, oder in denen Collegiis und Wohn-Häussern nicht bleiben können, sich finden solten, selbige nicht Hülfloß mögen gelassen werden, sondern ihre Wartte und Verpflegung geniessen und haben möchten. Man hat dahero zu solchen End wieder ein Krancken-Hauß angeschafft, und sind gute Stifftungen darzu gemacht worden. So werden auch von Zeit zu Zeit erbare verburgerte Leute aus Tübingen als Krancken-wärtere dazu bestellt, und ihnen die Wohnung im Hauß gegeben. Es wird auch eine eigene Rechnung von dem Syndico Universitatis über dieses Lazareth geführet. Die Obsicht aber hat ein Professor, welcher gemeiniglich vor diesem ein Medicus ware, weilen bey ihme als Administratore, die krancke zugleich

Consilia hohlen könnten. Doch ist auch diese Administratio, ein Officium ambulatorium. Das Hauß selbsten ist nicht weit von dem Schmid-Thor.

Observatio II.

In dieses Hauß sind auch von Zeit zu Zeit biß jetzo unterschiedliche Studiosi eingenommen und verpflegt worden, besonders Melancholici und andere, so der Subsistenz beraubt waren; Auch Cives Academici, welche in den Wohn-Häußern nicht bleiben konnten. Dahero es beständig mit einigen Bettern und anderen Hauß-Geräth versehen ist; und wohnet immerdar jemand im Hauß, welcher auch wie allererst gemeldet worden ist, omni tempore, als ein Krancken-Wärter bestellet ist. So werden auch von eben diesem Lazareth, dürfftigen, welche nicht mögen recipirt werden, Allmosen gegeben.

Observatio III.

Und obwohlen dieses Hauß jederzeit den Nahmen des Universität-Lazareths gehabt hat, so wurde doch 1667. 15. Nov. in Senatu decretirt, daß man es nicht mehr Lazareth, sondern der Universität Krancken-Hauß nennen, und also auch in demselben die Inscription machen solte. Dessen ungeachtet behält es auch biß jetzo den vorigen Nahmen des Lazareths. Wann es aber eigentlich den Anfang genommen habe, und zu welcher Zeit dieses Hauß gestifftet worden seye, solches kan dermahlen nicht melden. Genug, daß es eine alte Stifftung ist.

Observatio IV.

Dieses grosse Hauß hat auch seine Fata gehabt, und ist in Kriegs-Zeiten mit Gewalt, contra Privilegia,

legia, zu einem Kriegs-Lazareth und krancken Soldaten Hospital gemacht worden. Dahero es auch Schaden hat leiden müssen. Würcklich aber ist es noch in gutem Stande, und wird sorgfältig beobachtet; Wie dann erst kürstlich der jetzige Herr Administrator, Herr D. Daniel Hofmann, Med. D. & Pr. P. Ord. d. 24. Dec. 1742. ein neues Inventarium über die übergebliebene Mobilien und Bett-Werck hat machen lassen, mithin gleiche Sorgfalt darüber ferners haben wird, als schon 1667. in Senatu ist geschlossen worden, alles in gute Obsicht zu nehmen / und zum voraus für die zukünfftige Casus besorgt zu seyn, mithin das nöthige an Bettern und Mobilien anzuschaffen. Welche Sorgfalt auch biß gegenwärtige Zeit ist bezeugt worden, da noch biß jetzo, theils Studiosi, theils andere Cives Academici in schweren Kranckheiten darinnen ihre Krancken-Warte gehabt haben; wie mir der gegenwärtige bestellte Innwohner, der schon über 43. Jahre darinnen, als bestellter Krancken-Wärter ist, selbst erzehlet und gewisse Nachricht gegeben hat.

Fünfftens bemercket man,

Das Korn-Hauß, so auch das Burger-Hauß genennet wird.

Observatio I.

Dieses Gebäude solle ein besonderes Alterthum an sich haben. Ja man macht es so Alt, daß einige es nicht glauben wollen noch können, der Grund von dieser Meynung ist, daß eine alte Jahrzahl an dem alten Gebäude ist. Ich habe sie selber gesehen und ist selbige nach denen alten Ziffern 473. Solte nun dieses die rechte Jahrzahl der

Erbauung seye, so müßte eine Zeit von dessen Erbauung biß 1742. von 1269. Jahren verflossen seyn.

Observatio II.

Wieder dieses Alterthum aber führen einige folgende Einwürffe ein: 1) vieleicht seye die Zahl tausend vorbeygelassen, oder gar hinweg gekommen, mithin könne es nur 1473. bedeuten, welches auch mit der andern Nachricht von Tübingen einiger massen besser übereinkomme. 2) Seye An. 473. nach Christi Geburt, die Christliche Jahrzahl in Tübingen noch nicht gebräuchlich gewesen. 3) Könne die Zahl etwas anders bedeuten. Allein andere antworten drauf folgendes. 1) Seye es allezeit gebräuchlich gewesen bey solchen offentlichen Jahrzahlen, und wo besonders die gewisse Zeit zum Angedencken bleiben solte, die grosse Zahl tausend beyzufügen, welches auch hier würde geschehen seyn, wann dardurch 1473. hätte sollen angezeigt werden. 2) Seye kein Anzeigen zugegen, daß solche erste Zahl wäre hinweg geschlagen worden, weilen die Ziffern erhöhet auf dem Holtz gehauen seyen. 3) Möge insbesondere nicht bloßhin geleugnet werden, daß die christliche Religion in dem vierten und fünfften Seculis in Schwaben, also auch in Tübingen gewesen seye, wie a) besonders aus Joh. Henrici Ursini Compendio Historico de Ecclesiarum Germanicarum Origine & Progressu. Norib. 1664. p. 4. sqq. pag. 22. sq. und aus Pregizeri Suevia & Würtembergia Sacra, pag. 4. sq. mag ersehen werden.

Niemand wird die Sache für blaß unmöglich halten, wer bedencket, daß die Apostel so wohl ihren

ren Weg nach Occident als nach Orient genommen haben, mithin schon in zweyten Seculo nach Christi Geburt Christliche Gemeinden in Teutschland gewesen seyen. Irenæus zeuget hiervon L. I. c. 3. adversus Hæreses, Edit. Grabii pag. 46. καὶ ἔτε αἱ ἐν Γερμανίαις ἱδρυμέναι Ἐκκλησίαι ἄλλως πεπιςεύκασιν, ἢ ἄλλως παραδιδόασιν Und haben auch weder diejenige Kirchen, so in denen teutschen Landen gestifftet waren, anderst geglaubet, und anderst gelehret, noch auch die so unter den Hiberien und Celten ꝛc. Siehe hier nennet Irenæus austrucklich nicht eine, sondern viele teutsche Gemeinden, welche schon damahlen gewesen sind. Tertullianus Lib. adversus Judæos (alias Cap. 7.) mihi Edit. Basil. 1521. Froben. pag. 122. nachdem er die Orientalische Völcker, welche an Christum glaubig worden waren, erzehlet hatte, so kommt er auch auf die Occidentalische und fähret also fort: Hispaniarum omnes termini, & Galliarum diversæ nationes, & Britannorum inaccessa Romanis loca, Christo vero subdita, & Sarmatarum & Dacorum & Germanorum, & Scytarum, & abditarum multarum Gentium & Provinciarum & Insularum multarum nobis ignotarum; & quæ enumerare minus possumus, in quibus omnibus locis Christi nomen, qui jam venit, regnat, utpote ante quem omnium civitatum portæ sunt apertæ, & cui nullæ sunt clausæ, ante quem seræ ferreæ sunt comminutæ, & valvæ æreæ sunt apertæ, quanquam & ista spiritaliter sint intelligenda, quo præcordia singulorum variis modis à diabolo obsessa, fide Christi sint reserata, attamen perspicue sunt adimpleta, utpote in quibus omnibus locis populus nominis Christi inhabitet. Quis enim omnibus gentibus regnare potuisset, nisi Christus DEI Filius? qui omnibus in æternum regnaturus nunciabatur. Siehet man nicht auch aus diesem, daß schon zu Tertulliani Zeiten das Christenthum in Teutschland gewesen ist, und gelehret worden; welches man keines Wegs auf solche Weisse außlegen muß, daß es geschehen seye, wie es jetzo ist, und daß das Christenthum ununterbrochen fortgewähret habe. b) Und nicht zu wie-

derspre-

dersprechen seye, daß schon im dritten Seculo gantze Legionen Christen unter denen Römern, darunter viele Teutschen und Schwaben gewesen, gedienet haben, um diese Zeit 473. aber die Kayser selbsten schon Christen gewesen seynd ꝛc. 4) Bleibe man billig so lang bey der Uhralten Tradition, daß durch diese Ziffern das Alterthum dieses Gebäudes angezeigt werde, biß man das Gegentheil mit trifftigen und gegründeten Beweißthümmern darlege, weilen doch alle, so von Tübingen etwas geschrieben haben, dieses Hauß als fast das älteste angeben.

Observatio III.

Dieses grosse Hauß, darauf auch der Frucht-Boden ist, auf welchem auch die Exercitia im Fechten tractirt werden, ware d. 24. Octob. 1742. in äusserster Gefahr, als die Feuers-Brunst im Spital ausgegangen ware. Auch wird hier alles Korn und Früchten gemessen und verkaufft, dahero es auch den Nahmen Korn-Hauß hat. Darauf wurden auch die Convivia Magisterialia uñ Hochzeiten gehalten ꝛc.

Das achzehende Capitel.

Von dem Statu Politico und der vierfachen Jurisdiction in Tübingen.

WAnn wir den Politischen Stand in Tübingen nach unserem Vorhaben ansehen, so ware derselbe denen Zeiten nach zimmlich unterschieden, nachdem die Stadt unter denen Pfaltz-Grafen gestanden, oder unter die Würrtembergische Obrigkeit gekommen ist, weilen wir keinen dritten Zustand dieser Stadt uns vorstellen mögen.

Obser-

Observatio I.

So lang nun die Pfaltz-Grafen selbst hier residirten und die Herrschafft allein hatten, so bestunde der Tübingische Rath aus einem Schultheissen und einigen Richtern, und ersetzten die Pfaltz-Grafen die Ober-Vogtey-Stelle in eigener Person. Aber unter den Grafen von Würtemberg, welche nicht in Tübingen beständig residirten, änderte sich die Gerichts und Magistrats-Form, und wurde ein Vogt, und auch nachgehends ein Ober-Vogt gesetzet, wie dann expresse in denen Privilegiis Eberhardi I. seu Barbati des Vogtes gedacht wird, daß er der Universitæt schwöhren solte, alle Privilegia zu halten. Doch stunde das Schloß niemahlen unter der Stadt, ausser daß sie etliche Wächter darinnen zu bestellen hatte.

Observatio II.

Nach Aufrichtung der Universitæt, und des Collegii Illustris änderte sich der Politische Staat zimmlich und entstunden viererley Jurisdictiones, nemlich die alte Jurisdictio der Stadt, der Burg oder Schlosses, der Universitæt, und des Fürstlichen Collegii. Jene besorgte der Ober- und Unter-Vogt nebst dem Stadt-Rath; die andere der Commendant des Schlosses; die dritte der Rector Magnificus mit dem Senatu Academico; die vierte der Ober-Hofmeister des Fürstlichen Collegii. Wir führen hiervon die Worte des Friderici Lucæ in seinem Europäischen Helicon an, da er P. IV. c. VI. §. 26. pag. 659. schreibet: Sonsten ist bey Tübingen sehr notabel, daß viererley Jurisdictiones daselbst befindlich, welche doch in guter Harmonie stehen, und keine der andern einigen Eingriff thut.

Als die Herrschafftliche Regierung, dero Vorstehere bestehet in einem Ober-Vogt, welcher ein Baron oder gelehrter Cavallier seyn muß, indem sie gemeiniglich auch Præsidenten bey dem Hochfürstlichen Hofgericht seynd. Einem Unter-Vogt, welcher auch ein Literatus seyn muß, und alle halbe Jahr dem neuangenommenen Rectori einen Eyd ableget, daß er die Universitæt bey ihren Juribus und privilegiis beschützen wolle; So dann in Burgermeistern, Gericht und Rath.

Die andere Jurisdiction exerciren der Ober-Hofmeister und seine adjungirte Räthe im Fürstl. Collegio.

Die dritte der Löbl. Universitæt, welche Civilem und Criminalem Jurisdictionem hat.

Viertens der Commendant im Schloß, welcher über seine untergebene Miliz, und was von der Vestung dependiret, zu sprechen hat.

Observatio III.

Es hat auch Herr Lucæ hier recht, daß diese viererley Jurisdictiones in guter Harmonie stehen, auch stehen können und mögen; Sintemalen wann von Zeiten zu Zeiten einige Disputen entstanden sind, so wurde doch alles durch gütliche Verträge verhandelt und ausgemacht. Wir wollen so fern es zu unserem Vorhaben taugend ist, etwas darvon berühren.

Anno 1522. 2c. wurde wegen des Schwörens, daß der Vogt der Universität schwören sollte, ein Verglich getroffen.

Anno 1533. 2c. als es allerhand Beschwernisse gegen einander gabe, so sollte es durchs Recht ausgemacht werden, nachdeme die Oesterreichische Regierung die Sachen nicht ausmachen wollte. Allein es wurde hernach unter Hertzog Ulrich alles wieder in Ordnung gebracht, und

Anno 1545. den 15. Jan. ein ordentlicher Vertrag zwischen der Stadt und Universität, unter seiner

Dire-

Direction und Anordnung gemacht, dardurch wegen des Juraments und anderer Differentien alles wieder in Ordnung gesetzet worden ist.

Anno 1554. und 1558. wurden zwischen beeden Partheyen, besonders in puncto collectionis Verträge aufgerichtet.

Anno 1560. erfolgte wieder ein neuer Vertrag, welchen Hertzog Christoph selbst in Person in Tübingen eingerichtet hat, da er über beeder Partheyen Klagden eine Declaration gegeben, und den 1. Aug. 1560. zwey versiegelte Exemplarien ausgestellt. Man beruffte sich darinnen auf den Verglich Hertzog Ulrichs 1545. Es betraff Güter-Verkauff, auch andern Kauff von Wein, Holtz 2c. item die Anzahl der Universitäts-Verwandten 2c.

An. 1578. wurde ein Privat Verglich getroffen.

Anno 1577. als der Ober-Vogt Fritz Herter von Tußlingen, und 1589. der Ober-Vogt Gideon von Ostheim wegen des Juraments bey Serenissimo anfragten, bekamen sie beede gleiche Antwort und Resolution: Quod sic!

Anno 1583. den 26. Jan. wurde abermahlen ein richtiger Vertrag untereinander getroffen; Und haben diesen Abschied die Fürstl. Unterhändler unterschrieben, und jeder Parthey ein Exemplar übergeben. Als aber dieser Verglich nicht völlige Statt fande, erfolgte Hertzog Ludwigs Befehl den 17. Apr. 1583. und als die Universität einen Gegen-Bericht den 31. Jun. 1583. eingabe, so ergieng 1584. den 1. Febr. ein anderer Befehl an die Fürstliche Commissarios. Darauf

An. 1586. den 29. Aug. nach vielen Deliberationen ein solider Vertrag getroffen worden, welchen

Hertzog

Hertzog Ludwig selbst unterschrieben hat, und hat jede Parthey ein unterschriebenes Exemplar empfangen. Es ware eine weitere Declaration über den 1545. gemachten Vertrag. Nach welcher Zeit auch vieles durch die Landschaffts-Abschiede, ratione der Anlagen und Collectionis, besonders 1642. entschieden worden ist.

Und sind die Fürstl. Commissiones und Visitationes auf der Universität jederzeit biß jetzo ein gutes Mittel aller Disharmonie zu begegnen, gewesen: Also daß allezeit Wahrheit bleibet, daß keine Jurisdiction der andern Eingriff thun wolle noch solle.

Observatio IV.

Bey der Jurisdiction der Stadt ist dieses zu beobachten, daß unter der Regierung Hertzog Carl Alexanders die Veränderung des Ober-Vogteylichen Amts erfolget seye, da selbiges, nachdem es wenigstens in das dritte Seculum üblich gewesen ware, aber zuletzt dem Land zu beschwerlich fiele, wie im gantzen Land, also auch in Tübingen aufgehoben worden ist.

Wann eigentlich diese Ober-Vögte ihren Anfang in Tübingen und anderer Orten genommen haben, kan ich nicht melden. Dieses aber ist gewiß, daß es unter denen Grafen von Würtemberg geschehen ist. Und mag wohl dieses Ursache und Gelegenheit zu dieser Benennung und Unterschied des Ober- nnd Unter-Vogts gegeben haben, daß anfangs die Vögte lauter Literati von Adel gewesen sind, als aber sie die Studien nicht mehr so getrieben haben, hat man ihnen Literatos, als Unter-Vögte zugegeben. Und daß dieses nicht nur eine ungegründete Muthmassung seye,

sondern

sondern Wahrheit, daß die erste Vögte von Adel gewesen seyen, beweise ich auß dem Crusio; bey solchem werden P. III. L. X. c. 3. pag. 180. edit. lat. p. 548. Anno 1513. gemeldet, Heinrich Schilling, Vogt zu Vayhingen, Wendel von Hailfingen, Vogt zu Horb, Wolff von Gültlingen, Ritter, Vogt zu Wildperg, Johann von Karpffen, Vogt zu Tuttlingen. Cap. 5. pag. 184. ed. lat. p. 554. Anno 1515. Balthasar Adelmann von Adelmañsfeld, Vogt zu Schorndorff. Cap. 11. pag. 197. ed. lat. p. 571. Anno 1522. Dieterich Späth von Zwifalten, Vogt zu Urach; Dieterich von Wiler, Rath und Vogt zu Bottwar und Beilstein; Friderich von Freyberg, Vogt zu Schorndorff; Joh. Cunrad Schänck von Winterstetten, Vogt zu Vayhingen an der Entz rc.

Ich war auch noch beflissen eine Succession der Ober- und Unter-Vögte in Tübingen zu verfassen, es ware aber unmöglich eine ununterbrochene in Richtigkeit, wegen Mangel der Nachricht, zubringen, dahero nur diejenige Ober-Vögte in Tübingen melde, welche ich habe in Ordnung bringen können.

Ober-Vögte in Tübingen.

Georg von Ehingen / Ober-Vogt in Tübingen, 1488. Cruſ. P. III. L IX. c. 1. pag, 130. ed. lat. pag. 484. starb 1508. Hatte sich im Schloß zu Kielberg eine eigene Capell gebauet, und jährliche Gedächtnuß-Tage für sich und seine Frau erkaufft, Cap. 3. p. 135.

Johann Erhard von Owen, von 1522. biß 1534. Cruſ. P. III. L. X. c. 11. p. 199. ed. lat. pag. 573. L. XI. c. 9. p. 238. ed. lat. p. 625.

Hanß Härter, von Gertringen, 1535. unterschrieb die Acta Colloquii auf dem Schloß mit Caspar Schwenckfelden.

Friderich Jacob von Anweil / 1536-1540.

Caspar von Anweil / 1554. starb 1562. Friderici Frater. Cruf. P. III. L. XII. c. 8. pag. 304. ed. lat. pag. 715.

Johannes Truchses / von Höfingen / 1567. biß 1576. Cruf. P. III. L. XII. c. 14 p. 315. edit. lat. p. 731. starb 1576. 28. Nov. cap. 22. p. 335. ed. lat. p. 759.

Josua Schär von Schwartzenburg / 1587. Cruf. P. III. L. XII. c. 33. p. 365.

Friderich Herter von Herteneck / starb 1589. und ist in Dußlingen begraben. Cruf. P. III. L. XII. c. 36. p. 381.

Gideon von Ostheim / 1589. Successor Herteri. Conf. Cruf. Paralip. c. 6. p. 412. ed. lat. pag. 23. starb alt XCI. Jahr Anno 1615. 7. Febr. der Grabstein ligt auf dem Boden.

Johannes Joachimus von Grünthal in Krembseck, Herteneck und Dußlingen, Anno 1618. biß 1639. 30. Oct. Vid. Imagin.

Mauritius in & à Kroneck, Liber Baro in Himmelau, Mosburg & Glaneck. Nat. 1598. 21. Oct. Den. 1679. 16. Sept. Vid. Programma Funebre 1679. 18. Sept. wurde Anno 1645-1679. Ober-Vogt zu Tübingen, Herrenberg und Sultz, auch 1650. Hofgerichts Præsident. Starb am Schlag alt über 80. Jahr. Er ware vorhero Ephorus Herzogs Friederichs auf denen Reisen, kame 1637. nach Hauß, wurde bey der Fürstl. Cammer Director und bald darauf, ohngefehr 1645. Ober-Vogt über

diese

diese drey Aemter. Anno 1628. wurde er bey der Reformation in Kärnthen von seinen Gütern vertrieben.

Johann Eberhard Varenbüler, von Hemmingen, Fürstl. Würtemberg. Rath, Ober-Hofmeister des Collegii, Hofgerichts-Assessor, und Ober-Vogt zu Tübingen, Herrenberg und Sultz. Und zwar in letzterem succedirte er dem Baron von Kroneck 1679. biß 1689. Sein Nahme ist in der Hofgerichts-Stube in denen Fenstern angemahlet. Successor Kroneckii.

Wolffgang Heinrich von Göllniz, in Waldenstein, Geheimder Rath, Ober-Vogt in Tübingen, auch Ephorus Collegii. 1589. zu Anfang, starb aber bald nach etlichen Monathen in Septembri ejusdem Anni man besehe Programma Funebr. d. 15. Sept. 1689. Nat. 1652. 2. Dec. Den. 1689. Sept. Successor Varenbüleri.

Georg Friderich Schertel von Burtenbach zu Mauren, Hofgerichts Præsident, Ephorus Collegii Illustris, und Ober-Vogt. Successor Göllnizii.

Eccard Ulrich von Dewiz, Dominus Hæreditarius in Daber, Ober-Vogt in Tübingen: Geheimder Rath, Hofgerichts-Præsident, Ephorus Collegii 1700-1707. Successor Schertelii.

Philipp Heinrich von Göllniz, in Waldenstein, Successor, Geheimder Rath und Ober-Vogt, auch Ephorus Collegii Illustris 1707-1727. Man besehe das Programma Funebre Collegii Illustris Dom. I. p. Trinit. 1727. Nat. 1663. 15. Jan. Den. 1727. Successor Dewizii.

Christoph Peter von Forstner, auf Dambinoy,

noy, Geheimder Rath, Ober-Hofmeister des Fürstlichen Collegii, Hofgerichts Præsident, und Ober-Vogt in Tübingen 1727. biß 1734. Successor Göllnizii. Ware der letzte Ober-Vogt in Tübingen, und behielt allein den Character. Lebt jetzo in dem Hanoverischen.

Observatio V.

Die Jurisdictio der Universität ist sehr groß, wellen sie nicht nur Literaria und Civilis, sondern auch Criminalis ist, dergleichen ausser der Wiener, Ingolstatter, Leipziger, Greiphswalder, Heidelberger, Rostocker und Helmstätter Universitäten keine in Teutschland haben. Dergleichen Actus Criminales dann und wann vorgekommen sind. Man besehe Statuta Renovata C. X. de Consistorio p. 61. Ordinat. Frider. C. VIII. pag. apud Moserum Erläutert. Würt. P. I. 59. sq. Declarat. Privil. Art. III.

Man besehe hier ferner obige Dissertationes Besoldi, Lansii, Smalcalderi de Juribus und Jurisdictione Academiarum, und conferire Dr. Joh. Jac. Frischii Supr. Dicast. Wurt. Advocati Resolutionem Juridicam Quæstionis: *Habeatne Magnificus Dominus Rector, & inclytum Academiæ Concilium vi Authent. habita C. ne fil. pro patr. merum Imperium?*

Die Studiosi haben auch, wie auf andern Universitäten viele oder mehrere Vorrechte und Immunitates, wie theils aus obigen Disputationen, theils besonders aus Besoldi Dissertatione de Studiosis, Magistris, Licentiatis, Doctoribus, eorumque Privilegiis & Immunitatibus zu ersehen ist. Sie ist zu Tübingen in Duodec. Typis Philiberti Brunnii 1631. gedruckt, und ist Frischii seiner Resolution

Quæ-

Quæstionis &c. angehänat. Dahin auch Joh. Volckmari Bechmanni, JCti Jenensis Tractatus Historico-Juridicus de Privilegiis ac Juribus Studiosorum besonders pag. 71. sqq. zu ziehen ist.

Wir müssen hier wegen der plenariæ Jurisdictionis Criminalis noch einen Beweißthum ab Exercitio hujus Juris führen. Und wird also ein solcher Actus Criminalis von Crusio beschrieben P. III. L. XII. c. 38. p. 391. sq. ed. lat. p. 842. Daß die Löbl. Universität Tübingen, unter dem 215. Rector, Daniel Mögling, der Artzeney Doctorn und Professorn eine Kinder-Mörderin, Namens Felicitas, durch gerechtes Urtheil zum Tode verdamt, und den 5. August. desselben 1592. Jahrs an dem Gestad des Neckers, gerad gegen dem Universitäts-Hauß über, vermög ihrer Freyheiten, durch den Tübingischen Scharfrichter habe enthaupten lassen, halte ich nicht dafür, daß ich weitläuffig darvon reden soll, weil ich zum Ende dieses Wercks eile. An dem Casu ist nicht zu zweiffeln. Es ist mir aber der gantze Proceß von geneigter Hand etwas weitläufftigers und mit einem andern Umstand, ratione loci, beschrieben worden. Felicitas, eines Civis Academici ledige Tochter, empfienge als eine Kinds-Mörderin folgendes publicirte Urtheil: In der Peinlichen Rechtfertigung zwischen Löblicher Universität verordneten Fiscal, Klägern, eines, wider Felicitas N. Beklagte andern Theils, erkennen meine Herrn Rector, Cancellarius und gantzer Senatus Universitatis, auf alles Gerichtliche Vorbringen, zu Recht, daß die Beklagte von wegen ihrer selbst bekannter und kundlichen schwehren Mißhandlung, durch den Nachrichter an seine Hand und Band genommen, auf die gewohnliche Richtstatt geführt, und mit dem Schwerdt vom Leben zum Tod gerichtet werden solle. Der von Löbl. Universität geordnete Fiscalis, war damahls Dionysius Beller, Buchbinder und Pedell, und der ihme zugegebene Fiscalische Ankläger, Herr Jacobus Zebelius, J. U. D. und Suprem. Dicast. Advocatus. Der Peinlich Beklagten aber haben als Defensores assistirt, Dr. Ulrich Besold, und Joh.

Theodorus Winter, beyde damahlige Hofgerichts-Advocati. Die Execution geschahe vorm Neckar-Thor auf dem gewohnlichen Richt-Platz, durch den damahligen bey der Stadt befindlichen Scharffrichter: Nachdeme Senatus vorhero, so wie er in Nova Declaratione Privilegiorum Universitatis Ser. Duc. Friderici de An. 1601. §. So viel aber den Modum exequendi anbelangt ꝛc. angewiesen ist, bey Gnädigster Herrschafft um den Nachrichter, die Richtstatt, und das Gelaidt unterthänigst angesucht. Darbey zu mercken ist, daß man von Seiten der Fürstl. Regierung auch damahlen und schon vorhero der Universität Quæstionem Status moviret hat: Ob Löbl. Universität Criminal-Jurisdiction so weit sich erstrecke, daß sie inconsulto Principe dörfften jemand würcklich exequiren lassen? Allein es hat Senatus Amplissimus in einem unterth. Bericht den 20. Jul. 1592. seine Causam weitläufftig defendirt, und darinnen sich auf den An. 1581. 17. Maji von dem Notario Universitatis Dr. Andrea Walchen ad Serenissimum weitläufftigen Bericht beruffen, in welchem alle vorgegangene Actus Jurisdictionis Criminalis angeführt gewesen, e. g. Hartmanni Causii, M. Pauli Kaltnern, Johannes Stettners, Jacobus Textors, Famuli Bursæ, &c. Darvon der erste ex capite blasphemiæ, der zweyte ex capite Sortilegii, die andere aber ex capite Furti sind angeklagt und relegirt worden; so wurde auch Dr. Halbritters Magd, præstita prius Urpheda des Lands verwiesen. Das Exempel aber einer in dem Universitäts-Hof decollirten Person, hat keinen Grund. Dieses ist desto gewisser, welches 1631. erfolgte. Dann damahlen wurde Maria Fritzin, von Thalheim gebürthig, so eine Magd bey Plieningern gewesen, in puncto infanticidii (da sie ein Kind gebohren, in einen Hafen gethan,

gethan, und in die Ammer geworffen hatte,) eingezogen, und nach geführtem Proceß, durch den Nachrichter Ostertagen gefoldert, und hernach im Majo ausgehauen. Die Unkosten waren den zwey Advocaten, für jeden Recess, deren drey gewesen, jedem ein Reichsthaler. Dem Fiscal ein Reichsthaler, denen Buchbindern, so bey denen Peinlichen Rechts-Tagen aufgewartet hatten, jedem des Tags 12. kr. Denen zwey Wächtern, des Tags und Nacht, jedem 10. kr. denen zwey Hebammen, jeder 1. fl. dem Nachrichter 5. fl. 2c. So ist auch 1659. auf gleiche Weise in puncto Infanticidii H. A. abgestrafft worden; Unterschiedlicher anderer dergleichen Casuum, so vorgekommen sind, nicht zu gedencken.

So erfolgten nachgehends auch noch allerhand neuere Casus Criminales, darvon einer An. 1733. gantz neu passiret hat mit zwey Dienern einiger Studiosorum Nobilium, da einer den andern erstochen, und peinlich processiret, doch aber vom Tod frey gesprochen worden ist. Der letzte Casus Criminalis Academicus hat sich 1736. mit einem Studioso Philosophiæ F. L. G. begeben, welcher wegen des Mords seines Comilitonis zum Tod condemniret worden ware, aber von Serenissimo so weit aggratiationem erlangt hat, daß die Todes-Straff in eine langwührige Captivation und Vestungs-Arbeit verwandelt worden. Vid. Programata Rectoralia duo von diesem Casu 1736. Allein nachdem Ihme auch diese Straffe vor der Zeit erlassen worden, geriethe er in ein neues gottloses Leben.

Observatio VI.

Zu dieser Betrachtung ziehen wir nicht nur den

Verkauff der Stadt und Amt Tübingen an Würtemberg, sondern auch alle andere Gerechtigkeiten und Gewohnheiten, welche diese Stadt vor Alters her gehabt hat, darvon die rare Diplomata, welche in Henrici Christiani Senckenbergii JCti & Consiliarii Rhingravii Selectis Juris & Historiarum T. II. Francof. 1734. p 232. sqq. angeführet werden, zimliche Nachricht geben, besonders daß auch die Stadt daß Jus Asyli gehabt, darvon man den Ort, wo jetzo das Theologische Stipendium ist, suchet. Es scheinet aber die gantze Stadt habe es gehabt, wie Reuttlingen es noch jetzo hat. Wie weit aber das sogenannte Frey-Aeckerlen an dem Weg nach Jesingen hieher zu ziehen seye, überlasse ich dem Urtheil des Lesers. Weilen nun diese Diplomata sonsten nirgends gelesen werden, und doch Tübingen insbesondere angehen, so wird mir der Leser nicht verargen, daß selbige hier an dieser Stelle einrucke.

I.

Tübingen Burg und Stadt, wie die an Würtenberg kommen.

Wir Götze und Wilhelm Gebrüder Graven zu Tübingen, verjehen öffentlich ann diesem Briefe für uns und alle unsere Erben, unnd thun kund allen denen die in sehen oder hören lesen, das wir mit wohlbedachtem Muthe, unnd mit Rath unsere Freundt, ainhelligclich, und mit gesammter Hannden, durch unsers unnd unserer Erben Nutzes willen, haben verkaufft und zu kauffen geben, recht und redlich, alls am Kauff Crafft und Macht haben soll, und haben mag, unnser Vesten Tüwingen Burg und Statt, Leuth unnd Guth gesucht und ungesucht, fundens und unfundens, innwendig der Vesten, unnd auswendig, unnder Erden unnd darob, ann Veld, ann Wald, unnd ann Wasen, ann Zwingen, ann Wasser, ann Wasser-Zinsen, an Gelt, ann Vellen mit aller ihrer irer Zugehörde, wie die Guth genannt seind, mit allem Recht, als wir die vorgenannte Vesten, mit Leutten unnd mit Gütteren unnd mit aller Zugehörde bißher gehabt haben, unnd von unnseren Forderen ann unns bißher kommen seindt, unnserem lieben Oheim, dem Edlen Graven Ulrich, vonn Wirttenberg, unnd allen seinen Erben umb 20000. Pfundt gutter unnd geber Heller, der wir gar unnd gentzlich gewehret sein, unnd sy gewandt haben zu unnserem Nütz fürbas aigentlich zu haben unnd zu geniessen zu besitzen, unnd zu entsetzen, nach irem Willen. Wir haben in auch die vorgenannte Vesten Tübingen, Burg unnd Statt mitt aller Zugehörde uffgeben, mitt Wortten unnd mit Handen, als sittlich unnd gewohnlich ist, unnd haben unns daran kain Recht behalten. Dann allein die Hundtlege zu Bebenhausen, unnd das Gejagd inn dem Schainbach. Wir haben auch unnserem Oheime, Graven Ulrichen von Wirttenberg, den Vorgenannten unnd seine Erben gesetzt unnd setzen mit diesem Brief inn leiblichen unnd inn nutzlich gewehr der vorgeschriebenen Vesten, unnd aller iren Zugehördt. Wir verzeihen unns auch unnd alle unnsere Erben, aller Hilff gaistlichs Gerichts unnd Weltliches, unnd aller Wortt unnd Wercke, damitt wir oder kaine unnsere Erben wider dem vorgeschriebenen Kauff unnd allem dem das vorgeschrieben stehet, möchten gereden oder gethun haimlich oder offentlich, nun unnd zu aller künfftigen Zeitt, unnd das wir das unnd alles was vorgeschrieben stehet, stede halten wollen, das haben wir geschworen zu den Hayligen mitt uffgehabten Händen, ohne alle Geverd. Unnd der Ding aller zu einem wahren unnd stetten Urkund, geben wir unnserem Oheim, Grave Ulrichen vonn Wirttenberg den vorgenannten unnd seinen Erben, disen Brieff besigelt, mitt unnsern Innsigeln, die daran hangen, der geben ist da man zalt von GOttes Geburt, Dreyzehen hundert Jar unnd in dem zway unnd viertzigsten Jar, an St. Nicolai Abendt.

Nota eisdem anno & die ist die Pfandtschafft gewest. Pro ein hundert tausendt unnd ein Pfundt gutter Heller.

II.

Welcher Gestalt die obgenannte Graven vonn Tübingen ire Burger gethoner Pflicht ledig gezehlet haben.

Wir Götze und Wilhelm Gebrieder Pfaltzgraven vonn Tübingen verjehen und thun kund denen die diesen Brief ansehen oder hören lesen, das wir die Weysen erbaren Leuth, die Burger gemainiclich der Statt zu Tübingen aller Gelübd unnd Verbüntnüsse die sy unns je gethan haben, biß ann disem heuttigen Tage, alls diser Brieff geben ist, ledig sagen unnd ledig lassen ann disem gegenwärtigen Brieff. Unnd was wir auch Brieff vonn in han. Auch biß uff heutigen Tag die sollen todt unnd crafftloß seyn, unnd den vorgenannten Burgeren nicht schaden, noch zu schaden kommen [illegible] kein Weiß. Diser Ding zu Urkund, geben wir den vorgenannten Burgeren zu Tübingen disen Brieff besigelt mitt unnseren Innsigeln die daran hangen der geben ist, da man zahlt vonn Christi Geburdt dreyzehen hundert unnd im 42. Jar an St. Nicolai Tag.

III.

Bestetigung Kayser Ludwigs der Pfaltzgraven zu Tübingen Freyheitten.

Wir Ludwig von Gottes Gnaden Römischer Kayser zu allen Zeiten mehrer des Reichs, berichten öffentlich ann disem Brieff, unnd thun kund allen denen die In ansehen oder hören lesen, das wir durch besonder Gnad unnd Gunst so wir haben, zu den edlen Mannen Götzen und Wilhelmen, Pfaltzgraven zu Tübingen unnseren lieben getreuen, bestettiget haben unnd bestettigen auch mit disem gegenwürtigen Brieff, alle die Freyunge, Recht, Ehre, Nutz, alt und Gewonheit, die sy vonn unnseren Vorfahren, Kayseren unnd Königen, unnd Ire Vorfaren gehabt haben unnd auch noch han, unnd durch Recht haben sollen, inn allen Iren Stätten unnd Gütteren, die durcht unnd von alter zu irer Pfaltzgraveschafft gehören sollen, unnd sonderlich der vorgenannten Statt zu Tübingen, vonn unnserem Kayserlichen gewaldt unnd woellen, das sy niemand daran hindere oder irre inn kainem Weegen. Unnd dar-

darüber zu ainem Urkhund, geben wir in diesem Brieff mitt unnserem Kayserlichen Innsigel versigelt. der geben ist zu Nürenberg da man zalt von Christi Geburtt dreyzehen hundert Jar darnach inn dem ain und dreyßigsten Jar ann dem Oster-Abendt, inn dem sibenzehenden Jar unnsers Reich, unnd inn dem vierdtten des Kayserthumbs.

IV.

Lehen-Brieff über den Wald Schönbuch.

Nos Ludovicus DEi gratia Romanorum Rex semper Augustus. Notum esse volumus præsentium inspectoribus universis, quod constituto in nostræ Majestatis præsentia Nobili viro Conrado Comite dicto Scherer de Tvbingen fideli nostro dilecto, & petente à nobis, quod nemus dictum Schönbuch, cum juribus ac pertinentiis suis, quod à nobis & imperio in feudum descendere dinosceretur, & idem Comes Jure Successionis, ad se dicebat esse devoluta sibi conferre & ipsum de eis investire dignarentur. Nos suis hujusmodi petitionibus, de liberalitate regiæ benevolentiæ favorabiliter annuentes dictum nemus cum ipsius juribus & pertinentiis, eidem comiti jure quo debuimus, auctoritate Regia contulimus & concessimus ac ipsum investivimus de eisdem. In cujus rei testimonium præsentes conscribi, & nostræ Majestatis sigillo fecimus communiri. Datum in Franckenfurt. 6. Nonas Maji anno Dni. M. Trecentesimo vicesimo quarto. Regni vero nostri Anno 10.

V.

Ain alter Papiriner Zettel etlicher deren vonn Tübingen Recht unnd Gewohnhaitten so sy vor Zeitten gehabt.

Nota. Dieses send unnsere Recht unnd Gewohnhaitten die zu Tübingen von alter herkommen sein unnd die wir vonn alter her vonn unnseren Elteren gehöret haben.

Des ersten. So ist unnser Gewohnhaitt, das wir kainen unnseren Mittburger, er sey Edel oder Unedel, jemandt zu dem rechten stellen, uff dem Land ausserhalb unsers Gerichts.

richts. Auch ist unser Gewonhaitt das wir lang Zeit vonn alter her Ußburger uff dem Land gehabt haben, unnd noch haben unnd empfahen sollen.

Auch ist unnser Gewonheit welcher inn der acht ist vnnd Wonnen er ist so er zu unns kommbt gen Tübingen inn die Statt, so ist er darnach ain Jar frey vonn der Acht inn der Statt, unnd wann das Jar auskommbt, unnd er dazwischen reitt, oder gang für die Statt unnd aber wider kommbt inn die Statt so hatt er aber die vorgeschriebne Freyung inn der Statt ein Jar. &c.

Auch ist unnser Gewonhaitt wann das ist, das ainer der nicht zu unns gehördt vonn wonnen er ist, unnd ainen Todtschlag thuett usserhalb unnsers Zehenden, kommbt er zu unns gen Tübingen inn die Statt, so soll er sicher sein inn der Statt vonn des Todtschlags wegen alls lang er bey unns ist.

Auch ist unnser Gewonhaitt, das vil Stätt unnd Dörffer ire Recht bey unns suchen sollen.

Auch haben wir ainen Ackher der heisset der Fron-Ackher, des Recht ist alls wir es gehördt haben vonn unnseren fordederen das er gefreyet sey vonn Königen und vonn Kayseren, also, welcher ainen bringt, vonn den vier Strassen, welcher das sey unnd stellet in auff den Ackher, mag der sechs zu ime gehaben, das er selbs sibendt ist die ime helffen schweren zu den Hayligen, das er ime und dem Land ain schädlich Mann sey, so soll man ine dötten. Wer aber ob der gefangen darzwischen inn die Statt käme, unnd den Schultheissen unnd das Gericht anruffen, den solte mann da berechten nach der Statt Recht.

Auch ist an unnserem Jar-Marckt jedermann frey vonn Schuld wegen der zu unns kommbt.

Observatio VII.

Fragt man, wie besonders der Status Politicus in Tübingen gewesen seye, als 1525. König FERDINANDUS 13. Monathe sich daselbst aufgehalten hatte? Vid. Cruſ. P. III. L. X. c. 14, pag. 215. edit. lat. p. 595. So kan man darauf antworten, daß er nichts in dem Politischen Statu geändert, sondern

Stadt

Stadt und Universität in ihrer Jurisdiction habe stehen lassen: Doch hatte er 1532. die Universität reformiren wollen, und waren deßwegen Deputati Commissarii geordnet: Der Prælat zu Herrenalb, Dr. Johann Voyt, der Probst zu Tübingen, M. Bernhard Ott, Canonicus Stuttg. und Dr. Johann Uracher, Physicus zu Stuttgardt. Sonsten heißt von Carolo V. ad Ann. 1520. bey dem Crusio P. III. L. X. c. 9. pag. 193. a. ed. lat. pag. 565. Also bekam der Kayser dieses Land unter seine Bottmäßigkeit: Doch gebrauchte er dabey diese Gnad, daß er die alte Gewohnheiten und Ordnungen der Innwohner nicht änderte. Zu Tübingen konte er einen Probst und Cantzler setzen, so offt diese Stelle erlediget werde. Eben daselbst hatte er das Berg-Schloß innen, sammt dem unten gelegenen Weinberg auf der Neckar Seite; von Alters her dürffte der Magistrat zu Tübingen 4. Schild-Wächter auf das Schloß setzen, nunmehr aber liesse der Kayser solches verrichten, und sich darfür Jährlich ein gewisses Geld, nemlich 50. Pfund Heller und 10. Schilling von Stadt und Amt Tübingen bezahlen. Als hernach 1522. das Land dem König Ferdinanden übergeben wurde, er auch selbsten in Stuttgardt auf solenne Weisse einzoge, so wurden in Tübingen alle Zinsse aufgeschrieben, und eine völlige Renovation in Stadt und Amt vorgenommen, welche erst den 6. Jul. 1522. vollendet wurde, und lase man selbige in Tübingen und jedem Amts-Ort ab, nachdem man ein Zeichen mit der Glocke gegeben, und denen darauf versammleten Burgern angekündet hatte, daß sie nunmehro unter dem Kayser oder Kayserlichen Abgesandten stünden, welcher auch den Kirchen-Satz, oder die Ersetzung der Pfarr-Dienste, und anderer geistlichen Aemter hätte. So wurden auch Oeconomie-Sachen wegen Einziehung der Gefälle angeordnet. Ober-Vogt ware damahlen der

der Edle Herr Johann Erhard von Owen, der Unter-Vogt Johann Breuning. Vid. Crusii Annal. P. III. L. X. c. 11. pag. 199. sq. ed. lat. p. 573. Mit was unbeschreiblicher Hefftigkeit und Strenge man gegen den angebohrnen gewesenen Landes-Herrn, Hertzogen Ulricum unter dieser Oesterreichischen Regierung gehandelt habe, solches ist auch daraus zu ersehen, weilen niemand mit keinem Wort des Hertzog Ulrichs, hat Meldung thun dörffen; Darüber als ein Bauer seinen beamten fragte, ob er auch nicht an ihne dencken dörffte, oder ob es auch nicht erlaubt wäre, sich von ihme träumen zu lassen? selbiger in den Thurn geworffen worden ist. Cruſ. P. III. L. X. c. 11. p. 199. ed. lat. p. 573.

Observatio VIII.

Hieher gehöret zugleich die Frage: Ob die Stadt Tübingen auch einen Vortheil darvon habe / daß die Universität hieher verlegt und gestifftet worden seye? Es ist diese Frage, keine leere Frage, sondern schon durch vielerley Zeiten und besonders in letzteren aufgeworffen worden, so daß ich darvon selbsten von einem vornehmen seeligen Theologiæ Doctore und Professore offentlich auf der Cantzel habe darvon predigen gehört. Und wem solte nicht, der die Erkänntniß neuerer Zeiten hat, bekannt seyn, wie offt und viel man ernstlich des Vorhabens gewesen ist, die Universität von Tübingen an andere Oerter zu verlegen? Weilen demnach in der That viele Bürger in Tübingen das gute, so ihnen aus Gegenwart der Universität zuwachset, nicht einsehen, so will ich hier beeder Partheyen ihre haupt argumenta und Ursachen anführen, aus deren gegen

gen einander Haltung das gewisseste von dem geneigten Leser mag geschlossen werden. Zuforderst muß beobachtet werden, daß überhaupt das Urtheil der Gelehrten und auch anderer Politicorum ist, daß durch Anlegung der Gymnasiorum und Academien denen Städten ein guter Aufnahm zuwachse, darvon man besonders Hyppolitum à Collibus in Tract. de Urbium Incrementis, und Lipsium in seinem Lovanio L. III. p. 98. sq. da er die Universität die Seele (animam oppidi) der Stadt nennet. Ed. Antwerp. 1605. aufschlagen mag, und ist mit Nutzen zu lesen Thomæ Sagittarii Tractätlen von der höchsten Glückseeligkeit der Städte, wo Academien aufgerichtet sind, verteutscht durch Dr. Caspar Sagittarium, Jen. Duod. 1679. Hier dringet gewiß das allgemeine, oder dannoch der mehresten verständigen ihr Urtheil vor, daß es in allweg denen Oertern einen guten Nutzen bringe, in welchen solche hohe Schulen angelegt werden. Wir bleiben aber bey unserem Tübingen und erzehlen zuerst die gültige Ursachen und Motiven, warum die Stadt Tübingen einen grossen Vortheil von der Universität habe?

Erstlich ist dieses nicht ein geringes, welches zum Ruhm und Ansehen der Stadt Tübingen gehöret, daß eine Universität daselbst angeordnet worden ist. Es würde gewiß Tübingen bey weitem nicht, ja wohl gar nicht so berühmt worden seyn, wann sie keine Universität in sich bekommen hätte. Dann da von vielen Europäischen Ländern theils gelehrte Leute, als Lehrer hieher gekommen sind, theils von Schweden, Dännemarck, Pohlen, Ungarn, Franckreich, Spanien, Engelland, Holland, gantz Teutschland / auch Griechenland und Rußland ꝛc. Studiosi

und

und Reisende um der Universität willen, nach Tübingen gekommen sind, und sich daselbst aufgehalten haben; da aus Tübingen so viele gute Schrifften in die gantze Welt ausgestreuet worden, wer wolte in Tübingen läugnen dörffen, daß dieser Ort nicht überall seye berühmt worden, von welchem sonsten viele tausend Menschen nichts würden gehört haben. Ja eben deßwegen hat sie auch den Ruhm der zweyten Residentz-Stadt in Würtemberg erlangt, welches hauptsächlich um dieses Musen-Sitzes willen geschehen ist, da die Grafen und Fürsten in Würtemberg sich gern daselbst aufgehalten, auch die Printzen dahin zum Studiren geschickt haben.

Zweytens ist durch Anrichtung der Universität die Stadt Tübingen noch einmahl so groß angebauet worden, als selbige vorhero gewesen ist. Dann über dieses, welches wir schon oben angemercket haben, c. 7. pag. 75. schreibt Crusius Annal. P. III. L. VIII. c. 17. pag. 118. ed. lat. p. 464. also: Ohngefehr um diese Zeit (1482,) wurde die Stadt Tübingen erweitert, und unterschiedliche neue Gebäue darinnen aufgerichtet. Da nemlich vorher nur derjenige Theil, welcher etwas niederer und tieffer Mitternacht-werts liegt, und unter dem Nahmen des Briels von denen Weingärtnern und Handwercks-Leuten bewohnet wird, die gantze Stadt ausmachte: So hat man nachgehends den heutigen Marckt, und was gegen Mittag biß an den Neckar gehet, (so vorhin mit Bäumen und Hecken bewachsen war) anfangen zu bauen; und da hat jetzo die Universität und die Stands-Personen zu Tübingen ihre Häuser. Vornemlich wurden um diese Zeit folgende vier Bäue daselbst aufgeführet. 1) Die St. Georgi-Kirche, von deren vorhin geredet worden, die Patronen dieser Kirche waren die beede Heiligen Georgius und Martinus, welche, als einsmals wegen des Vorzugs der Heiligen ein Streit entstanden, und einige Johannem den Täuffer, andere Petrum, andere Paulum vorzogen, denen übrigen von

jeman-

jemanden aus diesem Grund vorgezogen worden, weil sie in einem prächtigem und ansehnlichem Habit einher ritten, da die übrige nur zu Fuß in Lumpen daher giengen. 2) Weilen das Wasser im Ammerthal keinen genugsamen Ablauff hatte, und dahero dieses Thal allzuviel überschwemmte: So hat man mit grosser Mühe und Kosten, (immassen nur allein die darzu gebrauchte Lichter auf 100. fl. gekomen,) den Oesterberg an der Stadt durchgegraben, und den Ammerbach mit allem anderen Wasser in den Neckar geleitet, so sich auch jetzo, nachdem es zuvor in selbigem Graben eine Mühle von vielen Rädern treibt, dahin ergießt, dahero das Ammer-Thal jetzo zimlich trucken ist, und viele schöne und angenehme Wiesen hat. 3) Wurden die Thore (und zwar die gantze Länge der Stadt von einander) gemacht, nemlich gegen Morgen das Lusnauer, gegen Abend aber das Hirschauer am Neckar, und das Hagthor gegen dem Ammerthal hin, zwischen welchen beeden letztern der Schloßberg ligt. Dann vorhin, da das Ammerthal noch mit Wasser bedeckt war, giengen die Thore und Fahr-Wege noch über den Oester- und Schloß-Berg. Und endlich so ist 4) damahls auch die starcke steinerne Neckar-Bruck vor dem Neckar-Thor gebauet worden. Gleiches Zeugniß findet sich in Jacobi Ehingeri Oratione de Laudibus Academiæ Tubingensis. Tubing. 1611. pag. 7. Edit. Besold. de Jure Academiar. §. 15. p. 151. daselbst er also schreibt: Eberhardus hatte sein Lebetag unser Tübingen geliebt, und ist auch daselbst gestorben. Und wann man Geringeres mit Grossem vergleichen darff, so muß man sagen: Wie Kayser Augustus sich zu rühmen gepflogen hatte, daß er aus der Ziegel-Stadt Rom eine Marmorne gemacht habe; Also darff man von unserm Fürsten EBERHARD sagen, daß er Tübingen, welches vorhero kaum ein Städtlen zu nennen ware, zu solchem Ansehen und Splendor, darinnen es sich jetzo befindet, gebracht habe. Dann er hat die St. Georgi-Kirch von Grund auf gebauet; Er hat die Universitäts-Wohnung aufgerichtet; Er hat eine steinerne Brücke über den Neckar angeordnet; Er hat den Oesterberg durchgraben, ꝛc.

Drittens trägt die Universität ein grosses zur

Nahrung der Stadt-Innwohnern bey, welche es genugsam bedauren würden, wann die Universität mit ihren Studiosis und Angehörigen hinweg weichen solte. Auch dieses bezeuget Jacobus Ehingerus in voriger Oration vom Lob der Universität Tübingen, welche er zur Pest-Zeit in Herrenberg gehalten hatte. Tubing. 1611. p. 8. und Edit. Besold. §. 16. pag. 152. Gewiß, sagt er, wann ich allen und jeden Nutzen, welchen die Stadt und ihre Einwohner von der Universität hat, erzehlen wolte, so müßte ich sehr weitläuffig seyn. Man bedencke den engen Bezirck und den geringen Feld-Bau von Tübingen, wie könten sich darvon so viele Burger ernehren, wann sie nicht die Beyhülffe so vieler Academischer Verwandten hätten? hat nicht solches die Erfahrung selbst, als die beste Meisterin, erst kürtzlich mit Betrübniß gelehret, da der Abzug der Universität (auf Calw und Herrenberg) nicht geringen Hunger in der Stadt erwecket hat? daß von dem Splendor, Anbau der Stadt, ihrem Ruhm und Ansehen nichts weiters gedencke. Man bedencke nur, wie viel Geld des Jahrs durch die Studiosos in die Stadt und unter Handwercks-Leute gebracht werde? Spühret man es nicht gleich, wann die Universität stärcker oder schwächer ist?

Viertens wird niemand leugnen, daß so wohl vor das gantze Vatterland als auch vornehmlich vor die Tübinger-Innwohnere ein grosser Nutzen und Vortheil seye, daß eine Universität da ist. Was können nicht die Eltern in Tübingen an ihren Söhnen erspahren, daß sie neben der privat-Schule, nach Abgang des Pædagogii, die Gelegenheit der privat-Informationen haben, anbey dieselbe ihre Söhne von Jugend auf, an die Academica angewöhnen können? Daß sie hernach alle Disciplinen so füglich durch tractiren mögen? Da andere Eltern deßwegen so viele Unkosten anwenden müssen, und der Aufwand bey denen am allergrössesten zuseyn pfle-

pfleget, welche am entferntesten von hohen Schulen sind. Wollen dieses die Tübinger nicht erkennen, so gehet es ihnen wie denen Innwohnern derer Orten, wo die Mineralische Wasser entspringen: Diese, weilen sie dergleichen Wohlthaten GOttes immerdar geniessen, so achten sie selbige nicht hoch, da doch andere auf den Gebrauch solcher Mineralischen Wassern ein grosses von ihren Vermögen wenden, und die Güte GOttes preissen, der solche gute Quellen denen Menschen zum Heyl fliessen lassen.

Fünfftens haben die Tübinger von der Universität eben den Nutzen, welchen auch andere dergleichen Oerter zu haben pflegen, daß ihrer in Kriegs-Zeiten von Freunden und Feinden mehrers geschonet wird. Dann es werden die Tübinger nicht verneinen oder läugnen wollen, daß sie wegen der Durch-Marschen frembder Völcker, ausserordentlicher Einquartierungen 2c. auf die Verbindung mit der Universität, und die deßwegen ertheilte Privilegien sich ins besondere beruffen, und die übrige eigene Privilegien solches alleine auszuwürcken nicht vermöchten? Man hat auch solches in denen Frantzösischen Kriegen unterschiedliche mahlen in der That erfahren, wie wir oben gesehen haben. Hier aber führen wir billich annoch ein gewisses Exempel an, welches 1548 geschehen ist, da der Hertzog von Alba eben auf Tübingen zu marchiren, und daselbst, wie in andern Orten haussen wollte. Dann als damahlen Kayser Carolus V. in Augspurg ware, so eileten in 27. Stunden von der Universität, Nicolaus Varenbüller J. U. D. & Professor Ord. und von Seiten der Stadt der Burgermeister Johannes Stamler nach Augspurg zu dem Kayser, und gabe bemeldeter Dr.

Varenbüler dem Kayser selbst folgendes Memoriale d. d. 19. Maji 1548. in die Hand: Es ist solches lateinisch concipirt, und habe ich es auch in Rumetschii Applausu pag. 57. 58. gefunden, und wird auch dessen in der Dedication der Secular Disputation de Tubinga sede sat congrua Musis gedacht: Man findet es auch in der Oratione Funebri dieses Varenbüleri, welche 1605. D. Joh. Harpprecht gehalten hat, pag. 16. sqq. und inter Orationes Harpprechti Orat. XXVI. p. 631. sq. Conf. Caroli Memorabilia Ecclesiastica T. II. p. 465. sq.

Allerdurchlauchtigster und Unüberwindlichster Römischer Kayser, Gnädigster Fürst, Kayser Carole. Nachdeme diejenige Kaysere, welche das Römische Reich bißhero rechtmäßig regieret haben, aus vielen und wichtigen Ursachen, die offentliche Schulen fast mit unzahlbaren Freyheiten, begabet haben: So ist unter den übrigen auch dieses Privilegium, daß diejenige, welche aus Liebe der Wissenschafft, wordurch die gantze Welt erleuchtet wird, gleichsam als Exules und abgesonderte leben wollen, von Beherbergung und Einnahme der Soldaten befreyet seyn solten. Dieweilen aber Euer Majest. Kriegsvolck dieser Zeit im Land Würtemberg, und auch in der Nähe ist, und die Stadt Tübingen, welche zwar ein eng und geringe Stadt (in welcher aber die hohe Schule, nicht eines geringen Ansehens, von den Hertzogen von Würtemberg mit grossen Unkosten gestifftet, ihr Wohnung hat, und dieselbe biß auf diesen Tag wohl erhalten; anbey mit vielen trefflichen beedes Römisch-Pähstisch- und Kayserlichen Privilegiis, so auch von Euer Majestät selbsten bestättiget worden, gezieret und verwahret ist,) auch einnehmen will, welches aber ohnmöglich ohne grossen Schaden und Nachtheil der Schul nicht geschehen würde, welcher Schad und Wunden dann unheilsam und unwiderbringlich seyn würden. Nun aber in der gantzen Welt bekannt ist, mit was grosser Gnade und liebreicher Hochachtung Euer Kayserliche Majestät, zu der gantzen Christenheit Ruhm und Wachsthum die offentliche Schulen bißhero erhoben habe: daß jederman sagen muß.

Et Spes & ratio Studiorum in Cæsare tantum!

Und

Und auch gewiß ist, daß aus dieser unser Schul viel herfür gekommen, die heutigs Tags Euer Kayserlichen, wie auch Königlicher Majestäten und bey vielen Ständen des Römischen Reichs Räthe seyn, daß wir der andern geschweigen, so aus allen Facultäten, Ihr Kunst bey dieser Schul erlernt haben, und fürtreffliche Leute seyn:

Als fallen wir demüthigst zu Euer Kayserlichen Majestät Füssen, und bitten, und flehen, unterthänigst, es geruhen Euer Kayserliche Majestät, dessen was uns nach gemeinen Rechten und nach denen besonders ertheilten und gegebenen Privilegien unserer Schul angedeyen solle, gnädigst zu erneuern, auch uns aufs bäldeste nach Euer Majestät eigener, und dem Hauß Oesterreich angebohrner berühmten Gütigkeit, für diese Stadt, und für Uns und das Unsrige, durch ein offenes Patent und Salve Guarde uns Sicherheit, Schutz und Schirm angedeyen lassen, darmit wir von Einquartirung und Einnahme der Soldaten frey gelassen bleiben, und in Behandlung aller Gattung von Studien, im lehren, lernen und Ausübung zu des Christlichen gemeinen Wesens, und Euer Kayserlichen Majestät Ruhm, Nutzen und Zierde in der Stille und Sicherheit die Zeit zubringen mögen. So wir nun diese Gnade, wie wir keines Wegs zweiffen, von Euer Kayserl. Majestät erlangen werden, als werden wir uns jederzeit deroselben gehorsamst ergebenst, devotest, und höchst verbunden bezeugen, daß dieselbe täglich zur Ertheilung grösserer Wohlthaten aus dem unerschöpflichen Schatz deren Güte und Gnade werden bewogen werden. Euer Kayserl. Majestät lassen sich also Uns und Unsere Schul gnädigst befohlen seyn, deren wir uns auch unterthänigst ergeben. Tübingen 19. May Ann. sal. 1648.

Euer Kayserl. Majestät

Unterthänigste und Devoteste

Rector, Doctores und Regenten der Academie zu Tübingen.

Es hat auch dieses Memoriale so viel gewürcket, daß denen Spaniern vom Kayser durch ein Kayserliches Diploma verbotten worden ist, in Tübingen

bingen einzubrechen und die Stadt einzunehmen, oder auf einige Weise zu beschwären. Und wurde Tübingen damahlen, weilen die Spanier keine Macht darüber bekommen, gleichsam eine Frey-Stadt und Asylum, dahin viele Personen von vielen Orten, der Sicherheit halben flohen. Daraus erhellet, wie in der That die Universität eine Zierde und Schutz der Stadt seye, und eines Theils Nutzen oder Schaden mit des andern Theils seinem Nutzen oder Schaden verknüpfft seyen. Niemand wird also den Nutzen leichtlich verwerffen, welchen die Stadt von der Universität habe, es seye dann, daß er besondere Gedancken bey sich habe, und mehr für sich allein, als für das Publicum interessiret seye.

Jedennoch fehlet es nicht gar an Gegen-Ursachen und Ausflüchten, durch welche möge erwiesen werden, es wäre besser für die Stadt, wann sie ohne die Universität wäre? dergleichen ist

Erstlich dieses, daß wegen der unterschiedlichen Jurisdictionen in der Stadt viele Hindernisse in vorfallenden Casibus vorkommen, und offt der Obrigkeit gleichsam die Hände gebunden wären. Diese Ursache möchte wohl bey denen Eingang finden, welche gern uneingeschrenckte Gewalt zu üben begierig sind, nicht aber bey andern. Es ist schon aus obigem klar, daß die Jurisdiction der Stadt und die Jurisdiction der Universität einander nicht entgegen seyen, sondern in bester Coordination stehen. Es komt hier bloß auf eine gute und kluge Harmonie an, daß man einander auf das willigste die Hände biete.

Zweytens hält man vor, es haben die Universitäts-Burger und Verwandten in einigen Stücken

meh-

mehreren Vortheil als andere Stadt-Burger, welche härter angelegt seyen. Allein auch dieses hält den Stich nicht. Dann entweder sind die Universitäts Verwandte ohne irgend einer Hanthierung und Gewerbs, oder sie haben einige Commercien und Güter. Ist das erste, so bringen dieselbe der Stadt mehreren Nutzen, da sie ohne irgend einen Vortheil von selbiger zu haben, das ihrige darinnen verzehren. Ist das andere, so geben sie Steuren und Anlagen wie andere. Solten sie in etwas nach ihren Privilegien einen Kreuzer Vorzug haben, so nutzen sie theils der Stadt mehrere Kreuzer, theils haben sie auch an allen burgerlichen Rechten und Vortheilen keinen Antheil. Und würden manche Burger das ihrige auf das Rathhauß nicht lieffern mögen, wo sie nicht den Verdienst von der Universität hätten.

Drittens wendet man ein: Es schade die Universität der Burgerschafft, weilen viele böse, leichtsinnige und verthunerische Burger darauß entstehen. Nemlich, man sagt, es werden so viele junge Leute zum Dienst deren Herren Studiosorum gebraucht, welche bey selbigen offt vieles böse sehen und lernen, und an guter Zucht gehindert werden, aus welchen hernach böse und schlimme Burger werden, wordurch der Stadt zimmlicher Schaden zuwachse. Es ist hier nicht zu leugnen, daß dieser Einwurff einigen Schein haben würde, wann man solches der Universität selbsten zumessen könnte. Allein da 1) diese an sich selbst eine Werckstatt der Tugenden und Sittsamkeit ist, und also weder an den Extravagantien der Studirenden, noch an der Verderbniß der Stadt-Burgern und ihrer Kinder einen Antheil nimmet; Und es 2) leider auch an andern Orten, wo keine Studenten sind, dergleichen unartige Burger und aushausende Spieler, Säuffer, Flucher und liederliche Leute gibet, so fället dieser Einwurff von selbst über den Hauffen. Zumahlen 3) die Eltern selbsten auf ihre Söhne sehen und sie beobachten sollen, weilen sie in der Aufferziehung nicht unter denen Studenten, sondern unter denen Eltern stehen, und diese also die Sache auf ihrem Gewissen gegen GOtt und Menschen haben, weme sie ihre Jungen zum Dienst anvertrauen, und wenn sie ein Verderbniß und Aergerniß an ihnen mercken, selbige nicht so gleich aus der Gelegenheit zum sündigen heraus reissen, darzu sie alle Hülffe bey denen Vorstehern der Universität finden. So ist auch 4) dieses keine eigentliche Ursache des grossen Unwesens so vieler schlechten Burgern, (von welchen nemlich allein hier die Rede ist) sondern die erbärmlich elende Kinder-Zucht, daß wie die alte singen, hernach die junge zwitzern. Dann es ist ja von Zeit zu Zeit die Klage auf der Universität gewesen, und ist noch, daß man so wenig getreue, fleißige, gewissenhaffte, lehrbegierige und ehrliche Gemüther bey denen Jungen, so man zum Dienst annehmen will, finden kan, daran keine andere Ursache ist, als daß sie nicht besser erzogen worden, und zu allem bösen öffters von ihren eigenen Eltern angewiesen werden. Endlich beweiset 5) diese Gegen-Ursache gar wenig, weilen man fast eben so viele gute Burger entgegen stellen kan, welche auch Dienste denen Herren Studiosis gethan haben in ihrer Jugend, und dennoch dardurch keine unbrauchbare oder unnutzliche Burger geworden sind. Ja es sind unter dieser schlimmen Zahl der Tübinger Burger, über welche die Klage ist, eben so

viele,

viele, welche niemahlen Jungens oder Diener auf der Universität gewesen seyn. Von der Gattung deren, so auch serviret hatten, und doch gute Burger worden sind, schwebet mir noch vor Augen ein tüchtiges Exempel, eines gewissen Burgermeisters, welcher der Stadt viele nutzliche Dienste gethan hatte. Dieser erzehlete mir selbst in einem Discurs: Es ist bey mir etwas besonders, daß ich einem Herrn, als Jung, in meiner Jugend gedienet habe, welcher hernach Burgermeister in Hamburg worden ist, da ich auch würcklich Burgermeister in Tübingen bin. Und unerachtet es ein grosser Unterschied zwischen einem Burgermeister in Hamburg und in Tübingen ist; so sind wir doch beede Burgermeister worden. Aber ich muß es meinem seeligen gewesenen Herrn nachrühmen, daß er mich zu allem guten angehalten und getrieben, auch allerhand gute Erinnerungen von meinem künfftigen Leben gegeben hat; auch mir mit gutem Exempel ist vor angegangen. Aus welchem allen sich dann von selbsten richtig schliessen lässet, es seye der Stadt Tübingen nichts nützlichers, rühmlichers und vortrefflichers, als daß sie die Universität bey sich hat, und so lang, ohnerachtet so viele Rathschläge dargegen sind gemacht worden, behalten mögen: Und bleiben diese keine rechte Patriotische Gemüther für das gemeine Gute der Stadt, welche hier das Gegentheil, mit partheyischen Urtheil behaupten wollen. Ist demnach die Antwort auf diese vorgelegte Frage, daß ja von Anfang biß jetzo die Stadt Tübingen einen grossen Vortheil von der Universität gehabt habe, daß sie von Eberhardo Barbato in selbige ist verlegt worden, und bißhero darinnen hat verbleiben können.

Das neunzehende Capitel.

Von denen Belagerungen Tübingens, auch denen Feuers-Brünsten und Pest-Zeiten in Tübingen.

NUn mercken wir billich an, nachdem wir die Stadt durchloffen haben, und hier die Stadt, Universität und Schloß zusammen setzen, was dieser Ort für allerhand Begebnüsse und Fatalitäten gehabt habe? und zwar in Friedens und Kriegs-Zeiten? Wird also dem Leser nicht mißfallen, wann wir ferners melden werden, theils was zu Kriegs-Zeiten / theils in Feuers-Brünsten / theils in Pest-Zeiten, diesem Ort für Ungemach zugestossen seye? Und also kommen vor

Erstlich
Die Belagerungen und Kriegs-Drangsalen.

Observatio I.

So wenig heutigs Tags die Stadt Tübingen fest und wehrhafft zu seyn denen heutigen Ingeniers vorkommt, so rühmlich hat sie sich vor Zeiten da auch Ingeniers gewesen, gewehrt, und sich gegen ihre Feinde tapffer gehalten, so wohl ohne, als mit dem Schloß.

Observatio II.

Die erste Hauptbelagerung wird diejenige gemeldet, welche von Kayser Henrico IV. vorgenommen worden ist. Dann als Rudolphus, Hertzog in Schwaben von Papst Hildebrand zum Kayser wieder Henricum gemacht worden ware, so hielten

ohne

ohne Zweiffel auch die Pfaltz-Grafen in Tübingen seine Parthey, dahero es geschahe, daß Henricus in Schwaben einbrach. Dann nach Crusii Worten P. II. L. VII. c. 9. pag. 468. Edit. Latin. p. 239. sqq. ad Annum 1077. da er in Bayern alles in gehörige Ordnung gebracht hatte, brache er auf in Schwaben, allwo er Hertzog Berchtold verjagte. Desselben General Hugonem legte er ins Gefängniß, belagerte die veste Schlösser und Städte, worunter auch Tübingen ware, nahme viele ein und zerstöhrete sie ꝛc. Und P. II. L. VIII. c. I. pag. 470. ed. lat. pag. 242. wird der grosse Jammer, welchen der Pabst Hildebrand durch den burgerlichen Krieg in Schwaben angerichtet hatte, beschrieben, und heißt es: Um diese Zeit (1077 - 1079.) solle auch Heinrich (wie wir zu End des vorigen Buchs gedacht haben) Tübingen belagert haben. Welches 1080. wieder mag geschehen seyn, wie Crusius P. II. L. VIII. cap 4. pag. 476. edit. lat. pag. 252. anzeiget, da er schreibet: Nach der Schlacht mit Rudolpho, darinnen er tödtlich verwundet worden, und Sieg, seye Heinrich in Schwaben marchiret, habe selbiges aufs neue verheert und Tübingen belagert. In diesen Belagerungen solle sich Graf Heinrich wohl gehalten, und den Kayser Henricum abgetrieben haben. Johannes Nauclerus Chronogr. Vol. II. Generat. XXXVII. fol. 161. schreibt also ad Annum 1080. Deinde Sueviam ingrediens (Henricus Rex) Civitates & Castra demoliens ad se redire compulit, eoque tum Tubingen, ut quidam volunt, obsedit, aliosque per totum Imperium, qui ab illo rerum desperatione defecerunt, tum minis, tum muneribus ad se reduxit.

Obser-

Observatio III.

Die zweyte Investirung und Angriff von Tübingen, darbey es aber zur förmlichen Belagerung nicht kame, geschahe 1164. Wir wollen alles, was wir hiervon gefunden haben, in Extenso hieher setzen, das Gedächtniß der Sache in der Connexion zu behalten. Also schreibt Crusius aus dem Chronico Urspergensi folgendes P. II. L. XI. c. 3. p. 626. ed. lat. p. 444. An. 1164. geschahe es, daß der jüngere Welf, wegen besagter Uneinigkeit mit vielen Fürsten und Freyherrn eine Armee vor das Schloß Tübingen führte, welche aus 2200. und mehreren Soldaten (man darf wohl sagen 12000. welches man aus dem folgenden schliessen kan) bestanden seyn solle. Diese alle schlugen am 6. Sept. um den Samstag Abend nicht weit von Tübingen (do Därendigen Halden) ihr Lager auf, und beschlossen den Sonntag in Ruhe und Stille zu zubringen. Als nun am Sonntag viele Fürstliche und Adeliche Persohnen sich angelegen seyn liessen, Friede und Einigkeit zu stifften; so fiengen etliche verwegene und unvorsichtige Leute von Welfs Lager, ohne daß es die andere wußten, an, auszufallen, und sich dem Schloß Tübingen, (der Pfaltz) und der Stadt (auf dem Werth) zu nähern, welchen andere von dem Schloß entgegen kamen, und sich mit ihnen herumschlugen, wordurch in beyden Lagern ein Lerm entstund, und alle geschwind, jedoch ohne Ordnung, wie bey dem eilen geschicht, herzu liefen. Dieses geschahe um 9. Uhr des Tages. Bey Welf war als Fähndrich, Heinrich von Veringen und unter seiner übrigen Gesehrtschafft waren nebst dem besagten Haufen Kriegs-Volck, 3. Bischöffe, als der Augspurgische, der Speyrische, und der Wormsische; ingleichem der Herzog Bertholt von Zäringen und andere. Von Marg-Grafen waren vorhanden: Bertholt Marg-Graf von Vohenburg, und Herrmann Marg-Graf von Baaden, auch viele Grafen, unter welchen Rudolph von Pfullendorf, die von Calw, und von Berg, Gottfried und Rudolph von Rumsperg, Herrmann, Graf von Kirchberg, Cunrad, Dom-Probst zu Constanz, Albrecht, Graf von Habsspurg; Aus Bayern aber Berchtold von Cham und Vog-Burgen, (wie

Aven-

Aventinus berichtet) sich befunden haben. Auf der Seiten des Pfaltz-Grafen waren hingegen der Hertzog in Schwaben Friderich, Königs Cunrads Sohn mit 1500. Reutern, und die von Zollern und andere mehrere, unter welchen auch nach Lazii Zeugniß die von Würtemberg waren, so jedoch alle der feindlichen Menge nicht gewachsen gewesen seynd. Als es nun zum treffen kam, wurde von der Pfaltz Tübingen zum Streit über die Feinde geruffen, und von festen Plätzen gegen sie gestritten, welches Gefecht 2. Stund lang gedauret hat, so daß endlich der grosse feindliche Hauf in die Flucht gejagt wurde, wiewolen die Feinde nicht fliehen konten, sondern zerstreuet und in Unordnung gebracht wurden, daß fast bey 900. gefangen wurden, die übrige aber sich in die Wälder und Hölen verkriechen mußten, wie dann Welff selbsten sich nur noch mit 2. oder 3. in das Schloß Achalm ob Reuttlingen salviren mußte. Anno 1165. kam der alte Welf, nachdem ihme das Unglück seines Sohns vor Ohren gekommen, aus Italien zuruck, und brachte durch den Kayser zuwegen daß die Gefangene wider auf freyen Fuß gestellet wurden. Hiedurch ward der Friede wieder hergestellt, welcher aber nur ein Jahr lang daurte. Wie hernach der Pfaltz-Graf Hugo aufs neue angegriffen worden seye, ihme seine Lande und Schlösser Kelmünz, Weiler, Hildratshaussen, auch die feste Kirchhöfe und Thürnen seyen zerstört, und er selbst gegen 2. Jahr von dem Welfen gefangen gehalten worden seye, und wie auch Urstisius in dem Anhang des Otthonis von Freysingen seiner Chronic 1585. diesen Casum beschrieben habe, kan der Leser in folgenden Worten bey dem Crusio lesen. Ich füge Joh. Naucleri Worte bey, welche mit obigen übereinstimmen, und welche der Leser selbsten aufschlagen kan. Chronologiæ Vol. II. Gener. XXXIX. pag. 190. Darvon wir nur noch die vorgehende Worte nachhohlen, weilen die übrige mit schon angeführten einerley sind. Anno Domini 1165. Hugo, Comes Palatinus de Tubingen, Brigantiæ & Rhætiæ

tiæ Curiensis Comes & quosdam Milites, Ducis Guelphonis pro suis Excessibus captivos suspendit, & Castrum eorum Moringen destruxit, pro quo dux Guelpho conquerens, filium Guelphonem, quem Thusciæ & Spoleto præfecerat, de Italia revocavit, ipse eo iturus, filio vero omne patrimonium & possessiones, quas ex Matre habiturus esset, ex integro tradidit: Unde hoc anno Guelpho Junior cum multis Principibus ac Baronibus exercitum duxit ad castrum Tubingen &c. Darbey zu bemercken ist, daß Nauclerus die gantze Sache von 2. Jahren zusammen nimmt, welche Crusius aus dem Chronico Urspergensii besonders erzehlet, und das Wort Milites durch Edelleute gibt.

Sonsten meldet Crusius einige Ursachen, um deren Willen der Streit zwischen dem Welfen und Hugone angegangen seye, nemlich das Recht an die Grafschafft Calw. Von diesen Scharmützel aber meldet Er pag. 627. noch nachfolgendes. Von besagten Scharmützel, und der Welfischen Flucht ist noch 1560. eine Anzeigung übrig gewesen, nemlich eine kleine Capelle, welche auf denen Necker-Wiesen eine halbe Stund von Tübingen, gegen der Strasse, wo man auf Reuttlingen zugehet, gelegen ist, welche ich bißweilen im vorüber gehen gesehen habe. Diese Capelle hat den Nahmen Wendfeld gehabt, weilen nemlich der Feind sich daselbst zur Flucht wenden müssen. Es ist aber solche in vorigen Jahren eingerissen worden. Es soll fast niemand in selbigem Gefecht um das Leben gekommen, viele aber verwundet worden seyn; Wie dann, als schon gedacht worden 900. gefangen, und theils in dem Schloß oder der Pfaltz zu Tübingen, theils anderswo verwahret worden sind, biß man sie auf Kayserl. Befehl auf freyen Fuß stellete. Es behält auch noch diese Gegend den Nahmen des Wendfelds, welches andere Wingfeld, oder Siegesfeld, aber ohne genugsamen Grund, nennen wollen. Man besehe endlich auch die neue vollständige Braunschweigische und Lüneburgische Chronicam, erstlich per M. Henricum Bunding und continuirt durch Heinrich Meybaum Profess. auf der Julius Universität, gedruckt zu Magdeburg 1620. fol. allwo pag. 562. also die Sache gemeldet wird: Dieses Hertzogs Welfens des Sechßten Gemahl ist gewesen Frau Ida, gebohrne Gräfin von Calbe, Graf Gottfriedens Tochter, welcher Anno 1156. (wird sonsten überal 1164. gesetzt) im Herbst Monath, die Stadt Tübingen belagert, und bey sich gehabt die Bischöffe von Augspurg, Speyer, Worms, Hertzog Berchtolden von Zehringen, Marggraf Hermann von Baden, und viel Grafen: Die sind aber alle durch Pfaltz-Graf Hugen von Tübingen, Friderichen, Hertzog von Schwaben und die Grafen von Zollern, in die Flucht geschlagen. Darnach auf Geheiß des Kaysers ergab sich der Pfaltz-Graf Hugo dem Welffen. Der Leser schlage auch des Aventini Annalium Bojorum L. VI. pag. 646. sqq. edit. Ingolstad. auf. Edit. German. per Nicolaum Cisner Francof. apud Feuerabend 1580. pag. 369.

Observatio IV.

Der dritte Anfall auf Tübingen und Belagerung kommt vor 1519. als der Schwäbische Bund den Hertzog Ulrich ausgetrieben hatte. Crusius schreibt P. III. L. X. c: 8. pag. 191. ed. lat. pag. 562. also darvon: Alle diese Städtlein, Schlösser, Aemter und was sonst Würtembergisch war, wurde damahl durch feindlichen Gewalt erobert und eingenommen. Hertzog Ulrich legte zwar Besatzungen in diejenige Ort, welche vor andern fest waren, aber umsonst; zu Tübingen, allwo er auf dem Schloß ebenfalls eine Besatzung hatte, ließ er seine liebe Kinder, Christophorum und Annam in ihrer zarten Jugend, nahm von ihnen und dem Hertzogthum ungefehr den 7. April mit Thränen Abschied, und gieng durch den Schwartzwald in die Grafschafft Mömpelgardt mit einigen wenigen Edelleuten, und getreuen Bedienten. Darauf zog der Schwäbische Bund geschwind durch den Schönbuch vor Tübingen,

und

und belagerte Stadt und Schloß auf der Ammer-Seite; Das Lager aber wurde auf dem Hügel, bey dem sogenannten Käßbach geschlagen; Wogegen sich die auf dem Schloß liegende Besatzung tapffer gewehret, den 14. April einen Ausfall über den Neckar gethan, mit denen Bunds-Verwandten scharmuzieret, selbige in die Flucht gejagt, bey dem benachbarten Flecken Derendingen einige aus der Griechischen Provintz Albanien oder Epiro gekommene Soldaten, so in diesem Krieg dienten, welche schnelle Pferde hatten, und selbige zum hin und her rennen wohl gebrauchen konnten, theils getödtet, theils gefangen genommen, und ihren Obersten Georgium Samaren, welcher von Coron, einer Stadt in Albanien gebürtig war am Bauch verwundet, gefangen und lebendig nach Tübingen gebracht, allwo er auch des folgenden Tages gestorben, und als ein Edelmann in der St. Georgen Kirche, durch Veranstaltung Ernesti Bamsi, eines Canonici, welcher Italiänisch konnte, ehrlich begraben worden. In dieser Kirche hangt auch noch eine zu seinem Ehren-Gedächtniß aufgehenckte Tafel, mit der Aufschrifft: Vid. p. 95.

Strenuus hic miles Græcis oriundus ab oris &c. Wovon ich im 5. Buch desjenigen Wercks, welches ich unter dem Titul Germano-Græcia p. 241. geschrieben, mit mehrerem gehandelt. Nach diesem folgte die übergab von Tübingen, und zwar von der Stadt an Grünen Donnerstag (anderwärts finde ich, daß der Tag der übergab überhaupt der 28. April gewesen) auch ergab sich Neuffen, beedes Städtlein und Schloß mit diesem Beding, daß selbiges zu seiner Zeit dem Hertzog Christoph und seiner Schwester Anna (welche beede obgemeldter massen damals noch zimmlich jung waren, und in dem Schloß zu Tübingen erzogen wurden) restituiret würde, wie dann die Burger diesem jungen Printzen den Eyd der Treue geschwohren. Von dieser Belagerung ist ein altes merckwürdiges Monumentum auf dem Schloß Hohen Tübingen, nemlich eine schwartze Tafel in der Tafel-Stuben, mit goldenen Buchstaben, darauf diejenige Persohnen benamset gelesen werden, welche in dieser Belagerung gewesen sind. Wir setzen die gantze Inscription hieher.

Anno

Anno 1519. seynd mit Hertzog Christoph zu Würtemberg, als Er vier Jahr alt gewesen, und sambt Ihr Fürstl. Gnaden Fräulein Schwester in der Vestung Hohen Tübingen belägert worden nachfolgende Herrn und von Adel.

Erste Reyhe.

Philipps von Rüppenburg, Haubtmann.
Herr Hanns Oßwald von Heydeck.
Der von Höwen,
Wolff von Gültlingen Ritter.
Ludwig von Stadion.
Wolff von Ehingen.
Carl von Schaumburg.
Burckhardt Sturmfeder.
Wendel von Hailfingen.
Wendel von Ow.
Burckhard von Bernhausen.
Philips von Berliching der Eltter.
Wolff von Berliching.
Philips von Berliching der Jünger.
Wolff von Rechberg.
Wolff von Sperbersechh.
Wernher Schenck der Jünger.
Hanns Conradt Schenck von Winterstetten.
Hannß Rudolf von Thierberg.
Ludwig von Rüppenburg.
Heinrich von Westerstetten.
Eberhart von Alterschouen.
Frantz Sturmfeder.
Heintz Sturmfeder.
Geyling.
Stephan von Mentzingen.
Berchtold Schilling.
Bleickard von Riringen.
Hannß von Talheim.
Lutz Besserer.
Petter von Ehrenberg.
Eberhardt von Karpffen.
sambt einem fendlin Knecht.

Zweyter Reyhe.

Ludwig von Karpffen.
Dieterig von Fronsberg.
Eberhard von Reischach.
Heinrich von Neineck.
Erhard von Ebnen.
Hanns Dieter. Spet.
Hannß von Liebenstein.
Ernst von Horchheim.
Epsel Braun.
Christoph von Habssperg.
Hannß Caspar von Freuberg.
Alt Hanß von Liebenstein.
German von Emershofen.
Wilhelm von Wellwardt.
Wolff Spet.
Philips von Kaltental.
Wolff Walther von Neuhausen.
Jörg Harder.
Bastian von Gültlingen.
Eitel von Zeittern.
Ludwig von Fürst.
Jörg von Brandeck.
Wilhelm von Hagenbach.
Jörg von Machwitz.
Melchior von Bißwang.
Jöris von Hornstein.
Cunradt von Frauenberg.

Bastian von Schamberg.	Hanß Spet.
Cunradt von Helmstett.	Wolff von Stamheim.

Observatio V.

Eben dieses Schloß Tübingen wollte hernach Hertzog Ulrich wieder selbst 1534. d. 18. May nach seiner Wieder-Eroberung des Lands belagern. Welche Zeit auß dem bekannten Vers des Michaelis Augusti, zu ersehen ist, wann Hertzog Ulrich das Land wieder eingenommen hat.

Prata nItent VIoLIs & pICtIs fLorIbVs aLbent,
TeMpore qVo VLrICVs patrIa regna CapIt.

Crusius meldet folgendes darvon P. III. L. XI. c. 9. pag. 237. sqq. ed. lat. pag. 625. sqq. D. 18. May zog sein Herr aus, und lagerte sich zu Lustnau, um von da aus Tübingen zu belagern. Als aber der alldasige Ober-Vogt, Johann Erhard von Ow die Gefahr sahe, ergab er sich folgenden Tages als den 19. May unter folgenden Conditionen, welche ihme von denen beeden Hertzoglichen Officirs, Johann Thoma von Rosenberg und Eberhard von Bischofrode vorgelegt, und von Hertzog Ulrich ratificirt worden; 1.) Daß Johann Erhard von Ow, und Johann von Minsinger, Keller, samt denen übrigen auf dem Schloß befindlichen Edlen und Unedlen bey Leben und bey dem Besitz ihrer Güter erhalten werden. 2.) Der Ober-Vogt das seinige sicher aus dem Schloß wegführen, das übrige aber allda lassen, und eine Verzeichniß davon geben. 3.) Die Soldaten in ihren Waffen mit aufrecht-erhabener Fahne abziehen. 4.) Alle Güter des Ober-Vogts und Kellers inn- und ausserhalb Tübingen, besonders die Dörffer und Unterthanen des ersteren sicher seyn. 5.) Dem Ober-Vogt zu Wegführung seiner Sachen aus dem Tübinger Amt Wagen geliehen werden. 6.) Allen denjenigen, welche ihre Sachen auf das Schloß geflüchtet, selbige wiederum frey abzuholen und weg zu nehmen erlaubt seyn solte rc. .. Geben in unserm Feld-Lager vor Tübingen, am Dienstag vor Exaudi Anno rc. dreyßig und vier Jahr.

Obser-

Observatio VI.

Die Vierte Haupt-Belagerung des Schlosses allein, (welches zwar in eben diesem Krieg etlichmahl von beeden Partheyen ist eingenommen worden,) erfolgte im dreyßig Jährigen Krieg Anno 1647. Es passirten aber schon vorhero in der Tübingischen Gegend unterschiedliche remarquable rencontres, zwischen denen Weinmarischen, Lothringischen und Bayrischen auch Frantzösischen Trouppen. Es ware der Bayrische General Jean de Werth fleißig um Tübingen herum, und zogen 1643. 5. Febr. die Weinmarische mit Verlust 250. Pferden den kürtzern, und wäre es bey nahe zwischen ihnen und den Jean de Werth zu einer völligen Schlacht zwischen Tübingen und Rotenburg gekommen. Vorhero geschahe schon vieles bey Tübingen, welches wir nicht gar vorbey lassen wollen. Nemlich 1631. 22. Jun. versammlete der Hertzog Administrator, Julius Fridericus ein Lager von 16000. Mann, sowohl geworbener Soldaten als Land-Volcks, dem Kayserl. General, Graf Ego von Fürstenberg, welcher mit 20000. Mann ins Hertzogthum eingefallen ware, zu begegnen. Es stunden würcklich beede Armeen bey Tübingen in der Schlacht-Ordnung gegen einander, es kame aber noch vor dem Treffen zum Accord, daß der Hertzog den Leipziger Schluß cassiren, seine Armee auseinander lassen, und denen Kayserlichen Unterhalt verschaffen müssen, worauf das Kayserliche gantze Lager dem Hertzog zu Ehren in voller Bataille Salve geschossen hat. Es haussseten aber die Kayserliche hernach das Land hinab auf Discretion, und zogen erst d. 16. Jul. nach grossem erpreßten Geld wieder aus dem Land.

Anno 1632. 8. Aug. lagen die Würtembergische Trouppen in dieser Gegend.

Anno 1633. 6. Febr. nahmen die Schwedische und Würtembergische Trouppen Rotenburg am Neckar ein.

Anno 1634. 26. Aug. blieben von Würtembergischen Trouppen über 4000. Mann in der Nördlinger Schlacht, und wurde das Land mit Feinden angefüllt, daß auch zu Tübingen alle Beamten ob der Steig denen Kayserlichen und Königlichen Commissariis huldigen mußten.

Anno 1635. 1. Jun. kame die Lothringische Armee bey Tübingen an.

Anno 1636. im Junio führten die Bayrische alle Munition und Stücke von Tübingen ab.

Anno 1638. im Martio versammleten sich die bey Rheinfelden von den Schweden geschlagene Kayserliche und Bayrische Trouppen wieder bey Tübingen, und hielten daselbst ihr General Rendesvous.

Anno 1641. im Junio ware Commendant zu Tübingen der Chur Bayrische Obrist Neüneck.

Anno 1642. 19. Nov. wurden die Bayrischen von denen Weinmarischen von Ebingen biß nach Tübingen gejagt. Es kamen aber unter General Mercy hernach eben auch bey Tübingen 1000. Mann Bayern an, und suchten die Weinmarische auf.

Anno 1643. im Martio lage die Bayrische Armee um Tübingen herum, und d. 20. Jun. hielte Hertzog Eberhard zu Tübingen eine Unterredung mit dem Hertzog von Lothringen, Marquis de Velado, Gouverneur des Mayländischen Staats und Generaln Spinola.

In eben diesem 1643. Jahr d. 15. Nov. schickte der

der Bayrische General Jean de Werth alle von der Weinmarischen Armee gemachte gefangene Generals, Obristen und Ober-Officirs, deren gegen 100. gewesen, nach Tübingen in die Verwahrung.

Anno 1644. 15. biß. 20. Aug. campirte abermahlen die gantze Bayrische Armee zwischen Tübingen und Rotenburg.

Nach allen solchen Begebenheiten kame An. 1647. 10. Febr. die Frantzösische Armee bey Tübingen unter dem General-Lieutenant Hocquincourt an, und wurden die Frantzosen in die Stadt gelassen, welche unter Anführung des Generals Vicomte de Turenne d. 13. Febr. das Schloß, darinnen Bayrische Guarnison lage, etwann über 200. Mann starck, in und ausserhalb der Stadt belagerten; Und solle der erste Angriff von der Ammer-Seite angefangen worden seyn; Nachgehends aber geschahe die Haupt Attaque von der Wehrt-Seiten und feuerten auch die Frantzosen starck von den Häußern in der Neckerhald (welche vielleicht deßwegen alle von selbiger Zeit an, Thüren auf die Stadt-Mauer haben, daß man durch passiren kan,) gegen dem Schloß, auf welcher Seite sie den gedoppelten untern Schloß-Thurn unterminirten und d. 4. Martii in die Lufft sprengten, worauf endlich d. 7. Martii die Bayrische Guarnison abgezogen, nachdem die Belägerer über 50. Mann in der Belagerung verlohren hatten. Es hat sich also diese Guarnison fast gegen 3. Wochen tapffer gewehrt, und vieles gegen die Stadt geschossen und Kugeln geworffen, darvon noch Reliquien auf dem Rathhauß, nemlich die oben p. 112. gemeldete steinerne Kugeln, gezeigt werden. So sihet man auch noch einen Stuck-Schuß in der Stadt-Mühlen bey dem Hag-Thor. An statt des gesprengten hohen runden Schloß-Thurns aber ist nachgehends, der niedere eckichte Thurn gegen die Neckerhald erbauet worden. Conf. Geschichts-Calender der Könige in Franckreich, von Henrico IV. biß auf Ludovicum Magnum Leipz. 1698. pag. 9.

Es marchirte Anno 1649. 6. Febr. der Marchall de Tourenne von Tübingen hinweg nach Franckreich: Und d. 19. Sept. evacuirten endlich auch die Bayern Hohen Tübingen wieder aufs neue.

Observatio VI.

Anno 1688. d. 5. Dec. zogen die Frantzosen unter dem Commando des Generals de Peyssonell, welchen der General de Monclar dahin geschickt hatte, in Tübingen ein, und zwar 4. Regimenter Cavalerie und Dragoner und 1. Regiment Infanterie. Sie führten das Geschütz von dem Schloß hinweg, und wollten dieses an etlichen Orten sprengen. Die Stadt-Mauren aber wurden an etlichen Orten eingerissen, darvon ein in die Mauer bey der Mühle zwischen den Lustnauer- und Neckar-Thor eingesetzter Stein zeuget: Auf welchem folgende Inscription gelesen wird, welche der seel. Reg. Rath Dr. J. U. Pregizer damahliger Professor Collegii Illustris gemacht hat.

ANNO CHRISTI MDCLXXXVIII.
die XVI. Decembris
Mœnia Hæc
Inopinata Gallorum Imperii Hostium
Quatuor locis disjecta
Anni sequentis Mense Augusto
Collata Civium Opera
Et Liberali ex Academia, Urbe

Atque

Atque Vicinia Ope
Curante inprimis
Præfecto Civitatis superiore
Viro Illustri
Wolffgango Henrico a Göllniz
Consiliario Würtembergico
Illustris Collegii Ephoro
Sex Septimarum tempore instaurata.

Es kan von dieser Sprengung der Minen auf dem Schloß, und der Stadt-Mauren an dreyen oder vier Orten in den Personalien des Herrn Directoris Hochf. Theol. Consistorii Osianders der Leichpredigt, pag. 49. nachgelesen werden. Er mußte nemlich mit dem General de Peyssonell gegenwärtig seyn, und sagte selbiger, als ein zimmlicher Theil der Mauer darnieder lag: Sehet da die Macht Eurer Wissenschafft auf der Erden liegen. Worauf Herr Osiander geantwortet: Es wäre Ihm sehr leyd / daß er solche also sehen müste: Aber ob es nicht vergönnet würde, an die offene Oerter Pallisaden zu setzen, darauf Er regerirt: Ja ihr möget es gleichwohl thun nach meiner Abreise. ꝛc. Mit was für Ernst hernach annoch die gantze Mauer hat sollen geschleifft werden, kan in folgendem der Personalien nachgesehen werden. Sie lebten in der Stadt auf Discretion, und brandschatzten bey dem Abzug nach Herrenberg, annoch dieselbe um 20000. fl. was hierinnen der seel. Herr Director Johannes Osiander der Academie und Stadt für gute Dienste gethan habe, das ist Stadt bekannt, und in seinem Lebens-Lauff der Leich-Predigt von pag. 43. sq. umständlich zu lesen. Gewiß hat Tübingen GOttes sonderbahrer Direction und Vorsorge zu dancken,

cken, daß es in diesen grossen Gefahren ohne Brand ist darvon gekommen!

Andreas Carolus schreibt in seinen Memorabilibus Ecclesiasticis T. II. p. 466. Similiter in præsenti hoc Seculo XVII. æræ Christianæ, quoties inclytus Würtembergiæ Ducatus periclitari visus, ob imminentes aut incumbentes varios Exercitus militares, obtutu & obtentu Scholæ passim celeberrimæ Tubinga indemnitate gavisa fuit, eaque propter Asylum quoddam, & quasi caput bonæ Spei, quo confugerent, quibus non liceret, alibi tutis & quietis degere. Sed hoc eheu! tempore, (1688.) nullo propemodum discrimine habito, tum Academici, tum Oppidani, tales omnino in angustias trudebantur à Gallis, quantas nemo forsan crediderat heic loci eventuras &c.

Observatio VIII.

Anno 1693. kame ein grosses Detachement von Frantzosen gegen Tübingen anmarchiret, unter Commando des Generals Mordan (vel Melac.) Der damahlige Commendant auf dem Schloß Herr Obrist-Lieutenant und Kriegs-Rath Friderich Heinrich Keller, gabe anfangs durch einen blinden Schuß von dem obern Rondell ein Zeichen zur Warnung: Als aber die Feinde dannoch sich in den Tenzen (vulgo Benzen) Acker herein zogen, so geschahe (welches ich als damahlen gar junger Mensch mit angesehen) von dem Wall ein sehr scharffer Stuckschuß welcher biß an die Trouppen hinlangte, und verursachte, daß da besonders auch die Stadt demüthig und mit Offerten begegnete, diese Trouppen sich zuruckzogen, und sich nichts weiters feindliches zu thun unterstunden.

Es kamen auch hernach einige von diesen Frantzosen, hin und her um, besonders in dem Closter Bebenhausen, darinnen sie plünderten, aber von der aus

dem

dem Schloß Tübingen ausgeschickten Parthey verfolget worden sind, auch wurden einige masacrirt, so sich verspäthet hatten: Und zwar einer auf dem Glocken-Thurn, und einer auf dem Dormitorio, in einem Musæo umgebracht; diese Parthey brachte auch das Closter-Vieh auf das Schloß Tübingen ein, welches nach Kriegs-Manier müßte ausgelöset werden.

Observatio IX.

Das letzte mahl wird es wohl Anno 1707. gewesen seyn, da die Frantzosen als Feinde nach Tübingen gekommen sind. Es ist aber damahlen, wegen geleisteter Contribution, nichts weiters feindliches passiret.

GOtt bewahre diesen Ort Tübingen, nebst dem gantzen Vatterland vor weiteren Kriegs-Troublen, Aengsten, Quaalen, Schrecken und Verwüstungen, und erhalte innerlichen und äusserlichen Frieden, und zwar unter gegenwärtigen gefährlichen Kriegs-Troublen, welche uns gar zu nahe sind, und fast wie die Lufft umgeben.

Von dem Kriegs-Feuer kommen wir Zweytens

Auf die Feuers-Brünsten.

ES ist nicht zu zweiflen, es werden mehrere Feuers-Brünsten in Tübingen gewesen seyn, als wir hier anführen, welche aber etwa nicht zu viel Schaden werden gethan haben, da vielleicht es bey einem oder anderm Hauß geblieben ist.

Observatio I.

Eine starcke Feuers-Brunst aber wird uns Anno

no 1280. gemeldet, darvon Crusius also schreibt P. III. L. III. c. 5. pag. 847. ed. lat. p. 150. am Dienstag nach S. Ulrichs Tag brante die Stadt Tübingen ab. Der Wein war in Uberfluß da, und wohlfeil; daß aber nicht die gantze Stadt abgebronnen seye, ersiehet man an dem Bebenhäusischen Pfleghof, welcher bald hernach an Bebenhaussen gekommen, an dem Spital und Hochmannischen Stipendio, auch Kornhauß.

Observatio II.

An. 1476. beschreibt Crusius eine starcke P. III. L. VIII. c. 12. pag. 104. ed. lat. pag. 446. Zu Tübingen sind in diesem Jahr auf dem Marckt 18. Gebäu, und unter selbigen auch das Steiger-Hauß (wo jetzo die Herberge zur Crone stehet) abgebronnen. Man sagt auch es seye das Barfüsser-Closter ergriffen worden.

Anno 1489. verbrannten Cunrado von Fürst, am Tage St. Theodori, in der Müntzgasse zwey Häusser und 1. Scheuer. Vid. Crus. P. III. L. IX. c. 2. pag. 133. ed. lat. p. 487.

Observatio III.

Anno 1534. verbrannte bekannter massen das Universität-Hauß nebst einem Theil der Neben-Gebäu der Facultät. Darvon die Lateinische Worte noch jetzo an denen beeden Pfeilern, bey dem Eingang in Aulam Novam eingehauen zu lesen sind.

Auf der lincken Seite:

Anno MDXXXIV. Veteres Academiæ ædes quas Sapientiæ vocabant, diro conflagrarunt incendio.

Auf der rechten Seite:

Anno MDXLVII. Novæ hæ ædes, quod aca-

academiæ felix faustumque sit, A Solo rursus sunt instauratæ.

Anno 1540. entstunde eine sehr grosse Feuers-Brunst. Darvon Crusius also schreibt: P. III. L. XI. c. 15. pag. 250. sq. ed. lat. pag. 642. D. 21. Sept. In der Nacht giengen zu Tübingen 69. Gebäude, und darunter auch Jacob Vogtens Hauß (welcher nachgehends Anno 1563. mein Schwaher worden) samt andern Häussern auf dem Marckt im Feuer auf, gleichwie vorhin in dem Franciscaner-Closter alles was am Thor, und an der Kirche höltzern war, abgebronnen, und schier nur der lange steinerne und gewölbte Theil der Kirche übrig geblieben, welcher vorhin, (wie ehemahlen ein gewisser prophezeyet) in einen Pferd-Stall verwandelt worden. Zu Löschung dieser gegenwärtigen Brunst haben viele Fremde tapffer geholffen, besonders ein gewisser Burger von Reuttlingen, welcher die Leute in eine gute Ordnung gestellt, und die Feuer-Aymer, oder Feuer-Kübel an bequemen und gelegenen Orten darbieten lassen: Dann sonsten das Feuer wohl weiter um sich gefressen haben würde. Diese Brunst stehet noch auf der Rath-Stube zu Tübingen abgemahlt, und folgende Reimen dabey geschrieben:

Tausend funffhundert vierzig Jahr
Nach Christi Geburt, das ist war,
An Sanct Matthäus Tag aufgieng,
Um ein Uhr in der Nacht anfieng,
Ein Feur, wie hier vor Augen ist:
Dabey groß Not gewesen ist.
Dann biß um zehne in dem Tag,
Nams Feur hinweg, wie ich euch sag,
Ohn ein siebenzig der Hofstätt:
Der Nachbar Hülff da gar wohl thet:
Auch, daß der Wind war gestillt allhie:
Da wards Feur gedämpft mit grosser Mühe.

Ereo-

Eteostichon:

OCeano nono LIbra CVM soLe Latente,
EX faCIbVs graVIter Læsa TubInga fVIt.

Von dieser Feuers-Brunst schreibt in Phil. Melanchthonis Curriculo Vitæ, Joachimus Camerarius, Edit. Lips. Oct. 1696. p. 189. folgendes:

Hoc anno post natum Christum M. D. XL. incendium ortum Tubingæ fœdam stragem dedit. Ea enim subita vi flammarum inter procellas ventorum plures quam LXXII. domus celeriter conflagrarunt. Ac quamvis undique accurreretur ad opem ferendam, & in restinguendo opera strenua daretur, vix tamen ignis sævitia potuit opprimi. Neque potuisset omnino, nisi ventus ex improviso sese in contrariam partem, ad ea quæ jam deflagraverant, convertisset. Suspiciones erant, non fortuita negligentia illud excitatum fuisse, quod aliis compluribus in locis damna tunc similia data, à conductis pecunia, nunciarentur. Sed certo deprehensum est, in quodam stabulo lumine relicto stramenta ignem concepisse, & inde nocte profunda in vicinas hunc ædes satis lente quasi procedentem ita crevisse, ut serum esset auxilium. Hic casus animum Philippi, in recordatione vitæ juvenilis Tubingæ in studiis actæ, cum omnium benevolentia atque amore, & ipse maximo dolore affecit.

Anno 1571. entstunden 6. Feuers-Brünste, so aber keinen sonderlichen Schaden brachten. Vid. Crus. P. III. L. XII. c. 17. pag. 323. ed. lat. p. 741.

Observatio IV.

Anno 1624. brannten zwey Häusser nechst bey der Kirche St. Georgii ab, welche das Decanat-Hauß und Ober-Vogtey gewesen sind, vulgo die Decaney und Præsenz genannt, wie oben p. 519. ist gezeigt worden.

Anno 1649. in der Christ-Nacht wurde Johann Jacob Andlers, nachmahligen Closter-Verwalters in Bebenhausen, Hauß in der Müntzgasse, völlig in die Asche gelegt, und gieng alles im Rauch auf.

Die

Die Feuers-Brunst entstunde, als ein Vetter im Bett studirte, darbey das Bett angezündet wurde worauf er ad Pontificios übergangen und hochgestiegen ist. Mein seel. Schwähr-Vatter, Johann Isaac Andler, vieljähriger gewesener Closter-Verwalter in eben diesem Closter Bebenhausen, wurde, als er kaum ein Jahr alt war, vermißt, und als verbrannt geachtet. Es hatte ihne aber eine Christliche Frau aus dem Bett gerissen, und nach gelöschtem Brand, denen Eltern wieder unverletzt gebracht. Vid. dessen Leich-Predigt 1698. zu Tübingen gedruckt p. 33. Adde seines Vatters Johann Jacob Andlers, meines Groß-Schwährs Leich-Predigt 1683. pag. 19.

Annn 1684. brannte ein Hauß unter dem Haag ab, und verbrannten darinnen 4. Kinder. Es ware des Glasers Linsemanns Hauß, und wohnte im unteren Theil ein Beck. Die Kinder gehörten beeden Famillen. Hierauf sind folgende Verse damahlen gedruckt worden, welche mir Herr Pastor zu Derendingen, M. Johann Gottfried Ammermüller, Tubingensis, communiciret, und sonsten allerhand Nachrichten ertheilet hat.

Sub eversas incendio, quod TUBINGÆ 26. Mart. 1684. contigit, ædes.

Quæ ferit unius feralis flamma penates,
Conspicuum totâ denotat urbe nefas.
Heu superantem æstu summum penetrale furorem;
Cui perit infantum casta quadriga simul!
Festivum Romæ facibus modo mitte Neronem:
Ultores scelerum volve, Tubinga, focos.

Si

Si furit in viridi cœli iustissima fronde
Ultio, quas timeant arida ligna faces?

Auf die Feuers-Brunst zu Tübingen 26. Mart. 1684.

Die Flamme, die so wild nur ein Hauß aufgerieben,
Zeigt alles Unrecht an, so in der Stadt geht üm.
Ach! nicht nur Dach und Fach frißt so erhitzter Grimm:
Vier Kinder sind zugleich in zarter Unschuld blieben.
Denck jtzt, o Tübingen, nicht Nerons Fackeln nach,
Die Rom zur Lust gestört: denck deiner Laster eben.
Hat GOtt in solche Zucht das grüne Holtz gegeben:
Was steht dem dürren zu für schwere Straff' und Raach!

Ein anders.

Du sichre Stadt, im Schlaf der Sünden gantz begraben,
Schau, welch ein helles Licht dir deine Straffen dräut;
Wie fast ein stumes Kind zur Busse dich anschreyt,
Das keine Cantzel kan! Eil! offen fort zu haben
Selbst bey so tieffer Nacht, was Aug und Ohr angeht;
Im Fall ein ew'ger Schlaf und Nacht dich nicht besteht.

Observatio V.

Anno 1716. im April brannte bey dem Lustnauer Thor des Closter-Kieffers Haus, zwischen zweyen Häussern, ab und heraus.

Es entstunden auch dann und wann Feuers-Brünste, wurden aber, GOttlob! allemahl wieder

der bald gelöschet, daß kein sonderlicher Schaden erfolgte.

Und ach! daß ich hier nicht an den 24. Octob. 1742. zuruck dencken mußte, da mir noch jetzo von dem Sturm-läuten und Sturm-schlagen auch geprassel der Canon-Schüsse, so mein und andere Häusser erschütterten, die Ohren gellen. Dann an diesem Tag zu Mittag um 1. Uhr, da alles sicher ware, und ein grosser Theil der Innwohner ausser der Stadt in den Weinbergen sich befanden, entstunde in denen Spital-Scheuren eine unvermuthete hefftige Feuers-Brunst, durch welche nicht nur 3. Scheuren samt Stallungen und eine Kelter, mit dem grossen Vorrath von Früchten, über 80. Scheffel gedroschenen und über 12000. ungedroschenen Garben, auch Heu, Oembd über 176. Wannen, und Stroh nebst vielen Fuhr- und Bauren-Geschirr ꝛc. in die Asche gelegt wurden, sondern auch noch 6. biß 8. andere Burgers-Häusser abbrannten. Das wüten des umherfressenden Feuers währte biß an späthen Abend, die Brunst aber der Gebäude, ware die gantze Nacht hindurch recht schröcklich und daurete ferners. Von dem Spital brannten also ab, die obgemeldete grosse Gebäude des Spitals, die grosse Kelter und Frucht-Kasten, die gedoppelte Scheuer nebst 3. Vieh-Ställe, der grosse Heu-Bod und Scheuer, darunter der Pferd- und Ochsen-Stall, der obere Theil des Capellens; Und wurde der grosse Spital selbsten schon hart angegriffen, wie auch der grosse Kellerey Kasten und Kelter.

Von Burger-Häussern brannten aus dem Sarg herauß, 1) Wilhem Ludwig Pistors, Meister Schreiners Hauß und Scheuer samt Frucht und Fut-

Futter 2) Martin Dörnachers, Meister Wägners Hauß. 3) Christina Leischerin, verwittibten Weberin Hauß. 4) Frau Burckardin, Wittib, Scheuren. 5) N. N. Böblingers, Meister Metzgers Hauß und Scheuren mit Frucht und Futter. 6) Bernhards Fellen, Meister Becken Hauß. Auf dem Boden müssen abgebrochen werden, des Joh. Pfeiffers, Wittib, und Thomas Gülden, Wittib, Häusser. Ausser diesen sind noch unterschiedliche theils angebrannt, theils daran eingerissen.

Es stunde die gantze Stadt in sehr grosser Gefahr, aber GOtt bande den Wind, daß er nicht wehen solte, sonsten dem Feuer nicht leichtlich wäre Wiederstand gethan worden.

Man hat deßwegen einen Buß-Tag, Domin. XXV. p. Trinit. angestellt, und sind zwey Feuers-Predigten, Vormittag von Herrn Doctore Theologiæ & Prof. Ord. Christ. Eberh. Weismann über das Evangelium, Matth. XXIV. 15-28. und Nachmittag von Herrn Abend-Predigern und Special Superintendenten Tübinger-Amts, Joh. Zellern, über Jerem. XXX. 11. 12. gehalten worden. Vormittags wurde diese Feuers-Brunst vorgestellet: Als ein Greuel der Verwüstung, I. mit welchem uns GOtt würcklich empfindlich heimgesucht. II. Mit dessen grösten Theil er Vätterlich und gnädiglich verschonet hat. III. Auch den er ins künfftige mit allem Ernst will verhütet wissen. Nachmittags wurde gezeigt, wie man diesen formidablen Brand ansehen solle I. als ein sonderbares Zeugnuß der mitten in dem schnellen Ausbruch des Zorns GOttes vorgewalteten Langmuth, Verschonens und Güte GOttes. II. Als ein Vorspiel eines etwa noch grösseren

ren Unglücks und Verderbens, wo wir nicht hieran uns wollen spiegeln und Busse thun.

O es dencke daran Stadt und Universität Tübingen, daß es die lautere Güte GOttes ist gewesen, daß wir nicht gar aus seyen! Aber es bedencken auch alle, ob die allein der Sünden und Straffen schuldig gewesen seyen die dieser Brand getroffen hat, vor allen, die in Tübingen wohnen? Ich sage, Nein! meldet Christus auch gegen alle Tübinger Luc. XIII. 3. Sondern so ihr (übrige) euch nicht bessert, werdet ihr auch also umkommen, oder auf andere Art verderbet werden. Alle bedencken: Ob nicht alle die Sünden, welche GOtt mit Feuer zu straffen drohet, auch in Tübingen im Swang gehen? Und laßt uns dieser wegen allerseits Busse thun und uns zu dem HErrn bekehren!

Es wache aber auch ferners der Schutz der lieben Engeln GOttes ob diesem Tübingen, weilen sonsten die Wächter offt umsonst wachen würden.

Endlich sind

Drittens

Die Contagiose und Pest-Zeiten

nicht zu vergessen, in welchen die Universität theils zerstreuet, theils zerlegt worden ist. Wir bleiben aber allein bey denen Zeiten, so nach aufgerichteter Universität, verflossen sind, und überlassen die vorhergehende Zeiten dem Leser.

Observatio I.

Anno 1482. biß 83. wurde unter dem Rectorat Georg Hartsessers Decret. Doct. die Universität wegen der Pest, so in Tübingen an Sanct Marci

Tag angefangen, zerstreuet und hin und her nach Rotenburg, Waiblingen, Dornstetten, Urach, verlegt, auch wurden die Studenten an diesen zerschiedenen Orten auf Erlaubniß der Universität eingeschrieben. Vid. Crusius P. III. L. VIII. c. 17. pag. 118. & Edit. Lat. p. 464. Es sturben an dieser Pest damahlen in Tübingen 1383. Personen.

Observatio II.

Anno 1502. ware wieder eine Pest in Tübingen, darvon zwar Crusius, was den Ort betrifft nichts hat, wohl aber von der Sache selbsten in der Nähe aus Calw, daß daselbst und in der Gegend sie regieret habe, meldung thut. P. III. L. IX. c. 11. pag. 156. Edit. Lat. p. 518. auch von Stuttgardt p. 158. Edit. Lat. pag. 519. schreibet, daß 4000. Menschen daran gestorben seyen. Ich aber habe unter meinen Sachen zwey gültige Zeugnisse darvon, welche ich aber dem Leser zu beurtheilen überlasse. Das eine ist des Johannis Reuchlini, welches pag. 47. in der Collectione des Tractats: De Arte concionandi Formulæ ut breves ita doctæ & piæ. Oct. Basil. 1540. gelesen wird, da es also heißt: Finit liber congestorum Johannis Reuchlini Phorcensis LL. Doctoris, tempore pestilitatis editus in Denckendorff Prid. Id. Sept. Anno 1502. Nun ist aber bekannt, daß er um solche Zeit in Tübingen vorhero gewesen ist. Das andere Testimonium ist des Henrici Bebelii, welcher in seinen Opusculis auch diese Elegiam Hecatostichàm de Institutione Vitæ Bebelii, dum Pestis Tubingæ grassaretur, 1502. eingerucket hatte. Vid. Edit. Argentorat. 4to Johannis Grüningeri, 1508. & M. 6. das Carmen ist an Johanniem Brassicanum gerichtet und fangt also an, welches wir, als etwas rares hiermit erneuren.

Si forsan dubitas: ubi nam sit mansio nostra
Frater Johannes: quæ quoque conditio
Lurida cum miseros nunc in diversa fugarit
Pestis consortes: gymnasiique gregem
Atque palestra suo cum milite cesserit urbe
Quam placidis ameræ pars secat amnis aquis
Vitiferos cujus colles & mœnia radis
Necchare rhenanis excipiende vadis
Hæc te scire volo: tibi mittens ipse salutem
Dulcibus & gnatis dorotheæque tuæ
Me natale solum (colit in qua nemo minervam,
Templa DEûm nec sunt) parvula villa tenet.
Hic ubi suevorum surgunt in montibus alpes
Alpes triticeis frugiferæque satis
At natura negat gelidis in collibus uvas
Nec bene præsenti numine bacchus adest
Sed vinum veteres tunc nescivere coloni
Dum non natalis: omnibus ille sacer
Jam calet ebrietas, didicit silvestris alumnus
Ferre ex finitimis musta benigna jugis
Hinc læte in venerem & choreas ruit agria pubes
Insueto titubat dum furit atque DEô
Liquidus heu quondam suevos produxerat amnis
Proceros: fortes: Belligerosque viros
Atque hymenea nihil sensit robusta puella
Si nondum quintam vixit olimpiada
Ast animus nunc luxuria cum corpore mollis
Frangitur: à priscis degeneramus avis
Et quoniam vitium totum subrepsit in orbem.
Hinc variæ pestes & venit atra fames
Raro scatent etiam fontes in montibus illis
Lymphaque rara quidem: ni pluvialis erit
Quæ conservatur puteis: scrobibusque profundis
Dum natura deest hic valet ingenium
At si nunc quæras hirsutos inter agrestes
Quid faciam aut mediter: accipe quæso brevi

In manibus verso Plini (sunt carmina nulla)
  Quod de naturis intitulavit opus
(Plinius est auctor satis haud laudatus ab ullo
  Limina qui tantum non penetrale subit)
Unde ego plantandi: modo sum præceptor arandi
  Quicquid & oblectat rustica corda lego
Vaticinor pluvias: ventos: rerumque latentes
  Inquiro causas sidereique globi
Herbarum interdum lego pro medicamine vires
  Quæ medica efferri: quæque nocere solet
Interdum lepores pernicibus ipse fugaces
  Insector canibus monticolasque feras,
Pallada deserui & phœbum duo numina vatum
  (Tam cito mutavit rustica turba virum)

Und nachgehends zu Ende:

Hanc vitæ seriem tibi conscripsisse juvabat
  Torpeat omnino: ne mea musa: Vale
Et quoniam invasit pestis confinia nostra
  Pestis crudescens per genus omne hominum
Herciniæ me ideo cultorem spero futurum
  Urbe hac à spinis quæ sibi nomen habet
Quo concesserunt: quos secta recentior ornat
  Philosophi qui nos summo in amore colunt.

Ex Ingstetta M. D. II.

Observatio III

Anno 1520. ware die Universität wegen der Pest in Tübingen, nach Rotenburg verlegt, unter dem Rectorat des 75. Rectoris S. Theol. D. Balthasar Kefelins von Willperg. Vid. Cruf. P. III. L. X. c. 9. p. 194. Edit. Lat. p. 566.

Anno 1530. unter dem Rectorat des 95. Rectoris, Johannis Künigs f. Künigssattlers, LL. AA. & J. U. D. auch Professor Ordin. Sexti & Clementinarum wurde die Universität abermahlen, und zwar vornemlich nach Blaubeuren verlegt. Crusius P. III. L. XI. c. 5. p. 229. ed. lat. p. 613. schreibt also:

Wei-

Weilen um diese Zeit die Pest zu Stuttgardt, Tübingen, Herrenberg, Calw, Eßlingen, Weil und anderer Orten hefftig grassirt, so wurde die Academie zerstreuet, und die alte, oder Realisten Bursch (Bursa Antiquorum sive Realium) in das Closter Blaubeuren, die Neue oder Nominalisten Bursch aber (Modernorum seu Nominalium) in das Städtlein Neuenbürg geflüchtet. Der Rector aber flohe nach Offterdingen. Unter diesen beeden Burschen wurde zur Zeit der Königlichen Regierung die eine die Adler- und die andere die Pfauen-Bursch genannt. Es starb damahlen daran der berühmte Mathematicus Johann Stöfflerus, im 79. Jahr seines Alters, und wurde in der Pfarr-Kirche begraben.

Observatio IV.

Anno 1541. ware wieder eine ansteckende Pestilentzialische Seuche und wurden die Todten ausser der Stadt auf einen neuen Kirchhof begraben, wo anjetzo noch der Kirchhof ist. Vid. Crus. P. III. L. XI. c. 16. p. 253. edit. lat. p. 646. und kame die Philosophische Facultæt dermahlen nach dem Closter Hirsau, vor der Fastnacht 1542. c. 17. p. 255. edit. lat. pag. 648.

Anno 1555. biß auf den Martium 1556. ware die Universität zu Calw, von dannen selbige wieder nach Tübingen zuruck kehrte. Vid. Crus. P. III. L. XII. c. 2. p. 291. edit. lat. p. 697.

Observatio V.

Anno 1566. unter dem Rectorat Jacobi Scheckii, wurde die Universität nach Eßlingen verlegt. Crusius P. III. L. XII. c. 12. pag. 313. edit. lat. pag. 728. meldet folgendes: D. 3. Nov. hatte die Universität beschlossen, den Ort zu ändern. Dann es fiel eine Pestilentzialische Kranckheit ein. Demnach zog in eben diesem Monath die gantze Universität mit 400. Studenten nach Eßlingen, da Ihnen diese Stadt die Herberge sehr freundlich zuvor bewilliget hatte. Crusius reisete damahlen eine Zeitlang nach Basel, kam aber nachgehends auch nach Eßlingen, und wurden auch Magistri daselbst gemacht. Adde Cap. 13. pag. 314. c. 14. p. 315. edit. lat. pag. 731. Und schreibt eben dieser Crusius: Als die Tübingische Universität von der Stadt Eßlingen gutwillig und mit vielen Ehren beherberget worden war, kehrte Sie glücklich wieder nach Hauß, und fiengen alle Professores in Tübingen wiederum an zu lehren. Aber weilen viele Studenten, ob Sie gleich durch ein offentliches Edict unter harter Bedrohung erinnert worden, dennoch die gantze Zeit, in Abwesenheit der Academie, zu Tübingen geblieben, hat der Academische Senat alle die keine erhebliche Ursache hatten, wegen ihres Ungehorsams jetzt relegirt, und der Stadt Obrigkeit übergeben. D. 22. Jenner kamen beede Vögte der Stadt in den Universitäts-Rath, wie jährlich der Gebrauch ist, und legten der Universität Ihre Freyheiten zu beschützen, einen Eid ab. D. 3. February empfieng auch der Stadt-Rath den Universitäts-Rath mit einem wohl zubereiteten Mittag-Mahl auf dem Rathhause, um denselben wegen glücklicher Wiederkunfft zu bewillkommen; der Ober-Vogt war Johann Truchseß von Höfingen, der Unter-Vogt, Balthasar Mütschelin: der Keller, Rudolph Riepp, und der Geistliche Verwalter M. Ludwig Daigker, der Castellayn aber Johann Hermann Ochsenbach.

Anno 1571. wurde die Universität abermahlen wegen der Pest nach Eßlingen verlegt, d. 21. Aug. und kehrte d. 28. April 1572. wieder nach Tübingen. Crusius redet hiervon also: P. III. L. XII. cap. 18. pag. 325. edit. lat. pag. 745. D. 28. April als die Universität, weil durch die Gnade GOttes die Pest nun aufgehört hatte, sich wieder nach Hause begeben wollte, hat Sie dem Rath zu Eßlingen, welcher sie so freundlich und wohlthätig beherberget hatte, zum Abschiede ein Mittag-Mahl mit Freuden gegeben. Also sind wir alle im Monath Maji frölich nach Tübingen zuruck gekehrt, und die Armen und Bettler, deren täglich 2. biß 3. hundert, in so grosser Hungers-Noth, für Unsere Thüren gekommen, wünschten Uns

viel

viel Glück, und rühmten danckbarlich, was für guts sie von Uns empfangen haben. So lang aber die Pest wehrete, blieben die Prediger bey Ihren Schäfflein zu Tübingen, nemlich Dr. Theodoricus Snepff, Pfarrer, und die 3. Helffer, M. Jacob Gehring, M. Elias Benignus, und M. Michael Ottho, und verwalteten ihr Amt treulich, so wohl im Lehren als Krancken besuchen: Sie wurden auch von GOtt in so grosser Gefahr der Pest gnädigst erhalten, da gegen 950. Menschen an derselben gestorben.

Anno 1577. wurde wegen einer Seuche das Jubilæum vom Herbst 1577. biß in den Februar. 1578. verschoben. Dahin Dr. Theod. Snepffii Oratio Sæcularis gehört.

Observatio VI.

Anno 1594. entwiche die Universität wegen der Pest theils nach Calw, theils nach Herrenberg. Darvon Crusius Paralipomen. Cap. 27. pag. 473. edic. lat. pag. 116. seq. dieses meldet: Weil im Augst Monath zu Tübingen unter dem Academischen Rectorat Dr. Andreæ Planers, (wie auch zu Stuttgardt) eine Pest entstanden: So begab ich mich d. 11. Sept. und nachgehends auch andere Professores nach Calw, die übrige aber nach Herrenberg. Nach Calw giengen 1) Doctores Theologiæ, Dr. Stephanus Gerlach, welcher nach St. Lucæ Pro-Rector daselbst worden. Dr. Jacobus Heerbrand, Probst der Kirche und Cantzler der Academie zu Tübingen, seines Alters ohngefehr 74. Jahren. D. Matthias Hafenreffer; Georg Weigenmajer Hebr. L. Prof. 2) Die Professores Philosophiæ &c. 3) Viele Studiosi, und unter denselben 160. Fürstliche Stipendiarii &c. 4) Einige junge Edelleute &c. Und der Printz, Johann Friederich, bliebe im Closter Hirschau, und kame folgendes Jahr auch wieder nach Tübingen. Nach Herrenberg giengen 1) Doctores Juris, D. Andreas Laubmaier, welcher nach St. Lucæ Rector worden. D. Nicolaus Varenbüler, der ältere, D. Johann Hochmann, D. Matthæus Enzlin &c. 2) D. Martin Aichmann, Cantzler in Würtemberg, D. Hieronimus Gerhard, Vice-Cancellarius &c. 3) Medici, D. Georg Hamberger, D. Andreas Pla-

Plancr, D. Daniel Mögling. 4) Einige Edelleute etc. Sonsten wurde zu Calw und zu Herrenberg auf eben diejenige Art, wie zu Tübingen, docirt. D. 17. Octob. 1594. wurden einige Doctores gemacht, nemlich 4. Juristen, und 2. Medici. D. 13. Febr. aber 1595. wurden von Decano Mæstlino 13. Magistri creirt. Hier verdient mit Lust gelesen zu werden Crusii Oratio de Vetustissimo Würtembergensis Ducatus Oppido Calva, & de Generosis Illustribusque ejus Rectoribus, gratitudinis ergo, pro benevolo beneficoque Hospitio; quo pars Academiæ Tubingensis, Anno Salutis M. D. XCIV. Pesti in Oppidum Tubingense illapsæ cedens, Calvæ recepta & tecta fuerat; habita Tubingæ Anno 1595.

Anno 1610. in Sept. kame auf Fürstl. Befehl, die Academie wieder auf Calw, wegen der Pest, wie Gabelchover Observ. Centur. V. meldet. Die Theologica Facultas nach Calw, die Juridica & Medica Facultates nach Herrenberg.

Observatio VII.

Anno 1634. biß 1635. grassirte abermahlen die Pest wieder sehr, wie im gantzen Land, also auch zu Tübingen. Die Universität wurde zwar nicht verlegt, sondern es entwichen einige in die benachbarte Oerter, oder hielten sich in ihren Garten-Häusern, ausser der Stadt auf, doch sturben auch damahlen 6. Professores, 2. Medici, Joh. Plachett, und Balth. Simonius, und 4. Philosophi, Schickardt, Alb. Kuhn, D. Jodoc. Kolbius, Eberh. Schultesius. Und wurden überhaupt in Tübingen 1485. Menschen durch die Pest hingerafft.

Johannes Valentinus Andreæ sagt in seiner Doctorali Oratione von dieser Zeit von 1634. biß

1641.

1641. daß diese 7. Jahr über in Würtemberg durch die Pest dreyhundert und fünff und viertzig tausend Menschen seyen aufgerieben worden. Seine Worte sind pag. 92. in Honore Doctorali Theologico Tub. 1642. folgende. Ter centum & quadragies quinquies capitum mille Patriæ nostræ clades hoc afflictionis septennio, varia Peste absumpsit, supersunt circiter quinquagies octies mille, & tripudiemus in tanto Ecclesiæ funere, præsultantibus sacrificis? &c.

Von selbiger Zeit an biß jetzo ist dieser Ort von der Pest frey geblieben, obschon die Morbi Epidemici, besonders die Fiebern öffters geschadet haben. Man besehe Dr. Alex. Camerarii, gewesenen Med. Doct. & Prof. Ord. Dissertationem de Peste 1735. Der gütige GOtt bewahre demnach diese Stadt und Ort vor ferneren gifftigen Seuchen und Kranckheiten, und lasse gesunde und fromme Hertzen und Seelen bey allen in gesunden Leibern erhalten werden.

Das zwantzigste Capitel.

Von Miscellaneis, oder vermischten Anmerckungen von Tübingen.

Es sind noch unterschiedliche Sachen, welche von Tübingen mögen beobachtet werden. Und ob sie schon nicht alle nöthig zu wissen sind, oder grossen Nutzen bringen mögen, so sind sie doch curios und zeugen von dem Zustand voriger Zeiten, so fern selbiger zur Beschreibung von Tübingen einiger massen gehört. Weilen aber dieselbe unter gewisse Ordnung nicht füglich mögen gebracht werden, so wollen wir sie nennen

Miscellanea Tubingensia
oder
Vermischte Tübingische Anmerckungen;

Und zwar, damit auch diese nicht in Unordnung vorgetragen sondern einiger massen unterschieden werden mögen, so theilen wir selbige in Gentilia & Christiana, in Heydnische und Christliche ein, und letztere wiederum in Miscellanea Ecclesiastica, Academica, Naturalia, Politica, Oeconomica, oder in Kirchen, Academische, Natürliche, Politische und Oeconomische Anmerckungen.

Und kommen also zu erst vor

Miscellanea Gentilia
Oder
Von dem Heydenthum in und bey Tübingen.

Ich würde wohl diese Observationes gar übergangen haben, wann nicht auch mit kurtzen Worten der Zustand in Tübingen vor Annehmung der Christlichen Religion zu berühreu wäre, weilen aus erster Erzehlung der Pfaltzgrafen und des Alterthums Tübingens klar erhellet, daß auch unsere Vor-Eltern Heyden in Tübingen gewesen sind, und hingegangen sind zu den stummen Götzen, und gedienet haben denen, die von Natur nicht Götter gewesen sind.

Observatio I.

Hier wäre forderist zu wünschen, daß da die

Ve-

Vestigia des vormahligen äusserlichen Heydnischen Götzen-Diensts sich verlohren haben, und man nicht leicht etwas von Documentis an diesen Orten darvon auftreiben kan: Sich auch das Heydenthum selbsten und der Heydnische Sinn bey allen und jeden in Tübingen verlohren hätte und getilget wäre, und niemand mehr in Heydnischen Wesen und Wandel stünde! Der geneigte Leser wolle dieses, ohne daß ich etwas von meinem eigenen darzu thue, theils nach der Heil. Schrifft, theils nach der Heydnischen Sitten-Lehre selbst prüfen. Die Schrifft nennet nicht nur diejenige Heyden, welche äusserlich als Götzendiener und Abgötter, die steinerne, höltzerne, silberne und guldene Bilder angebettet haben oder noch jetzo anbetten, Rom. I. 23. sq. 1. Cor. XII. 2. sondern beschreibet selbige und mahlet sie ab nach dem innern Zustand des Hertzens und Lebens. Wann nun der Leser vor andern Worten der Schrifft die Stellen Rom. I. 28. sqq. 1. Cor. VI. 9. 10. 11. Eph. II. 11. sqq. IV. 17. 18. 19. Col. III. 5. sqq. 1. Thess. IV. 3. 4. 5. 1. Petr. IV. 2. 3. 4. sq. aufschlägt, so findet er selbst mit eigenen Augen daß diejenige, wer sie seyen, Heydnischen Sinn und Wandel haben, welche sind voll alles Ungerechten/ Hurer/ Schälcke/ Geizige/ Boßhafftige/ Gehäßige/ Mörder, Haderhaffte, Listige/ Gifftige/ Ohrenbläser, Verläumder/ Gottesverächter/ Freveler, Hoffärtige/ Ruhmredige/ Schädliche, den Eltern Ungehorsame/ Unvernünfftige/ Treulose/ Störrige/ Unversöhnliche/ Unbarmhertzige, Abgöttische/ (dahin alle Seegensprecher, Zauber-Mittel gebrauchende, falsche Meß lesen lassende, Christall-Gucker, St. Christophs-

Wetter, Magische Schatz-Gräber ꝛc. gehören) Ehebrecher / Weichlinge / Diebe, Lästerer / Räuber / Atheisten / Ohnchristen / eitelen Sinnes / Unwissende und Blinde in ihren Hertzen / Unreine / in schändlicher Brunst / böser Lust und Lust-Seuche Lebende, Unzüchtige / Trunckenbolde / Fresser und Säuffer ꝛc. ach! des elenden Hauffens. Da nun alle diese Laster Heydnische Laster / die von Himmelreich ausschliessen, specifice genennet werden, und man die Worte aus der Bibel nicht auskratzen kan, so lasse ich den Ausspruch dem Leser selbsten über, ob das Heydenthum völlig in Tübingen, und in der gantzen äusserlichen Christlichen Kirche ausgerottet seye? Weilen aber um solcher Untugenden willen der äusserlichen Christen, der Nahme Gottes unter den Heyden gelästert wird, Röm. 2. 23. 24. so ist der vorgängige Schluß / daß ein jeglicher Christ und Christlicher Burger sich von solchen, und allem übrigen denen wahren Christen unanständigen Wesen, von selbsten hüten und bewahren solle, und nicht erst durch Zwang und Strafe darzu müsse genöthiget werden.

Ja es lässet Cicero, als ein Heyd / diejenige nicht als Menschen paßiren, vielweniger als erbare, tapffere, kluge Heyden und Burger seyn, welche ihre Vernunfft nicht zum Guten anwenden, sondern die Würdigkeit ihres menschlichen Zustandes unter das unvernünfftige Vieh herunter setzen. Dann also sagt er von solchen, Lib. 1. Officior. c. 30. Sunt enim quidam homines non re sed nomine: ex Versione J. A. Hofmanni p. 157. Und obgleich jemand über die massen grosse Neigung zur Wollust hat, und darbey nicht gantz viehisch worden ist; wie es dann würcklich einige gibt,

die

die nur dem Nahmen nach, in der That aber keine Menschen sind; so wird ein solcher, wann er nur einiger massen witzig ist, seine Begierde zur Wollust verbergen, und die Schamhafftigkeit wird ihm seine Neigung verstellen und verhehlen machen rc. Man ziehet billich hieher alles, worinnen der Mensch bey Tag und Nacht die Eigenschafften des Viehes nicht nur in Stimmen, sondern auch im Thun an sich nimmt, und an sich sehen lässet, und bald einen Hund, bald einen Ochsen und anderes Thier abgibt. Wann wir nun erst, Aristotelis, Platonis, Socratis, Ciceronis, Epicteti, Cebetis, und vieler anderer Heydnischen Philosophen, welche man auf dieser Universität erkläret hat, ihre Sitten-Regeln und Lehren anführen wolten, so würde bald ein Buch darvon mögen gefüllet werden, zu erweisen, daß viele unter denen Christen nicht einmal als erbare Heyden wandeln. Z. Ex. Was ist gemeiners, als daß die Leute insgemein hin Böses thun, in Hoffnung, es werde verschwiegen und ungestrafft bleiben, und sie also heimlich Böses würcken mögen? Was ist gemeiners, als daß viel tausend Menschen, in ihrer mannigfaltigen Boßheit, Verrätthereyen und Intriguen es darauf hinein wagen, es komme die Wahrheit nicht an Tag? CICERO aber bestraffet noch jetzo alle diejenige, die sich nicht scheuen, heimlich Unrechtes und Böses zu thun, wann sie sich nur einbilden dörffen, man werde es nicht erfahren, und ihr heimlicher Betrug, Boßheit und Frevel werden nicht erkannt, und sie gestrafft werden. Er fragt nemlich: Ob ein erbarer tugendhaffter Mensch etwas Böses und Unehrliches würcklich thun wolte / wann er schon wüßte / daß es weder die Götter noch Menschen erfahren würden? und

er

er also den Ring des Gygis hätte, durch welchen er sich verbergen, und alles Böse heimlich und verborgen thun könnte? Hier sagt er nemlich, platterdings, Nein! Wie vielmehr solte ein Christ, wer er seye, auch so sagen, daß er nicht heimlich sündigen wolte, wann es schon niemand erfahren würde? Seine aus vielen andern hieher gehörige Worte sind folgende: Officiorum Lib. III. c. IX. & X. edit. lat. ex Versione Hofmanni p. 414. sqq. Auch darff man sich bey dergleichen Zweiffel (NB. ob man ein Bubenstück begehen wolte, wann man es ungestrafft thun könnte?) nicht mit der eingebildeten Hoffnung schmeicheln, das Böse zu vertuschen oder zu verhehlen, dann wir mögen versichert seyn, dafern wir anderst in der Welt-Weißheit nur etwas weniges begriffen haben; Daß, wann wir uns gleich für allen Göttern und Menschen verbergen könnten, wir dennoch nichts thun müsten, das geitzig, ungerecht, lüstern, oder unmäßig ist. Nachdem er hierauf durch Vorstellung des Gygis seines Rings, durch den er heimlich vieles Böse gethan haben solle, die Sache erläutert hatte, fährt er fort: Gesetzt nun, ein Weiser hätte diesen Ring, so würde er doch nicht gedencken, er habe deßwegen mehr Freyheit zu sündigen, als wann er ihn nicht hätte: dann ehrliche Leute suchen vielmehr was Recht, als was heimlich ist. Zwar sagen einige Welt-Weisen, die wohl eben nicht die ärgsten, aber auch nicht die Scharffsinnigsten sind: Plato habe dieses nur als ein Mährlein vorgebracht! Gerade als käme es darauf an, ob er diß für eine wahre oder mögliche Geschichte ausgegeben habe, oder nicht. Dann die Bedeutung dieses Rings oder Beyspiels gehet dahin: Was du thun würdest, im Fall niemand erführ, oder nicht einmahl argwohnete, daß du Reichthums, Gewalts, Herrschaffts oder Lust halber, diß oder jenes thätest? ja wann es so heimlich zugienge, daß es beydes GOtt und Menschen immerzu verborgen bliebe? Sie sprechen: das kan nicht geschehen. Es sey darum! dann ich frage nicht darnach, ob es möglich sey, sondern was du thun woltest, im Fall es möglich wäre? Allein sie bleiben

steiff

steiff dabey, und läugnen es noch dazu recht grob und derbe, daß es möglich sey; ohne zu mercken, was diß ihr Wort bedeute. Dann es ist mir um die Frage nicht zu thun, ob es möglich sey, sich also zu verhehlen, sondern ich wolte ihnen nur das eigene Geständniß ihres argen bübischen Gemüths auspressen; Wann sie mir antworteten, daß sie alles thun würden, was vortheilhafftig wäre, im Fall sie dabey ungestrafft bleiben könnten. Sprechen sie aber, daß sie es nicht thun wolten, so bekennen sie damit, daß schändliche Dinge um ihr selbst willen zu verabscheuen sind.

Ich lasse alles dem Leser zu beurtheilen über, und für mich es bey diesem bewenden; Wir könnten zwar aus dem Epicteto, der Tabula Cebetis, Socrate, Seneca &c. so noch jetzo in dem Auditorio Homerico angemahlet sind, vieles zu Beschämung der unchristlichen Christen von denen Heyden anführen: aber wir überlassen es denen geehrten Lesern zu eigenem Nachschlagen. conf. G. C. Pregizeri Sueviam Sacram p. 227. sqq. und viele andere.

Observatio II.

Dieses ist nicht vorbey zu gehen, daß von denen Heydnischen Gewohnheiten, Bildern, Festen und Ceremonien vieles in der Christlichen Kirche überhaupt, nebst dem Judenthum ist eingezogen, und durch Veränderung der Personen, Historien und Umständen eingeführet, und durch die Kirchen-Gebotte nach und nach bestättiget worden. Da aber unser Vorhaben nicht ist dieses zu beweisen, so verweise ich den Leser auf M. Davidis Majeri Transennam Theologicam & Historicam de Papatu Romanensi per Ethnicismum imprægnato fermentatoque. 4. Francof. ad Mœn. 1634. Dahero D. Hieron. Kromejerus in Histor. Ecclesiastica seu Ecclesia in Politia, Cent. VIII. p. 295. sq. also schreibet: Quanto con-

constiterit Christianis ut Idololatria Gentilium extirparetur, abunde liquet ex superioribus; Verum Diabolus per anticam egressus, per posticam iterum ingressus fuit, Indolatriam Gentilium cum Idololatria Pontificiorum commutando &c. Und zeigt er, wie solche in denen Streiten der Päbste mit denen Orientalischen Kaysern ob denen Bildern ꝛc. und unlauteren Predigen unter denen Teutschen zugenommen habe. Ein Wahrheit-liebender Mensch trauret billich darüber!

Observato III.

Ehe und dann ich aber dem Heydnischen Götzendienst in Tübingen nachforsche, will ich zuvor einige Schrifften anführen, aus welchen der Leser für sich vieles, oder wenigstens eines und anderes antreffen kan, welches auch besonders auf die Schwaben, und mithin auch auf diese Gegenden kan gezogen werden, so wir aber Kürtze halber nach unserem Vorhaben nicht anführen wollen. Wir reden aber nicht von der Heydnischen Abgötterey und Götzendienst überhaupt, sondern nur, wie es in Würtemberg mag gewesen seyn? Es sind solche, so mir auch bey der Hand sind, folgende Bücher: M. Georgii Jacobi Mellini Suevia Gentilis, so in Pregizeri Sueviam Sacram eingetragen ist p. 185. sqq. Davidis Nerretters wunderwürdige Juden- und Heyden-Tempel in 8. Nürnb. 1701. besonders Vte Abtheilung von der Teutschen Abgötterey p. 915. sqq. Joh. Christoph. Cleffelii Antiquitates Germanorum, potissimum Septentrionalium. Francof. Lipſ. in 8. 1733. p. 419. sqq. Præcognita Theologiæ Veterum Germanorum. Eliæ Schedii de Diis Germanis, Syn-

Syngrammata quatuor, cum not. M. Joh. Jarkii. Halæ 1728. 8. Joh. Georg. Keysleri Antiquitates Selectæ Septentrionales & Celticæ. Hannov. 1720. Michaelis Dilherri Coment. de Hist. antiquæ Germaniæ, cum observationibus selectis anonymi &c. Lips. & Francof. 1724. 8. Capp. VII. VIII. IX. X. de Religione Veterum German. &c. p. 74. usque ad p. 109. Paul. Christ. Höpffneri Germania antiqua. Halæ. 12. 1711. L. I. c. I. II. von den Göttern und Gottesdienst 2c. p. 3. sqq. Jac. Frider. Reinmanni Einleitung in die Historiam Literariam der Teutschen I. und II. Theil. Halle. 1709. L. II. sect. I. p. 4. sqq. Joh. Adami Osiandri, Cancell. Tubing. Theologia Moralis, Part. Special. C. I. Præc. I. §. XIV. sqq. p. 61. sqq. Pauli Hachenbergi Theatrum Ethnico Idololatricum Politico Historicum. Mogunt. 1699. 4to. Gerhardi Joh. Vossii Theologia Gentilis, seu de origine & Progressu Idololatriæ Tom. I. II. Ed. II. Francof. 1668. Insbesondere, da auf die Celtos zu sehen ist, Dn. Abbatis Regiofontani, Matthæi Hilleri Diss. de Origine Gentium Celticarum; Resp. Jac. Barthol. Zügelio. 1706. Tub. Syntagm. Loc. II. pag. 121. sqq. D. Christ. Henr. Zeibichii Aloga Gentilium Sacra, Ileburgi 1722. 4. passim. Immanuelis Weberi Schediasma Historicum de Pustero Vetere Germanorum ad Herciniam Idolo. Sect. I. Giessæ 1623. Andere, die wir nicht bey der Hand haben, gehen wir vorbey, und werden dem Leser aufzuschlagen überlassen, welcher J. A. Fabricii Bibliographiam Antiquariam. C. VIII. §. 15. 16. sq. p. 252. sqq. ansehen wolle!

Observatio IV.

Wollen wir nun von dem Heydenthum in Tübingen etwas gewisses melden, so erhellet, daß man theils betrachten müsse, was diese Gegenden mit andern Teutschen und Schwaben gemein gehabt haben? theils was besonders von ihnen mag gesagt werden? theils auch, was vor Götter sie vor Ankunfft der Römer, und welcherley selbige, nachdem die Römer die Oberhand bekommen haben, zu verehren gepflogen haben? Weilen nun die Römer gar bald in hiesige Gegenden eingedrungen haben, so findet man auch, daß diese ihre Götter denen Völckern am Rhein, Donau und Neckar entweder bald aufgedrungen, oder von denen Teutschen angenommen haben. Daß dieser Unterschied zu machen seye, zeigen die Worte Taciti de Moribus Germanorum an, p. 204. b. Ed. Aldinæ. 4. ed. Lips. 12. Lugd. p. 814. Edit. A. Althameri 1580. p. 183. sq. Certis diebus, humanis quoque hostiis litari fas habent. Herculem ac Martem concessis animalibus placant. Pars Suevorum & Isidi sacrificat. Unde causa & origo peregrino sacro, parum comperi, nisi quod signum ipsum, in modum Liburnæ figuratum, docet advectam Religionem. Man besehe den Apulejum in Aureo Asino L. XI. edit. Aldin. p. 119. sqq. alias L. XII. so findet man vieles von dieser ISIDE, welche bald Ceres, bald Venus, bald Minerva, bald Diana, bald Juno, bald Bellona, bald Proserpina genennet wird, sich aber des Schiffs bedienet hatte, und von den Schwaben besonders verehret worden ist; wie auch Hachenbergius in Theatro Ethnico p. 54. es bezeugt, welcher also schreibet: Quo fortasse,

tasse Suevi Germanorum Populi spectarunt, qui Testibus Tacito atque Alexandro Neapolitano, Liburnam navem divino cultu prosequebantur, hanc veram Isidis Imaginem esse sibi persuadentes.

Observatio V.

Crusius schreibt überhaupt also von dem Götzendienst derer Schwaben P.I.L.I.c.4.p.24. ed.lat.p.22. Von dem Götzendienst der Schwaben finden wir beym Cæsare B. 6. daß sie keine solche Druiden und Priester gehabt, wie die Gallier, welche dem Gottesdienst abwarteten, so opfferten sie auch nicht. Die allein hielten sie vor Götter, welche sie vor Augen, und von denen sie einen augenscheinlichen Nutzen hatten, als die Sonne, das Feuer, und den Mond (wovon beym König Manno Erwehnung geschehen) von denen übrigen hatten sie zutheuerst nichts gehört. Tacitus aber meldet, daß sie unter denen Göttern vornemlich den Mercurium, den Gott der Kauff-Leute und Gelehrten verehret haben, deme sie an gewissen Tägen auch Menschen aufzuopffern sich schuldig erachtet: Die Kriegs-Götter, Mars und Hercules, wurden durch Opffer von Thieren versöhnt; ein Theil der Schwaben dienten der Egyptischen Isis, als der Haushaltungs-Göttin, deren oben gedacht worden: Das aber hielten sie der Majestät eines Gottes für unanständig, wann man dieselbe in Tempel einschließt, oder unter einer menschlichen Gestalt vorzustellen pflegt; sie weyheten ihren Göttern Hayne, und verstunden unter dem Namen der Götter etwas Geheimes, welches allein der Vorwurff ihrer Ehrfurcht ware, rc.

Observatio VI.

Wann nun Tacitus l. c. also fortfähret: Cæterum nec cohibere parietibus Deos, neque in ullam humani oris speciem assimilare, ex magnitudine cœlestium arbitrantur: Lucos ac nemora consecrant, Deorumque nominibus appellant secretum illud, quod sola reverentia vident: Wann auch Cæsar L. VI. de B. G. ed. Montan. Amstel. 8. 1661. p. 238. dieses meldet: Deorum numen eos solos ducunt, quos cernunt, & quorum opibus aperte juvantur, Solem & Vulcanum & Lunam &c. Wann auch die Tubanten selbsten keine beständige Sitze und Wohnungen gehabt haben: So ersehen wir, daß vor denen Römern in diesen Gegenden keine Heydnische Tempeln gewesen sind, sondern dieselbe in denen dicken Wäldern, so genannten Lucis oder Haynen und hohen Hügeln ihre Altäre gehabt haben; so sie aus grossen Steinen gemacht und darauf geopffert haben: dergleichen einer sich annoch bey dem Wildbad auf einem Hügel befinden solle, wie Keyslerus in Antiquitatib. Celticis p. 44. Meldung thut. Sie hatten demnach die Heydnische Meynung von einem guten und bösen göttlichen Wesen/ jenes nenneten sie den weissen Gott/ dieses den schwartzen Gott/ in ihrer Sprache Diabol oder Zernebock. Ihre sichtbare Götter waren der Himmel mit allem seinem Heer, Sonne, Mond und Sternen, die Erde mit allem was darauf ist, Menschen, Thiere, Wälder, Bäume, Wasser, Feuer, Berge und Hügel. Diese verehreten sie auf denen Bergen und in dicken finstern Wäldern. Und machten sich auch nach und nach Bildnissen oder Simulacra darvon. Sie opfferten auch Menschen nach denen Worten Taciti de Morib. German. pag. 209. a. edit. Ald. & p. 832. ed. Lips. edit. A. Althameri p. 440. sq. der von den Semnonibus, als der ältesten Schwäbischen Nation also schreibt: Fides antiquitatis religione firmatur. Stato tempore in sylvam auguriis patrum & prisca formidine sacram, omnes ejusdem sanguinis populi legationibus coeunt,

coeunt, cæſoque publice homine celebrant barbari ritus horrenda primordia. Eſt & alia luco reverentia. Nemo niſi vinculo ligatus ingreditur, ut minor, & poteſtatem Numinis præ ſe ferens &c. Beſonders wurden dem Mercurio, welcher ein Haupt-Gott auch unter den Schwaben geweſen, Menſchen geopffert. Vid. El. Schedius de Diis Germanicis C. V. p. 155. ſqq. Add. Lactantii Firmiani Inſtitutionum Divinar. L. I. c. 21. pag. ed. Walchianæ 129. ſq. J. Alb. Fabricii Bibliographiam Antiquar. p. 349. ſqq. da er viele Autores anführet.

Obſervatio VII.

Nachdeme aber dieſe Gegenden am Rhein, Donau und Neckar ſchon vor der Zeit der Geburt Chriſti von den Römern beſuchet und angegriffen wurden, ſo vermiſchten ſich die einheimiſche und ausländiſche Götter, und bekame einerley Abgott vielerley Namen, nachdem er nach denen unterſchiedlichen Eigenſchafften, und auch Völckern, betrachtet wurde.

Wann wir nun hier billich die Römiſche Heydniſche Steine / ſo ſich hin und her im Lande Würtemberg finden, zu Rath ziehen, ſo finden wir folgende Götter darauf, die Weg-Götter / Bivios, Trivios, Quadrivios, die Feld-Götter / die Feuer-Götter / die Waſſer-Götter / die Glücks-Götter, mit einem Wort, alle Götter und Göttinnen ꝛc. Und erzeigen ſich Jupiter, Apollo, Mercurius, Vulcanus, Mars, Hercules, Belenus &c. Die Juno, Pallas, Iſis, Ceres, Fortuna, Diana, Venus mit ihren Bildern und Abriß des Gottesdienſts. Alle dieſe Steine haben Römiſche Buchſtaben an ſich, darvon Herr Keysler in Antiquitatib. Septentr. & Celticis p. 286. sq. also schreibet:

Romanis literis autem ac verbis inscriptos lapides hosce nemini mirum videbitur vel levi rei antiquariæ doctrina tincto. Ignorasse videntur Germani primævi hunc morem sacrorum, quo monumentis publicis voti soluti gratique animi documenta dabant Gentes moratiores. Simplicior antiquissima illorum Theologia, quæ Deos nullis parietibus cohibendos, sincero corde silentioque colendos insigniebat. Statuarii præterea Romani fere semper & Roma acciti, qui vel barbaræ Germanorum linguæ ignari, vel alia uti nolebant, quam quæ populo, tot gentibus imperanti familiaris & vernacula. Locus etiam statuendi aram non nisi publico permissu eligebatur, unde frequens formula L. D. D. D. Locus Datus Decurionum Decreto, it. ex D. D. ex Decreto Decur. & L. D. S. C. Locus Datus Senatus Consulto. Accedebat Romanorum cura, qui omni opera in id incumbebant, ut in terris dominio ipsorum adjectis, latinæ linguæ studia efflorescerent. Quod autem præcipuum est, Romani ipsi sacra Germanorum avide amplectebantur, vel quod interpretatione quadam sæpius incongrua Romana faciebant, vel cæca superstitione inducti, cui nil tam abjectum ac imbecille, in quo compellente necessitate, præsidium non putet collocandum, vel denique ut hac sacrorum veluti communione eo facilius barbari jugo assuescerent, quod vix æquo animo patiebantur libertatis tenacissimi.

Aus solchen Steinen nun erhellet, daß auch in diesen Gegenden die Vielgötterey und Abgötterey üblich gewesen seye, wie sie bey allen Heyden in der gantzen Welt gewesen ist. Mit einem Wort, es wurden auch in diesen Gegenden verehret die XII. Dei Consentes oder Rath-Götter des Ennii:

Juno, Vesta, Minerva, Ceres, Diana, Venus, Mars,
Mercurius, Jovis, Neptunus, Vulcanus, Apollo.

Observatio VIII.

Zu Tübingen selbsten findet sich meines Wissens kein gewisses Documentum und Uberbleibsel von solchem Heydnischen Gottesdienst. Es geben

zwar

war einige vor, es seye an dem Platz, wo die St. Georgi-Kirche stehet, ein Fanum oder Götzen-Tempel erstlich gewesen; Auch seye die St. Jacobi-Kirche, ohne das Chor mitzurechnen, ein Fanum gewesen, weilen es noch unbekannte Figuren habe: Ferners seye die Schwärtzlocher Capell, nemlich der Theil, wo jetzo des Mayers Wohnung ist, ohne die angebaute Capell dazu zurechnen, ein Fanum gewesen. Was darvon zu halten seye, überlasse dem Urtheil des Lesers! Dieses ist gewiß, daß die Thierfiguren zum Theil übereinkommen mit denen, welche an der Isidis Liburna, oder Schiffs-Wagen sonsten gefunden werden, und daß die Gegend sich darzu geschicket hatte.

Daß aber von Altären und andern Steinen in Loco nichts zu finden ist, dieses ist wohl der erfolgten grossen Veränderung zuzuschreiben, da anjetzo an allen Bergen, an und auf welchen vormahls dicke Wälder werden gewesen seyn, Weinhalden und Gärten angeleget worden sind, mithin sich alle Umstände der Gegend verändert haben. Den Oesterberg in seiner obersten Höhe, und den obersten Steineberg, welche jetzo an diesen Orten gleichsam öde seyn, habe ich schon manchmal betrachtet, daß Luci der Hayne darauf, demnach auch Altäre oder gar Götzen-Capellen gewesen seyn möchten. Doch bleibt dieses eine Muthmassung.

Wer weißt aber, was etwa von solchen Alterthümern noch verborgen ligt, zumahlen da die Heydnische Capellen von denen Christen sind behalten, und andern Heiligen geweyhet worden, dergleichen vielleicht die alte abgegangene St. Blasii Capell auf dem Bläsi-Berg könnte gewesen seyn.

Observatio IX.

Was aber in Tübingen selbsten hieran abgehet, das findet man noch in der Nähe zu Kusterdingen/ Kuppingen und Belsen. Zu Kusterdingen stehet an der Kirchen-Thür rechter Hand ein Stein, dessen wir schon oben pag. 4. gedacht haben, und zwar aus dem Crusio, da die Worte sind: J. O. M. E. JV. NO. R. LG. S. C. JUN. PATERN. VE. PROC. T. L. L. M. Ob nun schon die Auslegung dieser Buchstaben unterschiedlich ist, so ist doch für uns hier genug: daß der Jupiter aufs gewisseste angezeigt ist, deme an diesem Ort ist gedienet worden.

Zu Kuppingen aber ist eine Martis-Capelle gewesen, wie die älteste Erklärung anzeiget, deren auch Cancellarius Tubing. D. Osiander in Theologia Morali, Part. Spec. C. I. Præcept. I. p. 94. gedencket. Die Bilder sollen diese gewesen seyn, dann jetzund wenig mehr an den Steinen zu sehen ist; in der Ordnung von lincker zur rechten Hand, an dem äusserlichen runden Theil der Capelle, gegen Morgen. 1) Præsentirte sich ein Jäger mit einem Horn. 2) Ein grosser starcker Hund, welche etliche vor einen Löwen ansehen, es zeiget sich aber vielmehr die Form eines Hundes. 3) Wieder ein Hund, in der der Form etwas kleiners als der andere, welcher einen Haasen fasset. Nach diesen zeiget sich 4) ein Brust-Bild, mit einer einigen Hand, die es in die Höhe halt, und das Ansehen hat, als wolte es an einen gewissen Ort hin deuten, oder über sich selbst verwundern. 5) Præsentiret sich ein nackendes Kind, ob welchem zwey Vögel sind, die das Ansehen haben, als rissen sie dem Kind das Eingeweyd aus dem

Bauch.

Bauch. Von welcher letztern Figur die Relationes nicht einerley sind, wellen einige den Romulum und Remum, wie sie von der Wölffin gesäuget werden, darunter verstehen wollen.

Es wollen zwar einige diese Figuren vor keine Heydnische Uberbleibsele erkennen, sondern Philosophische und Hieroglyphische Chymische Figuren daraus machen, durch welche der Chymische Proceß des Lapidis Philosoph. vorgestellet worden seye. Allein dieses geschiehet ohne richtigen Grund zu haben, da solche Figuren keineswegs an offentliche Gebäude, besonders unter denen Teutschen, sind eingehauen worden, und die Rudera ältere Zeiten anzeigen.

So ist auch zu Reuttlingen an dem Spital ein solches Martis Götzen-Bild zu sehen, wie Osiander l. c. und Pregizer in S. Sacra p. 227. melden.

Vornemlich solle die Belser-Capell des Fleckens Belsen bey Mößingen ein Uberbleibsel vom Heydenthum seyn, welche hernach in eine Christliche ist verwandelt worden, und in welcher annoch Gottesdienst gehalten wird. Es gedencket Canc. Osiander l. c. gleichfals derselben mit folgenden Worten: Prope Tubingam, ad extrema pagi Messingen, in Colliculo, Fanum adhuc conspicitur, in quo quondam Diabolus fuit cultus: Vidimus ipsi in facie illius supra portam figuram Hominis, divaricatis cruribus insidentem tripodi, & circumcirca amputata capita vitulorum & boum, quæ in sacrificium cesserunt. Locus dicitur Belsen, ni conjectura nos fallit ἀναλόγως ad vocem Belsamen, qui Phœnicibus fuit Sol, unde Eusebius de illis, ni Siccitas obtigisset, sustulisse eos manus in cœlum ad Solem: Hunc enim solum Deum existimabant, eum vocantes Cœli Dominum Belsamen. Man siehet diese Heydnische Figuren aussen an dem Kirchlen noch jetzo, nemlich einen sich verkrattelenden Mann mit denen Ochsen- und Kälber-Köpffen. Auch wird noch der Altar mit denen Löchern gezeiget, daran das Opffer-Vieh solle gebunden worden seyn. So ist auch hart daran der sogenannte Farren-Berg, auf welchem das Opffer-Vieh solle gewaydet haben. Daß aber diese Heydnische Capell in eine Christliche seye verwandelt, und der Glocken-Thurn samt dem Chor darzu gebauet worden seye, zeiget das ob dem Manns-Bildung gehaue Creutz an. Inwendig sind die gewesene Bilder überstrichen worden. Daß dieses eine von den vornehmsten Capellen gewesen seye, und das Dorff den Namen davon bekommen habe, ist daraus zu ersehen, weilen BELENUS ein Haupt-Gott, besonders bey denen Celten in diesen Gegenden gewesen ist, welcher auch Apollo, Jupiter, Mercurius &c. ist genannt worden, und die Sonne vorgestellet hatte, zu welchem also alle Krancke und Gesunde, in ruhigen und Kriegs-Zeiten, geloffen sind, und Hülffe gesuchet haben. Man lese besonders von diesem Beleno, seu Belo, Eliam Schedium de Diis Germanis Cap. VII. pag. 163. sqq. edit. J. Jarckii Hal. 1728. Allwo gleichfalls der Ursprung des Worts Belsamen zu ersehen ist, daß nemlich es aus Baal Schamaim zusammen gezogen worden, und aus diesen durch Verkürtzung, wie auch in andern Sprachen geschehen ist, Belsen entstanden seye.

Von eben diesem Capellen ist mir von Mößingen folgendes erst communicirt worden, welches zur Erläuterung dienet, und dem geneigten Leser anbey mitgetheilet wird. Es bestehet in ein paar Fragen und Antworten.

Quæ-

Quæstio I.

Woher der Name des Orts (Meßingen) seye?

℟. Es ist nicht glaublich, daß der Name des Orts herkommen seye von der Messe, worzu die benachbarte Dörffer und Weiler nach Meßingen kommen seyen; Sintemal die Gräber von Heydenthum, so man sowohl in- als ausserhalb Fleckens gefunden anzeigen, daß dieser Ort im Heydenthum schon bewohnt gewesen seye, zumahlen die Heyden auf einem schönen Hügel im Meßinger-Feld ihren Bels-Tempel gehabt, welcher von lauter Quader-Stücken biß an das Chörlin, so im Pabstthum angebauet worden, so starck und vest aufgeführet ist, daß es biß an das Ende der Welt, wann es nicht mit Gewalt zerstöret wird, stehen kan, und biß dato unter die Reliquias von Heydenthum gezehlet worden, worinnen des Sommers alle 14. Tag, und des Winters alle 4. Wochen der GOttes-Dienst gehalten wird; Von welches Tempels Abgott Bel, so noch auf den heutigen Tag samt einigen Thiers-Köpffen in Stein gehauen gegen Mitternacht zu sehen, das unter dem Hügel liegende Filial Belsen den Namen hat.

Quæstio II.

Von wem und wann er erbauet seye?

℟. Diese Frag ist allbereits beantwortet worden, da gemeldet wurde, daß Meßingen schon im Heydenthum gestanden seye.

Quæstio III.

Wann es an Würtenberg kommen seye?

℟. Ohne Zweiffel mit der Grafschafft Tübingen, davon Meßingen ein Theil ist:

Quæ-

Quaestio [illegible]

Wem es vor Alters zugehört habe?

9. Und folglich denen Herrn Pfaltzgrafen von Tübingen zugehört hat.

Observatio X.

Dieses müssen wir noch melden, daß auch die grosse Hölen unter der Erden / die hin und her in Würtemberg zu finden sind, annoch Zeugnisse seyn des alten teutschen Heydenthums, darinnen sie sich theils wieder die Kälte verwahret, theils vor den Feinden verborgen haben. Und dahin ziehet man nicht ohne Muthmassung das so genannte Nebel-Loch bey Pfullingen, und andere Hölen. In diesen Gedancken stärcken mich die Worte Taciti Lib. de Morib. German. edit. Aldin. p. 205. b. ed. Lipſ. p. 819. ed. Aug. cum Comm. A. Althameri, Anno 1580. p. 237. ſqp. Solent & ſubterraneos ſpecus aperire, eosque multo inſuper fimo onerant, ſuffugium hyemi & receptaculum frugibus: quia rigorem frigorum ejusmodi locis molliunt & ſi quando hoſtis advenit, aperta populatur, abdita autem & defoſſa aut ignorantur aut eo ipſo fallunt, quod quærenda ſunt. Und pflegen noch jetzo unterschiedliche Nordische Völcker ihre unterirrdische Wohnungen zu haben. Conf omnino Cleſſelii Antiquitates Germanor. Cap. IV. §. XIV. pag. 187. ſqq.

Man ersiehet aus diesem wenigen, so wir nach unserem Vorhaben, hier beyfügen können, daß die Arbeit nicht vergebens wäre, welche man auf eine accurate Samlung der Alterthümmern von Heydenthum in Würtemberg, wenden würde, weilen

auch

auch daraus die grosse ruffende Gnade GOttes zu vergrössern wäre, welche uns aus der Finsterniß in das Licht des Christenthums und zwar des Evangelischen gebracht hat.

Und wie seelig sind nicht alle wahre Evangelische Christen, welche durch und mit dem Zeugniß GOttes von seinem Sohn in ihnen sagen können I. Joh. V. vs. 18. 19. 20. 21. Wir wissen, daß wer von GOtt gebohren ist, der sündiget nicht; sondern wer von GOtt gebohren ist, bewahret sich, und der Arge wird ihn nicht antasten. Wir wissen, daß wir von GOtt sind, und die gantze Welt lieget im argen. Wir wissen aber, daß der Sohn Gottes kommen ist, und hat uns einen Sinn gegeben, daß wir erkennen den wahrhafftigen, und sind in dem wahrhafftigen, in seinem Sohn JEsu Christo. Dieser ist der wahrhafftige GOtt, und daß ewige Leben. Kindlein! hütet euch vor den Abgöttern.

Zweytens sind zu beobachten Miscellanea Ecclesiastica Oder Kirchen-Sachen.

Observatio I.

I.

DJe Kirchen-Visitation in Tübingen gehört dem Prälaten zu Bebenhausen, welcher selbige, wie auch die Spital Visitation, alle Jahr vornimmt. Dieses Recht hat er schon seit 1294. da der Pfaltzgraf Gottfried den Kirchen-satz nach Bebenhausen verehrt hatte. Vid. Crus. P. III. L. III. c. 12. p. 868. edit. lat. p. 179. Davon es heißt in den Annalibus Cænobii Bebenhusani Tom. X. Diplomat. MNS. Illustr. de Ludewig p. 422.

Anno

Unnd demnach soll kein Theil dem anndern vmb obbenannte Stuckh weitter vnnd mehr Widerlegung thun, noch nichtz verbunden noch pflichtig, sonder derohalb also zu beeder seitz für vnns vnnd vnnsere Nachkhommen güettlich, freundtlich vnnd nachpaurlich miteinander veraint, Gericht vnnd vertragen sein, Geuerd vnnd Arglist hierinn ganz ausgeschlossen, vnnd hindangesetzt:

Unnd des alles zu ewiger Gedächtnuß vnnd wahrer Urkhundt, so haben wir Abbt vnnd Conuent zu Bebenhausen, vnnser Abbtey vnnd Conuent Innsigel, vnnd wir Vogt vnnd Richtere zu Tüwingen derselben Statt gemein Innsigel offendlich gehennckht an disen Brief, der zwenn gleichlauttend hierüber gemacht seind, vnnd jeder Theil einen genommen. Geschehen vff Zinstag, nach vnnser lieben Frawen Tag Assumptionis, Als mann zalt nach Christi vnnsers lieben Herrn Geburt, fünffzehenhundert, vnnd zway Jare.

III.

Wir VLRICH, von GOttes Gnaden Herzog zue Württemberg vnnd zue Teckh Graf zue Mümppelgart ꝛc. mit geordnetem Regiment, bekhennen vnnd thun khund offenbar mit disem Brieue, alls sich jetzo von dem würdigem, vnnserm lieben andächtigen vnnd getrewen, ersamen vnnd gaistlichen Herrn Johannsen, Abbw zue Bebenhausen, vnnd seinem Conuent an einem, vnnd vnnsern lieben getrewen, Vogt vnnd Gericht zue Tüwingen am andern Theil, miteinander guetlich geaint vnnd vertragen, etlicher Güeter halb, so Steurbar, laut eines versigelten Brieues, von ehegemelten beeden Parthejen versigelt, des datum steet uff Zinstag, nach vnnser lieben Frawen Tag Assumptionis in disem Jare:

So sie vnns dann beederseits angebracht vnnd gebetten haben, darzu auch vnnsern Gunst vnnd gueten Willen zugeben, geben wir den jetzo hiemit disem Brieffen darzue, vnnd freyen auch solche des angezaigten Goz-Haus Häuser vnnd Güetter, Für vnns vnnd vnnser Erben inmassen wir dann sollichs Goz-Haus Houe vnnd Häuser in der Münz gelegen, so dann mit der Universitet verbawen vnnd eingenommen, von vnnsern fordern gefreyet seindt, laut des Brieues von von inen deßhalb ausgangen:

Geredendt vnnd versprechendt auch darbey also zu bleiben,

Anno 1295. Gottfridus Comes Palat. de Tubingen vendidit Ecclesiæ nostræ pro duobus millibus librarum denariorum Hallens. monetæ, curias in Tubingen, dictum Fronhof, quibus Jus Patronatus annexum est, quæ tamen non vendidit sed libere donavit &c. Man wiederhohle hier dasjenige, welches schon oben pag. 535. ist angeführet worden. Der jetzige Herr Visitator als der Prälat zu Bebenhausen, ist der Hochwürdige Herr Christoph Friderich Stockmajer, welcher diesem Closter in seinem 82ten Jahr annoch mit aller Sorgfalt vorstehet; Anbey Generalis Superintendens und Löbl. Landschaffts Præses ist; Und alle diese Aemter biß jetzo mit allem Fleiß verwaltet.

Ich hohle hier nach, was mir, als das obige geschrieben hatte, noch unbekannt ware, und ich erst aus dem 1562. biß 1566. erneuertem Läger-Buch des Bebenhäusischen Pfleghofs ersehen habe, dessen Meldung dem geneigten Leser nicht mißfällig seyn wird.

Krafft des Besitzes dieser Freyhöfe in Tübingen præsentirten vormahlen der Prälat und Convent des Closters Bebenhausen den Pfarr-Herrn in H. Georgi Kirchen, und besoldeten ihne, unterhielten ihme auch das Pfarr-Haus, so noch heutigs Tags vom Pfleghof geschiehet. Ein Exempel dessen wird angeführet von Anno 1479. Indictione XII. prim. mens. Julii, da der Abt und Convent zu Bebenhausen, nach absterben, Magistri Johannis de Lapide, Vicarii, Johannem Vergenhansen, Decretorum Doctorem, auf die Pfarr præsentirten. Dieser Pfarr-Herr hatte zwey Diaconos, welche er in seiner Cost am Tisch erhalten mußte, denen sonsten

sten, ausser denen Accidentalien Stolæ, nichts gewisses angesetzt ware.

Es waren aber diese beede Bebenhäusische Freyhöfe, deren Pfleger damahlen Wirthe genañt worden sind, so wohl von der Stadt, als denen Pfaltzgrafen, von allen Oneribus der Steuren Auf- und Anlagen befreyet, dahero sie den Namen der Freyhöfe hatten. Dieses beweißt unter andern ein Documentum von Anno 1306. welches also anfangt: Wir Ludwig von Lustnaw der Schultheiß/ die Richter, die Zunfftmeister, die Gemeindt der Burger von Tüwingen ꝛc. und steet am dato, da man zalt von GOttes Geburth dreyzehenhundert, und darnach in dem sechßten Jare, an St. Andreas Abendt.

Welches alles hernach von denen Grafen von Würtemberg bekräfftiget und gegen dem Closter bestättiget worden ist, wie es aus denen Brieffen Graf n Ulrichs und seiner zwey Söhne Eberhard und Ulrichen 1343. auf der Burg zu Würtemberg (vid. supra p. 536) Grafen Eberhards (VIII. oder des Milden) 1400. Grafen Ludwigs 1428. ꝛc. zu ersehen ist, da immer ein Bestättigungs-Brief auf den andern folget und sich berufft.

Fragt man aber, warum jetzo nur noch ein Bebenhäusischer Pfleg- oder Freyhof seye, da alle Bestättigungen auf zwey eingerichtet sind? So ist kürtzlich die sichere Antwort und Nachricht folgende. Der eine Freyhof war in der so genannten Müntzgasse gelegen, und von EBERHARDO BARBATO zum Universitäts-Bau gezogen worden, und muß in eben dem Hof gewesen seyn, welcher jetzo der Universitäts-Hof, den Pursch-Hof darzu gerechnet,

genen-

genennet wird, und wo vielleicht jetzo das Universitäts-Haus stehet, darbey nothwendig die Müntze muß gewesen seyn.

Weilen nun das Closter Bebenhausen der Abt und Convent, diesen Platz und Hofraitinen auf begehren Hertzogs EBERHARDI BARBATI für Bezahlung hergeben mußten, so kaufften sie andere Häuser darfür, so nahe an dem Oesterberger Freyhof gelegen waren, welche hernach eben die Freyheit von Steuren und Anlagen erhielten, welche dieser abgegebene Hof gehabt hatte, und die hernach zum Theil in den Hof eingeschlossen worden, zum Theil auserhalb geblieben sind, e. g. der Hagen-Stall, wo vorhero der Reinschmidin Haus gewesen.

Dieses zu beweisen, füge ich so wohl den Verlauf der Sache, als auch den Vertrags-Brief des Prälaten zu Bebenhausen und der Stadt Tübingen, und gleichfalls Hertzogs Ulrichs Confirmations-Brief darüber bey: Und zwar alles in Extenso, weilen doch die Documenta dem Leser unbekannt seyn werden.

I.

Und wiewohl diese beede Brief, von zweyen Freyhöfen, die das Closter Bebenhausen damalen zu Tübingen gehabt, und deren ainer an der Müntz gelegen seyn soll, Meldung thun, so ist doch der jetzt bestimmt Houe an der Müntz vor viel Jahren als die Löbl. Universität durch Weyland den Hochgebohrnen Fürsten und Herrn, Herrn Eberhardt den Eltern, Hertzogen zu Würtemberg rc. Hochlöbl und seel. Gedächtnus fundirt und angericht worden, zu des Collegii Gebäu und Wesen komen, und dargegen dem Closter noch drey Häuser, und ein Scheuren, namlich, das ain von Heinric Hellern etwa Land-Schreiber, das ander von einem genannt der Kalb, die beede in einem Bau zum Houe eingefaßt,

fasst, und das dritt der Reinschmidin Haus, und des Käsers Scheuren, und hernacher mit seinen Anstössern auch verfasst und beschrieben ist, erkaufft worden, welcher in gemeiner Stadt Tübingen, Steuer und täglichen Beschwerden gelegen und hernacher in Anno ain tausend fünffhundert und zwey durch einen gütlichen Vertrag, und Verainung zwischen Abbt und Convent zu Bebenhausen ains, und dann Vogt und Gericht zu Tüwingen, anders Theils anstatt desselben Houes in der Müntz, mit gnädigem bewilligem des Durchlauchtigen Hochgebohrnen Fürsten und Herrn, Herrn Ulrichs, Hertzogs zu Würtemberg ꝛc. auch Hochlöbl. und seel. Gedächtnuß in allen Puncten und Articuln, darvon der abgeschrieben Befreyungs-Brief weißt, frey gelassen worden, und noch also gefreyet seyen, Vermög und Innhalt des darüber uffgerichten pergamenen Vertrags und Verainigungs-Brief, bey andern des Closters-Briefen liegendt, in welchem zwischen beeden Theilen noch weiters der Steuer-Halter diese Vergleichung beschehen, daß namlich das Closter Bebenhausen von allen andern Steurbaren Guettern, die es damahlen in deren zu Tübingen Marckung, zwingen und pennen biß auf den Tag beschehenen Vertrags gehabt, in ewig Zeit zu fürkommener Steuer, zwanzig und sechs Pfund Heller, und nit weiter noch mehr raichen und geben; da es aber nach Aufrichtung obangezaigten Briefs mehr Steurbare Guetter erkauffen und an sich bringen wurde, darvon soll es zu thun schuldig und pflichtig seyn, wie ander Burger und Eingesässen daselbst zu Tüwingen; dargegen das Closter Bebenhausen, der gemeinen Stadt zu Tübingen etliche Heller Zins, welche die von Tüwingen von ihrer Stadt wegen dem Closter Bebenhausen jährlich zu zinsen und zu raichen schuldig gewesen, und in einer Summa drey Pfund neunzehen Schilling, sechs Heller treffen und im Vertrags-Brief hernacher inserirt, in specie benennet seyen, nachgelassen, und sich aller Forderungen derselben verzuegen.

II.

Wir Johannes, von GOttes Verhenckhnus, Abbt, vnnd mit Jme wir der Convent gemeinliches des GOttes-Haus zu Bebenhausen Cister-Zier-Ordens in Constanzer Bistumb gelegenn, an einem, vnnd wir Vogt vnnd die Richtere gemeiniglich der Stadt zu Tüwingen, Anders Theils, Bekhennen offenndtlich vnnd thun khundt allermeniglich mit vnnd in Crafft diß Briefs: Das wir unns aus aigner Bewegung khünfftig Irrung zufürkhommen, vnnd diese nachgeschriebene Stuckh, gietlich freundlich vnndt nachtpaurlich, freywilliglich mit zeitigem vorgeenndem Rath, darumb gehabt, mit einannder veraint haben, vnnd vberkhommen seindt, namblich.

Als wir Abbt vnnd Conuent zu Bebenhausen obgemellt, denen von Tüwingen bißheer järlichs zwainzig vnnd sechs Pfundt Heller, verkhomener Steur geben hanndt, vnnd über dasselbig etliche Guetter vnnd Häuser, die bißher Steurbar gewesen seindt, zu unnsern Hannden erkhaufft unnd gebracht haben, gegen vnnd für den Freyhoue vnnd Houeraittin, so wir in der Statt zu Tüwingen, in der Münz gelegen, gehabt hanndt, den wir uff das ernnstlich bitten vnnd begehren, vnnsers gnedigen Fürsten vnnd Herrns, Herrn Eberhardts des Aeltern Hertzogen zu Württemberg vnnd zu Teckh ꝛc. Löplichen Gedächtnuß, an der Universitet vnnd des Collegiums Gebäw vnnd Wesen daselbst geben haben, doch mit disem namlichen Gedinge vnnd fürwartten.

Das vnns der gedacht Houe, mit andern Häusern vnd Houeraitinen, so wir zu Tüwingen zu vnnsern Handen erkhauffen vnnd bringen wirden, mit dergleichen Freyung sollen widerlegt werden, das vnns dannzumaal, von dem benannten vnnserm gnedigen Fürsten vnnd Herrn, gläublich verhaissen vnnd zugesagt wardt:

Vff sollichs haben wir Abbt vnnd Conuent zu Bebenhausen, die hernach geschriben Häuser vnnd Houeraitin erkhaufft, vnnd an vnns gebracht, mit Namen Hainrice Hellers Landtschreibers Haus uff dem Oesterberg bey vnnserm Houe gelegen, des Käsers Scheuren, der Reinschmidin Häuslin, da jetzo vnnser Hagen-Stall steet, vnnd des Kalben Haus, das dann in den Newen Baw vnnsers Houes khommen vnnd gezogen ist.

Dieweil nun wir benanndten Vogt vnnd Richtere zu Tüwingen, den Herrn von Bebenhausen vnnd jerem Gotz-Haus, järlich pflichtig vnnd schuldig gewesen zu geben, von vnnd ausser der Krennmülin vnnder der Statt an der Ammer gelegen vierthalb Pfundt Heller, usser dem gemeinen Frawen

Hauß

Haus siben Schilling Heller, vsser der Statt Kornn-Haus nein Heller, vnnd aus der Statt tränckhin zu Hagennloch zwainzig ain Heller, für siben todtner Huünner, haben wir die vorgenannten baidt Partheyen, deß alles freundtlich vnd guetlich gegen einander compensiret, verglichen vnnd abgezogen, vnnd besonder wir Vogt und Richtere zu Tüwingen, aus Gehaiß vnnd beuelch vnnsers gnedigen Fürsten vnnd Herrns obgemelt haben wir den benaunten Herrn von Bebenhausen gefreyet, vnnd freyen auch inen in Crafft dis Brieffs die obbestimmbten Häuser vnnd Hofraitinen, namblich Heinrice Hellers Landt-Schreibers Haus, des Käsers Scheuren, der Reinschmidin Häuslin, vnnd des Kalben Haus, also das die, so vnns bißheer Steurbar gewesenn seindt, anstatt des obbenannten Freyhoues in der Münz gelegen, nun fürohin zu ewigen Zeiten, aller Beschwerden frey haissen, gehaltten vnnd sein sollen, für vnns vnnd all vnnser der Statt Tüwingen Nachkhommen, in Form vnnd Gestallt, vnnd Maaß wie der angezaigt Houe, vnnd Hoferaitin in der Münz frey gewesen, vnnd gehalten ist:

Zum andern sollen die Herrn von Bebenhausen von allen iren Steurbarn Güetern so sie vff disem Tag dato dis Brieffs zu Tüwingen Zwing, Penn vnnd Marckungen ligen, die sie besitzen vnnd innhaben, nun fürohin ewiglich zu verkhumner Steur, nit mehr zu geben schuldig vnnd pflichtig sein, dann zwainzig vnnd sechs Pfundt Heller, es were dann Sach, daß sie nach dato diß Brieffs mehr Steurbare Guetter oder Gülten an sich ziehen oder bringen wurden, durch Erbfaal, Khauff, Schlaich oder sonnst in annder Weeg, von dennselben allen vnnd jeden, sollen sie pflichtig vnnd schuldig sein zu thun, wie annder eingesessen Burger zu Tüwingen von dergleichen Güetern pflichtig vnnd schuldig seindt zu thun, vngeuarlich.

Dargegen bekhennen wir Abbt vnnd Conuent obgemelt, daß die von Tüwingen vnnd alle ihre Nachkhommen obbestimbter Zinß, die an einer Summa machen, drew Pfundt neinzehen Schilling, sechs Heller, hinfüro zu ewigen Zeiten entladen, vnnd vnns vnnserm Gotz-Haus Bebenhausen die zu raichen vnnd zu geben nit mehr schuldig noch pflichtig, sonder dieselb Statt, vnnd die obbestimbten Gült Güettere derenhalben ganz quit, leedig vnnd loß haissen vnnd sein:

Unnd demnach soll kein Theil dem anndern umb obbenannte Stuckh weitter unnd mehr Widerlegung thun, noch nichtz verbunden noch pflichtig, sonder derohalb also zu beeder seitz für unns unnd unnsere Nachkhommen güettlich, freundtlich unnd nachpaurlich miteinander veraint, Gericht unnd vertragen sein, Geuerd unnd Arglist hierinn ganz ausgeschlossen, unnd hindangesetzt:

Unnd des alles zu ewiger Gedächtnuß unnd wahrer Urkhundt, so haben wir Abbt unnd Conuent zu Bebenhausen, unnser Abbtey unnd Conuent Innsigel, unnd wir Vogt unnd Richtere zu Tüwingen derselben Statt gemein Innsigel offendlich gehennckht an disen Brief, der zwenn gleüchlauttend hierüber gemacht seind, unnd jeder Theil einen genommen. Geschehen uff Zinstag, nach unnser lieben Frawen Tag Assumptionis, Als mann zalt nach Christi unnsers lieben Herrn Geburt, fünffzehenhundert, unnd zway Jare.

III.

Wir ULRICH, von GOttes Gnaden Herzog zue Württemberg unnd zue Teckh Graf zue Mümppelgart ꝛc. mit geordnetem Regiment, bekhennen unnd thun khund offenbar mit disem Brieue, als sich jetzo von dem würdigem, unnserm lieben andächtigen unnd getrewen, ersamen unnd gaistlichen Herrn Johannsen, Abbw zue Bebenhausen, unnd seinem Conuent an einem, unnd unnsern lieben getrewen, Vogt unnd Gericht zue Tüwingen am andern Theil, miteinander guetlich geaint unnd vertragen, etlicher Güeter halb, so Steurbar, laut eines versigelten Brieues, von ehegemelten beeden Partheyen versigelt, des datum steet uff Zinstag, nach unnser lieben Frawen Tag Assumptionis in disem Jare:

So sie unns dann beederseits angebracht unnd gebetten haben, darzu auch unnsern Gunst unnd gueten Willen zugeben, geben wir den jetzo hiemit disem Brieffen darzue, unnd freyen auch solche des angezaigten Goz-Haus Häuser unnd Güetter, Für unns unnd unnser Erben inmassen wir dann sollichs Goz-Haus Houe unnd Häuser in der Münz gelegen, so dann mit der Universitet verbawen unnd eingenommen, von unnsern fordern gefreyet seindt, laut des Brieues von von inen deßhalb ausgangen:

Geredendt unnd versprechendt auch darbey also zu bleiben,

ben, unnd dem nach zukhommen, getrewlich unnd ungeuärlich: Zu Urkhundt haben wir unnser Secret Innsigel an disen unnsern transfir Brief thun henncken, der geben ist zue Urach uff Donnerstag nach Exaltationis sanctæ Crucis, von Christi Geburth alls mann zalt, fünffzehenhundert, unnd zway Jare.

Observatio II.

Vor diesem geschahe nach der Reformation unter Hertzog Friderich und Johann Friderich/ daß der Probst in Stuttgardt den Probsten in Tübingen, und der Probst in Tübingen den Probst in Stuttgardt præsentirte, und renuncirte. Es wird solches nicht nur in der geschriebenen Relation von dem was in Tübingen sich begeben, erzehlet, sondern ich habe auch gedruckte Zeugnisse darvon, daß es nicht nur mit dem Herrn Cancellario und Probsten in Tübingen Dr. Andrea Osiander in Gegenwart Hertzogs Friderichs und seines Hofs, durch den Probst Magirum geschehen seye, sondern eben dieser Cancellarius Dr. Osiander præsentirte hernach den Probsten Erasmum Grüningern in Stuttgardt. Von beeden Actibus sind die Predigten gedruckt. Des Herrn Magiri Predigt hat diesen Titul: Ein Christlich Predig durch den Ehrwürdigen und Hochgelehrten Herren, Johannem Magirum, Fürstl. Würtemb. Rath und Probst zu Stuttgardten, zu Tübingen gehalten, als Andreas Osiander der Heil. Schrifft Doctor (hiervor Abt und General-Superintendens zu Adelberg) zur Probstey zu Tübingen investirt ward: d. 14. May Anno 1605. samt der Renunciation und dem Gebet, so bey solcher Investitur und Auflegung der Hand vorgegangen. Tübingen in der Cellischen Truckerey im Jahr 1607. Dr. Osianders Predigt hat folgende Inscription: Præsentation-Predigt zu Stuttgardt in der Stiffts-Kirche gehalten. Als der Ehrwürdig und Hochgelehrte Herr Erasmus Grüninger (hievor Abbt und General-Superintendens zu Maulbronn) zur Probstey zu Stuttgardt investirt ward. Am zehenden Sonntag nach Trinitatis, Anno 1614. durch Andream Osiandrum D. Cantzlern und Probst zu Tübingen, samt der Renunciation und dem Gebet, so damahlen fürgegangen. Tübingen bey Dieterich Werlin, Schrifftgiessern, im Jahr 1614. Ob weitere dergleichen Actus seyen vorgegangen, und ob einige Ordination deßwegen gemacht gewesen, kan ich nicht aufweisen, sondern überlasse es andern zur Untersuchung. Conf. Crusii Fortsetzung durch Herrn Mosern pag. 556.

Observatio III.

Es vermeinen einige der GOttes-Dienst in der Schloß-Capelle seye ein neues Institutum, und also diese Capelle vor nicht gar vielen Jahren neu aufgerichtet: Aber sie irren darinnen sehr, dann ohne Zweiffel ist schon eine unter dem Pfaltz-Grafen von Tübingen gewesen, weilen selbige einen besondern Caplan gehabt hat, wie es aus der Inscription deßjenigen Schloß-Caplans zu ersehen ist, welcher 1477. gelebt hat: Selbiger hieß Johann Buchlin, Schloß-Caplan in Tübingen und inscribirte in die erste Universitäts-Matricul unter dem Nauclero. Man besehe Crusium P. III. L. VIII. c. 13. pag. 108. edit. lat. pag. 451. und die Annales Acad. Tubing. MNS. Es bliebe aber der GOttes-Dienst nicht gleich bestellt, sondern gar ungleich, nachdem auch äusserlich die Fata abwechselten.

Die jetzige Schloß-Capell wurde aber in so guten Stand, welcher sich nachgehends noch mehrers verbesserte, gesetzet, durch den damahligen Commendanten Herrn Frider. Heinrich Kellern, Obrist-Lieutenant und Kriegs-Rath rc.

Dar-

Darbey aber muß man dieses wissen, daß die Capell vornehmlich für die Schloß-Gemeine und Besatzung angerichtet ist, nicht aber als eine offentliche Kirche passiret hat: Und hat der jedesmalige Commendant des Schlosses gute Aufsicht gehabt, daß nichts unordentliches vorgienge, wann auch Fremde darein kämen? Wie ich dann selbst bemeldeten Herrn Commendanten Keller seelig das Zeugniß geben kan, daß er durch seine Wache aller Unordnung fleißig vorgebogen, und alles Geschwätz innerhalb und ausserhalb der Kirche auf das sorgfältigste verwähret und abgestraffet habe, und zuweilen die Delinquentes auch mit Arrest belegen lassen; welche Disciplin, wann sie allezeit gebraucht würde, mancher Unordnung und Unart am leichtesten abhelffen kan.

Observatio IV.

Als etwas besonderes müssen wir von Hertzog Ulrich vor seinem Exilio: und der hernach vorgenommenen Reformation, da ihne das Creutz, das Evangelium, als eine Predigt vom Creutz Christi, einzusehen gelehret hatte, folgendes anmercken: Vid. Crusii Annal. P. III. L. X. c. 6. pag. 186. a. ed. lat. pag. 556. Anno 1517. in der 5. Indiction den 10. April bate Hertzog Ulrich zu Würtemberg unterschiedliches von Pabst Leone X. welches ihme auch willfahrt worden. Heiligster Vatter, (war die Bitte) Eure Ergebenste, der Hertzog Ulrich zu Würtemberg und Teck, und Graf zu Mömpelgardt, Constantzer Diœces, und 12. andere Persohnen, welche nur einmahl durch ihn genennet werden sollen, verehlichte, Weiber und Kinder beyderley Geschlechts, bitten Eure Heiligkeit gantz demüthig, Ihr wollet ihnen, und einem jeglichen unter ihnen eine besondere Gnade thun, damit ihren Seelen zu ihrem Heyl und Besten desto besser und heyl-

heylsamer gerathen werde 2c. die Stücke, welche sie sich ausbaten, waren folgende: 1. Daß sie einen Beicht-Vatter erwählen dörffen, welcher sie von allen und jeden Sünden absolvire. 2. Besonders von Gelübden, langwieriger Wahlfahrten und über Meer, nur allein die Gelübde ins Closter zugehen und der Keuschheit ausgenommen. 3. Daß sie einen Trag-Altar haben dörfften. 4. Daß sie in der Fasten und anderen verbottenen Zeiten, Eyer, Butter, Käß, andere Milch-Speisen und Fleisch frey und ohne Gewissens-Scrupel essen dörfften. 5. Daß alle dem Pabst hier supplicirende Weibs-Persohnen mit 4. andern ehrlichen Weibern des Tages 4 mal in die Nonnen-Clöster gehen dörfften, wann sie nur nicht darinnen über Nacht bleiben. 6. Daß die Leiber der Supplicanten auch zur Zeit eines Bannes nach Kirchen Gebrauch ehrlich begraben würden 2c. Damahlen ware neben andern auch Ernestus Bamf, Canonicus der Stiffts-Kirche des Heil. Georgii und Martini in Tübingen, als Zeuge zu Rom. So viel nemlich gehorsam die Grafen und Hertzogen von Würtemberg 2c. gegen den Pabst gehabt haben, so vielen mehreren Eyfer haben sie auch behalten, wieder das thumme Pabstum, da sie immerhin Verbesserungen der Kirche und mehreres Evangelium gesuchet, aber erst später gefunden haben! Von diesem Indulto des Pabsts Leonis X. wolle der geneigte Leser nachschlagen Wolfii LL. Memorabil. T. II. p. 102. sq. Und dieses führet uns zuruck auf vorhergehende Zeiten, da zwar die liederliche und gottlose Ablaß Krämer nicht in Tübingen haben können herein kommen, ohnerachtet sie es gern gewünscht hätten, doch nahe darzu angerucket waren.

Observatio V.

Wie grob die Indulgentien aber noch vor dem Tezelio gewesen, welche aber, so vielich ersehen können, nicht auf solche Weise in Tübingen selbst haben dörffen verkündiget werden, beweiset fol-

folgendes in denen Historien bekannte Exempel, welches wir nicht anführen würden, wann nicht die Tübinger mit eingeflochten worden wären, und ich selbsten lang daran gezweiffelt hatte, ob es genugsamen Grund hatte? Crusius P. III. L. IX. c. 10. p. 155. Edit. Germ. ed. lat. pag. 516. beschreibet es mit folgenden Worten: Um diese Zeit (vor Anno 1500.) lebte ein gewisser Meß-Pfaff, Namens Iselin, welcher seinen Reliquien und Ablaß-Kram zu Altingen, (2. Meilen von Tübingen) auslegte, und unter andern auch eine Feder aus dem Flügel des Heil. Ertz-Engels Michaelis zu haben prætendirte, Als er sich nun in dem Wirths-Haus wohl seyn ließ, und wacker darauf schmaußte, wurden ihme bey Nacht seine Reliquien gestohlen. Morgens, da er dieses sahe; War er gleich resolut und besonnen, lieff in den Stall hinab, that Heu in seine Monstranz und sagte, dieses solle ihm jetzt an statt der Reliquien seyn: Und als die Wirthin, bey deren er seinen Einkehr hatte, und bekandt ware, darüber lachte, setzte er auch noch dieses hinzu: Ja ich will es dahin bringen, daß ihr diese Reliquien, ihr wollet oder wollet nicht, in offentlicher Kirche küssen müsset. Das soll wohl in Ewigkeit, nicht geschehen, versetzte sie, und wettete gleich dessentwegen einen guten und stattigen Schmauß mit dem Pfaffen. Als man darauf in die Kirche kam, sprach dieser Ablaß-Krämer: Sehet ihr meine liebe Christen, das ist das Heu, auf welchem unser Herr Christus zu Betlehem lag. Dieses hat eine solche Krafft, daß es die Pest von den Leuten abwenden kan, welche jetzo zu Tübingen und anderen Orten in Würtemberg hin und her grassiret. Es leidet auch keine Ehebrecher und Ehebrecherinnen und Huren. Als die Leute diese Predigt höreten, lieffen sie Hauffen-Weiß, Männer und Weiber hinzu, das Heu zu küssen; und unter andern auch die Wirthin selbst, damit sie nicht, wann sie wegbliebe, vor eine Ehebrecherin und Hure angesehen würde. Sehet, (sagte darauf der Pfaff leiß zu ihr) ihr kommet auch, ich habe die Wette gewonnen. Dieser war also einer von Tezels Vorlauffern. Conf. C. Titii Theologisches Exempel-Buch Edit. 1684. p. 713. welcher sich berufft auf

Dr. Sam. Huberi grosses Abentheurliches Abentheur, welches die Jesuiten zu Würtzburg ob Austreibung einer Legion Teuffel aus einem Schmid-Gesellen, als ein Wunder-Werck ausgegeben haben ꝛc. Tübingen 1590. 4to da es pag. 104. gelesen wird, und es heißt, daß es vor neuntzig Jahren geschehen seye. Vornehmlich führet dieses Exempel an Doct. Jacobus Heerbrandus Disputationum Theol. Tom. II. Disp. 67 de multiplici Papatus Idolomania, da er §. 168. pag. 1471. sqq. meldet, daß dieser Iselin ein Meß-Priester von Rotenburg gewesen, welcher nach Rom gereißt und Päbstlicher Indulgentiarius worden, auch mit Reliquien versehen zuruck gekommen seye, mit welchen er hernach seine Krämerey getrieben habe. Es zeiget auch Heerbrandus ferner an, daß als Hertzog Eberhardus Barbatus den Betrug erfahren habe, so habe er denen Tübingischen Theologis befohlen, diesen unverschämten Menschen vor sich zu fordern, und ihme die Vermessenheit vorzuhalten, weilen doch seine Reliquien keine Krafft wieder die Pest gehabt haben, sondern die Leute dahin gestorben seyen, und er offenbahr die Leute fälschlich beredet habe. Es habe sich aber dieser Iselin frech gegen sie bezeuget und geläugnet, daß er gelogen und jemand betrogen habe, und auf Vorhalten, daß doch die Leute gestorben seyen, die seine Reliquien geküsset haben, habe er Schertzweise mit Lachen gesagt: sie haben nicht die Reliquien selbst, sondern nur das Glaß und Geschirr geküßt, hat also dieser unverschämte Päbstische Indulgentiarius auß einer ernstlichen Sache nur ein Gespött gemacht. Und muß es ohngefehr 1490. geschehen seyn, da dieser Heerbrandus 1578. geschrieben hat, als es ohngefehr 90 Jahr vorhero geschehen ware. Der Leser siehet hier, daß diese Ablaß-Krämer Waaren von Rom selbst sind gebracht worden.

Daß aber solche Indulgenzen Krämerey denen Päbsten selbsten zuzuschreiben seye, als welche entweder die Heiligthümmer selber gegeben, oder doch

die

die Freyheit solche zu wehlen ertheilet haben, solches beweise ich mit einem solchen Indulgenzischen Heiligthum, welches in der Sacristey zu Tübingen selbst gewesen ist. Ich zeige die Sache mit denen Worten Dr. Jacobi Heerbrandi an, welche in seiner Oratione de Septem Clementibus Pontificiis Romanis, so er bey der promotione Doctorali, Steph. Gerlachii & Mylii 1580. gehalten hat, lateinisch gelesen werden: damahlen trug man die Päbstliche Indulgentien überal herum, und fülleten sie fast die gantze Kirche an, indeme man selbige mit falschen und unmäßigem Lob anpriese, und allen denen vollkommene Vergebung aller Sünden versprache, welche sie erkaufften. Gleichwie noch würcklich in der Sacristey hiesiger St. Georgi Kirche, ein Tuch, ob dem Eingang derselben hanget, mit der Uberschrifft und Titul: Innocentius VIII. Papa. In der Mitte ist das Päbstliche Wappen gemahlet, nemlich die dreyfache Crone, und die zwey Schlüssel, unter welchen hernach das Angesicht der heiligen Veronicæ eingedrucket ware. Zu unterst stunden die Worte. Hic est plenaria remissio omnium peccatorum. Anno 1487. nemlich, hier ist die völlige Vergebung aller Sünden. Anno 1487.

Wie diese Indulgenz dahin gekommen seye, kan man nicht gewiß melden, da es aber in die Zeit Eberhardi Barbati hinein lauffet, weilen dieser Pabst Innocentius VIII. auch die Confirmations-Bulle wegen des Closters St. Petri im Einsiedel gegeben hat (vid. p. 268.) so lässet man dem Leser den Ausspruch. Es ist aber dieses Heiligthum nicht mehr gegenwärtig, und muthmasse ich, es werden es die Jesuiten hernach im 30. jährigen Krieg hinweg genommen

nommen haben, darüber sich aber niemand gegrämet hat, noch es annoch thun wird.

Hingegen ist ein anderes und besseres Gemählde in dieser eusern Sacristey annoch zugegen, welches ich mit denen Worten Herrn Prælaten zu Murrhard, G. C. Pregizers, aus der geheiligten Poesiæ, An. 1722. p. 238. melde: Wie dann in unserer Stiffts-Kirche zu Tübingen in der eusern Sacristey ein vortreffliches und uraltes Gemähldt auf einer grossen Tafel, die zwey Flügel oder Thüren hat, das gantze Leyden JEsu, sonderlich sein Gebetts-Kampff an dem Oelberg sich præsentiret, welches Gemähldt ein Metzger, der mit seiner gantzen Familie auf den Knien zu GOtt bettet, und sein Hau-Messer vor sich liegend hat, in die Kirche verehret hat.

Daß in allewegen dergleichen Sachen nicht privats-Weise, sondern auf Päbstliche Anordnung erfolget, erhellet ferners auch daraus daß auch 1501. der Päbstische Nuncius und Cardinal Rainmundus nach Calw mit der Römischen Gnad / das ist Indulgentien kame, und das dem Oster Schauspiel zuschauende Volck, (welches auf 10000. Persohnen geschätzet wurde) gesegnet und von den auferlegten Bussen 240. Jahr nachgelassen hat. Vid. Crusium ibid. pag. 157 edit. lat. p. 519. Daraus man siehet, daß die Ablaß-Krämer vor der Reformation nahe genug nach Tübingen gekommen seyen, und warum hernach Hertzog Ulrich selbige Indulgenz aus Rom selbsten begehret habe, weilen eben seine Petita wieder damahligen Mißbrauch gerichtet warn.

Observatio VI.

Weilen so viele Zuhörer in Tübingen der Pre-

Predigen über satt seyn und selbige aus Vorsatz verachten, andere aber zwar in die Kirche gehen, aber darinnen entweder von andern Sachen miteinander schwätzen, andern Zuhörern zum Aergerniß raisoniren, oder die Predigten auf allerhand Art syndiciren, mithin GOtt wenigen Danck für sein lauteres Wort und Evangelium abstatten, oder sich über die Predigt göttlichen Worts freuen, welches doch seyn solte. Conf. Act. VIII. 5. 6. 8. 39. XIII. 48. 52. So will nur etwas dem Leser vorhalten von solcher Prediger Art, wie sie in Schwaben überhaupt und auch in hiesiger Gegend Tübingen vor der Reformation gewesen ist, um ihnen eine Probe von 1517. vorzulegen, welche Predigten, jene oder die heutige besser gefallen mögen, und erbaulicher mögen geachtet werden? Und also alle und jede dardurch aufzumuntern, daß sie überhaupt eine rechte und lautere Hochachtung des offentlichen Gottes-Diensts behalten mögen. Es ist dieses Zeugniß von einem damahlen berühmt gewesenen Professore allhier abgelegt worden. Es ware es Henricus Bebelius, Poetices und Eloquentiæ Professor, und hat solches aus seiner Comment. Grammat, Latin. Crusius P. III. L. X. cap. 6. pag. 186. sqq. ed. lat. pag. 557. angezogen. Die alte Weiber-Mährlein, schreibt er, hasse und detestire ich, weilen sich viele finden, welche nicht nur, in dem sie selbige predigen und dem Volck vortragen, die Leute zum Glauben derselben bereden, sondern auch, indem sie sich und ihre Zuhörer damit aufhalten, dasjenige, was wahr ist, und was zu dem Heyl der Seelen gesagt werden könnte, unterlassen. Dann es gibt viele, und besonders einige Mönchen, welche, indem sie dem unerfahrnen und einfältigem Volck predigen, selbiges mit hohen und prächtigen Worten zu gewinnen und einzunehmen suchen, und damit sie einen Ruhm der Gelehrsamkeit und Beredsamkeit

erlan-

erlangen, und ihre, oder ihrer Brüder Küchen desto besser und stattlicher bestellen, (vornehmlich aber, indem sie sich der Evangelien, als gemeiner und abgedroschener Dinge, die man täglich höret, schämen, und derowegen nicht damit begnügen lassen,) sich nicht scheuen bald Träume, bald Offenbahrungen von heiligen Vattern, (wie sie vorgeben) zu erdencken, wordurch sie nicht nur wieder die Heiligen, sondern auch wieder Christum selbst bißweilen Falschheit und Lügen, aufbringen, weil sie glauben, sie seyen nicht angenehm genug, wann sie nicht auch etwas auswärtiges und fremdes auf die Bahn bringen, damit sich das Volck nachgehends rühmen könne, es habe von Sixto oder von dem Bruder Johannutio etwas gehöret, welches es vorhin noch niemahlen gehöret habe. Und wann dann Herr Sixtulus oder Bruder Lolhard im schwartzen Bart, sich auf diese Art einen Nahmen gemacht, so trägt er kein Bedencken, Tag und Nacht auf neue Figmenta und Träume zu dichten, damit er sein einmal erlangtes Credit und Ansehen nicht verliehre oder verringere, noch das Volck zu seinem Lob laulicht und kaltsinnig mache, sondern daß er im Gegentheil immer grössern Ruhm erlange. Endlich vergeht er sich so weit, daß er mit Fabeln, (die er Exempel nennet) gantze Täge zubringt, (welche er zu erst, seinen Nahmen zu verherrlichen, sehr wunderbar ausgesonnen,) und nichts oder wenig von der Heil. Schrifft zum Heyl und Nutzen der Seelen sagt. Wenigstens scheue ich mich nicht, diejenige Exempel von ihren Fabeln zu nennen, welche nicht aus solchen Schrifften genommen seynd, die die Heil. Römische Kirch unter die Canonische zehlt: Dann, was man ohne eine gewisse Autorität oder Grund sagt, wird nach dem Ausspruch Hieronymi eben so leicht verachtet als vorgebracht rc. dahero mich niemand bereden wird, die Veronica seye nach Rom zu dem Kayser Vespasiano kommen, und habe ihme mit ihrem Schweiß-Tuch von denen Wespen befreyet, welche in seinen Naß-Löchern genistet haben sollen, und daher seye er Vespasianus genennet, und wegen der Wunder-Wercke und des Leydens Christi, dessen Gnade er seine Heilung zu dancken hatte, ein Christ worden, und wieder die Juden zu Feld gezogen rc. Mit offenbahren Lügen unsern Glauben und die göttliche Wunder-Wercke behaupten und erleutern oder beleuchten wollen, da ein solches durch die Evangelische Histo-

rie

rie und Wahrheit am besten geschehen kan, ist recht unsinig ꝛc. Auch kommt mir dieses lächerlich vor, daß diese Prediger von einem jeglichen Heiligen, dessen Fest gefeyert wird, auf der Cantzel sagen, er habe mit Tugend und Heiligkeit des Lebens, über alle andere Heiligen geleuchtet, und ein besonders Privilegium, oder Vorrecht der Heiligkeit vor andern gehabt, und so offt sie auf einen andern kommen ein gleiches von ihme rühmen, mithin allemahl den gegenwärtigen, von dem sie hic & nunc reden sollen über alle andere erheben u. s. f. ꝛc. porro: Ich weiß einen, welcher in seiner Predigt aus dem Dieterich von Bern ein Zeugniß angeführt, so ein pur lauteres Gedicht ist, gleichwie (nach altem Gebrauch der teutschen) alle andere teutsche Gesänger von Riesen (von Falsoldo, Hiltebrando, Hertzog Ernst ꝛc.) pur lautere Figmenta und Fabeln sind. Biß hieher Bebelius, welches, ob er wohl auch in der dicksten Finsterniß der Unwissenheit in Religions- und Glaubens-Sachen gelebt, dannoch so viel gutes geschrieben.

Observatio VII.

Die Reformation wurde in der Stadt und Universität 1535. angefangen, die Messe an dem Fest Purificat. Mariæ abgeschafft, und den 2. Sept. die erste Evangelische Predigt von Ambrosio Blaurer in St Georgen-Kirche gehalten. Vid. Cruſ. P. III. L. XI. c. 10. p. 239. ed. lat. p. 627. Anno 1536. wurde das Werck weiter getrieben von Johann Brentio; darvon Crusius P. III. L. XI. c. 11. pag. 241. ed. lat. p. 630. also schreibt: In diesem Jahr brachte Johannes Brentius, den Hertzog Ulrich von Hall beruffen, die Academie zu Tübingen, innerhalb Jahres frist in Ordnung, und machte gute Anstalten auf derselben. Damahls hörten die Secten der Realisten und Nominalisten auf. Gleichfalls haben die Consilia und Lehren Johannis Reuchlini und anderer gute Dienste gethan. So ist auch die Ordinatio Ferdinandi Regis 1525. ein gutes

Præ-

Præludium gewesen, darinnen gemeldet wird, wie an statt der Schrifft und deutlicher Wahrheit, schlechte und verwirrte philosophische Fragen seyen gelehret worden. In allem hat auch Melanchton das seinige getreu beygetragen. Dieser wußte auch den Zustand von Tübingen wohl, nachdem er vor der Reformation hier dociret hatte, und heißt es in seinem Vita per Camerarium p. 14. sq. also von der Theologie: Theologiæ tum materia, non sacræ literæ, & scripturæ divinæ erant, sed quædam obscuræ & spinosæ intricatæ quæstiones; quarum nugatoria subtilitate exercebantur & defatigabantur ingenia.

Es hatte zwar bey der Universität die Sache grosse Hinderniß, biß endlich die Wahrheit völlig durchgedrungen hat. Man lese hiervon Herrn Cancellarii Magnif. D. Pfaffen Orationem in Memoriam Reformationis Sacrorum ante duo Secula in Universitate Tubingensi. Tub. 1735. und L. M. Fischlinum in Supplementis ad Memorias Theologorum Würtembergicorum p. 19. de Reformatione Universitatis Tubingensis, und sonsten hin und her. Conf. supra p. 267. von den Jubilæis Reformationis.

Daß aber so gar wenige Nachricht von diesem Reformations-Werck in Tübingen, besonders auf der Universität sich findet, rühret daher, daß selbige Acta, welche bey der Universität sind zugegen gewesen, sich verlohren haben: Dieses findet sich in der Relation Dr. Martin Aichmanns von selbiger Zeit, daß die Universität einhellig sich Anfangs mit Ambrosio Blaurero und Simone Grynæo nicht bequemen wollen, und sich auf die Ordinationem

EBER-

EBERHARDI I. 1491. beruffen habe. Und währten diese Disputen biß 1536. 4. Octob. da die Universität durch Vermittelung Philippi Melanchtonis und Joachimi Camerarii, sich über einer neuen Ordination verglichen hat, über welche Hertzog Ulrich die Confirmation geben solte. Auch wurde Brentius auf ein gantzes Jahr, alles in Ordnung zu bringen, beruffen, darinnen man sich auf die Privilegia EBERHARDI I. 1477. auch eben dieses Ulrici 1498. ergangene Confirmatio gründete; Und wurde diese Ordination mit Rath Wissen und Willen des Rectoris, Doctorum und Regenten der Universität aufgesetzt, darinnen 18. Articuln, theils neu gemacht, theils aus EBERHARDI I. Ordination von 1491. genommen worden. Diese Ordinatio ware hernach der Grund nach der Reformation, darauf in allen Meliorationen ist gesehen worden, und sind mit selbiger dieses Hertzogs particular Ordination den 20. Jul. 1544. und über derselben erfolgte Declaration 25. Febr. 1545. zu verbinden. Dieses ist hier nicht vorbey zu gehen, woraus die Schwürigkeit bey der Reformation auf der Universität zu ersehen ist, daß da das Interim auch in Tübingen aufgedrungen wurde, die mehreste Professores wieder in die Messe gegangen sind. (Conf. Magnif. Cancel. Pfaffii Oration. in Memor. Reformat. p. 6.) Unter welchen aber, der ICtus, Dr. Anastasius Demler, noch jetzo das Lob nach seinem Tod bey den Nachkommen behält, daß er wegen des Interims sich keines Wegs zum Abfall bringen lassen, sondern fest an seiner Bekanntniß geblieben ist, und auch andere bey sich beschützet hat. Conf. Annal. Acad. damahlen muste auch der gute Dr. Erhardus Snepffius von Tübingen weichen. Unter Hertzog Christoph wurde alles in festeren Stand gesetzt, und von denen succedirenden Hertzogen Ludwig / Friderich / Joh. Friderich / Eberhardo III. unterhalten. Nach der Nördlinger Schlacht kamen zwar die Jesuiten nach Tübingen, und lasen Messe (so daß man zumahlen offt auf der Cantzel predigte, bey dem Chor aber Messe lase:) GOtt hat aber diese auch wieder an ihre eigene Oerter hingewiesen. Zu welcher Zeit der gewissenlose Abfall und Meyneid gegen dem Vatterland des Dr. Christophori Besoldi erfolgte, nachdem er vorhero so viel Gutes geschrieben hatte, besonders auch Anno 1614. den Tractat: Signa Temporum, seu succinctam rerum post Reformationem Religionis gestarum dijudicationem. Tub.

Observatio VIII.

Auf die Frage: Warum in denen Würtembergischen Kirchen, und auch besonders in Tübingen so wenig Gemählde und Bilder seyen, dienet folgendes zur Nachricht. Es entstunde sogleich bey der Reformation ein Streit unter den Theologen ob denen Bildern / da einige selbige völlig wolten abgethan haben, andere aber theils einen Unterschied unter den ärgerlichen und unter den unärgerlichen machten, welcher darauf ankame, daß man Christi, der Aposteln 2c. und der privat-Heiligen weit voneinander entfernet hielte. Ambrosius Blaurer thate also 1540. sogleich unterschiedliche Bilder in hiesigen Kirchen hinweg, und wurden auch einige Aposteln in der St. Georgen Kirche herab gethan, welche hernach erst 1589. wieder in dem Chor oben an der

Wand

Wand wie die andere, angemacht worden sind, nachdem besonders vorhero (Conf. Luc. Osiandri Epit. Hist. Eccl. Cent. XVI. Part. I. pag. 1114.) in dem Colloquio Mompelgardensi die Theses Theologorum Wirtembergicorum auch de Imaginibus waren recitirt worden. Und so sind sie biß jetzo geblieben. Vid. Crusium P. III. L. XII. c. 36. pag. 378. ed. lat. pag. 821. sq. allwo er also schreibt: Die grosse steinerne Bilder, Christi und des Apostels Matthiæ, welche Weyland Blaurerus bey der Kirchen-Reformation herunter gerissen (die übrige, weilen es zu mühsam war, konnte er nicht herunter bringen) wurden wieder innerhalb des Chors der Kirche zu St. Georgen in die Höhe an ihre vorige Orte gestellt, wo die übrige Apostel, und unten die Fürstliche Begräbnisse sind. Es stimmete aber dem Blaurero, welcher hauptsächlich nur in der Kirche keine Bilder leiden wolte, der Erhardus Snepffius nicht bey, welcher die Bilder, doch mit Unterschied duldete, weilen Demonstratio ocularis plus doceat, und Pictura sit Laicorum Scriptura, und man sonsten gar zu Zwinglisch zu seyn schiene. Weilen aber Hertzog Ulrich selbsten einen Scrupel faßte: Ob die Bilder / Altäre 2c. in den Kirchen zu gedulten wären oder nicht? So schickte er deßwegen seine Gesandten und Räthe den 10. Sept. 1537. nach Urach, Balthasar von Giltlingen, Johann Cunrad Thumm / Philipp Langen, und Johann Knoderer J. U. Doctores, dahin von Theologis beruffen waren Erhardus Snepff / Ambrosius Blaurer, Johann Brentz / Paulus Constantinus Phrygio, Matthæus Aulber / M. Wenceslaus cognomento Straus / Pastor Uracensis, M.

Caspar Gräter / Pastor Herrenbergensis, Salomon Schradinus / Diaconus Reuttlingensis. Diese konnten nicht einig werden, da einige die Sache nach dem Willen des Hertzogs, andere nach dem Urtheil der Universitäten in Tübingen, Marpurg und Witteberg wolten decidiret haben, in der Thesi aber waren Sie unterschieden, Snepffius, Wenceslaus, Brentius, Phrygio, Græter, redeten für die Toleration der Bilder, doch mit Unterschied, besonders weilen schon zwey Jahr zuvor, auf gemeinsamen Consens des Hertzogs selbsten, des Adels, der Geistlichen und Landschafft beschlossen worden seye, daß die ärgerlichen Bildnisse solten hinweg gethan werden, die unärgerlichen aber verbleiben solten: Mit Blaurero aber hielte es Schradinus und einige Räthe. Doch behielte Blaurerus den Sieg, weilen das Urtheil dahin gefället wurde, daß alle Bilder und Gemählde aus denen Kirchen in Würtemberg solten ausgeräumet werden. Man besehe hiervon C. Besoldi Monimenta Virginum Sacrarum pag. 88. biß 97. und L. M. Fischlini Supplementa ad Memorias Theol. Würt. Ulmæ 1710. p. 8. sqq.

Observatio IX.

Noch vor der Reformation wurden allhier in Tübingen 1530. 5. oder 7. Weibs-Bilder, um der Wiedertäufferischen Ketzerey willen verbrannt / auf welche Weise damahlen um des Evangelii willen, unter dem Nahmen der verhaßten Wiedertäuffern viele gemartert wurden. Vid. Cruſ. P. III. L. XI. c. 5. p. 228. ed. lat. p. 613. Man lese hierbey Phil. Melanchtonis Judicium adversus Anabaptistas

und

und Joh. Brentii Sententiam, An Magistratus jure possit occidere Anabaptistas? Adde Felicis Bidenbachii, S. Th. D. Consilia Theologica, Decad. IV. I. de Brentio, p. 180. sq.

Observatio X.

Gleich bey Anfang der Reformation in Würtemberg 1535. 28. May ware in Tübingen auf dem Schloß ein Colloquium, auf Hertzog Ulrichs Anstalt, gehalten, zwischen Caspar Schwenckfelden und Martin Bucer/ Ambrosio Blaurer/ Martin Frechten. Und waren Commissarii Hanß Hartin, der von Gertringen, Ober-Vogt in Tübingen, Hanß Friderich Thumb von Neuburg, Ober-Vogt zu Kirchen, und Herr Dr. Simon Grynäus 2c. Es hatten nemlich diese Persohnen sich unter einander angegriffen, und waren jene mit Schwenckfelhart den nicht zu frieden, Schwenckfeld aber schmähete auf solche und ihr Amt. Sie hatten ihne auch bey Hertzog Ulrichen angebracht, welcher dann diesen Convent anstellen lassen. Auf welches Gespräch der Schluß erfolget ist, daß Bucer/ Blaurer und Frecht dem Schwenckfeld mit Liebe begegnen und den Unwillen ablegen solten: Daß Schwenckfeld hingegen sie und ihr Amt nicht schänden und schmähen solte/ und wo er dieses thäte, solten jene ihne nicht mehr als einen Zerstörer der Kirchen 2c. ausschreyen. Der geneigte Leser schlage zu seinem eigenem Unterricht auf Gottofridi Arnoldi Supplementa zur Verbesserung der Kirchen-Historie.. Franckf. 1703. p. 169. biß 181. Herrn Cancellarii Dr. Pfaffii Comm. de Actis Scriptisque Publicis Ecclesiæ Würtembergicæ C. III. §. 2.

pag. 73. sqq. Christian August Saligs vollständige Historie der Augspurgischen Confession P. III. L. XI. c. I. §. 28. pag. 994. sqq. daselbst man das I. II. III. Capitel von Schwenckfelden lesen kan, von pag. 950. biß ans End, p. 1116. Caspar Schwenckfeld gedencket dieses Gesprächs selber T. I. des Epistolars Ep. XXI. p. 166. den 8. Jun. 1535. Ich erkenne auch aus GOttes Gnade, je länger, je mehr, was die rechte, wahre, ungeferbte Liebe vermag, die mit Gedult vermischet ist, und in der Demuth einher fähret, was es auch thut, wann sich Leute freundlich zu einander halten, die GOtt förchten, und daß sie einander von Hertzen vertrauen, in wahrer Einfalt mit einander handeln: Wie ich dann in dieser Handlunge jetzt zu Tübingen GOttlob, gespühret habe; deßhalben bin ich gantzer Zuversicht, der HErr werde in unserm Mittel seyn, und es zu allen Guten kommen lassen 2c. So freundlich man aber diesem Schwenckfeld in Tübingen begegnet hatte, da besonders Hertzog Ulrich / ihme alle Liebe erzeigen liesse, und er solches selbst, nach seinem eigenen Zeugniß bejahen mußte, so wehrete dannoch diese Concordie nicht lang: Und obzwar von 1535. biß 1540. keine offentliche Streit-Schrifften gewechselt wurden, so stritte er dennoch hernach wieder die Würtembergische Theologen, besonders auch Johannem Brentium, dessen Catechismum er angrieffe, so daß endlich Hertzog Christoph wegen seiner Lehre und Schrifften ein Furstliches Mandat mußte ergehen lassen. Wann ich hier Theologicè schreiben wolte, da ich Schwenckfeldens und andere Schrifften vor mir habe, so könnte diese Observation weitläufig ausgeführet werden. Der geneigte Leser aber schlage ge auf, so fern die Sache die Würtembergische Kirche allein angehet, in seinem Epistolar T. II. Send-Brief L. an Hertzog Ulrich pag. 667. sqq. Send-Brief LIII. an Hertzog Christoph pag. 678. sqq. an Herrn C. Thumb von Neuburg Erb-Marschallen. Epistolar T. II. L. I. Send-Brief XVI. pag. 154. sq. T. III. L. II. pag. 673. an Balthasar von Gültlingen, Land-Hofmeister, auf das Würtembergische Mandat rc. Sendbr. XII. an Joh. Brentium p. 220. sqq. Sendbr. LXIX. an Brentium p. 801. Adde Epistel LXX. p. 804. sqq. LXXI. p. 811. sqq. und an anderen Orten hin und her.

Observatio XI.

Anno 1558. wurde das Tauff-Buch in Tübingen angefangen, wie es noch jetzo im gantzen Land gebräuchlich ist zu halten. Crusius P. III. L. XII. c. 4. p. 294. edit. lat. pag. 700. In eben diesem Jahr sagt Crusius, hat man zu Tübingen sehr weißlich angefangen, gleich bey der heiligen Tauff die Nahmen der Kinder und ihrer Gevattern in das Kirchen-Buch einzuschreiben. Diesen Gebrauch hält man im gantzen Hertzogthum. So kan man einem jeden, der es nöthig hat, und begehrt, gar bald ein Zeugniß seines ehrlichen Herkommens geben, wann auch schon diejenigen, welche es wußten, gestorben sind.

Das Ehe-Buch nahme den Anfang Sec. Paschat. 1553. Und das Todten-Buch 1596. 20. Mart. Bey dem Tauf-und Ehe-Buch sind von Johann Isenmann, damahligen Pastore folgende Inscriptiones annoch vorhanden. Vor dem Ehe-Buch stehet dieses von Isenmann, welcher hernach Prælat zu Anhausen geworden: Nachdem der Durchlauchtig Hochgebohrn Fürst und Herr, Hertzog Christoph rc. M. G. Fr. u. H. die Christenlichen Wür-

Würtembergischen Kirchen und Ehe-Ordnung hat, Gnäd. An. Dn. 1553. wiederum erneuert, und die eingedringen Confusion des Kayserlichen Interims eingestellt, seiend die offentliche aufkündente und eingesegnete Ehe-Leut newer, in Zettel aufgeschrieben und Anno 1553. fürohin einzuschreiben Gn. befohlen worden, wie folget alle und jede drey Sonntag nacheinander verkündiget, nachmahls ihrer Gelegenheit nach eingesegnet.

Vor dem Tauf-Buch stehet gleichfalls von Johann Isemann, damahligen Pfarr-Herrn eingeschrieben: Anno Domini 1558. Mens. April hat der Durchlauchtig Hochgeborn Fürst, Hertzog Christopher zu Wirtemberg Gn. verordnen lassen, daß fürohin alle Kinder so getaufft werden mit Jahrzahl, Tage, ihren Namen, Vattern, Mutter und Gevatteren, sollen eingeschrieben werden, darmit ein unehlich Geburt heimlich untergeschlagen, und alle Kinder ihres Tauffs Zeugniß bey der Kirchen finden mögen: Angefangen zu Tübingen in Pfarre-Kirchen bey St. Georgii und Pfarr-Herrn Johanne Isemannen, à Die B. Georgii Anno 1558.

Observatio XII.

Anno 1576. wurde die Ordnung der so genannten Rotten in der Catechisation zu erscheinen angefangen, nach den Wachten in Tübingen. Crusius P. III. L. XII. c. 22. pag. 334. edit. lat. pag. 757. meldet folgendes: Sonntag den 25. Mertz und folgende Sonntagen biß auf den Palm-Tag, wurden nach dem Mittag-Essen, um 1. Uhr der Burger Knaben und Mägdlen in der Kirche von den Geistlichen aus dem Catechismo gefragt, und den Haupt-Stücken der Christlichen Lehre von der Tauffe, von dem Apostolischen Glauben, vom heiligen Vatter Unser, von den zehen Gebotten GOttes, vom heiligen Abendmahl, von der Gewalt der Schlüssel. Und also pflegt es jährlich an denen Sonntägen vor Ostern gehalten zu werden. Da nun die Stadt Tübingen in drey Theile, so sie Wachten nennen, getheilt ist, und jede derselben wieder in zwey halbe Theile, so muß jeden Sonntag ein dergleichen halber Theil in der Kirche erscheinen. Nun lernen sie ihren Catechismum zuvor in der Schule und zu Hauß bey ihren Eltern; aber in der Kirche werden sie, wie gemeldt, aus demselben gefragt. So fleissige Obsicht über die Jugend ist nicht allein zu Tübingen, sondern auch in andern Städten des Hertzogthums. Hier kan der Leser sehen, wie gute Anstalten nach der Reformation seyen gemacht worden, welche aber biß jetzo auch in diesem Stuck offenbarlich noch mehrers sind verbessert worden. Und man mit recht weniges zu klagen übrige Ursache findet, nur daß die mehreste Leute des Evangelii über satt zu seyn scheinen.

Observatio XIII.

Eine Historische Frage ist von dem geräderten Mann, welcher auf der Seite gegen Osten an einem Fenster in der St. Georgen Kirche gesehen wird, was dieses Bild eigentlich bedeute? Einige und zwar gar viele geben aus, daß es ein Erinnerungs-Bild wegen eines unschuldig hingerichteten Menschen seye, andere aber halten es für das Marter-Bild des Heil. Georgii, dessen anderes Bildniß als Ritters, auch auf einer andern Seite gegen Norden stehet, nebst einem Marien-Bild. Unter die erste ist vornehmlich Crusius zu rechnen, welcher Paralipom. Cap. 6. pag. 410. ed. lat. p. 21. also schreibet: An der Kirche zu St. Georgi ist in einer Oefnung oder Fenster das Bild eines auf dem Rad ligenden Menschen in Stein gehauen. Denn als vor hundert Jahren zween junge Gesellen und Cameraden auf die Wanderschafft zogen, ihr Handwerck zu treiben, und einer nach etlich Jahren wieder zuruck

Tt 5 kam,

kam, der andere aber nicht, und man deßwegen glaubte, er sey umbracht worden; wurde der erstere ergriffen, aus etlichen Zeichen, (als an dem Dolchen des andern) für den Todt-Schläger gehalten, zum Tode verdammt und geradert. Nicht lange hernach kommt der andere lebendig und frisch und gesund nach Hauß, der (wie man sagt) jenem den Dolch geschenckt hatte. Derowegen ist zur ewigen Gedächniß dieses Bild da, welches nemlich die Richter erinnert, was beym Juvenali gelesen wird:

Nulla nimis de morte hominis cunctatio longa est!

Ein Zeugniß der andern Meinung findet sich in jetzigen Special Superintendenten zu Blaubeuren Herrn M. Jacob Friderich Jungen seiner Tubinga Jubilante.

Atqui hic post templum sancti mors dura Georgi
Cernitur: ut diris crudeliter omnia fracta
Corporis ossa rotis, intextaque mollia crura
Crura, manusque ambas: populatum corpus ademtis
Vestibus, atque cruces complens in Corpore Christi.

Es mögen die geneigte Leser die Sache unter sich ausmachen, welches die richtige Meinung seye? Wieder die erste Meinung streitet die Historie der Erbauung der Kirche: Für die andere ist das Gedächtniß dieses Heiligen, deme diese Kirche geweyhet ist. Und ist die Meinung für das Marter-Bild S. Georgii die gewisseste und sicherste.

Es ist aber dieses Marter-Bild Georgi rar, weilen man den St. Jergen, nemlich St. Georg nicht viel auf dem Rad, sondern zu Pferd geharnischt sitzend, und wie er einen Drachen oder Lindwurm mit einem Speer umbringt, siehet.

Die Etymologie von dem Namen S. Georg ist curios, welche in dem Calendario Etymologico ex Historia Lombardica Johannis de Voragine, Mense Aprili vorkommt, und in des berühmten Schelhorni Amœnitatibus Literariis Tom. XI. p. 336.

p. 136. zu lesen ist, da es heißt: GEORGIUS dicitur à Geos, quod est terra, & orge, quod est colere, quasi colens terram, idest, carnem suam. Vel à Gerar, quod est Sacrum, & Gion, quod est arena, quasi Sacra arena. Fuit enim arena; quoniam ponderosus morum gravitate, minutus humilitate, & siccus à carnali voluptate. Vel à Gerar, quod est Sacrum & Gion quod est luctatio, quasi sacer luctator, quia luctatus est cum Dracone & Carnifice. Vel à gero, quod est peregrinus, & gir, preciosus, & us, consiliator. Ipse enim fuit peregrinus in contemtu mundi, preciosus in corona martirii, & consiliator in prædicatione regni.

Was aber von der gantzen Geschichte des Heil. Georgii zu halten seye? Darvon ist gar wohl zu lesen die zufällige Anmerckung Jacobi Friderici Georgii, Decani zu Uffenhaim, von dem, fast in aller Welt in unverdiente Hochachtung gekommenen, und doch wohl niemahls auf Erden gewesenen heiligem Georgio, in J. C. Coleri nutzlichen Anmerckungen über allerhand Materien. Leipzig 1734. P. II. IV. Anmerckung, pag. 157. biß 174.

Hingegen wiederlegt alle diejenige, welche St. Georgium aus dem Reihen der gewissen Heiligen ausmustern wollen, R. P. Magnus Aldus Ziegelbauer, Ord. S. B. Professus in Imperiali Monasterio Duplaquiensi in seiner Historischen Nachricht von der St. Georgen-Fahne / so vor Zeiten der teutsche Adel, in Religions- und Reichs-Kriegen geführet hat. Wien 4to 1735. Selbiger hat auch von dem Marter-Bild St. Georgi unter dem Titul: Triumphale Silentium, geschrieben, welche Schrifft ich aber nicht zu sehen bekommen habe. Seine eigene Worte sind in der Vorrede folgende: Gegenwärtige Nachrichten von der St. Georgen-Fahne sind durch eine andere Schrifft, so ich vor wenigen Jahren von dem Triumphali Silentio, oder von der siegreichen und triumphirenden Gedult und Stillschweigen des nur gedachten glorreichen Märtyrers und Blut-Zeugen in Druck gegeben, veranlasset worden. Dann da ich den H. Ritter Georgium, wie er in seinem blutigem Marter-Kampf sich so zu reden, nur passive und defensivè verhalten, und dennoch Vermög seines unüberwindlichen gedultigen Stillschweigens die Sieges-Palmen darvon getragen, vorzustellen im Werck begriffen ware, geriethe ich auf die Gedancken, ihne auch, wie er als Fähndrich oder Pannier-Herr der gantzen Christlichen Armee, active und offensivè agirt, und wieder die Unglaubigen zu Felde gezogen, auf die Schau-Bühne zu führen: Ingleichen, wie die Christliche teutsche Ritter unter seinem Pannier die Waffen in den so genannten Creutz-Zügen mit unsterblichem Lob und Ruhm geführet haben rc. Aber es mag Herr Pater Ziegelbauer hervorbringen was er will, so bleibt es doch ein ewiges Dubium Historicum von diesem St. Georgio, Equite & Martyre, und solle deßwegen niemand sein Gebett zu diesem Heiligen auch darum richten, weilen er von demselben keine sichere und unzweiffelhaffte Nachricht hat, obschon noch so viele Gesellschafften und Kirchen des S. Georgii auf Erden wären, da im Gebett ein Grund seyn muß, auf welchen man ohne Zweiffel trauen kan.

Zum Uberfluß kan der Leser nebst obigen annoch nachschlagen; theils von der Historie des heiligen Georgii, theils von St. Georgi Schild und Societäten, M. Cunradi Daniel. Frickii Dissert. de S. Georgio Equite & Martyre 1693. Lips. It. Dissert. de Equite S. Georgio Dav. Sams. Georgii, sub. Præsidio Christiani Neuii, Eloq. & Histor. Profess. Tubingæ habitam 1716. Joh. Reinhardi

Hedin-

Hedingeri S. Th. D. und Hof-Predigers, damahligen Jurisprudentiæ Univerſ. & Eloquent. utriusque Profeſſoris zu Gieſſen Diſſert. de Suevorum Nobilium Fœdere ſ. Societate S. Georgii 1698. It. Henr. Günth. Thülemarii Diſſ. de Ordine Equitum Georgii & Periſcelidis in Anglia. 1681. It. Erhardi Cellii, Prof. Poëſ. & Hiſtor. Tubing. Equitem Auratum Anglo-Würtembergicum &c. Tub. 1605.

Vom H. Georgio leſe man ferners Eltershofens Geſpräch bey dem Cruſio ad Annum 1525. P. III. L. X. c. 14. p. 208. ſqq. ed. lat. p. 586. ſqq. Von Rudolph Eltershofen, welcher damahlen ebenfalls durch die Spieſe gejagt wurde, hab ich bey Widemann gefunden, daß er ein ungemein kluger und dabey auch religioſer und frommer Herr geweſen. Auf eine Zeit fragte er den Pfarrer, ob dem Mittag-Eſſen, ob er dasjenige vor wahr hielte, was er von dem H. Georgio und der durch ihne aus des Drachen Mund erretteten Jungfrauen, an ſeinem Wieder-Gedächtniß Tag auf einem Schloß an der Jagſt in Gegenwart vieler Adelichen und anderer Perſohnen, offentlich geprediget, oder ob es nicht vielmehr eine erdichtete Erzehlung ſeye, unter deren ein geheimer und höherer Verſtand verborgen liege? und als der Pfarrer die Wahrheit dieſer Erzehlung behauptete, erwiederte jener, Der König muß ſehr arm geweſen ſeyn, daß er nicht hat können täglich einem Drachen 2. Schafe geben: Ich hätte nicht an ſeinem Hof leben mögen, dann er hat gewiß ſeine Freunde kahl und hungerig geſpeiſet. Vielleicht gab es an ſelbigen Orten nicht viel Schafe, antwortete der Pfarrer; Ja, verſetzte Rudolphus, warum gab man dann dem Drachen nicht vielmehr Kühe als Menſchen-Fleiſch, dann ſo wäre er beſſer geſättiget worden? Waren dann der König und ſeine Unterthanen ſo alber und träg, daß ſie in ihren Mauren ſtill ſaſſen, und indeſſen einen Menſchen nach dem andern von dem Thier freſſen lieſſen? Gewiß, diß muß nothwendig nur eine allegoriſche oder verblümte Erzehlung ſeyn. Jener im Schlamm liegende Drach iſt der Teuffel, welcher die Menschen, und zwar auch die Heiligen, als keusche Jungfrauen zu sich in den Sünden-Schlamm ziehet, und besonders die Jungfrauen verschlinget, d. i. in ein üppiges und unreines Leben stürtzen will. Und darum hat man einen Georgium nöthig, welcher diesem Feind wiedersiehet, d. i. einen Christlichen Menschen, welcher seine Sünden erkenne, und sich mit dem Creutz bezeichne, d. i. zum Creutz Christi im Glauben fliehe, und vestiglich glaube, daß ihme um Christi willen seine Sünden vergeben, und von Christo wieder die Versuchungen des höllischen Drachen Hülfe und Beystand geleistet werde. Diese Deutung gefiel allen anwesenden. Wann nun sagte er noch ferner, die Edelleute den H. Georgium in einem solchen Verstand zum Patronen haben, und die weisse Fahne des H. Georgii mit einem rothen Creutz auf diese Art machen, und zur Kriegs-Zeit den H. Georgium in diesem Verstand zum Assistenten und Helffer begehren, so kan mans geschehen lassen. Ruffen sie ihne aber zu gottlosem Plündern und Rauben, Sengen und Brennen an, so machen sie einen heydnischen Kriegs-Gott aus ihm, und versündigen sich schwerlich. So redete damahlen dieser gute Mann, welcher nachgehends von denen Rebellen, durch welche er Creutz-Weise einhergehen müssen, auf das grausamste masacrirt worden, und diesen seinen Untergang mit Gedult ertragen.

Bey diesem Georgi-Bild an dieser Kirche, solle ich endlich einer eusseren Figur gedencken, so ich zwar oben nicht habe thun wollen. Es ist nemlich eine alte tradition, daß an der eusseren Sacristey an dem Chor, oben unter dem Dach eine Figur seye von einem Thier, welches jederzeit des Nachts an der Erhöhung der Sacristey abgerissen habe, was man des Tags hieher aufgerichtet habe. Der Kopff ist nicht leicht zu erkennen, doch habe es starcke Zähne und klauigte Vorder-Tatzen, und dieses seye die Ursache, daß das Chor nicht weiter habe extendiret, und also diese Sacristey nicht weiter erhöhet werden kön-

können. Ich überlasse es denen Tübinger Lesern: ob es wahr seye, daß von der Historie noch etwas irgendwo annotirt gefunden werde? Ich habe sonsten nirgend etwas darvon gefunden. Die Zeit aber von Erbauung des Chors ist oben pag. 77. angezeigt worden. Solte nicht hier eine conjectura seyn dörffen, daß dieses Bild den Drachen, so S. Georgius umgebracht habe, bedeuten solle?

Observatio XIV.

Ob ich des Wurmlinger Gestiffts und Priester-Mahlzeit oder Refection gedencken solte, bin Anfangs angestanden? Allein, da erstlich der Plebanus und Pfarrer zu Tübingen auch darzu gehöret hatte; und es zweytens ein Capitulum rurale, wie das Reuttlingense annoch jetzo ist, gewesen, welches den Decanum und Cämmerer gehabt hat; Es auch drittens nach der Reformation wegen Ausschliessung deren Protestanten viele Verdrießlichkeiten gegeben hat; Und viertens das Closter Creutzlingen, dahin diese Wurmlinger Capell gehöret, den Genuß von einigen Gütern im Tübingischen Zehend noch jetzo hat; Endlich fünfftens die Sache ein Angedencken seltsamer alter Stifftungen in sich enthält, welche dannoch, so viel ich weiß, inter Catholicos, auch jetzo fortwähret &c. so habe ich billich die Sache in Extenso aus dem Crusio anführen wollen, welches mit der Relation, so im Würtembergischen Archiv ligt, übereinkommen solle. Selbiger schreibt P. III. L. II. c. 17. pag. 818. sq. ed. lat. pag. 113. sqq. also:

Es hat aber mit bemeldter Mahlzeit, nach deren mir das Maul schon offt gewässert, folgende denckwürdige Bewandtwandtnuß, die Stifft und Einsetzung lautet davon also: An das Capitul auf dem Wurmlinger Berg gehört die Stadt Tübingen und Rotenburg samt denen darum liegenden Pfarreyen, wie dann dieselbige Priester ihren eigenen Dechanten und Cämerer haben. Dieser letztere nun muß jährlich am Montag vor dem Fest aller Seelen (so ums Jahr Christi 1003. angeordnet worden) mit ein oder anderen Bedienten auf den Wurmlinger Berg hinauf gehen, allwo er vor dem Kirchs-Hof-Thor einen Waagen gespaltenen Holtzes (Homerus heißt es χίτας) so leicht brennt, und keinen Rauch gibt, nebst einem Sack guter Kohlen, wie auch ein Waagen voll Heu, und auf diesem eine Castanien-braune Gans sitzen antreffen wird. Diese nun solle der Cämerer demjenigen verehren, so das Heu herbey geführet hat, zum Zeichen, daß man einem jeglichen Geistlichen, so sich biß Morgen einfinden würde, eine eigene Gans auf die Tafel stellen werde. So solle auch vorhanden seyn ein fetter 3-jähriger Stier, samt 3. gemästeten Schweinen, nemlich einem Span-Fercklein einem jährig- und einem 2. jährigen Schwein, welche alle der Metzger vor gut solle gehalten haben, damit sie nicht etwa Pfennen im Leib haben mögen. Der Cämerer solle dreyerley Bier zurüsten, jährigs, 2. und 3. jährigs; weilen man aber dort herum dergleichen Arten nicht leicht haben kan, so haben die Geistliche (krafft der Stifftung) wiewohlen nicht eben gar gern es eingegangen, an derselben statt rothen, alten und neuen weissen Wein anzunehmen. Man solle auch dreyerley Brod aufzustellen haben, Weiß- Weitzen- und Rocken-Brodt, und je 3. und 3. Laib vor einen Schilling backen. Der Metzger und Koch sollen ihr Handwerck recht verstehen, damit man nichts am Schlachten und Kochen zu klagen haben möge. Darauf mus dann des Abts von Creutzlingen Verwalter, (so auf gedachten Berg wohnt) er seye Geist- oder Weltlichen Standes, samt dem Metzger, Koch, und dem übrigen Gesind so man darzu braucht, dem Cämerer eydlich versprechen, vorbemeldtes zu nichts anders anzuwenden, als wozu man sie es heissen werde. Derohalben solle ihnen ein Zimmer oder eine Speiß-Cammer angewiesen werden, um erwähntes darinnen aufheben und am behörigen Tag herfürlangen zu können. Den Tag darauf, das ist am Dienstag, (am Fest aller Seelen,) solle der Dechant und die Capitul-

Her-

Herren samt und sonders mit denen Geistlichen von Tübingen und Rotenburg früh am Tag auf gedachten Berg, zu Pferd und Fuß hinauf kommen; und sollen ihre Kutz-Kappen und schwartze Kleider auf- und anhaben, wo sie nicht um einen Scheffel Dinckel wollen gestrafft werden, so ihnen auch geschehen soll, wo sie entweder allzuspät, oder gar nicht kommen. Da hätte dann allemahl der Wurmlinger Berg erbeben mögen. Es kan auch ein jeder unter ihnen (so sagt der Stiffter,) seinen Schatten mit sich nehmen: Was aber vor einen? seinen Mößner oder einen Schuler: der dann eben solche fette Bissgen geniessen solle, wie sein Pfarrer. Begegnet einem aus dem Collegio oder einem Capitul-Herrn, wer er auch seye, wann er dem Berg zugehet, eine oder andere ehrliche Person auf dem Weg, so darff er sie einladen und mit sich bringen; nur hat er es gleichbalden, wann er ins Closter kommt, dem Cämerer anzuzeigen, damit er denen Gästen die gebührende Ehre erweisen kan. Wann einer ein Pferdt mit bringt, so hat man ihm ein neues höltzernes Geschirr und ein viertel eines Messes Haber, darinnen seinem Pferdt zum Futter, nebst einem frischen Strick zugeben, sein Pferdt daran anbinden zu können. Welch beedes, den Strick nemlich und das Geschirr, eines jeden Capitul-Herrn Mößner zum Angedencken mit sich zu nehmen Erlaubniß hat. Wann nun dann die Capitul-Herrn Morgens an dem bestimmten Tag auf dem Berg zusammen gekommen, so sollen sie Stiffel und Sporn von sich legen, ihre Kappen auffsetzen, und zum Grab des Stiffters, so der Kirche auf gedachtem Berg anvertraut ist, Vigilien gehen. Darauf solle der Capitul-Dechant das Seelen-Amt singen, die Capitularen opffern, und entzwischen auch einige Messen lesen. Während dessen soll ein Geistlicher (Pfarrer) des Stiffters, seiner Gemahlin und Kinder Nahmen offentlich ausruffen. Es solle aber doch diesem nicht so gar sorgfältig nachgehängt werden, daß der Cämerer nicht entzwischen ein und das andere mahl in der Kuche nachsehen solte, ob das Feuer übel rieche, oder ohne einen Rauch von sich zu geben brenne. Wann man mit der Meß fertig, so hat man wieder zum Grab des Stiffters zu gehen, und die Vesper, das Placebo samt denen angehengten Collecten zu singen. Darauf solle der Dechant samt allen seinen Collegen in ihren Kappen der Ordnung nach zum Seelen-Altar stehen, und die zwey nächst bey ihm stehende in eine Decke, so man Sala heißt, einhüllen. Dann hat der Cämerer das Testament oder den letzten Willen des Stifters in derjenigen Sprach vorzulesen, so jederman versteht, und alles dasjenige zu erklären, so nicht zum deutlichsten darinnen gesetzet seyn möchte. Wann diß vorbey, so sollen alle Capitul-Herren ihre Finger auf das Plenarium (Meß-Buch) legen, und eydlich bestättigen, daß diese Stifftung bißher von ihnen und all ihren Vorfahrern (so viel sie nehmlich gehört hätten) wäre genau beobachtet worden, auch würcklich vor dißmahl beobachtet werde, nur diß ausgenommen, daß man anjetzo vor Bier Wein reiche. Sind nun alle diese Ceremonien vorüber, so ladet nunmehr der Cämerer, krafft der Stifftungs-Formul, die Capitul-Herrn und übrige Zuschauer gebührendermassen zur Mahlzeit ein, und erhält von ihnen als Herrn, so dergleichen nicht ab- und ausschlagen, ihren Verspruch. Wann nun sie um den ersten Sitz miteinander streiten und jeglicher nicht ehrgeitzig seyn, sondern zuletzt sitzen will, so verfügt er sich in einen unten am Berg gelegenen Ort Nahmens Sylch; breitet allhier das Fell von obig-besagtem Stier auf dem Kirchhof aus, und heißt die Aussätzige, so sich auf Erlaubniß des Stifters (so in allweg rühmlich) daselbst versammlet, dorten niedersitzen. Ist er nun hiemit fertig, so macht er sich wieder zu den Capitul-Herrn und Gästen, nimmt einen weissen Laib Brod, schneidt ihn auf, und legt jeglichem vor: Worein sodann jeglicher Capitul-Herr einen Pfenning, ein Gast aber, so viel er will, hinein legt, welches Geld er, der Cämerer, darauf in den Kirchhof hinunter trägt, allwo die elende Leuthe sich mit grosser Bemühung um das Stier-Fell herum setzen, und unter sie austheilt. Während, daß dieses vorgeht, werden 3. Gattungen von Brod und Wein aufgetragen, (2. und 3. Gäste geniessen die Sachen miteinander) man bettet vor dem Tisch, und der Cämerer befihlt dem Koch, anzurichten. Anfänglich nun trägt man 3. gebratene Schweins-Köpff auf, so man, wann die Gäste davon gegessen haben, wieder samt dem übriggelassenen Wein und Brod abträgt, und denen Aussätzigen, so um gedachtes Fell herum sitzen, gibt. Darauf wird wiederum dreyerley Wein und Brod aufgestellt, und eingeschenckt, und von Gänsen die Füß, Flügel, Lebern, Mägen und dergleichen aufgetragen,

tragen. Haben nun die Gäste genug hievon geessen, so theilt man, was davon nebst Wein und Brod übrig ist, wieder, wie zuvor, unter die Arme aus. Nach diesem werden gesottene Hennen und Fleisch in einer Brüh samt gebachenen Fischen und gebratenem Fleisch aufgesetzt. Davon wie auch von dem Gans-Pfeffer die überbleibsel unter die Arme ausgetheilt werden. Ferners kommen gesottene Fisch in einer Brühe von gutem Gewürtz und nur zweyerley Brod, Weisses- und Weitzen-Brod, aber dreyerley Wein. Mit dem, was nicht verzehret wird, geht man um, wie vorher. Weiters folget wiederum frischer Wein und Brod, und je vor zwey Capitul-Herrn eine gebratene Gans, in deren ein gebratenes Hünlein, und in diesem eine Bratwurst steckt, damit ja jegliche niedliche Bißgen dreyfach seyn mögen. Von dieser Trojanischen Gans und denen übrigen Niedlichkeiten dörffen die Herrn ihren Gästen, Mößnern, Schulmeistern und andern was zukommen lassen. Sonsten ist das übrige insgesamt an Eß-Waren Brod und Wein unter die Arme auszutheilen. Endlich ist gesetzt, man solle denen Ehrwürdigen Vättern einen Käß und Kuchen, Trauben und Nüsse, Äpfel und Bieren aufstellen. Was auch hievon übrig ist, wird denen Armen zum Labsaal aufgetragen, damit ja nichts von der Priester-Tafel wegkommen möge, so denen Armen nicht gegeben wird, denen man über das noch Suppen und Fleisch samt einen Gans-Pfeffer, und jeglichem einen Becher voll Wein zu reichen hat. Wann also die Mahlzeit zu Ende, und GOtt gedancket ist, stehen die Herrn auf, gehen in die Kirche, (so will es der Stiffter in seiner Stifftung haben) und bringen im Chor ob dieser Mahlzeit die Frage auf die Bahn: ob dieselbige recht und nach der Anordnung des Stiffters gemäß in allen Stücken gehalten seye? Wann es nun heist, es seye in allem ein Genüge geschehen, und man habe gar nichts auszusetzen oder zu anden, so spricht der Dechant den Abten und das Convent zu Creutzlingen, als vollziehere offt gedachter Stifftung von aller Klag und Ansprach los und frey. Darauf wird die Stifftung selbsten nochmahlen offentlich verlesen. Es dörffen auch die Capitul-Herrn, wann ihnen beliebet, ein gewiß Stuck Geld vor die Mahlzeit annehmen, doch mit dem Beding, daß denen Armen nichts an ihrem ob-erwähnten Recht abgehe. Solte es geschehen (setzet der Stiffter hinzu) daß jeder

 Stiff-

Stifftung nicht nachgelebet wird, es seye hernach in einem oder in mehr Stücken: so sollen alle Früchten und Einkünffte vorbenannten Berges dem ältesten Grafen von Calw heimfallen. Der sodann zu einem augenscheinlichen Zeugniß dessen zu Pferd kommen, sich in den Steigbügel gerad stellen, einen Gold-Gulden über den Thurn auf dem Wurmlinger Berg mit aller Macht werffen, und samt seinen Erben gedachte Stifftung vollziehen solle. Am Abendts gibt man dem Gesind Fleisch in einer Brüh nebst 10. Schillingen und läßt es damit fortgehen. Was dann noch übrig ist, es mag gekocht oder ungekocht seyn, das theilt man unter die Armen aus.

Diese Gewohnheit oder Stifftung wurde beobachtet biß auf das Jahr 1530. das du unten im 11. Buch und 5. Capitel antreffen wirst, nach der Hand kame sie gantz in Abgang, warum und auf was Weise? weiß nicht. Doch es gienge wenige Jahre hernach die Religions-Aenderung im Hertzogthum Würtemberg vor. Gegenwärtiges hat mir im Jahr 1588. der Wohl-Gelehrte M. Simo Studion, Præceptor zu Marbach, mein ehemahliger Auditor, überschickt, und Christoph Lang von Marbach, der sich im Fürstlichen Stipendio allhier aufhielt, teutsch abgeschrieben. Gedachter Berg gehört heut zu Tag noch dem Abt zu Creutzlingen, so einen Geistlichen darauf hält. Anderswo finde ich diß: weilen die Grafen von Calw in dieser Gegend sehr mächtig waren, so stiffteten sie manches schönes Gut in das Closter Creutzlingen. Und daher rührt jene wunderliche Mahlzeit. G. Widemann sagt: In der Nähe an das Hertzogthum Würtemberg stossenden Kirchen zu Wurmlingen ligen einige Grafen von Calw begraben, deren jährliches Gedächtnuß zu halten auf eine gewisse und ewige Zeit verordnet ist. Man gibt aber denen Geistlichen eine gute Mahlzeit, und jeglichem 3. Schilling, wie auch denen Armen schönes Allmosen. So viel von diesem Gebrauch.

P. III. L. XI. c. 5. pag. 229. sq. edit. lat. pag. 614. thut er wiederum fernere Meldung von dieser Mahlzeit, und schreibt also:

Zu dieser Zeit (1530.) oder noch ein wenig vorher hörte derjenige Jahr-Tag auf, welchen man auf dem Wurmlinger Berg von Alters her mit einer solennen Mahlzeit zu halten pfleg-

pflegte, und den ich oben im 2. Buch und. 17. Cap. bey dem Jahr Christi 1267. umständlich beschrieben. Von diesem Jahr-Tag hat mir erst in nechst-verwichenen Jahr, den 21. Nov. der gelehrte Antiquarius, Gottfrid von Rammingen ein Zeugniß, und eine zwar kürtzere, doch mit der obigen übereinkommende Beschreibung communicirt, welche also anfangt: Allen und jeden, welche gegenwärtigen Brief sehen werden, entbieten Berchtold, Dechant des Capituls zu Woltringen, und Gebhard Cämerer, und die gesamte Confraternitæt oder Brüderschafft dieses Capituls, ihren ehrerbietigen Gruß mit ihrem andächtigem Gebett in Christo. Allen und jeden, denen dieses zu wissen gebühret, seye hiemit kund und zu wissen gethan, daß wir alle an unten gesetzten Tag und Ort, da wir um unserer gemeinen Angelegenheit willen zusammen kommen, auf die von dem Hochwürdigen Vatter in Christo und Herrn, Hermann Abten des Closters in Creutzlingen, in seinem und seines Convents Namen gethane Frage wegen der Form oder Beschaffenheit der jährlichen Refection und Erquickung unsers vorgemeldten Capituls von einigen auf dem Wurmlinger Berg gelegenen und im vorgemeldtem Closter ehmal von einem Grafen von Calw zum Heil seiner Seele vor uns und unsere Nachfolger gestiffteten &c. antworten, &c. Daß ehemalen ein vornehmer Graf von Calw jetz-gemeldte Güter vor erwehnten Bergs zum Heil seiner Seele, vorgedachtem Closter in Creutzlingen, und dessen Abt und Convent dergestalten vermacht &c. daß alle Jahr am nechst folgenden Tag nach aller Seelen eine solche Refection und Erquickung wie unten steht, gegeben werden solte &c. daß dieses biß daher auf solche Weise geschehen, bezeugen mit angehängten Innsigel, Dechant und Cämerer, C. Rector der Kirche in Hurningen. Walthar, Rector der Kirche in Haussen, C. Incuratus der Kirche in Rotenburg. B. Incuratus in Tübingen, B. Rector der Kirche in Ehingen, Stehelin, Incuratus in Kilberg. Walther, Incuratus der Kirche in Remmingsheim, und Incuratus der Kirche in Lustnaw. Geben in Hirschaw, im Jahr des HErrn 1348. am Morgen S. Mauritii und seiner Gesellen. Das Fest aller Seelen wurde vom Pabst Johanne 19. um das Jahr 1004 angeordnet, der Graf von Calw hiesse Leo.

Ich kan hier dem geneigten Leser von sicherer Hand berichten, daß die Fundation copialiter in dem Würtembergischen Archiv zu finden seye, und hat es tempore Reformationis darüber zimmlichen Streit gesetzet; dann als die Catholici die protestirende Pastores nicht mehr admittiren wollten, so wurden die Gefälle dieses Gestiffts in Würtemberg innen behalten, biß ein ordentlicher Verttag darüber entrichtet worden ist.

Observatio XV.

Man wird mir auch nicht verargen, wann ich des Palm-Esels-Diensts in Tübingen gedencke, weilen die Jugend und vieles gemeine Volck annoch biß jetzo abergläubisch oder auf curiose Weise daran gefallen hat. Wer bedenckt, wie dieser Palm-Esel noch alle Jahre bey dem leichtglaubigen Volck im Pabstum so hoch gehalten wird, und Processions-Weise, darbey auch hohe und niedere erscheinen, und auch vor diesem in Tübingen erschienen sind, einher geführet wird, der wird mich entschuldigen, daß ihne unter die Tübingische Miscellanea Ecclesiastica einrucke. Ob ihme zwar die vorige Ehre nicht mehr angethan wird, so ist er dennoch auch noch jetzo in seinem Stall in dem Vestibulo Templi S. Georgiani eingeschlossen. Ob diesem gab es nemlich 1512. eine neue Verordnung, und mußte ihme grössere Ehre wiederfahren als sie ihme vorhero wiederfahren ware. Crusius P. III. L. X. c. 2. pag. 177. ed. lat. p. 544. schreibt: Zu Tübingen wurde 1512. der Palm-Esel, welchen die Buben vorher gezogen, denen Becken und Metzgern zu ziehen befohlen. Dessen sie sich nicht zu beschwehren hatten, weilen vorhero 1489. denen

denen Rathsherren zu Halle in Schwaben solches zu thun anbefohlen worden ist, wie Crusius dieses darvon P. III. L. IX. c. 2. p. 133. ed. lat. p. 487. meldet. Als in diesem Jahr (1489.) der Römische König Maximilianus, nach Schwäbisch Halle kam, und allda am Palmtag der HErr Christus auf einem Esel sitzend, unter Begleitung der Geistlichkeit, wie auch des Raths und Volcks zu Hall, von dem Langenfelder-Thor in die St. Michaels Kirche in offentlicher Proceßion nach Gewohnheit geführet wurde, gieng auch der König selbst mit. Da Er aber Christum durch die Häscher oder Stadtknechte in die Kirche führen sahe, wandte Er sich zu dem Herrn von Thurn und sprach: Ey! mein GOtt! haben dann die Haller niemand als Büttel und Schergen, welche den wackern Mann führen können? Worauf der Rath die Verordnung gemacht, daß er künfftig hin, nimmer durch die Stadtknechte, sondern durch zwey Rathsherren geführet werden sollte. Ich sage aber, wann ja dieser Theatralische Aufzug einen Nutzen haben und Andacht erwecken solle, warum ziehen denselben nicht die vornehmste unter den Clericis und Laicis, weilen sich ja hoffentlich keiner Christi selbsten/ wann er rechtmäßig vorgestellet wird/ würde schämen dörffen?

Observatio XVI.

Dieses muß endlich nicht vergessen werden, was für grosse Wohl- und Gutthaten denen Armen, besonders in Tübingen wiederfahren? dahin die wohlgemeinte Stifftungen und Legaten gehören, deren jährlich offentlich auf der Cantzel gedacht wird. Diese melden wir hier allein, und gedencken nicht des

Heiligen / der Collecten und sehr vieler anderer Austheilungen / welche zwar nicht offentlich gemeldet werden; aber doch denen Armen zur Hülffe wochentlich gedeyen: Also daß man nicht leicht einen Ort im Land findet, wo so vieles Gute den Armen geschiehet; Aber auch von vielen sehr mißbraucht wird.

Es wird demnach hier die Specification solcher Legatorum und Stifftungen auf Haus- und andere Armen beygefüget, ohne die Zeit und Ordnung der Legation und Austheilung darbey zu melden.

1.) Die Stiffter.	2.) Das Capital.
Hertzog Ludwig Glorw. And.	1000. fl.
Der 5. Brüder Breuninge	1000. fl.
Daniel Sturm, Not. Univers. & Uxor Anna Maria, darvon auch für die Herren Diaconos, für die Schulen, Stipendia &c. gehört	3400. fl.
Erhard Wild, Burgermeister	300. fl.
M. Daniel Städel,	300. fl.
Dr. Gabriel Schweder, J.U.D. & Pr.	300. fl.
Caspar, des Gerichts allhier	1000. fl.
Joseph Kühnken, Burgermeister	500. fl.
Joh. Georg Engel, Handelsmann	500. fl.
Dessen 2te Ehe-Frau Anna Maria	50. fl.
Dessen Frau Tochter, Anna Maria Schmidin	500. fl.
Deren Sohn J. G. Schmid, Adlerwirth	100. fl.
Johann Georg Schätter, genannt Mühl-Jerg, Burger	300. fl.
Joh. Isaac Andler, Closters-Verwalter in Bebenhausen	300. fl.
Ottilia Luderin, Pfründerin im Spital	800. fl.
Casimirus Obrecht, Consulent	200. fl.

Joh.

1.) Die Stiffter.	2.) Das Capital.
Joh. Cunrad Hallwax, Burgermeister	150. fl.
Christ. Magd. Cammererin, Doct.	150. fl.
Eleonora Regina Andlerin, gebohrne Seefridin, Wittib	100. fl.
Balthasar Simonius	100. fl.
Fräulein von Grünthal	100. fl.
Abel Renz, Landschaffts Burgermeister	100. fl.
Seine erste Haus-Frau, Maria Rosina	100. fl.
Cunrads Schweickhardts: Becken Haus-Frau	30. fl.
Heinrich Behr, Scribent	50. fl.
Maria Elisabetha, erste Ehe-Frau, Bauren/Handelsmanns	50. fl.
Joseph Kühnlen, des Gerichts	100. fl.
Maria Magdalina Harpprechtin, Doct.	100. fl.
Achatius Gärtner, Apothecker in Calw, denen Pauperibus	100. fl.
Regina Blandina, Wittib Zacharias Pöschels, Handelsmann	100. fl.
Wilhelm Moser, Geistlicher Verwalter	100. fl.
Joh. Georg Enßlin, Handelsmann	100. fl.
Jerg Dinckelacker, Beck	100. fl.
Heckenhauerin, Kirschnerin	50. fl.

Welche specificirte Stifftungen zwölfftausend, zweyhundert und dreyßig Gulden austragen.

Observatio XVII.

Des neu angelegten Kirchhofs solle endlich hier nicht vergessen werden, ob wir schon oben pag. 79. auch etwas gemeldet haben. Es wurde nemlich derselbe nach dem Crusio ad Annum 1541. P. III. L. XI. c. 16. p. 253. ed. lat. p. 646. zur Pest-Zeit als neu ange-

angelegt ausserhalb der Stadt Tübingen, und jenseit der Ammer, zwischen dem Lustnauer- und Schmid-Thor gemacht; dann vorhin wurden die Todten in der Stadt drinnen auf dem St. Georgen Kirchhof begraben: Wie ich dann selbst 1589. den 16. Aug. sehr viele Beiner allda ausgegraben sahe, als das Grufft- oder Beiner-Häußlein, welches 1497. gemacht worden, abgebrochen und die Mägdlein-Schul dahin gesetzet wurde. Er behielte den Namen des Ammer-Kirchhofs.

Observatio XVIII.

Wir lassen hier aber mehrere geringe Sachen und Miscellanea Ecclesiastica fahren, und fügen eine gantz bedencklichere Sache bey. Und geschiehet hier annoch billich die Meldung, wie es in dem dreyssig jährigen Krieg in der Tübingischen Kirche ergangen seye, als die Jesuiten in Tübingen eingedrungen, und sich der Probstey und des Cancellariats-Hauses, auch der Kirche selbst bemächtigten, auch biß an den Friedens-Schluß ihre Gewalt fort trieben: welche Erzehlung aus denen Actis Senatus Academici gezogen ist.

Es ware kaum das Restitutions Edict ratione Bonorum Ecclesiasticorum publicirt, so richteten die Catholici auch ihren Sinn auf die Probstey in Tübingen, und andere Stiffts-Kirchen in Würtemberg, selbige nebst denen Clöstern hinweg zu nehmen, welches sie beständig hin fort trieben, biß sie zu ihren Entzweck gelangen konnten: wie dann den 24. Nov. 1628. auf Anmahnung von der Herrschafft, daß man nach der Probstey strebete, in dem Archiv der Universität, und in aller Facultæten Actis nachgesugesuchet worden, wie es 1550. zur Zeit des Cantzlers Widmañs darmit gehandelt worden seye? Es hat sich aber damahlen nichts gefunden, welches den 1. Dec. ej. Anni wieder ist berichtet worden. Nach der Nördlinger Schlacht trieben sie die Gewalt grösser, nicht nur gegen die gantze Universität, sondern auch gegen die Kirche und Probstey. Dann da wurde nicht nur Cancellarius D. Lucas Osiander nebst andern Professoribus sehr hart mit Einquartierung beschwehret, sondern er lief auch den 19 Octob 1634. in grosse Lebens-Gefahr, als ein Soldat, Nahmens Gifftheil, ihne auf der Cantzel erstechen wollen, welchen zwar hernach den 8. Nov. der Hertzog von Lothringen extradirte, daß man ihne im Spital an Ketten legen, oder sonsten verwahren sollte. Man erliesse ihne aber den 2. April 1635. wieder; Doch wurde an Grafen von Cronsfeld, welcher damahlen das Ober-Commando hier hatte, geschrieben, ihne also zu verwahren, daß die Theologi vor ihme sicher seyn könnten. Es plagte aber zu eben solcher Zeit den D. Nicolai 1635. der Obriste Bucken (oder Cöppen) so ihme einquartieret ware, sehr hart, da Er ihne geschlagen, gestossen, ja gar nach ihme mit dem Degen gestochen und gehauen hatte.

Im Jahrgang 1635. wurde es wegen der Probstey immerhin ernsthaffter, daß sie die Gefälle untersuchten, biß endlich 1636. 15. May Cancellarius in Erfahrung brachte, daß man eine Aenderung in der Kirche machen, und einen neuen Probst setzen wollte, und daß deßwegen die Königliche Räthe ankommen würden. Diese kamen auch den 16. May an, und begehrten in das Collegium Illustr. 3. Deputatos, zu welchem Dr. Rümelin, Dr. Bansovius,

vius, und Professor Cellarius erwehlet worden: da dann die Kayserliche Commissarii, in dieser und deren beeden Burgermeistern, und Dr. Frischen Gegenwart, den Innhalt ihrer Commission eröffneten, daß Wilhelm von Metzenhausen, Thum-Dechant des Ertz-Stiffts Trier in die Probstey Tübingen eingeführet werde, mit gnädigstem Begehren, demselben auch die Intraden, wo sie stecken, wiederfahren zu lassen. Weilen also Kayserl. Majestät nicht zu wiederstreben, als sollte dem præsentirtem Probst von Einkommen gegeben werden, was biß dato bey der Universität gewesen. Hierauf nahmen die Königliche Räthe die Aenderung vor, und tradirten die S Georgi Kirche des neuen Præpositi von Metzenhausen Mandatario, welcher dann (den 20. May 1536.) an den Senatum durch den Rectorem Magnif. D. Pregizern begehrte, daß ihme von gemeiner Universität Tübingen die Originalia an Lägerbüchern, Documenten und anderen brieflichen Sachen, die Probstey und deren Intraden betreffende, eingereicht und zugestellet werden sollten, darauf alles nachgesuchet wurde.

Ob man nun wohl auf Seiten des Senatus Academici wieder diesen Actum apprehensæ Præposituræ (21. Maji. 1636.) protestiren, und die Protestationem ad conservanda Jura Academica insinuiren wollte, so bliebe es doch bey einer Historischen Relation, wie es in allem daher gegangen seye, und die Sache sich verloffen habe? Welche Relationem wir zu sehen gewünschet hätten. Dieses ist nicht zu vergessen, daß damahlen D. Besold bey dieser Occupation diese Reden geführet hat: Ihr Herren werdets ins künfftige besser haben, welches von seinem

nem bösen Gemüthe so er damahlen gehabt, genugsames Zeugniß gibet.

Als nun hierauf Cancellarius, wegen hinweg genommener Probstey nicht mehr predigte, wurde ungleich darvon discurirt, und (den 13. May) im Fürstl. Consistorio angefragt, was Er / als dieses Ambts entsetzet / thun sollte / und ob Er predigen müßte?

Nachdeme die Probstey abgenommen ware, so grieffen sie auch nach dem Cancellariat, darzu es zwar Anfangs wenig Ansehens hätte. Hingegen drungen sie auf die Documenta wegen der Probstey-Gefäll, und begehrten bey den Zehend-Verleyhungen zu seyn, so von M. Georg Paul Beckhen, Pfarrern zu Weil der Stadt den 3. Jul. 1636. geschehen. Worauf auch den 9. Jul. eine Designation der Probstey-Gefäll gegen Quittung und Schein zu geben geschlossen worden ist; Und wurde den 3. Aug. gegen den Königl. Regiments-Räthen gemeldet, daß sich ausser dem, was schon dem Administratori des neuen Probsten gelieffert worden, nichts weiters zu gegen befinde; Und seyen, nach einem schon viertzig jährigen Concept, in der Feuers-Brunst viele Documenta verbrannt, und verderbt, auch eine grosse Truch voll nach Stuttgardt geführet worden. Anbey seyen die Probstey- und andere Universitäts-Gefäll, unter einander gemischt, daß der Cantzler nicht aus der Probstey-Gefäll allein, sondern insgemein, wie andere Professores von gemeiner Universitäts-Intraden besoldet worden. Und als abermahlen den 27. Sept. 1636. von denen Königlichen Räthen begehret wurde, daß Dr. Wagner, Ober-Amtmann des Gottes-Haus Bebenhausen, an Enden und Orten, sen, wo der Universitäts Documenten und Schrifften anzutreffen, auch Rechnungen aufbehalten würden, der Tübingischen Probstey Documenten, Rechnungen, Heeb-Bücher und Angehörungen, aufsuchen und erheben möchte, so wurde aufs neue durch die Deputatos und Syndicum alles durchsuchet.

Hierauf wurde der Todes-Fall des designirt gewesenen Probsten Herrn von Metzenhausen den 18. Dec. 1636. bekannt, und solches an die Würtembergische Räthe nach Regenspurg berichtet.

Nachdeme aber kame den. 10. Jan. 1637. Dr. Joh. Christoph Walch als Kayserl. Commissarius Principalis, so Kayserl. Ober-Rath zu Stuttgardt gewesen, welcher Subdelegatum hatte Commissarium Pellhofern, nebst Stadlern, Capit. Lieuten. Storzhausischen Compagnie, an, und eröffnete, wie seine Commission dahin gienge, daß die Probstey Tübingen Herrn Cratzen von Scharpfenstein, krafft Kayserlichen Befehls, und im Nahmen Kayserlichen Majestät sollte conferirt werden, welcher hiemit die Gewalt gebe, daß Pater Ludovicus Luz die Probstey samt dem Cancellariat, vicario modo verwalten sollte. Hier nun konnte Senatus wegen des Cancellariats nicht condescendiren, weilen das Kayserl. Mandat selbsten dessen nicht gedachte, und müßte man solches ad Cæsaream Majestatem selbst gelangen lassen: Worauf die Commissarii wegen des Cancellariats es ad referendum genommen, und damahlen nichts weiters urgirten: folgenden Tags aber mit Einnehmung der Probstey fortfuhren, da zumahlen der neue Vicarius der Probstey-Gefäll, und Einkommen, Urbar-Rechnungen und Läger-Bücher begehrte. Worauf den 14.

Jan.

Jan. 1637. dem Commissario Cæsareo Dr. Walchen von Senatu geantwortet wurde, man wollte Ihme auf dem Universitäts-Haus die Originalia in Collegio Deputatorum vorlegen, und gegen schon habenden und ertheilten Extract collationiren lassen. Nach dem Tod Ferdinandi II wurde den 28. Mart. 1637. deliberirt, ob man bey Kayserl. Majestät Ferdinando III. um Restitution der Probstey anhalten sollte, es wurde aber aufgeschoben, und nur an Herrn Andream Burckarden, als Abgesandten geschrieben, was für Rath zu haben seye?

Als nun ein Crazisches Memoriale wegen der Probstey-Gefäll 7. Sept. 1637. einliesse, so wurde 14. Sept. wieder an Kayserl. Regierung berichtet. Der Befelch aber der Kayserl. Räthe bestunde darinnen, daß Kayserl. Statthalter und Räthe des Hertzogthum Würtemberg befehlten, den Catholischen Probst, krafft Kayserl. Befehls, und beschehener Einsetzung, und sonst niemand anders, pro Cancellario Universitatis zu erkennen, selbigen ad Collationem Honorum & Graduum, auch zu andern Actibus & Conventibus gebührend zu denunciren, und diejenige so diß Orts ihme zu beeinträgen sich gelüsten lassen wollten, zuruck und an Ihre Kayserl. Maj. anzuweisen. Allein man antwortete auf Seiten der Universität, daß es viel eine andere Meinung mit dem Officio Cancellariatus habe, als im Befehl stehe, daß nemlich bey Einsetzung des Catholischen Probsts des Cancellariats nie gedacht worden seye, und sollte man die Universität in ruhiger Possession ihrer Privilegiorum lassen, besonders weil zu Regenspurg und nach dem Pragnerischen Neben-Recess

cess geschlossen worden, daß die Universität bey ihren alten Herkommen gelassen werden sollte. Und wurde solches, da eben eine Promotio des Candidati David Frischen vorzunehmen ware, durch den Secretarium der Universität, in Stuttgardt insinuirt und præsentirt, deme 17. Sept. 1637. bäldester Beschaid versprochen worden. Weilen aber Cancellarius Licentiam zu geben versprach, so wurde mit dem Promotions Actu fortgefahren, und das Programma angeschlagen. Und als von der Regierung der Beschaid gar nicht favorabel einliesse, so wendete man sich 25. 26. Sept. wegen der Probstey, Cancellariat, und denen Zehenden zu Asch und Ringingen ad Sacram Cæsaream Majestatem Selbst. Und daß man wegen des Cancellariats nichts verabsäumte, so sollte man, in præsentia 2. Notariorum, und 4. Zeugen eine Appellation von der Regierung in Stuttgardt an den Kayser vornehmen und anstellen, welches auch, ohnverweilt erfolget ist, und wurde der Appellations-Zettel mundirt und sigillirt, auch exhibirt. Bald darauf begehrte Serenissimus Dux Eberhardus in seinem Exilio Nachricht, wie es mit der Probstey, Stiffts-Kirche, Stipendio &c. stehe? welches den 11. Dec. 1637. mündlich durch Herrn von Münchingen geschehen ist, weilen es schrifftlich zu thun gefährlich schiene.

So lieffen die Sachen biß an den Tod des Cancellarii Dr. Lucæ Osianders, welcher den 14. Aug. 1638. erfolgte. Dann da wurde, nach dem in Exilio Hertzog Eberhardo abgedrungenem harten Regenspurgischen Revers, welcher hernach umgestossen worden, und welchen die Universität den 10. Oct. aber salvis juribus & privilegiis absque præjudicio un-

unterschrieben hatte, es dahin gebracht, daß die Probstey eingenommen wurde, weilen solche Occupation vor dem Regenspurgischen Revers geschehen seye. Doch wurde von Serenissimo Dr. Nicolai als Pro-Cancellarius sogleich bestellt und hernach præsentirt den 22. Jul. 1639.

Es gabe aber hernach 29. Jul. 1639. Hugo Eberhard Cratz von Scharpffenstein, Thum-Custor zu Maintz eine Schrifft ein: Daß man 1) wegen der Probstey Gefäll keine Attentata vornehmen und nichts vorhalten, sondern alles ohnwaigerlich abfolgen lassen solle. 2.) Daß der Probstey-Vicarius, dem neuen Syndico befehlen könne, daß er zu ihme komme, und berichte, was er aus dem Zehenden erlöset habe, darmit man der Probstey Gefäll darvon defalciren möge: Darauf dem Probstey-Vicario vorgehalten worden ist, wie man ex parte der Universität niemahlen nichts vorbehalten habe, und es noch jetzo nicht thun wollte, biß eine anderwärtige Kayserl. Resolution erfolge. So könne er auch von dem Syndico begehren, wie viel dieses Jahrs an Zehenden gefallen seye gegen Bezahlung aufgewanten Unkosten. Weilen es auch wegen der Promotionen Exceptiones gegen den Pro-Cancellarium gabe, so ertheilte 13. Aug. 1639. Hertzog Eberhard, welcher schon zuvor 24. May. 1639. das Fürstl. Collegium besucht hatte, ein Rescriptum, wie eine Gegen-Protestation gemacht werden sollte, im Fall die Catholici protestiren wollten. Als nun solches sogleich den andern Tag 14. Aug. geschahe, da ein Magisterium sollte gehalten werden, als Pater Albrecht Faber, Jesuita, im Nahmen Herrn Grav Cratzen von Scharpffenstein, eine Protestation an die schwartze Tafel anschlagen ließ: So wurde in haltendem Actu die Gegen-Remonstration von Herrn Notario seu Secretario offentlich abgelesen, der Verlauff des Actus an Ihro Fürstl. Durchl. berichtet, auch dem Pater Faber eine Copie der Gegen-Remonstration zugestellt. Die Probstey betreffend, so machten die Rechnungen wegen selbiger, der Decaney und Frühmessen, denen Syndicis vieles zu schaffen, so daß auch Syndicus Gilg d. 8. Oct. 1639. einen Rest setzte. Es wurde deßwegen den 16. Jan. 1640. deliberirt, ob man diese Probstey-Sache mit denen Zehend-Sachen zu Asch und Ringingen auf den Churfürsten-Tag, oder ins besondere an die Churfürsten in Sachsen un̄ Brandenburg bringen sollte, und wurde darinnen vorhero Cancellarii Andreæ Burckarden Rath gesuchet, und hernach 25. Febr. das Schreiben an die Churfürstl. Gesandten abgeschickt, darbey die Nachricht gegeben worden, wie die Jesuiten hier einzunisten sich bemüheten. Da dann in Majo von Dr. Ohlhafen aus Nürnberg eine Antwort eingeloffen, welche so fort in Hochf. Geheimen Rath übersandt und Resolution erwartet worden, darauf in Junio (10. Jun.) eine Fürstliche Commission ankame. Hierauf wurde auch abermahlen den 21. Febr. 1641. Herr Andr. Burckardus in Regenspurg ersucht, die Restitution der Zehenden zu Asch und Ringingen, auch der Probstey zu urgiren und zu besorgen.

Als nun die gegenwärtig gewesene Jesuiten 1642. hinweg zogen, bestellten sie den Gottesdienst durch einen Conventualen von Bebenhausen, worvon wir folgende Relation d. 22. Jan. 1643. gefunden haben. Es bate Herr Unter-Vogt Matthäus Zöbelin einen Senatum diesen Tag nach der Abend-Kirche aus, und proponirte in selbigem: Es wären vor wenig Tagen Herr Diac. Raith, und der Meßner Joh. Caspar Pfister zu ihme Herr Vogt kommen und angezeigt, daß von dem Ministerio allhie ihnen befohlen worden, zu ihme zu gehen, und zu erkennen zu geben, daß

nach-

nachdem die Jesuiten allhie hinweg gezogen, komme anjetzo ein Conventual von dem Closter Bebenhausen, und wolle darinnen seinen Gottesdienst celebriren, welches er Vogt gleich Ih. Fürstl. Durchl. berichtet habe: Worauf gnädiger Befelch ergangen, daß er Vogt ihnen solches nicht gestatten solle: Und seye geschehen, daß heut frühe die von Bebenhausen durch der Jesuiter hinterlassenen Jungen in die Kirche leuten lassen; Da er Vogt auf den Hof zu den Conventualen gangen, und sie erfragt, aus was Ursachen sie in absentia der Jesuiter sich der Kirchen bemächtigen und darinnen ihren Gottesdienst verrichten wollen, deren dann einer ihme Vogt angezeigt, daß sie solches nicht für sich selbsten gethan, auch dieser Stiffts-Kirchen sich im geringsten nicht zu impatroniren begehren, sondern es hätten die abgereißte Jesuiter den Prälaten angesprochen, weilen er etliche Conventualen allhie gelassen, betten sie, dieser einen den Gottesdienst in der Kirchen verrichten zu lassen, welches zwar Herr Prälat ungern verwilliget, entlichen aber geschehen lassen, daß solches verrichtet werde. Weilen nun aber Commissarius Brenner sich darüber sehr disgustiret befunden, und ihme Vogt scharpff zugeredt, daß er ihren Gottesdienst verhindern wolle, welches er Vogt negirt, entlichen aber sich etwas nähers geben, und angezeigt, daß solches zu keinem præjudicio geschehen solle, worüber er sich verreversiren wolle, und wollte man auch diesen von Bebenhausen solches nicht gestatten, wollten sie ehender einen frembden anhero kommen lassen, welches dann er Vogt hiermit zur Nachricht anfügen wollen. Allein könne er Vogt ohnangezeigt nicht lassen, daß Brenner sich beschwehrt, daß so wohl die junge Studenten als Burgere in ihren Catholischen Gottesdienst gehen, und weder den Hut abziehen, noch den Religiosen sonsten gebührende Ehre leisten, mit Begehren, solches abzustellen, sonsten es nicht gut thun werde. Und berichtete hernach er Vogt auch diesen Actum wieder; Unterdessen Herr Pro-Cancellarius versprochen, die Fürsehung zu thun, daß die Studiosi sich gebührlich verhalten sollten, und ihnen Religiosis keine Ungelegenheit machen möchten.

Es kamen aber die Jesuiten bald wieder und thaten dem Pro-Cancellario Dr. Nicolai viele Drangsal an, besonders griffen sie ihne auf der Can-

 tzel

tzel sehr hart an, und beschuldigten ihne am Sonntag vor dem 11. Oct. 1643. in einer Predigt die Apologiam August. Confess. betreffend, daß er weder Catholisch noch Calvinisch oder Lutherisch wäre, und also in Imperio nicht zu dulten seye. Weilen er nun über dieser Sache sich Raths erhohlte, wie die Sache gegen die Jesuiter anzufangen wäre, daß majus malum abgewendet würde, so wurde nach reiflichem deliberiren ihme anbefohlen sein zu Papier gebrachtes Scriptum folgenden Donnerstag offentlich abzulesen, und also durch eine Gegen-Defension denen Calumnien zu begegnen; Und damit dem Jesuiter nichts stillschweigend eingeraumet würde, sollte er die Fundamenta Apologiæ August. Confess. in ein teutsches publicum Scriptum bringen, und in Senatu ablesen: Welches er auch hernach wohl præstiret hat. Wie viel Drangsaal ferners eben dieser Dr. Nicolai, besonders auch als Pro-Cancellarius in Tübingen von denen Jesuiten, nebst denen Ministris Ecclesiæ, welche mit denen Jesuiten auf einer Cantzel predigen mußten, ausstehen müssen, denen er aber jederzeit standhafft und getrost Gegenpart gehalten, solches kan aus seiner Oratione Funebri, welche Dr. Wagner gehalten, ersehen werden, davon wir aus denen Noten ein paar Exempel anführen wollen. A. 1634. 1635. wurde er von der Pest und einquartirten sehr geplaget, und wurde er selbst kranck, mußte sich auch nach Eßlingen unter einem Salvo-Conductu der Soldaten halb-todt führen lassen, nach der Heimkunfft aber stürmten die Jesuiten wieder auf ihne loß. Dann so heißt es Not. f.) p. 22. d. d. 16. April 1636. Wir waren aller menschlichen Hülffe beraubt, und sind allein durch göttliche Vorsorge und Direction darvon gekommen. Ich empfieng viele Schläge und Schmähungen, mein Sohn Gottfrid bekame

eine

eine Wunde in den Kopff, die übrige alle blieben unverletzt. Einige meinten, der grausame Mensch seye von denen Jesuiten, andere, Er seye von denen Unserigen aufgehetzet worden. Dieses ist gewiß, daß selbiger einen Meß-Pfaffen bey sich gehabt; Dieser hielte mich mit den freundlichsten Worten auf, als ich aus dem Haus gehen, und seinem Anfall entfliehen wollte, biß er ankame, welcher dann so gleich bey dem Eintritt in das Haus meiner gantzen Famille den Untergang drohete. Also habe ich nicht wenig gelitten. Ich bitte zu GOtt, daß er dieses meinen gantzen Leydens-Kelch, so fern es die Kriegs-Unruhe belangt, wolle seyn lassen: hat er es aber anderst beschlossen, so will ich durch diese Vorübung geübt, desto standhaffter alles ausstehen. Und vom 3. Jul. 1636. Not. g.) l. cit. heißt es: Unsere Sachen stehen zimmlich verwirrt. Als am Sonntag Rogate ein Jesuite in unserer Kirche die Anruffung der Heiligen vertheidigte, und ich solches erfahren hatte, als ich eben die Morgen-Predigt halten mußte, so habe ich, ohne das Wort Catholisch zu nennen, seine Gründe wiederlegt, darüber sich die mehreste verwundert haben, wie ich dasjenige, was der Jesuit vorgebracht hatte, so bald habe wissen können. Es schwiegen damahlen die Wiedersacher stille. Vergangenen Sonntag aber giengen M. Raumeier und der Vicarius hefftiger auf selbige loß. Welches sie sehr übel aufnahmen, also daß auch ein Soldat in folgende Worte loß brach. Es thut nicht gut, wir schiessen dann einen oder zween von der Cantzel herunter. Also sind wir nicht ohne Lebens-Gefahr: Ich hoffe aber zu GOtt, er werde uns nicht verlassen. Von 1640. 20. Febr. schriebe er: Als ich mit dem Jesuiten, der neben mir auf dem Catheder stunde, anbinden mußte, und mich in Discurs einliesse, so habe ich seine Argumenta also wiederlegt, daß ich glaube, ich habe den Unserigen ein Genüge gethan, die Jesuiten aber murmeln, daß wir nicht wissen, was sie thun werden. Und so währete es etliche Jahre fort biß es wegen deren Friedens-Handlungen 1648. näher kame, daß sie nemlich nicht nur in Tübingen sondern auch an andern Orten die Leute suchten zum Abfall zu bringen, da der Pabst Urbanus VIII. ihnen ungnädig wurde / weilen er geglaubt hatte, sie hätten schon ganz Tübingen reformirt / da doch Dr. Besoldus allein derjenige war, der sich hatte verführen lassen.

Unterdessen wurden denen Jesuiten 1645. 1646. 1647. dann und wann die Probstey-Gefäll in Sindelfingen und andern Orten, weilen sie auch der Universität über 3000. fl. schuldig wurden, arrestiret, aber der Arrest wieder relaxiret, doch wurde ihnen die Gewalt ein wenig geschwächt; Daß sie auch 1648. 10. Oct. partem an das Corpus und an denen Pfarr-Besoldungen an früchten geben sollten. Doch blieben sie Innhabere der Probstey, und mußte man ihnen annoch sehr flattiren, wie aus beeden folgenden Casibus zu ersehen ist: Dann 1647. 26. Nov. gabe man ihnen, auf Begehren P. Jacobi Thebæ, Societ. Jes. Præpositurae Tubingensis & Herrenbergensis Administratoris etliche Pfleg-Rechnungen ad perlegendum, doch mußten Notarius und Syndicus Universitatis zugegen seye. Anno 1648. 16. Nov. als sie über übels Nachreden klagten, wurde allen Universitäts-Verwandten und Studiosis durch den Pedellum angezeigt, und gemeldet, weder über sie, die Jesuiten, noch andere Catholische böses und nachtheiliges zu reden.

Endlich gelangte es 1649. 25. Jan. dahin, nachdem die Sache lang genug getrieben worden ware, daß sie die Jesuiter die Probstey wieder abtretten mußten: Darvon dieses in Actis ad Ann. 1649. 25. Jan. annotiret ist: Demnach Notarius Sturm referirt, daß nunmehro die Probstey Tübingen von den Jesuiten

wie-

wieder abgetretten, und der Universität wieder eingehändiget werden solle: Auch weilen der anwesende Fürstl. Commissarius Herr Dr. Müller Fürstl. Ober-Rath zu Stuttgardt begehrt, nomine Senatus jemandten zur Apprehension abzuordnen: So wurden zu diesen Apprehensions-Werck gebraucht, Rector Magnif. Dr. Pregizer, und Herr Dr. Rümelin. Und setzte man in die Probstey zur ersten possession, David Mann: Biß endlich selbige durch den neuen Cancellarium 1652. aufs neue bezogen, und von denen Successoribus bißhero ununterbrochen, ist bewohnet worden. Nachdeme sie 14. Jahr in Handen deren Jesuiten gewesen ware. GOtt seye ferners Sonne und Schild!

Darneben wurde die Universität durch Einquartierungen der Soldaten und Contributiones viele Jahre aufs äusserste geplagt, welches besonders 1634. nach der betrübten Nördlinger Schlacht geschehen, da im Oct. wochentlich der Stadt 4000. Rthlr. dem Amt aber 6000. Rthlr. an Contribution angesetzet worden, ohne die Unkosten, welche auf die Einquartierungen erfordert worden. Welche Summen zwar nach und nach in folgenden Jahren ein wenig verringert wurden, doch aber allezeit hoch fort lieffen. Wie hart also hierunter die gantze Universität mitgenommen worden seye, solches zeigen die Protocolla von 1634. biß 1650. Ich führe wieder ein Exempel von dem D. Nicolai an, als welcher gleich anfangs 1636. 26. Martii pag. 22. not. e. also an Wagnerum geschrieben hatte: Von der Universität habe ich nichts zu hoffen: Es stehen mir über 300. Gulden aus, wie auch 120. Scheffel Früchten und 6. Fuder (Urnæ) Wein. Wann ich aber nur einen einigen Scheffel haben müßte, so könnte ich ihne nicht bekommen. Eine so allgemeine Armuth und Mangel ist bey uns. Ja es stunden ihme, als er 1650. Probst zu Stuttgardt wurde, Frucht und Geld zusammen geschlagen über 5000. Gulden aus, zu deme me er nimmer gelanget ist. Und ist in Actis 23. Sept. 1636. annotirt, daß damahlen bey der Universität viel Hungers und Kummers gestorben seyen/ welches genugsames Zeugniß von der allgemeinen Drangsal seyn mag. Es waren auch damalen 1634. alle Professores in grosser Gefahr, als man den 6. Sept. 1634. alle Professores warnete, es solte ein jeglicher auf seinen Kopff acht haben/ und deßwegen weder Hauß noch Habschafft achten; dahero zu wünschen wäre, daß man die Fata particularia, welche im dreyßig-jährigen Krieg die Universität und deren Membra betroffen haben, in eine ordentliche Relation bringen möchte. GOtt aber wende solche betrübte Zeiten beständighin von hiesigen Kirchen in Gnaden ab!

Nun folgen

Drittens
Die Miscellanea Academica,
Oder
Einige vermischte Anmerckungen von der Universität.

Hier wären viele Sachen einzubringen gewesen, welche nicht ohne Nutzen würden zu lesen gewesen seyn. Allein, da wir nach unserem Vorhaben alles in die Enge zusammen ziehen, so wird nur weniges von vielem gemeldet; und habe ich allerhand Collectanea hier abschneiden und hinweg thun müssen, welche schon geschrieben waren, weilen sich der Druck schon zu weit extendiret hatte;

Observatio I.

Weilen wir aber die Miscellanea Ecclesiastica mit der Occupation der Probstey in Tübingen geschlosschlossen, und zuletzt der Bedrängnus der gantzen Universität gedacht haben, so fangen wir billig die Academica mit eben dessen betrübten Fatis wieder an, welche in dem dreyßigjährigen Krieg die gantze Universität betroffen haben. Diese werden in des Gmelini seinem Stipendio Theolog. à pag. 56. biß pag. 66. sehr umständlich vorgelegt, und nach dem dreyfachen Jammer des Kriegs, Hungers und Pestilentz beschrieben: Allein wir müssen sie hinweg lassen, und auf andere Gelegenheit verspahren. Und wollen wir nur vornemlich hier Meldung thun des grossen Schadens und Unrechts, welche die Universität durch die Entziehung der Zehenden zu Asch und Ringingen, so ihnen unterschiedliche Jahre genommen waren, hat leiden müssen. Weilen wegen dieser Sache alle geschehene Vorstellungen, der Jesuiten wegen, darbey böse einheimische Intriguen der verrätherischen Landeskinder vereiniget waren, bey Oesterreich nichts verfangen wollten, so wurde endlich die Sache unter die Westphälische Friedens-Handlungen gebracht, und auf solche Weise decidiret. Wir setzen das Memoriale, dessen oben p. 688. 690. gedacht worden, in Extenso hieher.

Memorial der Universität Tübingen, wegen entzogener Gefälle zu Ringingen und Asch.

Des Heiligen Römischen Reichs Evangelischer Fürsten und Stände fürtreffliche Abgesandte, Hoch- und Wohl-Edle, Gestrenge, Veste, Hochgelahrte, insonders Großgünstige, Hochgeehrte Herren.

Dem Closter Blaubeuren ist ein Dorff Ringingen, und in selbiges Amt eines, Asch genannt, gehörig, in welchen beyden es vor Alters zwo ziemliche vermögliche Pfarren gehabt, deren Jus Patronatus A. 1476. Herrn Graf Eberharden dem Aeltern zu Würtemberg, (so hernacher zu Hertzoglichem Titul und Würden erhöhet worden) zuständig gewesen. Als dieser löbliche Fürst in besagtem 1476. Jahr, zu Aufrichtung der Universität oder Hohen-Schule zu Tübingen, eine Commission auf den damahligen Abt zu Blaubeuren und zweyen Pröbste, auch die Privilegia von Pabst Sixto Quarto ausgebracht, seyn in A. 1477. hernach, prævia Citatione omnium & quorumcunque sua communiter vel in parte interesse putantium, ac matura causæ cognitione, auctoritate ejusdem Pontificis, mensæ Universitatis, neben andern auch die Gefäll und Einkünfften besagter beyder Pfarren auf ewig uniiret, annectiret und incorporiret worden, reservata tamen congrua portione pro perpetuis Vicariis ad præsentationem Universitatis instituendis: Wie in dem Extractu Instrumenti Erectionis dictæ Universitatis Nr. 1. mit mehrerm zu sehen.

Von solcher Zeit ist die Universität in stetiger, ohnunterbrochener, gantz ruhiger possessione vel quasi percipiendorum fructuum, redituum & proventuum derselben Pfarren, hundert und sechtzig gantze Jahr lang, biß nemlich in Junium des 1637. Jahrs, gewesen und verblieben. Als aber um selbige Zeit unter währendem Exilio Herrn Hertzogs Eberhards zu Würtemberg, und nachdeme Se. Fürstl. Gnaden von dem Prager Friedens-Schluß und Amnistia, durch den bewußten Neben-Recess excludiret gewesen, seyn der Durchlauchtigsten Fürstin und Frauen, Frauen Claudiæ, verwittweter Ertz-Hertzogin, gebohrner Princeßin von Toscana, als Insbrüggischer Vormünderin und Regentin rc. Tyrolische Beamte der Graffschafft Hohenbergk, hinderrücks und ohnwissend der Universität, zugefahren, haben derselben Pflegere zu besagtem Ringingen und Asch für sich erfordert, und ihnen, der Universität nichts mehr verabfolgen zu lassen, anbefohlen. Darauf je seithero die Zehenten und Gefälle selbiger Orten zu andern Blaubeurischen Amts-Gefällen für die Insbrüggische Herrschafft eingezogen worden, und die Universität zu Tübingen deren gäntzlich entsetzet verbleiben müssen: Deren auch auf ihr gebührend Ahnden und Suchen Nr. 2, 3. nichts anders, als wie Nr. 4. zu sehen, in Antwort erfolget, daß nemlichen die Herrschafft Blaubeuren mit allen derselben Pertinentiis des hochlöblichsten Ertz-Hauses ohnwidersprechliches Eigenthum gewesen, ohne desselben Consens nichts davon habe alieniret werden können, sondern die von der Univer-

sität

sität angezogene Fundation und Incorporation mehrgedachter beyder Pfarr-Gefällen an sich selbst vitios, null und nichtig sey.

Was es nun mit der de facto vorgangener Heimziehung des Blaubeurischen Lehens für eine eigentliche Beschaffenheit habe, stehet dahin, und ist Würtemberg dem Hause Oesterreich nimmermehr geständig, daß dasselbe, auf Absterben Hertzogs Ludwigs zu Würtemberg, welcher zumahln ex primi acquirentis linea niemahlen herkommen, dem Hauß Oesterreich apert oder heimfällig worden: In specie aber die beyde Pfarren zu Ringingen und Asch auch deren Gefälle betreffende, ist noch niemahln erwiesen, auch daß das Jus Patronatus solcher Pfarren zum Blaubeurischen Lehen gehörig gewesen seye, wie es dann auch nimmermehr vermuthlich oder verisimile, daß Primus Academiæ Fundator der Universität einig Gut, so mit Eigenthum andern zuständig, und er allein zu Lehn getragen, der Universität in perpetuam dotem werde assigniret haben, für Eines: So ist Andertens ein grosser Unterscheid, inter Jus Patronatus, & fructus sive reditus einer Pfarr, und gebühret dem Patrono Laico um solchen Juris willen nicht, die Gefälle vor sich einzuheimsen, oder ihme zuzueignen; Und weilen Drittens offtbesagter Pfarren Einkünfften, so fast eintzig in Frucht-Zehenden bestehen, Geistliche und gar nicht Weltliche, oder dem Weltlichem Lehn-Herrn zugehörige Gefäll gewesen; so haben sie auch ex causa justa & rationabili, citatis (uti hic per Commissarios a Pontifice ad erectionem Universitatis specialiter ad id delectos, quod numerus I. dilucide ostendit factum) quorum quomodolibet interesse poterat, ac cum consensu des damahligen patroni immediati, auctoritate Pontificia gar wohl zu andern milden Sachen oder piis causis, quibus etiam dotatio Studiorum universalium adnumeratur, appliciret und verwendet werden können. Und wann Vierdtens höchstermeldtes Hauß Oesterreich quocunque respectu ja dabey wenig oder viel interessiret gewesen wäre, so hätte solch Jus oder Prætension re adhuc integra allegiret, und nicht eine solche lange Zeit, in welcher auch contra ipsam Ecclesiam Romanam hätte præscribiret werden mögen, ungemeldet gelassen werden sollen. Demnach dann Fünfftens die Universität Tertius Possessor, und wie oben angezeiget ihren titulum à supremo bonorum

norum

norum Ecclesiasticorum dispensatore, accedente consensu Patroni immediati gehabt: Dannenhero an ihrer bona fide nicht gezweiffelt werden kan, auch solche ihre Possession hundert und sechtzig gantze Jahr palam, ohne männigliches Ein- oder Widerrede quietissime continuiret und tanti temporis præscriptione plenissimam securitatem erlanget, als ist ja das Insbrüggische Beginnen ein offenbares gantz widerrechtliches Factum, und kan nullo jure justificiret werden. Wobey Sechstens insonderheit auch dieses wohl in acht zunehmen, was der glorwürdigste Kayser Ferdinandus Primus, so zumahl des Feudi Blaubeurensis Dominus gewesen, das gantze Hertzogthum Würtemberg von A. 1521. biß 1534. in und von der Universität Erection und Dotation gutes Wissen gehabt, deroselben aber an ihren Gefällen und Einkommen das Geringste zu entziehen niemahlen begehret, sondern sie vielmehr dabey allergnädigst und mildest gelassen und geschützet hat. Daraus dann Ihrer Majestät Consensus, si eo ullatenus opus fuisset, ohnzweiffentlich abzunehmen. So haben Siebendens dero vortreffliche Herren Räthe, ihres Herren Jura freylich auch eben so wohl als die jetzige Hohenbergische Beamte gewußt und verstanden, es ist aber nie gehöret worden, daß einiger derselben die Verwendung der Pfarr-Gefälle zu Ringingen und Asch, pro causa amissi Feudi Blaubeurensis gehalten oder angezogen hätte, wie letzlich von ersterwehnten Beamten in ihrem Schreiben Nr. 4. aus ihrer eigenen Einbildung beschehen; sondern es seynd Hertzog Ulrich und Hertzog Christopff zu Würtemberg, von mehr allerhöchst besagter Ihrer Majestät mit selbigen Lehen absque omni contradictione belehnet worden.

Demnach ist an die hochansehnliche Herren Abgesandten gemeiner Universität Tübingen gantz angelegentlich Ersuchen und Bitten, die geruhen sich dieser gerechten und billichen Sache, auch den allgemeinen Studiis zu Ehren, bey der Hochlöblichen Cron Schweden Hochansehnlichen Herren Plenipotentiariis dahin intercedendo großgünstig anzunehmen, daß neben hiebevor schon für Ihro Fürstlichen Durchlauchten zu Würtemberg gesuchter völliger Restitution, des von Oesterreich deroselben durante hoc bello abgenommenen Stadt und Amts Blaubeuren, auch insonderheit und in specie obvermeldte der Universität von der Erection an, biß auf

die

die gewalthätige Entsetzung besessene Zehend und Gefälle zu Asch und Ringingen wieder restituiret und eingeräumet, und also diß so hoch berühmte Corpus Universitatis vor der sonsten darauf stehenden gäntzlichen Ruin und Dissolution errettet werden möge. Das werden besagter Universität Rector, Doctores und Regenten um dieselben nach Vermögen wieder zu beschulden, in allen Occasionen ingedenck verbleiben. Datum Tübingen den 20. Decembr. Anno 1646. ꝛc. ꝛc.

Rector, Cancellarius, Doctores und Regenten bey gemeiner Universität Tübingen.

Der geneigte Leser kan solches Memoriale nebst allen Beylagen, in Extenso lesen, in Herrn Johann Gottfrid von Meyern, Groß-Britannischen und Chur-Fürstl. Braunschweig-Lüneburgischen Hof- und Cantzley-Raths zu Hannover, Westphälischen Friedens-Handlüngen und Geschichte. Part. V. L. XXXVII. p. 185. sqq.

Observatio II.

Was die Ordnung wegen Logien auf der Universität betrifft für die Studiosos, weilen es nicht allemal richtig zugieng, und offt die Pursche übernommen wurden, so wurden die Stuben taxieret, auch die Taxa offentlich auf einer Tabella in Aula Nova aufgehängt. Darvon meldet Crusius P. III. L. XII. c. 10. pag. 309. ed. lat. p. 722. Den 30. Aug. Anno 1564. giengen zwey Professores von der Universität, mit eben so viel Rathsherren von der Stadt, von Hauß zu Hauß, und schrieben auf, was für Zinße ein jeder Burger von den Studenten für die Wohnung nehme. Der Rath hat hernach einen gewissen Preiß auf jede Wohnung gesetzt, damit man die Studenten nicht übernehmen möchte. Man hat auch schon zuvor (den 26. Febr.) Mittel verschafft, durch Fürsichtigkeit des Durchläuchtigsten Fürsten und Sorgfalt des Löbl. Universität-Raths, daß unter den Studenten und Weingärtnern der Stadt, (unter welchen bißweilen Streit und Händel entstanden)

den) Ruhe und Friede gestifftet werde. Eben solche Taxatio der Stuben ware von Zeit zu Zeit per Senatus Decreta wiederholet, e. g. A. 1629. 29. April. An. 1658. 24. Maj. Und kan allezeit, wo es nöthig ist, wiederholet werden.

Observatio III.

Wellen auch denen Academicis die Kirchen fleissig zu besuchen in denen Statutis C. XIV. anbefohlen ist, so gabe zu seiner Zeit Crusius selbst ein löbliches Exempel eines fleisigen, attenten und erbaulichen Kirchen-Gängers, welcher an seinem dociren und vielen schreiben nichts versaumte, ob er schon in alle Kirchen gienge. Er schriebe von Anno 1563. an biß gegen Anno 1607. da er den 7. February begraben worden, die mehreste Predigen in der Kirche und auch die Catechisations-Predigen, und sammlete derselben viele tausende, biß auf 7000. Conf. Lexic. Buddean. & Basil. in Voce Crusius. Seine eigene Worte sind P. III. L. XII. c. 9. p. 308. ed. lat. p. 721. M. Martin Crusius fieng in diesem 1563. Jahr den 7. Febr. an die Predig aus dem Munde Dr. Dieterich Schnepffen in der Kirche zu St. Georgen über den Knien mit lateinischer Feder aufzuschreiben. Hernach den 21. Febr. die Predig Jacob Andreä, Cantzlers. Darauf den 24. Febr. Dr. Jac. Heerbrands. Da er in eben dieser Kirche den 16 Jun. 1564. lateinisch zu schreiben angefangen hatte, geschahe es (ohne daß er sich solches vorgenommen unvermerckt, und gleichsam durch einen Enthusiasmum oder Entzückung) daß er griechisch zu schreiben anfieng. Wie er nun also angefangen, hat er es hernach fortgesetzt: Er fährt auch noch jetzt 1592. darmit fort, und wird darmit fortfahren so lang er leben und können wird. Er hat nun dergleichen viel tausend Predigen. Die Ursachen, die ihn darzu bewogen sind 1) damit er viel gute Sachen sammlen, 2) fleisiger aufmercken, und sich von allerhand umschweiffenden Gedancken abhalten, und 3) sich

im

im griechisch-schreiben üben und in desselben Fertigkeit stets zunehmen möchte. Ein Specimen davon ist die Civitas Cœlestis Tub. 4. 1587. per Georgium Gruppenbachium. Crusius aber bleibt wohl hierinnen Exemplum sine Exemplo, vor und nach seinen Lebens-Zeiten. Doch verbleibt ihme noch jetzo sein Lob und Ruhm vor allen denen, die es im Kirchen gehen ihme nicht nachthun!

Observatio IV.

Als schon in vorigen Zeiten die unchristliche, unheilige, wilde und rasende Fasnacht-Lust und allerhand Mummereyen auch in Tübingen unter einigen eingerissen hatten, solches aber in denen Statutis C. XIV. verbotten ist, so hielte eben dieser Martinus Crusius Anno 1590. an die Candidatos Magisterii eine Abmahnung- und Warnungs-Rede, folgenden Inhalts, P. III. L. XI. c. 8. pag. 235. sq. ed. lat. p. 622. Es ist wiederum die Zeit der Fasnacht vorhanden, da die Leute an den meisten Orten der Christenheit in Sauß und Brauß leben, und sich schier toll und rasend stellen. Wir, meine Lieben, sollens nicht so machen, und uns hiervon durch folgende wichtige Beweg-Gründe abhalten lassen. 1.) Der Mensch ist anfänglich nach dem Ebenbild Gottes erschaffen worden, daß er vernünfftig seyn solle: Allein durch die üppige Fasnacht-Lust wird dieses Ebenbild in uns verderbt, und eine Unvernunfft eingeführt. Gen. I. und III 2.) Ein solches tolles und unsinniges Wesen hat der Teuffel bey unsern ersten Eltern eingeführt, indem er sie durch eine Lügen zu Ubertrettung des göttlichen Gebotts verleitet, das schöne Bild Gottes in ihnen zerstöret und an dessen Statt ihnen ein gar heßliches Bild angestrichen. 3.) Die Fasnacht macht die Leute zu wüsten und wilden Bestien, indem sie Trunckenheit, Unzucht, Mord und Todtschlag bey ihnen verursacht. 4.) Dieses Fest wurde von den Heyden gefeyert, welche GOtt nicht kannten, und in Schatten des Todes sassen. 5.) Wir Christen sind mit dem Licht Gottes und Christi erleuchtet, und aus der Nacht in den Tag gebracht, Rom. XIII. darum sollen wir uns nicht denen Heyden gleichstellen, sondern die schändliche Kleider und Sitten ablegen, und als am Tage vor GOtt erbarlich wandeln. 6.) Gedencken sollen wir an das allerbitterste Leyden Christi für uns, welcher uns durch seinen Tod ein schönes Ehren-Kleid angezogen, so mit dem Fasnacht-Koth nicht besudelt werden solle, denn wir sind Tempel des heiligen Geistes. 1. Cor. VI. 7.) Der Teuffel hatte zwar Christum, da er Ihn in der Wüsten versucht, gerne auch zu einer solchen Fasnacht-Uppigkeit verführet. Allein Christus hat diese Versuchung überwunden und also ein Fürbild gelassen, wie auch wir die teuffelische Fasnacht-Versuchung durch Wort und Furcht Gottes und Danckbarkeit gegen unsern Erlöser überwinden sollen. 8.) Denenjenigen, welche ausser der wahren Kirche seynd, sollen wir kein Aergerniß geben, damit sie nicht, wann sie sehen, daß wir nicht besser noch züchtiger als sie seyn, unser Evangelium lästern. 9.) Besonders aber solle unser Fleiß, der auf gute Künsten und Wissenschafften gewidmet ist, von solchen Uppigkeiten sowohl zu dieser, als aller andern Zeit abhalten, damit nicht unser Orden in Verachtung komme und üble Nachreden von dem Pöbel hören müsse. Nüchternheit, Mäßigkeit, Zucht und Erbarkeit bringen Ansehen und Liebe bey allen Menschen. 10.) Wie sollte ein gescheider Mensch gern Fasnacht halten, das ist, sich toll und voll trincken und unartig, ja unsinnig und rasend thun, da er die Straffen einer solchen tollen und unsinnigen Fasnacht-Lust von vorigen Zeiten her schon lang vor Augen siehet: Da die benachbarte Länder mit grausamen Kriegen heimgesuchet werden, da auch wir dergleichen zu beförchten haben; Da GOtt sein Zorn-Zeichen wieder ein solches unordentliches Wesen öffters am Himmel und denen Elementen sehen und hören läßt. 11.) Der HErr heißt uns wachen und beten, weil wir nicht wissen, zu welcher Stunde des Menschen Sohn kommen, und wann jener den gottlosen so erschröckliche Tag einbrechen wird. Matth. XXIV. XXV. Luc. XXI. 12.) Warum sollst du o Mensch! Fasnacht halten wollen, da du siehest, wie immerzu Leute zu Grab getragen und die Leiber so erschröcklich verderbet werden? 13.) Förchtet euch vor dem plötzlichen und strengen Gericht Gottes.

Dencket

Dencket an das Exempel jenes reichen Schlemmers, welcher nicht einmal einen Tropffen Wassers hatte seine Zunge zu kühlen. Luc. XVI. Um aller dieser jetzt erzehlten Ursachen willen wollen wir keine üppig und tolle Fasnacht halten, Meine Lieben, sondern ein nüchtern, mäßiges, und Gottgefällig Leben führen, damit wir durch einen wahren Glauben an Christum, welcher sich durch ein kluges und vernünfftiges Leben zeigen solle, jener ewigen Seeligkeit theilhafftig werden, und nach Wiedererlangung des göttlichen Ebenbilds bey Gott unserem Schöpffer und Erlöser, mit allen Heiligen zu Tisch sitzen mögen. Amen! Es werden auch solche austrucklich in denen Statutis Cap. XIV. 2. k. de Larvatis verbotten und Straffen darauf gesetzet, welche auch von Zeiten zu Zeiten sind exequirt worden, auch wird dieses nicht allein auf die Fasnacht-Zeit gezogen, sondern ist von aller Zeit geredet.

Observatio V.

Die Universitäts-Bibliothec solle nicht gar mit Stillschweigen übergangen werden. Diese nahme nach denen Annalibus Acad. Tubing. und nach dem Zeugniß Crusii P. III L. XII. c. 8. p. 303. edit. lat. p. 714. An. 1562. ihren rechten Anfang, nachdeme die erste verbrannt ware, und schenckte den 22. Febr. M. Johannes Scheubel, Mathemat. Prof. viel Mathematische Euclidische Figuren in diese Universitäts-Bibliothec, die man anfieng aufzurichten, alle aus Holtz geschnitten: welchem Scheubelio hernach auch andere folgten, e. gr. Eberhardus Schultheis, &c. In diese Universitats-Bibliothec vermachte hernach An. 1586. D. Ludovicus Grempius, J. U. D. und gewesener Professor in Tübingen, auch nachgehends vieljähriger Advocatus der damahligen Freyen Reichs-Stadt Straßburg, seine schöne und grosse Bibliothec, welche von Straßburg hieher gebracht worden ist, und deren Gebrauch vornemlich denen Grempischen Stipendiariis dienlich seyn solle, bestehend, wie p. 545. gemeldet worden ist, aus 2600. Stuck Büchern. Sonsten wurde diese Universitäts-Bibliothec auch vermehrt, theils durch andere Legaten, theils vermehret man sie noch durch Erkauffung von der Universität, dahero jährlich ex Fisco 100. fl. assignirt werden. Vid. Statuta Renovata pag. 73. sq.

Es haben deßwegen Hertzog Friderich und Senatus Academicus sorgfältige Achtung auf die Universitäts-Bibliothec gehabt, und von dem Officio Bibliothecarii besondere Leges, Statut. Renovat. C. XI. Num. IV. 2. p. 74. sq. vorgeschrieben. So gehört gleichfalls die Sorgfalt, daß die Bibliothec in gutem Stand und Obsicht erhalten werde, auch in das Officium Rectoris Magnif. Statut. C. III. Num. IV. de Officio Rectoris, p. 20. da es heißt: Idemque Bibliothecarium Universitatis in Senatum vocato, de rationibus Bibliothecæ rogato, & ne quid detrimenti patiatur curato. Dahero auch von Zeit zu Zeit die Bibliothec per Deputatos visitirt und untersucht worden ist; welches besonders im dreyßig-jährigen Krieg, da Professor Flayderus, Bibliothecarius ware, und gar zu familiar mit denen Mönchen umgienge, auch besonders denen Jesuiten nichts guts zuzutrauen ware, fleißig geschehen ist.

Was den Gebrauch dieser Universitäts-Bibliothec belanget, so sollen gewisse Täge und Stunden angewiesen werden, daß præsente vel Bibliothecario ipso, vel ejus constituto fidelissimo Vicario, man einige Bücher besehen und aufschlagen könne, welches auch in voriger Zeit fleißig ist beobachtet worden,

den, besonders da einiger Studiosorum Ardor studendi grösser gewesen ist; dabey es aber seine Leges hat, wie man sich diesen Gebrauch möge zu Nutzen machen.

Nebst dieser Universitäts-Bibliothec werden in Tübingen annoch angetroffen: Erstlich die Bibliotheca Facultatis Philosophicæ, darinnen noch viele Reliquiæ Mscr. des Crusii sich finden müssen, und andere Memorabilia. Zweytens die Bibliotheca Stipendii Theologici, welche gute Bücher hat, und annoch, wiewohl nicht starck vermehret wird; So ist auch in diesem Stipendio die alte kleine Bibliotheca Guthiana besonders zu sehen / welche in einem besondern Gewölb, wie wir oben p. 197. angezeigt haben, verwahret wird. Darbey wir der Privat Bibliothequen deren Herrn Professorum nicht gedencken, welche auch alle gegen begierige Studiosos communicativ sind.

Besonders ware eine rare und kostbare Bibliothec auf dem Schloß von Hertzog Christoph angelegt, darinnen man die rareste Sachen hat finden können. Darvon kommt in Orat. Funebri, so D. Theod. Snepffius gehalten, p. 37. folgendes vor:

Scitis Principem in Arce Tubingensi Bibliothecam magno sumptu, codicibus optimis, Germanicis, Latinis, Græcis, Hebræis, instructissimam habere, quam ut primus maximis sumptibus instituit, sic subinde præclara accessione auxit, & ea ita se oblectavit, ut paucis ante mortem suam mensibus, catalogum omnium librorum conscribi, & in ordinem redigi voluerit. Videres ibi libros priscis & antiquissimis characteribus manuscriptos: videres inprimis perpetuum testimonium ipsius erga Ecclesiam purioremque doctrinam patrocinii: plurimi enim libri à doctissimis hominibus de rebus Theologicis scripti, ipsius celsitudini dedicati, ac tutelæ quasi commissi ibi visuntur. Imitatus est sapienpientiſſimus Princeps, magnum illum non modo potentia, ſed ingenio & doctrina, Ptolomæum Regem, qui ipſe ſtudiis deditus, Bibliothecam toto olim orbe celebrem, Alexandriæ conſtruxit. Illi enim egregii εὐεργέται, non putant, ſe ſatis præclare de literis mereri, ſi vivi eas ament, & amplectantur, niſi etiam collecto quaſi theſauro & divitiis illis literarum & ſapientiæ, totam poſteritatem oblectent & juvent. Quid quod noſter ille ſtudiorum Mecœnas in itineribus & profectionibus ſemper circumferre libros ſolitus eſt, & ut quanti eos faceret, omnes intelligerent, in arca, ubi aurum, ubi utenſilia argentea habebat, deponi juſſit, imitatus, niſi fallor, Alexandrum Magnum, qui ciſtulam pulcherrimam ex præda oblatam Homeri poëmatibus deſtinavit.

Gleichfalls ware eine unvergleichliche ältere Collectio Librorum rariorum in dem Stipendio Martiniano, wie Cruſius hin und her meldet; wie auch in dem Contubernio Burſæ. Es iſt aber nicht ohne Betrübnis daran zu gedencken, daß alle dieſe Bibliothequen, in welchen rariſſima geweſen ſeyen, zu Grund gegangen ſind. Die Fata der Schloß-Bibliothec laſſen ſich in denen Kriegs-Zeiten erblicken, da die Sachen zerſtöhret, zerſtreuet, verderbet, und zum Pulver zum Theil mißbraucht worden ſind. Die beyde andere aber ſollen diejenige, ſo ihre beſte Freunde geweſen ſeyn ſollten, nemlich Literatos, zu Verderbern gehabt haben: Mein! aber, was für rariora, die andere theuer würden erkaufft haben, ſind auf ſolche elende Weiſe zu Grund gegangen! Sed eheu! hæc ſunt fata librorum & Bibliothecarum!

Obſervatio VI.

Ob die Frequenz der Studioſorum in Tübingen von Anfang oder zu unſern Zeiten gröſſer geweſen ſeye? iſt wohl nicht leicht zu determiniren, doch wird ſie

sie in denen mittlerern Zeiten am stärckesten gewesen seyn. Ein Muster kan man von der Zahl der Studiosorum und Civium Academicorum, welche von 1477. biß 1522. in die Universitäts-Matricul eingeschrieben haben, nehmen: dann biß dahin in Zeit von 45. Jahren wurden laut der Annalium Acad. Tubing. und nach dem Zeugniß Crusii P. III. L. X. c. 11. p. 200. ed. lat. p. 575. der Inscribirten gezehlet 4889. Hält man nun eine gleiche Zeit von denen letzteren 45. Jahren an biß jetzo dargegen, und zehlet die innerhalb solcher verflossenen Zeit Inscribirte dargegen, so wird sich eine Gleichheit zeigen, so daß zwischen älteren und heutigen Jahren kein sonderlicher Unterschied seye; besonders da vor diesem auch graduirte und ungraduirte Personen im Durchreisen durch Tübingen inscribiret haben, welches jetzo nicht mehr geschiehet.

Dieses ist für allemahl von der Universität Tübingen zu bemercken, daß man Selbige nicht nach der Menge der Studiosorum hat æstimiren sollen, sondern nach denen Statuten und Ausübung derselbigen, besonders nach der Reformation unter den Hertzogen Ulrich und Christoph, auch ihren Successoribus biß auf gegenwärtige Zeit. Solches kan man aus denen oben pag. 339. sqq. angezeigten Ordinationibus ersehen. So hat auch Hertzog Christoph durch seine Commissarios fleißig auf die Mores Studiosorum inquiriren, und besonders 1556. bey der Universitäts-Visitation declariren lassen, daß man nicht auf die Viele/ sondern auf die Lehre/ Zucht und Erbarkeit der Studenten sehen solte: Seye besser 200. Gezogene/ weder 400. Dissolutos zu

 haben.

haben. Und stehen in denen Annalibus Academicis ad Annum 1568. folgende Worte von ihme:

Nutritius Ecclesiæ erat; ac à Majoribus suis fundatam Academiam dotavit amplius, ejusque curam gessit vere primam, Regentes Academiæ in id incumbere præcipiens, ut ne liberius agendi aut peccandi licentia sit studiosis: Et cum nonnulli veriti essent, ut Studiosi (ceu variis ex rationibus Tubingam confluentes) rigidiori ejusmodi disciplina territi, Tubingam mox relinquerent, atque Academia hac ratione Studiosorum numero minueretur: Ipsius Celsitudo hoc semper respondit: Malle se, ut dicatur, paucos ac bene moratos, quam multos ac dissolutos Tubingæ esse Studiosos.

Er beförderte eben dardurch das wahre Heyl der Universität, da er nicht nur das Stipendium Theologicum aufs beste, und mit grossem Unkosten, deren er nur aufs bauen biß 7000. fl. verwandte, wie ex Oratione funebri, so D. Theodoricus Snepffius gehalten, p. 34. sqq. zu ersehen ist, sondern auch die gantze Universität in den besten, und bißhero daurenden Stand gesetzet hat. Ich führe billich aus eben dieser Oratione des Snepffii p. 36. aus mehrerem einige Worte an:

Hoc Ornamentum (Academia) tam clarum isti Principi fuit, ut non tam de sua Aula, quam salute Scholæ solicitus fuerit: Nulla re magis oblectari solebat, quam cum eam florere audiret: subinde ad se Professores Scholæ vocare, adhibere mensæ, non solum clementer, sed familiariter etiam cum ipsis conferre, honoribus ornare, donis, præmiis, honorariis afficere. Si quæ difficultas oboriebatur, quæ turbare aut docentium aut discentium studia & rationes videbatur, ad Ipsius Celsitudinem tanquam Patrem confugiebamus: ac totius temporis, quo magnus ille studiorum Mecœnas summæ rerum præfuit, perpetua Experientia didicimus, nihil ipsius Celsitudinem (quod saltem honeste peteretur) denegare Musarum cultoribus potuisse. Novistis Magnifice Rector, & Patres Amplissimi, nihil me confingere de ingenio meo: Novistis me multa de industria præterire, ne molestiam Vobis mea prolixitate cream.

Auf eben diese Disciplinam und damahlen schon gewesene Ordnungen gründet sich auch die Invitatio per Programma publicum unter der Oesterreichischen Herrschafft, daß fremde Studiosi die Universität frequentiren wolten; welche bey dem Middendorpio de Academiis p. 541. sqq. angeführet, und von Crusio P. III. L. X. c. 11. p. 200. ed. lat. p. 576. widerhohlet wird. Dahero hat auch die Universität Tübingen mit denen Sächsis. Academien zu Wittenberg ꝛc. eine Confœderation wegen des Pennalismi selbigen auszurotten 1639. gemacht, und hat deßwegen Hertzog Eberhardus III. 1655. einen ernstlichen Befehl ergehen lassen, welches auch Landgraf zu Hessen, Georg, An. 1660. gethan hat, da ein Fürstliches Edict das gottlose Pennal-Wesen betreffend zu Giessen herauß gekommen. Und gedencken wir der vielen Programmatum Academicorum nicht, welche wider einreissende Unordnungen offt sind angeschlagen worden.

Wie betrübt es deswegen seye, wann bey so guter Disciplin und Ordnungen, auch gemachten Fürstlichen und Academischen Legibus in Tübingen dennoch ein Studiosus aus Leichtsinnigkeit wider den Elterlichen und Universitäts Willen extravagirt, solches erhellet aus folgendem Exempel, so an statt aller seyn solle, welches Crusius P. III. L. XII. c. 38. p. 336. Ed. lat. p. 761. anführet, und zwar mit folgenden Worten: Eine edle und gottselige Wittwe hatte auf der Universität einen ungehorsamen Sohn, die ihn öffters in Brieffen zur Frömmkeit und zu andern seinen Pflichten angemahnt, und ihm endlich, da nichts bey ihm verfangen wollen, den Fluch gegeben: Er wurde darauf nicht lange hernach des Nachts verwundet, daß er elendiglich umkommen. Der Brief hatte unter andern diese Worte: Lieber Sohn! Wie

Wie magst du mich in meinem Alter erst betrüben! Man schreibt mir, du seyest Weinsüchtig; halt das Maul zum Wasser-Krug. Du bist ein Bettler, und wilt Sammet tragen; Ich wolt, daß dich ein Pestilentz darnieder stieß. Wer den Eltern nicht folgt, auf den kommt alles Unglück: daß einer erstochen wird, oder sonst schändlich umkommt: Ach des grossen Leids, das du mir zuzeichst. Besserst du dich; so will ich das mütterliche Hertz wieder zu dir wenden. Wo nicht: so fahr hin: so bin ich dein Mutter nimmermehr. Ich merck deine Tück wohl, wann ich nur todt wäre, so meinest du, du hättest gewonnen. Ach daß du ein Kind der ewigen Seeligkeit würdest: Und dir helffe der liebe GOtt, der dich erschaffen hat: Und der Heyland JEsus Christus, der dich erlöst hat: Und der heilige Geist, der dich geheiliget hat in deiner Tauff. rc. Und scheinet dieser Elterliche Mütterliche Fluch seye erfüllet worden, weilen Crusius gleich darauf pag. 337. also schreibet: Den 6. Sept. wurde begraben der edle junge Herr Rudolph Wolff von Creen oder Grün, welcher seine Mutter gar nicht liebte, noch ihr gehorchte: er wurde des Nachts von Bußhorben tödtlich verwundet. Ob es nun einerley Exempel sey, wird dem geneigten Leser zu seinem eigenen Urtheil überlassen.

Wie sorgfältig aber man auf Seiten Hoher Obrigkeit gewesen seye, daß die Studiosi in Tübingen keine Verthuner seyen, auch man auf der Universität und in der Stadt nicht darzu behülfflich seyn solle, bezeuget neben denen Statutis Academicis per totum Caput XIV. der Fürstl. Befehl, welcher An. 1498. von Hertzog EBERHARDO II. an den Rectorem auf der Universität, und an den Stadt-Vogt ergangen, und darvon noch dieser Uberbleibsel und Particul in denen Annalibus Academiæ Tubingensis ad Ann. 1498. zu finden ist: Unsern günstigen Gruß zuvor! Hochgelehrte, liebe Getreue! Wir werden berichtet, wie die Studenten unserer Unterthanen Kind, so zu Tübingen in der Universität studieren sollen, viel Gelds verzehren

und

und wenig studieren, ihren Vättern und Freunden zu Schaden und Verderben, das Euch und der gantzen Universität verachtlich, und auch also geschehen zu lassen unser Meinung nicht ist; Und bitten Euch ernstlich: Ihr wollet mit gutem getreuen Fleiß darob seyn, daß sich die Studenten, sonderlich unser zugewandten Kind, emsigs Studirens fleissen, und Muthwillen, kostliche Zehrung und unzüchtig Wesen meiden, damit sie Würd und Ehr, und die Universität Lob und Aufgang erlangen möge. Dann wo das nicht geschehe, würden wir gedencken, Ihr wäret dieser Ding Verachter, und wir würden das nicht gern haben, und des unsern Ernst erzeigen. Und du Vogt, wollest dem Rector und andern Regenten der Schul, in solchem hilfflich seyn. Verkünd auch Krämern, Handwerckern und Wirthen, daß sie keinen Studenten mehr borgen. Das übrige fehlt.

Daraus so viel erhellet, daß dieses eine Blame gegen die Universität seye, wann von einigen Privat-Exempeln, man wider Selbige einen Schluß machen wollte; weilen ja so wohl geordnete Gesätze, die alle Glieder derselben berühren, Jedermann vor Augen liegen, und eines Bessern Unterricht geben.

Observatio VII.

Die Buchdruckerey belangend, wird dieses wenige gemeldet. Wann eigentlich die erste beständige Buchdruckerey in Tübingen angerichtet worden seye, ist noch nicht so gar ausgemacht, weilen besonders die erstere Buchdrucker ihre Pressen von einem Ort zum andern transferirten. Es ist aber hiervon nothwendig aufzuschlagen das Angedencken des dritten Jubel Fests der edlen Buchdrucker Kunst auf der Universität Tübingen/ durch Herrn Joh. C. Klemmen S. Th. D. und Prof. Ord. auch Ill. Stipend. Superintend. entrichtet. Anno 1740. besonders pag. 59. 61. 65. 69. 71. 72. 74. Gleichfalls wolle der Leser zusammen halten des seel. Special-Superintendenten in Stadt und Amt Stuttgardt und Spital-Pfarrern, Herrn Georg Cunrad Riegers Vorrede zu Herr Diaconi, Wilhelm Jer. Jacob Clessen drittes Jubel-Fest der Buchdrucker-Kunst ꝛc. Gotha 1740. pag. 15. sqq. Adde Fr. Christ. Lessers Typographiam Jubilantem §. 36. pag. 63. It. Dr. Christ. Mündens / Danck-Predigt und Historischen Bericht vom dritten Jubel-Fest der Buchdruckerey. Franckf. 1741. Oct. It. Cunrad Daniel Kleinknechts / Pastoris Lippheimensis Evangelische Lutherische Jubel-Freude. Ulm 1742. 8.

It. Annum tertium secularem inventæ Artis Typographicæ ex Versione & Editione Johannis Christ. Seizii, Franco-Germani, Harlemii, 1742. in welchem dem Laurentio Kostero die Erfindung zugeschrieben wird. Es hat aber dieser Auctor in der Recension der Buchdrucker-Kunst und ihres Fortgangs, Tübingen gar nicht gedacht, da doch die Ottmarische und Anshelmische Buchdruckereyen sehr berühmt sind. Und weilen die Controvers von dem ersten Inventore noch beständig währet, so ist nicht ohne Nutzen zu lesen das merckwürdige Gespräch im Reiche der Todten zwischen den erstern Erfindern der Buchdrucker-Kunst ꝛc. Erfurth 1740. in 8. denen ich nicht ohne Ursache Johannis Naucleri Zeugniß beyfüge. Dieser schreibt Vol. II. Generat. XLIX. p. 282. von den Buchdruckereyen folgendes:

Circiter annum Domini 1440. FRIDERICO III. regnante, ars impressoria excudendorum librorum stanneis formulis apud Moguntiam Germaniæ civitatem primum cœpit: quod inventum, nescio, an unum supra reliquas nationes ingenium Germanicum, vel elegantia sua, vel utilitate, efferat. Tot extant hodie trium principalium linguarum autores, tot fidei Chri-

Christianæ monumenta, tot instaurati hujus inventi gratia libri, ut plane divinitus datum munus reipublicæ crediderim. Debent Germaniæ literæ, debent autores boni, quibus hoc opere immortalitas est parta. Quamobrem Philippus Beroaldus & egregrie doctus homo, & Germaniæ præcipue studiosus, in illius laudem ait:

O Germania, muneris repertrix,
Quo nil utilius dedit vetustas;
Libros scribere quæ doces premendo!

Sed fato Germanicis ingeniis datum putarim, ut in ære tractando nostri imprimis excellant, quod cum multis aliis patet, tum hoc præsertim impressarum formularum stanno, ac alio invento, bombarda scilicet, (bellici tormenti genus est hoc, à sono sic appellatum,) tale id est, ut sat magna nihil amplius mirari soleamus, &c.

Welche Worte Herr Christian Gottlieb Schwartz Diss. III. de Origine Typographiæ p. 33. anführet.

Es ist aufs vermuthlichste der erste Buchdrucker und Buchführer hier gewesen M. Johannes Ottmar/ Civis Reuttlingensis. Dieser aber hat anfangs seinen Sitz nicht hier gehabt, sondern es ware in Reuttlingen seine Presse. Welches ich darum melde, weilen seine Subscription zweyerley ist, da entweder Civis Ruttlingensis darbey stehet, oder es nur M. Johannes Ottmar heißt. Diesen Unterschied finde ich in zweyen Schrifften, welche mir eben vor Augen kommen. Das eine ist die Lectura super Canone Missæ in Alma Universitate Tuwingensi ordinarie lecta. Magistri Gabrielis Biel. Anno 1488. da in der Subscription am End des Wercks es also heißt:

Immensas igitur omnipotenti patri & filio & Spiritui sancto, qui hujus sacro sancti canonis verus auctor & inspirator extitit, intemerate quoque virgini Marie simulque toti militie triumphanti, gratiarum referimus actiones, cujus juvamine hoc saluberrimum Opus in presidium Fidei Catholice solicitius ac laboriosissime in Alma Universitate Tuwingensi ordinarie

pro-

promulgatum est. impressum attamen feliciterque consummatum impensis & singulari cura Magistri Johannis Ottmar, Civis Ruttlingensis Anno 1488. in profesto Ottmari Sancti Abbatis 15. die Novembris.

Ja ich vermuthe starck, daß diese Lectura Bielis in Tübingen selbsten seye getruckt worden: Sintemahlen wann die Subscriptio post tabulas directivas in Tübingen geschehen ist, so mag sie auch beweisen, daß damahlen Johannes Ottmar in Tübingen eine Presse gehabt habe, wann sie schon noch nicht privilegirt gewesen ist. Sie lautet also: XVI. Septembris Anno 1488. Manu propria collector. in alma Universitate Tuwing. primum lecture hujus exemplar. una cum tabulis directivis quam diligenter calamo exaratum est. Laus DEo. Einen neuen Beweißthum, daß vielleicht dieses Bielische Werck in Tübingen selbsten getruckt worden seye, mag man ferners ex Lectione 89. fin. nehmen, da es heißt: Finitum legendo d. 4. Nov. Ann. Dni. 1488. sequitur additio, que super lectione 57. scribi debuit ante solutionem dubii quinti. Da man nun das gantze Werck den 15. Nov. 1488. absolviret hat, so scheinet es, es seye von der Feder hinweg gedruckt worden, und es vielleicht in Tübingen selbst geschehen seye? Doch bleibet Lis sub judicio des geneigten Lesers, da man auch von Tübingen aus auf Reuttlingen die Materie hat überschicken können, so aber zweiffelhafft bleibet.

Das andere Scriptum ist die Oratio Funebris, Hertzogs Eberhardi Barbati, welche schon oben ist angeführet worden, und welche Cunradus Sommenhard gehalten hatte; da es zuletzt heißt: Finit Oratio Funebris luctuosa ad Universitatem Tuvvinwingensem &c. Impressi in Oppido Tuwingensi, per Magistrum Johannem Ottmar. An. MCCCC. XCVIII. Daraus erhellet, daß zwar Ottmar etwas in Tübingen hat drucken können, aber muthmaßlich erst in der Zeit von 1488. biß 1498. eine privilegirte Presse in Tübingen bekommen habe. Und also Crusius P. III. L. IX. c. 8. p. 159. ed. lat. pag. 509. sqq. nicht unrecht hat, wann er also schreibt: In diesem Jahr (1498.) kam die erste Buchdruckerey nach Tübingen, worauf Pauli Scriptoris, eines Minoriten von Weill in Schwaben, Explanation und Erklärung über das erste Buch der Sententiarum Scoti, daselbst Anno 1498. gedruckt worden ꝛc. Eine Neben-Ursache mag auch seyn, warum die Nachricht von den ersten Buchdruckereyen in Tübingen so undeutlich ist, theils, daß öfftere Pesten, theils öfftere Kriege gewesen sind, in welchen die Academica dann und wann auch sind eingeflochten worden. Sonsten wäre zu wünschen, daß die Anno 1444. gedruckte Predigen über die Episteln annoch in dem Martinianer Stipendio zu finden wären, weilen man einiges daraus ersehen möchte; Denn Crusius P. III. L. VII. c. 4. pag. 55. ed. lat. pag. 381. schreibt also; In diesem 1444. Jahr wurden einige Predigen über die Sontägliche Episteln gedruckt, welche hier zu Tübingen in der Bibliothec des Martinianer Stipendii aufbehalten werden: Dann die neulich erfundene Buchdrucker-Kunst hatte einen guten Fortgang.

Ordnung der Buchdrucker,

Wie selbige von Anfang der Universität biß 1743. sind bekannt worden? Daraus ohngefehr zu ersehen ist, warum von ersteren Academicis nicht gar zu viel gedrucket ist, da auch die Buchdrucker selbst un-

unbekannt sind. Wir setzen hier die Terminos (à quo ad quem) wie wir die Data gefunden haben.

1488. - 1498. Johannes Ottmar, ware Buchdrucker und Verleger der Bielischen Schrifften ꝛc.

1510. Thomas Anshelmus, ware auch zu Pfortzheim, zoge 1521. nach Hagenau. Dieser druckte in Tübingen Naucleri Chronicon 1516. und allerhand Scripta.

1525. Ulricus Morhardus, & ejus Vidua, biß 1572. Er druckte das Chronicon Herfeldense und allerhand.

1572. Georgius Gruppenbach, biß 1604.

1578. Alexander Hock, biß 1590.

1590. Erhardus Cellius, Parens Professor.

1594. Johannes Kircher, biß 1597.

1607. Philippus Gruppenbach, biß 1611.

1610. Johannes Alexander Cellius, nat. 1578. mortuus 1623. 13. Nov.

1610. Theodoricus Werlin, biß 1662.

1613. Johannes Alexander Cellius, biß 1665.

1617. Erhardus Wildius, biß nach 1620.

1626. Philibertus Brunn, biß 1651. welcher zugleich Buchhändler gewesen ist.

1662. Johannes Henricus Reiss, biß 1687.

1663. Gregorius Kerner, biß 1704.

1672. Joachimus Hein, biß 1683.

1689. Georg Henricus Reiss, biß 1704.

1689. Johannes Cunradus Reiss, biß 1719. Waren anfangs beysammen 1687. nach des Vatters Tod.

1682. Martinus Romejus, biß 1693.

1699. Joh. Cunradus Eitel, biß 1713.

1699. Johannes Grætz, biß 1707. †. 8. Octob. ætat. 36.

1708. Hiobus Franck, †. 1729.

1713. Josephus Sigmundus, †. 1742.

1719. Christoph. Henricus Reiss, †. 1720.

1720. Georg Friederich Pflick, †. 1742.

Jetzt lebende Buchdrucker und Cives Academici sind:

1722. Christian. Gottofredus COTTA.

1728. Anton Heinrich RÖBEL.

1731. Joh. Henricus Philippus SCHRAMM.

1738. Joh. David BAUHOF, und in Compagnie mit ihme Pflickii Vidua.

1743. Georg Friederich MEZ, und in Compagnie mit ihme Sigmundi Vidua.

Von denen Bibliopolis und Buchhändlern ist wohl keine Series zu machen, da anfangs die Buchdrucker, welche zum theil auch Schrifftgiesser gewesen sind, auch die Stelle der Buchführer vertretten haben. Doch kommen mir besonders vor:

Wolff Cunrad Schvveickard, Bibliopola. † 1571.

Pomponius Ellemann, Bibliopola. 1586.

Auf diese folgten von 1625. an biß 1697. die drey Philiberti Brunnij, Avus, Parens, & Filius. † 1651. 1658. 1697.

Johannes Georgii Cottæ, der Aeltere, † 1692. Der Jüngere, † 1712.

Gottofredus Stollen.

M. Theodorus Mezler.

Carolus Theophilus Ebertus.

Jetzt

Jetzt lebende Buchhändler und Cives Academici sind:

Hr. Johannes Georgius COTTA, und
Hr. Christophorus Henricus BERGER.

Nun folgen

Vierdtens
Die Miscellanea Naturalia, besonderer Natur-Begebenheiten.

Observatio I.

ANno 1579. schlug der Donner in den Pulver-Thurn auf dem Schloß gegen Abend, zersprang denselben, und geschahe hierdurch grosser Schaden. Es wurde alles erschüttert, auch wurde vieles an den äusseren Mühlinnen und in dem Briel verderbt, und flogen die Quatersteine theils auf den Wehrt, theils ins Ammerthal; Und wurde der Schade auf oder über 30000. fl. geschätzet. Crusius Part. III. L. XII. c. 25. p. 341. a. Edit. Lat. p. 768. schreibt also: Den 19. Jun. (1579.) Mittags nach 1. Uhr, als M. Stephan Gerlach bey mir war, schlug das Wetter mit grausamen Krachen in ein Thürnlein des Schlosses zu Tübingen: Und weil viel Pulver darinnen war, zersprang es in einem Augenblick, und zerbrach die Schloß-Fenster und Dächer der nahgelegenen Haußer. Der Strahl, das Zerspringen und das Einfallen der Dächer war eins.

Observatio II.

Anno 1704. erschlug der Donner zwey Theologiæ Studiosos Tubingenses auf dem Berg zwischen Tübingen und Waldhausen, als selbige am Pfingstdienstag von Weil im Schönbuch, allwo sie beede geprediget hatten, nach Tübingen zuruck giengen, und dem Wetter annoch zu entrinnen verhofften.

Sie

Sie waren M. Jacobus Andreas Osiander, ein Sohn damahligen Pastoris daselbst, aus meinem Magisterio, und Sigismundus Brinckmann, aus Nürnberg gebürtig. Letzter gieng vor an, und ware vom Strahl getroffen auf wunderbare Weise, mithin im Augenblick todt. Der Osiander aber wurde von der Gewalt niedergeschlagen, bliebe unverletzt und zerkratzte seine Finger, ohne Zweiffel in der Bemühung sich Lufft zu schaffen, hat also ersticken müssen, und ein wenig aus der Nasen geblutet. Der geneigte Leser wolle selbst, zu seiner Erweckung des seel. Doct. und Profess. Theol. Christophori Reuchlins Leich-Predigt, so er darüber gehalten, obschon der Osiander nach Weil abgeführet worden ist, lesen; Sie ist der zweyte Anhang an seiner Kurzen Abbildung des wahren und thätigen Christenthums. Tübingen 1705. Und ware der Textus, Luc. XII. 35-40.

Observatio III.

Anno 1707. schlug der Donner in den St. Georgi Kirchen-Thurn, und zerschmeltzete den Uhr-Trat in Stücklen, streiffte auch einige Zieffern an der Uhr-Tafel ab; Und starb gleich darauf dieser Dr. Reuchlin; Er wurde zu Grab getragen, als die Frantzosen auf Tübingen kamen.

Uber dieses schlug der Strahl zu unterschiedlichen Zeiten in Tübingen ein, welches wir hier nicht specificiren wollen.

Observatio IV.

Ann. 1542. fiel der Wall an dem Schloß gegen dem Hagthor herab. Crusius P. III. L. XI. c. 17. p. 255. ed. lat. p. 649. meldet folgendes. Zu Tübingen fiel der Wall am Schloß ein, wordurch etlichen benachbarten Häusern Schaden geschehen.

Anno 1560. ereignete sich ein sonderbarer Erdfall zwischen Tübingen und Jesingen, darvon Crusius P. III. L. XII. c. 6. p. 298. ed. lat. p. 707. also schreibt: Den 27. Dec. (1560.) ereignete sich schnell ein Erdfall zwischen Tübingen und dem Dorff Jesingen auf dem Feld: das Loch war 36. Schuhe tieff, und 20. breit. Seine Mundung war rund, und nicht grösser als ein gemeiner Brunn, das Wasser darinnen war ungefehr 9. Schuhe tieff.

Observatio V.

Von ausserordentlichen Frost- und Schnee-Wintern, worinnen dem Rebwerck und Bäumen Schaden geschehen, können nach anderen meine zufällige und vermischte Gedancken / über den hefftigen Schnee und Frost-Winter 1740. eingesehen werden. Oct. Tüb. verlegt Johann Georg Cotta 1740.

1483. Wird einer ausserordentlichen Sommer-Hitze gedacht, darvon der Schwartzwald angezündet worden seye, und die Feuer-Funcken biß nach Tübingen geflogen seyen; auch die Stadt Nürtingen halb abgebronnen seye. Conf. Crusium P. III. L. VIII. cap. 18. p. 120.

Von Erdbeben wird nichts besonders hier gemeldet, weilen sie gantz Würtemberg insgemein betroffen haben. Gleiches wird von Wasserfluthen gemeldet, welche auch niemahlen allein Tübingen betroffen haben: Und eben dieses gehet auch an die ausserordentliche Sturm-Winde, welche gleichfals gemein gewesen sind: Nur muß ich noch denjenigen melden, welcher Nachts nach 12. Uhr den 5. April

1743.

1743. entstanden ist, und darvon auch mein eigen Haus, da ohnfehlbar ein Erdbeben ist verknüpfft gewesen, geschwancket hatte.

Fünfftens berühret man billich etliche Miscellanea Civilia und Politische Sachen.

Observatio I.

Wer wollte nicht als ein besonderes Miscellaneum Civile von Tübingen den Tübingischen Vertrag gelten lassen? Er ist ja seiner Gültigkeit nach auch heutigs Tags, ein guter Grund der Würtembergischen Landschäfftlichen Freyheiten und Privilegiorum. Es wird der Tübingische Vertrag genennet, nicht als wenn er mit Tübingen allein wäre eingegangen worden, und weilen er ein gütlicher Vertrag zwischen Hertzog Ulrich und der gantzen Landschafft in Würtemberg ist: sondern weilen die Kayserliche u. des Reichs Churfürsten und Fürsten Gesandten und hohe Freunde Hertzog Ulrichs in Tübingen zusammen gekommen, und der Auffsatz daselbst ist gemacht und theils ratificirt worden. Gelegenheit zu diesem Vertrag gabe die Aufruhr und Rebellion, so durch den armen Cunrad, einen Bauren von Beutelspach erreget worden, da sich die Ramsthäler auf dem Cappelberg und in Schorndorff zum Krieg gerüstet hatten, welche aber hernach zerstreuet, auch unterschiedliche am Leben gestrafft worden, eine grosse Menge aber gantz entflohen ware. Bey diesen Umständen bewiesen, oben gemeldeter Massen, die Tübinger ihre besondere Treue, da nicht nur durch die sonderliche Mühe Dr. Martini Plantschen, als Stadtpfarrers, und treue Erinnerung auf dem Rathhaus durch den Vogt Cunrad Breuning und den Rath einige schwürige Gemüther besänfftiget, und in Ruhe erhalten worden, sondern auch Ernst von Fyrst mit 500. Tübingern Hertzog Ulrich zu Hülffe kame. Für welche Handlung Hertzog Ulrich Tübingen beständig gnädig verblieben ist; Und ihnen pag. 122. sq. oben gemeldete Privilegia gegeben hatte. Man lese hier Crusium P. III. L. X. c. 4. pag. 181. 182. selbst. Edit. lat. p. 550. Es ist bey diesem Tübingischen Vertrag zu bemercken, daß nicht alle Exemplarien legitima sind, sondern einige unrichtig. E. g. so ist würcklich dasjenige Exemplar nicht gantz genuin gewesen, welches Herr Moser in seiner Sammlung der Würtembergischen Urkunden Part. I. p. 266. sq. wieder hat abdrucken lassen, welches leicht zu ersehen ist, wann man es gegen die genuinen der Landschafft, und andere Exemplarien hält, als solches auf dem Landtag klar ist vor Augen gelegt worden. Es wurde dieser Vertrag erstlich Forma Patenta gedruckt, und allen Städten gegeben, welche Exemplaria aber gleichfals sehr rar worden sind, und kaum ein paar derselben auf dem Landtag haben können vorgezeigt werden. Sonsten erfolgte leyder bald hernach, nach Ablauff 12. Jahren der so genannte grosse Bauren-Krieg, worinnen so viele Schlösser und Clöster ruinirt wurden. Vid. Crusium P. III. L. X. c. 14. pag. 207. sq. edit. lat. p. 585. sqq.

Weilen ich aus der Erfahrung habe, daß dieser Tübingische Vertrag so vielerley Interpretationen, ja öffters Detorsionen und Verdrehungen unterworffen ist, aus welchem man pro und contra agiren will, ja gar einige eine willkührliche Sache mit dem-

demselbigen vorstellen wollen, welchen man leichtlich ändern möge, wie viele Vastatores Patriæ, besonders der gewesene Dr. Enzlinus, als ein Landschaffts-Feind, wie er den Titulum sich zugezogen hat, behaupten wollen, als welcher letztere selbigen umzustossen sich äusserst bemühet hatte, so aber hernach in vorige und bißhero daurende Gültigkeit wieder ist gesetzet worden, so füge dieses wenige bey.

Zum rechten Verstand dieses Tübingischen Vertrags, müssen zusammen gehalten werden, (welches billich alle Beamte in Würtemberg mercken wollen,) die zum Theil auf einem Tag St. Kiliani 1514. datirte Pieçen. 1.) Der Vertrag selbsten; 2) Der Tübingische Abschied; (3.) Ratificatio Hertzog Ulrichs/ Montag nach St. Kiliani 10. Julii 1514. 4.) Ejusdem Verspruch/ wann er sollte verlohren werden/ den Tübingischen Vertrag wieder herzu stellen/ Stuttg. den 10. Sept. St. Aegydii 1514. 5.) Hertzog Ulrichs Vidimus, oder Wiederhohlung beeder Versprüche, mit Kayserl. Maj. Maximiliani I. Confirmation, &c. und Erklärung wegen der Land-Täge. Stuttg. Georgi 1515. 6.) Ejusd. Fernere Erklärung des Tübingischen Vertrags/ 1535. Darauf Hertzog Christophs Confirmation Ann. 1551. gefolget ist. Gleiche Confirmationen sind auch von seiten der Römischen Käysern erfolgt, wie es auch besonders von Carolo V. 1522. geschehen ist, darvon folgendes Scriptum ins besondere zeuget: Der Landschaffts Freyheiten in Würtemberg/ gedruckt zu Stuttgardt. den 18. Nov. 1522. durch Hanß von Erdfurt/ darbey Caroli V. Ausschreiben ist.

Nachdeme nun zwar der Dr. Enzlinus, dargegen widri-

widrige Consilia unter Hertzog Friedrichen gegeben, und dardurch in der Landschafft grosse Unruhe und Uneinigkeit erwecket hatte; so wurde doch alles wieder unter Hertzog Johann Friederich in erstern Stand gesetzet, und der Tübingische Vertrag als ein Fundamental-Gesetz beybehalten, und confirmiret. Welcher Tübingische Vertrag endlich auch nach dem dreyßig jährigen Krieg unter Hertzog Eberhardo III. von Kayser Ferdinando III. mit folgenden Worten ist confirmiret worden, da in der besondern Confirmation des Tübingischen Vertrags folgende Worte stehen: Als haben wir angesehen sein Hertzogs Eberhards zu Würtemberg, Gehorsam fleißige Bitt, und darum mit wohlbedachtem Muth, gutem Rath, und rechtem Wissen ob inserirten Tübingischen Vertrag, als Römischer Kayser, auch ältester Regierender Hertzog zu Oesterreich, gnädiglich confirmiret, bestättiget und erneuret: confirmiren, bestättigen und erneuren auch denselben hiermit von Römischer Kayserl. auch Ertzhertzoglichen Macht, Vollkommenheit, wesentlich in Krafft dieses Brieffs, was wir daran von Recht und Billigkeit wegen, zu confirmiren, zu bestätten und zu erneuren haben, sollen und mögen, und meinen, setzen und wollen, daß vorgeschriebener Tübingische Vertrag in allen und jeden seinen Worten, Puncten, Clausuln und Articuln, Innhaltungen, Meynungen und Begreiffungen, kräfftig und mächtig seyn, stet, vest und unverbrüchlich gehalten werden, und besagte gemeine Prälaten und Landschafft des Hertzogthums Würtemberg, jetzt und hinfürter jederzeit, nach Nothdurfft sich dessen Innhalts freuen, gebrauchen, niessen und gäntzlich darbey bleiben, und gelassen werden mögen und sollen, von allermänniglich, insonderheit aber auch, auf dem Fall eröffneter Oesterreichischen Anwartschafft, von der künfftigen Succeßion unseres Löblichen Hauses Oesterreich, der Ertzhertzogen zu Oesterreich unverhindert, getreulich und ohne alle Gefährde &c. Conf. Moseri Urkunden. c. I. Part. I pag. 266. sqq. Gleiche Bestätigung dieses Tübingischen Vertrags, geschiehet von allen Hertzogen in Würtemberg bey antrit Ihrer Regierung, welches auch mit Fürstlichen Worten letztens von Hertzog Carl Alexander glorw. And. geschehen ist, darvon folgengende Worte zeugen: vid. Urkunden der Religion in dem Hertzogthum Würtemberg. Tub. 1738. p. 90.

Præmissis porro: So haben wir uns, auf zuvor eingenommenen genugsamen Bericht, was es mit angezogenen Tübingischen Vertrag und Neben-Abschied, auch denen darauf erfolgten Confirmationen und Abschieden vor eine eigentliche Beschaffenheit habe, entschlossen, besagten Prælaten und gemeiner Landschafft dieses Hertzogthums, mehr ermeldeten Vertrag, Declaration, und Land-Tags Abschiede, in der Form und Maas, wie dieselbe von Unsern Hochgeehrten Herren Vorfordern, Christseeliger Gedächtniß, mit ihnen verglichen, verabschiedet, confirmiret, und endlich abgehandelt worden, auch wir im Namen als obstet zuthun, verbunden sind, zu roboriren und zu bestättigen. Thun auch dieses hiermit und in Krafft dieses Brieffs, gereden und Versprechen hierauf bey Unsern Fürstlichen Würden und wahren Worten, obermeldten Prælaten und Landschafft, die Zeit Unserer währenden Regierung, bey mehr angeregten Tübingischen Vertrag, und darauf declarirten Articuln, darzu bey Andern, auf gemeinen Landes- und sonderbahren Außschuß-Tägen gemachten Abschieden und Vergleichungen, auch denen darinnen begriffenen Freyheiten, gnädig bleiben zulassen, und die zuhalten.

Observatio II.

Unter der Oesterreichischen Herrschafft setzte man ein Schloß-Geld an: dann da von Alters her der Magistrat zu Tübingen 4. Schildwächter auf das Schloß setzen durffte, so ließ der Kayser Carolus V. solches verrichten, und musten Ihme Stadt und Amt Tübingen Jährlich ein gewisses Geld, nemlich 50. Heller und 10. Schilling bezahlen: So aber hernach auch wieder abgekommen ist. Es sollten auch damahlen die Stadt und Amt Tübingen samt dem Schloß dem Printzen Christoph destinirt bleiben, welches aber hernach nicht ist gehalten worden, und wurden nach gehaltenem Land-Tag 1520. die Tübinger ihres Eydes loß, den sie dem jungen Printzen Christoph geschworen hatten. Vid. Crusium P. III. L. X. c. 9. p. 193. Edit. Lat. p. 565.

Observatio III.

Unter denen Pfaltzgrafen von Tübingen, und folgends auch unter denen Würtembergischen Grafen, biß an

Hertzog Eberhardum Barbatum wohnten Juden in Tübingen, und hatten ihre besondere Gasse, darinnen sie sich aufhielten, welche noch (und nahe bey meinem Hauß unter dem Haag ist) biß jetzo den Namen Juden-Gasse behält. Ein Zeugniß davon findet sich bey dem Crusio ad Ann. 1459. P. III. L. VII. c. 12. p. 72. Edit. Lat. p. 406. welches also lautet, da er folgenden Jüdischen Reverses Meldung thut; Ich Kauffmann Jud, und ich Bel Jüdin sein Hauß-Frau hier zu Tübingen gesessen bekennen und thun kund allermänniglich mit diesem Brief. Als ich Bel Jüdin, mit samt andern Juden, die hier zu Tübingen seßhafft sind, in Gefängnuß des Herrn Herrn Eberhards, Grafen zu Würtemberg, und zu Mömpelgardt, &c. Meines gnädigen Herren kommen bin: Um solches, daß ich denen armen Leuten höher, theurer, und anders &c. dann ich hier zu Tübingen aufgenommen und gefreyet bin, (damit ich dann die Freyheit hab verbrochen und überfahren) als sich auch das warlich erfunden hat: und um solch meiner Verhandlung überfahren und Verbrechen der Freyheit mercklich Straff verschuldet hatt! und auch schwerlich zu straffen wär gewesen: so hat doch der Herr Ulrich, Graf zu Würtemberg, &c. mein gnädiger Herr, als ein Fürmunder des obgenannten meines Gnädigen Herrn Grafe Eberhards, mir mildiglich Gnad bewiesen: um ernstlicher Bitte willen, an sein Gnaden gelangt, wieder ausser solcher Fengnuß kommen lassen: doch also, daß ich obgenannter Kauffmann Jud, und ich obgenannte Bel Jüdin sein Hauß-Frau, ehgenannte Fengnuß, und was sich darunter gemacht und verlauffen hat, gegen den obgenannten Unsern gnädigen Herrn, und der Herrschafft zu Würtemberg, an den ihren, oder, die ihn zu versprechen stehen, oder den, die Rath, Steur und Hülff dazu gethan haben, nimmermehr zu hassen, zu eyfern, noch zu rechnen, &c. Wöllen auch die Schulden, so die zu Tüwingen, oder in dem Ampt Tüwingen, uns schuldig sind, die nechsten drey Jahre ohne Wucher und Gesuche anstehen lassen &c. So haben wir obgenannte geschworen ein Jüdischen Eydt, nach unser Gewohnheit alles und jegliches vorgeschrieben, wahr und stett zu halten, &c. und deß alles zu wahrem und offenem Urkund, so haben wir beyde ernstlich gebetten die frommen Junckern, Conraden von Wirst: Juncker Albrechten, und Juncker Wildnow vol, von Wildnow, Gebrüder: daß sie ihr eigene Innsiegel

gel (doch ihn ohne Schaden) das alles abgeschriebene zu bezeugen, offentl: haben gehenckt an diesem Brieff. &c. Geschehen am Donnerstag vor dem Tag des H. Bischoffs Martini A. 1459. Dieses bezeugt genug, die Wahrheit der Sache. Es wurden aber hernach die Jüden nicht nur aus Tübingen, sondern auch aus gantz Würtemberg verwiesen, und ist desto betrübter, daß sie in letzteren Zeiten so viel Ungemach bey Uns erregt haben. Es wird dieses bewiesen, daß Hertzog Eberhardus Barbatus in seiner Testamentlichen Disposition: Wie auch Hertzog Eberhardus II. die Ausschaffung der Jüden bestättiget haben: darauf sich hernach der Vertrag zu Horb den 10. Jun. 1498. bezogen hat. Gleiches wurde durch Kayser Carolum V. als Innhabern des Hertzogthums Würtemberg den 25. Jun. Anno 1521. durch einen offentlichen Befehl bekräfftiget, Vid. Hrn. Moseri Würtembergische Urkunden P. I. p. 296. sqq. und hernach 1530. den 15. octobr. in einem Kayserl. Reichs Mandat, wegen Würtemberg besonders bestätiget. Vid. Moserum c. l. p. 298. da besonders die Worte pag. 301. hieher gehören: dieweil in vielbemeltem Fürstenthum Wirtemberg bißher in löblichem Herkommen und Gebrauch gewesen, und noch, das kein Jud darinnen enthalten noch ohne sonder desselben Fürstenthums regierenden Herrn bewilligen und begleiten darinnen zu wandern gedult; Sondern so, und wann sie darinnen begriffen, darum hörtiglich gestrafft worden sein, wöllen Wir, daß söllichs hinführo, ohne menigklichs verhindern auch dermassen gehalten werde, wölches Wir auch hiemit, alß Römischer Kaiser, von Kaiserlicher Macht gnedigklich confirmiret, und bemelt unser Fürstenthum von neuem damit privilegiret und begnadet haben wöllen. Welche Declaration Hertzog Ulrich, nach Recuperirung seines rechtmäßigen Fürstenthums, 1536. 1. Jun. also bestättiget hat, daß Er mit sonderbarem Ernst gebotten, solche nagende schädliche Würm, die Jüden, als die GOtt dem Allmächtigen, auch der Natur und Christlicher Ordnung gehäßig, verschmäht und widerwärtig seynd, in dem Hertzogthum, deßelben Flecken und gebieten nicht zu dulten. So hat auch Hertzog Christoph Ann 1551. und 1567. einen eignen Abschied wegen der Jüden gemacht und erneuret, daß denen Jüden allein das durchreisen und durchwandern erlaubt worden, darbey man aber das häußliche Inwohnen so hart verbotten hat, daß denen

Unterthanen auch bey Straffe Leibs und Guts, darzu verweisung des Lands, mit solchen nagenden und schädlichen Würmen, denen Juden, zu handthieren verbotten worden ist. &c. Ja eben dieser Hertzog Christoph gabe einigen Politicis, die Ihme die Toleration der Juden angerathen hatten, weilen es viel Geld einbringen könte, die Antwort: Wann Sie, die Juden, schon sein Land voll Geld machen könnten, wollte Er sie dennoch nicht dulten: dann wie Sie Ihm getreu seyn und bleiben könnten, da Sie doch an seinem lieben Heyland JEsu Christo treuloß worden, und Ihn noch täglich so grausam lästerten &c. Hertzog Ludwig hielte gleichfalls darauf, wie es die Landes-Ordnung ausweiset. Als nun unter Hertzog Friederich nur eine geringe Toleration angerathen wurde, aus Ursache, weilen die Juden die Kostbarkeiten am besten und wohlfeilesten anschaffen könnten, so wurde doch selbiges wieder abgetrieben, und bliebe es überhaupt bey den Grund-Gesetzen: obschon dann und wann einige Hoff Juden auf einige Zeit passirten. Und nachdem endlich ein kläglicher Mißbrauch ihrentwegen eingerissen: so wurde auf dem letzten allgemeinen Land-Tag unter der Administration der Hertzogen Carl Rudolphs und Carl Friderichs &c. der Ll. Punct wegen dieser Sache also verabschieden daß es heißt: da auch uns 51stens, die Landschafft wiederhohlter gebetten, die bey einigen Jahren in das Land eingekommene Juden, welche denselben so vielen Unlust und Schaden causirt, nach Maßgab der Fürstl. Landes-Ordnung wieder zu eliminiren, und ausser denen offentlichen Jahrmärckten keinen derselben den Handel in das Land fürohin zu gestatten: So haben wir Uns Gnädigst entschlossen und der Landschafft versprochen alle in denen dem Land incorporirten Orten seßhaffte Juden auszuschaffen, und werden zu dem Ende denenselben hiernächstens einen Sechs Monathlichen Termin zu ihrer Emigration anberaumen, zugleich aber auch das wegen contrahirens mit denenselben, und des Handels in das Land in der Fürstl. Landes Ordnung und verschiedenen in Medio seyenden, darauf sich gründeten Fürstl. General Rescripten enthaltene Verbott durch ein anderwärtiges General-Ausschreiben erneuren lassen.

Observatio IV.

Daß in Tübingen auch Müntzen geschlagen worden

seyen,

seyen, und zwar annoch unter denen Pfaltz-Grafen von Tübingen, wird wohl richtig bleiben, obwohlen ich auf keine nähere Nachricht habe kommen mögen, ohnerachtet fleißig Unterricht gesuchet hatte. Es ist darvon ein gedoppelter Beweißthum bey dem Crusio zu finden. Einer ists, daß man einen Unterschied unter der Haller- und Tübinger- und Ulmer-Müntz in Schwaben gemacht hat. Der andere, daß noch jetzo die Müntz-Gasse darvon den Nahmen behalten hat. Vid. supra pag. 236. von ersterem schreibt Crusius P. III. L. I. cap. 5. p. 740. ed. lat. p. 20 In eben diesen 1228. Jahr vermachte Trautwein von Rieth an die Kirche zu Bebenhausen 30. Gulden, (solidos) Tübinger Müntz jährlich von seinem Land-Gut, so er zu Hirschau hatte, zu bezahlen, welches also in die Zeit des Pfaltz-Grafens Hugonis V. einlauffet. vid. supr. p. 31.

Ferners meldet Crusius P. III. L. II. c. 7. pag. 784. ed. lat. p. 73. Daß Hugo Ritter von Jrlingen seine Güter von Argazingen, um 63. Pfund Tübinger Müntz an das Convent der Schwestern zu Kilperg verkaufft habe, und Pfaltz-Graff Hugo von Tübingen solches Anno 1250. nebst andern bezeugt haben. So verkauffte 1266. der Abt und Convent zu Alpirspach denen Bebenhäusern einige Güter in Thailfingen pro 90. Pfund Tübinger Müntz. Conf. P. III. L. II. c. 17. p. 817. Gleichfalls meldet Crusius P. III. L. III. c. 2. p. 838. b. Edit. Lat. p. 138. daß A. 1276. Die Kinder des Ritters, Friederich von Brandeck ihre Güter dem Closter Alpirspach vor 24. pf. Tübinger Müntz verkaufft, und den zu gefügten Schaden mit 20. pf. eben selbiger Müntz bezahlt haben: und P. III. L. III. c. 11. p. 865. Edit. Lat. p. 176. heißt es: In eben diesem Jahr Ann. 1293. den 15. Jul. verkauffte Burcard von Zell, mittelst eines zu Widechen-Stein datirten Brieffs seine in dem Dorff Hunweiler gelegene Güter, so jährlich 8. Schilling Heller Tübinger Müntz eintrugen mit Bewilligung des Herrn von Falckenstein, (deme das Eigenthum dieser Güter zustunde) um GOttes Willen dem Closter Alpirspach um 5. pf. Heller Tübinger Müntz &c. Und gibt es noch zu Tübingen eine Gaß, welche die Müntz-Gaß genennet wird, weil ehe dessen die Müntz allda gestanden. Und ist wohl der Unterschied zwischen dieser und der Haller Müntz, deren hier auch gedacht wird, zu beobachten. Wann mann nun die Tübinger

und

und Haller-Müntz miteinander vergleichen will, so haben es silberne und guldene Müntzen seyn können. Dann von denen Haller-Müntzen schreibt Crusius P. II. L. VII. c. 5. p. 458. Edit. Lat. p. 226. ad Ann. 1069. die Hallische darffen silberne und guldene Müntzen schlagen, darauf eine Hand und Creutz im Adler ist, wordurch die drey Persohnen in der hochheiligen Drey-Einigkeit angezeiget werden. Auf welche Zeit aber dieses eigentlich gehöret, solches muß nachgesucht werden. Wir überlassen die fernere Untersuchung dieser Sache den geneigten Lesern.

Jedannoch weilen dieses Hallische und Tübingische Müntz-Wesen auf Pfund Heller ist gerichtet gewesen, und vielleicht diese beede einerley pretium gehabt haben, so setze noch ein paar Anmerckungen hieher, welche zu weiterem nachsinnen Anlaß geben können.

Paulus Hachenberg Dissert. X. Hist. de re nummaria & veterum German. §. 23. p. 23. gedencket dieser Heller mit folgenden Worten.

Hallenses, ab Hala Suevorum oppido nomen hausere, tanto olim in usu, ut omnis fere pecunia inde appellationem traheret. Vulgo enim ante unum ac alterum seculum audias Libras Hallenses, Pfund Heller quibus omnes contractus, rerumque pretia expediuntur.

Christoph. Besoldus in Tract. Practic. Adaucto, in voce Heller pag. 373. sq. bringt folgendes vor, welches mit des Hachenbergs Erzehlung gleich kommt, daß man durch die Pfund Heller gehandelt habe, welche ihren Ursprung von Halle müssen gehabt haben.

Heller ab Hallensi officina monetaria, ex qua isti nummi magna copia prodierunt, dicuntur. Matth. Cleist. de genuina mutui & nummi essentia sub n. 57. Alii putant dici Haller, quasi halber Pfenning, Helbling, Halbling.

In antiquis instrumentis werden drey Heller guter und geber für ein Pfenning bezahlt. Sain contra Trier. in documento fol. 24. Also wird auch ein alter Tübinger Pfenning allhie & in vicinia (ubi eorum frequens mentio in antiquis literis vel libris) für drey Heller gerechnet. Weil die Müntz durch klein böß Geld abgenommen, vid. Goldast. Alemannic. tom. 1. cap. 14. fol. 394. & Tileman Friesen Müntz-Spiegel lib. 4. cap. 2. ubi, daß die Heller in ihrem werth ungleich, und

nach

nach dem Pfenning regulirt, und gericht werden. Dieweil dieselbe ungleich, so kommt es wohl, ait, daß ein Heller an einem Ort so gut oder besser ist, als an einem andern ein Pfenning.

Porro in Additione: Sunt etiam libræ obulares seu libræ obulorum Pfund Heller Dictæ, quarum usus, ut olim frequentissimus, ita hodie non admodum certus aut notus. Vocantur etiam libræ Hallenses. Et Cruſ. in annal. Suev. part. 3. fol. 381. talenta Hallensia accipit Pfundheller. porro quod Freherus existimavit, Haller dici, quasi Hallæ primo signatus fuerit, tanquam Hallensis. sqq.

Heutigs Tags gilt ein Pfund Heller in gantz Würtemberg, also auch in Tübingen 43. Creutzer. Ob ein Haller pf. Heller jetzo auch so viel gilt kan dermahlen nicht melden. Es ist uns auch unbekandt, wie die alte Pfund Heller und die heutige unterschieden seyen?

Dieses scheinet übrigens gewiß zu seyn, daß die Tübinger Müntz mit den Pfaltz-Grafen aufgehöret habe, und hernach lauter Würtembergische Müntze geschlagen worden seye, wie dañ auch die Müntze selbsten, oder der Müntz-Ort bey Anfang der Universität ist verändert worden.

Sollte ja nach dem Hertzog Barbato in Tübingen gemüntzt worden seyn, welches aber nicht zu glauben ist, besonders da keine Spuhren darvon zu finden sind, so bekäme die tradition einige Wahr-Scheinlichkeit, daß bey dem Hirschauer Thor, eine Müntze gewesen seye: dann dieses gewiß ist, daß vor Aufrichtung der Universität, da der Müntz-Platz darzu ist gezogen worden, keine Müntz an diesem Ort gewesen seye.

Observatio V.

Ein besonderer Casus ist nicht vorbey zu lassen, welcher, in Tübingen, unter der Abwesenheit in dem Exilio des Hertzog Ulrichs geschehen ist, darauß man ersehen mag, wie hart das Hauß Oesterreich gegen Hertzog Ulrich verfahren ist. Es ware Hanß Entringer ein Schloß Soldat unter Hertzog Ulrich, und wurde nach dessen Austreibung abgedanckt. Er unterließ aber nicht, des Hertzogs Hoffarbe, mit Freuden hindurch, auf seinem Ermel zutragen. Dieser schrie einmal, als er etwas getruncken hatte, Abends auf dem Marckt: Hier

gut

gut Würtembergisch Grund und Boden! Hierüber wurde Er von dem Untervogt Cunrad Breuning und denen Burgermeistern vorgefordert, und bestrafft, endlich aber auf seine Entschuldigung und versprechen es nicht mehr zu thun, wieder heim gelassen; da ihme also zu geredet worden ist von dem Vogt: Mändle! Mändle! magst jetzt wohl heimziehen, wann ich deines Alters (welches damahlen von 91. Jahren ware) nicht schonete, müßtest du neben dem Kopff hingehen. Wo er aber solche Reden mehr von ihm hörete, wollte Er seiner nicht schonen. Darbey der Leser ersehen mag, wie hart man damalen die Oesterreichische Mandaten exequirte, Krafft deren de Anno 1520. und 1522. befohlen ware daß man den sicher und ohne Gefahr tödten sollte, welcher vor den Hertzog Ulrich wieder den Kayser sprechen würde. Conf. Crusium P. III. L. X. c. 9. p. 193. Es erlebte aber hernach nicht allein dieser Entringer die Rückkunfft des Hertzog Ulrichs annoch, sondern wurde auch von selbigen wegen seiner Redlichkeit, um welcher willen Er von einem treulosen Mann auf der Necker-Brucken hinckend geschlagen worden ist, mit einem Leibgeding und Jährlich mit einem Hoff-Kleid mit der Hoffarbe: mit Freuden hindurch! begnadiget, biß Er A. 1546. im 103ten Jahr gestorben. Da Er noch 14. tage vor seinem Ende von einem Thor zum andern über den Wörth gegangen ware. Sein Contrefait ließ sein Sohn Nicolaus Entringer, Prior zu Weingarten abmahlen, darauf dieses stehet.

Fragt der Leser, warum ich dieses Exempel anführe? so gebe ich ihme zur Antwort, was der selige Dr. Joh. Val. Andreæ 1644. in seinem Geschlecht Register in Duod. zu Stuttgadt bey Rößlin, hiervon geschrieben hat, da Er nach Erzehlung der Historie p. 1. von diesem Hanß Entringern, die Worte p. 2. beygefüget: dieser Hanß Entringer ist zweyer geistlichen Vatter, (scil. Nicolai, Prioris zu Weingarten, Johannis, Priesters zu Berg,) und dreyer fürnehmer Theologen, (scil. Dr. Jacobi Andreæ, Dr. Polycarpi Lysers und Dr. Lucæ Osiandri) Schwehr worden. Seyn auch von Ihme innerhalb 100. Jahren, bey 300. Persohnen, so bey Kirchen, Policey, hohen und niedern Schulen, ansehnliche und gute Dienste gethan darunter 70. Doctores zu zehlen) entsprungen.

Zuletzt und Sechstens, gedencket man auch mit wenigem an die

Miscel-

Miscellanea Oeconomica, oder Haußhaltungs-Sachen.

Hieher ziehen wir nicht Hauß-Regeln, oder Privat-Begebenheiten der Haußhaltungen in Tübingen, sondern nur ausserordentliche Zeiten der Wohlfeile, oder Theurung. Der geneigte Leser aber kan hier zu seinem Nutzen und Vergnügen besonders durchsehen Narcissi Schwelini gewesenen Visitations Rechenbancks Raths Württembergische kleine Chronic. Stuttgardt. 1660. in Oct. darinnen von dergleichen Abwechslungen in gantz Würtemberg und also auch in Tübingen Exempel vorkommen; welches Buch billig wieder sollte aufgelegt werden, wir wollen bey Tübingen allein und bey dem Crusio bleiben.

Observatio I.

Sonderbahrer Wohlfeile wird bey dem Crusio gedacht.

1539. P. III. L. XI. c. 14. p. 249. stehet folgendes: In diesem Jahr ist um den Neccar, Kocher und Tauber herum so viel Wein gewachsen daß man bißweilen ein volles Faß mit Wein vor ein leeres gab. Zu Eßlingen und in Würtemberg kam die Maß Wein innerhalb 6. Wochen von einem Batzen auf einen Pfenning herunter, und konte man in demjenigen Preiß, in welchem man zuvor 1. Maß bezahlen mußte, nemlich vor einen Batzen, 6. Wochen hernach 11. Maß haben.

1584 Part. III. L. XII. c. 30. pag. 357. Mitten im September war um Tübingen und anderswo eine reiche Weinlese. Wenigstens war in Hertzogthum eine so grosse Menge Wein gewachsen, daß man eine Maaß um einen Pfenning kauffe. Viel Wein wurde weggeschüttet, oder Kalch damit angemacht.

1585. p. 358. Im Jahr 1585. den 7. Jenner war die Wein-Rechnung allhier für 1. Fuder oder für Sechs Eymer, 12. fl. 24. Schill. Es war nemlich der Wein zu Tübingen so wohlfeil, daß 6. Eymer oder 1. Fuder nur 12. fl. 24. ß. galt, bey den Weingärtnern, welchen du in vorigem Jahre auf die Hoffnung der Weinlese, Geld gelehnet hattest. Um welches Geld wir heut zu tage nicht einmahl 1. Eymer kauffen können.

Observatio II.

So wohlfeile Zeiten aber gewesen, eben so theure hat es zuweilen gegeben.

A. 1482.

A. 1482. (Andere setzen 1483.) war ein grosser Hunger in Schwaben. Damals wurde ein Malter Waitzen vor 3. Rheinische Gold-Gulden, und eine Ohme Tübinger Wein vor 3. Pfund Heller verkaufft. Hingegen ist im folgenden Jahr eine solche Menge Wein gewachsen, daß man ein volles Faß vor ein leeres, und einen Aymer Wein vor ein Ey gab, auch viel Wein verschenckt, und der Kalck zum bauen damit angemacht wurde. bey dem Crusio P. III. L. VIII. c. 17. p. 118. ed. lat. p. 464.

Sonderbahrer Theurung in Tübingen gedencket eben dieser Crusius P. III. L. XII. c. 16. 17. pag. 322. und pag 323. Ed. lat. p. 741. 742.

1570. sagende: dieses Jahr war ein wolckichtes, regnerisches und trauriges Jahr, was daher für ein Mangel an Früchten, und was für eine Theurung gefolgt, siehet man daher, wenn zu Tübingen 1. Scheffel Korn 10. biß 11. fl. gegolten, 1. Scheffel Rocken 7. und darauf 8. fl. 1. Scheffel Fäsen 4. und darauf 5. fl. 1. Scheffel Habern 2. fl. 30. kr. biß 3. fl. 1. Simmern Erbsen 1. fl. 1. Simmern Hutzlen 1. fl. 1. Maß alten Weins 14. Pf. und 1. Maß neuen Weins 7. Pf. 1. Scheuben Saltz 4. fl. kommen biß auf 4. fl. 30. kr. 1. Pfund Schmaltz 5. ß. kommen biß auf 6. ß. 4. Eyer 1. ß.

Zu Anfang des 1571sten Jahrs hielte zu Tübingen die Theurung noch an, und galt ein Scheffel Kernen 8. fl. doch hatte ich 12. Studenten zu Kostgängern und gab jedem ein Viertel einer Maß Weins über Tisch: Ein jeder bezahlte (wie es schon allenthalben gewöhnlich war) wochentlich 14. Batzen. Der Fürst aber und die Universitæt kam denen die Kostgänger hatten, gnädigst zu Hülffe, und gab ihnen den Rocken in wohlfeilerm Werth. Die Universitæt und die Philosophische Facultæt gab der Stadt-Obrigkeit, die darum bath, etlichmal eine Beusteur an Geld, unter die arme Burger auszutheilen.

Observatio III.

Wir führen hier ferners nach Unserem Vorhaben diejenige Inscriptiones an, welche an denen Stadt Thoren eingehauen und angezeichnet sind? und welche mir mit Sorgfalt geschrieben hat, Herr Johannes Metz, Steuersätzer, Ober- und Kertzen-Meister des Becken Handwercks, und Kastensten-Knecht der Löbl. Universitæt. Also findet sich an der Hagthor Mühlen folgende Inscription:

Als tausend und Sechshundert Jahr
Fünffzehen auch gezehlet war
Groß Theurung und viel Hungers-Noth
War hie zu Lande an dem Brodt.
Der Scheffel Kern Eilff Gulden galt
Darzu drey Batzen manigfalt
Viel hundert Scheffel kaufft man ein
Und brachts mit Unkosten übern Rhein
Doch gab GOtt Glück in einem Jahr
Daßelbig wieder besser wahr
Drey Gulden und eilff Batzen bald
Der Scheffel Kernen wieder galt
Das gab dann Ursach an die Hand
Daß auch die Alt Mühl wie bekandt
Gantz bauloß und im Abgang war
Diß neu Gebau in diesem Jahr
Von Grund auff auff zu bauen fein
Ein Vorrath dazu mahlen ein
GOtt woll bewahren Stadt und Mühl
Und geben seiner Seegen viel.

Neben diesen steht: 1619.

Der Zeit ward Obervogt Johann Joachim von Grünthal. Præf. inf. Martin Schmid. Consul. Jacob Weininger. Martin Motzer. Mühlmeister, Heinrich Luschnauer. und Christoph Heß. Zimmermann, Hanß Jerg Delcher.

An eben dieser Mühlen ausserhalb dem Thor stehet folgendes:

1491. Nemlich 1491. da galt 1. Malter Kern VI. pf. 14. Schilling Heller.

An dem Lustnauer Thor wird folgende Inscription gelesen, welche auch vor wenigen Jahren renovirt worden ist.

1530. das Jahr über.

1. Malter Kernen von 4. fl. biß 11. fl.
1. Malter Roggen von 3. biß 4. fl.
1. Malter Haber 1. fl. 1. Ort.
1. Scheiben Saltz 2. fl. 1. Orts Gulden
1. Pf. Schmaltz 14. Pfennig.
1. Maaß alten Wein 9. Pfennig.

1. Maaß Neuen, nicht gar 3. Hl.

Das alles gewährt 1. Jahr, und doch vor und nach theuer.

An dem Necker Thor ist folgendes eingehauen &c.

1570.	1571.
Kernen, 10. biß 11. fl.	= = = 7. biß 8. fl.
Rocken 7. biß 8. fl.	= = = 4. biß 6. fl.
Fäsen 4. biß 5. fl.	= = = 3. fl. =
Habern 3. fl. = =	= = = 2. fl.
Erbiß 1. fl. das Simmri	= = = 10. Batzen.
Hutzen 1. fl. das Simmri	= = = = =
Alten Wein 14. Pfennig	alt 10. Pfennig
Neuen 7. Pfennig	Neu 14. Pfennig
Scheiben Saltz 4. fl.	= = 3. fl.
Pfund Schmaltz 5. Schilling.	= = = 2. Batzen
4. Ayer 1. Schilling.	= = = =

Das große Maul an diesem Necker-Thor solle nach der gemeinen Meynung auch die Theurung und Hungers-Noth anzeigen; Es hat aber keinen richtigen Grund, und ist es unten eine Schieß-Scharden oder Schieß Loch. Dergleichen kleinere hin und her an der Mauren sich befinden;

Observatio IV.

Hier fügen wir eine rare Beobachtung aller Wein Rechnungen in Tübingen von 1471. biß 1742. bey. Wie dieses eine merckwürdige oeconomische Antiquitæt von Tübingen ist, so wird selbige, dem Leser nicht mißfallen.

Tübingen.

Taxa der Wein-Rechnung von Jahren zu Jahren anhero verzeichnet. Renovirt Anno 1681.

Anno		Anno	
1471.	1. Pfund 8. Schilling.	1483.	Fünffzehen Schilling.
1472.	Neunzehen Schill.	1484.	12. Schilling 6. Heller.
1473.	Siebentzehen Schill.	1485.	1. Pfund 10. Schilling.
1474.	Neunzehen Schill.	1486.	2. Pfund 6. Schilling.
1475.	1. Pf. 3. Schill.	1487.	1. Pfund 5. Schilling.
1476.	1. Pf. 1. Schill.	1488.	1. Pfund 13. Schilling.
1477.	hat man keine Rechnung gemacht.	1489.	2. Pfund 2. Schilling.
1478.		1490.	1. Pfund 19. Schilling.
1479.		1491.	2. Pfund 11. Schill.
1480.		1492.	1. Pfund 19. Schilling.
1481.	1. Pf. 12. Schilling.	1493.	2. Pfund 11. Schilling.
1482.	Neunzehen Schilling.	1494.	1. Pfund 18. Schilling.

Anno

Anno
1495. 1. Pf. 4. Sch.
1496. dreyzehen ß.
1497. neunzehen ß.
1498. 1. Pf. 4. ß.
1499. siebenzehen ß.
1500. 1. Pf. 4. Sch.
1501. 1. Pf. 11. ß.
1502. 1. Pf. 9. ß.
1503. 16. Schilling.
1504. 16. Schilling.
1505. 1. Pf. 1. ß.
1506. 1. Pf. 8. Sch.
1507. 1. Pf. 5. Sch.
1508. 1. Pf. 2. Sch.
1509. 1. Pf. 1. Sch.
1510. 18. Schilling.
1511. 1. Pf. 7. Sch.
1512. 2. Pf. 4. Sch.
1513. 2. Pf. 15. Sch.
1514. 1. Pf. 7. Sch.
1515. 1. Pf. 11. ß.
1516. 1. Pf. 16. Sch.
1517. 4. Pf. 1. Schill.
1518. 2. Pf. 2. Sch.
1519. 1. Pf. 7. Sch.
1520. 2. Pf. 11. ß.
1521. ein Pf. 9. ß.
1522. 2. Pf. 3. Sch.
1523. ein Pf. 8. Sch.
1524. 2. Pf. 16. Sch.
1525. 2. Pf. 5. Sch.
1526. 2. Pf. 3. Sch.
1527. ein Pf. 15. Sch.
1528. ein Pf. 4. Sch.
1529. 18. Schilling.
1530. 2. Pf. 18. Sch.
1531. 1. Pf. 7. Sch.
1532. ein Pf. 19. Sch.
1533. ein Pf. 5. Sch.
1534. 2. Pf. 16. Sch.
1535. ein Pf. 16. Sch.
1536. 2. Pf. 2. Sch.
1537. 2. Pf. 7. Sch.
1538. 3. Pf. 6. Sch.
1539. ein Pf. 4. Sch.
1540. ein Pf. 7. Sch.
1541. 18. Schilling.

Anno
1542. ein Pf. ein ß.
1543. 3. Pf. 9. Sch.
1544. ein Pf. eilff ß.
1545. 2. Pf. 19. ß.
1546. ein Pf. 5. Sch.
1547. 1. Pf. 19. Sch.
1548. 2. Pf. 8. Sch.
1549. 2. Pf. eilff ß.
1550. ein Pf. 13. ß.
1551. 2. Pf. 19. Sch.
1552. 1. Pf. 6. Sch.
1553. 1. Pf. 7. Sch.
1554. 2. Pf. ein Sch.
1555. zwey Pf. 3. ß.
1556. 1. Pf. Heller.
1557. 4. fl. ein Ort.

NB. Der Aymer neuer Land-Eich hat angefangen in Anno 1557.

1558. Vierthalben fl.
1559. 5. fl.
1560. 5. fl. 5. Batzen.
1561. 4. fl. 8. Schill.
1562. 5. fl. 18. ß. 8. hl.
1563. 4. fl. eilff ß. 8. hl.
1564. 7. fl. 3. ß. 6. hl.
1565. 7. fl. 21. ß.
1566. 3. fl. 9. ß. 7. hl.
1567. 2. fl. 23. ß. 8. hl.
1568. 4. fl. 21. ß. 8. hl.
1569. 5. fl. 7. Schill.
1570. 5. fl. 26. ß. 10. hl
1571. 10. fl. 14. ß.
1572. 9. fl. 20. Sch.
1573. 6. fl. 12. ß.
1574. 10. fl. 3. ß. 6. hl.
1575. 5. fl. 6. Schill.
1576. 7. fl. 5. ß. 4. hl.
1577. 8. fl. 3. ß. 6. hl.
1578. 4. fl. 1. ß. 6. hl.
1579. 4. fl. 6. Heller.
1580. 6. fl. 3. Ort.
1581. 5. Pf. 13. ß. 9. hl.
1582. 7. Pf. 8. Schill.
1583. 3. fl. 5. Batzen.
1584. 2. fl. 4. ß. 8. hl.

Anno
1585. 4. Pf. 16. ß.
1586. 9. fl. 3. ß. 6. hl.
1587. 5. Pf. 6. ß. 8. hl.
1588. 18. Pf. 15. ß.
1589. 24. Pf.
1590. 13. fl. 5. Batz.
1591. 9. fl. 14. Sch.
1592. 13. fl. 14. ß.
1593. 9. fl.
1594. 7. fl. 1. Ort.
1595. 10. fl.
1596. 14. fl. 5. Batz.
1597. 7. fl. 4. Sch.
1598. 7. fl. 7. Schill.
1599. 7. fl.
1600. 10. Pf. 10. ß.
1601. 7. Pf. 10. Sch.
1602. ist es durchaus vor dem Sommer erfroren, darum keine Rechnung gemacht worden.
1603. 13. fl. 5. batzen.
1604. 6. fl. 5. ß. 4. hl.
1605. 6. fl. 15. kr.
1606. 4. Pf. 18. ß.
1607. 14. fl. 8. Schill.
1608. 11. fl.
1609. 12. fl. 3. Ort.
1610. 8. fl. 16. ß.
1611. 7. fl. 17. ß. 4. hl.
1612. 11. fl. 14. ß.
1613. 15. fl.
1614. 9. fl. 3. Ort.
1615. 15. fl.
1616. 16. fl.
1617. 6. fl. 30. kr.
1618. 6. fl. 11. ß. 4. hl.
1619. 8. fl.
1620. 10. fl. 40. kr.
1621. 12. fl. 2. ß. 8. hl.
1622. 56. fl. den fl. zu 10 kr.
1623. 21. fl. 20. kr.
1624. 11. fl. 26. kr.
1625. 13. fl. 20. kr.
1626. 17. fl. 4. ß.

Anno
1627. 11. fl. 26. kr.
1628. 7. fl. 4. ß.
1629. 16. fl.
1630. 7. fl. 37. kr 1. hl.
1631. 4. fl. 16. kr.
1632. 6. fl. 40. kr.
1633. 11. fl. 25. kr. 4. h.
1634. 10. fl. 40. kr.
1635. ist kein Wein allhier erwachsen, dannenhero auch keine Rechnung gemacht worden.
1636. 13. fl. 20. kr.
1637. 8. fl.
1638. 9. fl. 20 kr.
1639. ist das Rebwerck verfroren und kein Wein worden.
1640. 10. fl. 40. kr.
1641. 10 fl.
1642. 11. fl. 20. kr.
1643. 16. fl. 40. kr.
1644. 20. fl.
1645. 8. fl.
1646. 8. fl.
1647. 8. fl.
1648. 10. fl. 40. kr.
1649 8. fl.
1650. 16. fl.
1651. 14 fl.
1652. 9. fl. 10. kr.
1653. 8. fl. 30. kr.
1654. 10. fl.
1655. 8. fl.
1656. 7. fl. 7. Batzen.
1657. 6. fl. 10. Bz.
1658. 13. fl. 5. Batzen.
1659. 9. fl.
1660. 11. fl.
1661. 7. fl.
1662. ist kein Herbst worden.

Anno
1663. 10. fl. 40. kr.
1664. 9. fl.
1665. 10. fl. 40. kr.
1666. 10. fl. 40. kr.
1667. 10. fl. 40. kr.
1668. 7. fl. 28. kr.
1669. 7. fl.
1670. 7. fl.
1671. 6. fl. 30. kr.
1672. 6. fl.
1673. 6. fl.
1674. 6. fl.
1675. 12. fl. 45. kr.
1676. 15. fl. 7. Bz.
1677. 6. fl.
1678. 6. fl. 30. kr.
1679 4. fl. 30. kr.
1680. 6. fl. 30. kr.
1681. 9. fl. 20. kr.
1682. 5. fl. 20. kr.
1683. 5. fl. 20. kr.
1684. 6. fl. 40. kr.
1685. 6. fl. 40. kr.
1686. 9. fl. 20. kr.
1687. 5. fl. 20. kr.
1688. 8. fl.
1689. ist kein Wein erwachsen.
1690. 8. fl.
1691. 14. fl. 40. kr.
1692. 6 fl. 40. kr.
1693. 18. fl. 40. kr.
1694. 17. fl. 20. kr.
1695. 9. fl. 20. kr.
1696. 13. fl. 20. kr.
1697. 8. fl.
1698. 9. fl. 20. kr.
1699. 12. fl.
1700. 8. fl.
1701 8. fl.
1702. 4. fl.
1703. 9. fl. 20. kr.
1704. 13. fl. 20 kr.

Anno
1705. 11. fl.
1706. 10. fl. 40. kr.
1707. 7. fl. 30. kr.
1708. 10. fl. 40. kr.
1709. keine Wein Rechnung gemacht worden.
1710. 12. fl.
1711. 6. fl. 40. kr.
1712. 7. fl.
1713. 5. fl. 20. kr.
1714. 10 fl. 40. kr.
1715. 13. fl. 20. kr.
1716. 10. fl. 40 kr.
1717. 12. fl.
1718. 9. fl. 20. kr.
1719. 7. fl.
1720. 6. fl. 20. kr.
1721. 8. fl.
1722. 8. fl.
1723. 8. fl.
1724. 8. fl.
1725. 5. fl. 20. kr.
1726. 9. fl.
1727. 6. fl. 40. kr.
1728. 4. fl.
1729. 5. fl. 20. kr.
1730. 4. fl. 20. kr.
1731. 5. fl. 20. kr.
1732. 5. fl. 20. kr.
1733. 6. fl. 40. kr.
1734. 10. fl. 40. kr.
1735. 12. fl.
1736. 10. fl. 40. kr.
1737. 8. fl.
1738. 13. fl. 20. kr.
1739. 5. fl. 20. kr.
1740. ist alles erfroren, und keine Wein Rechnung gemacht worden.
1741. 13. fl 20. kr.
1742. 9. fl. 30. kr.

Observatio V.

Dahero wird Tübingen auch unter andern darumm gelobet, weilen die Oeconomien besser als an anderen Orten mögen geführet werden, da so wohl Tübingen selbst gute Nahrung hat, und von den umliegenden Orten die nöthige Zufuhre geschehen kan. Wir setzen deßwegen zum Beschluß dieser Oeconomischen Miscellaneorum aus der Dissertatione Historico-Topographica de Tubinga das fünffte Theorema, welches also im Teutschen lautet:

Auch 1) kan man sich 2) die nöthige Unterhaltung wohl 3) anschaffen.

1) Es ist zwar vor Gelehrte nutzlich und dienlich, daß je vernünfftiger einer ist, desto mäßiger, nemlich nach der Beschaffenheit der Natur, welche zu ihrer Erhaltung mit wenigem vergnüget ist, selbiger lebe; da auch selbst aus der Erfahrung bekannt ist, daß eine allzu starcke Speisung des Leibes der Nahrung der Seele schade, und ein voller Bauch keine reine Gedancken zuwegen bringe. In welcher Absicht auch jener Venetianische Satyrien-Schreiber, Boccalini also schreibet: Die Gelehrte muß man gleich als Hüner speisen, welche mit weniger Nahrung versehen, reichlich Eyer legen, bey allzuvieler aber mit Verlust der Eyer fett werden.

2) Doch aber da diese keine Chamäleontes seyen, oder von denen Astomischen Völckern (welche Ostindianische Völcker keinen Mund sollen gehabt, und nur von dem Geruch der Kräuter und Wurtzeln gelebet haben) abstammen, so haben sie zu ihrer Nahrung, neben dem Brod, Saltz und Eßig, allerhand, nemlich Fleisch, Fisch, Hülsen-Früchte, Milch-Speisen, Obs-Früchten, allerley Zugemüß und Baum-Früchten 2c. vonnöthen, welches alles man sich leichtlich anschaffen kan, wann die Tübinger ihre eigene Güter erkennen wollen, und nicht was sie zu Hauß haben, und in ihren Gütern wächset, oder eingetragen wird, verachten, und lüsterner weiß ausländisches und Fremdes suchen. Dann der Erbboden des Vatterlands, wo man ihne recht bauet, ist fruchtbar an allen Sachen. Wendet man die Augen in dem gantzen Bezirck Tübingens herum, so wird man da Frucht, dorten Weinberge, anderswo Garten-Früchte, Bieren, Kirschen, Pflaumen, wieder an einem andern Ort Kohl, Rüben, Garten-Gewächse erblicken. Die Menge aber dieser angeführten Sachen, wird nicht nur von dem Bezirck der umliegenden Dörffer, sondern auch von dem benachbarten Kayserl. Rothenburg und Reuttlingen, vermehret.

3) Und wie vielerley und unterschiedliche Eß-Waaren werden entweder wochentlich an denen Märckten, oder Jährlich an den Jahr-Märckten fail gebotten? wo nicht entweder die Göttliche straffende Hand den Segen denen Erd-Gewächsen entziehet, oder der Wucherer und Fürkäuffer räuberische Hand und unersättlicher Geitz uns mit Mangel der Frucht plaget.

Register der vornehmsten Materien.